21세기 글로벌 비전

중소기업의 전략경영

남동일 편저

연세대학교 경영대학 교수 김준석 감수

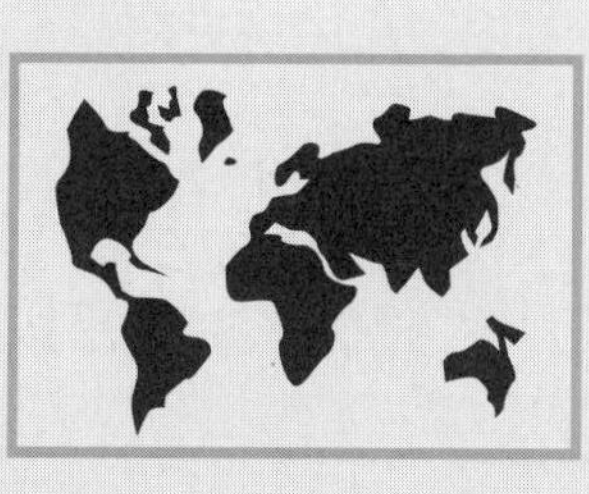

21st Century Global Vision

Strategy Management of Small & Medium Business

敎友社

PREFACE

책을 펴내면서

21세기는 첨단기술개발, 새로운 정보의 창출로 세계적 규모의 사업이나 활동(movement)을 벌일 수 있는 「디지털 혁명시대」입니다.

인터넷과 정보통신 기술의 급격한 보급과 발달 그리고 국제화라는 새롭고 날로 변화하는 기업환경에서 우리나라 기업이 세계화, 정보화, 서비스화의 거대한 변화에 적응하며 기업위기를 극복하려면 늘 발전적인 비전과 기동성을 발휘하여 기업을 개혁해 나가는 경영자세가 절실히 요구됩니다.

현재 우리나라 기업들이 처한 상황은 '위기일발, 앞이 안 보이는 안개' 등으로 표현할 수 있습니다. 이렇게 대부분의 기업들이 위기를 맞게 된 것은 급격한 개방화, 정치 불안정, 금융 시스템의 후진성, 첨단 기술 투자부진, 1등 브랜드 전략실패, 오너의 독단경영 및 부실투자 등 경영여건의 악화에도 원인이 있겠지만 결정적인 원인은 기업 경영자가 균형 있고 진취적인 경영관리를 하지 못한 책임이 큽니다.

왜냐하면 기업을 둘러싼 외부여건이 아무리 나빠졌더라도 그 변화가 일순간 하루아침에 온 것이 아니며 경영자는 최소 1~2년 전에 악화의 낌새(발단)를 뚜렷이 느낄 수 있었음에도 그에 따른 확고한 방어전략 수립, 경영혁신을 통한 변신노력을 기울이지 않아 경영위기나 비상사태가 근본적으로 도래했기 때문입니다.

이와 같은 기업의 최악의 사태를 막아주고 기업 활동의 건전한 방향과 방침을 제시한다는 관점에서 이 책에 나오는 경영지침과 원리를 경영자가 전체적으로 소화하고 해당분야를 기업 사정에 맞추어 적절히 병행해 나갈 수만 있다면 어떠한 악화된 경영환경에서도 기업을 유지 · 발전시킬 수 있는 지혜와 적응력을 배양 · 터득할 수 있을 것입니다.

앞으로 바람직한 경영자로서 발전해 나가려면 변화를 두려워 하지 않고 스스로 변혁의 바람을 일으키며 변화에 적응하는 유연성과 합리성을 지닌 경영자가 되어야 합니다.

기업의 존속이야말로 경영자에게 주어진 최대의 과제이지만 발전시키는 것 또한 경영자의 역할입니다. 훌륭한 경영이념으로 도전적인 사업을 일으켜 놓았더라도 회사가 쓰러져 버리면 모든 것이 수포로 돌아갑니다. 기업은 이익을 내야 하고 경영자로서 한번이라도 적자경영을 했다면 최대의 실책을 저질렀다는 인식을 가져야 됩니다.

과거 산업화 시대에는 기업의 생산성이나 효율성이 경쟁력의 중요한 기준이었으나 이제는 기업의 창의성이 핵심 지표가 되었고 기업은 끊임없이 새로운 것을 만들어야 하며, 그것도 남보다 빨리 만들고, 동시에 고객을 감동시켜야 합니다. 지식 · 정보화 사회에서의 기업의 창의성은 비관료적인 조직, 자발적인 동기부여, 다양한 배경과 경험을 가진 구성원들, 자유로운 기업 분위기 속에서 살아나며 꽃을 피웁니다.

중소기업의 경영자를 위한 「전략경영실무서」를 발간하여 경제사회에 기여하려고 지난 3년간 이 책의 편찬 작업에 온 정성을 기울였으나 21세기의 다양한 경제과제와 기업활성화 방안을 혼자서 분석하고 체계화 하는 일은 너무나도 힘든 일이었습니다.

이 책이 모든 기업 관계자, 미래의 창업자들의 「필독서」가 되어 유익한 지식을 전달하고 그로 인해 경영의 지혜를 터득하게 된다면 큰 기쁨이 될 것입니다. 이 기회를 빌려 아내 오경자의 헌신적인 기도에 감사의 말을 전하며, 60여년 생사를 알 수 없는 북한의 5형제(남기녀, 기순, 기옥, 기덕, 기업)에게 이 책을 바칩니다.

2007년 10월

편저 남동일

FOREWORD

추천사

이 책의 특징은 ① 중소기업의 활성화 방안을 경영자의 입장에서 논의하고 있다. ② 중소기업마다 안고 있는 취약점에 대해 이슈별, 분야별로 경영전략 수립 방안을 제시하여 경영자 스스로 자사의 문제를 점검할 수 있다. ③ 중소기업 경영자가 새롭게 등장하는 시장을 찾아내는데 꼭 필요한 비즈니스 감각과 더불어, 새로 기업에 도전하는 분에게는 창업과 성공의 지름길이 될 수 있는 내용도 빠짐없이 다루고 있다.

이 책의 활용 효과는 ① 21세기 신산업 · 신기술 · 신상품의 개발 노하우를 점검 ② 경영혁신 · 기술혁신을 위한 해결방안을 점검 ③ 기업의 활성화 방안을 점검 ④ IT · 벤처기업의 성공비결을 점검 ⑤ 해외사업의 추진 강화책을 점검 ⑥ 기술개발의 포인트를 점검 ⑦ 균형 있는 회계 · 자금관리를 점검 ⑧ 지적재산권의 보호전략을 점검 ⑨ 대기업과 중소기업과의 바람직한 역할 정립 등 「21세기형 경영기법」을 점검할 수 있다.

이 책의 이용 요령은 경영자가 전체 내용을 과제별로 정독하여 자사의 문제점이 발생할 경우, 바로 적용할 부분은 활용하고 취약한 부분은 보완, 포인트를 강구했다. 이 책은 경영자(경영진)가 ① 기업경영이 부진하여 미래가 불투명할 때 ② 여러 가지 경영문제를 알고 싶을 때 ③ 사업을 활성화시키고자 할 때 ④ 지혜가 필요할 때 그에 대한 대응방안을 직접 점검 · 실행할 수 있도록 편찬되어 있다.

급변하는 시장, 새로운 것을 갈망하는 소비자, 새로운 가치관을 가진 종업원 등은 경영자들을 끊임없이 생사의 갈림길로 내몬다. 매년 수많은 중소기업이 왜 도산하는가? 그것은 크고 작은 시대의 변화에 기업 경영자의 대응력이 부족했기 때문이다.

중소기업의 경영 환경은 하루가 다르게 변하고 있다. 중소기업 경영자가 직원들과 함께 열심히 노력해 제품 원가를 낮추려고 아무리 노력해도 부가가치 창출이 어려워지고 있다. 중소기업은 대기업에 비해 규모의 경제 효과를 거두기가 구조적으로 힘들다. 또한, 중국의 시장 출현으로 국내 중소기업에서는 상상할 수도 없는 저렴한 가격대의 상품이 도입되면서 우리나라 중소기업이 설 자리가 좁아지고 있는 현실이다.

디지털 경제의 도래와 함께 기업의 구조와 경쟁관계가 송두리째 변하고 있다. 인터넷을 통해 지구 반대편에 있는 기업 및 고객과도 실시간으로 상품을 판매하고, 지식과 서비스를 교환할 수 있는 세상이 펼쳐지는 세계화 현상이 심화되면서 국가 간의 무역장벽은 경제적 차원에서 매우 빠른 속도로 낮아지고 있는 추세이다. 그야말로 국가 간의 시장 개방과 경쟁이 확대되고 세계 초일류만이 살아남을 수 있는 그런 세상이다.

중소기업이 저렴한 임금을 바탕으로 대기업의 하도급 회사로서 생존하기란 이미 한계에 이르렀다. 중소기업도 새로운 기술과 아이디어로 무장할 때 그 시장은 국내에만 한정되지 않고, 세계로 뻗어 나갈 수 있는 가능성이 미래에 더 커질 수 있다.

기업이란 크다고 해서 반드시 강한 것은 아니다. "나는 중소기업이니까" 하는 약한 마음가짐은 안된다. 오늘날의 대기업도 중소기업에서 성장했으며 대기업이 강하게 보이는 것은 중소기업을 협력기업으로 쓰고 있기 때문이다. 작게 시작했지만 불과 10여 년 만에 세계적 경쟁력을 갖춘 기업으로 우뚝 선 사례를 많이 볼 수 있다. 이 책을 통해 새로운 차원의 비즈니스를 성공적으로 이끌어 나가길 진심으로 바란다.

2007년 10월

연세대학교 경영대학

교수 김준석

이 책은 어떤 내용으로 편성되었는가

이 책은 경영혁신 · 기술혁신 시대에 경영자가 필수적으로 곁에 두고 ① 기업경영이 부진하여 미래가 불투명할 때 ② 여러 가지 경영문제를 알고 싶을 때 ③ 사업을 활성화시키고자 할 때, 그 대응방안을 직접 점검할 수 있도록 편찬했다.

이 책의 주요내용을 소개한다.

제 1 장 중소기업의 세계화 전략

21세기는 어떤 새로운 비즈니스가 출현하고 발전할 것인가? 또 21세기는 비즈니스를 발전시키기 위해서 어떤 조건들이 필요할까? 경영전략상 무엇이 핵심인가? 모든 일이 불확실하고 불안하고 위험이 가득 찬 시대적 상황에서 경영자는 무엇을 생각하고, 어떻게 행동해야 할까? 이런 문제에 대한 미래지향적 사업 추진 방향을 제시했다.

제 2 장 중소기업의 활성화 전략

중소기업이 크게 성장하려면 무엇보다도 먼저 조직 자체를 살아있는 조직, 활력있는 조직으로 만들어야 한다. 이 장에서는 시대의 흐름을 파악하고 침체의 늪에서 벗어날 수 있는 경영전략의 활성화, 경영계획의 활성화, 신규사업개발의 활성화, 통신판매의 활성화, 기술력의 활성화, 판매력의 활성화, 설비투자의 활성화, 금융력의 활성화, 기업매수의 활성화 등 획기적인 중소기업의 활성화 전략을 제시했다.

제 3 장 중소기업의 하도급 전략

하도급기업의 경영자가 기업을 경영하면서 일상적으로 고민하는 문제는 무엇인가? 계열하도급기업과 전문기술 하도급기업의 기본적 조건과 차이점은 무엇인가? 이 장에서는 하도급기업의 경영체질 강화대책, 수주대책, 작업관리, 납기관리, 품질관리, 인사관리 등의 실제적인 문제점을 상세하게 제시했다.

제 4 장 중소기업의 벤처 비즈니스 전략 ※※※

벤처기업이 각광받고 있는 이유는 무엇인가? 벤처기업이란 기업가 정신이 왕성하고 새로운 기술을 무기로 삼아 스스로 의욕적으로 신규시장을 개척해 나가는 중소기업을 말한다. 많은 기업들이 불황의 늪에서 헤어나지 못하고 있다. 이러한 불황에서 살아남기 위해서는 새로운 제품을 개발하고 새로운 기술, 새로운 기업가 정신이 절실히 요구된다. 이 장에서는 벤처 비즈니스의 경영자로 성장할 수 있는 조건들을 제시했다.

제 5 장 중소기업의 해외사업 전략 ※※※

우리나라 기업도 상품수출에서 플랜트, 프로젝트의 수출을 거쳐 전 세계에서 직접 투자를 활성화하는 시대를 맞고 있으나 해외진출에 따른 사전조사를 철저히 하지 않는데서 여러 가지 투자규제와 정세변화에 대응하지 못하여 실패하고 있다. 이 장에서는 해외사업의 사전조사방법 · 추진방법 · 운영방법을 제시했다.

제 6 장 중소기업의 지식집약형 서비스업 전략 ※※※

과거에는 얼마나 질이 좋고 효율이 높은 가공기술을 가지고 있는가가 경영력을 결정하는 요인이었다. 그러나 가공기술의 급속한 발전으로 가공기능은 높은 소득을 낳는 원천이 되었다. 이 장에서는 상품계획 · 디자인 · 마케팅 · 첨단 기술용역과 같은 고부가가치화된 지식집약형 서비스업의 경영전략을 제시했다.

제 7 장 중소기업의 지적재산권 전략 ※※※

21세기에 살아남을 기업이 되기 위해서는 대기업, 중소기업 할 것 없이 각종 분야에서 창조한 모든 지적재산권을 보호하고 이를 효과적으로 활용하여 무한한 이익을 추구해야 한다. 지적재산권 시대에 대응하려면 지적재산권을 침해당하지 않아야 함은 물론 지적재산권을 침해하여 막대한 손해배상을 청구받는 일이 없도록 해야한다. 이 장에서는 기업방어를 위한 지적재산권의 보호제도와 영업비밀의 보호제도를 제시했다.

제 8 장 중소기업의 자기계발 전략

도대체 기업을 어떻게 개혁해야 하는가? 기업을 개혁하기 위한 좋은 방법은 있는가? 경영자는 기업개혁에 어떻게 대응해야 하며 경영혁신을 위한 구체적 방법은 무엇인가? 이 장에서는 21세기의 경영자로서 갖추어야 할 경영이념, 비전, 역할, 성공조건 등 자신을 객관적으로 돌이켜 보면서 연마할 수 있는 자기관리의 노하우를 제시했다.

제 9 장 중소기업의 월차결산 전략

회사가 지금 이익을 내고 있는지, 손해를 보고 있는지를 평가하고 파악하는 작업이 1년에 한 번 이루어지고 있는 것은 무의미하다. 자금의 흐름을 보여주는 시산표를 매월 작성하는 것이 수익 좋은 회사로 성장하는 첫 걸음이다. 이 장에서는 월차결산을 채택한 이후 자금에 쪼들리지 않는 흑자경영을 실현한 기업의 성공사례도 제시했다.

제 10 장 중소기업의 위기극복 전략

기업은 왜 도산하는가? 도산의 근원은 어디에 있는가? 회사가 무너져가는 징후를 사전에 어떻게 알아낼 수 있는가? 도산을 피하기 위해서 경영자는 어떻게 대응하고 무엇에 유의해야 하는가? 이 장에서는 회사가 순조롭게 운영되고 있을 때에는 미처 생각하지 못하는 기업위기의 예측방법과 도산할지도 모를 위험징후를 제시했다.

제 11 장 중소기업의 경영혁신 노하우

21세기는 첨단기술개발, 새로운 정보의 창출로 세계적 규모의 사업이나 활동(movement)을 벌일 수 있는 「디지털 혁명시대」이다. 인터넷과 정보통신 기술의 급격한 보급과 발달 그리고 국제화라는 새롭고 날로 변화하는 기업환경에서 우리나라 기업이 세계화, 정보화, 서비스화의 거대한 변혁에 적응하며 기업위기를 극복해 나갈 수 있는 「38가지의 세계화 지식과 경영혁신 · 기술혁신 노하우」를 선정하여 수록했다.

제 12 장 중소기업의 범무대책 ※※※

기업의 영업활동에는 항상 사고와 위험이 따르기 마련이다. 경영자는 이런 사고와 위험을 원만히 처리해야 한다. 현재 이러한 사고와 위험에 관한 법률해설서는 수없이 많다. 그러나 필요할 때에 당장 무엇을 해야 할 것인지 핵심을 찔러 회답을 내놓은 책은 드물다. 이 장에서는 기업분쟁이 예상되는 범무대책을 제시했다.

제 13 장 경영자에게 보내는 메시지 ※※※

극심한 환경변화와 예측할 수 없는 미래 경영 때문에 많은 경영자들이 갈팡질팡하고 있다. 이러한 때에 경영자는 도대체 어떻게 대처함으로써 불안과 혼미 그리고 위험이 가득차 있는 이 시대를 돌파해 나갈 수 있을까? 이 장에서는 중소기업이 살아나갈 길과 기업활동의 건전한 방향을 제시했다.

제 14 장 공장경영의 총점검 ※※※

21세기를 지향하는 경영의 중점과제는 지금까지 해온 효율추구에서 새로운 가치창조로 옮겨가고 있다. 좋은 물건을 싸게 만드는 것만 가지고는 다양한 고객의 욕구를 충족시킬 수 없다. 기업이 살아남기 위해서는 독자적 마케팅, 독창적 공정관리기법이 필요하다. 이 장의 수록된 체크 리스트를 활용하면 공장의 경영실태를 총점검 할 수 있다.

| 차례 | CONTENTS

1

CHAPTER

중소기업의 세계화 전략

21세기는 어떤 새로운 비즈니스가 출현하고 발전할 것인가?

또 21세기에는 비즈니스를 발전시키기 위해서 어떤 조건들이 필요할까? 경영전략상 무엇이 핵심인가? 모든 일이 불확실하고 불안하고 위험이 가득 찬 시대적 상황에서 경영자는 21세기에 무엇을 생각해야 하고, 어떻게 행동해야 할까? 이렇게 변해가는 시대의 미래지향적 사업추진 방향과 문제점을 제시했다.

01

21세기 한국기업의 경영비전

01 21세기는 경영혁신 · 기술혁신 시대

21세기는 도대체 어떠한 시대로 변모하게 될까?

21세기는 한국을 둘러싼 환경, 한국의 기업을 둘러싼 환경이 현저하게 변해가는 시대가 될 것이다. 따라서 경영자의 가치관이나 경영 자체에 대한 사고방식도 상당한 변화가 예상된다. 향후 전개될 21세기는 다음 10가지로 특징지을 수 있을 것이다.

1. 컴퓨터에 의한 전송매체의 시대

수많은 정보중 필요한 양의 정보를 빠르고 정확하게 먼 곳으로부터 받아볼 수 있는 것이 컴퓨터 전송매체사업의 기본이며, 이런 일을 가능하게 한 것이 '하이테크 기술' 특히 컴퓨터와 통신회선이다.

앞으로 기업은 누구나 「컴퓨터에 의한 전송매체 시스템」으로 운영해 나가야 한다. 이 시스템을 운영하기 위해서는 많은 자금, 축적된 노하우와 전문인력이 요청되며, 기업은 기업 스스로 이러한 전송매체 시스템을 갖고 있던가 아니면 남의 전송매체 시스템에 가입하는 방식을 취해서라도 이 시스템을 활용하지 않고서는 살아남기 힘들게 될 것이다.

2. 신수요 · 신업종 · 신상품 개발 시대

21세기는 최종 수요층이 바라는 것을 개발하고 생산, 제공해 주는 적극적인 자세가 아니면 살아남기 힘든 시대가 될 것이다.

최근에 한국기업에서도 새로운 수요, 새로운 업종을 개척해서 크게 성공한 경우도 많다. 기존의 편안한 방법에만 의존하지 말고, 시대와 유행에 맞는 상품이나 판매방법을 새로이 개척해 나가야 한다. 위험부담을 안고서라도 과감하게 도전해 보는 자세가 더욱 더 요구된다.

3. 세계화 시대

세계화란 여러 나라들과의 교류가 늘어나는 시대라는 뜻이다. 앞으로의 한국기업은 해외시장에 눈을 돌리는 기업과 그렇지 않는 기업 간에 큰 차이가 생기게 된다. 이것이 21세기의 큰 과제 중의 하나이다. 특히 중국과 동남아시아 여러 나라와의 관계가 중요하다.

각 나라의 전통과 풍습 그리고 발전상황은 나라마다 다르므로, 각각 그 나라의 사정을 충분히 이해하고 서로의 입장을 더욱 더 존중해야 하는 시대가 될 것이다. 상대국의 국민성이나 생활감정을 무시한 채 일단 팔아버리기만 하면 된다는 식의 발상은 앞으로는 통하지 않는다.

4. 기업매수의 시대

2000년대에 미국에서는 '제휴 · 매수' 의 선풍이 휩쓸었다. 이것은 '회사' 라는 그 자체가 하나의 상품이라는 발상에서 나온 것이다. 따라서 앞으로 후계자에게 기업을 인계하기보다 회사를 몽땅 팔아치운다는 생각이 나올 가능성이 있다.

그러한 미국의 시스템 · 사고방식이 우리나라에도 도입되고 있다. 기업매수가 인기있는 것은 사업화 기간의 단축이라는 큰 매리트 때문이다.

격변하는 경영환경에서는 연구개발투자, 생산설비투자, 유통투자의 수순을 밟는 사업화 과정을 거치면 속도전에서 패하고 만다. 조기에 사업화하고 영업기반을 확보하기 위해서는 기업에서의 독자적인 개발보다 기존 사업의 매수가 지름길이 된다.

5. 이업종간의 교류가 활발한 시대

경쟁이 심해지면 심해질수록 고도의 기술이나 지식이 더욱 필요하게 된다. 그러한 것을 지니고 있지 못하면 경쟁기업과 비교해서 월등한 위치를 차지하지 못한다. 따라서 경쟁기업보다 월등하려면 자사와 관련된 업계는 물론 다른 업종의 노하우도 배우지 않으면 안될 것이다.

6. 강자 번영 · 약자 쇠퇴의 시대

강한 기업이 될 수 있느냐 없느냐 하는 것은 시대의 흐름에 잘 적응하고 원리원칙적인 경영을 할 수 있느냐 없느냐에 달려있다. 그 원리원칙 경영에서 가장 중요한 것이 '고객제일주의' 이다. 앞으로 고객에게 환영받지 못하는 기업은 약자가 되어 쇠퇴해 버린다.

다음은 경영층부터 일반 사원에 이르기까지 한 덩어리로 잘 뭉칠 수 있는 한마음 공동체 의식이다. 그러한 기업에서는 사원들이 자진해서 신나게 작업에 임할 수 있기 때문이다. 21세기는 '큰 회사가 곧 강한 회사' 라는 상식은 사라질 것이다.

7. 주도권의 시대

21세기는 주도권을 잡는 기업이 크게 성장하고 비약할 수가 있다. 독자적인 고객을 조직적으로 확보하고 철저히 관리하는 것이 주도권을 잡는 최상의 길이란 것을 각 기업이 점차 자각함으로써 21세기를 앞둔 기업간 경쟁은 한층 더 심화되리라고 예상된다.

8. 자유화의 시대

21세기는 질서를 유지하되 자유화를 추구하는 시대가 될 것이다. 질서있는 행동을 하고 그 질서속에서 나름대로 자유롭게 살려는 것이 인간의 본능이다. 21세기는 모든 나라에서 차츰 통제나 국가의 간섭이 약화되는 시대가 될 것이다.

기업에 있어서도 사람의 관리는 자주적인 관리, 자유로운 관계가 잘 시행되는 기업이 강해질 것이고, 21세기형 새로운 발상의 자유로운 경영조직체를 이룩한 기업이라야 비약적으로 성장하는 기업이 될 것이다.

9. 인력부족의 시대

20세기 초반부터 많은 회사에서 인력이 부족하다는 호소가 터져 나오기 시작했다. '더러운 일, 힘든 일, 위험한 일' 을 싫어하는 소위 3D 기피현상이 나타난 것이다.

단순 노동작업이 주된 직장에서 그러한 인력 부족현상이 극단적으로 나타났으며 특히 고학력화 시대가 되어 눈만 높아져 궂은 일을 싫어하는 경향이 심화되어가고 있다.

하나의 특정 회사에 고정급으로 취직하기를 원하는 것이 아니라 다소의 기술이나 기능을 배우고 익혀 자기 나름대로의 시간을 선택해서 일하고 싶어하는 경향이 생기고 있다.

앞으로는 인력 부족 현상이 두드러지게 나타날 것이고, 젊은 일손을 어떤 형식으로 끌어들이느냐 하는 것이 중요한 과제가 될 것이다. 그리고 생산에 활용할 수 있는 고령자나 여성인력을 어떤 식으로 활용할 수 있느냐 하는 것도 기업성장을 좌우하는 하나의 큰 변수가 될 것이다.

10. 신창업 경영의 시대

이상과 같은 문제점을 안은 채 새로운 시대에 태어나서 새로운 교육을 받고 자라난 사람들이 경영의 중추역할을 담당하는 시대가 된다.

전국적으로 약 300만 이상의 영세 자영업자, 중소기업이 있다. 그 대부분이 후계자 문제를 지니고 있다. 동시에 새로운 시대적 환경 속에서 과감히 새로운 사업에 도전하는 창업자도 지속적으로 나타나고 있다. 이러한 움직임은 앞으로의 기업경영에 있어서 하나의 더 큰 과제로 대두될 것이다.

비즈니스에 관련된 사람이라면 누구나 '장래의 비즈니스는 이런 것이다' 라고 구체적인 이미지를 스스로 그려보면서 목표를 향해 돌진해야 한다.

비즈니스 세계에서 성공하려면 눈앞에 제기되는 현실적인 문제 및 그의 미래까지를 읽을 수 있어야 사업 전쟁에서 이길 수 있다. 21세기 초의 산업구조는 어떻게 변화하며, 어떠한 비즈니스 찬스가 생길 것인가 등 역사의 흐름을 꿰뚫어 보는 경영자가 되어야 한다.

02_21세기의 산업구조

1. 21세기 초의 주요산업

'21세기 초의 비즈니스는 어떻게 변화할까' 를 막연히 생각해 보면서, 많은 경영자들은 매우 불안해 한다. 미래를 예측하기 위해서는 막연한 생각이 아니라 근거 있는 지표를 바탕으로 해야 한다.

그러면 현대 비즈니스, 즉 산업구조는 도대체 무엇에 의하여 어떻게 변할까? 구체적으로 살펴볼 때 다음에 열거하는 12가지 사회변동지표를 축으로 사회가 변하고 산업구조가 변모할 것이다.

(1) 지식집약형 산업(두뇌산업)

지난 날 영국이 증기기관을 만들고 미국이 전구 · 전화기를 세계에서 앞서 발명하여 오늘의 인류 문화생활에 공헌한 것처럼, 우리 한국인들도 유익한 기본상품을 선도적으로 창출해내는 기술 일등국으로 되지 않으면 안된다는 인식이 필요하다.

이를 위한 연구개발이 활발해지고 지식집약형산업의 연구개발 사업이 질적으로나 양적으로 대폭 증대되어야 한다.

(2) 정보산업

앞으로는 정보사회가 중요한 역할을 주도하게 될 것이다. 아마 21세기 초에는 하드웨어나 소프트웨어 모두 오늘의 수준에서 몇 단계 더 높은 정보화의 단계로 발전해 있을 것이다. 누가 뭐라 해도 21세기는 정보화의 바탕 위에서 성립되고 정보장비가 결정적인 역할을 할 것이다.

(3) 여가 · 레저산업

발상을 바꾸는 데는 비일상적인 일, 즉 여가 · 레저와 같은 것이 아주 효과적이다. 인간 두뇌의 활동을 바꾸어 시야를 넓히려면 지금까지 해온 생산현장에서 한발 물러서서 전혀 다른 일을 해야 한다. 그것이 여가 · 레저이다. 가계소비지출 중에서 의식주에 쓰이는 지출은 수평으로 상승곡선을 타지 않는 반면, 여가 · 레저와 문화교양비는 계속 상승세를 탄다. 모든 산업이 이 여가 · 레저산업을 빼놓고는 성립될 수 없다고 생각한다.

(4) 환경산업(지구의 건강화산업)

환경산업에는 환경정화, 환경유지, 환경창조 3가지 분야가 있다. 이미 오염되고 파괴된 환경을 정화하여 건강하게 만들려는 것이 환경정화이다.

앞으로는 신체와 마찬가지로 사회의 신진대사로부터 나오는 노폐물을 모아 처리하는 산업을 크게 발전시키지 않으면 안 될 것이다. 그것이 환경유지이다.

또 지구환경을 더 이상 악화시키지 않을 뿐 아니라 오히려 환경을 창조해 가는 노력이 필요하다. 그것이 환경창조이다. 이러한 환경정화산업이나 또는 '지구의 체력증강산업'이 21세기 초기에 들어서 더욱 중요시 될 것은 틀림 없다.

(5) 고령자 활성화 산업

우리나라는 일본과 마찬가지로 현재 급속한 고령화 산업사회를 맞이하고 있다. 그에 따라 실버산업이 성장하고 동시에 의료산업이 활발해질 것이다. 특히, 인간은 점점 더 사치스러워지고 있기 때문에 단지 병을 고치면 된다는 것이 아니라 여가 · 레저와도 연결된 호텔생활과 같은 사치성 의료행위가 행해질지도 모른다.

그러나 여기서 주의해야 할 것은 65세 이상 실버에 해당한 사람들의 태반이 아직 건강하며 환자는 고작 전체의 20~30% 정도라는 사실이다. 따라서 건강한 노인을 대상으로 한 고령자 활성화 산업이 성장할 것이다.

(6) 홈 라이프 충실산업

최근에는 '신절약주의' 라든가 '신가족주의', '신가정주의' 라 불리는 풍조가 강해지고 있다. 이는 재산을 증대시키기보다는 인생 그 자체를 즐기려는 사고이다.

인생을 즐긴다는 것은 행복을 추구하는 것을 의미하며 '행복을 담는 그릇' 을 가정이라 생각하고 가정생활을 중시하는 경향이 매우 강해지고 있다. 이와 같은 시대적 배경으로 홈 비즈니스가 성장하고 있는데, 이는 아마 21세기 말까지 계속될 것이다.

(7) 건강 · 미용산업

금강산도 식후경이라고, 사람들은 스스로의 건강을 유지하는데 자기 에너지를 더욱 더 많이 소비하게 된다. 그러므로 21세기 초에는 인간의 건강과 미용을 연출하는 산업이 성장할 것이다.

(8) 종교 · 예술 · 철학산업

물질적인 면에서 정신적인 면으로 관심이 바뀐 것은 19세기부터 20세기였다.

21세기 초에는 그에 더하여 혼과 정신 같은 것에 사람들의 관심이 쏠릴 것이다. 그렇게 되면 종교 · 예술 · 철학 등의 분야가 오늘날과 비교할 수 없을 정도로 사람들의 관심을 끌게 될 것이고, 그 결과 그런 분야의 산업이 크게 성장할 것이다.

(9) 증권 및 금융산업

21세기 초의 우리 사회는 GNP의 몇 년 분과도 맞먹는 거대한 증권이 축적되어 그 운용이 매우 중요해지게 될 것이다.

필연적으로 돈을 어떻게 운용할 것인가에 대한 비즈니스가 성장하지 않을 수 없게 된다. 그러나 금융 전면개방과 함께 세계적인 금융기관들이 몰려와 산업구조의 변화에 대응하지 못하는 금융기관은 도태될 것이다.

(10) 정비업무 산업

빌딩, 주택, 엘리베이터, 자동차, 복사기 등 오래 이동되는 건축물이나 내구소비재(耐久消費財)는 그들이 기능을 제대로 발휘할 수 있게 유지하기 위해 유지보수를 위한 비품이나 서비스가 절대적으로 필요하다.

빌딩, 주택, 기계설비 등 여러 가지 분야에서 스톡이 증대하는 데 따른 유지보수(Maintenance) 수요의 확대와 더불어 기기를 고도화하기 위해 사용자가 보수업무를 외부에 맡기는 케이스도 많아지고 있다. 스톡이 증대함에 따라 앞으로 보수관리업무, 정비업무 산업은 더욱 성장할 것이다.

(11) 새로운 이권 · 새로운 비즈니스의 등장

과거의 제반 규범 · 법률에서 벗어난 새로운 규범 · 법률이 만들어질 것이다. 그 결과 새로운 이권이 발생하고 새로운 비즈니스가 잇따라 등장할 것이다. 경우에 따라서는 산업구조 자체가 크게 변할 수도 있다.

(12) 주체화 · 교양화

21세기를 맞이하는 사람들의 라이프 스타일은 보다 즐겁고 행복하게 살려는 인생지향형으로 변하게 될 것이다. 인생지향이 강해지면 모두 주체적으로 살려고 하며 교양과 품질을 지키는 움직임이 활발해지리라고 생각한다.

2. 21세기 초의 상품유통 시스템

(1) 생산 시스템

생산현장의 자동화가 더욱 더 급속히 진전될 것이다. 그러나 대량생산 시스템이 존재하는 다른 한편에서는, 인간 각자가 자기생활에 필요한 것은 스스로 만들려고(DIY, Do Yourself)할 것이다. 1,800시간 노동이 실현되면 누구나 연간 1/3은 휴일로 보내게 된다. 결국 남는 시간으로 자기 자신을 위한 생산활동을 하게 된다.

이처럼 생산 시스템은 완전 자동화된 양산 시스템과 개인적 · 직업적 생산활동에 충족감을 안겨주는 DIY로 양극화될 것이다. 사람들은 일상생활에 필요한 것을 가능하면 자기 스스로 만들려고 한다. 예를 들면 가족농원에서 야채류를 생산하여 해결하는 것 등이다.

(2) 재고 · 유통 시스템

아무리 발전된 유통 시스템을 만들어 내도 도로망 등 산업경제 기반이 정비되어 있지 않으면 그 기능을 제대로 발휘할 수 없다.

예를 들면 트럭 운송의 경우, 목적지로 가는 편도만 화물을 적재해 가고, 올 때는 빈 차로 달린다면 도로사정은 악화될 것이다. 다른 기업과 연계할 수 있다면 트럭은 왕복 모두 화물을 싣고 달릴 수 있을 것이다. 이런 것이 바로 합리화라는 것이다.

또한 여가 · 레저로 인한 이동량의 증가에 따르는 유통의 변화를 생각하지 않으면 안된다. 아마 지방 활성화에 수반되는 유통경로의 새로운 편성이 이루어질 것이다. 한편, 향후 해외에서 들어오는 상품이 현저하게 증대되므로, 국제적 유통 시스템을 확립하지 않으면 안된다.

(3) 판매 시스템

'판매장(販賣場)' 이란 말은 상품을 파는 쪽을 우선으로 여기는 말이다. 고객의 입장에서 보면 '구매장(購買場)' 이라 해야 하지 않을까?

앞으로의 판매 시스템은 '판매장' 으로부터 '구매장' 으로 바뀌어 가리라 본다. 구체적으로 말하면 향후의 판매는 단지 물건이 움직이는 것에 그치지 않고 물건의 흐름을 통하여 생산자와 소비자가 서로 마음을 주고받는 마당이 되어야 한다.

생산자가 물건을 만들면서 얻은 고생 · 기쁨 · 감동을 소비자에게 전하고, 소비자가 그 물건을 쓰면서 얻은 즐거움과 감격을 생산자에게 돌려주는 것이다. 이와 같은 커뮤니케이션이야말로 앞으로 요구되는 판매 시스템의 특색이라고 생각한다.

(4) 소비 · 처리 시스템

환경문제를 무시한 채 판매 시스템, 소비 시스템을 논할 수 없다. 지금까지 생산자는 물건을 만들어 오로지 팔기만 하면 그것으로 끝이었다.

그러나 앞으로는 그렇게 할 수가 없다. 판 물건이 소비자에 의하여 소비된 후 그것을 어떻게 회수하고 재처리해야 하는지, 그것이 큰 과제로 대두될 것이다. 21세기의 소비처리 시스템은 지구환경을 생각할 때 크게 발전하지 않을 수 없을 것이다.

3. 21세기 초의 기술혁신

향후 어떤 기술혁신이 이루어질 것인가? 우선 다음과 같은 주요항목을 들 수 있다.

① 반도체 적응형 기술의 발전 ② 여가 · 레저관계 기술의 발전 ③ 생산기술에서의 하이테크 경쟁 ④ 정신, 마음, 혼과 관련된 기술의 발전 ⑤ 인간의 창조성, 기업가정신 등을 높이는 기술의 발전

이상과 같은 5가지 항목을 중심으로 기술혁신 파장이 확내되리라 생각한다. 이들 중 반

도체 적응형 기술과 인간의 정신을 제고하는 기술이 눈부시게 발전할 것이다. 따라서 이 2가지에 대하여 좀 더 검토해 보기로 한다.

(1) 반도체 적응형 기술은 비약적으로 발전한다

반도체의 대명사 격인 IC(집적회로)는 집적도를 대폭 증가하여 초초 LSI(대규모집적회로)시대로 돌입했다. 이 반도체는 우리들 주변의 가전제품, 전화, 팩스, PC에서부터 대형 컴퓨터에 이르기까지 안 쓰이는 곳이 없을 정도인데, 21세기 초에는 더욱 더 우리들 삶의 구석 구석까지 파고들 것이라 생각한다. 앞으로는 이 반도체를 적절하게 이용하지 않는 상품, 즉 반도체에 적응하지 못한 상품은 살아남지 못할지도 모른다.

반도체의 발달과 함께 중요한 것이 마이크로 미케닉스(Micro Mechanics) 분야, 미세(微細) 가공기술의 향상이다. 예컨대 벼룩의 발에 말굽을 그와 똑같은 모양으로 축소하여 신기는 것과 같은 미세한 가공기술을 말한다. 그리하여 1백만 분의 1mm 단위로 가공하는 미세한 기계 및 기계용품이 발달하게 될 것이다.

또 집적회로의 고밀도화 · 미세화를 추구하는 전자공업기술 마이크로 일렉트로닉스(Micro Electronics)가 있는데, 앞으로 고도의 미세 기계기술과 마이크로 일렉트로닉스 기술이 결합한 마이크로 미케로닉스가 놀라울 정도로 발달하고 활성화될 것이다.

이와 같이 모든 부분에 걸쳐 점차 소형화되면 당연히 공간에 여유가 생긴다. 자동차를 만들 때도 디자인에 여유공간이 많이 생긴다. 21세기초에는 디자인에서 폭넓은 자유를 누릴 수 있어서 자동차, 전기제품 등의 디자인이 지금보다 훨씬 향상될 것이다.

(2) 인간의 정신을 제고하는 기술이 더욱 더 향상된다

인간의 정신성을 제고하는 기술로는 기(氣), 이미지 훈련, 마인드 컨트롤, 텔레파시, 염력 등이 주목을 끌고 있는데 21세기 초에는 더욱 더 발전할 것이며 인간의 정신력을 어떻게 제고하고 어떻게 유지할 것인가 하는 것이 가장 중요한 과제가 될 것이다.

물자가 부족한 사회에서는 누구나 부족한 물자를 생산하는데 온 정신과 힘을 쏟아 부었다. 그런 사회에서는 '인간은 무엇 때문에 사는가?' '무엇 때문에 태어났는가?' 하는 것과 같은 실존주의적 명제에 골치를 썩히는 사람이 적었다.

그러나 물자가 남아도는 사회가 되어 사람들이 생산활동에 많은 시간을 빼앗기지 않게 되자 '인간이란 무엇인가' 하는 실존적 의문을 갖게 되고 그 해답을 구하게 된다.

인간의 정신, 마음, 혼의 파워를 제고하는 기술은 21세기 초부터 더욱 향상되고, 그에 따라 인간의 잠재능력은 한없이 개발될 것이다. 예를 들면 이미지 훈련을 받은 골퍼와 그렇지 않은 골퍼의 시합에서 그 실력은 현격한 차이를 보일 것이다.

여성미용의 경우도 겉으로 아름답게 꾸미기보다 스스로 이미지 훈련을 하는 편이 훨씬 효과가 클 것이다. 21세기 초의 비즈니스는 인간의 정신을 제고하는 기술을 고도로 요구할 것이다. 정신을 제고하는 것과 관련하여 인간의 창조성이나 기업가 정신 즉 개척정신과 모험심을 제고하는 기술도 21세기 초에는 크게 발전할 것이다.

예컨대 무엇을 창조한다고 할 때 인간이 기억하고 있어야 할 일은 모두 데이터베이스에 들어 있으므로 데이터베이스 속의 지식을 어떻게 조합하여 새로운 것을 만들 것인가 하는 기술만 익히면 된다.

또 기업가 정신을 발휘하여 새로운 비즈니스를 시작하는 것도 인간의 예지가 가득 들어있는 컴퓨터 시스템과 대화하면 자연히 사업계획이 완성된다. 컴퓨터 시스템의 발달은 인간이 원래 갖고 있는 능력 이상의 것을 할 수 있는 조건을 만들어 준다. 이 조건과 강한 정신력을 가진 인간이 만나면 우리들의 상상을 초월한 위대한 업적을 달성하게 될 것이다.

03 21세기의 신산업 · 신업종

1. 기대되는 신산업 창조

1973년 석유파동을 계기로 VTR, TV 등 기술집약형 가공조립사업이 세계시장을 광범위하게 차지하였다. 그 당시 시대의 흐름을 예측했던 기업은 급성장하였다.

어떠한 시대이든 간에 경영자는 시대적인 흐름을 예견하고 새로운 산업을 창출해야 한다. 벽이 앞을 가로막고 있다면 그 벽을 뛰어넘을 지혜와 용기가 필요하다.

성숙한 사회이기 때문에 또 풍요로운 사회이기 때문에 나름대로 거기에 필요로 하는 사업과 신업이 반드시 있을 것이다. 또 사회자본과 같이 장기적인 관점에서 한국의 장래를 위해 지금 착수하지 않으면 안 되는 것도 있다. 이와 같은 관점에서 우리 사회가 요구하고 있는 산업을 생각해 볼 때 몇 가지 테마를 들 수 있다.

(1) 인간의 한계를 극복한다

아무리 풍요롭게 되었다 하더라도 생명의 유지, 노화로부터 해방, 건강 유지, 복지사회 등 인간의 한계를 초월하기 위한 기술, 사람들을 안심시킬 수 있는 서비스가 있다. 병을 고치기 위한 의약품, 의료기기 등 이제까지 사용해 온 기술이나 제품의 혁신에 더하여 검진, 예방, 간호를 위한 여러 가지 기술과 서비스에 대해 앞으로 더욱 다양한 수요가 발생하리라 본다.

(2) 지구환경을 지킨다

경제력의 향상과 경제활동의 확대는 필연적으로 한정되어 있는 자원의 고갈, 생활 및 산업의 폐기물 배출이라는 양면에서 지구환경에 대한 사명을 갖게 한다.

독일을 비롯한 유럽의 선진국은 환경의 유지 · 보전에 높은 가치를 인정하고 있어서 환경을 지키기 위한 코스트가 드는 것을 당연한 것으로 생각하고 있다. 한국의 경우, 소득수준이나 높은 인구밀도로 볼 때 환경을 지키기 위한 노력과 비용에 있어 만족할 수준이 못되고 있다.

폐기물의 안전한 처리, 하천 · 바다 · 그린 지역의 지구환경 보전에 관련된 문제에 대한 것들은 새로운 사업으로 성장하게 될 것이다.

(3) 풍요로운 사회와 쾌적한 생활을 실현한다

사회가 풍요로워짐에 따라 필연적인 수요에서 선택적인 수요로 그 중심이 바뀐다. 사람들의 마음이나 사회의 풍요로움을 실현하고 지원하는 주택, 여가, 문화, 오락, 교육 등 우리 나라로서는 아직 미숙한 분야에서 여러 가지 변혁이 발생된다.

유럽이나 미국을 여행해 보면 알 수 있듯이 이들 선진국에 공통적으로 발생하는 실업문제 등 경제적으로 곤란한 상황과는 달리 거리나 문화시설, 주택이 여유있고 풍요롭다. 소비자의 욕구를 충족시키는 새로운 쾌적산업, 만족산업의 창출이 이루어질 것이다.

(4) 산업과 생활의 변혁을 개척하는 인프라

우리 나라의 장래를 선도하고 미래의 풍요로운 사회를 만들기 위해서는 새로운 사회자본의 참여가 큰 역할을 한다. 가장 중요한 정보통신기반 외에 도시시설, 교통시설, 국제적인 네트워크를 구성하는 교통 · 통신 산업 관련의 사회자본 등으로 널리 퍼진다.

광섬유통신망, 위성, 이동통신 등 여러 가지 통신기반의 참여를 촉진함과 더불어 그들이 효과적으로 쓰이기 위한 제도적 장치와 규제완화도 소프트의 인프라로 중요하다.

이 정보통신기반에 관해서는 ISDN이나 위성통신 등의 네트워크 기반, CALS나 멀티미디어 등의 서비스 기반, OS나 데이터베이스 등의 적용, 컴퓨터나 통신기기, 각종 정보단말 등 폭 넓은 분야에서 정보화사회의 기반이 되는 하드 · 소프트가 충실해야 한다.

정보화시대의 사회자본은 민간기업이 여러 가지 국면에서 역할을 담당하는 민간주도형이 된다. 정보통신 관련의 사회자본만으로도 다양하고 큰 시장이 되며 이것을 적절히 개척하는 일이 새로운 산업을 유발하는 큰 힘이 되리라 기대된다.

(5) 모두가 도전하는 창업시대

한국의 미래 산업계의 모습을 그려볼 때 대기업뿐 아니라 중소기업이나 개인이 여러 가지 사업의 싹을 돋우고 그것들이 여러 분야에서 크게 자라나는 것이 바람직하다. 그러기 위해서는 모든 가능성에 대해 많은 사람들과 기업이 도전하여 풀뿌리와 같이 새로운 사업을 창출하는 풍토와 제도가 필요하다.

미국 산업의 활력은 벤처기업의 활력에 힘입는 바 큰데 이것은 우리가 배워야 할 점이다. 기업은 사내의 창조적 활동을 계발하여 도전하는 풍토를 우선 만들어야 한다.

그런 바탕 위에서 벤처형으로 다양한 신사업의 싹을 키우기 위해 젊은 사원에게 도전의 장을 부여하고 모두가 창업하는 사회를 만들어야 한다.

한국의 사회는 벤처 비즈니스의 기술이나 사업, 경영력의 평가 시스템을 확립하여 벤처기업을 육성하는 자금공급 시스템을 만드는 등 금융지원 제도가 이루어져야 한다.

이와 같은 풍토를 육성함으로써 대학을 졸업한 후 대기업이라는 조직의 틀에 틀어박히기보다 벤처기업에서 마음껏 도전해 보고 싶다는 젊은이가 많아질 때 우리 나라는 더욱 다이나믹한 창조적인 체질로 바뀌게 될 것이다.

(6) 새로운 분업관계

변화하는 시대에는 새로운 사회적 분업이 미래를 열어준다. 대기업은 기본적으로 대규모 롯트(lot) 지향으로 소규모 시장에 대한 대응이 둔하다.

벤처기업은 생산설비를 건설 · 유지하는 시간이나 자금을 절약하는 것이 바람직하다. 그렇기 때문에 벤처의 기동성과 대기업의 스톡을 연대하여 공동체제가 태어난다. 즉, 벤처기업이 개발을 담당하고 대기업이 우수한 제조기술과 장치를 활용하여 생산을 담당하는 체제인 것이다.

독특한 상품을 개발한 기업이 판매 채널을 새롭게 만드는 것보다 기존의 네트워크와 제휴하는 것이 더 바람직하다.

시스템 경제는 이와 같이 흩어져 있는 요소를 적절히 합쳐서 새로운 가치를 창출하는 기구를 만드는 것이다. 과거의 상식에 사로잡히지 말고 새로운 여러 가지 분업(分業)관계에 의하여 사업을 창조할 수 있다.

2. 신산업의 성장분야

(1) 널려있는 신시장

한국경제는 현재 많은 어려움에 직면해 있다. 그러나 명확한 비전을 가지고 새로운 산업분야를 개척해 간다면 밝은 전망이 열릴 것이다.

구체적으로 정보통신 · 주택 관련 분야, 의료 · 복지 관련 분야, 생활문화 관련 분야 등 신규 성장분야에서의 시장규모가 매우 크다. 2010년에서 2020년에 이르기까지 고도 성장을 이룰 것으로 예상되는 분야가 바로 '정보통신 관련 분야' 이다.

디지털 기술을 기초로 한 정보통신기술의 발달은 제2차 산업혁명이라고 말할 수 있을 정도로 생산 서비스 활동에서의 혁신과 국민생활에 변화를 가져오리라 예상되며 그에 대응하여 여러 가지 신제품이나 신사업이 탄생되리라 예측된다.

또 유통 · 물류 관련분야도 유망하다고 본다. 우리나라에서는 이 분야의 낙후성이 문제인데, 규제완화에 의한 새로운 기업의 출현과 정보기술의 활용에 의한 유통정보 시스템의 개발, 물류기기와 물류시스템의 기술혁신 등 수많은 신사업의 탄생이 예측된다.

그밖에 생활과 밀착되어 있는 주택, 생활문화 관련 분야도 향후 신규시장을 창출하리라고 예상되며 특히 스포츠, 건강, 여가 관련 서비스나 음악 소프트, 교육 학습기기 시스템 등을 포함하는 '생활문화 관련 분야'의 성장이 클 것으로 생각된다.

(2) 서비스 소프트 시스템이 낳는 새로운 사업

향후의 한국은 '시스템 경제'를 지향해야 한다. 하드의 소재(素材) 상품이 아니라 그들을 소프트나 서비스와 결합시켜 시스템이나 제도에 의하여 사업을 만들어내는 것밖에는 한국이 그 높은 코스트에 걸맞는 부가가치를 창출하기 어렵다.

우리들의 생활에 가장 밀착되어 있는 산업인 주택 관련사항을 예로 들어보면, 주택용 신건재 · 가정용 쓰레기 처리 등은 새로운 니즈를 받아들인 하드 주체의 상품인데 홈 오토메이션 시스템, 홈 시큐리티 시스템 등은 주택이란 분야 위에 구축하는 센서, 정보기기, 정보네트워크, 소프트, 서비스를 결합한 시스템형 산업이다.

그것은 주택건축의 전문적 지식이나 기술과 함께 일렉트로닉스, 통신기기, 시스템 등에 관한 기술축적, 용역사업에 관한 노하우를 종합적으로 살린 것으로 새로운 사업으로의 가치를 창출한다. 이들은 기술, 상품과 연대하여 만들어낸 노하우의 복합상품이라 말할 수 있는 것으로 타사나 개발도상국의 기업이 무자본에서 시작하여 하루아침에 성공할 수 있는 사업이 아니다.

정보통신 관련분야의 하드 기술형으로 컴퓨터, 통신기기, 정보가전사업 등의 시장이 확대되리라 본다. 그들 이상으로 향후에는 각종 컴퓨터 소프트와 통신 소프트 외에 영상 소프트, 데이터베이스 이용 등 하드의 기기 기능을 토대로 한 소프트에 관한 사업의 확대가 예측된다.

나아가 시스템형 사업에서는 정보통신 서비스, 재택의료, 복지 서비스, 원격의료 시스템, 원격 학습 시스템, 영상(映像)통신, 이동통신 등의 개발이 큰 시장을 형성할 것이다.

새로운 성장분야를 개발하면서 눈여겨보아야 할 것은 우수한 기술이나 상품의 개발과 함께 그들을 어떻게 시스템형 사업 안에서 활용할 것인가 하는 점이다.

기술이 낮은 가격으로 될 시대를 대비하여 기술 위에 맞추어 넣은 소프트 부분으로 부가가치를 올리는 시스템형 사업을 만들어야 한다. 하드의 진보 · 혁신은 그 분야가 한정되지만 그것을 활용한 새로운 시스템형 상품이나 사업은 무한한 가능성을 지녔다고 할 수 있다.

(3) 전자 정보 통신기 산업의 국제경쟁력

앞으로 얼마동안 산업의 발전, 새로운 산업의 창조, 전자기술 그 어느 것도 정보기업을 핵심으로 하여 전개될 것이다. 따라서 반도체, 컴퓨터, 통신기기산업은 21세기에 세계적으로 가장 성장성이 높은 산업분야임에 틀림없다. 예컨대 메모리는 기능 · 품질 면에서 일본과 미국이 한국보다 앞설 것이고 특히 미세화 기술에서 크게 앞선다.

전자, 정보, 통신기기산업의 각 분야에 있어서 미국과 일본의 차이를 볼 수 있다. 미국은 디자인, 설계 소프트, 시스템 기술, OS, 생산성 등 소프트 면에서 특히 우수하지만 일본은 제조 기술, 미세화 기술 등 하드 면의 기술과 품질, 납기 면에서 우수하다.

한국은 가격과 생산성에서 경쟁력이 있으나 앞으로 한국기업에게 공통적으로 주어지는 과제는 디자인, 소프트, 시스템 등 넓은 의미에서의 소프트 면에 독창성을 강화하고 경쟁력을 높여야 한다.

(4) 정보통신이 주도하는 '시스템 경제'

멀티미디어가 앞으로의 사회를 크게 바꿀 것이다. 여러 가지 정보기기의 개발과 다양한 통신 서비스의 출현으로 '언제나, 어디서나, 어떤 정보라도' 라는 통신의 이상을 향해 광역화와 이동성의 향상이 눈부시게 성장하리라 생각한다. 현재 휴대전화는 비즈니스맨 전부가 휴대할 정도로 급성장 했는데 이동통신의 다양화, 저가격화를 촉진시키고 있다.

21세기 초에는 광(光) 섬유망이 집집마다 보급되어 정보기기가 각 가정에 들어오고 PC가 누구나 사용할 수 있는 도구로 되어 있을 것이다. 이와 같은 고도정보화사회에서는 일, 가정생활, 오락, 의료, 행정 서비스 등이 지금보다 훨씬 편리해지고 동시에 정보단말 자체가 일이나 생활 방법을 크게 바꿀 것으로 기대된다.

막대한 양의 정보를 쌍방향으로 통신할 수 있기 때문에 가정에서의 생활 패턴, 직장에서 일하는 방법, 행정과 주민과의 관계도 크게 변하여 편리하게 될 것이다.

가정에서는 원하는 시간에 원하는 프로그램을 볼 수 있고 비디오 화상(畵像)과 풍부한 정보를 확인하면서 하는 온라인 쇼핑, 건강상태를 매일 체크받을 수 있는 원격검진 등이 쉽게 이루어질 것이다. 직장에서도 상사에게 전할 보고는 전자 메일로 하는 것이 보통 일로 되고 지방 지점과의 회의도 태반은 TV 회의로 하는 등 일하는 방법도 변한다.

또 외국 연구개발 거점 멤버와의 공동 프로젝트 팀, 관청공사의 프로젝트에 대한 전자 입찰은 당연한 것으로 되고 전자기술에 의한 상거래는 고도화하여 인터넷을 이용한 홍보 활동을 비롯해 여러 가지 비즈니스가 일상적인 일로 된다.

정보기술과 통신의 진보는 눈부시게 빠르다. IC, LSI와 같은 반도체소자의 진보를 지렛대로 삼아 컴퓨터는 집중처리에서 다양한 분산처리와 시스템화로, 통신에 있어서는 디지털화라는 커다란 흐름 속에서 혁신이 진행되고 있다. 정보통신이 다음 시대의 기술혁신을 리드하는 중요한 역할을 맡는다는 사실은 의심의 여지가 없다.

3. 한국이 창출할 신산업

한국에 신산업이 태어나느냐, 않느냐? 하는 것은 신산업을 육성할 사회적 기반이 얼마만큼 마련되어 있는가, 그리고 씨를 뿌리고 키우는 노력을 얼마나 많이 기울이느냐에 달려있다. 이를 위해서는 단지 기업 수준, 산업정책 수준에서 문제를 생각할 것이 아니라 한국 사회 전체의 구조를 다시 한 번 살펴볼 필요가 있다.

한국의 산업구조를 다시 구축하고 신산업을 창출하기 위해서는 정부의 산업정책, 산업 인프라에 대한 정비, 기업의 전략, 조직과 제도, 연구원과 종업원의 창조력은 물론이고 나라의 풍토와 문화적 문제도 중요한 연관성을 가진다.

외부환경의 변화에 대응하면서 21세기형 새로운 산업의 실현을 위해서는 행정, 산업계를 비롯해 국민 각층의 각별한 노력과 협력이 필요하다. 여기서 각 목표를 명확히 하기 위해 과제 달성을 위한 시책과 전략에 대해 생각해 본다.

먼저 산업구조를 혁신하기 위해 필요한 요소를 다음과 같이 분류해 본다.

1. 생산물, 서비스의 질 · 양, 생산효율 등을 직접적으로 규정하는 자원, 사람, 기술 등의 생산요소
2. 각 생산요소를 적절히 통합하여 생산 · 유통 · 판매의 각 프로세스에 관해 최적화를 도모하는 제도나 장치 등의 소프트

3. 산업활동을 포함하는 사회 시스템 전체를 떠받치는 기반적 조건으로서의 사회적 장치, 제도 등

산업구조를 혁신하고 경제를 활성화하기 위해서는 이들 3개 분야의 요소를 적절한 방향으로 이끌고 전체적으로 최적의 기능으로 만들도록 개혁을 추진해야 한다.

(1) 생산요소의 혁신

생산요소에서는 다음과 같은 기술, 인재, 자원의 3분야를 특별히 중시해야 한다. ① 새로운 기술의 형성 ② 경영력의 강화와 인재개발의 추진 ③ 소재(素材)의 활용이다.

컴퓨터, 정보, 통신 등 첨단분야에서는 눈부신 기술혁신과 그에 대응한 기업의 성쇠가 있다. 새로운 기술의 개발력과 응용력, 상품력이 기업 간의 우열을 결정한다.

기술혁신의 성과를 받아들이는 일은 사업활동의 기본적 조건일 뿐 아니라 남이 갖고 있지 않는 독특한 기술을 개발하는 것이 우위성을 확보하는 첫째 조건이다.

또 기업에 있어서나 나라에 있어서도 인재는 최대의 자원이므로 그 인재의 육성이나 능력개발, 최적절한 배치에 의해 효과적인 활용을 도모하는 일이 한국산업의 생산성, 활력을 대폭적으로 높이는 일이 된다.

소재의 활용은 새로운 발상과 새로운 기술을 부가함으로써 소재의 부가가치를 높이도록 한다. 상품으로 말하면 디자인이나 기능, 사업으로 말하면 구조의 혁신에 의하여 부가가치를 높여야 한다. 기술이나 인재가 고도화하고 구조의 혁신에 의하여 산업의 발전에 큰 인팩트를 부여할 수 있다.

(2) 구조의 혁신

'시스템 경제' 를 실천하기 위해서는 구조의 혁신, 쇄신을 중시해야 한다. 리엔지니어링은 사업의 구조를 발전적으로 재검토하고 다시 구축하여 기업을 활성화시킨다는 경영수법으로 GE, 컴팩트 등 성공기업이 흔히 인용된다. 지금 한국에 필요한 것은 기업의 사업체제는 물론 행정 시스템, 교육 시스템 등 모든 제도와 구조를 다시 검토해야 한다.

한국이란 사회를 큰 시스템으로 보고 개개의 시스템과 전체의 시스템이 어떠해야 하는지 상호의 관계를 발본적으로 다시 보고 다시 구축해야 한다.

기업에 관해서는 사업개발력, 마케팅력, 정보력 등의 소프트 기능을 강화하는 일이 특히 중요하고 사회에 관해 새로운 시대를 향해 사회 시스템 전체를 재구축하는 일이 중요 '테마' 이다. 기업의 경우 우수한 상품이나 서비스의 제공이라는 공급적 측면만으로는 수요가 다양화하는 시장환경에 대응하기가 불충분하다.

시장쪽에서의 발상을 기초로 수요를 찾아내고 시장과 수요에 맞는 상품이나 서비스를 개발하고 기업 간의 전략적 제휴 등 구조, 소프트를 재검토하는 일이 특히 필요하다.

또 새로운 사회 시스템 면에서는 기업과 행정, 기업과 사회의 관계를 고려한 새로운 시스템을 만들어야 한다. 예컨대 고용문제에서 보면 고용의 유동화를 촉진하는 새로운 구조가 불가결하고 기업 측에서는 노동의 질적 변화에 대응하여 재량(裁量)노동제도, 재택근무, 계약사원제 등 다양한 고용 시스템을 개발하고 도입해야 할 단계에 이르렀다.

기업이나 일하는 사람의 입장에서 바람직한 사회 시스템인 동시에 나라나 시민의 풍요가 양립해야 하는 관점에서 과거의 구조를 근본적으로 재검토해야 한다.

(3) 소비자가 출발점

새로운 소비사회에서 기업이 살아남기 위해서는 소비자를 기점으로 사업을 구축한다. 과거 성장과정에서의 경영방식은 연구개발, 생산, 판매를 하는 생산자를 기점으로 하는 일관생산 판매체제라는 큰 흐름이었다.

소재(素材)에서 제품, 그리고 그것을 소비자에게 송달하는 데까지의 대량생산(Mass-Production) 공정을 어떻게 효율적인 기능으로 만들 것인지에 대해 기업은 전력을 기울여 왔다. 거기서는 소비자가 최후의 출구에 위치하고 있다.

경제가 성숙하여 물자가 넘치고 소비자의 가치관이 다양해지고 있는 현재, 그 대량생산 공정은 기능을 상실하고 있다. 획일적으로 상품을 양산(量産)하여 시장에 도입하면 되던 시대는 과거의 것이 되어 버렸다.

'소비자가 출구에 위치하지 않고 입구에 위치하도록 기업활동 전체를 재편성하지 않으면 사업이 되지 않는다' 는 인식이 필요하다. 실제 소비자 개개인의 얼굴과 맞대고 사업을 영위하는 구조로 바꾸려는 풍토가 일고 있다. 고객 제일주의를 실천하는 어느 기업의 조직편성표는 고객이 제일 위에 있고 사장이나 회장이 맨 아래에 자리하고 있다.

특히 앞으로 세계라는 큰 무대에서 경쟁하기 위해서는 물건을 만드는 데는 강하지만 마케팅에는 약하다는 우리 기업의 체질을 개선하는 구조로 전환해야 한다.

(4) 새로운 인프라 장치 만들기

새로운 시대에 대응한 생활 활동의 기초를 다지기 위해 교통기반, 통신기반, 산업기반, 도시공간을 혁신해야 한다. 이 점에서 우리는 다음과 같은 과제를 안고 있다. ① 새로운 시대가 요구하는 사회 자본은 무엇인가? 그것을 어떻게 정비할 것인가? ② 산업창조를 위해 하드의 사회자본 이상으로 큰 인팩트를 가지는 세제(稅制)나 인허가 등의 제도를 어떻게 적절하게 개혁할 것인가?

사회 인프라로서의 제도개혁의 지연도 산업의 활성화 · 재생에서 큰 마이너스 요인이다. 많은 규제와 불필요한 규제는 민간기업의 창조를 방해하는 경우가 많아 이들을 재검토하고 조속히 개혁해야 한다.

소프트 개혁의 장점은 하드의 시설장비와 비교하여 코스트가 거의 들지 않고 효과가 크다는데 있다. 재정이 매우 긴박할 때의 행정은 소프트 개혁을 더욱 중시해야 한다고 생각한다.

(5) 유망사업으로 각광받는 정비업무 산업

빌딩, 주택, 엘리베이터, 자동차, 복사기 등 오래 이용되는 건축물이나 내구소비재(耐久消費財)는 그들이 기능을 제대로 발휘할 수 있게 유지하기 위해 유지보수를 위한 비품이나 서비스가 절대로 필요하다.

빌딩, 주택, 기계설비 등 여러 가지 분야에서 스톡이 증대하는 데 따른 유지보수(Maintenance) 수요의 확대와 더불어 기기를 고도화하기 위해 사용자가 보수업무를 외부에 맡기는 경우도 많아지고 있다. 스톡이 증대함에 따라 앞으로 보수관리업무, 정비업무 산업은 더욱 성장할 것이다.

그리고 정비업무 자체의 변화도 일고 있다. 과거의 노동집약형에서 하이테크형으로 전환하고 있다. 청소, 경비, 공기정화관리, 기계보수, 폐기물회수와 운반 등의 분야에서 자동화 방식이 도입되고 로봇의 활용, 고도의 감시 기기나 정보 시스템을 활용하는 경우가 증대하고 있다. 이와 같은 서비스 분야에서의 로봇의 활용기술에 대한 개발도 성숙사회로 접어든 한국의 역할이라 할 수 있다.

(6) 사람과 환경을 지키는 신산업

대량생산, 대량소비사회 안에서 새로운 제품이 태어나는 것에 비례하여 환경 속에 배출되는 폐기물도 증대했다. 이들 배출물은 자연의 정화능력을 넘어서고 있으며 심각한 환경문제 해결을 위해서도 리사이클(재생)에 의한 효과적인 활용과 환경에의 부담을 경감시키는 일이 중요한 테마로 되고 있다.

과거에는 환경오염원의 대부분은 생산현장이 공장이었는데 지금에 이르러서는 국민 한 사람 한 사람의 오염배출이 문제로 되고 있다. 환경문제는 공해형 거대산업뿐 아니라 서비스 산업을 포함한 전 산업이 대응해야 할 과제이다.

이미 슈퍼에서는 용해성(溶解性) 플라스틱을 이용한 봉투를 사용하며 종이의 재생이나 유리조각의 재생에 의한 회수핀의 사업화 등 리사이클은 확실히 산업활동에 큰 자리를 차지하고 있다. 앞으로의 제품에는 '분해되기 쉽고 재생하기 쉽고 부품수가 적은 재료가 명시되고 있다' 는 등 설계단계에서 리사이클을 고려한 발상이 필요하다.

산업적인 면에서 폐기물 회수업 외에 폐기철, 폐유리, 폐지, 플라스틱, 폐타이어 등의 폐기물을 자원으로 다시 활용하는 재생산업, 대형폐기물처리업 등의 역할이 커질 것이다.

04_ 21세기의 유망 개발사업

1. 향후 10-20년간 중요하다고 생각되는 필요와 요망되는 사항의 예 (1)

업종명	필요 사항의 예	요망되는 사항의 예
건 설	• 해저 조사기술 • 앞바다 공장의 설치 • 깊은 바다의 공동이용	
식 품	• 고령화 사회 도래에 따른 노인문제	• 분자설계 • 바이오 리액터 • 신규 생리활성물질 • 세포배양 기술
섬 유	• 고성능 재료	• 분자설계 • 바이오 리액터
화 학	• 신 에너지 산출 시스템 관련 고성능 재료 • 바이오 테크놀러지 이용반응 프로세스	• 생체기능이용 물질 • 광 에너지 변환소재
의약품	• 암 억제, 암 진단 • 건전한 노화 • 노사(老死) • 노인의료	• 생체 내 미량활성 성분의 해명 • 세포 레벨에서의 노화연구 • 신규 생리활성물질 연구
철 강	• 차세대 제철 프로세스 • 고성능 절삭공구 • 철을 주체로 한 신 기능재료	• 광-자기 기능재료 • 고밀도 에너지, 진공 증착 • 철과 타재료와의 접합재료
일반기계	• 건설시공기계 로봇화 • 고도의 물 처리장치 • 농업용 로봇, 농작물 자동수확기 • 서비스 로봇, 바이오 엔지니어링	• 선택수송(생체막) • 생물환경 제어기술(빛, 온도, 습도 등)
전자기계	• 자동번역기 • 인공지능 센서 • 지식정보처리 • 음성영역인식 컴퓨터 시스템 • 화상, 음성 정보처리매체로서의 활용 • 컴퓨터 비밀보호	• 초초 LSI, 초격자소자, 3차원 회로소자 • 바이오 컴퓨터 • 입자가속기술 • 분자, 양자 수준의 일렉트로닉스 • 광 IC • 초전도재료 • 수소흡장합금
수송기계	• 석유대용유 엔진 • 세라믹 엔진 • 고령화에 대응한 쉬운 운전시스템	• 하이브릿드재료 • 이온 주입기술 • 바이오 센서
전기·가스	• 에너지원 다양화 • 전력설비의 효율향상 • 가스 이용범위의 확대-비 연료이용	• 연료전지 • 초전도기술 • 뉴 세라믹스 • 촉매연소기술

2. 향후 10-20년간 중요하다고 생각되는 연구개발 프로젝트의 예 (2)

업종명	연 구 개 발 프 로 젝 트
건 설	• 앞바다 인공섬 • 아주 깊은 지하공동건설 • 건설공사 로봇화, 일렉트로닉스 이용 • 도시기능 구축물의 리허빌리테이션 • 방사성 폐기물 처리 처분 기술
식 품	• 신품종 종묘 • 생리활성물질 • 계면활성제, 수지첨가제 등의 신기재창출
섬 유	• 고기능 분리막 • 고기능성 포리마 • 뉴 바이오 테크놀러지의 이용
화 학	• 고성능 필름 • 전자사진기술(고화질 프린트 기술) • 신기록재료(자기, 빛) • 뉴세라믹스 • 고기능성 감광재료 • 바이오 칩(생체기능 이용 소자) • 무기분리막 • 바이오 리액터 • 고기능성 수지 • 바이오 센서 • 전도성 고분자 • 유기 반도체이용 경량전지
의약품	• 항생물질, 제암제, 순환기 용제, 소화기 용제, 대사 부활제, 기능 부활제, 노년성 치매 개선약(뇌신경에로의 대사부활제), 향정신약 • 식물육종
철 강	• 압연용 세라믹 롤러 • 초미분말제조 • 초전도용 재료 • 전자재료
일반기계	• 우주공간의 평화이용(재료의 생산공장 등) • 주요식량의 공장대량생산 • 바이오테크놀러지 이용 화학 공장 • 고온 개스로에 의한 수소제조, 석탄액화 개스화 등 • 극한작업용 로봇 • 경량 초고도 구조재료 • 고성능용접 • 초정밀가공기 • 파인세라믹, 단결 정금속 등의 가공기 • 다이나믹 밸런스를 취하면서 가공하는 로봇
전자기계	• 저태양전지 • 광 컴퓨터 • 바이오 칩 • 입자가속이용 • 싱크로트론 방사광, 이온빔 장치에 의한 초미세가공 • 레이저에 의한 유기화합물의 합성분해 • 인간의 사고행동 등을 고려한 소프트 하드 기술 • 100Mbit 메모리, 광기록 디스크 • 수직자기기록 • 광 IC • 초고속디바이스 • 차세대컴퓨터 • 우주위성 지능로봇 • 초격자구조소자 • 유기 메모리재 • 광 연료전지 • 음성처리 • 디지털 무선통신
수송기계	• 새로운 연료분사전자제어 • 저소음 트럭 • 세라믹스 엔진 • 광 파이버이용 신호배선시스템 • 태양전지 냉방차 • 대체연료이용 자동차
전기 · 가스	• 광 케이블의 전력설비에의 적용(설비의 진단, 자동 메터링) • 석탄 가스화 발전 • 히트 펌프, 고효율 수요 기기 • 연료전지발전 • SNG(합성천연가스) • 태양광발전 • 가스설비의 비굴삭(비파괴) 검사공법 • 수소의 제조 이용 • 고속 증식로 • 핵연료 사이클 • 전력저장

02

21세기 아시아기업의 경영비전

01_ 아시아 경제의 부흥

아시아의 경제발전은 기러기 떼에 비유할 수 있다. 이 기러기 떼에 비유되는 경제발전은 일본을 선두로 NIES(신흥공업경제군), ASEAN(동남아시아국가연합)으로 이어졌다.

선두의 일본이 발전궤도에 오른 것은 1955년 경이었다. 그로부터 10년 뒤 NIES 즉 한국, 홍콩, 싱가포르, 대만이 뒤쫓게 되었다. 다시 NIES 이후 20년 뒤 인도네시아, 말레이시아, 태국의 3국이 뒤따르고 있다.

그런데 기러기 떼와 같은 경제발전의 대열은 이것으로 그치지 않았다. 1990년대에 들어서자마자 중국이 맹렬히 발전했다. 중국의 개혁 · 개방정책은 1979년부터 시작되었지만 1980년대까지는 시행착오의 연속으로 시장경제의 도입이나 국제경제와의 연계도 한정되어 있었다.

그런데 1992년에 최고지도자인 등소평이 "개혁, 개방을 더 해야 한다."는 지시를 내리면서 세계 각국이 중국을 보는 시각도 달라졌다. 화교를 선두로 중국에 본격적인 투자가 시작되었다.

중국의 약진에 큰 자극을 받은 것이 월남, 인도, 미얀마와 같은 주변 나라들이었다. '베트남, 미얀마는 그렇다 치더라도 인도까지 아시아의 기러기 떼 모양의 경제발전에 포함시키는 것은 좀 문제가 있지 않는가' 라는 주장도 있다. 분명히 지금까지의 인도는 중동이나 아프리카와의 관계가 오히려 더 강했다.

그러나 최근 인도는 대담하게 시장경제를 받아들였고 아시아와의 경제관계를 하루가 다르게 강화하고 있다. 이렇게 되니 구태여 인도를 아시아 경제 밖으로 놓아둘 필요가 없게 되었고 기러기 떼 모양의 경제발전에 포함시킨 것이다.

같은 맥락에서, 중앙아시아나 러시아의 극동부도 시장경제를 받아들여 아시아와 경제관계를 강화한다면 기러기 떼 모양의 경제발전 대열에 넣어도 아무 상관이 없을 것이다.

한국, 일본, 대만 등도 ASEAN 제국에 대한 투자를 2000년대부터 시작했으나 지금 ASEAN(동남아시아국가연합)은 시련에 직면해 있다. 인재부족, 인프라 정비의 지연, 공업기술의 낙후 등을 어떻게 극복할 것인가?가 중요과제로 대두되고 있다.

아시아에서는 지금 여러 가지 형태의 경제권이 생기고 있는데 이들을 잘 살펴보면 모두 사회주의국가와 그 주변의 시장경제를 추진해 온 나라 · 지역으로 구성되어 있다.

이것이 가능하게 된 것은 아시아에서도 냉전구조가 서서히 붕괴하여 국경을 초월한 협력관계가 가능해졌기 때문이다.

최대의 국지경제권은 '화남경제권(華南經濟圈)' 이다. 중국의 화남 일대(홍콩, 대만을 포함)의 지역으로 인구는 1억 5천만 명, 경공업 · 전자산업이 중심이다.

그밖에 '바트(BAHTS) 경제권(태국, 캄보디아, 라오스)' '동북아시아경제권(중국동북부, 극동, 시베리아, 한국, 북한, 일본)' '성장의 삼각지대(말레이시아, 인도네시아, 싱가포르)' '황해경제권(중국발해주면, 한국, 일본)' 등이 국지경제권으로 알려져 있다.

각 경제권은 점차 세력권을 확대하고 있다. 그리고 때로는 경제권끼리 충돌하고 강력한 경제권이 약소 경제권을 삼키는 경우도 발생하고 있다. 서로 협력하고 공존공영을 도모하는 경우도 많다.

1. 새로운 프론티어

화남 경제권과 바트경제권이 심하게 충돌하고 있는 곳이 새로운 변혁을 겪고 있는 베트남이다. 중국과 베트남의 국경지대에 가보면 긴 작대기를 메고 양 끝에 바구니를 달아 짐을 나르는 업자를 많이 보게 된다.

그들이 운반하고 있는 물자를 보면 지금의 중국과 베트남의 경제적 차이를 확실히 알 수 있다. 중국에서는 맥주, 섬유제품, 일상적인 잡화품이 많이 들어온다. 이에 비해 베트남에서는 고작 개구리나 생선 정도로 경공업품은 보이지 않는다.

한편 베트남은 태국에서 많은 제품을 수입하고 있다. 이렇게 2개의 경제권이 주도권 다툼을 전개하고 있다. 그러나 베트남이 1986년에 시작한 쇄신정책이 좀처럼 궤도에 오르지 못하고 있다. 그 정책의 주를 이루는 것은 시장메커니즘의 중시, 비사회주의 지역의 활용, 중공업노선의 중지, 대외개방정책, 정치의 민주화 등이다.

개혁은 농업분야에서는 그런 대로 성과를 올리고 있다. 1988년부터 채용한 호별 청부제도가 농민들의 일할 의욕을 이끌어냈다. 1989년부터는 쌀을 수출할 수 있게 되었다.

그런데 중요한 공업생산은 침체가 계속되고 있다. 원인은 국영기업의 부진이다. 이 때문에 1988년에 외자 법을 시행하는 등 대외개방정책을 시행하고 있다. 그러나 미국의 베트남에 대한 금수정책이 해제되지 않아 외국에서의 투자가 기대만큼 신장되지 않았다.

그런데 미국이 1994년 2월 금수를 해제하고 1995년 국교도 회복했다. 인프라의 정비도 늦게나마 시작되어 미국이나 일본 · 한국의 기업진출도 본격적으로 이루어지고 있다.

2. 문명 서진설(文明 西進說)에서는 동남아시아가 21세기의 주역

세계적인 관점에서 볼 때 다가오는 2010년 전후에 경제가 가장 발달하고 활성화되리라고 예상되는 지역은 어디일까? 결론부터 말한다면 동남아시아이다. 여기서의 동남아시아란 유럽에서 본 동남아시아로서 한국, 일본, 중국, 인도도 포함된다.

그럼 어떤 근거로 동남아시아의 시대라고 말할 수 있는가? 또 과연 그 역사적인 흐름은 어떻게 되어 있는가? 역사의 흐름이라는 관점에서 볼 때, 유럽에서는 '문명 서진설' 이란 것을 얘기한다. 문명이 가장 발달한 국가는 1백년 또는 2백년 단위로 다음 나라로 그 자리를 옮긴다는 것이다.

그들 나라의 변천을 역사적으로 추적해 보면 문명은 분명히 서진하고 있음을 알 수 있다. 그 역사적인 서진설을 살펴보기로 한다.

15세기는 이탈리아의 시대였다. 북부 이탈리아의 도시 피렌스에는 상공업이 번창하고 자유가 넘치고 있었다. 거기서 태어난 것이 르네상스이다.

16세기는 포르투갈, 스페인의 시대다. 금, 은, 향료를 구하러 두 나라의 함대가 세계의 바다를 누비다가 신대륙을 발견했다.

17세기는 북서로 진출하여 네덜란드, 프랑스의 시대다. 네덜란드는 동인도회사를 설립하여 세계무역을 이끌었다. 프랑스는 루이 14세 시대에 베르사이유 궁전으로 상징되는 바와 같이 황금시대를 구축했다.

18세기, 19세기는 도버해협을 건너 다시 서쪽으로 진출한 영국의 시대다. 해외에 있던 포르투갈, 스페인, 네덜란드, 프랑스의 식민지를 하나씩 탈취하여 영국의 세계 지배는 2세기에 걸쳐 계속되었다.

20세기는 다시 서쪽으로 크게 진출하여 대서양을 건너 미국의 시대가 되었다. 미국은 압도적인 경제력과 군사력을 배경으로 세계의 맹주로 오늘에 이르렀다.

21세기, 그 설이 사실이라면 가장 발전한 문명은 태평양을 건너 다시 서진하는 것으로 된다. 지도상으로 따라가 볼 때 그곳이 바로 동남아시아이다. 유럽 사람들이 믿고 있는 '문명 서진설' 을 사실로 받아들인다면 21세기의 주역은 유럽도 아니고 미국도 아닌 바로 동남아시아인 것이다.

02 아시아 경제의 전망

1. 슈퍼파워 중국이 가져올 변화

중국은 2008년 베이징 올림픽과 2010년 상하이 엑스포를 거쳐 공산당 창당 100주년인 2021년 미국과 어깨를 나란히 하고, 건국 100주년이 되는 2049년 세계의 일등국가가 된다는 야심찬 청사진을 은밀하게 추진하고 있다.

후 주석 등 중국 4세대 지도부가 모든 국민이 비교적 잘 사는 '샤오캉(小康) 사회' 를 2020년까지 건설한다는 목표를 내세운 것도 이런 맥락이라고 볼 수 있다.

영국 왕립국제관계연구소의 불머토머스 소장은 "1842년(아편전쟁 패배 후 불평등조약 체결)부터 1949년(중화인민공화국 수립)까지의 굴욕의 한 세기를 바꿔보겠다는 중국의 의지는 그 어느 때보다 강력하다" 면서 "이런 중국의 국가적 목표가 '21세기는 우리의 세기가 될 것' 이라는 확신으로 굳어지고 있다" 고 분석했다.

불머토머스 소장은 "앞으로 2020년이면 중국은 새로운 메가파워(mega power)로 떠올라 세계는 현재 유일한 메가파워 미국이 이끌던 일국(1國) 체제에서 미국과 중국이 동시에 주도하는 양국(2國) 체제로 바뀔 것"이라고 전망했다.

경제협력개발기구(OECD)의 과학 · 투자부문 보고서에 따르면, 중국의 연구개발(R&D) 투자는 2006년 1360억달러로, 1300억달러인 일본을 제치고 세계 2위로 등극했다. 중국이 더 이상 저부가가치산업에 치중하는 '세계의 공장'이 아니라 기술 강국으로서 자리매김하겠다는 의미이다.

실제로 다국적 기업들의 R&D 본부가 상하이 · 베이징 등 대도시로 몰려들고 있는데, 선진국보다 임금이 싸고 유능한 R&D 인력이 풍부하기 때문이다.

중국의 외환보유고도 2006년 일본을 제치고 사상 처음으로 1조달러를 돌파하면서 세계 1위를 기록했다. 한 국가의 외환보유고가 1조달러를 넘은 것은 중국이 처음이다. 중국의 외환보유고는 전 세계 외환보유고의 21.1%를 차지한다.

인도의 GDP나 아세안(ASEAN) 회원국 10개국의 GDP를 모두 합한 것보다 많으며 세계 최대 기업인 마이크로소프트나 시티은행, 포드자동차 등을 사들일 수 있는 규모이다. 중국의 외환보유고는 2008년 1조 5000억달러에 이르고, 2010년에는 2조달러를 넘어설 것으로 전망된다.

특히 중국이 보유한 외환의 70%는 미국달러인데, 중국이 달러화 비중을 줄이고 유로화 비중을 높이는 식으로 외환을 다변화할 경우 달러화 가치는 폭락할 수도 있다. 중국은 또 외환보유고 중 약 30%를 미국 재무부가 발행한 국채(國債)에 투자하고 있다.

미국이 위안화의 추가 평가절상을 계속 요구하고 있음에도 불구하고 중국이 버티고 있는 것은 바로 미국 국채를 보유하고 있기 때문이다. 중국이 이를 일부 매각할 경우 미국의 금리인상과 경기불황이라는 연쇄효과를 낳을 수 있다.

중국은 현재 외환보유고 중 달러화의 비중을 낮추면서 유로화와 금의 비중을 높이고 있다. 중국은 2008년 베이징 올림픽을 기점으로 위안화를 대만과 홍콩, 마카오 등 중화권의 공통통화로 유통시킨다는 목표를 세워놓고 있다.

앞으로 위안화를 '제4의 기축통화'로 만들려는 속셈이다. 중국 경제대국 전략의 핵심은 '대중화(大中華 · The Greater China) 경제권'을 구축하는 것이다. 중국과 대만, 홍콩 등 중화권과 아세안, 중앙아시아 등을 묶는 개념이다.

2. 인도, 10년 뒤 세계 5위 경제대국

영국의 파이낸셜타임스(FT)가 2006년 1월 25일 보도한 골드먼삭스 보고서에 따르면 인도 경제는 연 평균 8% 성장을 통해 2017년까지는 이탈리아 · 프랑스는 물론, 자신을 지배했던 영국까지 누르고 세계 5위 경제국이 된다는 것이다. 이어 2019년에는 일본을 추월할 것으로 예상됐다.

골드먼삭스는 2003년 보고서에서 인도의 장기 경제성장률을 5%로 잡았지만 인도 경제가 예상보다 빠르게 성장하고 있어서 5%로 올려 잡았다. 지난 10년여 간의 경제개혁의 효과로 잠재적 성장률을 높이는 구조적 변화가 있었다며 상향 조정의 이유를 밝혔다.

보고서는 또 고성장으로 인도의 자동차 보급률이 2020년까지 5배로 높아질 것이며, 이와 함께 석유 소비량도 3배로 증가하면서 세계 에너지 시장의 긴장요인이 될 것으로 내다봤다. 그러나 기반시설, 전력, 항만시설, 숙련된 전문인력의 부족현상이 인도 경제성장의 발목을 잡을 수 있다고 골드먼삭스는 지적했다.

인도 경제의 핵심은 풍부한 인적자원에 있다. 과학과 엔지니어링을 전공한 공학도들이 대거 배출된다. 1990년과 2002년을 비교했을 때 인도의 공학도 졸업생 수는 3배 이상이 늘었다. 특히 거대한 국내 시장은 매력적이다.

물론 지금 즉시 9억의 인구 모두가 활발한 구매의욕을 보이지는 않을 것이다. 그러나 현시점에서 2억 5천만의 중간소득층이 존재하고 있는 사실에 주목할 필요가 있다. 더욱이 이들 중간 소득층은 나날이 팽창하고 있는 것이 사실이다.

3. 아시아 각국의 M&A와 투자의 활성화

"M&A(기업인수 · 합병)와 투자의 활성화"는 앞으로 아시아 각국의 규제철폐 및 자본자율화 등에 힘입어 M&A나 조인트벤처(합작투자)가 급증할 것으로 예측되며 다국적 기업이 아시아 각국의 현지기업을 M&A 하는 일이 흔해져 국가라는 물리적 경계는 사실상 사라지고 있다.

동종기업 간 합작(파트너십)은 시장지배력을 높일 수 있는 매우 효과적인 수단이며 "해외진출 시 로컬 파트너와 합작투자 하는 방법을 선호하며 마케팅 정보나 대정부관계는 현지업체가 제일 낫다." 외국에서 사업할 때 기존 회사를 인수하는 방법은 맨바닥에서 시작하는 것보다 성공확률이 높은 것으로 평가된다.

최근에는 업종 간 경계가 허물어지면서 텔레콤 · 금융 · 방송 · 자동차들이 모두 잠재적인 경영자이자 파트너가 되는 추세이다.

아시아 국가들은 외국자본에 대한 규제를 완화하고 투자 장벽을 제거해야 하며 이것은 경쟁을 활성화하는 동시에 협력을 강화하는 길이다. M&A는 성공보다 실패사례가 훨씬 많기 때문에 조심스럽게 접근해야 한다.

한국에서 M&A는 노사관계, 기업문화, 인수 · 합병의 명분 등에 크게 영향을 받는 경향이 있다. M&A 과정에서 제일 중요한 것은 CEO(최고책임자)의 리더십이다. M&A는 협상과정을 투명하게 진행해야 성공확률이 높다. 아시아 국가들은 모든 부문에 있어서 규제를 완화해야 M&A투자가 활성화 될 것이다.

4. 아시아 브랜드의 글로벌화

아시아 기업의 브랜드 가치를 세계 수준으로 끌어올리는데 필요한 과제는 무엇일까? 브랜드 이미지가 아시아 기업 글로벌화의 관건이며 질 좋은 제품 · 서비스와 함께 세계인의 정세에 호소할 만한 글로벌 브랜드 개발에 적극 나서야 한다.

이를 위해서는 ① 소비자의 신뢰를 쌓을 수 있는 투명경영, ② 국제적 감각을 지닌 전문 브랜드 인력의 양성, ③ 아시아 고유의 문화가 담긴 브랜드의 창조 등이 필요하다.

브랜드와 관련해 아시아 기업이 흔히 범하는 실수로 광고나 홍보에 돈을 쏟아부으면 브랜드를 키울 수 있다는 인식이다. 아무리 광고를 해도 좋은 제품과 서비스가 없다면 브랜드 구축은 실패한다.

"투명경영, 소비자와의 약속 준수 같은 덕목"이 브랜드 구축에 더 중요하다. 30년 전 미국 캘리포니아 지역의 조그만 신용카드 회사였던 '비자'가 세계적인 브랜드 회사로 성장한 것은 이런 원칙을 잘 지켰기 때문이다.

아시아 기업들이 글로벌 브랜드를 인수하거나 숙박 · 교육서비스 · 음식시장 등 틈새시장을 공격함으로써 자체 브랜드를 키워야 한다. 글로벌 시장에서는 싱가포르보다 싱가포르 에어라인이, 한국보다 삼성이 더 유명할 수 있다.

이런 경우에는 브랜드의 세계화를 위해 국적을 숨길 필요도 있다. 브랜드의 핵심은 '차별화' 이며 글로벌 브랜드만 추종할 것이 아니라 아시아의 특징적인 문화가 담긴 브랜드도 개발할 필요가 있다.

한국은 그동안 기술적인 우위에 기반을 둔 제품수출로 버텨왔지만 중국이 급성장하는 지금, 이것으로는 부족하며 글로벌 브랜드 육성에 실패하면 한국의 미래는 없을 것이다.

브랜드 구축은 정서와 문화를 이해해야 가능하며 세계 각국의 문화에 대한 지식과 세련된 국제 감각을 갖춘 젊은 인력들을 발굴하고 키워나가야 한다.

5. 아시아 CEO들의 글로벌 리더십

아시아 CEO들은 파괴적 기술, 혁신성 기술에 대해 주목해야 미래의 발전을 리드할 수 있을 것이며 융합과 유비쿼터스 시대에 우리가 할 수 있는 것은 기술 중시 경영을 통해서 많은 기술을 개발하고 미래에 대한 기반을 다져야 한다.

아시아 기업과 리더들은 협력해야 하며 그래야 상생의 기회가 있을 것이며 협력과 합작을 통해 발전을 이끌어낼 수 있다. "이제는 우리만 사업할 수 있다는 시대는 지났다. 유능한 인재를 많이 확보하고 현지 특성에 따라 경영해야 글로벌시대에 맞는 경영이다.

아시아 태평양의 재계 지도자들은 21세기에 성공하는 기업 리더십으로 ① 상시적 구조조정과 혁신 ② 핵심인재 확보와 육성 ③ 기술 중시 경영 ④ 외국 기업들과 파트너십 형성 ⑤ 글로벌 경영의 현지화 ⑥ 대기업과 소기업의 창조적 결합 ⑦ 비전과 협동력 갖춘 리더십 ⑧ 투명성 향상과 지배구조 개선 ⑨ 사회에 기업에 대한 신뢰 고양 ⑩ 일관된 원칙에 바탕한 질 경영 등 상기와 같은 10대 조건을 제시하고 있다.

03

21세기 국제 비즈니스

01_ 글로벌 경제

1. 글로벌 시대란?

지구의 표면적은 약 509,949,000㎢, 그 물리적 크기는 예나 지금이나 변함이 없다. 그러나 보는 시각을 조금 달리하면 우리가 살고 있는 이 지구는 과거 300~400년 사이에 한없이 줄어들었다고 할 수 있다.

1500~1840년 당시 육상에서의 주요한 교통수단은 마차였다. 당시의 마차는 시속 약 16㎞로 달렸다고 볼 수 있다. 수상에서의 항해의 주역은 범선으로 이것도 시속 약 16㎞로 항해했다.

얼마 후 산업혁명(1850~1930년)이 일어나자 육상에서는 증기기관차(평균시속 106㎞), 수상에서는 증기선(평균시속 58㎞)을 이용할 수 있게 되었다. 교통은 전에 비해 훨씬 빨라졌다. 또 교통수단이 안전하고 확실해지자 교역도 활발해졌다. 그리하여 지구는 이전의 약 1/5 정도로 축소되었다.

1950년대가 되어 프로펠러 비행기를 상용목적으로 이용할 수 있게 되자 지구는 다시 1/10 정도로 작아졌다. 그로부터 10년도 채 안되어 1960년대에는 제트 여객기가 등장하여 문자 그대로 지구는 더욱 작아졌다. 더욱 주목할 일은 이와 같은 과학기술의 발달 속도도 한층 더 가속화한 일이다.

이제 비즈니스의 경영자원은 사람, 물자, 돈에 그치는 것이 아니라 정보와 노하우와 같이 보이지 않는 자산이 경쟁 우위를 구성하는 중요한 요소로 되었다. 정보통신기술의 발달에 의해 우리는 문자 그대로 거의 동시에 그들을 공유할 수 있는 시대를 맞이했다. 지구는 이제 공알만 하게 작아졌다고 할 수 있다. 글로벌 시대란 바로 이와 같은 지구 '축소화' 현상이 가속도로 진행되는 시대를 말한다.

그러나 글로벌 시대를 맞았다 해서 로컬(지역, 지방, 현지, 현장)을 무시해도 되는 것은 아니다. 도리어 글로벌화가 진척되면 진척될수록 반대로 지금보다 더 로컬 동향을 바르게 인식하고 판단, 행동해야 한다.

2. 변하는 국제환경, 변하는 비즈니스

지금까지의 비즈니스 사회는 3개의 'B' 즉 보더(Border, 국경), 바운더리(Boundary 경계), 그리고 배리어(Barrier 장벽)에 의하여 그 활동에 제한을 받았다. 얼마 전까지만 해도 보더에 의하여 사람 · 물자 · 돈 · 정보 등의 경영자원이 자유로운 왕래를 할 수 없었다. 그러나 글로벌화의 진전에 따라 오늘날에는 물자(상품무역)와 돈(국제금융 : 외환거래)은 거의 완전히 자유화되었다. 소위 국제화의 진전이다.

나아가서는 산업과 산업 사이를 갈라놓았던 울타리(바운더리)도 거의 제거되어 가고 있다. 그 때문에 글로벌 시장에서의 경쟁은 복잡하고 치열하기 이를 데 없게 되었다. 또 그 때문에 국제 비즈니스 활동은 여러 가지 규제(배리어)가 완화되어야 하는 것이 필수적인 일로 되었다. 즉 3B가 Less화(저하, 완화)한 시대를 맞이했다.

그러나 여기서 오해해서는 안 되는 것이 보더레스 사회를 맞이했다 해서 국가나 국경이 없어졌다는 것이 아니다. 도리어 그 반대로 소련의 붕괴에서 실증되듯 나라의 숫자가 증가(보더풀화)하여 그만큼 국경이나 제도는 이전보다 더 다양화하고 복잡하게 되었다.

지구사회(地球社會)는 글로벌화(Globalization)의 진척에 따라 국제 비즈니스 관행의 표준화나 균질화가 진행되는 한편 문화와 가치관의 차이도 더욱 선명해졌다. 그 때문에 글로벌화를 강행하려고 하면 할수록 이질성이나 차이의 확인 · 존중이 국제 비즈니스를 전개하려는 기업에게 무시할 수 없는 전략과제로 되었다.

이질성, 차이, 문화를 중시하는 경영 스탠스가 중요시되는 시대이다. 즉 자기나라, 자기 민족, 문화나 자기의 가치관과는 다른 '것'에 대한 가치나 존재를 서로 이해하고 인정함으로써 새로운 확대와 깊이를 가진 비즈니스의 기회가 생기는 것이다.

3. 기업활동의 글로벌화

기업은 국내에서의 판매 · 조달 · 생산 · 개발 등의 기능을 해외로 점차 이전하는 과정을 통하여 글로벌화를 진전시킨다. 그리고 글로벌 기업에 있어서는 국제적인 시야로 그들 기능을 가장 적절하게 배치하여 규모와 범위의 효율성 그리고 다양화의 경제성을 추구해야 한다.

해외 직접투자를 통한 기업의 해외전개를 추진하는 요인(기업 측의 동기)은 그 기업, 산업, 나라에 따라 다르지만 아래와 같이 유형화할 수 있다. 이것은 또 시장이나 자원의 획득을 노리고 하는 적극적인 것과 시장방어나 마찰회피가 목적인 소극적인 것으로 나눌 수 있다.

1) **시장추구형 해외 직접투자** … 이것은 어떤 특정의 국가나 지역의 시장 또는 그 인근 여러 나라의 시장에 자본과 서비스를 공급하는 것을 목적으로 하는 투자이다. 이 투자형태는 수출상대국 정부에 의한 관세 등의 수입제한이나 그로 말미암은 그 나라와의 무역마찰을 회피하고 시장을 방위할 목적으로 하는 경우이다.

   주요 공급 메이커의 해외진출에 따라 그 하도급 회사와 함께 해외진출 하는 경우에 생기는 수신적인 케이스와 최근 특히 증가하고 있는 현지의 기호나 니즈에 맞는 제품을 공급할 필요성 때문에 주요 소비시장 가까이에 입지하는 적극적인 케이스가 있다.

2) **코스트 삭감형 직접투자** … 이것은 국내외에서 생산비의 격차가 인정되었을 경우 생산비가 가장 적은 나라에서 생산을 실시하도록 하는 투자이다.

3) **원재료추구형 해외직접투자** … 이것은 천연자원이 부족한 나라에서 구하기 어려운 또는 불가능한 광물, 원재료, 농산물과 같은 공급자원을 안정적으로 확보하고 코스트를 최소화하기 위해 제1차 산업 제조업 기업에 의하여 이루어지는 투자이다. 특히 석유산업, 제철업, 알루미늄산업, 펄프산업 등에 이 형태의 투자가 이루어진다.

4) **효율추구형 해외직접투자** … 이것은 시장, 코스트, 원재료를 추구하는 해외직접투자에 의하여 이미 확립되어 있는 국제사업활동을 글로벌의 관점에서 공통의 통치하에 합리화하는 것을 목적으로 한다.

4. 기업의 글로벌화와 무역

기업의 글로벌화가 무역구조에 미치는 영향은 단기·중기·장기적인 것 그리고 직접·간접적인 것이 있다. 기업의 해외진출에 따르는 해외직접투자의 무역효과는 단·중기적 직접적 효과이지만, 투자국 쪽에서 보는 경우 무역흑자를 삭감시키는 효과가 있는 수출대체효과와 역수입효과 또는 무역흑자를 확대시키는 효과를 가지는 수출촉진효과와 수입전환효과로 나눌 수 있다.

1) **수출대체효과** … 지금까지 국내에서 생산하여 수출하던 제품이 해외 자회사에서 생산하여 현지 및 제3국으로 판매·수출하게 됨으로써 일어나는 무역효과이다.
2) **역수입효과** … 해외 자회사에서 현지생산된 것을 역수입하는 형태로 투자 본국으로 공급함으로써 일어나는 무역효과이다. 이에는 완성품, 소비재, 중간재의 경우가 있다.
3) **수출촉진효과** … 해외 생산거점의 건설 착공으로 필요한 자본재를 투자 본국에서 수출 공급함으로써 해외생산이 가동되었으나 현지에서 조달 불가능, 또는 곤란한 부품을 투자본국에서 조달하는 데서 생기는 무역효과이다.
4) **수입전환효과** … 지금까지 국내에서 하던 생산을 해외로 이전함으로써 국내 생산에 필요하던 원재료, 부품이 필요하지 않는 데서 생기는 무역효과이다.

이들 투자국 측의 효과는 건설착공에서 생산개시, 본격가동에 이르는 변화에 따라 일정 패턴을 나타낸다. 처음에는 자본재, 중간재의 수출로 무역수지를 흑자화하지만 점차 이들 자본의 수출 감소와 생산개시에 따르는 수출대체효과와 역수입효과가 커지는 데서 수입전환효과에 의한 흑자화 효과도 약간 있기는 하나 중장기적으로는 무역수지는 적자화 하게 된다.

또 무역장벽, 무역마찰을 회피하기 위해 해외로 진출하는 경우의 무역효과도 생각할 수 있다. 특히 무역마찰회피형 투자의 경우 상대국과의 무역흑자 해소를 목적으로 하는 투자의 무역 흑자삭감 효과가 기대된다.

그러나 상대국이 아닌 제3국으로 우회수출을 목적으로 진출하는 경우에는 마찰 당사국간의 문제해결은 되지만 제3국에서 상대국으로의 수출확대를 가져오게 된다.

이상은 기업이 해외전개를 진전시키는 데 따라 생기는 직접적인 무역효과이지만 이들 이상으로 현지기업에 기술이 이전됨으로써 장기적으로는 수입국의 수입대체효과, 나아가서는 수출의 창출을 가져오는 간접적인 무역효과도 있다.

5. 국제 비즈니스의 출현과 성장

국경을 초월하는 비즈니스 활동을 전개하게 된 것은 언제부터일까? 그 역사는 일설에 의하면 기원전 3천년 경까지 거슬러 올라가지만 오늘 그 위세를 떨치고 있는 '다국적기업'이 국제무대에서 주요 역할을 하게 되고 사람들의 관심을 모으기 시작한 것은 제2차 세계대전 이후의 일이다. 그 이전의 국제 비즈니스는 국제무대에서 주요역할을 맡을 만큼 그 활동규모와 범위가 크지 않았다. 그러나 현재 국민경제를 상회할 정도의 활동규모를 가진 다국적기업을 많이 배출하고 있다.

본격적인 다국적기업에 의한 국제 비즈니스 시대의 개막은 제2차 세계대전 후의 일이다. 그로부터 오늘까지 60년간은 ① 국제 비즈니스 시대의 도래~미국 주도의 전개(50년대부터 60년대 전반까지) ② 국제 비즈니스의 시련 시대~다국적기업과 국가의 대립(70년대) ③ 글로벌 비즈니스 시대~다국적기업과 국가의 협조(80년대 이후)와 같은 3개의 단계로 나눌 수 있다.

제2차 세계대전 후 압도적인 경제력을 가진 패권국 미국의 많은 기업이 적극적이고 과감히 뛰어나왔다. '다국적기업(MNE : Multinational Enterprise)'이라는 용어가 처음으로 사용된 것은 1960년대이며 세계 직접투자액의 52%를 미국 혼자서 차지하고 있었다. 즉 이 당시의 다국적기업이란 미국 거대기업을 의미하고 있었다.

1958년에 로마조약의 체결로 유럽공동시장(EEC)이 결성되고 그것이 결정적인 계기를 만들어 주어 미국 기업은 유럽에 대규모 투자를 개시하여 급속히 다국적화를 수행하여 왔다. 이리하여 미국 기업은 유럽을 비롯해 세계 각지로 진출하여 '황금의 60년대'라 불릴 만큼 세계를 석권했다. 현재 세계적으로 이름을 떨치고 있는 IBM, GE, 코카콜라, P&G 등은 모두 제2차 대전 후 급속히 다국적화를 이루어 세계로 진출한 미국 기업이다.

이와 같이 미국 다국적기업의 증가에 따라 미국 기업이 유럽에 경제적 침공을 한다는 문제가 대두되었다. 유럽 각국에서 미국 기업의 위협에 대한 목소리가 높아졌다.

한편, 유럽 기업도 60년대 후반에 들어서는 미국 기업과의 경쟁에 대항하여 본격적으로 다국적화를 이루어 나갔다. 유럽기업은 60년대 후반 국제무대에 등장하게 되었다. 70

년대에서 2000년도에 들어서는 세계적으로 일제히 개발도상국이 다국적기업에 대한 비판의 포문을 열었다.

다국적기업의 행동이 국가주권과 충돌하고 국가이익을 위협하게 되고 다국적기업의 부정, 부패행위가 문제되었다. 국유화 · 현지화의 태풍과 다국적기업의 부패된 행동윤리에 대한 태풍 2개가 합쳐서 70년대에 다국적기업을 뒤엎었다.

우선 라틴 아메리카, 중동, 아프리카를 중심으로 자원 민족주의가 일어나 석유와 기타 자원산업에서 다국적기업을 규제하려는 움직임이 활발해졌다.

이것이 국유화, 현지화의 태풍과 연대하여 60년대부터 2000년까지 40년간 다국적기업 563개가 국유화 또는 현지화되었는데 그 절정인 74년과 75년에는 각기 68사와 83사로 신장했다. 압도적 우위를 가진 다국적기업이 개발도상국으로 진출하는 것을 선진공업국이 개발도상국을 지배하려는 것으로 보았던 것이다.

이와 같은 국유화, 현지화 문제에 더하여 다국적기업이 연루된 몇 가지 스캔들이 발각되어 그 행동윤리도 비판을 받게 된다. 예컨대 72년에는 ITT에 의한 칠레에서의 아젠데 사회주의 정권성립 저지를 위한 획책이 조사되고 폭로되었고, 73년에는 걸프 오일의 뇌물이 워터게이트 사건의 조사과정에서 발각되었다.

또 76년에는 록히드 항공기회사를 둘러싼 국제적인 대 의혹사건이 일어나 일본도 수상이 유죄판결을 받기에 이르렀다. 다국적기업이 수입국과 본국의 쌍방에서 반사회적인 행동이나 법률에 위반하는 행위를 하여 국가와 국민의 권리를 방해하고 이익을 침해한 사실이 꼬리를 물고 발각되었다.

6. 국제 비즈니스의 글로벌화

일대 파란을 겪었던 70년대 다국적기업은 국가와의 타협과 협조를 도모하여 난국을 타개하여 다음 시대로 이어질 기반을 닦았다. 그리고 80년대 후반 국제 비즈니스는 미증유의 급성장을 이루어 새로운 글로벌 비즈니스 시대로 돌입했다. 이 시기에 미국, 유럽, 아시아의 기업도 국제무대에 등장하여 치열한 경쟁을 벌였다. 국제연합에서는 2000년대 초에 그 수가 3만 7천 개사를 넘어 국외에서의 자회사 수가 약 20만6천사에 이른다고 추계했다. 통신 · 교통 · 정보분야에서의 눈부신 기술혁신이 세계를 협소하게 만들고 다국적기업은 국경을 더욱 쉽게 넘어 세계를 무대로 활약하게 되었다. 이렇게 해서 각국의 경제는 긴밀하게 연결되었고 현저하게 상호의존도를 높여 경제의 글로벌화, 보더레스화가 진전되고 있다.

다국적기업과 국가의 관계 기본구도는 대립에서 협조로 변했다. 다국적기업과 대립자세를 유지해 온 개발도상국에서조차 2000년대에 들어서면서 점차 정책을 대내지향에서 대외지향으로 전환하여 자국의 경제발전에 다국적기업이 기여할 수 있게 하려고 했다.

과거에 완고하게 문을 잠그고 열지 않던 중국도 시장경제를 도입하여 적극적으로 외국자본을 받아들여 2000년대에는 미국에 이어 세계 2위의 직접투자 수입국이 되었다.

국제 비즈니스의 글로벌적 전개로 다국적기업은 세계경제의 무대 중앙에 그 모습을 나타내 견인차로써 큰 역할을 다하고 있다. 이제 다국적기업은 무역, 기술, 자금, 산업구조, 고용 등에 큰 영향을 주어 국가(본국, 수입국)의 경쟁력을 좌우하기에 이르렀다.

자국의 경제성장을 위해서는 다국적기업이 가지는 탁월한 우위성(선진기술, 우수한 경영 스킬 등)이 불가결하다. 다른 한편으로 다국적기업은 국가가 가지는 우위성(정비된 인프라스트럭처, 우수한 인재, 양호한 비즈니스 환경 등)을 필요로 하고 있다. 이렇게 해서 국가와 다국적기업은 서로 대립하면서도 협조를 향한 걸음을 계속하면서 의존도를 높이고 있다.

7. '글로벌 마케팅'

현재 많은 기업이 직면하고 있는 문제는, 오늘의 글로벌 시장의 수요에 자사의 제품을 적합하게 만들고 또 소비자가 어떤 제품을 요구하고 있는가를 파악하는 것이다.

레빗(T.Levitt)에 의하면 경영을 우수하게 하는 기업의 공통점은 제품을 시장의 차이에 적합하게 만드는 전략을 버리고 기술적으로 앞서고 기능적이고, 신뢰성이 높고, 낮은 값으로 팔리는 세계적인 표준화 제품을 제공하는 것을 전략으로 삼고 있다는 것이다.

분명히 세계시장은 레빗의 말처럼 세계 사람들의 니즈의 공통화 경향에 의하여 점차 동질화하고 있는데, 세계 각국의 환경에는 아직도 큰 차이가 존재하는 것도 사실이다.

오늘의 큰 문제는 글로벌 마케팅을 시행할 것인가 하지 않을 것인가가 아니라 글로벌 마케팅이란 문제를 각 사업에 어떻게 적용할 것인가 하는 것이다. 퀄치와 호프(U. A.

Quelch & E. J. Hoff)는 적당한 표준화와 적응의 수준이란 견지에서 경영간부가 다음의 3가지 차원을 생각할 때 생기는 문제를 다음과 같이 지적하고 있다.

1) 경영의 각 기능 … 글로벌 마케팅 계획에 있어서 어느 기능이 다른 기능을 따돌리고 표준화되는 일이 많다.
2) 제품 … 규모의 경제성 혹은 효율이 높은 제품으로 문화와 그다지 잘 연결되어 있지 않는 제품은 비교적 글로벌 마케팅이 용이하다.
3) 마케팅 믹스 요인 … 거의 모든 제품에 대해 가장 적당한 표준화 수준은 각 마케팅 믹스 요인에 따라 다르다.

일단 어디까지 글로벌 마케팅 계획을 추진할 것인가를 결정한 이상 매니저는 실천에 옮겨 목적을 달성하지 않으면 안된다. 그러면 어떻게 해야 글로벌 마케팅으로 이행할 때 본사는 로컬과 좋은 관계를 만들고 또 로컬 매니저의 사기를 높일 수 있겠는가? 그 답은 정보전달(Informing), 설득(Persuading), 조정(Coordinating), 승인(Approving), 지령(Directing)의 5가지 포인트에 어느 정도 본사의 개입이 필요한가를 되묻는 일이다.

정보전달을 용이하게 함으로써 스탭의 아이디어를 활용하고 조직의 가치를 높일 수 있다. 로컬 매니저가 의사결정권을 폐기하려고 하지 않을 경우, 본사가 로컬 매니저에게 표준화된 수법으로 새로운 세계적인 제품을 도입시키기 위한 체계적인 노력이 설득이다.

설득의 한계를 타개하기 위해 많은 다국적기업은 마케팅 계획을 조정한다. 마케팅 계획의 특정요인의 중심은 본사에 두어야 한다고 생각하는 경우 경영자에게는 선택을 위한 2개의 길이 있다. 로컬 매니저에게 명확한 지령을 내리던지 일정요인의 범위 내에서 로컬 매니저에게 독자의 계획을 만들게 하여 본사가 이를 승인하던지 하는 것이다.

지방 매니저에게 동기를 부여하는 방법에 대해 퀄치와 호프는 다음과 같은 5가지를 제언하고 있다. ① 로컬 매니저를 격려하여 아이디어를 내게 하고 ② 그들을 글로벌 마케팅 전략계획을 수립하는데 참여시키고 ③ 로컬 브랜드의 개발을 중요시하게 만들고 ④ 그들에게 로컬 마케팅 예산의 관리를 맡기고 ⑤ 그들에게 로컬 마케팅, 매니지먼트 전반에 걸친 책임이 있음을 강조하라.

8. 국제 인적자원의 개발

1) 해외파견사원의 선발과 육성 … 국제화의 초기단계에서는 해외파견사원의 선발, 육성, 훈련이 가장 중요하다. 이를 위해 해외근무에 적합한 인재의 선발에 있어서는 그 조건이 중요하다. 그를 위한 최소한의 조건으로 해외근무에 대한 의욕, 어학과 그 학습의욕, 이(異)문화에 대해 적응할 수 있는 성격, 육체적 정신적 강인함이다. 관리자나 기술자의 경우는 그 지식이나 능력, 또 가족이 있는 경우에는 가족의 건강상태와 교육문제도 고려해야 할 것이다.

   해외파견후보자를 선발했으면 다음에 그들에 대한 교육, 훈련이 중요하다. 그 교육에는 크게 나누어 집합연수와 현장연수가 있다. 후자는 일정기간 해외의 자회사에서 일하게 하거나 현지의 대학교 같은 곳에서 연수를 받게 하는 방법이고 전자는 일정한 체계적인 교육 프로그램에 따라 국제인으로 양성하는 것이다.

   국제인으로 양성하기 위해서는 사원 각자를 대상으로 국제인으로서의 자질을 갖추기 위한 능력개발프로그램(Career Development Program)도 만들어야 한다.

   해외근무는 사원 각 개인의 캐리어 형성에 어떤 의미를 가지고 있는지 이 점을 명확히 해두지 않으면 아무리 훌륭한 국제인 양성 프로그램을 만들어도 의미가 없다. 사원 각 개인의 입장에서 그 개성을 존중하는 국제인으로서의 자질을 갖추기 위한 능력개발프로그램을 작성하는 일이야 말로 참된 국제인을 육성하는 일이 된다.

2) 현지인 매니저의 육성과 등용 … 국제화의 초기단계에서는 해외파견사원이 많이 필요하고 또 그들이 하는 역할도 크다. 그러나 해외 자회사의 경영이 궤도에 오르게 되면 본국에서 사원을 파견하기보다 현지인을 육성하여 그들을 해외 자회사의 매니저로 등용하는 것이 좋다.

   그것은 현지인에 대한 동기부여와 해외 자회사의 활성화, 해외 자회사에 대한 코스트 부담의 경감, 수입국정부의 현지인 등용요청에 대한 대응이란 면에서도 필요하다.

   그러나 현지인의 육성과 등용은 그렇게 쉬운 일이 아니다. 특히 이것은 인재가 부족한 개발도상국에서 그렇다. 그 때문에 현지인에 대한 교육 · 훈련이 필요한데 일반적으로 한국기업의 경우 외국인에 대한 교육이 서투르거나 체계적인 교육 프로그램을 갖고 있지 않다.

그런데 현지인 매니저를 육성하는 교육 프로그램에는 크게 나누어 현지 수준에 따른 프로그램과 본국의 원청회사 수준에 따른 것 2가지가 있다.

전자는 해외자회사 내에서 본국에서 파견되어 온 사원이 장차 매니저가 될 수 있는 능력을 가진 인재를 선발하여 교육 · 훈련하는 것이다. 후자는 해외자회사의 간부후보생을 본국의 원청회사에 일정기간 보내 교육 · 훈련하는 것이다.

어느 것이든 현지인 매니저를 육성하기 위한 교육 · 훈련은 국제경험이 풍부하고 원청회사의 경영이념, 경영 스타일, 경영관리 시스템뿐 아니라 현지의 사정이나 문화에도 정통하고 보편적인 논리로 교육할 수 있는 인물이 담당해야 일정의 성과를 올릴 수 있다.

9. 전략제휴의 형태

종래의 기업이 제휴하는 주요 이유는 시장의 접근이나 기타 경제적인 동기였다.

그러나 현재 제휴관계를 맺는 주된 이유는 자사의 핵심 사업분야에서의 제휴, 하이테크 산업에서 볼 수 있는 바와 같은 기술표준화를 획득하기 위한 네트워크 형성의 제휴 등 상당히 전략적 경쟁적인 요인으로 변화했다.

이와 같은 동기의 변화에 따라 지금까지와 같은 제휴상대에서 규모적으로나 자원적으로 대동한 기업과, 그러면서도 그 기업과는 제휴한 사업분야에서는 협력관계에 있어도 타분야에서는 여전히 경쟁관계에 있는 복잡한 제휴관계가 출현하고 있다. 이와 같은 파트너의 대등성과 복잡한 기업관계를 만들어 내는 것이 전략제휴의 특성일 것이다.

전략제휴의 제1타입은 연구개발 · 제조 등의 사업과 서비스 · 마케팅 등의 사업을 링크하는 타입의 활동이다(상호보완형). 이 형태의 전략제휴는 양 기업이 서로 다른 기능을 제휴하게 된다.

전략제휴의 제2의 타입은 생산 라인이나 유통 채널을 링크하는 타입이다(공유화형). 이 형태의 전략제휴는 제품 라인의 강화, 제품의 라인을 넓히기 위해 쓰는 전략제휴이다.

전략제휴의 제3의 타입은 생산활동이나 연구개발활동을 연결하는 타입이다(공유화형). 이 형태의 전략제휴는 기업의 핵심 능력을 철저하게 변혁하거나 강화하는 가능성이 높다. 전략제휴는 관계를 구축하는 기업의 독자성을 유지하면서 일정기간의 협력관계 속에서 전략 목표를 실현해 가는데, 매수전략의 경우 매수된 기업은 그의 자본을 포함한 모든 독자성을 잃게 된다.

매수전략이 전략 옵션으로 제휴와 같이 주목받게 된 배경은 글로벌 전략에서 시간의 팩터(factor)가 특히 중요한 차별화 수단으로 되었기 때문이다. 즉 신속히 시장에 참여하고 새로운 사업을 일으키고 싶다는 것이 다국적기업이 창출하는 규모의 경제성이나 범위의 경제성의 경쟁우위성 이상으로 차별화의 핵심으로 되었기 때문이다.

분명히 전략제휴에서도 시간의 단축은 가능하다. 그러나 전략제휴의 경우 파트너가 있는 이상 경영자원을 자사의 전략 로직(Logic)만으로 매니지먼트하기는 불가능하다. 시간을 단축하고 그 경영자원을 완전히 자사의 전략 로직으로 운영할 수 있는 것이 매수전략의 본질적인 특징이다.

회사를 산다는 것은 당연한 일이지만 단순히 상품을 매수하는 것과는 원칙적으로 다르다. 기업이란 것은 단지 설비나 건물이 모인 유형자산의 집합체가 아니라 사람, 물자, 돈, 정보가 모인 집합체이다. 따라서 단지 시간을 단축할 수 있기 때문이라는 식의 안이한 생각으로 매수전략을 이용해 실패하는 경우가 많다.

매수전략에 성공하려면 전략제휴를 하는 경우와 마찬가지로 먼저 매수에 대한 명확한 비전을 가져야 한다. 즉 그 기업매수가 정말 자사의 향후 글로벌 전략 전개에 필요한가를 장기적인 관점에서 고찰하고 원가와 이익을 감안해야 한다.

02_ 글로벌 기업

글로벌 시장은 기업에서 많은 고객의 이익 그리고 더 우수한 제품이나 서비스 라이프사이클을 제공한다. 글로벌 공장은 저렴한 코스트, 높은 생산성 그리고 외국의 과학기술에 접근할 기회를 제공한다. 또 글로벌 금융시장은 벤처캐피털이며 경감된 리스크, 세제상의 혜택을 제공받기도 한다. 그런데 왜 글로벌화 하는가? 그것은 살아남기 위해서다.

글로벌 기업으로의 변천에 대해서는 발전적인 다음 4단계로 설명한다.

1. 국제화 – Internationalization

국제화란 국내기업이 천천히 국제적인 관련성을 넓혀가는 단계를 말한다. 기업이 자국내에 기반을 쌓는 일로부터 시작하여 서서히 독립적인 지역을 확대해 나간다.

국내기업이 국제화하는 첫 단계가 수출입 라이센스 계약이며 국제화의 계단을 단번에 뛰어 올라서는 기업은 거의 없다. 도리어 기업은 해외의 파트너와 서로 영향을 주고받음으로써 해외시장에서 국제적인 업무 지식을 서서히 터득하면서 국제화를 진행하게 된다. 언어 장벽이나 문화적 이질성은 새로운 기회를 획득하는 데 큰 장벽이 된다.

국내기업이 국제화를 추진할 때 그 첫 걸음은 직접적 혹은 간접적 수출, 라이센스 계약, 제조계약, 기술협정, 텅키 오퍼레이션(매도측이 충분히 장비된 공장 등의 시설을 매수측의 근로자에 대한 교육 훈련도 함께 매각한다. 매각 후의 운영은 모두 매수측의 인원으로 이루어진다), 조인트 벤처 등의 형태를 취한다.

(1) 국제적 기업의 정의

① 복수의 국가에 연관되는 비즈니스이다.

② 여러 단계의 세계를 지향하는 비즈니스에 관여하는 기업을 일컫는 총칭이다. 이같은 기업은 수출입, 라이센스 계약으로부터 복수 국가에 걸친 전면적인 현지생산에까지 이르고 있다.

③ 그 시점에서 직접적으로 해외투자는 하지 않고 해외 비즈니스에 관여하고 있다.

100%의 소유권이 있는 해외 자회사에 직접적인 투자를 시작하기 전의 비즈니스는 국제화의 단계이다. 자회사가 설립되고 어느 정도 지나서 다국적화의 단계에 들어간다.

2. 다국적화 – Multinationalization

다국적화는 국제적인 기업이 해외에서 100% 출자한 자회사에 대해 직접적인 투자를 시작한 뒤 얼마 지난 시점에서 일어난다. 다국적 기업으로 인정받기 위해서는 어떤 수준 이상의 해외사업이 있어야 한다. 다국적화하는 가장 일반적인 이유는 수출에 대한 여러 나라의 장벽을 극복하는 것이다.

또 그들의 제품을 현지 수요자에게 적응시키며 재고나 수송 원가를 삭감하고, 해외의 기술개발 정보를 수집하고, 저리의 자금을 조달하고, 법인세를 경감하는 등의 목적으로 다국적화를 도모하는 것이다.

(1) 다국적 기업의 정의

① 여섯 군데 이상의 해외생산 거점을 가진 기업

② 적어도 한 개 나라에서는 충분한 이익을 낸 상태에서 복수의 국가에서 기업활동을 하고 있고 경영진은 다국적에 미치는 선택사항들 속에서 의사결정을 하지 않으면 안 되는 기업

③ 어느 한 나라에 사업의 거점을 가지고 있는 복수의 국가에서 많든 적든 통합화된 생산 혹은 서비스 자회사를 가진 기업

④ 수개 국에서 사업을 전개하는 제조업 : 그것은 국제적 기업의 자산에 어떤 형태로건 관여하고 있고 복수의 국가에서 국제적인 생산을 하고 있다. 또 그 경영에 관해서는 세계적인 안목을 가지고 있다.

⑤ 그 나라에 필요한 만큼만 생산한다. 여러 나라에 있는 독립된 자회사의 컨그로머리트(복합기업)

⑥ 국경에 구애 받지 않고 회사의 자산을 분배하고 있지만 소유권이나 톱 매니지먼트는 그들 각기 나라에 속하고 있는 기업

⑦ 글로벌에 걸맞는 규모로 전략적으로 사업을 전개하려고 하는 기업

⑧ 그들의 중요사업을 적어도 복수의 국가에서 전개하는 기업

⑨ 수익을 올리고 있는 자산을 복수의 국가에 소유하고 있는 기업. 그러나 이것을 충족하기 위해서는 6개 나라 이상에서 사업을 하고 있고 그러면서 그 사업이 그 나라의 정책이나 행동에까지 영향을 미칠 정도로 중요한 것이어야 한다. 실제로 연간 매출액이 10억 달러 미만의 다국적 기업은 무시된다.

⑩ 세계 아무데서고 벌이고 있는 사업들이 그 개개의 것이 모두 독립적인 것이고 그가 있는 나라의 시장에 의존하고 있는 기업

⑪ 수개 국에서 사업을 전개하고 그 제품과 사업내용이 그들 시장에 적응하도록 비교

적 높은 코스트를 들여 조정하고 있는 기업

다국적기업은 다른 다국적기업이나 현지 기업과 시장마다 경합하게 된다. 각 자회사는 각국에서 본질적으로 독립된 기업으로 경합하게 된다. 관리는 기본적으로 분권화 되고 자회사는 현지의 연구개발, 생산, 마케팅, 유통의 의사결정을 위임받고 있다.

3. 초국적화 - Transnationalization

다국적화가 일보 전진한 단계이다. 다국적기업은 나라마다 그 나라에 소유되고 관리되지만 초국적화 기업은 국경을 넘어서 소유되고 관리된다. 초국적기업과 다국적기업을 혼동하는 학자가 있을 정도이다.

(1) 초국적기업 정의

① 그 기업의 소유와 관리가 모두 국경을 넘어선 기업

② 국적이 다른 사람들에 의하여 소유되고 관리되는 다국적기업

③ 사원들에게 잠재적으로 존재하는 심리적인 내셔널리즘(국가주의)을 의사결정에서 배제하고 그 나라 법률 범위 안에서 기업의 자산을 가장 효율적으로 배분하는 기업

④ 생산 혹은 서비스 설비를 그들이 소재하고 있는 나라 밖에 소유하고 관리하는 기업

초국적화는 그 기업의 종업원이나 경영자로부터 국적을 제거하는 것이라고 말해도 과언이 아니다. 국적의 동일성은 의사결정에 있어 모국으로 향하는 편향성을 배제하는 것으로 능가된다. 기업을 무국적의 형태로 하는 것이 그 나라의 사회며 문화에 과연 바람직한지 어떤지의 문제도 제기된다.

4. 글로벌화 - Globalization

글로벌화는 기업이 가장 낮은 금리로 돈을 빌리고 가장 싼 값으로 원자재를 구매하고 가장 싼 상품을 생산하여 제품을 가장 높은 이익으로 팔고 그 수익으로 가장 효율성 있는 투자를 하는, 세계를 무대로 하는 조정 시스템이다.

글로벌 기업은 마치 세계가 단일체인 양 행동한다. 그것은 국내시장을 넘어선 글로벌의 활동을 강조한다. 경영에는 국적에 구애받지 않고 최적의 인재를 배치한다. 그 기업의 총 본사는 세계 어느 곳에라도 있을 수 있다.

(1) 글로벌화의 기본 방침

① 지구상에서 잡을 수 있는 최상의 기회를 구한다.

② 세계에서 가장 위험성이 적고 가장 큰 수익을 올릴 수 있는 투자를 한다.

③ 세계에서 가장 경제적인 곳에서 원자재며 반가공품 또는 제조부품을 구매한다.

④ 가장 효율적인 곳에서 부품이며 최종제품을 제조한다.

⑤ 가장 수익성이 좋은 곳에서 제품을 판다.

⑥ 세계 속에 있는 우수한 인재를 채용한다.

⑦ 세계 속에 있는 기술력을 구사하여 알맞은 코스트를 실현할 수 있는 곳에서 연구개발한다.

(2) 글로벌 기업의 정의

① 글로벌에 타당한 안목과 시야를 가진 국제적 기업으로 국내 사업은 국경을 넘어서 통합된 세계의 각지에 있는 사업을 총괄하는 기능을 다하기 위하여 존재하는 것이다.

② 각국에 있는 많은 시장을 조화된 방법으로 경제적(혹은 기타의) 우위성을 살려서 경합하는 기업

③ 지구상에서 거의 획일적인 상품을 판매하고 그에 따라서 국경을 넘어선 사업을 하는 기업. 그것은 3개 대륙에서 부품을 구매하고 조립하는데 노동력이 가장 싼 나라에 배로 운반하고 소비자와 가까운 공장에서 최종적인 조정을 한다.

④ 복수의 나라에 독자적 판매 및 제조 자회사를 설립하거나 기타의 수단으로 세계시장에 진출하려고 도모하여 그들 자회사를 감독하며 국경 등 지역적 경계선을 넘어 글로벌적 안목으로 설계 및 마케팅을 하며 제조 재무 등의 기업전략을 전개하는 기업. 글로벌 기업은 일반적으로 다국적기업 혹은 초국적기업으로 불린다.

⑤ 1/3 이상의 매출을 해외시장에서 올리는 기업

⑥ 그들 제품을 전 세계 시장으로 내놓을 수 있는 광범위한 네트워크를 통해 경쟁 상대와 싸우는 기업. 그 국적에 구애받지 않고 글로벌기업은 해외에서 경쟁하는 수익원에 대해 국경을 넘어선 생산으로 균형을 유지하려고 한다.

⑦ 세계(혹은 세계의 주요지역)가 균질성을 가지고 있거나 한 것처럼 비교적 낮은 코스

트로 일정한 행보로 사업을 전개하는 기업. 즉 같은 것을 어디서나 같은 방법으로 판매한다.

⑧ 세계를 단일 시장으로 간주하는 기업, 혹은 초국적기업, 효율성이 가장 좋은 곳에서 생산, 조사, 자금 조달, 부품을 구매한다. 세계 속의 과학기술과 시장의 방침을 파악하고 있지 않으면 안 된다. 국경이나 국내법은 아무 관계가 없거나 단지 방해물에 지나지 않는다. 총본사는 어디에 있든지 관계없다.

그 기업이 어떤 업종에 속하고 있는지는 글로벌화하기 위한 중요한 요인이다.

글로벌화는 코스트의 삭감이나 그 기업의 이미지라는 점에서 세계시장을 상대로 한 양산(量産)에 의한 혜택을 입을 수 있는 업종에 가장 적합한 방법이다. 그 같은 업종으로는 자동차, 철강, 화학, 연료, 시멘트, 농작물, 농기구, 토목 건설, 금융 보험, 컴퓨터, 반도체, 출판, 수송, 전기기기, 제약, 전신 전화 등을 들 수 있다.

글로벌 마케터는 문화적 특성이 다른 시장에 대응하기보다는 수적으로 적은 균질화된 세계시장을 전제로 하여 그 기업의 마케팅 전략을 세운다. 기업은 첨단기술의 혜택을 받은 기계적이고 신뢰성이 높은 가격이 싼 세계적으로 획일화된 제품을 생산한다.

글로벌기업은 제품의 특별사양이나 다양화를 부정하는 것이 아니고 표준화를 도모하는데 모든 노력을 경주한 뒤라야 제품의 기호의 다양성을 조정하게 된다.

세계무역이며 해외투자가 매력적이고 자극적인 테마로 된 오늘날 기업이 글로벌화를 지향하게 되는 최대의 이유는 살아남기 위해서이다. 국내시장을 벗어나 밖으로 나갈 때 비즈니스는 국제적인 것이 된다. 그것은 수출에서부터 조인트벤처에까지 다양하다.

100% 소유인 해외 자회사에 대한 투자가 시작되면 비즈니스는 다국적화 하게 된다. 글로벌기업이 살아남을 수 있는지의 여부는 효과적인 전략을 구축할 수 있는지 없는지의 여부에 달려있다.

가장 전략적인 선택의 하나는 경험이 풍부한 파트너와 전략적인 제휴관계를 갖는 일이다. 제휴에 의하여 코스트를 분담하고 공유할 수 있는 자원을 개발하여 문제해결에 있어서의 상승효과를 창출할 수 있다.

03_ 국제 비즈니스 협상기술

능숙한 협상자는 문화적 차이를 인식하고 그에 알맞게 잘 대처하면서 "서로의" 이익을 위하여 교섭을 전개한다.

1. 국제 비즈니스 협상을 위한 준비

① 교섭 전체의 목적이 무엇인가? 지금 만나는 목적이 무엇인가?

② 어느 부서와 또 어떤 인물과 관련되어 있는가? 교섭실적은 있는가?

③ 주로 교섭해야 할 쟁점을 열거한다.

④ 이번 교섭에 있어서 자신의 명확한 목적은 무엇인가?

⑤ 문서, 텔렉스는 물론 그 외의 서로 주고받은 모든 정보를 재확인할 것

⑥ 프레젠테이션은 누가 할 것인가? 당신 팀에서 상대국의 언어를 잘 하는 사람은 누구인가? 통역이 필요한가?

⑦ 팀 구성원 각자의 역할은 무엇인가? 어떤 단계를 밟아가면서 교섭할 것인가?

상기 7개의 핵심사항을 반대로 교섭상대의 입장에서 점검해본다.

2. 다른 팀 구성원과 공동으로 할 준비사항

① 각 구성원의 역할을 결정한다. 기술, 판매, 교섭 분야에서 적합한 인물은 누구인가?

② 각 구성원의 장점과 단점을 5개씩 열거한다.

③ 교섭 전, 중간, 교섭 후에 맡을 각 구성원의 역할과 책임을 명확하게 한다.

④ 목적, 전략, 어프로치 방법에 관해 의논하고 의사가 통일되도록 한다.

팀 구성원이 각각 교섭을 어떻게 파악하고 있는지에 대해 의논한다. 즉 ① 서로의 친밀한 협력관계를 구축한다. ② 교섭에 관한 경험의 정보를 공유하도록 한다. 위에 기술한 일들에 대해 어떻게 해야 달성할 수 있는지 의논한다.

3. 조건의 재확인

다른 팀 구성원들과 같이 확인해야 한다.

전략 … 머리를 짜내고 만든 작전계획. 즉 일련의 목표에 도달하기 위한 작업계획

전술 … 계획 속에 구축된 입장에 관하여 우위성을 획득하기 위해 취하는 일련의 행동

기동성 … 전술에 의하여 획득한 성과를 지키기 위한 예정에 없던 전략에 관한 의논

4. 우리들의 교섭에 영향을 미치는 12개의 변수

① 어떤 교섭이 될 것인가? … 분배적 거래/공동의 문제 해결/토론/그때그때의 조건에 따른 그 자리에서의 거래/방향성이 없는 의논

② 교섭자는 어떻게 선정되는가? … 지식/교섭 경험/개인적 특성/지위

③ 의논되는 쟁점은 … 실질적/인간관계를 기본으로/절차상의/개인 상호간의

④ 외교적인 의례 … 형식에 치우치지 않는 ↔ 형식에 따르는

⑤ 콘텍스트(context 언어의 사용) … 얕은 수준의 콘텍스트 ↔ 높은 수준의 콘텍스트

⑥ 의논한 사항은 어떻게 해결되는가? … 명확한 이유의 존재/경험/도그마(Dogma)/감정/제도

⑦ 팀 구성원은 … 개인 ↔ 집단

⑧ 신용은 어떻게 구축되는가? … 외부로부터의 제재/과거의 실적/제도

⑨ 리스크를 범할 가능성 … 높다 ↔ 낮다

⑩ 시간을 쓰는 방법 … 시간은 한정되어 있다 ↔ 시간은 얼마든지 있다

⑪ 결정은 … 권위에 의하여 ↔ 합의에 의하여

⑫ 합의는 … 계약에 의하여 ↔ 암시에 의하여

CHAPTER 2

중소기업의 활성화 전략

중소기업이 크게 성장하려면 무엇보다도 먼저 조직 자체를 살아있는 조직, 활력있는 조직으로 만들어야 한다. 이 장에서는 중소기업의 활성화에 대해 집중적으로 점검하였다. 시대의 흐름을 파악하고 침체의 늪에서 벗어날 수 있는 신규사업개발의 활성화, 신제품 개발의 활성화, 기술력의 활성화, 판매력의 활성화, 설비투자의 활성화, 기업매수의 활성화 등 획기적인 중소기업의 활성화 전략을 제시했다.

01

경영전략의 활성화

01_ 경영전략의 성공조건

경영전략을 두 가지 측면에서 보면 첫째, 자사의 강점을 최대한 살리고 경쟁상대의 약점을 최대한 공략하는 것이라 말할 수 있다. 전쟁을 예로 들면, 적의 가장 약한 전선에 아군의 힘을 집중시켜 공격하는 것이 된다.

둘째, 자사와 경쟁상대의 관계를 '경쟁의 균형관계'로 생각하는 것이다. 성공적인 전략이란, 지금의 균형상태를 무너뜨리고 자사에 더 유리한 균형관계로 다시 만들어내는 수단이라고 말할 수 있다.

그러나 어떤 방법으로 전략을 세우든 항상 어려운 문제가 발생한다. 왜냐하면 전략이 세워졌다 할지라도 회사의 목적과 목표, 그것을 달성하려는 능력이 전략과 일치하지 않기 때문이다. 되지도 않을 일을 노리는 것은 좋은 전략이 아니며 경영자원의 낭비이다.

반대로 지나치게 작은 목적에 만족하면 기업을 키울 수 없다. 따라서 올바른 목표를 설정하여 어느 정도 성공할 수 있는가를 미리 판단해야 한다. 왜냐하면 목표가 정해지지 않으면 전략도 정해질 수 없기 때문이다.

대부분의 회사에서 볼 수 있는 경영전략은 경영자의 육감에 의존한 것이거나 과거에 성공을 가져오게 한 방법을 그대로 답습한 것이라고 할 수 있다. 그러나 기업환경의 변화가 격심한 오늘날, 이것만으로는 살아남지 못한다.

어떤 회사든 장기간에 걸쳐 실적을 유지하기 위해서는 지금까지 그 경영이 잘 되어 왔다 하더라도 회사의 목표와 경영자원, 경쟁관계를 완전히 새로운 시각에서 점검하면서 전략을 바꾸어 나가지 않으면 안된다.

기업경영에서 성공을 거둔다는 것은 새로운 경영방법을 연구 · 도입 · 활용하여 경쟁상대를 넘어뜨리는 것으로 이것이야말로 전략에 의한 진정한 승리이다.

좋은 전략이란 경쟁상대의 약점을 향하여 자사의 강점을 집중 공격하는 것이다.

성공하기 위해서 갖추어야 할 전략조건은 너무도 많다.

1. 경쟁상대의 특성(경영이념 · 행동경향을 포함)을 자세히 알지 않으면 안된다.
2. 경쟁이 이루어지는 환경도 충분히 이해하여야 한다.
3. 경쟁상대와 비교하여 자사의 장점을 정확하고 객관적으로 평가하지 않으면 안된다.
4. 이미 알려져 있는 자사의 장점을 행사하는 것이 전략이라고 생각해서는 안된다. 만약 그렇다 치면 전략 따위는 필요가 없다. 계획만 있으면 된다.
5. 전략이 성공하면 경쟁상대와 안정을 유지해야 한다.
6. 경쟁상대의 배후를 치는 식으로 경영하면 회사 안에 불안과 동요가 일어나기 쉽다. 전략 목표는 아무런 의아심도 일어날 수 없는 정당한 것이어야 한다.

전략개요가 만들어지면 공격전술이 선택된다. 경영자원을 어디에 어떻게 집중시킬 것인가에는 여러 가지 관점이 있다.

1. 가장 공격하기 쉬운 부문의 시장을 선택한다.
2. 경쟁상대의 능력으로는 반격해 올 수 없는 제품 또는 시장을 선택한다.
3. 경쟁상대가 자금을 투입하기 싫어하는 제품 또는 시장을 선택한다.
4. 새로운 테크놀러지가 만들어 내는 시장 가능성을 조기에 잡는다.
5. 경영 스타일 · 방법 · 시스템의 차이, 예를 들면 간접비 비율 · 유통경로 · 시장 이미지 · 전략의 유연성 등의 차이를 연구한다.

선제공격의 값어치가 얼마만큼 있는가는 경쟁상대가 언제 어떻게 반응해 오는가에 따라 달라진다. 따라서 효과적인 전략이란 선제공격으로 상대가 아무런 손도 쓰지 못하게 하는 일이다. 이것이야말로 전략의 본질인데 이것이 너무도 무시되고 있다. 전략에서 성공한다는 것은 경쟁 상대에게 싸움을 그만두도록 촉구하는 것이다. 상대에게 심리적 압박감을 주어 심리적으로 승리하는 것이 중요하다.

상대방의 정신을 다른 곳으로 돌리고 반격을 못하는 작전에는 다음과 같은 것이 있다.

1. 주의를 기울일 정도의 가치가 전혀 없는 것으로 생각하게 한다. 반격하기에는 시장이 지나치게 작다고 생각토록 하기 위해 시장의 일부만을 경쟁상대의 상권 속에 침투시킨다. 이런 행위를 되풀이하여 확대해 나간다.
2. 공격해도 소용없다고 생각하게 한다. 경쟁상대가 자사에서 한 것과 같이 흉내를 내어 반격해도 그 이상의 시장전략이 준비되어 있어 소용없는 결과를 낳게 된다고 믿게 한다.
3. 눈치 채지 못하게 한다. 모든 것을 비밀리에 진행하여 신제품이나 지혜를 상대에게 알리지 않는다. 그들이 알아챘을 때는 이미 때가 늦어 어떤 유효한 반격도 할 수 없도록 한다.
4. 주의를 딴 데로 쏠리게 한다. 경쟁상대의 주의를 매출이 큰 지금까지의 시장에 그대로 집중시키게 하며, 자사가 노리고 있는 장래성이 큰 시장침투를 눈치 채지 못하게 한다.
5. 반대로 주의를 과도하게 집중시켜서 불신감을 조장시킨다. 신제품 또는 신정책의 장래성에 대하여 과대선전을 계속하면 이같이 된다.
6. 이성을 잃은 것처럼 생각하게 한다. 감정적으로 일시적인 전략인 것처럼 보이게 전략을 써서 상대가 반격할 필요가 없다고 생각토록 한다.

다음 질문들에 대해 경쟁상대보다 더 나은 답을 낼 수 있는 사람은 전략 면에서 한 걸음 앞서 있다고 말할 수 있다.

1. 경쟁상대의 코스트는 어느 정도인가? 신제품의 가격은 얼마로 하면 좋겠는가?
2. 한 제품에서는 이익을 올렸는데 다른 제품에서는 손해를 보았다. 그 이유는 무엇인가?
3. 어떤 제품에 지금 이상의 시장 점유율을 확보하기 위해서는 얼마만큼의 돈을 들여야 하는가? 다시 말해서 시장점유를 확대하는데 코스트는 대체로 얼마나 소요되는가?
4. 가격을 내려야 하는가? 내린다면 언제, 어느 정도 내려야 하는가?
5. 생산능력은 어느 정도 증가시켜야 하는가? 시킨다면 언제인가?
6. 내년의 가격은 어느 정도일까? 5년 후는 어떻게 될까?
7. 자사의 제품가격은 왜 급속히 떨어졌는가? 언제 이 내리막길은 끝날 것인가?

이들 문제는 모두 하나의 기본적 질문에서 파생한 것이다. 어떤 회사가 다른 회사에 대하여 압도적으로 우위의 업적을 올리고 있는 이유는 무엇인가? 경영에 성공하기 위한 기본적인 '룰' 이 있는 것인가?

그렇다. 성공하기 위한 '룰' 은 엄연히 있다. 한 마디로 말해서 누적된 경험에 의하여 어떤 회사의 코스트, 업계의 평균가격, 그리고 이 양자의 관계에서 어떻게 극적인 효과를 주고 있는가, 이것이 성공의 '룰' 을 푸는 열쇠인 것이다.

02 경영전략의 수립방법

모든 회사는 자사가 격심한 경쟁 속에서 경영하고 있다고 생각한다. 경쟁상대야말로 자사의 높은 이익 또는 고도성장의 큰 장애물이라고 생각하고 있다. 문제는 경쟁상대와 어떻게 싸우느냐 하는 것이다.

전략이란 자사와 동일하거나 자사보다 우수한 회사를 상대로 하여 우수한 성과를 기대할 수 있도록 자사의 경영자원을 이용하는 기법인 것이다.

경쟁상대와는 3가지 게임, 즉 우연성으로 판가름나는 게임, 기능으로 판가름나는 게임, 전략으로 판가름나는 게임을 한다. 여기서는 전략을 논하고 있으므로 우연성과 기능의 배분은 서로 같다고 가정한다.

그러면 상대보다 우수한 전략은 어떻게 만들어내는가?

회사는 각각 다른 특성을 가지고 있다. 서로 다른 역사와 전통, 다른 경영자원, 다른 이미지, 다른 경영방식, 때로는 다른 목표를 가지고 있다. 이들 특성이 선택되는 전략에 따라 장점으로도 되고, 단점으로도 된다. 이 특성이 존재한다는 것이 전략선택에 중대한 의미를 갖는다.

또한 자사의 목표도 경쟁상대의 목표도 명확히 되어 있는 것은 아니라고 가정한다. 회사의 목적은 단기이익에 놓이는가, 장기이익에 놓이는가, 성장인가 이익인가, 자산의 상장인가 결산서상의 이익성장인가, 안정성인가 성장성인가, 배당금 중시인가 성장중시인가, 주주 · 종업원 · 채권자 기타 어디에 중점을 두고 생각하는가의 차이에 의하여 회사의 목표가 모두 달라진다. 또 미래사회는 테크놀러지, 시장, 경쟁회사에 꽤 큰 변화를 가져다 줄 것이다. 이 변화를 고려하지 않는 전략은 있을 수 없다.

이상과 같이 가정하면 전략수립의 출발점은 다음과 같은 작업이 된다.

1. 자사의 사업분야를 명확하게 정의한다.
2. 이 사업분야의 유력한 경쟁회사를 열거한다.
3. 그 경쟁회사와 자사와의 차이점을 열거한다.
4. 경쟁관계를 좌우하는 기업환경 변화를 예측한다.
5. 자사의 전략목표를 정할 때 경쟁회사의 목표와의 차이점을 되도록 명확히 한다.

이들은 모두 명확한 요인이지만, 하나가 변화하면 모든 작업을 재검토해야 한다. 전략수립에서 가장 어려운 작업은 전략개념을 어떻게 정하느냐 하는 일이다.

우수한 전략에는 다음과 같은 조건이 있다.

첫째, 경쟁상대와는 다른 길을 갈 것

둘째, 경쟁상대가 적극적으로 활동하려고 해도 그것이 헛되게 선제공격을 취할 것

셋째, 경쟁상대의 방법과는 완전히 다르면서 자사에 보다 유리한 결과를 가져오는 길을 택할 것 등이다.

전략에서 성공하는 요인은 경쟁상대와의 차별화, 행동 면에서의 차별화이다. 따라서 일반적으로 모든 업계에서 채택하고 있는 정책이나 계획만을 변함없이 고집한다면 다른 회사를 앞질러 나갈 수가 없다.

결국 전략수립은 자사와 경쟁상대의 차이점을 잘 이용할 수 있는 방법이나 수단을 찾는 일이다. 그 수순은 다음과 같다.

1. 우선 현재의 사업에서 출발한다.
2. 사업의 특성상 적절하다고 생각되는 장래의 기간을 정하고 기업환경에 일어날 변화를 예측한다. 시장 · 테크놀러지 · 업계 전체의 생산량 · 경쟁회사의 수법이 어떻게 변하는가?
3. 이 기간에 정책이나 경쟁활동을 거의 현재의 상태대로 계속한다면 자사의 업적은 어떻게 될 것인가를 예측한다.
4. 위의 결과가 완전히 만족할 만한 것이라면 여기서 작업은 끝난다. 만약 완전히 만족할

수 없는 것이라면 다음 작업을 계속한다.

5. 경쟁상대와 비교하여 자사의 장점과 약점은 어디에 있는가를 평가분석한다. 전략상 무시할 수 없는 모든 요인(재무 · 마케팅 능력 · 테크놀러지 · 코스트 · 조직 · 도덕성 · 평판 · 경영자의 능력 등)에 대하여 평가분석하지 않으면 안된다.
6. 자사의 정책이나 전략과 경쟁상대의 정책이나 전략의 차이를 분석한다.
7. 경쟁상대와 비교하여 입지를 유리하게 할 수 있는 전략상의 수정사항은 없는가를 찾아본다.
8. 가정된 전략수정안(위험상대로부터의 반격, 회수자금의 예상액)에 대하여 평가분석하고 허용되는 최저의 업적이 달성되는지의 여부를 평가분석한다.
9. 그 결과가 만족되면 전략수립작업은 끝내고 전략실천안 작성에 전념한다.
10. 결과가 만족할 수 없는 것이면 현재의 사업범위를 넓혀서 지금까지의 작업과정을 다시 한 번 되풀이한다. 사업범위의 정의를 다시 한다는 것은 이미 개척된 시장에 지금까지 취급하지 않았던 다른 제품을 팔 수 있는 길을 생각하는 것을 의미한다.
    경우에 따라서는 현재 취급하고 있는 제품을 지금까지와는 전혀 다른 시장에서 판매하는 방법도 있다. 흔하지 않은 예이기는 하지만 기술력 또는 자금력으로 새 제품과 새 시장을 동시에 개척하는 경우도 있다.
11. 현재의 사업만으로 만족할 수 없어 사업범위를 넓혔는데도 만족할 만한 결과가 나올 가망이 없다고 판정되면 취할 수 있는 길은 ① 사업목표치를 낮춘다. ② 단호히 철퇴할 길을 찾는다.

전략수립의 중요한 요인은 전략개념의 수립이다. 그것을 잘 해내기 위해서는 참모진에 의한 연구조사가 필요하지만 본질적으로 말해 번뜩이는 경영자의 육감에 의존하지 않을 수 없다.

03 경영자의 리더십

경영자의 기본적 역할은 조직의 리더가 되는 일이다. 조직의 목표를 설정하고 종업원의 행동을 평가하는 기준을 정하여 그에 따르는 포상을 하고 조직 내의 계급과 지위를 정한다.

이것에 의하여 조직이 지향해야할 방향을 확실히 하고 동시에 의욕을 고취시킨다. 또 부하에게 지위를 부여하고 권한을 주어 자기의 영향력을 심어 놓는다.

이들 경영자들이 하는 모든 일은 경영자들이 중요하다고 생각하는 일에 종업원의 주의를 집중시키는 것이다. 어느 방향으로 리드하든 경영자는 우선 리더가 아니어서는 안된다. 그렇지 않으면 경영자의 임무를 다할 수 없다.

많은 경영자들이 조직의 내부관계에만 주의를 기울인다는 것은 참으로 딱한 일이다. 회사의 중요한 일은 내부에서만 일어나고 외부에서는 일어나지 않는다고 단정하여 내부통제에만 정력을 집중하고 있다. 그러나 내부통제를 잘하고 잘못하는 것만으로 회사의 업적이 좌우되는 것은 아니다.

통제가 엄하게 내려지고 있다는 것은 각 부문의 활동이 지향하고 있는 목표에서 크게 벗어나 있음을 가리키는 것에 지나지 않는다. 경영성적이 좋든 나쁘든 그 이유를 밝히는 것이 중요하다. 현재의 경영부진 사유도 밝히지 못하는 회사가 장래계획을 어떻게 가질 수 있겠는가?

성장목표를 고려할 경우, 달성하여야 할 성과는 무엇이고 그 목표 달성에는 어떤 수단을 써야하는가에 주목해야 한다. 연간 얼마만큼(%)의 성장목표를 세웠다고 해서 그것만으로는 별 의미가 없다. 적절한 성장계획이란 달성 가능한 목표를 설정하고 그 목표를 달성하기 위해 사용하여야 할 수단을 명시하지 않으면 안된다.

그러기 위해서는 지나치게 낙관적이어서도 안 되고 너무 연약해서도 안된다. 달성 불가능한 목표를 세우면 종업원의 의지와 사기를 저하시킬 뿐 아니라 아무리 많은 경비를 들여도 목표달성은 어렵고 자원과 노력의 낭비만 초래한다.

그러면 목표를 달성시키려면 어떻게 해야 하는가? 자사가 경쟁상 유리하게 싸울 수 있는 사업분야는 무엇인가, 지금 막 변화가 일어나고 있는 사업분야는 어느 쪽인가 2가지를 찾아내어 거기에 힘을 집중시키는 능력을 제고하지 않으면 안된다. 경쟁상의 유리함이 없으면 이익을 기대할 수 없으며, 변화가 없으면 강력한 적의 견고한 방어벽을 무너뜨릴 기회를 잡을 수가 없다.

경영자의 의사결정이 회사의 운명을 좌우한다. 리더로서의 경영자가 회사목표와 전략결정에 전념하면서 멋진 수완을 발휘하기 위해서는 참모들의 분석이나 제안을 중히 여기면서 자기의 지식과 지혜를 집중 발휘할 수 있는 의사결정을 내려야 한다.

경영자가 강력한 리더이면 강력한 조직을 만든다. 강력한 조직에는 또 강력한 리더십이 필요하다. 강력한 리더십이 있으면 최고 경영자의 목표와 이념이 충분히 전달된다.

그러나 이것이 잘 전달되기 위해서는 리스크 · 결과 · 계획 · 개념 · 능력 · 경쟁상대 · 기업환경에 관한 정보가 매우 정확히 아래로부터 위로 전해져야 한다. 현실과 격리되어서는 리더십을 발휘할 수 없다.

리더는 리드하지 않으면 안된다. 리드하기 위해서는 사람들 말에 귀를 기울이면서 의사결정을 내리지 않으면 안된다. 자기가 세운 목표를 주위에 전달함과 동시에 통제력을 발휘하지 않으면 안된다.

과거로부터 행해져 오고 있는 관행을 경영자가 일시에 바꾸려들면 여러 가지 문제가 일어난다. 조직 구성원의 사고나 행동의 기초가 되고 있는 사고방식을 뜯어 고치지 않으면 안 되기 때문이다. 또 경영자 자신이 회사에서의 자기의 역할까지 다시 생각할 필요가 생기게 된다.

아무리 유능한 경영자라도 현재의 조직상태를 단시일 내에 자기 가슴속에 간직한 모습으로 바꿀 수는 없다.

변혁하기 위해서는 현재의 인간관계의 구조나 조직 내의 전통을 없애버린 뒤, 새로운 사회관계를 탄생시켜야 된다. 역사상 전해지고 있는 혁명은 바로 이것을 해낸 것이다.

그러나 혁명을 완성하기까지의 과도기에는 혼란과 생산성의 커다란 로스가 동반되는 것은 말할 것도 없다. 회사의 규모가 어떠하든 경영자가 자기 스스로 그린 청사진을 그대로 조직에 밀어붙이지는 못한다.

많은 회사의 비극은 경영자가 자기만의 장래에 대한 비전에 도취되어 경영자 이외에는 이해할 수도 없고 따라서 찬성할 리도 없는 제안을 강행한데서 일어난 것이다.

02

경영계획의 활성화

01 경영계획을 만드는 발상으로 전환하라

목표가 '장래에 대한 의지를 구체적으로 표현한 것' 이라면, 계획은 '목표를 달성하기 위한 방침 · 수단 · 스케줄 · 예산을 보다 구체적으로 표현한 것' 이다.

중장기 경영계획은 한마디로 말해 현재의 연장선상에서 계획되어져야 한다. 금년도 매출이 50억 원이면 내년에는 10% 높여 55억 원, 다음 해에 같은 10% 성장으로 60억 5천만 원… 이런 식으로 숫자를 늘려간다.

이 매출확대의 숫자를 기준으로 하여 판매계획 · 생산계획 · 인사노무계획 · 경리재무계획 등 세부계획을 진행시킨다. 어느 계획도 현재의 연장선상에서의 발상이므로 회사의 핵심은 근본적으로 아무것도 변하지 않는 상태에서 계획을 쌓아가는 것이 된다.

이런 중장기 계획을 세우는 것은 간단하다. 경영자가 '매년 10% 성장해가자' 는 말 한마디로 모두들 기계적으로 매년 10% 상승시켜가면 된다.

예를 들면, 1년 매출액이 20억 원 정도의 회사가 100억 원의 기업으로 성장되기를 바란다면, 현재 발상형(현재에서 장래를 정한다)의 경우는 20억 원을 출발점으로 하여 '이 정도면 가능할 것이다' 라는 적당한 성장을 매년 곱해서 증가시켜 간다. 가령 10%의 신장률로 하면 대략 17년 후에 100억 원 기업에 도달하게 된다.

성장이 너무 느리다고 생각하는 경영자는 성장률을 적절히 바꿔서 앞당긴다. 어쩐지 숫자놀이 같이 보이지만 사실이 그렇다. 현재 발상형의 계획이란 자칫 숫자놀이 같은 계획으로 되기 싶다.

장래 발상형은 '10년 후에 100억 원의 기업실현' 이라는 목표를 먼저 세우고, 정량적(定量的)으로 9년 후 90억 원, 8년 후 80억 원… 이처럼 장래에서 현재를 향하여 숫자를 메워간다. 9년 후, 8년 후 쯤은 사실 다소 애매해도 되지만 5년 후 이하의 중간계획의 시야에 들어서면 구체적인 숫자를 계산해 내야 된다.

예를 들면 5년 후에 50억 원의 기업이라는 단계적 목표를 세워, 앞으로 5년간의 구체적인 숫자만 계획화하고 남은 5년은 2배로 늘리면 된다.

10년 후 100억 원 기업의 중간단계로 5년 후에 50억 원이라는 목표를 설정했으면, 이 5년간에 2.5배로 하는 코스를 생각한다. 그리고 이 2.5배로 해가는 코스야 말로 계획의 핵심이다.

현재 발상형 계획은 말하자면 안이한 진행계획(계획이라기보다 예측)에 지나지 않는다. 그런 발상으로 기업 개혁을 한다는 것은 이제 심각하게 고려해 봐야 한다.

아래의 중장기(中長期) 경영계획의 일반적 결함을 취합해 지적해 둔다.

1. 숫자만으로 핵심이 없는 숫자놀이 계획
2. 현재의 연장선상에서 장래를 예측하여 세우는 진행계획
3. 개발(사업개발 · 상품개발 · 인재개발) 없는 수동적 계획
4. 구조개혁 없는 보수적 계획
5. 장래의 변화와 시대의 흐름을 파악하지 않는 단순 발상계획
6. 사회와의 공생감이 없는 기업의 독선적 계획
7. 전 사원과 함께 공유하지 못하는 제멋대로의 계획
8. 활용되고 있지 않는 지상계획

이런 결함 있는 계획을 세워놓고 자기만족에 도취해 있는 기업의 경영자는 불황에 부딪히면 당황하게 된다. 중장기 계획의 핵심은 전 사원에게 공개하고 해마다 달성률을 구체적으로 발표하는데 있다.

02 창조가 있는 질적변화가 계획의 핵심이다

위에서 100억 원 기업이라는 목표를 예로 들었지만, 중요한 것은 100억 원이라는 연간 매출액 규모가 아니다. 10년 후에 100억 원 기업을 목표로 한다면 그때 어떤 모습의 기업으로 되어 있을 것인가를 '이미지화' 하여 10년 후의 회사를 구축하기 위해서 무엇을 어떻게 바꾸어 나가야 할까? 하는 실현 프로세스를 그린 것이 제대로 된 계획이다.

미래상은 아무런 근거도 없이 '이미지' 만으로 떠오르는 게 아니다. 전제조건으로 기업이념이 있고 기업이념에 의거하여 설정한 자사의 무대, 즉 생존영역이 있다. 중장기 목표도, 계획도 모두 그 틀 안에서 결정되어 간다.

연간매출 20억 원 규모의 기업과 100억 원 규모의 기업을 비교하면 우선 종업원 수에서 차이가 난다. 적어도 현재의 3배나 4배 정도의 숫자로 늘어나 있을 것이다.

인원수가 늘어나면 관리체계를 충실히 해야 함은 물론 한 사람 한 사람의 힘을 한 방향으로 통합해 나가는 조직력이 중요하다.

현재의 조직체제로 유지할 수 있을까? 기존과 전혀 다른 새로운 조직체제를 창조해야 하지 않을까? 하는 여러 가지 생각이 떠오를 것이다. 당연히 사업 내용도 검토해 보아야 한다.

연간매출 100억 원 달성을 위해 핵심역할을 할 사업을 몇 개로 할까? 상품의 종류를 몇 가지 정도로 할까? 해외진출은 어디까지 할까? 등 다각도로 검토하지 않으면 안된다.

개혁(=창조)은 하루아침에 이루어지는 게 아니다. 최소한 5년에서 10년이라는 세월을 거치지 않으면 성취되지 않는 것이 바로 개혁이다.

03 인생설계의 기초가 되는 경영계획을 세운다

회사의 중장기 경영계획은 회사의 지침인 동시에 사원 한 사람 한 사람의 인생설계 지침이 되지 않으면 안된다. 몇 년 후에 매출액 얼마, 이익률 얼마라는 숫자만의 계획으로는 인생의 지침이 될 수 없다. 중요한 것은 매출이나 이익을 어떤 활동내용에 의하여 실현하는가 하는 참여의식이 있어야 비로소 사원은 자기 앞날의 인생과 회사의 장래를 생각할 수 있게 된다.

앞으로의 중장기 경영계획은 사원과의 원활한 관계를 위해 다음과 같은 요소가 불가결하다.

1. 전 사원이 꿈을 가질 수 있는 장래의 비전이 그려져 있어야 한다.
2. 단순한 꿈같은 소리가 아니라 그것을 실현하기 위한 확실한 조치가 그려져 있어야 한다.
3. 한 사람 한 사람의 사원이 계획 속에 자기와의 연대를 갖는 구체적인 내용이 그려져 있어야 한다.
4. 장래의 수입증대전망, 복리후생대책, 노후보장문제 등 사원 한 사람 한 사람의 생활설계 지침이 포함되어 있어야 한다.

총괄적으로 말하면 회사의 중장기 계획이란 경영자가 전 사원에 대하여 약속하는 경영자 자신의 실천목표라고 말할 수 있다.

04_ 중장기 경영계획수립에 필요한 것은 무엇인가

사업을 성장시키고 경영목표를 실현해 나간다는 것은 결국 '경쟁에 싸워 이긴다' 는 것이다. 사회와는 공생해 나가도 경쟁사와 사이좋게 손잡고 '공생' 해 간다는 것은 현실적으로 불가능하다.

싸움터(시장)에서는 서로 필사적으로 싸울 수밖에 없기 때문에 역시 공생이 아니고 경쟁이다. 그러므로 중장기 계획을 수립함에 있어서 경쟁상대에 싸워서 이길 수 있는 투철한 경쟁의식도 포함시켜야 한다. 그런 관점에서 볼 때 제일 필요한 것은 장래의 환경변화를 정확히 판단하는 일이다.

그것을 위해 임원을 책임자로 하는 기업발전 위원회를 설치하여 조사연구에 임한다든가, 기획실의 참모들과 외부의 부레인과 팀을 구성하여 정기적인 검토회의를 여는 등 자사에서 할 수 있는 모든 범위에서 발전체계를 구축한다.

중장기 경영계획이란 향후 목표로 하는 기업의 미래상과 현재 상황과의 격차를 메워 나갈 절차를 구체적으로 그린 것에 지나지 않는다. 따라서 미래를 읽는 작업과 동시에 중요한 작업은 현재의 자사의 상황을 정확히 파악하는 일이다.

자사의 현재상황을 정확히 파악하기 위해서는

1. 사업의 미래상으로 보아 현재의 상황은 어떻게 되어 있는가? 거기에서 무엇을 어떻게 바꾸어 가면 되는지 개혁의 방향이 떠오른다.
2. 사업의 미래상으로 보아 기술력은 어떻게 되어 있는가? 어떤 기술력을 중점적으로 높여 가지 않으면 안 되는지 확실해진다.
3. 조직의 미래상으로 보아 현재의 인원구성은 어떻게 되어 있는가? 능력수준은 어떤가?

거기에서 조직개조계획 · 인원모집계획 · 인재교육계획 등을 그릴 수가 있다. 이와 같이 미래상과 현상과의 격차를 파악하여 해소방법을 수립하는 것이 계획수립이다.

아래에 계획수립을 위한 현상분석의 일반적 항목을 제시한다.

1. 기업에 대한 사회적 평가 항목

① 자사에 대한 사회의 '기업 이미지'는 어떤가?

② 사회에 어떻게 공헌하고 있으며 각 사업은 사회에서 환영을 받고 있는가?

③ 비판받고 있는 부분이 있는가? 또 경영자에 대한 평가는 어떤가?

④ 사원에 대한 평가는 어떤가? 지역에서는 어떤 요청이 있는가?

2. 경영진에 대한 항목

① 경영자에 대한 사내의 신뢰도 및 거래처의 평가

② 경영자의 연령적 한계는 언제쯤이며 후계자는 양성하고 있는가?

③ 경영진의 팀워크, 경영진 전체의 능력수준

3. 사업(상품 및 서비스)에 관한 항목

① 현재의 핵심사업의 성장성 및 시장 상황은?

② 미래에 진출하고 싶은 신사업 분야는?

③ 각 사업부문의 매출 신장률, 이익구조, 손익 분기점에 대한 안전도

④ 각 사업부문의 시장 점유율, 업계순위, 생산성, 탄력성

⑤ 각 사업부문의 상품효율, 판매효율, 시장의 특성과 범위 및 규모

⑥ 고객(거래처)의 상황, 유통경로, 현재의 물류방법의 문제점

4. 재무 면에 관한 항목

① 자기자본비율(자본력의 현상)과 자본 회전율(고정자산, 유동자산의 활용도)

② 유동비율(자금운용의 현상), 받을 계정 회전율, 지불 계정 회전율

③ 당좌비율(지급능력의 현상)과 고정자산 회전율(설비 활용도)

④ 지급금 이율에 대한 신뢰도(주거래 은행과의 관계)와 매출채권 회수율(회수현상)

⑤ 실질 배당률에 의한 주주대책과 경비통제, 경비절감이 얼마나 되고 있는가?

5. 조직 및 인재에 관한 항목

① 일반사원의 양적 구성(연령별 · 남녀별 · 학력별 · 직종별 등)

② 일반사원의 질적 특성과 능력수준, 이직률

③ 관리직의 양적 구성 · 질적 특성과 능력수준, 평균연령

④ 지휘계통의 철저성 정도, 특히 관리력이 부족한 부서

⑤ 조직의 구성, 장단점, 조직상의 문제점

⑥ 교육체제의 현상과 문제점

⑦ 팀워크는 잘 되는가? 인간관계는 원만한가? 문제점이 있는가?

⑧ 급여수준과 그에 대한 사원들의 반응, 노동 분배율에 의한 소수정예도

⑨ 제안 건수 등에 의한 참여도와 사무처리의 흐름은 원활한가?

이상은 어느 기업에게나 공통되는 항목인데, 이밖에 업종에 따라 여러 가지 항목을 제시할 수 있다. 예를 들면 기술력에 관한 항목, 기술개발에 관한 항목, 상품개발에 관한 항목, 시장개발에 관한 항목, 점포개발에 관한 항목, 서비스 업무에 관한 항목, 정보망에 관한 항목, 설비개발에 관한 항목, 긴급사태 수습대책에 관한 항목 등이 있다. 이들 항목을 자사의 실정을 고려하여 수립하고 각각의 현상을 빠짐없이 점검한다.

05 장래 목표의 실현을 향해 불타는 집단으로 만들자

회사의 미래를 좌우할 중장기 경영계획이 수립되면 그것을 전 사원에게 알려, 계획달성을 위한 전사적인 공감대 형성의 장을 마련할 필요가 있다. 경영계획은 대외적으로 비밀로 해야 하지만 사원들에게까지 비밀로 해서는 안된다.

중장기 경영계획은 전 사원에게 약속하는 경영자의 실천목표로써 사원이 그저 수동적인 자세로 있기만 하면 실현되는 것이 아니다.

실제로 노력하고 있는 전 사원을 경영자가 그 선두에 서서 목적지까지 이끌고 가는 즉 '모두가 열심히 일하자' 는 약속이다. 모두가 열심히 일하기 위해서는 전 사원이 그 목표 · 계획을 분명히 알아야 한다.

그런데 '담당별로 자기의 계획만 알고 있으면 되고, 전체의 계획까지 알릴 필요는 없다' 고 말하는 경영자가 있는데, 이럴 경우 사원들은 어떤 상품이 만들어지는지도 모르고 단지 부품 한 가지만을 만들고 있다는 생각으로 진지하게 일하지 않게 된다.

전 사원이 장래의 목표와 계획을 공유하여 그것을 향하여 마음을 불태우는, 그런 전 사원 참가형의 활동을 해나가지 않으면 중장기 경영계획은 그림의 떡, 사상누각이 되고 만다.

계획을 수립하면 이제 실천을 향한 출발이 시작된다. 처음에는 누구나 마음을 불태운다. 그것이 집단인 경우 이벤트 등을 열면 꽤나 크게 타오른다.

어떻게 사원의 마음에 계속 불이 붙어 있게끔 할 수 있을까, 또 어떻게 불타는 집단으로 유지할 것인가를 경영자는 생각해야 한다.

개인의 경우를 생각하면 잘 알 것이다. 무엇인가 목표를 세우고 달성할 때까지의 계획을 세운다. 처음에는 '무슨 일이 있던지 해내고야 만다' 고 결심하지만 하루하루 마음의 불길이 사그라져 끝내는 그것이 꺼져버리고 계획의 실행도 동시에 사라지게 된다.

일반적으로 계획을 실행하려는 강한 의지는 다음 조건 중 어느 것인가를 충족하는 경우이다.

첫째, 실행하지 않으면 내일부터 인생이 위협적인 상황에 놓이게 되거나 혹은 본인의 내면에 강한 위기감이 존재하고 있을 때(강한 위기의식)

둘째, 목표를 달성함으로써 마음속 깊이 바라고 있던 것(상황)이 얻어진다는 확신이 있어 목표에 대한 강한 집착심이 있을 때(강한 목적의식)이다.

계획을 발표할 때에는 '이 계획을 달성하지 못하면 10년 후의 우리 회사는 존재할 수 없고, 따라서 사원 모두의 인생도 없다' (강한 위기의식)는 것과 또 '이 계획을 달성하면 회사의 빛나는 장래가 실현되며, 사원 모두의 생활이 물심양면으로 풍요로워지고 즐거운 인생이 보장된다' (강한 목적의식)는 것을 전 사원들에게 철저히 인식시켜야 한다.

불타는 마음을 유지시켜 나갈 각 부문의 팀장은 계획을 실행하고 확실한 목표실현에 접근하기 위해서는 불타는 집단으로 유지해가는, 즉 불타는 기업풍토를 구축하는 일에 총력을 기울여야 한다.

06_ 목표달성을 위한 관리 시스템을 구축하라

본래 조직이란 다수의 인간이 계획적으로 활동하기 위해 만들어진 것이다. 계획적으로 행동할 것을 전제로 하지 않을 바에야 조직을 만들 필요도 없고 단지 인간의 모임, 즉 집단으로도 충분하다. 그러나 단지 집단이라는 모임으로는 통제된 활동을 할 수 없고 성과를 올릴 수 없으므로 회사라면 반드시 도산하고 만다.

회사의 조직은 계획을 세우고 계획에 따라 활동하기 위해 존재한다. 그런데 사업이 어느 정도 궤도에 올라서면 계획이 없어도 회사의 활동이 쉽게 회전되어가는 수가 있다. 이것을 타성이라 한다. 상황이 변하지 않으면 타성으로 당분간은 성과를 올릴 수 있다.

실제 타성만으로 일하고 있는 회사도 많이 있다. 경영자는 할 일이 없어 매년 계획 비슷한 것을 작성하지만 가만히 있어도 돈은 들어오므로 정성들여 만들지 않으므로 실행하려는 열의도 갖지 않게 된다.

타성과 즉흥적인 대응으로 이익을 획득할 수 있는 시대는 완전히 끝났다는 예가 주위에 널려 있는데도 일부 경영자들은 수수방관하여 위기에 봉착한다. 이제부터 살아남을 수 있는 회사는 계획수립 · 실행의 사이클로 활동해가는, 또는 갈 수 있는 회사만이라고 할 수 있다. 할 수 있는가 · 없는가는 활동을 하는 사원들, 특히 그들을 이끌어가는 간부들에게 계획 실행자, 문제 해결자로서의 힘이 있는지 없는지에 달려 있다.

목표를 달성하기 위한 방침 · 수단 · 기간 · 예산을 짜는 것을 '계획'이라고 한다. 그 계획의 실행을 리드하고 계획 속에 설정된 단계적 목표를 하나하나 달성해 가도록 조직을 움직이는 것을 '관리'라고 한다.

'관리자(각 부문의 팀장)'란 그 책임을 짊어지고 있는 사람을 말한다. 다시 말해 관리란 '계획달성을 위한 매니지먼트'이고 관리자는 '계획달성을 위한 매니저'이다.

관리, 즉 계획달성을 위한 매니지먼트란 기본적으로 다음의 5가지 기능으로 구성된다.

(1) **관리계획을 세운다** … 중장기 계획, 그 중에서도 연도경영계획을 달성하기 위한 월별, 주별, 일별 실행계획(행동계획)을 세운다. 구체적으로 누가 무엇을 담당하고, 어떤 방법으로, 언제까지, 어느 정도의 예산으로 실행하는가의 골자를 정한다. 또 실행에 따르는 문제점과 해결방안, 예상되는 장애와 그 제거책, 돌발사태가 발생할 경우 등의 대책들도 포함시킨다.

(2) **조직한다** … 실행계획 속에서 누가 무엇을 담당할 것인가를 정한다. 신규사항 등에 대해서는 담당자를 따로 정할 수 없는 경우도 있다. 그런 경우에는 새로운 조직을 만들거나 기존 조직을 분할할 필요가 있다. 요컨대 누가 무엇을 할것인가, 분담을 명확히 하는 것이 관리의 제2단계이다.

(3) **지시한다** … 구체적인 행동을 명령하는 일이다. 상사로서 부하에게 일에 대하여 설명을 하고 시작하는 단계이다. 물론 모든 행동을 세심하게 지시하지 않으면 안된다. 불타는 집단으로 되어 있으면 일일이 '이것을 해라.' '저것을 해라.' 지시하지 않아도 업무분담이 정해져 있어서 담당자 각자가 자신의 의지로 자발적으로 행동을 개시할 것이다. 단지 관리의 사이클로 존재하는 것을 염두에 두기 바란다.

(4) **조정한다** … 첫째, 보고 · 연락 · 상담을 받고, 둘째, 점검하고 팀워크를 높이고, 셋째, 각 담당자 사이에서 발생하는 문제점을 해결하는 조정자 역할을 한다.

(5) **통제한다** … 문제점이나 장애가 다시 발생하지 않도록 예방조치를 취하고, 개개인이 방침에 어긋나거나 계획에 없는 일을 멋대로 하지 않도록 규정을 만든다.

이상이 계획달성을 위한 매니지먼트의 기본기능이다.

앞서 말한 관리기능에서 가장 염두에 두어야 할 것은 조정기능이다. 그 중에서도 점검기능은 관리자로서의 일상업무 중 가장 중요한 기능이다.

계획달성을 위한 매니지먼트는 일반적으로 계획과 실행과의 차이를 점검하고, 차이가 생기면 그것을 해소하여 계획을 실행해 가는 일, 즉 '예실관리(豫實管理)' 이므로 점검기능은 특히 중요하다.

이러한 점검 시점은 연간 · 반기 · 격월 · 월간 · 주간 · 매일 등으로 나눈다. 각 시점의 중요 점검 사항과 점검 책임자를 들면 일반적으로 아래와 같다.

(1) **연간 · 반기 · 격월 점검** … 경영자 · 임원 (경영계획 전체의 달성상황을 점검)

(2) **월간점검** … 임원부장 (경영계획 전체와 부문계획 전체의 달성상황을 점검)

(3) **주간점검** … 부장 · 과장 · 계장 (부문별 담당자가 행동계획 달성상황을 점검)

(4) **매일점검** … 과장 · 계장 · 반장 (담당자별로 매일 행동계획 달성상황을 점검)

제일선 관리직의 경우, 책임범위 안에서 항상 모든 시점을 점검한다. 각각의 책임범위에 의해서 주간점검은 무엇을 중점적으로 볼 것인가, 월간점검은 무엇을 중점으로 보는가, 격월은, 반기는, 연간은 등 이와 같이 미리 점검항목을 정하여 두는 것이 중요하다.

월간점검에 경영자를 넣지 않은 것은 세부사항까지 관여해서 점검할 필요가 없다는 것이지 점검하지 않아도 된다는 뜻은 아니다.

경영자는 큰 줄거리가 어떻게 진행되고 있는지 지속적으로 관찰하여 경영회의 석상에서 지적하는 것이 좋다. 담당부장의 보고를 받고 문제점이 있는 경우에는 그것에 대하여 신속한 대응책이 취해져 있는지를 확인한다. 점검 때는 활동의 내용을 잘 관찰하고 계획과 실적의 차이를 숫자적으로 파악하는 것도 빠뜨릴 수 없다.

특히 항목마다의 정량적인 목표를 제시하는 사항에 대해서는 실적 데이터를 갖추어 점검하며 목표치에 대한 달성허용범위는 플러스마이너스 5% 이내이다. 5% 이상 달성하면 만만세라고 생각하는 사람도 있겠지만 그만큼 차이가 크다는 것은 계획수립 자체에 문제가 있는 것이다. 그 이후의 계획에 대해서는 수정의 필요가 생길 것이다.

한편 마이너스 5%를 넘는 경우는 활동 자체에 문제가 있을 것이다. 돌발적 사태에 의하여 목표를 달성하지 못한 경우도 있겠지만, 그것은 예측치 못한 사태에 대응키 위한 계획의 불충분함에 기인하므로 단순히 '어쩔 수 없었다' 는 것으로 끝마쳐서는 안된다.

03

신규사업개발의 활성화

01 신규사업 · 신제품 개발

최근 리스트럭처링(사업의 재구축)이란 말이 화제로 떠오르고 있다.

채산성 없는 현재의 사업부문을 축소하거나 철퇴하고 새로운 분야로 진출 또는 다른 회사와 제휴 · 흡수 합병하는 등 사업을 재구축하는 기업이 많아졌기 때문이다. 특히 주력사업이 성숙기에 있거나 쇠퇴기에 있는 기업이 더 적극적이다.

기업의 신규사업 · 신제품 개발은 다음과 같은 방법으로 추진해야 한다.

1. 길어도 2년 이내에 판매할 수 있는 것이어야 한다.
2. 개발제품은 대량매출이 약속되어 있어야 한다.
3. 기술자 그룹 아이디어 뿐 아니라 영업부문의 의견도 충분히 받아들인다.
4. 월 1회의 월차결산 회의에서 각 부문의 책임자가 개발진행 상황을 보고하고 토의한다.
5. 사외 연구기관의 협력을 받는다.
6. 비전문가의 의견도 경청한다.
7. 기성품의 새로운 용도개발에 노력한다.

이중 영업부문의 의견을 받아들이는 것은 절대요건이다. 기술자 그룹의 폐쇄적인 환경에서 나온 것에는 판로나 고객의 욕구를 고려하지 않은 면이 있다. 따라서 신제품 개발에 성공하기 위해서는 영업부문의 의견을 적극적으로 받아들여야 한다.

기업환경이 장차 어떻게 변할 것인가, 그것이 회사에 어떤 영향을 끼칠 것인가, 그것에 어떻게 대처할 것인가를 명확히 할 때, 신규사업개발의 필요성과 긴급성은 뚜렷해진다.

많은 기업이 신규사업에 진출하면서 실패하고 있다. 신규사업개발에는 큰 리스크가 따른다. 따라서 실패하지 않기 위해서는 신규사업의 탐색, 사업화 조사 등 일정한 개발의 과정을 거쳐야 한다.

1. **신규사업방침의 설정** … 신규사업개발에 관한 기본적인 구상을 명확히 세운다.
2. **신규사업의 탐색** … 사내외의 정보를 수집 · 분석하여 신규사업의 대상을 탐색한다.
3. **신규사업의 평가 · 선별** … 신규사업의 대상을 평가하고, 사업화 조사를 실시할 대상(후보) 사업을 선별한다.
4. **사업화의 조사** … 선별한 신규사업대상(후보)에 대한 사업화와 관련하여, 필요한 조사를 실시한다.
5. **사업계획의 수립** … 사업화 조사 결과에 입각하여 사업계획을 수립하며, 사업계획에 입각하여 구체적인 신규사업개발에 착수한다. 사업계획을 수립하는 모든 단계에서 요구되는 절차를 정확히 밟는 것이 신규사업개발에 성공하는 필수조건이다.

어느 경우이건 간에 신규사업개발은 큰 리스크가 따르는 결단이며 장차 기업경영에 큰 영향을 던지는 중요한 사안이다. 그러므로 성공을 위해서는 사전에 충분한 준비를 하고 착수해야 한다. 이런 점을 고려해 볼 때 사업화 조사는 매우 중요하다. 그것은 신규사업 진출을 위한 최종 결정의 근거자료가 되기 때문이다.

사업화 조사는 후보사업에 대한 평가를 통하여 선별된 사업이 사업으로서 유망성 · 가능성 · 채산성이 있는지의 여부를 조사하는 것이다.

구체적인 내용을 보면 시장규모, 장래의 발전성, 참여조건, 사업성공의 요소, 필요한 경영자원, 손익에 대한 예측 등이 포함된다.

즉 후보사업 중에서 신규사업으로 선정하기 위해 최종적으로 검토해야 할 사항은 최고 경영자가 의사결정을 하는 데 필요한 검토내용이기도 하다. 신규사업은 미지의 분야를 대상으로 하는 것이므로 자사가 갖고 있는 정보는 적을 수밖에 없다.

사외의 공개정보 이외에 이미 진출한 선발기업의 실태, 자사의 경영자원의 활용범위, 그 업계에 정통한 전문가의 조언, 후보사업의 사업화 가능성 · 수익성 · 성장성 등 폭넓게 자료를 수집하고 분석하여 후보사업을 사업화 할 것인가의 가부를 결정해야 한다.

02_ 사업화 조사방법

사업화 조사를 위한 각 항목별 기재요령은 아래와 같다.

1. **사업의 개요** … 어떤 제품, 어떤 서비스를 취급할지, 그리고 사업거점, 전개방식 등을 개략적으로 기입한다.
2. **업계의 현황** … 신규사업의 업계현황에 대하여 개략적으로 기입한다. 시장규모의 실태와 장래의 성장에 대한 예측, 참여기업의 경쟁도, 주요경쟁 기업명 등을 기입한다.
3. **참여조건** … 사업에 참여할 때 필요한 조건을 기입한다. 법률상의 조건, 특별한 자격, 업계의 관례 등 그 사업에 참여하는데 필요한 특기 사항들을 정리해 둔다.
4. **사업의 성공요인** … 모든 사업에는 각기 성공 요인이 있다. 입지조건이 그것일 수도 있고 판매 루트의 확보가 요인이 되는 사업도 있다. 사업의 성공을 좌우하는 중요 포인트를 조사하여 정리한다.
5. **필요 경영자원** … 사업개발을 위한 투자금액, 설비와 토지, 인원 등이 얼마나 필요한지 예측치를 기입한다.

   사업내용이 충분히 성숙하지 않은 경우에는 제1, 제2의 복수안을 정하여 조건에 따라 다른 예측치를 기입한다. 불확정 요소가 많은 단계인 만큼 어려운 점이 많지만, 손익 예측의 전제조건이 되는 것이므로 소홀히 할 수 없다.
6. **손익예측** … 투자액, 자금 조달방법, 필요한 설비 · 인원 등에 입각하여 손익계산을 하는데 어느 항목이고 매우 힘든 작업이다.

   특히 매출액, 매출원가, 매출 총이익은 이미 선발기업이 있다면 그것을 모델로 하여 어느 정도의 예측은 할 수 있지만, 아직 그런 기업이 없는 경우에는 유사 기업을 참고하면서 종합적으로 판단하면 된다.

   손익예측에 대해서도 필요 경영자원과 마찬가지로 예상할 수 있는 전제조건이 확실치 않으므로 제1, 제2의 복수안을 수립하여 불확실성에 대처한다.
7. **기타** … 신규사업은 그 사업이 장차 기업경영에 어떻게 공헌할 것인가를 평가하는 일도 중요하지만, 기존 사업과의 연관성, 기존 사업에 미칠 영향에 대해서도 충분히 고려하지 않으면 안된다.

기존 사업에 부정적인 영향을 미친다면 유망하더라도 재검토하지 않으면 안된다. 또 신규 사업 자체가 그다지 높은 평가를 얻지 못하더라도 본업을 보완하는 측면에서 보면 크게 공헌하는 사업도 있다.

진출할 신규사업을 정확하게 선정하기 위한 결정적인 요인은 사업화 조사가 얼마나 정확한 정보에 입각하여 작성되었는가에 달려 있다.

03_ 신규사업계획 수립의 7가지 스탭

신규사업계획은 다음 7가지의 과정을 거쳐서 완성된다.

[제 1 스탭] 신규사업 비전 만들기

최근에는 '종합○○기업을 목표로' 와 같이 '종합' '생활' '문화' '라이프' 등을 삽입한 비전이 많은데, 이것만으로는 너무 막연해서 특징이 없다. 몇 년 후에는 어떠한 기업으로 만들고 싶다는 것을 되도록 구체적으로 나타내야 한다.

[제 2 스탭] 신규사업의 실적예측

향후 시장규모 확대로 보아 어느 정도의 매출이 가능한지를 예측한다. 이 단계에서는 주로 수요 면에서 예측한다.

[제 3 스탭] 경영자원의 검토

제2스탭에서 예측한 실적을 올리기 위해서는 어떠한 경영자원(사람 · 물자 · 돈 · 노하우)이 필요한가? 우리 회사에 있는 것을 정리한다.

[제 4 스탭] 기본전략의 수립

투자전략(자금 · 시설 · 인재투입 · 개발투자 등), M & A 제휴전략(기업합병 · 매수 · 제휴예정처 · 제휴내용 등), 조직전략(자회사 · 사업부제 등)을 수립한다.

[제 5 스탭] 개별 전략계획의 수립

기술개발계획(개발 테마 · 개발목표 · 개발예산 등), 생산계획(외주방침 · 재고계획 · 코스트 다운 계획 등), 마케팅 계획(상품 · 서비스 · 판로 · 가격 · 광고 · 판촉 · 물류 등의 전략에 입각한 상품별 · 지역별 · 소비자별 판매계획), 인재계획 · 채용계획 · 요원계획(부서별 · 남녀별 · 연대별 등) · 인재 육성계획 등 개별 전략계획을 수립한다.

[제 6 스탭] 계획의 종합화

판매예측 · 기본전략 · 개별계획을 모순이 없도록 조정하고 손익계획 · 자금계획을 세운다.

[제 7 스탭] 리스크 전략

예측하기 어려운 사태를 예측함과 동시에 대응책을 강구한다.

04

신제품 개발의 활성화

01_ 제품이 개발되기까지의 경영풍토

1. **열의가 있는 경영** … '내 제품을 갖고 싶다' 는 강한 열망을 가져야 어려움을 뛰어넘을 수 있다. '정말로 추구하는 것이 무엇인가' 를 분명히 하고, 그 실현에 최고 경영자의 강한 열의를 가진 기업은 반드시 새로운 분야를 개척해 나갈 수 있다.
2. **목전의 이해만을 추구해서는 안된다** … 연구개발에는 '느긋하게 해내는 풍토' 가 필요하다. 손익분기점이 낮아 경영체력이 강할 때 결과에 조바심을 갖지 말고 느긋하게 대처하는 것이 좋다. 성공하지 않아도 그 과정에서 기술능력이 향상된다.
3. **최고 경영자 선두주의** … 최고 경영자는 연구개발에 강한 관심을 갖고 그 실행의 선두에 서지 않으면 안된다. 연구개발 시행착오에 대한 판단을 빨리 할 수 있고, 최고 경영자의 박력이 연구원에게 일에 대한 의욕을 불러일으킨다.
4. **철저한 고객본위의 경영을 할 것** … 고객이 있어야 장사가 된다. 생산재이건 소비재이건 고객이 편리한 것, 고객의 지혜가 들어있는 것, 고객의 감성에 호소하는 것이 아니고서는 절대로 팔리지 않는 시대가 되고 있다.
5. **통풍이 좋은 경영** … 시대의 변화를 재빨리 다각적으로 포착하느냐 못하느냐에 따라 기업의 생사가 좌우된다. 전 사원이 정보수집을 위한 안테나의 감도를 높인다.
6. **제품의 이미지와 개념도 중요** … 제품 개발도 어렵지만 시장개척이 더 어렵다고 할 수 있다. 그 상품에 대하여 고객은 어떤 이미지를 가지고 어떤 개념을 느끼느냐에 따라 상품의 매출상황이 결정된다.

7. **이(異)업종 간의 교류는 제품개발의 효과적인 수단** … 인재, 자금이 부족한 중소기업에서는 이(異)업종 간의 교류로 기술의 잠재능력을 향상시키고 제품개발로 이어진다. 이(異)업계의 경험은 새로운 분야의 진출과 발상을 낳게 한다.

02 어떤 분야에 도전할 것인가

1. **자기분야에서 고객의 욕구에 응답한다** … 고객이 현재 요구하는 것을 노린다. 고객의 욕구는 항상 변하고 있으므로 남다른 기술이나 상품을 개발한다.
2. **성장분야의 주변분야** … 성장분야도 그 자체만으로는 성장하지 못한다. 종래의 것과는 전혀 다른 수많은 주변기기 · 기술이 필요하게 된다. 그런데 이 주변분야는 많은 경우 재래 기술의 조합으로 가능해진다는 것에 중소기업은 주의를 기울여야 한다.
3. **특정 소규모 시장** … 자사의 제조, 판매능력을 훨씬 능가하는 큰 시장을 상대로 하는 것은 금물이다. 중소기업이 큰 시장에서 대기업의 참여를 물리치면서 자사를 지킨다는 것은 불가능하며 작은 시장에서 큰 점유율을 차지할 수 있는 분야를 노린다.
4. **지역밀착이 유리한 분야** … 중소기업의 이점인 지역사회에서 밀착도를 살릴 수 있는 상품을 개발하여 세분화된 영업활동, 서비스의 제공으로 성공을 하는 경우가 많다. 지역의 산물, 전통기술 혹은 관광자원 등의 활용은 유리한 분야이다.
5. **자사 기술을 살리는 분야** … 생산형태가 전혀 다르거나 기술적으로 그다지 잘 모르는 분야의 제품개발은 리스크가 크고 실패하는 경우도 많다. 충분한 조사나 검토도 없이 새로운 것에 손대면 기술의 장벽에 부딪혀 헤매게 된다.
6. **매뉴얼화하기 힘든 분야** … 매번 일의 내용이 다른 것, 현장에서 현물을 보고 현실적인 아이디어로 만들지 않으면 안 되는 제품은 매뉴얼화하기 어렵다. 그리고 이들은 중소기업이 잘 해낼 수 있는 영역이다. 그러나 이 경우 솜씨, 기능공, 고객의 욕구를 구체화하는 아이디어, 그것을 도면화하는 능력 등이 필요하다.
7. **변화를 앞지를 필요있는 분야** … 세상의 변화를 앞지른 제품은 리스크가 크다. 그러나 변화에는 순응성이 크고 어디에나 뛰쳐 가는 행동력이 있으면 필승한다.

03_ 제품개발을 잘 할 수 있는 방법

1. **개발목표를 핵심화한다** … 차별화된 상품 · 서비스가 아니면 팔리지 않는다. 어디에 차별화의 중점을 두느냐가 문제이다. 개발분야가 정해졌으면 그 시장에 이미 나와 있는 제품, 고객의 욕구를 철저히 연구하여 개발에서 노리는 것을 핵심화하여야 한다.
2. **소프트웨어 부분은 자사에서 제작** … 개발하는 제품의 모두를 자사의 제작으로 하려고 하지 말고 외주를 이용하는 것이 좋다. 그러나 중요한 소프트웨어는 자사에서 장악해야 한다. 그 제품의 심장부분의 설계, 최종조정과 같은 중요부분을 자사에서 하지 않으면 타사에서 즉시 흉내낼 위험이 있고 창업사도 이윤을 낼 수가 없다.
3. **단기개발로 승부** … 중소기업은 자금이나 인재에 여유가 없다. 따라서 기초연구부터 시작하여 제품화하는 장기전의 개발은 부적합하다. 또 다른 기업에서 선수를 빼앗길 위험도 있다. 기한을 정하여 몰아붙이면 좋은 지혜가 나오는 법이다.
4. **경영자를 선두로 최강 스탭을 갖춘다** … 한가한 임원에게 개발을 맡겨서는 성공할 수 없다. 경영자가 선두에 서서 과감하고 적절한 배치를 하여야 한다. 프로젝트 팀을 만드는 것도 좋다.
5. **젊은이들에게 시킨다** … 개발에는 새로운 발상이 필수적이다. 선입관이나 고정관념에 사로잡혀서는 안된다. 젊은 기분을 가진 사람, 과거의 경험이나 지식이 방해되지 않는 사람, 도전적인 주제에 정열을 가지고 새로운 감각으로 일할 수 있는 사람이 적격이다. 체력적으로도 연령이 젊을수록 좋다.
6. **자유롭게 움직일 수 있는 체제 만들기** … 개발담당자에게는 여러 가지 제약조건이 있으면 일할 의욕이 생기지 않는다. 자유롭게 움직일 수 있는 체제가 필요하다. 일이 제대로 안되었을 때에 변명의 이유를 주지 않기 위해서도 필요하다.
7. **제품개발의 벽을 뚫을 수단을 찾는다** … 제품개발에서는 기술적인 벽에 부딪치는 수가 있다. 이것을 뛰어넘기 위해서는 공적인 연구기관이나 대학의 협력을 얻던가, 동업자와 협력하던가, 그 방향의 전문가를 찾아 가르침을 받는 것이 최상이다.

04 제품개발 과제와 특징

단계	과 제	제품개발에 성공한 기업의 특징
정보수집	정보 수집원의 수, 사원의 정보에 관한 의식 등 경영자원이 제품개발에 보탬이 되었다는 중소기업이 많은 반면, 정보의 분석력이나 사내 정보관리에 있어서는 그 취약점이 제품개발의 장애가 되기도 하는 중소기업이 많다.	1. 막연히 정보를 수집하는 것이 아니라 수요자의 잠재욕구를 발굴해 내고 있다. 2. 수요자의 욕구변화에 재빠르게 대응할 수 있게 노력하고 있다. 3. 이업종에 존재하는 수요자의 정보수집에 노력하고 있다.
기획·설계	신속한 결단이나 행동 등 재빠르게 움직이는 중소기업적 특성이 시기에 맞는 대응을 필요로 하는 신제품 개발에 도움이 되었다는 중소기업이 많은 반면, 수요자에 대응한 기획력이나 기술의 평가력 등 전력적 성격을 가진 경영자원에 있어서는 그 부족이 제품개발에 장애가 되었다는 중소기업이 많아지고 있다.	1. 제품개발에는 기술뿐 아니라 판매를 위한 제품기획이 필요하다는 인식을 갖고 있다. 2. 업계의 수요동향이나 시대의 변화를 포착한 제품기획을 한다. 3. 기업의 존립분야 특성을 살리기 위해 제품의 판매시장을 한정하고 대기업이 참여치 않는 분야에서의 제품개발이나 판매처(지역)에 한정한 제품개발을 하고있다.
연구개발	'외부 연구기관의 효과적인 이용'이 제품개발에 유리하게 작용하고 있지만 기업 수지상 '연구개발을 위한 기금마련이 불가능하다'는 중소기업이 대부분이다. 또 '연구개발을 하는 인재나 체제'에 관해서는 보탬이 되었다는 기업과 장애가 되었다는 기업의 수가 거의 같고 각각의 기업에 따라 격차가 큰 것 같다.	1. 자사 특유의 기술분야에 한정하여 집중적으로 개발하고 있다. 2. 부족한 기술에 대해서는 수요자가 갖고 있는 연구성과나 기술을 도입한다. 3. 대기업이나 공적기관과의 공동연구를 활용한다.
기업화·생산	'폭넓은 기술 축적'이 도움이 되었다는 중소기업이 많은 반면, 생산의 효율화에 효과적인 '시스템 기술'이 부족하여 장애가 되었다는 기업이 많아지고 있다. 또 새로운 생산기술에의 적응력은 '도움이 되었다'는 기업과 '장애가 되었다'는 기업이 거의 같은 수로 접근하고 기업 간의 차가 생기고 있다.	1. 종업원의 능력개발에 적극적이며 생산기술 향상에 총력을 기울인다. 2. 국가나 공공기관의 기술원조제도를 활용하고 있다. 3. 부족한 기술을 다른 기업에서 효과적으로 도입하고 있다.
판매	'다양한 판매 루트'가 도움이 되었다는 중소기업이 많은 반면, '선전력의 취약'이 장애가 되었다는 중소기업이 많다. 중소기업에 있어서 선전력이 판매상 큰 과제로 되고 있다.	1. 신제품을 수요자에게 알리기 위해 적극적인 선전활동을 하고 있다. 2. 중소기업의 기술력과 대기업의 판매력을 연결하는 것으로 OEM 생산방식을 효과적으로 하고 있다.

05

기술 · 연구개발의 활성화

01_ 첨단기술의 개념과 역할

최근 기술혁신이 눈부시게 전개되고 있는데 그 중심적 역할을 하고 있는 것이 '첨단기술' 이며, 이는 새로운 기술개념을 요구하고 있다.

우리가 아는 첨단기술에는 핵융합이라든가 핵에너지 등 원자력 기술이나 우주개발 등과 같은 초대형 기술과 대형 컴퓨터 등 대기업에서 처리할 수 있는 기술이 있는가 하면, 마이크로일렉트로닉스 기술, 바이오테크놀로지 기술, 신소재 기술, 소프트 시스템 기술, 에너지, 생활개발 기술 등 중소기업 분야에서도 도입할 수 있는 기술이 있다.

그러면 '첨단기술이란 대체 무엇인가' 를 밝히고 첨단기술의 역할과 성격을 알아보며, 중소기업이 첨단기술시대에서 어떻게 존립할 것인가를 살펴본다.

첨단기술이란 '새로운 원리와 발상을 도입하여 기존 기술의 연장선상에서는 불가능했던 것을 가능케 하거나 혹은 실현을 위한 가능성을 확대하는 창조적 기술과 종래의 원리나 발상을 채택하면서도 새로운 이용방법을 개발 또는 개량함으로써 효율의 개선이나 가능성의 확대를 도모하는 고도화 기술' 이란 개념으로 정의할 수 있다.

다시 말해서 현시점에서의 기존기술 중에서 시대적 선두에 서서 다른 기술들을 이끌어 혁신해 가는 기술이라 할 수 있다. 따라서 첨단기술은 다른 기술에 앞장서 리더십의 능력을 발휘하는 기술이어야 한다.

현대 자본주의적 상품사회하에서의 첨단기술은 공급측에서의 '지식 집약화' 와 '고도화' 가 선행하는 성격을 갖고 있으며, 수요측의 '고도화', '다양화' 가 함께 교차하는 데서 수급경쟁을 전개하는 시장 메커니즘을 갖고 있다. 첨단기술은 개념에서도 밝힌 바와 같이, 리더십적 성격과 혁신 유발성을 갖고 있으므로 제품의 기능향상을 실현하고 생산성 향상이나 효율화를 이룩하기 위한 시스템 개발을 실현해 간다.

즉 첨단기술의 상승 효과성이 새로운 기술분야의 가능성을 추구 · 확대하는 기술발전의 '의존 효과'를 갖는다. 그리고 첨단기술, 시장, 수요자의 3자간 관계, 그 경제적 기능 메커니즘은 가능성 → 창조 → 시장 → 효율 → 고도화 → 신생이라는 순환구도를 그리고 있다.

중소기업이 첨단기술과 연관을 갖는 관계나 그의 유형을 보면 대략 다음 2가지로 나눌 수 있다. 하나는 중소기업이 첨단기술 그 자체를 활용하여 신제품이나 소프트웨어를 개발하는 '첨단기술 개발형'과 다른 하나는 첨단기술에 사용된 신소재 및 제품을 중소기업이 이용하는 '첨단기술 제품 이용형' 2가지이다.

이와 같이 중소기업이 첨단기술을 개발하고 이용하는 것은 대기업과 중소기업의 새로운 분업 관계 또는 새로운 지배와 의존관계를 만들어낸다.

예를 들면 마이크로일렉트로닉스 기술을 이용한 반도체 산업의 주류를 점하고 있는 IC 산업에서는 회로의 설계에서 웨이퍼 생산, 고도의 가공부분은 대형 제조업에서 담당하지만, 조립 프로세스에서의 커팅공정이나 본딩공정 및 검사 프로세스에서의 테스트공정 등에서는 중소기업 제품을 쓰고 있고, 조립공정의 약 60%를 선진국에서는 중소공장에서 담당하고 있다.

또 IC를 탑재한 산업용 로봇, NC공작기, 전자사무기 등의 분야에서 많은 중소기업이 IC의 사용자로서 새로운 시장을 형성하는데 기여하고 있다.

02 중소기업의 기술혁신

제2차 세계대전 후 1945년부터 10년 동안에 걸쳐 세계 선진제국은 공통적으로 기술혁신을 전개했다. 그 중의 하나로 석탄 대신 석유나 가스 등을 '에너지로 전환'하고, 동시에 석유를 원재료로 하는 다원개발이 이루어졌다.

이 시기를 기술혁신 제1기라 한다면, 그로부터 10년 후인 1965년까지를 칼라 TV · 승용차 생산 등 내구재 생산과 대량소비의 혁신 제2기, 다시 1970년부터 전자 계산기 생산과 전산화 등 정보화 사회 개발의 제3기로 생각할 수 있다.

또 구미에서는 우주개발이 추진되고 구소련이 앞서 인공위성을 발사하는데 성공함으로써 세계의 주요 각국이 뒤를 잇게 되었다.

오늘날 원자력의 평화적 이용과 자동화 등은 기술혁신의 대표적인 성과라 볼 수 있으나, IC 등 반도체의 거점양산(據點量産)이나 로봇의 개발 양산화는 승용차 산업의 성숙화와 더불어 세계적 경제 마찰마저 초래하고 있다.

저명한 학자인 슘페터는 기술혁신을 정의하기를 "이노베이션이란 자본주의의 발전과정을 지속시키는 기본적인 충동이고, 생산계수 변화로써의 '새로운 결합' 의 수행이다. 그 내용은 신제품개발, 신생산 방법의 도입, 신판로 · 신시장 개척, 신자원의 획득, 신산업의 조직형성 등 여러 갈래로 나뉘어져 있다"고 했다.

또 피터 드래커는 "혁신이란 과학적 방법이라 일컬어지는 체계적인 연구와 그에서 얻어진 새로운 지식을 기초로 한 합목적 변화이고 그것은 과학적인 돌파행위에 의하여 초래되며 현대사회의 성장과 발전의 원동력이 되고 있다."고 말한다.

또 기술혁신을 수행할 수 있는 기업규모에 대하여 슘페터는, 기술혁신을 짊어지는 것은 독과점적인 대기업으로써 획기적인 연구개발은 규모가 크지 않으면 불가능하며 따라서 대규모 독점기업이 혁신에 적극적인 의욕을 갖도록 권장하고 있다. 즉 독과점적인 산업에 거는 기대이기도 하다.

기술혁신은 설비가 갖추어진 연구기관, 경험이 있는 기술자 집단과 숙련 노동자에 의해 강화될 수 있다. 그러나 과거 유럽에서는 중소기업을 탄력성 있는 창의성과 연구의 원동력으로 간주하여 기술혁신을 주도할 자격으로 평가하는 견해가 많았다.

영국의 전통적인 제품에는 소규모 전문 메이커에 의한 개발 특허품이 많다. 그것은 산업혁명이 진행되는 과정에서 기술수준이 매우 낮은 개인적인 발명이나 연구에 의존한 결과였다. 그러나 소규모의 자금으로 기술혁신을 수행해 온 당시의 사정과 오늘의 사정은 하늘과 땅의 차이이다.

03_ 연구개발의 추진방법

최고 경영자가 연구개발에 관하여 전진할 것인가, 후퇴할 것인가의 상황에서 결단해야 할 일은 장래에의 방침과 경영자원(인재와 자금과 자산)을 어떻게 배치할 것인가이다.

경영자원에 있어서는 '자력' 으로 하느냐 '타력' 으로 하느냐 혹은 양자로 할 것인가의 조건이 전제가 된다. 지금까지 많은 경영자가 각기 결단을 내려 성공도 하고 실패도 했다. 이제까지 어떤 유형의 어떤 결단이 내려졌는가를 검토하여 향후 보다 나은 결단을 위한 참고자료로 삼아야 한다.

연구개발을 추진하기 위해서는 다음 사항에 대해 방침을 정하고 기업활동규모의 크기, 방향에 알맞도록 조정한다.

(1) **연구개발 주제에 관한 방침** … 기존 사업에서는 어떠한가? 신규사업에서는 어떠한가? 기초연구에서는 어떠한가? 전체적 균형은 전략목적에 비추어 어떠한가?

(2) **경영자원의 재분배** … 연구원, 보조원, 지원업무 담당자, 예산, 설비, 물적자원배분은 연구 개발방침에 비추어 어떠한가?

(3) **연구개발의 추진력** … 연구원의 창조활동을 돕고 연구개발의 결과를 효과적으로 활용하기 위한 조직과 제도와 추진자는 배치하였는가?

1. 경영자의 결정능력

연구개발이 기업의 장래를 좌우한다면 최고 경영자의 방침, 결정능력이 매우 중요한 요인이 된다.

기업역량의 원천인 '최고 경영자에게 필요한 기본적 능력' 은 아래와 같다.

(1) **지능력** … 학습능력이 높고 개인의 머릿속에 축적되어 있는 학문과 지식이 풍부하며 그들이 활성화된 상태일 것. 어떤 전문분야에 대하여 깊이 알고 있고 일정한 깊이로 다른 분야에 대하여도 지식을 가지고 있는 인간형이 바람직하다.

(2) **정보감각** … 문제의식에 관계있는 정보를 만났을 때 즉시 그 정보를 획득하여 자기 지배하에 있는 외부정보 축적 시스템 안에 흡수시킬 수 있는 능력. (1) 의 지능력이 이것을 잘 소화하여 자기 것으로 만든다.

(3) **시스템 사고** … 사물을 계통을 세워서 생각하는 능력. 계통을 세우는 데는 첫째, 전체에서 사물을 볼 것(귀납적 사고), 둘째, 부분에서 사물을 볼 것(연역적 사고), 셋째, 전후관계 혹은 원인 결과 등에 대하여 생각한다.

(4) **예측 · 예지능력** … 시대 흐름에 잘 적응하기 위해서는 예측 · 예지능력이 필요하다. 그러기 위해서는 통찰력, 분석력, 판단력이 기본이 된다. 또 이들 능력은 시스템 사고를 함으로써 고도의 결과를 낳을 수 있다.

(5) **시류적응능력** … 경제환경(산업구조, 금융구조 등)의 변화를 어떻게 보는가, 현재 놓여 있는 위치(업계)의 환경변화를 어떻게 보는가, 최종 소비자 동향(시장)의 변화를 어떻게 보는가, 노동시장의 변화를 어떻게 보는가?

이들이 적중했을 때 시대의 흐름을 제대로 잘 탈 수가 있다. 충분한 정보를 바탕으로 고도의 예측 · 예지능력에 의하여 판단함으로써 적중도는 높아진다.

(6) **리더십** … 이상의 1~5의 능력이 구사될 때 경영전략이 결정되고 전술이 실행된다. 이 때 기업 전체의 전력을 좌우하는 최고 경영자의 리더십이 결과에 영향을 미친다.

2. 기술혁신에 도전하는 기업 만들기

기업은 생물과 같은 유기체이다. 따라서 기업 내 조직, 기업 내 개인이 기업 전체의 목표를 향하여 각기 자기가 맡은 일을 수행해야 한다.

연구개발의 추진에 있어서 최고 경영자는 기술혁신을 위하여 다음 사항들에 유의하여 전사원이 한 덩어리처럼 뭉치는 풍토를 만들어 주어야 한다.

(1) 최고 경영자 자신이 기술개발에 열의를 가져야 한다.

(2) 연구개발 테마의 목표를 명확히 한다.(테마의 중요도, 언제까지 무엇을 얻으려 하는가를 명확히 한다)

(3) 관련업무와 조정된 내부조직, 제도를 만든다.(신규사업계획, 공정개선계획, 원재료 조달 변경계획 등으로 프로젝트의 내용이나 스케줄을 서로 연결, 조정한다)

(4) 기업이 리스크를 짊어질 각오를 갖는다.

(5) 가장 적합한 추진자를 배치한다.(연구원에게는 자기 연구에 몰두하게 하고 현장은 추진자, 연구 관리자가 돌아보도록 한다. 추진자가 잘못하면 연구하려는 열의를 상실시

키거나 창조력에 제동이 걸리기도 한다)

(6) 연구원에게 '미지에의 도전' 기회를 준다.(연구원은 언제나 '미지의 사실을 밝히려'는 이념이 있어야 한다. 연구원에게는 끊임없이 과제를 부과하여 활성화시킨다)

04 연구개발체제의 확립

연구개발체제는 기업의 방침에 입각하여 정해진 연구목적을 기반으로 해서 정해져야 되며, 연구개발활동 자체의 효과적인 추진을 목적으로 하며, 기업의 경영활동규모에 맞게 정한다.

즉, 연구개발체제는 기업의 방침에 입각한 구체적인 연구목적을 부여하고 연구개발의 '진행상황'에 따라 '제어'하는 기능을 갖는다.

이 체제로 행해지는 연구개발은 사업목적에 기여할 주제가 선택되고 성과가 사업화된다. 연구개발을 일정한 규모에 맞추어 실시하기 위해서는 제어기능이 필요하다. 이 기능을 총칭하여 일반적으로 '연구관리'(광의)라고 부른다. 연구관리가 제어하는 내용은 '자원분배'와 '실행추진'의 문제이다.

1. 자원분배

연구개발자원도 일반적으로 사람, 물자, 돈으로 나눈다. 연구관리기능에서는 이들을 다음 형태로 장악하고 어느 연구에 어떻게 분배하는가를 정한다.

(1) 조직 · 인사 … 연구개발을 효과적으로 실행하기 위해서는 누구에게 시킬 것인가, 팀을 어떻게 구성할 것인가, 누구를 리더로 할 것인가, 어떻게 처우할 것인가, 어떤 교육 · 개발을 할 것인가, 통상적인 연구로 할 것인가, 특별 프로젝트로 할 것인가 등으로 이들을 정하지 않으면 안된다.

(2) 시설 · 설비 … 또 연구개발을 효과적으로 시키기 위해서는 연구개발을 위한 환경을 고려하지 않으면 안 된다. 그러기 위해서는 집중된 장소에서 하는 것이 좋은가 아니면 장소를 선택하여 분산해서 하는 것이 좋은가, 독립건물이 좋은가 공동건물이 좋은가,

시설의 기능을 어느 정도로 충실하게 할 것인가, 연구개발용 설비 · 기기는 무엇을 어느 수준의 것으로 제공하는 것이 타당한가 등을 고려해야 한다.

(3) **예산 · 자금** … 연구개발을 추진함에 있어서 자금에 구애받지 않고 하는 방법도 있지만 기업의 입장에서 보거나 또 연구원 본인의 입장에서도 바람직하지 못하다. 역시 연구개발에 대한 자금상에 한도를 명시하며 목표기한을 설정하는 방법이 연구의 효율을 좋게 한다.

2. 실행추진

연구개발은 무엇보다도 그 알맹이와 성과가 중요하다. 좋은 결과가 나오도록 하는 연구관리체제에는 연구개발의 실행추진을 제어하는 다음과 같은 제도가 있다.

(1) **연구관리** … 연구개발의 진행과정은 다음과 같이 나눌 수 있다. 이 진행상황에 따른 제어제도가 협의의 연구관리이다.

1) 연구기획 … 연구주제는 무엇인가, 연구목표를 어떻게 정할 것인가, 누구에게 · 어느 조직에게 · 어떤 환경조건으로 · 얼마의 예산으로 · 얼마나 좋은 연구개발을 시킬 것인가.

2) 연구실시 … 연구원의 발상을 돕고 좋은 성과로 이어지는 방법을 강구한다. 연구개발의 결과는 독창기술과 개량기술이 있다.

3) 연구평가 … 평가에는 실시 전 평가와 중간평가, 최종평가의 3단계가 있다.

(2) **정보관리** … 정보관리는 다음과 같이 구분하고, 각기 그에 적절한 시책을 강구한다.

1) 정보의 소재 혹은 발생별 … 내부정보인가, 외부정보인가.

2) 정보의 공정별 … 작성인가, 축적인가, 유통인가, 가공인가.

(3) **권리화** … 누구나 자기로서는 훌륭한 발상을 하고 좋은 연구성과를 올렸다고 생각한다. 그렇지만 인간은 누구나 엇비슷한 것을 생각한다. 얻어낸 신제품이나 신기술은 제3자에 대해서 비밀을 지킨 뒤에 공개하는 과정이 필요하다. 이를 위해서 특허나 상표 등의 공업소유권 확보에 관한 것이 법률로 정해져 있다. 이 부문은 통상 연구개발부문보다 제조부문에 밀착하여 운용되고 있다. 국가적 · 국제적 연관성도 있어서 항상 정보를 수집 · 검토하면서 연구개발을 진행하는 것이 효율을 좋게 한다.

(4) **지원체제** … 연구개발은 연극과 같이 배우만으로는 성립되지 않는다. 연극에는 분장사가 있어야 되고 소도구 등이 필수적인 것처럼, 훌륭한 연구개발에는 연구원뿐만 아니라 좋은 지원체제가 필요하다. 또 연구개발 담당이사, 연구소장 등의 연구 관리자도 그 기능상으로는 지원체제의 일종이라고 볼 수 있다.

1) 총무부문 … 연구소의 건물관리, 기타 타부서에 속하지 않는 일을 처리한다. 최근 급속히 진보하고 있는 OA에 관한 업무도 이 부문의 담당이다. 연구수단의 진보에 즉각 대응하는 사무제도의 근대화가 검토되지 않으면 안된다.

2) 경리부문 … 예산관리는 경리부문에서보다 연구관리의 참모가 담당하는 편이 낫다. 경리부문은 연구개발부문에서 발생하는 회계처리를 담당한다.

3) 인사부문 … 조직과 인사에 관해서는 뒤에 언급하도록 하겠다. 연구원이 충분히 창조활동을 할 수 있게 처우제도를 만들 필요가 있다.

4) 정보담당부문 … 정보담당부문의 역할은 2가지이다.

하나는 연구원의 두뇌산물을 개인 재산이 아니고 기업으로서 법인의 재산으로 전환하는 것이다(정보의 등록 · 축적). 다른 하나는 연구원의 두뇌에 없기 때문에 필요한 지식을, 필요로 하는 형태로, 필요로 하는 시기에 제공하는 것이다(정보의 유통 · 2차 가공).

5) 특허 담당부문 … 연구원이 창조한 기술적 가치를 제3자에게 흘러가지 않게 하는 역할을 담당한다. 또 타사의 상품, 영업비밀의 장벽을 뚫고 사업 또는 연구개발 추진상의 장애를 제거하는 역할도 담당한다.

6) 구매 · 자재 담당부문 … 필요한 것은, 필요한 때에, 필요한 만큼 조달해 연구원에게 전하는 역할을 담당한다. 무엇이, 어디서, 얼마로, 거래조건 등의 물품(기기, 상품 등) 정보를 충분히 축적해 둘 필요가 있다. 연구원의 관심사항에 끊임없이 관심을 기울이고 정보망의 확보, 더 좋은 거래처와의 관계유지가 중요하다. 또 소모품은 창고를 설치하고 비축하여 연구원이 편리하게 사용하도록 해야 한다.

7) 시험제작 담당부문 … 연구개발의 실험단계에서 간단한 장치나 도구 등을 필요로 할 때가 많다. 유리세공, 플라스틱세공, 주물, 기계공작, 전기공작, 기타 여러 가지를 할 수 있는 기술자 · 기능자가 얼마나 자기 연구소에 있는지, 그 종류와 수준이 연구개발

의 성과에 크게 영향을 미친다.

8) 측정 담당부문 … 연구개발에는 측정이 따라다니기 마련이다. 보통 연구원(자신) 또는 보조자가 측정하며 그것이 실험 그 자체가 되는 경우가 많다. 측정실무는 연구개발의 일환으로 하는 경우와 특수 또는 전문적 측정의 경우 전문적 측정담당부문에 의뢰하는 경우가 있다.

9) 표준화 담당부문 … 신제품을 세상에 내놓을 때 필요한 것이 표준화이다. 이 부문은 통상 연구개발부문보다 제조부문에 밀착하여 운영되고 있다. 국가적, 국제적 연관성도 있어서 연락을 잘 취하면서 연구개발을 진행하는 것이 효율을 좋게 한다.
신제품을 애써 세상에 내놓아도 사용자나 제3자의 몸에 해를 끼치거나 경제적 손실을 주게 되어 법률적인 배상책임을 지게 된다면 의미가 없어진다.

10) 컴퓨터 담당부문 … PC의 눈부신 보급에 따라 컴퓨터의 사용은 벌써 일반화됐다. 그러나 대형 · 소형을 포함한 컴퓨터 전문가가 있는 것이 바람직하다. 연구원이 프로그램을 설계하는 것은 매우 안타까운 일이다. 연구개발 그 자체와 획을 긋기 어려운 일이고 연구원 스스로 좋아한다면 다르지만, 컴퓨터를 사용하는 일 때문에 연구원 본래의 창조활동을 벗어난 일에 빠지지 않도록 하기 위해서는 컴퓨터 전문가를 배치하는 것이 바람직하다.

11) 플랜트 엔지니어링 담당부문 … 우리나라에서는 별로 알려지지 않은 부문이다. 연구소 내의 각 방의 기능별 배치, 실내 레이아웃, 배선, 배관계획, 또는 환경조건 설정과 그 설비 등 연구원의 창조의욕을 높이기 위한 연출업무를 전문적으로 한다. 우리나라에서는 시설담당부문이 이런 업무를 대행한다.

05_ 연구개발주제의 선정

연구기획은 기획 담당자에 의하여 작성되고 최고 경영자에 의하여 정해진다. 이 경우 기획담당자는 기업의 규모에 따라 다르다.

중소기업에 있어서는 최고 경영자가, 중견기업에 있어서는 연구 관리자가, 대기업에 있어서는 연구관리 전문임원이 기획 담당자가 되는 것이 보통이다.

어떻든 기획담당자는 '그 기업의 내일' 을 볼 수 있고, '자사 연구원의 기술적 잠재력' 을 알고 있는 사람이어야 된다.

연구원 자신은 '연구실시계획' 을 세우는 것이지, 연구기획을 세우는 것은 아니다. 영세기업에서 1인이 몇 역을 맡는 것은 어쩔 수 없지만 통상 객관적인 입장에서 보기 어려우므로 연구기획은 연구원보다는 참모에게 시켜야 한다.

1. 연구기획의 내용

연구기획이란 연구주제의 사전평가, 연구주제 완수를 위한 자원분배 2가지를 말한다. 연구주제의 사전평가는 자사의 기술축적인 희망 지향성, 잠재수요를 포함한 시장의 욕구, 연구원의 잠재능력 3가지 측면에서 한다. 연구주제 선정단계가 연구기획의 가장 중요한 단계이다. 기업의 장래에도 영향을 주기 때문에 신중한 검토와 결단력이 필요하다.

기업의 연구개발은 기업발전의 원천이 되고 효과적으로 이루어지도록 해야 한다.

(1) 기업번영의 원천이 되기 위해서는 … 기업발전의 원천이 된다는 것은 이익에 기여한다는 것을 의미한다. 그러기 위해서는 어떤 성격의 연구(기초, 응용, 개발, 개선)에 역점을 두어야 하는가, 연구대상은 무엇을 선택하면 되는가가 문제이다.

또 최근에는 기초 연구소보다 응용연구에 중점을 둔 연구소가 성행하고 있다. 이 사실에서 '기술입국' 을 위해 기초연구를 중시해야 한다는 소리가 높지만, 역시 기업으로서는 연구효율 우선의 자세를 취하고 있음을 알 수 있다.

(2) 효과적으로 이루어지기 위해서는 … 연구개발의 효율을 높이기 위해 고려해야 할 사항은 자원(연구원, 시설, 설비, 자금)과 리스크(기간, 성과)이다. 그러나 효율을 너무 중시하는 나머지 목전의 연구에만 사로잡혀서는 안된다. 5년, 10년, 먼 미래의 기업번영에 반석이 될 연구의 싹을 키우는 일이 중요하다. 기업에 있어서 기초연구를 그만 둘 수 없는 이유가 여기에 있다.

2. 연구주제가 태어나기까지

'기업이 왜 연구개발에 힘을 쏟고 있는가' 에 관해서 1위가 주변분야 진출, 2위가 기존

분야의 원가절감, 3위가 기존분야 고도화, 4위가 타분야 진출, 최하위가 전혀 새로운 사업을 시작한다는 순으로 나타난다.

기업이 최우선으로 고려할 것은 현재 보유하고 있는 기술을 바탕으로 기존제품의 경쟁력을 향상시키고 시장을 개발하는 것이다. 오늘 그리고 내일의 이익을 최우선으로 생각하면서도 독창적인 기술을 꿈꾸고 있는 모습도 엿볼 수 있다.

(1) **뿌리지 않은 씨는 싹트지 않는다** … 씨(기술의 잠재적 능력) 없이 열매를 맺을 수 없다. 씨를 만드는 일이야말로 연구원에게 주어진 사명이다. 씨를 뿌리고 싹이 터서 꽃이 피고 열매를 맺게 하는 것은 경영자가 할 일이다.

(2) **앞서가는 중소기업의 경영지침** … '많은 중소기업은 일견 우연이라고도 생각될 수요를 만나는 것에서 시작하여 지금까지 축적해 온 기술력에 의하여 필연적으로 성공한 예가 너무나도 많다' 고 말하고 있다.

첨단기술분야에서 활약하고 있는 중소기업들에서 보이는 공통점으로 다음 3가지를 들 수 있다. 자금력에서는 대기업에 이길 수 없는 중소기업이 머리 싸움으로 승부를 거는데 어느 곳을 노려야 하는지 전략목표의 설정에 좋은 지침이 된다.

1) 제품개발 혹은 기술개발의 목표설정이 정확하다.

제품의 유통은 사용자와 직결되어 있는 경우가 많고 시장의 소요정보에 밝다. 특히 자사가 독자적으로 개발한 첨단기술을 갖고 있는 경우에는 사용자의 요청에 의하여 새로운 분야에 대한 도전을 하고 있다.

그 결과 스스로 기술축적과 향상이 되풀이되어 개발 리스크가 적은 상태로 그리고 시장성 예측의 필요성도 없이 실용화가 실현된다.

2) 사고보다 실천을 더 철저히 한다.

중소기업에서의 기술개발의 특징은 하나의 개발주제에 집중하고 있으므로 하나의 과제에 전념하는 연구인원 수는 도리어 대기업의 연구인원을 웃돈다.

3) 기술분야를 고도의 전문영역으로 특화하고 있으므로 그것이 이용되는 시장도 자연히 특화되어 있다.

06 연구개발 성과를 사업화하는 포인트

1. 제품이 개발되기까지의 경영풍토

(1) 열의가 있는 경영 … '어떻게 해서든지 내 제품을 갖고 싶다' 는 강한 열망을 가져야 여러 가지 어려움을 뛰어넘을 수 있다. '정말로 추구하는 것이 무엇인가' 를 분명히 하고, 그 실현에 최고 경영자가 강한 열의를 가지고 있는 기업은 반드시 새로운 분야를 개척해 나갈 수 있다.

(2) 목전의 이해만을 추구해서는 안된다 … 연구개발에는 '느긋하게 해내는 풍토' 가 필요하다. 손익분기점이 낮아 경영체력이 강할 때 결과에 조바심 갖지 말고 느긋하게 대처한다. 성공하지 않아도 그 과정에서 기술능력의 향상과 기업체력이 강해진다.

(3) 최고 경영자 선두주의 … 최고 경영자는 기술계이건 사무계이건 관계없이 연구개발에 강한 관심을 갖고 그 실행의 선두에 서야 한다. 연구개발 시행착오에 대한 판단을 빨리 할 수 있고, 최고 경영자의 박력이 연구원에게 일에 대한 의욕을 불러일으킨다.

(4) 철저한 고객본위의 경영을 할 것 … 고객이 있어야 장사가 된다. 생산재이건 소비재이건 고객이 편리한 것, 고객의 지혜가 들어있는 것, 고객의 감성에 호소하는 것이 아니고서는 절대로 팔리지 않는 시대가 되고 있다.

(5) 통풍이 좋은 경영 … 시대의 변화를 재빨리 다각적으로 포착하느냐, 못하느냐에 따라 기업의 생사가 좌우된다. 전 사원이 정보수집을 위한 안테나의 감도를 높임과 동시에 커뮤니케이션이 좋은 조직이 필요하다.

(6) 제품의 이미지와 개념도 중요 … 제품개발도 어렵지만 시장개척이 더 어렵다고 할 수 있다. 그 상품에 대하여 고객은 어떤 이미지를 가지고 어떤 개념을 느끼느냐에 따라 상품의 매출상황이 결정된다.

(7) 이업종 간의 교류는 제품개발의 효과적인 수단 … 인재, 자금이 부족한 중소기업에서는 이업종 간의 교류로 기술의 잠재능력을 향상시키고 제품개발로 이어진다. 이업계의 경험을 받아들이는 것은 새로운 발상을 낳게 한다.

2. 어떤 분야에 도전할 것인가

(1) 자기분야에서 고객의 욕구에 응답한다 … 고객이 현재 요구하는 것을 노린다. 고객의 욕구는 항상 변하고 있으므로 남다른 기술이나 상품을 개발한다.

(2) 성장분야의 주변분야 … 성장분야도 그 자체만으로는 성장하지 못한다. 종래의 것과는 전혀 다른 수많은 주변기기 · 기술이 필요하게 된다. 그런데 이 주변분야는 많은 경우 재래 기술의 조합으로 가능해진다는 것에 중소기업은 주의를 기울여야 한다.

(3) 특정 소규모 시장 … 자사의 제조, 판매능력을 훨씬 능가하는 큰 시장을 상대로 하는 것은 금물이다. 중소기업이 큰 시장에서 대기업의 참여를 물리치면서 지킨다는 것은 불가능한 일이다. 작은 시장에서 큰 점유율을 차지할 수 있는 분야를 노린다.

(4) 지역밀착이 유리한 분야 … 중소기업의 이점인 지역사회에서 밀착도를 살릴 수 있는 상품을 개발하여 세분화된 영업활동, 서비스의 제공으로 성공을 하는 경우가 많다. 지역의 산물, 전통기술 혹은 관광자원 등의 활용은 유리한 분야이다.

(5) 자사 기술을 살리는 분야 … 생산형태가 전혀 다르거나 기술적으로 그다지 잘 모르는 분야의 제품개발은 리스크가 크고 실패하는 경우도 많다. 충분한 조사나 검토도 없이 새로운 것에 손대면 기술의 장벽에 부딪혀 헤매게 된다.

(6) 매뉴얼화하기 힘든 분야 … 매번 일의 내용이 다른 것, 현장에서 현물을 보고 현실적인 아이디어로 만들지 않으면 안되는 제품은 매뉴얼화하기 어렵다. 그리고 이들은 중소기업이 잘 해낼 수 있는 영역이다. 그러나 이 경우 솜씨 좋은 기능공, 고객의 욕구를 구체화하는 아이디어, 그것을 도면화하는 능력 등이 필요하다.

(7) 변화를 앞지를 필요있는 분야 … 세상의 변화를 앞지른 제품은 리스크가 크다. 그러나 변화에의 순응성이 크고 어디에나 뛰쳐가는 행동력이 있으면 필승한다.

3. 제품개발을 잘 할 수 있는 방법

(1) 개발목표를 핵심화한다 … 차별화된 상품 · 서비스가 아니면 팔리지 않는다. 어디에 차별화의 중점을 두느냐가 문제이다. 개발분야가 정해지면 그 시장에 이미 나와 있는 제품, 고객의 욕구를 연구하여 개발목표를 핵심화한다.

(2) 소프트웨어 부분은 자사에서 제작 … 개발하는 제품의 모두를 자사의 제작으로 하려

고 생각할 필요는 없다. 효과있게 외주를 이용하는 것이 좋다. 그러나 중요한 소프트웨어는 자사에서 장악해야 한다. 그 제품의 심장부분의 설계, 제작, 최종조정과 같은 중요부분을 자사에서 하여야 타사에서 즉시 흉내낼 위험이 없다.

(3) **단기개발로 승부** … 중소기업은 자금이나 인재에 여유가 없다. 따라서 기초연구부터 시작하여 제품화하는 장기전의 개발은 부적합하다. 또 다른 기업에게 선수를 빼앗길 위험도 있다. 기한을 정하여 몰아붙이면 좋은 지혜가 나온다.

(4) **경영자를 선두로 최강 스탭을 갖춘다** … 한가한 임원에게 개발을 맡겨서는 성공할 수 없다. 경영자가 선두에 서서 과감하고 적절한 배치를 하여야 한다.

(5) **젊은이들에게 시킨다** … 개발에는 새로운 발상이 필수적이다. 선입관이나 고정관념에 사로 잡혀서는 안된다. 젊은 기분을 가진 사람, 과거의 경험이나 지식이 방해되지 않는 사람, 도전적인 주제에 정열을 가지고 새로운 감각으로 일할 수 있는 사람이 적격이다. 체력적으로도 연령이 젊을수록 좋다.

(6) **자유롭게 움직일 수 있는 체제 만들기** … 개발담당자에게 여러 가지 제약조건이 있으면 일할 의욕이 나지 않는다. 자유롭게 움직이고 하고 싶은 대로 할 수 있는 체제가 필요하다. 일이 제대로 되지 않았을 때에 변명의 이유를 주지 않기 위해서도 필요하다.

(7) **제품개발의 벽을 뚫을 수단을 찾는다** … 제품개발에서는 기술적인 벽에 부딪힐 수 있다. 공적인 연구기관이나 대학의 협력을 얻던가, 원청회사나 동업자와 협력하던가, 그 방향의 전문가를 찾아 가르침을 받는 것이 최상이다.

06

통신판매의 활성화

01_ 고객 리스트의 수집방법

통신판매 비즈니스에서는 고객 리스트를 어떻게 많이 확보하느냐가 성공의 갈림길이다. 고객 리스트란 대체 어떤 것인가? 일반적인 명부나 주소록과는 어떻게 다른가?

일반적인 명부나 주소록은 성명, 주소, 우편번호를 포함한다. 여기에 성별, 생년월일, 가족구성, 취미, 직장까지 추가하면 분명히 이용가치가 높아질 것이다.

그런데 통신판매에서의 고객 리스트는 이들 요소에 고객의 구입실적을 기록한 데이터를 포함해야 한다.

즉 어느 상품을 언제, 얼마로 구입했다는 정보를 포함한다. 이것이 보통 명부나 주소록과 결정적으로 다른 점이다. 단순하게 말하면 한 번이라도 통신판매를 이용한 경험이 있는 사람들의 명부가 고객 리스트이다.

통신판매 비즈니스는 대상으로 할 고객 개개인을 상대로 그들이 필요로 하고 원하는 것을 파악하고, 가장 알맞은 상품과 정보를 제공하여 매출액을 확보하는 다이렉트 마케팅 판매방법이다.

즉 고객의 구입상품 정보가 없는 리스트로는 매우 큰 로스가 발생하게 되어 비효율적으로 되기 쉽다. 그러므로 통신판매 비즈니스에서는 고객 리스트가 중요시되고 모든 회사들이 고객 리스트의 수집에 힘을 기울이고 있다.

고객 리스트는 자사가 독자적으로 '하우스 리스트' 와 그 이외의 '외부 리스트(오픈 리스트, 아우트 리스트라고도 함)' 로 나누어진다.

외부 리스트는 리스트 업자나 타사에서 구입한 리스트이므로 자사에 알맞게 손질함으로써 하우스 리스트로 바뀔 수도 있다. 그러나 통신판매 개시 시점에서는 고객 리스트(하우스 리스트)가 없는 기업이 대부분이다. 이런 경우 우선 예상 고객 리스트를 어떤 방법을 써서라도 확인해야 한다.

그럼 어떤 방법으로 고객(예상되는) 리스트를 수집해야 할까? 여기서는 신규참여나 초기단계를 염두에 둔 수집방법을 소개한다.

1. **매스 매체를 이용** … 신문, 잡지, TV, 라디오, PC 통신에 통신판매 광고를 낸다. 판매활동을 하면서 신규고객이나 예상 고객을 확보한다. 무료 카탈로그, 선물 또는 자료요구 엽서를 끼워서 불특정 다수 중에서 판매할 상품에 흥미를 가지는 사람을 모은다. 또 잡지 중에는 통신판매 상품만을 모은 전문지도 있으니 이것을 이용하면 반응이 좋다.
2. **전단광고를 이용** … 한정된 지역의 신문 배달에 광고물을 끼워 배달하거나 택배 전단광고를 발송한다. '캠페인 실시 중' 이라 하여 특전을 주며 퀴즈를 실어 반신 엽서를 보내오면 카탈로그 증정과 동시에 상품을 주면 효과가 크다. 또 역이나 전철역 부근에서 화장지를 곁들여 나누어 주는 것도 효과가 크다.
3. **테이크 원을 이용** … 테이크 원은 호텔의 프론트, 레스토랑의 레지스터 부근, 은행의 카운터, 서점의 안내 데스크나 계산대 등 사람이 많이 모이는 곳에 반신 엽서를 포함한 전단 광고를 설치하여 자유로이 집어가게 하는 방법이다.
   상품에 따라서는 미장원이나 약국, 병원 등에서 포스터 형식을 취한 예도 볼 수 있다. 테이크 원을 실시할 때는 설치하는 상대에게 폐를 끼치지 않게 세심한 배려와 수수료를 내는 문제도 생각해야 한다. 택시 광고도 같다. 소개 상품이나 문의처 전화번호를 조그마한 쪽지에 인쇄해도 된다.
4. **이벤트, 세미나의 이용** … 통신판매회사 스스로가 주최할 때는 물론, 관련되는 각종 단체나 자치단체의 이벤트에서 참가자에게 전단광고나 안내서를 배부하는 것도 좋다.
5. **소개 캠페인 실시** … 고객 리스트가 이미 있을 때는 현재의 고객에게 친구 혹은 아는 사람, 직장의 동료, 선후배를 소개받는 방법도 효과적이다. 이런 때는 매력적인 프리미엄을 준비하여 소개된 사람뿐 아니라 소개해 준 사람에게도 제공하여 기쁘게 만들어 주어야 한다.

02_ 개성적이고 매력적인 카탈로그 만들기

고객은 카탈로그를 통해 본인이 기대하고 필요로 하는 물건을 구입한다.

맨 처음 카탈로그가 고객의 평가를 좌우하는 만큼 사내의 담당자, 외부의 제작 스탭과 함께 잘 상의하여 전력을 다해 대처해야 한다.

카탈로그는 처음에는 한 가지만으로 충분하다. 쪽 수는 4의 배수로 하면 인쇄하기 용이하다. 소개할 상품이 적을 때는 가령 4쪽 카탈로그라면 좋은 재질에 컬러로 인쇄하여 인상을 강하게 심어준다.

그러면 고객의 공감을 불러일으킬 수 있는 개성적이고 매력적인 카탈로그를 만들기 위해 고려해야 할 기본적인 사항들을 점검해보자.

1. 전체적인 고려사항

(1) 카탈로그의 최종목적은 구매로 이어지게 하는 것임을 염두에 두고, 누구에게(타게트), 무엇을(상품) 알리는 카탈로그인가를 다시 한번 확인한다.

(2) 화려하고 사치스러운 것보다 자사의 방침과 성실성이 전해질 수 있는 것으로 한다.

(3) 상품의 사진은 적당한 크기로 하고 색은 칼라로 충실히 재현한다. 상품의 특징적인 부분은 확대하고 때로는 모델을 써서 상품을 쓰고 있는 장면, 소도구에 의한 연출도 효과적이다.

(4) 테마에 따라 배열하고 관련 상품을 라인업하여 마무리한다. 지나치게 빽빽하게 만들지 말고 전체의 통일감에 유의한다.

(5) 취급 상품이 많을 때는 자사에서 선택 · 엄선하여 고객에게 자신 있게 제공한다. 사이즈가 다르고 색이 다른 것은 고객이 알 수 있게 배려한다.

(6) 유행이나 계절을 따르는 상품은 신선미가 있고 흥미를 불러일으킨다. 이들 상품은 이것대로 선별하여 취급하고 유효기간을 명시하여 눈에 띄게 한다.

(7) 캐치프레이즈는 크게 하여 고객의 감성에 호소하고 이익을 강조한다.
간결 · 단순 속에도 즐거움, 발견, 꿈이 있는 표현이 필요하다.

(8) 상품의 품질 · 기능 등의 사양은 요점을 기재하고, 상품의 특징은 쉽게 이해될 수 있도

록 효과를 강조한다. 새로운 사용방법을 제안하고 싶을 때는 충분한 설명문을 별도로 넣는다.

(9) 자사의 인기상품, 권장상품, 팔고 싶은 상품은 특집 페이지로 눈을 끌게 한다.

(10) 여백이 있으면 칼럼을 설치하여 관련정보, 유익한 정보, 제안정보 등 고객이 만족해 할 정보를 싣는다.

(11) 상품을 써본 경험자의 감상이나 그 상품에 대한 권위 있는 사람의 추천사를 싣는 것도 효과적이다.

2. 상품보증과 구매행동 환기

(1) 상품의 품질을 보증하고 반품을 받으며 교환해 준다는 취지를 명시한다.

(2) 배달은 신속히 하며 상품에 따라 발송료는 회사에서 부담함을 강조한다.

(3) 구매신청은 간단하며 지불도 편리함을 강조한다.

(4) 가격을 크게 하여 싸다는 느낌과 알맞은 가격이란 느낌이 들게 한다.

(5) 할인 세일, 캠페인 실시 중 이벤트 가격으로 살 수 있어서 이득이 됨을 강조한다. 어떤 상품을 사면 다른 소품을 증정하는 것도 좋다.

(6) 상품에 따라서는 수량 한정, 기한 한정으로 구매 행동을 환기시킨다.

3. 카탈로그 제작은 면밀한 스케줄로 실행

카탈로그나 각종 광고물을 만드는 데는 생각한 것 이상으로 시간과 돈이 든다. 여기서는 일반적인 카탈로그 제작의 흐름과 스케줄에 대해 간략히 살핀다.

카탈로그 제작은 컨셉 등 전략적인 구상을 짜고 방향성을 명확히 한 뒤에 상세한 스케줄 계획을 짜고 실행하는 것이 바람직하다.

맨 처음 시작 단계에서는 불확실한 요소가 많으므로 반년 정도 들여 여유를 가지고 계획을 세워서 충분히 납득할 수 있는 카탈로그를 만든다. 실무적인 작업은 당연히 제작회사나 인쇄소와 프로젝트를 구성하여 진행하지만, 기획단계에서는 어드바이스나 제안, 협의가 중요한 부분을 차지함은 맨 처음부터 참여하여 다음 사항을 사전에 확인해야 한다.

(1) 카탈로그 제작의 전체 예산 … 기획 관련 비용, 제작비, 용지대, 인쇄비, 진행잡비 등을 예산한다.

(2) 카탈로그의 사양 … 사이즈, 쪽 수, 용지 종류, 개략적인 사항은 미리 정한다.

(3) 발행 부수 … 발행 부수는 예상 고객 수에서 산출하고 또 매스컴 매체에 의한 카탈로그 예상 요구 수를 바탕으로 결정한다.

카탈로그는 기본적으로 6개월마다 바꾸는 것이 좋다. 특히 계절상품이나 유행상품을 취급할 때 그러하다. 최소한 봄 · 여름 용, 가을 · 겨울용 2개는 만들어야 한다. 계절상품이 없더라도 같은 카탈로그를 1년간 계속 쓰면 구매로 이어지는 확률이 떨어진다. 따라서 전면적으로 개정하지 않더라도 프레쉬한 변화는 필요하다.

카탈로그는 통신판매기업의 얼굴이다. 카탈로그에 하자가 있다면 그것은 치명적인 타격을 준다. 인쇄에 들어가기 전에 색상, 상품규격, 가격 등에 대해 면밀하게 점검하여 틀린 것이 없게 하여 완전한 상태에서 인쇄에 넘겨야 한다.

4. 효과있는 DM 만들기의 기본

DM 하면 봉투나 엽서를 연상하는데, 우송료가 오른 탓도 있어서 DM 폼에 대한 연구가 이루어져 개량품과 신제품이 선보이고 있다. 어떤 형식의 DM을 만들 것인지는 업자와 상의하여 제작하는 것이 바람직하다.

여기서 확실히 효과가 있는 DM을 만들기 위한 핵심에 대해 알아본다.

먼저 DM을 구성하는 요소를 보면 ① 수신자 수신용 봉투(엽서, 기타를 포함) ② 안내문(인사장) ③ 팸플릿(카탈로그) ④ 신청서 ⑤ 기타(특전, 우대권 등) 등이 있다.

고객이 DM을 받아 들고 "어! 이거 뭐지? 좋다, 즉시 주문하자"하고 행동을 취하게 하기까지는 모든 요소들이 각기 힘을 발휘하여 구매라는 목적지로 연결되어야 한다.

(1) 흥미를 가지고 개봉하게 만든다 … 엽서보다 봉투 쪽이 보안성이 좋고 자기 앞으로 보내졌다는 인상을 강하게 해준다. 그러나 봉투에 너무 돈을 들일 필요는 없다. 단순하고 공적인 분위기가 풍기는 것이 무난하다.

받는 쪽에서 반드시 봉투를 열게 하기 위해 '중요한 내용입니다' '지금 곧바로 개봉하십시오' 등의 문구를 봉투에 쓰면 좋다. 또 수신자란 부분을 투명하게 만들어 내용을 약간 볼 수 있게 하는 것도 좋다.

(2) **당신에게만 알림** … DM에 상품 안내 카탈로그 외에 안내를 위한 인사장을 넣으면 반드시 효과가 있다. '○○○씨 귀하' 라고 개인 이름으로 '당신에게만 당사에서 자신 있게 권해 드립니다' 는 식으로 시작하여 그 상품을 구입함으로써 어떤 이익을 얻을 수 있는지 강조한다.

문구는 상대에게 이익이 되는 사항을 구체적으로 제시하고 조목별로 쓰거나 고딕체로 써서 흥미를 돋군다. 문장은 일반적으로 짧은 것이 바람직하다. 그러나 상품에 따라서 흥미를 갖게 하고 설득력을 높이기 위해 길게 써도 된다.

(3) **신청은 간단히** … 사고 싶다고 느끼게 되었을 때 '신청은 간단' 하다고 지체없이 써야 한다. 신청서는 되도록 간단하고 쓰기 쉽게 항목을 적게 한다. 신청방법은 전화와 팩스로 받는다는 사실을 밝힌다.

(4) **특전을 강조하여 구매를 촉진** … 사람은 자기에게 이득 되는 일에 민감하다. 지금 신청하면 이러한 특전이 따른다는 사실을 알려주면 그것만으로 구매율이 올라간다. 그러나 그다지 매력이 없는 특전은 특전으로 받아들여지지 않기 때문에 정말로 기뻐할 수 있는 것이 무엇인지를 연구해야 한다.

(5) **추신으로 재강조** … 안내문의 끝에는 통신판매 사업자의 손으로 직접 쓴 사인을 하여 성의를 보인다. 또 추신으로 다시 가장 이익이 되는 점과 지금 즉시 신청하지 않으면 손해라는 문구도 첨가하면 효과를 증대한다.

5. 신문광고를 잘 이용하는 방법

이 항목부터는 각 매체에 대해 구체적으로 그 메리트와 디메리트, 이용상 주의할 점에 대해 생각해 본다.

(1) 신문의 장점

1) 일반적으로 다수의 예상 고객에게 광고 … 매스컴 매체로 단연 대표적인 것이 신문이다. 무엇보다 발행부수가 많으므로 단번에 많은 예상 고객의 눈에 띌 수 있다.

2) 리스트를 모으는데 최적 … 고객 리스트가 없더라도 판매할 수 있고, 동시에 리스트 수집의 수단으로 이용할 수 있다.

3) 반응이 빠르다 … 사실 전파 속도로 볼때 TV가 더 빠르다. 그러나 반응은 신문이 더 빠르다. 게재 당일과 다음날이 반응이 높고 이후 점차 떨어진다.

4) 생활용품 광고에 알맞다 … 신문은 어느 집에서도 구독하고 있기 때문에 가정용 상품을 광고하는데 적합하고 독특한 이용가치가 있다.

5) 신문의 신뢰성 … 발행부수가 많은 주요 중앙지를 비롯해 지방의 유력한 신문은 사회적으로 인지도가 높아서 통신판매기업으로서의 지명도가 낮더라도 독자들로부터 신용을 얻을 수 있다.

(2) 신문의 단점

1) 광고비가 비싸다 … 주요 일간지는 비싸지만 지방의 유력지는 노려볼 만하다. 또 날짜를 지정하지 않고 자리가 비었을 때 싣는 방법이라면 비교적 싸게 활용할 수 있다. 단지 언제 게재될지 몰라 불안하다.

2) 광고 생명이 짧다 … 이것은 반응이 빠르다는 것과 대조적인 것이다. 그런 만큼 호소력이 강한 광고가 요구된다.

3) 컬러 인쇄는 비싸다 … 일반적으로 칼라로 내는 것이 효과적인데 비싸다. 상품 특성을 따져 선택한다.

(3) 신문 이용 시 주의 사항

신문에는 중앙지를 비롯해 지방신문, 업계신문, 경제신문, 스포츠신문 등 여러 가지가 있는데, 일반적인 메리트와 디메리트와 지역 내에서의 배포부수를 감안하여 매체 가치가 높은 신문을 이용한다. 흔히 문제되는 것이 광고 게재면의 크기인데 크다고 구매로 이어지는 것은 아니다. 광고의 목적을 충분히 검토하여 예컨대 상품판매와 자료청구를 동시에 고려한다면 상응하는 공간을 잡아 효과가 큰 지면을 만든다.

자료청구를 노린다면 간결한 상품안내와 회사명, 자료를 청구할 곳(회사 소재지와 전화번호)만을 다듬어 싣고 광고횟수를 늘리는 방법이 있다.

상품의 특성에 따라 다르지만 어수선하게 나열하지 말고 상품의 수를 줄여 그 상품을 집중적으로 홍보한다. 설명을 곁들여 효과가 있는 상품은 장문의 카피로 읽게 하는 일도 중요하다.

특히 팔아야 할 상품은 크게 내고 특징과 사진으로 클로즈업시키는 등 머리를 써야한다. 신문광고의 게재요금과 게재일, 스페이스에 대해서는 광고 대리점이나 해당 신문사와 밀접하게 상의한다.

6. 간편한 전단광고를 최대한 이용

전단광고도 광고매체로 널리 알려져 있다. 매체별 매출액 구성 비율을 보면 카탈로그 다음으로 매출을 올려주는 매체로 되어 있다.

전단광고의 장점은 ① 코스트가 싸다 ② 배포할 지역을 마음대로 정할 수 있다 ③ 요구하는 시간대에 뿌릴 수 있다 ④ 몇 번이고 쓸 수 있다 ⑤ 만들기가 비교적 간단하다 등을 들 수 있다.

전단광고는 매체기능이란 점에서는 한정적이지만 매스컴 매체이고 신규 고객에 대한 판매와 그에 따른 고객 리스트의 수집이 목적이다. 또 크기를 마음대로 정할 수 있고 판매하고 싶은 상품을 선정하여 특정 지역에 배포하기 때문에 테스트 마케팅에도 효과적이다.

신문매체와 같은 광역대상에 광고를 내면 그만큼 높은 광고료가 들기 때문에 전단광고에 의하여 반응을 확인하고 타당성이 확인되면 매스컴 매체에 싣도록 한다.

전단광고는 신문이나 광고지에 넣어서 배포하는 방법과 가정의 우편함이나 빌딩의 사무실 우편함에 직접 투입하는 방법이 있다. 배포요금과 효과를 감안하여 케이스 바이 케이스로 나누어 활용하면 된다. 호별 배포에는 전문업자에게 의뢰할 수 있다.

7. 잡지광고를 잘 활용하는 방법

(1) 잡지가 주는 장점

1) 타게트에 맞출 수 있다. 자사가 판매하는 상품에 맞추어 잡지를 고를 수 있기 때문에 불특정 다수라고는 하나 매체로서의 가치를 높일 수 있다.

2) 리스트를 모으는데 알맞다. 신문과 같이 예상 고객 리스트를 수집하는데 효과적이다. 타게트가 집중되어 있어서 독자로부터의 반응을 기대할 수 있는 반면 잡지에 따라 격차가 있다.

3) 비교적 비용이 싸다. 잡지의 발행부수나 지명도에 따라 다르지만 비교적 싸다. 칼라로 인쇄할 수 있지만, 칼라로 만들면 비용이 상승되므로 검토를 요한다.

4) 광고로서의 호소기간이 길다. 신문과 비교할 때 광고로서 대상 인원에 대한 호소력이 긴 기간을 두고 지속되기 때문에 그 나름의 효과를 기대할 수 있다. 주간지, 월간지, 계간지의 순으로 오래 지속된다.

(2) 잡지의 단점

1) 발행부수가 한정되어 있다. 발행부수가 적더라도 구매로 이어지는 확률이 높아지는 경우가 있다. 상품 특성에 맞는 전문 잡지가 좋은데 실제로 게재해 보지 않고는 결과를 알 수 없다.

2) 잡지 구독자 이외의 예상고객을 발견할 수 없다.

3) 월간지나 계간지는 광고를 의뢰한 뒤 게재될 때까지 시간이 걸린다.

(3) 잡지를 이용할 때의 주의 사항

잡지도 대상 독자에 따라 여러 가지 종류가 있다. 특히 젊은 여성을 대상으로 하는 잡지는 상당히 세분화되어 있어서, 예컨대 20대라 하더라도 초반인가 후반인가로, 가정주부 대상인가 혹은 직장인인가 등 자사가 타게트로 삼고 있는 층을 대상으로 하고 있는지의 여부를 확인해야 한다.

가능하다면 2~3개의 잡지에 동시에 게재하여 광고효과를 확인하면서 게재 잡지를 확정하는 것이 좋다. 또 잡지광고는 게재할 때 1회로 그치지 말고 계속해서 게재하면 효과가 좀 오른다. 이때 광고비가 높아지므로 연간계약으로 가격을 낮추는 것도 한 요령이다.

8. TV, 라디오 매체는 장래 포석의 과제

(1) TV

안방 통신판매로 인기 있는 TV 쇼핑의 메리트는 신문과 같이 다른 매스컴 매체 이상으로 반응이 순간적이고 상품에 따라서는 단 한 번에 몇 천 건이나 되는 주문을 받을 수 있다.

그런 반면 고액의 방영 비용 때문에 어느 정도의 자금력이 있어야 한다. 또 수주, 배달 체제, 대금회수 체제가 컴퓨터 시스템으로 되어 있어야 한다. TV 매체는 자금력이 있는 대규모 통신판매업체에게는 이미지 전략으로도 이용가치가 큰 매체이다.

그러나 신규 참여 통신판매기업으로는 장래에는 몰라도 현재로는 어떤 상품이 취급되고 있고 그 호소력의 핵심은 무엇이고 제공가격은 어떤지 등 연구하는 쪽이 도리어 의의 있는 일일 것이다.

TV 쇼핑은 통신판매기업이 CM 토막을 완전히 매수하여 방영하는 경우와 TV국에서 독자적으로 제작하여 정보프로그램으로 상품을 소개하는 형식 두 가지가 있으므로 이들에 대해 연구하는 것이 좋을 것이다.

(2) 라디오

라디오는 매체별 매출액으로 볼 때 2%에 채 미치지 못하는 매체이지만 TV와는 다른 특징이 있다. 그것은 라디오 프로그램 진행자가 자기 프로그램 속에서 이야기하는 것과 소리만으로 상품을 소개하여 청취자에게 제공하는 형태이다.

어떤 형태이건 상품을 눈으로 직접 볼 수 없기 때문에 진행자의 인기와 신뢰감에 의지하는 것이 핵심이다. 청취자는 프로그램에 참가하는 의식으로 주문한다.

취급되는 상품은 여러 가지인데다 가격의 폭도 상당히 넓은 것이 특징이다. 새로운 상품이나 진귀한 상품은 청취자가 상상할 수 없기 때문에 적합하지 않다.

07

판매력의 활성화

01_ 시장 동향과 경영자원의 검토

경영자는 자사가 어떤 분야를 중점적으로 개발 · 육성해 나갈 것인가를 신중히 검토해서 결정해야 한다. 따라서 우선 시대적으로 상승기류를 타고 있는 분야의 유망업종을 일람표로 만들어 놓고 그 유망업종에 필요한 기업 능력을 평가해 보아야 한다.

또 중점분야를 선정하기 위해서는 시장동향과 자사의 능력, 경영자원의 양면에서 검토해야 한다. 용도별, 고객의 계층별, 상품별, 유통채널별, 지역별 등으로 나누어서 시장의 유망성을 판단해야 한다.

1. 대상시장을 점검한다

시장의 유망성을 판단하려면 수요량, 수요의 성장성, 수익성, 효율성, 자사의 강점, 타사와의 능력관계 등을 검토해야 한다. 아울러 시장참여에 따르는 장애, 필요능력, 부족자원 그리고 향후 예측되는 기업동향 등의 검토도 필요하다.

기업은 고객에 관해서 다음과 같은 점을 잘 알고 있어야 한다.

(1) 어떤 계층의 고객이 사용하는가?(즉 사용자의 계층, 생활취향, 단골업종 등)

(2) 어떤 방식으로 사용하는가?(사용용도, 사용시기, 사용장소 등)

(3) 사용자의 요망사항이나 불만이 있는가?

(4) 누가 고객인가? 고객과 실제 사용자와의 관계는? 물품선택에 영향을 주는 자는 누구인가?

(5) 구입하는 용도나 목적은 무엇인가? 구입상품에 대해서 기대하는 이미지는 어떤 것인가?

(6) 관련해서 함께 사가는 상품이 있는가? 어떤 서비스를 요구하는가?

(7) 가격을 올리거나 내리면 수요에 어떤 변화가 오는가?

(8) 자사의 상표와 기업에 대해서 어떤 인상을 갖고 있는가?

2. 상품력을 점검한다

고객의 호감을 사려면 상품력을 철저히 강화해야 한다. 상품력 강화는 고객을 만족시키고 판매를 신장시켜 이익을 많이 남게 하는 결정적 요소이다. 따라서 상품을 강화하려면 하나하나의 상품을 고객이 만족하도록 만들뿐 아니라, 상품구성을 고객이 매력을 느낄 수 있도록 늘 개선해 나가야 한다. 상품이란 고객을 위해 만드는 것이기 때문이다.

경영자는 항상 자사의 제품을 고객이 만족하고 있는가를 겸허한 마음으로 반성해야 한다. 기업경영의 기본은 누구에게도 지지 않는 품질, 가격, 서비스를 제공하는 것이다.

사업에 성공하는 요점은 고객이 바라고 원하는 상품을 만드는 일이다. 품질에 결함이 있는 상품을 시장에 내놓는다는 것은 용납될 수 없다. 좋은 상품을 만들려면 전 사원이 하나 하나의 작은 작업에도 정성을 기울여야 한다.

좋은 상품에는 혼이 깃들어 있다. 판매에서 성공하는 열쇠는 상품을 팔기에 앞서서 만든 사람의 정성을 파는 것이다.

상품력을 강화하려면 경영자가 사회에 무엇인가 공헌해야 한다는 사명감이 앞서야 한다. 경영자는 적당주의여서는 안되며 상품은 실용성과 미적 감각을 겸비해야 한다.

사업의 본질을 잘못 알고, 눈앞의 이익에만 정신을 빼앗겨서는 안된다. 수준높은 고객에게 정성들인 상품을 제공하려면 가치 있는 상품에 걸맞은 제조활동 · 판매활동을 전개해 나가야 한다. 그 결과 기업은 상품력에 걸맞은 가치와 평가를 받게 된다.

경영자는 늘 업계나 시장동향에 관심을 갖고 시장수요의 변화를 파악하고 동업자의 상품과 비교 · 연구하여 어떤 사소한 부분에서도 손색이 없는 것을 시장에 내놓도록 리더십을 발휘해야 한다.

3. 품질을 점검한다

상품력이란 품질수준을 말한다. 품질수준을 극대화하기 위해 체크할 사항들을 정리해 본다.

(1) 사용목적에 부합되어 있는가? 이 상품의 특징은 무엇인가?

(2) 타사 상품과 비교해서 우수한 점은 무엇이며, 세세한 부분에도 손색이 없는가?

(3) 외관상의 디자인, 색상, 품위는 어떤가? 편리하고 사용하기 쉬운가?

(4) 잘못 사용할 위험은 없는가? 안정성은 충분한가?

(5) 손질하기 쉬운가? 보관이 용이한가? 사용환경에 대한 배려가 잘되었는가?

(6) 자연 또는 사회환경에 피해를 주지는 않는가? 신뢰성은 충분한가?

(7) 법령이나 규격이 올바르게 지켜지고 있는가?

(8) 표시나 설명서는 알기 쉽고 적절한가? 포장, 수송, 화물취급, 보관, 디자인 등이 고려되어 있는가?

품질체크는 상품을 세부에 이르기까지 정성껏 점검하는 일이다.

4. 새로운 상품개발을 점검한다

경영자는 신상품 개발을 계획할 때 담당 책임자를 임명하는 일이 중요하다. 신상품 개발은 꿈의 실현을 위해 지칠 줄 모르는 의지로 업무를 추진하는 강한 인물이어야 성공한다. 신상품 개발 담당 책임자는 신상품의 기획 · 개발뿐 아니라 상품으로서 판매될 때까지의 모든 개발과정을 체크해야할 책임이 있다.

신상품 개발에 있어서 체크해야할 점은 다음과 같다.

(1) 기획하고 있는 신상품에 관해 전반적인 파악을 하고 있는가? 신상품의 차이점? 우수성은 무엇인가? 대상으로 삼는 판매시장은 어디인가?

(2) 유통채널, 즉 판매 상대는 정해졌는가? 판매상대를 정하고 나서 개발에 들어갔는가?

(3) 판매시장에서 종합적인 마케팅 능력이 타회사보다 우월한가? 대기업과 경쟁할 수 있는가?

(4) 많은 협력업체 · 제휴회사 등을 효과적으로 관리할 수 있는가?

(5) 투자금액은 얼마인가? 투자효율은 적절한가?

(6) 매출액과 이익은 얼마나 확보하고, 개발 코스트 상각에 필요한 기간은 얼마로 생각하고 있는가?

(7) 시장규모와 장래의 성장성은 어떤가? 판매방법, 광고선전, 판촉활동을 어떻게 할 것인가?

(8) 가격체계는 어떻게 할 것인가? 상표정책은 어떤 방식으로 할 것인가? 영업체제는 어떻게 구축하려 하는가?

(9) 제조라인이나 제조공법은 어떻게 할 것인가? 제조체제는 어떻게 할 것인가?

5. 생산활동을 점검한다

상품을 판매하려면 우선 상품공급이 제대로 되어야 한다. 상품을 이상적으로 공급하려면 '팔릴만한 것을 팔릴만한 시기에 팔릴 만큼의 수량' 만을 공급해야 한다. 그렇게 되면 기회를 놓치는 일이 없고 재고가 많이 생기지도 않는다. 또 적은 인원으로 단시간에 제품을 만들 수 있다. 그리고 수요에 맞는 공급을 할 수 있다.

생산활동에서 일반적으로 발생하는 낭비요소를 몇 가지 살펴보면 다음과 같다.

(1) 과잉생산에서 발생되는 낭비이다. 과잉생산되면 공장 내에 재고가 증가하므로 재료비, 노무비, 경비 등의 금리가 올라간다.

(2) 대기시간의 낭비이다. 재료대기, 검사대기, 운반대기 등 모든 대기시간을 낭비로 규정하고, 레이아웃을 개선하고 다공정 처리장치를 실현시켜서 대기시간의 낭비를 없애야 한다.

(3) 운반낭비이다. 운반은 부가가치가 생기는 것이 아니니까 가능한 한 줄여 나가야 한다.

(4) 가공하는 자체가 낭비이다. 애초부터 필요없는 공정이나 작업을 없애야 한다.

(5) 불량품이 생기는 것도 낭비이다. 이것이 가장 나쁜 낭비로써 불량품을 수정한다든가 클레임 처리하는데 비용과 시간을 더 많이 빼앗긴다. 불량품 없애기가 중요한 목표이다.

(6) 재고가 생기는 낭비이다. 특히 재료, 부품, 미완성 재료, 반제품, 제품 등 물품이 정체된 상태를 말한다. 재고를 줄이면 새로 준비할 문제가 떠오른다.

(7) 동작도 낭비이다. 불필요한 동작, 느린 동작, 부가가치가 생기지 않는 동작을 줄인다.

제조현장에는 4가지 현상이 있다. 즉 가공, 검사, 운반, 정체인데 그 중 가장 문제가 되는 것은 정체현상이다.

재료가 창고나 제조현장에 정체되어 있고 반제품이 기계에 걸쳐진 채 정체되어 있으면 완성된 제품이 제품창고에 정체된다.

그럼에도 '정체' 라는 큰 낭비가 제조현장의 상당한 공간을 차지하고 있는 중소기업이 많다. 처음부터 정체현상이나 불량품이 나오지 않도록 고안하고, 만약 발생하더라도 곧바로 발견해서 당장에 처리하는 대책을 세워야 한다.

02_ 판매관리의 전략 · 전술

수주생산을 주로 하는 중소기업은 거래처의 판매력에 의존하여 그 제품의 관련부품을 수주 · 제조하여 납품하고 있다.

중소기업은 최종제품의 수요동향 등에 대한 정보에 어둡고, 개개의 부품 주문수가 판매를 좌우하기 때문에 중장기적 판매계획을 세우기에 어려운 점이 있다.

연도판매계획을 세워도 거래처의 제품 매출동향, 구입방침 등에 의하여 크게 변동되기 때문에, 계획의 실현이 '그림의 떡' 과 같이 되는 경우가 많다.

50명 전후의 중소기업은 인건비 · 제경비 등이 예산 이상으로 지출되는 경우가 많은데, 수입이 불안정해서는 경영을 유지할 수가 없다.

따라서 거래처의 경영 · 구입방침을 파악함과 동시에 스스로 관련 제품의 수요동향, 경쟁상황 등의 정보를 파악하여 판매방침과 계획을 세우는 것이 중요하다.

경영방침에 의거하여 이익계획과의 균형을 도모하고 연도판매계획을 세우며, 반기 · 분기 · 월단위의 판매계획을 세운다. 그러나 계획대로 진행되기가 어려운 경우가 많다. 따라서 전월의 실적 차이는 다음 달에 회복시키는 조정기능이 작용되어야 한다.

'A' 회사의 수주감소는 'B' 회사에서 만회하듯이 앞으로의 성장산업 · 성장기업을 개척하여 수주량의 평준화를 기할 수 있게 하고 계절적인 변동, 제품의 라이프 사이클에 대처한 앞을 내다보는 개발영업을 해야 할 필요가 있다.

판매부문은 고객이나 사용자와 접촉할 때에 수집되는 외부정보가 직접 판매하는 업무 못지않게 중요하다. 고객, 사용자, 경쟁회사의 외부정보를 재빨리 획득하여 관계부문에 보내 신속히 대응시키는 방법이 판매계획을 달성하는 지름길이 된다.

또, 판매계획을 제대로 달성하려면, 다음의 4가지 사항을 유념해야 한다.

(1) 경영계획에 의거하여 연도판매계획을 설정하고 또 월별로 전개한다.

(2) 매일의 판매계획과 실적, 차이 등을 그래프화하여 곧바로 실천한다.

(3) 월차계획과 실적 사이의 마이너스 차이는 다음 달에 반드시 회복하는 사후조치를 취한다.

(4) 경영환경의 변화 등으로 계획대로 되지 않을 경우, 지체없이 경영계획을 포함한 판매계획을 다시 검토하여 계획의 권위 · 신뢰성을 잃지 않도록 한다.

1. 판매가격의 결정방법

판매가격은 재료비 · 부품비 · 외주비 · 노무비 · 제조경비 등의 제조원가에 일반 관리비 · 판매비 · 이익을 가산시키는 적산식 원가법으로 산출된다.

그러나 최근과 같이 기업간 경쟁이 심한 때에는 시장가격에 의하여 판매가가 정해지고 공제 원가법으로 원가가 정해지는 경향이 강하므로, '얼마 들었는가의 원가계산' 이 아니라 '얼마로 만드는가의 원가관리' 가 중요시 되고 있다.

견적가격은 재료비와 가공비로 나뉘고, 재료비는 소재비 · 부품비 · 외주비로 구분된다. 업종에 따라 다르지만, 재료비가 매출액의 50% 이상을 차지하고 있으므로 재료의 구입방법에 충분한 검토가 필요하다. 가공비는 소요시간과 시간당 비율(레이트)에 의하여 산출된다.

일반적으로 발주 기업측은 가공시간 등 원가자료의 미비 등을 들어 가공비 비율을 낮게 억제하려는 경향이 있고, 수주 기업측은 가공비 비율을 억제 당하기 때문에 가공시간을 부풀려서 대응하려고 하는 등 정확한 원가파악이 서로 안되고 있다.

원가를 올바르게 파악하기 위해서는 공정별 가공비 비율을 산출하여 가장 능률적인 가공방법 · 시간을 설정하고 설득력있는 견적가격을 산정하여 거래처와 절충해야 한다.

적정 가공비를 산정하기 위해서는 정확한 단위 당 시간의 가공비 비율을 산정하지 않으면 안된다. 가공비율은 일반적으로 공임률이라든가 가공비율이라 불리는 단위시간당 승률이 가공임금의 결정에 이용되고 있다.

가공비 비율은 일반적으로 시장의 시세비율이 적용된다, 개략이익을 가동시간으로 나누어 구한다, 발주 기업측의 비율을 기준으로 정한다 등 기준비율에 따라 시간당 생산량 등으로 단가가 결정된다.

자사의 실정에 맞지않는 비율을 기준으로 하면 원가를 바르게 파악하기 힘들다. 공정별 가공비 레이트를 설정하여 적정한 견적계산을 알 수 있도록 해야 한다.

2. 채산성 있는 영업방침

견적서를 거래처에 제시하고 가격을 절충하여 판매가격을 결정한다. 그러나 실제 거래처의 예산가격이나 심사에 의하여 깎이는 일도 적지 않다.

따라서 결정가격을 역산하여 재료비 · 가공비를 재검토하고 재료비의 재견적, 가공방법의 재검토에 의하여 채산이 맞도록 코스트를 개선하지 않으면 안된다.

또 재료비 등의 실적과 적체 등을 점검하여 가공시간이 견적시간 내에 이루어지고 있는지 확인하여, 차이가 있으면 개선하고 원가관리를 철저히 한다.

개선에 의해서도 채산이 맞지않는 수주가격에 대해서는 처음부터 수주하지 않는다는 영업방침을 고수해야 한다.

3. 판매활동의 중점관리

어제까지만 해도 생산이 따르지 못할 정도로 팔리던 상품이 하루아침에 엄청난 재고로 되는 경우가 있다. 이런 현상은 수요의 다양화에 의해 신제품이 쏟아져나오기 때문이다.

수출 · 입 규모의 극심한 변동, 수요의 다양화, 기술혁신 등 최근과 같은 격변의 시대에는 과거의 데이터가 쓸모없게 되어 통계적인 수요예측이 대단히 어렵다. 그러나 매월 제품별 · 거래처별로 매출실적을 기록하여 그 추이와 경향을 파악하여 미리미리 대안을 마련할 필요가 있다.

또 수주량의 안정화를 도모하가 위해 거래처의 다각화를 도모할 필요가 있지만, 단순한 매출액 증가를 위해 소액의 거래처를 증가시켜 관리비용 상승으로 인한 낭비와 불균형, 무리를 발생시킬 수 있으므로 신규 거래처의 개척에는 세심한 주의가 필요하다.

작업일지, 영업일지 등을 기록하여 원가계산 자료로 활용하고 있는 기업도 많지만, 집계업무가 지연되어 그 기능을 다하지 못하고 있는 예가 많다.

또 작업장에 단말기를 놓고 작업자에게 작업내용을 손쉽게 입력시켜 집계시키는 원가계산 시스템이 개발되어 있지만, 결과를 빨리 아는 것이 필요하면서도 결과의 집계에만 그치고 있는 경우가 많다.

'이만큼 비용이 들었으므로 판매액은 이만큼입니다' 라고 해서는 고객과 사용자는 납득해 주지 않는다. 판매액은 시장가격에 의하여 정해지는 경향이 있으므로 철저한 원가관리를 해야 한다.

제조 개시에 즈음하여, 영업부문이 주체가 되어 사전에 재료와 부품의 조달방법 그리고 가격을 충분히 절충하여, 설비 · 공구 · 공정 · 일정계획 등 제조부문과의 연대를 밀접히 해야 할 필요가 있다.

견적가격에서 소요공수를 내고 공정별 · 일정별 여력을 계산하여 낭비, 불균형, 무리가 발생하지 않도록 사전검토를 한다.

작업자에게는 목표시간을 제시하여 창의와 연구에 의해 작업이 개선될 수 있도록 하고 결과를 바르게 평가할 수 있게 하는 등 원가관리를 중심으로 한 시스템화를 도모한다. 아무리 정확한 원가계산을 하여도 결과로 나온 숫자를 가지고 문제점을 분석할 경우, 작업의 낭비는 막을 수가 없다.

4. 가격절충의 요점

가격절충의 결정적 요인은 '정보력' 과 '시간적 제약' '매매의 역학적 관계' 이다. 제품이나 가공방법 등의 기술적인 정보 외에 시방과 설계를 어떻게 작성하여야 가격을 낮출 수 있는가 하는 판매자로서 전문적인 정보력도 매입자에게 신뢰와 안정감을 준다.

또 '지금 곧바로 해달라' 라는 시간적 제약이 있는 것은 판매쪽에 유리하게 작용한다. 가격의 절충은 수주하는 시점에서 결정해야 하며 가격절충에 착수하면 판매자의 입장이 약해진다. 또 수요공급의 역학관계가 가격결정에 많은 영향을 준다. 객관적인 상황을 파악하여 판매시장인가 구입시장인가에 따라 유연하게 대응해야 한다.

가격 절충에서 유의할 점은 아래와 같다.

(1) **상대에게 빚을 지도록 한다** … 견적가격의 인하 요구에 대해 그저 내려주는 것이 아니라 조건제시 등으로 상대에게 빚을 지게 해야한다. 빚이 없으면 차후에 정당한 요구사유가 있어도 강하게 주장할 수가 없게 된다.

(2) **최저 양보선은 사수한다** … 견적가격의 최저 양보선을 정해 놓고 이에 미치지 못하면 교섭을 중단할 각오로 임한다. 끈질긴 절충 끝의 패배는 향후 절충에서도 마이너스가 된다. 따라서 견적가격을 설득력이 있는 합리적인 견적기준에 의하여 설정하면 부당한 가격인하 요구는 할 수 없게 된다.

(3) **상대의 입장에 서면 상대의 수를 읽을 수 있다** … 상대의 예산 등을 미리 파악하여 만약 자기가 구입자의 입장이라면 어떻게 할 것인가를 고려, 상대의 수를 읽어 나간다. 자기의 입장만 생각하면 상대의 페이스에 휘말린다.

(4) **연기력을 발휘하여 인정에 호소한다** … 이해가 상반되는 판매자와 구입자 사이의 가격절충은 서로가 합의를 이끌어 내기 위한 연기력을 발휘하여 서로가 실상을 설명하고 인정에 호소하는 것도 하나의 전술이다. 그러나 두 번은 성공해도 세 번째는 통하지 않는다.

(5) **자신감 없는 일에는 '노'라고 말한다** … 가격인하 요청에 양해하고 승낙했지만 부득이하게 백지화하지 않으면 안 될 때가 있다. 일단 승낙한 것을 철회하는 일은 자기의 신용을 실추시키고 상대로부터의 불신감을 키우는 일이 된다.

따라서 자신감이 없는 일은 승낙하지 않고 거절하든가 보류하고 관계부문과 다시 조정하여 회답해야 한다. 약속한 일은 반드시 지키는 신뢰관계가 형성되어야 거래를 순조롭게 진전시킬 수 있다.

08

설비투자의 활성화

01 설비투자의 채산판단

자본을 최대한 활용하여 이익을 획득하는 것이 기업에 부과된 하나의 큰 사명이다. 그리고 이 사명을 완수할 수 있느냐, 없느냐 하는 열쇠는 그 기업이 투자결정을 적절하게 하느냐 못하느냐에 달려있다.

설비는 자산이므로 아무리 과다설비해도 자금의 외부유출은 많지 않다. 그저 감가 상각비가 이익 안에서 사라질 뿐이다. 이 점을 꼭 기억하기 바란다.

그러나 문제는 설비의 조달 자금원이다. 이 자금이 차입금에 의존한 것이라면 상환과 이자부담으로 자금을 만드는 데 곤란을 준다. 특히 단기 차입금으로 메우기라도 하면 자금운용은 당연히 쪼들리게 된다. 설비투자는 자기 자본으로 조달해야함을 경영자라면 모를 리가 없다.

설비과다는 대체로 생산 주도형 기업에서 잘 나타난다. 그 주된 원인을 열거해 보자.

(1) 기술자 중에 첨단설비를 도입하기를 희망하는 '새 것 선호형' 기술자가 많을 경우에 발생한다.

(2) 매출상황에는 그다지 관심이 없고 생산을 높이는 데만 주력할 때 생긴다.

(3) 도입한 설비가 노후화되어 가동률이 떨어질 경우에 생긴다.

(4) 첨단설비를 도입하기만 하면 노동력이 절감된다고 지레짐작하여 투자할 때 발생한다.

(5) 설비의 성능을 과신할 때 생긴다.

(6) 도입한 설비와 작업원이 일체가 되지 않을 경우에 발생한다.

(7) 폐물로나 될 구식화된 것을 보존할 경우에 발생한다.

그러나 기술이나 설비의 일이라면 경영자와 타부문의 책임자는 소극적으로 대응한다. 이것은 자기들이 기술에 대해 잘 모르기 때문에 납득이 가는 설명을 구하려고 하지 않는 성향에서 생긴다. 또 기술자 중에서는 괜히 어렵게 설명하려고 하는 자도 있다.

그러나 참된 기술 전문인이라면 문외한이라도 이해할 수 있게 쉬운 설명을 할 수 있어야 한다. 쉽게 설명할 수 없다는 것은 기술자 자신도 잘 이해하지 못하고 있다는 것을 의미한다.

경영자는 납득이 될 때까지 질문하여 설비과다 현상에 제동을 걸어야 한다. 특히 영업부문의 책임자는 매출예상과 설비용량의 평균 가동률을 점검하여 설비과잉이 되지 않도록 사전에 조정해야 한다.

투자의 판단을 그르쳐서 수익성을 잃어버린다면 이익계획을 아무리 조절해도 좋은 성과를 기대하기란 막막할 뿐이다.

투자해서 좋은 성과를 얻으려면 투자를 결정하는 과정에서 '합리적 행동선택' 을 해야 한다. '행동선택' 이란 자기가 취할 수 있는 몇 가지 행동 중에서 한 가지만을 선택하는 것을 말한다.

또한 '합리적' 인 대처방법이란 목적과 수단과의 '적합관계' 를 체계적으로 검토하는 것을 말한다.

기업의 목적은 이익을 얻는 데에 있다. 그래서 그 수단으로 어떤 길을 선택해야 가장 큰 이익을 얻을까를 체계적으로 검토해서 실행에 옮기는 합리적인 행동선택이 곧 채산판단이다.

쉽게 말하면 '이 투자는 득이 되는가, 실이 되는가' 를 사전에 추정해서 결단을 내리는 것이 투자의 채산판단이다. 채산판단의 특징은 첫째, '금액에 의한 계산을 기초로 삼는다' 는 것이다. 이것은 기업의 목적이 이익이란 형태로 금액상으로 나타나기 때문이다. 기업이란 결국 '돈으로 돈을 버는 기구' 인 셈이다.

둘째, '논리적인 판단으로 반드시 정답이 존재한다' 는 것이다. 투자의 채산성판단을 제대로 하자면 다음 4가지 조건을 갖출 필요가 있다.

[조건 1] 투자결정의 범위에 관한 검토방법을 확실히 정할 것

어느 투자 안을 실행에 옮길 것인가, 어느 안을 포기할 것인가 등 합리적인 행동선택을 하기 위한 '검토방법의 틀' 이 확립되지 않으면 채산성 판단을 시작할 수 없다.

[조건 2] 필요한 '데이터' 나 정보를 이용할 수 있을 것

투자결정의 범위를 정한 틀에 적용시켜 실제 행동으로 선택하려고 할 때에 각종 데이터나 정보가 필요하다. 이런 데이터나 정보를 손에 넣지 못하면 검토방법의 틀을 만들어 놓아도 탁상공론에 지나지 않는다.

개인이 투자결정을 할 때는 위의 2가지 조건만 구비하면 채산성 판단을 할 수 있으며, 투자대상과 투자범위를 확정짓고 거기에 사용할 '데이터' 만 손에 넣으면 합리적인 선택이 가능하다. 그러나 기업과 같은 조직체에서 채산판단을 할 때는 2가지 조건만으로는 불충분하다. 다음의 2가지 조건이 추가로 필요하다.

[조건 3] 책임과 권한에 관한 짜임새가 명확하게 되어 있을 것

투자결정의 검토방법을 정한 틀에 맞춘 후 실제로 채산성 판단을 전개하는 단계에서는 많은 부서가 관련된다. '데이터' 의 수집과 가공, 투자인의 기안 · 심사 · 승인 등 일련의 절차를 실시할 부서의 책임자를 확정하지 않으면 결국 투자의 채산판단은 흐지부지된다. 그리고 누군가가 그러한 권한을 행사했을 때 어떤 식으로 누구에게 보고를 할 것인가 등 설명에 대한 책임과 보고체계도 마련해 놓아야 한다.

[조건 4] 투자결정의 표준절차가 명확하게 정해져 있을 것

조직계통을 실제로 움직이려면 위의 사항을 정리하여 투자기회가 왔다는 인식에서부터 행동진로의 평가 · 선택에 이르기까지의 절차를 표준화 · 문서화해 놓는 것이 필요하다. 위에서 말한 4가지 조건 중에서 핵심이 되는 것은 검토방법의 틀을 확립시키는 일이다.

방법이 확실치 못하면 정보를 입수한다해도 어떤 내용이 실제 필요한 것인지 애매해진다.

그러한 혼돈된 상태에서는 어느 부서에서 무슨 일을 맡아달라고 말해야할지 모르게 된다. 더욱이 투자결정의 표준절차를 정한다는 것은 도저히 불가능해진다.

매사에 계기가 있어야 움직일 수 있듯이, 투자의 채산성 판단을 가동시키기 위한 역할은 누군가가 투자기회가 있다는 것을 감지하는데 있다. 감지하는 형태에는 2가지가 있다.

첫째, 무엇인가 좀 이상하던가 바람직한 상태에서 어딘가 좀 벗어난 듯한 느낌을 갖는 형태이다. 이러한 감지를 문제의 인식이라고 한다.

'문제'란 것은 바람직한 모습과 현실의 모습이 좀 어긋나 있는 상태를 말한다. 투자를 해야 문제가 해결된다면 수익은 많아지고 회사의 상태는 바람직한 모습에 가까워진다. '문제'란 스쳐지나가려고 하는 투자기회의 뒷모습과도 같다.

둘째, 정세에 따라 취해야 할 수단이 훤히 내려다보이는 감지능력이다. 당장 행하고 있는 것보다 좀더 좋은 방법이 있음직하다고 느끼거나 구체적인 방법이 섬광처럼 머리에 떠오르는 경우가 그것이다.

어느 감지방법이거나 시작단계에서는 투자기회의 알맹이는 정작 막연한 상태인 경우가 적지않다. 그러므로 다음 단계에서 투자기회 그 자체를 좀더 깊이 파고들어 볼 필요가 있다. 이것이 투자기회 분석의 절차와 과정이다.

문제를 인식한다는 형태로 출발한 경우, 문제의 핵심을 찾아내어 그 원인을 밝혀내는 일이 첫 번째 단계이다. 기회 발견형으로 출발한 경우엔 투자기회를 놓치지 않기 위한 노력의 방향을 확실하게 해둔다. 이것이 두 번째 단계이다. 어느 쪽으로 눈을 돌릴까 하는 것이 결정되면 다음 단계로 진행시킨다.

세 번째 단계에서는 취할 수 있는 행동방향을 고안해 낸다. 투자기회에 직면하여 아무것도 취하지 못하면 기회는 사라져 버린다. 따라서 기회활용의 구체적이고 선택이 가능한 행동방향을 몇 가지 생각해 낼 필요가 있다.

가령, 정세에 대응하여 취할 수단이 처음부터 훤히 내다보이는 경우라 하더라도 이러한 단계를 생략하지 말고 몇 가지 선택 가능한 행동방향을 늘 준비해 놓아야 한다.

선택 가능한 행동방향이 2개 이상 있게 되면 그들을 비교 · 평가해서 그 중 하나를 선택한다. 이 부분을 보통 좁은 의미에서 채산성 계산이라 부른다. 이 단계에서는 우선 2가지를 준비한다. 이 준비작업은 채산성 판단을 진행하기 위해 중요한 위치를 차지한다.

준비작업의 하나는 행동진로를 비교하여 볼 수 있는 형태로 정리하는 것이다. 행동방향은 처음에 생각했던 형태대로 정확한 비교를 하지 못할 때가 있다. 잘 정리해서 비교할 수 있는 형태로 갖추어야 한다. 또 한 가지는 그 근거를 확실히 해놓는 것이다.

이익을 크게 내는 방법을 선택하는 것이 채산성 판단의 목적이긴 하지만 이익이란 개념은 반드시 명확하게 꼬집어서 말할 수는 없는 것이다. 체계적인 생각을 추진해 나가려면 채산성 판단의 근거를 좀더 분명히 할 필요가 있다.

그 전제로 생각할 일은 투자에 있어서 유리하고 불리한 요인이 무엇인가를 확실하게 하여 채산성 판정의 근거가 될 기준을 세우는 것이다.

행동의 진로를 비교할 수 있는 형태를 갖추고 그것이 유리한가 불리한가를 판정하기 위한 기준이 정해지면 구체적인 평가와 선택에 들어간다. 이 단계에서는 정리된 '행동진로' 하나하나에 대해서 신중하게 대응했을 때 어떤 결과가 생길 것인가를 예상한다. 행동결과의 예상은 유리 · 불리의 판단기준과 대조할 수 있는 형태로 해나간다.

마지막으로 예상된 행동결과를 비교해서 어느 방법을 선택할 것인가를 결론짓는다. 무엇이 유리한 것인가? 가 이 단계에서는 확실해지므로 채산성에서 어느 것을 택할 것인가의 결론을 내리기는 그리 어렵지 않을 것이다.

02 투자계획 심사기구의 구성방법

1. 설비투자계획 심사의 실천

설비투자계획에는 기안에서부터 심사 · 승인, 그것을 토대로 한 실시결과 보고까지의 전 과정이 포함되야 한다. 또 투자계획 심사 기구조직은 그러한 일련의 과정에 대해서 검토방법과 필요한 '데이터' 및 실천을 위한 절차와 역할분담을 명확하게 한다. 또한 그러한 기구조직이 실제로 활동할 수 있도록 '지침서'를 만들어 문서화하는 것도 필요하다.

조직구성의 과정

단계 1 기본구상	◇ 기구구성의 필요성 인식 · 공유 ◇ 요망되는 효용의 명확화 ◇ 기구구성의 대방침 • 적용대상 범위와 적용국면 • 치중해야 할 점
단계 2 짜임새 구축	◇ 바람직한 기구조직과 실행가능한 기구조직을 조절 ◇ 구조상의 틀(짜임새) • 채산판정 척도의 선정 • 요구이자의 설정방법 • 투자자금 한도의 설정 · 배분 ◇ 운영상의 틀(짜임새) • 책임 · 권한의 설정 • 투자계획 심사의 타이밍 등
단계 3 절차 설계	◇ 실천 가능한 짜임새를 세밀화 · 구체화 • 작성하는 서식과 기입요령 • 용어나 검토방법의 설명 ◇ 절차 설계 • 관계부서 담당자 한 사람 한 사람의 역할 • 표준절차 • 운영상의 일정표 ◇ 데이터 수집 · 축적 · 활용체제 ◇ 실천에 옮기는 계획, 지원체제
단계 4 운용 · 유지	◇ 정착시키기 위한 뒷받침 ◇ 실시 ◇ 개량 · 표준화

2. 기구구성의 추진방법

기구를 구성해서 실제로 그것을 운용해 가는 과정은 크게 4가지 기본단계로 구성된다(도표 참조). 각각의 단계마다 적절한 작업추진 요원을 편성하여 계획을 세우고, 착실하게 기구구성을 추진해 나가야만 한다. 순서대로 각 단계별 요점을 들어본다.

단계 ① 기본구상을 수립한다.

설비투자 기구에 관한 심사는 아무래도 기업의 골격을 형성하는 것과 깊은 관련이 있다. 투자계획 심사의 조직구성은 경영자의 강력한 지원이 없이는 성공할 수 없다. 지금부터 만들어내는 조직구성은 '실천을 목적으로 한 것' 이며, 적어도 그런 결의가 없이는 조직구성에 열성을 기울일 수 없다. 따라서 조직구성의 출발점은 경영자의 관심 정도에 따라 다소 달라진다.

경영자의 관심이 약한 경우, 우선 인식부터 심어줄 필요가 있다. 충분한 사전설득을 통해 조직구성의 필요성과 효과를 호소하고 조직구성을 '기구화' 하도록 제안한다.

토대를 마련하여 관심이 높아지면 이런 조직구성이 경영자의 지시라는 것을 앞세워서 기본구상을 입안하는 방향으로 이끌어간다.

물론 처음부터 관심이 높을 때에는 곧바로 기본구상을 구체화하는 작업에 들어가도 좋다. 기본구상 내용은 무엇을 이룩하려는 조직구성이며, 어떠한 효과가 있는가를 분석하고 조직구성의 대방침을 설정한다.

기업에서는 설비투자계획의 검토 · 심사를 연도설비예산 편성단계와 안건별 설비투자 실행예산 검토단계 2가지 국면으로 나누어서 시행하는 경우가 많다. 2단계의 심사조직으로 하던가 그 중 하나를 없애던가 하는 것은 대방침에서 결정된다.

또한 회사에 따라서는 투자계획을 검토 · 심사할 때 중점화 하고 싶은 사항이 각각 다를 수가 있다. 예를 들어 중요한 투자계획의 기안이 누락됨이 없도록 하고 싶다든가, 적극적으로 합리적인 조직이 되도록 방향을 설정한다든가 여러 가지 요망사항과 치중할 부문을 이 단계에서 고려해 두어야 한다.

이 단계에서는 조직구성의 실제작업에 종사할 사람이 많지 않은 편이 좋다. 기본개념을 고안할 소수의 인원과 그것을 정리해 주는 작업 팀으로 편성하는 것이 좋다.

다만 관계자간의 인식의 공유화를 추진시키고, 조직구성을 실천 적용하는 일이 보장될 수 있도록 할 필요가 있다. 실제 작업할 '팀' 과 별도로 그러한 기능을 수행하는 '위원회' 같은 것을 만들어서 활용하는 것이 현실적이다.

단계 ② 검토방법의 틀을 짠다

이 단계에서는 기본구상하에서 실제로 작동 가능한 조직의 큰 틀을 만든다. 절차의 '세부안' 에 들어가기보다 오히려 요망되는 효과를 실현하기 위한 조직의 '총괄안' 을 만든다.

예를 들어 채산성 판정의 근거로 삼기 위해 어떤 측정기준을 사용하는가, 심사를 하거나 최종승인을 하는데 책임이나 권한의 조직을 어떻게 편성하느냐 하는 것을 확정해 놓는다.

동시에 실시단계에 들어서서 장애가 될만한 요인을 파악하고 그것을 해결하기 위한 준비를 해놓는 일도 중요하다.

특히 필요한 '데이터' 의 소재를 밝혀두고 부족한 '데이터' 나 불안전한 '데이터' 를 명백히 구별하여, 그것들을 수집 · 축적할 필요성에 대한 판정도 해둔다.

이 단계에서는 채산판단의 조직기구 중에서 핵심이 되는 요소 하나하나에 대해서 합의를 보는게 요점이다. 그러기 위해 관계부서의 대표자로 구성된 '작업 추진팀' 이 작업의 중심이 되는 것이 바람직하다.

단계 ③ 운용절차를 세분화한다

조직의 큰 틀이 완성되어 승인을 얻게되면 3단계에서는 세부적인 마무리를 하여 실제로 움직일 수 있는 형태로 심사안을 구체화시킨다.

이 단계에서는 채산판단을 진행하는 과정에서 누가, 언제, 어떤 데이터에 의해서, 무엇을 하는 것인가 등 관계부서 및 담당자별 역할과 그 연관관계를 명확하게 세분화한다.

그리고 앞의 단계에서 만들어 놓은 틀과 이 스탭에서 정한 절차를 토대로 심사과정에서 준비할 '장부' 의 양식을 설계한다.

또 그러한 서식의 기입요령도 알기쉽게 정리한다. 이런 절차를 거쳐서 마지막으로 투자계획 심사의 조직을 실제로 움직여나갈 지침을 만든다.

이 단계에서 잊어서는 안될 것은 새로운 조직으로 옮겨갈 계획을 세우고 원활한 실천을 위한 체제를 만들어 놓는 것이다.

세심한 진행계획 없이 갑자기 운용단계에 들어가려고 하면 예상치 않던 곳에서 문제나 마찰이 생겨 대단치 않는 일 때문에 중요한 조직이 햇볕을 보지 못하는 일이 생길 수도 있다. 이 단계에서 절차의 세부계획이나 장부의 설계 및 지침서 작성은 '시스템' 설계 전문가에게 맡기는 편이 효과적이다.

전문가에게 의뢰하는 경우, 요구한대로 되어가고 있는가를 중요한 곳 몇 군데만 확인하고 나머지는 너무 간섭해서는 안된다.

단계 ④ 조직의 정착화에 힘쓴다

완성된 조직에 대해서 최종 승인을 얻게되면 진행계획에 따라서 조직을 실제 적용하는 단계에 들어간다. 진행단계에서는 설명회를 갖는 등의 방법으로 홍보에 힘써서 정착하도록 한다. 또 운용을 쉽게하기 위한 도구도 준비할 필요가 있다.

예를 들어 컴퓨터를 이용하는 경우라면 쓰기 편한 프로그램을 준비하는 등의 수단을 강구한다. 운용단계에 들어서면 일정한 시기를 정하여 조직을 재검토한다. 그 조직이 기대에 어긋나지 않게 효과가 있는가를 체크해 보고 불편한 점을 수정하거나 효과를 더 높이기 위한 개량을 하기 위해서이다.

3. 틀을 구성하는 요점

틀을 구성하는 과정 중, 실천면에서 가장 중요한 일은 2번째의 틀짜기 단계이다. 관계부서의 입장에서 본다면 자기들이 기안한 투자계획이 말살되거나 축소될 염려를 되도록 최소화하려는 이해관계, 주저함이 틀을 짜는 단계에서 표출되어 의견통일이 잘되지 않는 경우도 생긴다.

틀을 짜는 단계에서 일반적으로 논의되는 요점은 다음과 같다.

(1) 심사 · 승인을 하는데 책임과 권한의 구조를 어떻게 짤 것인가?

(2) 어떠한 국면에서, 어떠한 범위의 투자계획에 심사의 틀을 적용시키는가? 그때 이질적인 투자계획을 적용대상으로 할 필요가 생기면 어떤 방식으로 비교하는가?

(3) 채산판정의 근거로 어떤 기준을 구체적으로 사용할 것인가?

(4) 요망되는 이익을 어떻게 설정할 것인가?

(5) 기초 '데이터' 의 수집 · 축적 · 활용체제는 어떻게 할 것인가?

이러한 점들을 충분히 검토해서 틀 속에 편성할 수 있다면 투자계획 심사 조직은 실효성이 높은 것이 된다. 그렇지 못하면 조직은 공중분해되어 버린다.

조직을 구성할 때 무엇이든 모조리 변경하여 전혀 새로운 것을 만들 필요는 없다는 것이다. 현상에서 살릴 수 있는 데까지 유지하는 것이 능률도 오르고 필요없는 혼란이나 저항도 줄일 수 있으며, 그만큼 운영단계도 순조로이 진행되어 큰 효과가 실현된다.

03_ 채산성 판단에 어울리지 않는 투자

기업에서 실제로 투자계획 심사 조직을 적용시킬 때, 4가지 문제가 서로 얽혀서 논의의 대상으로 나타나게 된다. 첫 번째 문제는 어떤 시점에 심사를 할 것인가 하는 점이다.

설비투자를 실시하느냐 안하느냐는 적어도 개개의 안건별 실행예산을 검토하는 단계에서 깊이 고려해야 한다. 그뿐 아니라 대개의 기업에서는 연도별로 설비예산이 편성되어 있다. 1년간 대개 어느 정도의 설비투자자금이 소요될 것인가를 예상해보기 위해서이다.

이런 관계로 연도별 설비예산을 편성하는 단계에서도 심사기구에 적용시킬 것인가를 정해놓을 필요가 있다. 현실적으로 볼 때, 설비예산의 편성단계와 안건별 실행 검토단계 두 가지를 합쳐서 복수의 투자계획을 가지고 심사작업에 임하는 경우가 많다.

1. 어떤 투자를 대상으로 삼는가

두 번째 문제는 특히 설비예산 단계에서 심사의 조직을 적용시키는 경우, 그 적용범위를 어떻게 하느냐 하는 점이다. 자동화 장치 투자라든가 합리화 투자라든가 하는 특정형의 설비투자에 한해서 심사 조직을 적용하는 회사도 종종 있다. 여러 가지 종류의 것을 한데 뭉쳐서 모든 투자계획을 심사대상으로 삼는 기업도 물론 있다.

이론상으로 심사와 조직의 적용범위는 될수록 광범위한 것이 바람직하다. 어떤 종류의 투자라도 회사의 수익에 관계된다는 공통점이 있으므로 똑같은 하나의 시스템으로 심사하는 것보다 더 좋은 방법은 없다.

그러나 모든 것이 이론만으로는 되지 않는다. 어떤 설비 투자계획도 똑같은 기준에서 평가하면 골치아픈 일이 생긴다. 예를 들어 환경보전설, 재해방지설비 등은 비용만 들 뿐 채산성은 없다. 채산성 판정이란 기준을 적용시켜 본다면 대개는 설비투자를 그만두자는 결론이 나온다. 그렇다고 그런 설비투자를 게을리하면 큰 문제에 직면할 수도 있다.

2. 설비투자 자금에 한도액을 정할 것인가

설비예산 단계에서 심사 시스템을 적용하는 경우, 연간 설비투자금 한도를 설정하는 경우가 많다. 세 번째 문제는 이러한 자금한도에 얽힌 문제이다.

예를 들어 설비투자 자금 총한도액을 어떻게 설정할 것인가? 그 액수를 투자계획의 기안부서, 그 밖에도 공개할 것인가? 그렇지 않으면 심사 담당자만 알게할 것인가? 총한도액에 대해서만 설정할 것인가, 아니면 투자종류별 · 사업별 또는 부서별로 배분할 것인가? 이런 것들을 어떤 형태로든 결정하지 않으면 심사 기구가 시작할 수 없다.

여기서도 이론적으로 볼 때, 투자자금의 한도라는 것은 큰 의미가 없다. 이론상으로는 투자에는 이익이 생기는 투자라면 누구나 기꺼이 자금을 제공해 준다. 따라서 설비투자의 자금한도는 생각할 필요가 없다.

그러나 실제는 그렇지 않다. 이익이 생길듯하다고 모두 투자를 실시하면 생각하지도 않던 곳에서 예상이 빗나가 위기를 면치 못한다. 반대로, 채산면에서는 득이 되지 않아도 공해방지 설비 투자 등은 반드시 해야 된다.

투자가 과다해지는 것도, 반대로 필요한 투자를 게을리 하는 것도 둘다 바람직하지 못하다. 그런 점을 감안할 때 어느 정도로 탄력적인 대응을 하는가는 제쳐놓고라도 좌우간 연간 투자금의 한도를 설정하는 회사가 많다.

탄력성이 풍부한 조직에서는 자금을 공개하거나 세분화해서 배분하는 것은 좋은 방법이 아니다. 다만 경미한 보존이나 보수를 위한 예산은 별문제다. 이런 것은 실정에 가장 밝은 부서에 일임하는 것이 효과적이다.

끝으로 이질적인 투자계획의 비교문제가 있다. 설비투자 자금 한도액이 정해지면 내용면에서는 서로 독립된 투자계획이라도 자금면에서는 경합이 붙는다.

그러므로 예산 배분상 우선순위를 정해야 한다. 예를 들어 합리화 투자와 재해방지 안전투자처럼 성격도 다르고 목적도 다른 투자계획을 어떤 기초에 의해서 비교하느냐 하는 점이다. 현실적으로 기업의 설비투자에서는 수익과 별로 관계가 없는 요소도 있다. 예를 들어 생산 설비의 경우, 신뢰성이나 안전성 또는 유지의 편리성 등이 관련된다.

또한 종업원의 도덕성이라든가 기업의 '이미지' 라든가 사회적인 면에서 그 가치판단을 내리기가 애매한 요소를 중요시해야 하는 경우도 꽤 많이 있다.

3. 채산면에서의 효과는 명확하게 하라

위와 같은 요소는 채산성 판단에서는 확실히 껄끄러운 면이 있다. 그러나 돈 문제를 둘러싼 채산성 효과는 명확하게 해두는 게 바람직하다. 회사의 목적이 이익추구에 있는 이상, 채산성과 관계가 없는 것이라면 처음부터 고려할 대상으로 취급하지도 않았을 것이다.

예를 들어 설비의 신뢰성을 높이려면 그만큼 투자액이 커져서 채산상으로는 불리하게 될 가능성이 있다. 혹은 법령에 맞지않는 설비가 영업정지나 사고발생으로 수익성을 저하시키는 경우도 생각해 볼 수 있다.

현실적으로 이들 요소와 수익성을 명확하게 연관짓는다는 것은 어렵다. 그래서 따로 떼어서 생각해야 될 경우도 적지 않다. 이런 경우 한 가지 방법은, 예를 들어 설비의 신뢰성이나 적법성에다 일정한 최저 필요수준을 만들어 놓고 그 관문을 통과한 것만 투자계획건으로 삼는 방법이다.

이런 경우에는 최저수준을 만족시켜주는 투자계획에 대한 상호간의 비교는 채산면에서의 비교로 귀결하게 된다. 역시 돈문제를 도외시할 수 없기 때문이다. 그리고 수익면에서 눈을 딱감고 승인권한을 가진 사람의 정책적 판단에 맡기는 경우에도 채산면에서의 효과를 파악해 두는 것이 중요하다.

이런 종류의 투자는 채산면에서는 아무래도 마이너스 효과로 되는 수가 많다. 그래도 감히 투자를 실시하는 것은 정책적 판단이라는 이유 때문이다.

이런 판단을 하지 않을 수 없는 사유나 요인을 어떻게 해서든지 해소시키고 없애버리려는 조직방법은 채산면에서의 불이익을 표면에 노출시킴으로써 생겨난다.

04_ 기초자료 수집 · 축적체제

채산성 판정의 근거가 되는 수치를 산출하려면 각종의 기초자료가 필요하다. 심사조직을 움직여 나가는 데 필요한 자료를 어떻게 판별하는가 또는 그 수집과 축적을 어떤 방식으로 하는가를 반드시 고려해야 한다.

일반적으로 정보활용 과정은 수집 · 가공 · 축적 · 이용이란 4단계의 순환적인 과정으로 이루어져 있다. 가장 중요한 것은 수집 전 단계로, 필요한 정보사항을 명확히 정해놓는 일이다. 투자의 채산성 판단의 요점은 관련요인을 정확하게 파악하는 일이다.

어떤 상황에서 어떤 행동의 경로를 비교하며, 그때에 관련 요인이 되는 것은 무엇인가를 확실하게 알게 되면 수집해야 할 정보가 무엇인지를 알게 된다. 그 다음에는 그 정보의 소재를 찾아내어서 수집계획을 세우면 된다.

자료를 이용해서 무엇인가를 알아볼 경우, 반드시 그 결과를 검토한다. 결과가 좋든 나쁘든 간에 해보아야 한다. 언제나 '찾고 싶은 정보' 에서 시작해서 '찾고 싶은 정보' 로 되돌아와 재검토해 본다. '찾고 싶은 정보' 를 확실히 해놓지 않고 무턱대고 정보수집에만 열을 올리면 헛수고가 되고 만다.

필요로 하는 정보를 착실히 수집 · 축적하여 정확하게 점검 · 이용하려면 많은 사람들의 경험한 바를 함께 나누어 심사조직 속에 활용해야 한다.

첫째, 설비교체 · 갱신과 관련된 일로서 점검 및 보전의 실적자료나 고장과 수리에 관한 자료를 체계적으로 수집한다.

둘째, 전력이나 용수 등의 사용량 누적에 관한 자료이다.

또 하나는 제품의 판매 진척에 관한 예상된 오차가 어떤 원인으로 얼마만큼 생겼는가 하는 자료이다.

이런 자료는 일단 작성은 해놓지만 이를 체계화시켜서 정리해놓는 일은 소홀하기 쉽다. 시간이 흐름에 따라 흩어져 버려 막상 쓰려고 하면 이용할 수가 없다.

심사조직을 정비하는 계기가 된 발전설비의 경우도 확실한 실적자료의 뒷받침이 없어서 경영자의 지지를 얻지 못하는 결론에 도달했다.

검토절차와 서식(예)

단계	내용	서식
지침의 지시 ⇩	★ 설비예산의 편성방침을 경영자가 지시한다. ★ 기안을 촉진시킴과 동시에, 중요한 투자계획의 신청에 누락된 것이 없는지 체크한다.	
상품화안 제출 ⇩	다음과 같은 점을 보고하고 기록에 남긴다. ★ 검토를 시작한 동기와 검토기간 ★ 상품화 단계에서의 조사범위와 공동검토 부서 ★ 전제조건 ★ 이 단계에서의 대체안과 취사선택의 이유	• 검토경과 보고서
가공방식 검토 ⇩	다음과 같은 점을 보고하고 기록에 남긴다. ★ 검토기간 ★ 협의부서(보다 상세하게 부 · 과까지) ★ 조사범위(사용 가능한 설비의 내용을 중심으로) ★ 대체 안과 취사선택 이유(각 안의 기술면 · 품질면 · 채산면에서의 특징을 밝힌다)	• 검토경과 보고서
설비검토 ⇩	다음과 같은 점을 보고하고 기록에 남긴다. ★ 검토기간과 협의부서 ★ 조사범위와 거기에서의 평가 (확정된 설비의 사용실적을 중심으로) ★ 대체안과 취사선택의 이유(확장된 설비가 결정적으로 우수하다는 것을 알 수 있도록)	• 검토경과 보고서
신청설비 마무리점검 ⇩	★ 기술면 · 품질면 · 채산면의 상세한 내용 ★ 추정수명 · 능력 · 여유도 · 신뢰성 등 ★ 적격성(요구 생산량, 품질면에서의 요구, 장래의 개발 예정품과의 경합, 법규제에 대한 예견, 에너지 사정의 예견 등과의 관계에서) ★ 주변에 대한 영향 전력 · 용수 등의 피크 타임 사용량, 방재안전 · 환경보전의 측면에서 고려, 보관장소 · 운반방법 등 물류면, 요원계획과의 관계, 공장 배치 구상과의 관련 등	• 투자설비 기술서
정리 ⇩	★ 현재 실제가치의 산정 · 표시(필요에 따라서는 '설비 취득비 및 운전자금 내역표' '매출원가 명세'를 첨부) ★ 필요성의 평가(득점식) (필요성 동기의 투자에 한해서) ★ 설비투자계획의 개요설명 ★ 기안부서에 의한 종합평가	• 현재 실제가치 계산표 • 필요성 득점계산표 • 투자계획 개요 기술서
제1차 평가 ⇩ 최종심사 ⇩ 심사결과 통지 ⇩ ········	★ 공장장에 의한 종합평가 · 심사 ★ 임원회에서의 종합평가 · 심사 ★ 특별인정권 발동 ★ 승인 · 취하의 통지 (특별사항이 있으면 첨부)	
실행예산 ⇩ 실시보고	★ '투자설비 기술서' '현재 실제가치 계산표' '투자계획 개요 기술서'를 재검토해서 변경이 있으면 수정 · 갱신한 다음 다시 제출	

09

금융력의 활성화

금융력이란, 기업에 필요한 자금을 필요로 하는 시기에 조달할 수 있는 능력 즉, 자금을 조달할 수 있는 힘을 말한다.

경영자의 기업경영의 요점은 기업의 올바른 방향을 종업원에게 제시하면서 기업활동에 필요한 자금을 필요한 시기에 준비하는 일이다.

경영자는 기업이 나아가야 할 방향과 방침을 제시하면서 적시에 자금을 준비하면 어떤 대기업이라도 경영할 수 있으나 자금의 조달력이 없으면 영세기업이라 할지라도 경영할 수가 없다.

01 금융기관이 실시하는 기업조사

경영자가 자금조달방법 중에서 항상 신중하게 대응할 일은 금융기관으로부터의 차입금이다. 금융기관이 융자를 신청해 오는 기업에 대하여 어떠한 요령으로 전반조사를 실시하는가? 조사 항목과 각 항목의 조사목적을 적어본다.

1. 회사의 개요

(1) 연혁 … 설립의 경위, 사업의 변천, 경영방침, 자본금의 변천, 경영자의 변천

(2) 자본관계 … 주식의 개요 및 자본금의 추이, 주주의 구성, 주가 및 증자능력, 친족회사(중소기업에서는 경영자의 친족이 상당한 주식을 소유하고 있는 경우가 많아 이와 같은 형태의 기업은 경영조직과 내부통제 제도도 충분히 정비되지 않고 또 기업

과 임원 개인과의 거래, 대차관계 등에 석연치 않은 면이 있으므로 이들에 관해 특히 면밀히 조사한다)

(3) **경영자** … 경영자의 이력, 경영층의 구성 및 경영자와의 상호관계, 경영의 실권자와 후계자의 현대적 감각

(4) **노무상황** … 고용관리와 종업원의 구성, 임금수준과 임금제도, 교육연수, 근무상황(아무리 경영진이 충실하고 설비가 우수하여도 종업원의 기업에 대한 불평불만과 사기가 침체되어있는 기업은 성장성이나 생산성 향상을 기대할 수 없다는 관점에서 중요항목으로 조사한다), 노동조합의 유무

(5) **제품 및 설비상황** … 제품의 특성, 입지조건, 설비의 내용(생산능력, 공장의 설비배치, 설비의 질적 평가, 투자자본)

(6) **관계회사** … 회사개요, 관계발생의 경위, 관계회사의 현상, 관계회사에 대한 평가

(7) **경영관리** … 경영조직, 경영계획, 내부통제, 경영관리와 컴퓨터 시스템

(8) **금융기관 거래** … 금융기관과의 거래상황, 주거래 은행과의 관계(주거래 은행은 융자선을 관리하고 적극적으로 지도하기 위해 담당직원을 융자선에 파견하여 경영실태 보고서를 점검한 후, 그 기업에 대한 융자방향을 판정한다), 기업의 신용력, 사업의 내용, 경영자의 수완, 담보의 유무, 기업의 장래성을 조사한다.

2. 업계의 사정

(1) **기초적인 조사사항** … 주제품의 상품지식, 산업구조상의 문제, 법적인 규제, 국제 경쟁력

(2) **업계의 현황** … 생산, 원자재, 수요, 재고, 가격, 설비, 업계의 문제점, 수요예측을 중심으로 한 향후의 예상, 당해 업계에서의 대상기업의 지위 및 특색

3. 영업상황

특히 기업활동은 생산 제일주의에서 판매중심으로 변하고 있고, 따라서 조사의 중점도 생산에서 판매로 자리를 바꾸고 있다.

(1) **생산상황** … 생산체제의 종합적 검토(제조법, 기술수준, 생산관리, 생산실적)

(2) **생산성 분석** … 노동 생산성, 부가가치 생산성, 자본 생산성

(3) **판매상황** … 판매력의 종합적 검토 · 유통기구의 동향, 판매조직, 판매활동, 판매실적(판매액의 추이, 판매가격, 주요 판매처, 회수상황), 수주상황(수주 생산방식을 취하는 경우), 제품재고 현황

(4) 금후의 생산, 판매계획(중소기업에서는 경영계획을 세우거나 장기적인 생산 판매계획이 구체적으로 수량화되어 있지 않는 경우가 많다. 그런 경우에도 경영자는 각종 계획에 대해 복안을 갖고 있으므로, 그가 어떻게 생각하는가를 들을 필요가 있다고 지적하고 있다).

4. 경리분석

(1) 경리분석의 체계 … 손익분석, 재무분석, 자금분석

(2) 경리분석의 자료 … 영업 보고서, 유가증권 보고서, 재무제표의 분식에 대하여는 그의 방법과 발견방법에 관하여 상세히 기술한다. 분식을 발견하기 위한 일반적인 착안점은 다음과 같다.

① 일반적인 경기상황, 업계의 동향, 동업자로부터 들은 그 기업의 재무상황 등의 변화를 예측하여, 만약 이와 상반된 사실이 나오면 분식하였다는 의심을 갖게 된다.

② 분식하면 어딘가 이상한 데가 나타난다는 전제로 이상한 요소는 없는지 검토한다.

③ 금액이 이상하게 움직였을 때도 주의할 필요가 있지만, 과목에 따라서는 금액이 움직이지 않는 경우도 주의를 요한다.

④ 금액을 뒷받침하는 물량이 있는 것은 물량 단위마다 금액을 써서 생각한다.

5. 사업계획(자금용도의 검토)

(1) 설비계획의 검토 … 계획의 목적, 계획내용, 타당성, 자금조달방법, 기업의 계획수행능력, 공사효과, 계획의 타당성

(2) 운전자금에 관한 검토 … 경상적 운전자금, 일시적 운전자금

6. 손익예상(조사의 목적)

이 조사의 목적은 첫째, 상환능력을 검토하는 수단으로, 둘째, 기업의 장래성을 판단하는 지표로써 앞의 기술한 각 항목의 판단에 대한 검증수단으로 행한다.

7. 상환능력

검토 절차는 우선 상환재원 및 경쟁자금을 확인하고, 이에 따른 금액과 시기적인 확실성을 검토한다. 그리고 이 양자의 관계를 검토함으로써 재원의 과부족을 조사 · 결정하고 마지막에 이 조사 · 결정을 전제로 하여 기업이 가진 종합적 경영능력으로 그의 상환능력을 판정한다.

02_ 조사대상으로서의 경영자

기업의 성패를 좌우하는 것은 경영자이다. 금융기관도 역시 이런 견지에서 경영자에 대하여 신중한 조사를 하게 된다. 특히 중소기업의 경우는 중요한 문제로 되고 있다.

금융기관은 어떤 관점에서 경영자를 조사하는 것일까? 그 핵심은 다음 2가지이다.

(1) 직접면담, 경력조사, 사회적 여론, 그 수완을 반영한 기업의 경영실적 등을 바탕으로 그의 경영능력과 인품을 종합적으로 평가, 판정한다.

(2) 기업의 조직적 운영에 대한 이해와 열의, 그리고 조직 속에서 어떻게 활용하고 있는가를 고찰한다. 특히 중소기업의 경우는 경영자와 직접 면담을 한다.

다음은 조사항목에 관하여 이야기해 보자.

(1) 경영자의 학식과 경험, 기업기반을 알기 위해 대표권의 유무, 경력, 자사주식의 보유비율, 경영자의 인척관계, 타 기업과의 거래관계, 취임의 사유 등을 조사한다.

(2) 경영진의 구성은 그 기업규모와 내용에 따라 결정되며 담당분야의 전 임원이 충분히 활동하고 있는 상태가 중요하다.

(3) 경영자가 기술출신인가, 영업출신인가, 경리출신인가에 따라 기업의 방향이 달라지므로 특히 기술 · 영업 · 경리 각 부문의 조화가 잘 되어있는지를 검토한다.

(4) 경영의 실권자가 오너 경영자인가 전문 경영자인가에 따라 그 기업의 성격이 변하므로, 소위 원 맨 경영의 경우 그 경영자가 풍부한 경험과 탁월한 수완으로 적절하고 기민하게 사업을 움직이는 경우도 있어 반드시 부정적인 것만은 아니지만 그러나 배타적, 독선적이며 현대적 경영감각에 뒤떨어지는 경우도 원 맨 경영의 경우는 어떻게 그 이점이 살려져 결점이 메워지고 있는가를 점검한다.

(5) 현대적인 기업경영에 있어서는 경영자의 이해와 노력의 정도도 중요한 요소로 작용하고 있다. 특히 노동문제 · 인사관리에 대한 경영자의 견식, 즉 진보적이고 현대적인 경영감각을 가지고 있는가 또 구체적으로 어떻게 반영되고 있는가를 조사한다.

03 자금조달과 경영자

금융기관은 어떤 기업과 어떠한 경영자에게 협력하고 지원해 주는 것일까?

1. 사내의 일치단결이 필요조건이다

금융기관이 융자를 담당하는 사원에게 맨 처음 가르치는 말이 “기업은 사람 · 물자 · 돈의 3가지 요소로 구성되므로 이들 3요소를 종합판단하라.”이다. 또 “그 회사는 경영자 이하 일치단결하고 있는지가 가장 중요한 관점이다.”라고 말하고 있다.

기업은 사람 · 돈 · 물자의 3요소로 되어있지만 돈이나 물자를 효과적으로 활용하는 것은 사람이다. 임원 간에 대립이 있거나, 사원이 제멋대로 생각하고 행동하는 기업이라면 발전할 수 없는 것은 당연한 것이다. 따라서 금융기관이 이 점에 착안하여 융자해 줄 기업을 검토한다는 것은 극히 적절한 일이다.

2. 성실한 자세로 대하라

금융기관과 절충하는 일은 세일즈맨이 고객과 접하는 것과 같다. 세일즈맨이 상대를 설득하는 제일 요건은 성실성이다.

금융기관으로부터 호의와 이해를 얻기 위해 가장 중요한 것은 역시 성실이다. 성실성이야 말로 제일 첫 번째 가는 요건이다. 아무리 교묘하게 겉치레를 잘 한 사업계획이라도 상대방은 그 방면의 전문가이므로 반드시 그 모순을 발견하며 이 기업은 신용할 수 없다고 낙인을 찍고 만다.

또 접대나 선물 등도 과도한 것은 상대방에게 경계심을 갖게 한다. 그런 일에 잔꾀 · 술수와 돈을 쓰는 것보다 평소에 성실한 태도로 상대방과 접촉하는 일이 중요하다.

3. 개인적 교제를 소중히 한다

금융기관의 인사이동은 2년이나 3년이면 단행된다. 그러나 다른 데로 전근되었다고 신세진 사람들에게 손바닥 뒤집 듯한 태도를 취해서는 안된다.

실제 사례를 예로 들어보자. 도움을 많이 주고 있던 모 은행 지점장이 어느 지방도시의 지점장으로 전근한다는 소식을 B기업 경영자가 들었다. 지방 전근 때문에 그가 실의낙담하고 있다는 말을 듣고 위로의 편지도 보내고 그를 만나 격려한 일이 있었다.

그런데 훗날 그가 임원이 되어 각 지점을 총괄하는 입장으로 본점에 올라왔다. 본점에 올라온지 얼마 되지 않아 그의 부인이 케이크 한 상자를 들고 인사하러 왔다.

그리고 당시 그를 격려해 준 편지를 귀중품처럼 꺼내 보이며 그것이 그들 부부에게 얼마나 큰 용기를 주었는지 잊을 수 없다고 이야기해 주었다. 현재 B경영자는 그의 은행과 거래를 하면서 여러 모로 크고 작은 도움을 받고 있다.

10

기업매수의 활성화

01 기업매수의 개념

기업매수란 기업의 주식 전부를 사들이거나 주식의 과반수를 취득하는 등의 방법으로 기업에 대한 지배권을 장악하는 것을 말한다.

중소기업에서는 주식이 오너나 그의 친족에 의하여 점유되어 있기 때문에 기업매수가 비교적 쉽지만, 증권시장에 상장되어 있는 경우에는 다수의 일반 투자가가 주주로 되어 있어 주식의 과반수 취득이 쉽지 않다.

기업매수의 목적은 기업의 경영력을 강화하고 안정경영을 실현하며 사회성을 발휘하는데 있다. 그러나 실제 매수에 의한 이득획득이나 회사를 탈취하기 위한 것 등 부정한 목적으로 행해지는 경우도 있다.

경영전략상 기업매수는 기업의 발전을 위한 중요수단이다. 따라서 부정수단을 배척하고 적극적으로 활용하여야 한다.

미국에서는 동의어로 M&A를 쓰고 있다. 영어의 Mergers & Acquisitions의 약어로 '기업매수' 로 번역되고 있다.

기업매수의 원조는 미국인데, 미국 내에서는 기업존속을 위해 기존의 기업을 매수하여 성장하려는 경영전략이 당연한 것으로 여겨지고 있다.

이것은 단지 미국에만 국한된 것이 아니라 세계적 경향이지만, 우리나라에서는 한때 폭력적인 행위까지 발생되어 비열한 회사탈취라는 이미지가 강했다. 그러나 격변하는 경영환경에 대응하기 위해서는 새로운 관점에서 기업매수를 평가해야 하며, '기업 재구축' 의 한 수단으로 적절하게 활용해야 할 것이다.

02_ 기업매수의 선택동기

경영전략의 일환으로 기업매수가 이루어지는 경우, 그 선택동기에 따라 다음 4가지 유형으로 분류할 수 있다.

1. 선행투자 다각화형

경영실적이 있는 기업이 사업 다각화를 위해 취하는 방법으로 다음 3가지가 있다.

(1) 동일 업종으로 아직 취급되지 않는 성장성이 있는 제품(또는 기술)을 가진 기업을 매수

(2) 동일 업종 안에서 마케팅력의 강화를 위한 유통기업의 매수

(3) 이(異)업종으로 고성장이 전망되는 제품(또는 기술)을 가진 기업의 매수

또한 이 매수는 매수 당하는 기업의 경영성적에 따라 선행투자의 성과가 큰 영향을 받는다. 매수 당하는 기업의 경영성적이 양호한 경우는 선행투자로써의 다각화가 효과적으로 작용하여 보다 강력한 경영으로 발전할 가능성이 높다.

이에 비하여 매수 당하는 기업의 경영성적이 부실한 경우는 매수 후의 경영개선에 노력할 필요가 있어 도리어 경영을 악화시켜 선행투자로써 기여하지 못하는 경우도 있다.

가장 바람직한 기업매수는 성장성 높은 분야에서 동업의 기업을 매수하여 보다 높은 시장 점유율을 획득하고 안정경영을 유지 · 강화하도록 하거나, 장래의 안정경영의 지속을 위해 성장성이 높은 이업종에 진출하여 선수를 쓰는 형태이다.

매수되는 기업의 경영성적이 악화될 경우, 매수기업의 강인한 경영이 도리어 상대측의 반발과 비판을 초래하여 매수의 성과를 지연시킬 수도 있다.

기업매수의 궁극적 목적은 안정경영의 지속에 있으므로 단지 자금력이 있다고 해서 횡포스러운 경영자세를 취하는 것은 바람직하지 못하다.

2. 방위적 동업 흡수형

경영성적이 좋은 동안에 그 여력을 활용하여 자금을 조달하고 인재를 개발하여, 동업기업을 매수 또는 동업기업의 유통채널을 매수하여 동업 마케트의 점유율을 높여, 보다

우위의 입장에서 안정경영을 하려는 형태이다.

경영기업을 매수에 의하여 획득하려는 전략은 독점규제 및 공정거래에 관한 법률(이하 공정거래법이라 함)에 저촉될 위험도 있으므로 신중히 하지 않으면 안된다.

또 가령 경쟁기업의 매수에 성공했다 하더라도 자사의 시장 점유율을 높이고 시장 경쟁력을 강화하는데 기여하지 못하는 경우도 있을 수 있다.

오히려 기업매수가 업계 동업자의 반발을 사고 도리어 과당경쟁으로 말려들 수도 있는 만큼 신중할 필요가 있다.

또 방위를 위한 동업 흡수형은 흡수되는 기업의 경영체질이 약체일 경우, 도리어 문제를 일으킬 위험이 있다.

파는 쪽에서 보면 되도록 실제보다 잘 보여서 비싸게 팔리기를 원하는 것이 당연하다. 따라서 매수 후 많은 허점이 잠재하고 있어서 그 개선에 상당한 노력을 경주하지 않으면 안되는 경우도 있다.

이런 경우, 조기에 문제가 해결되면 좋지만 그 해결이 어려워 경영체질을 도리어 악화시키는 경우도 일어난다. 방위를 위한 기업매수가 도리어 부담이 되지 않도록 사전에 충분히 조사해야 한다.

3. 생존(Survival)을 위한 선행 투자형

경영성적이 악화되어 살아남기 위한 수단으로 목숨을 걸고 기업매수에 선행투자를 하려는 경우도 있다.

경영이 결정적인 파국단계를 맞기 전에 선행투자를 하려는 자세는 평가할만 하지만 경영체질이 악화되었으므로 자금이나 인재에 한계가 있다.

따라서 동업종이면 경영성적이 양호한 기업의 매수는 어렵다고 보아야 하고, 경영체질이 그다지 좋지 않은 기업을 매수한다면 도리어 경영체질 악화의 방향으로 가속화할 수도 있다.

또 이업종의 기업매수에 있어서도 경영체질이 좋은 기업을 매수한다면 자금의 한계보다 비교적 소규모 기업으로 한정되어 결국 모기업의 경영개선에는 크게 기여할 수 없다는 실례도 많다.

이와 같이 경영성적이 악화된 뒤의 생존전략은 상당한 곤란이 따르는 것을 각오하지 않으면 안된다. 따라서 경영성적의 개선을 목적으로 하는 기업매수의 성공확률은 꽤 낮다고 보아야 한다.

4. 생존불능형

경영성적이 장기간에 걸쳐 부진하면, 기업으로서의 존속조차 곤란한 위험상태에서 어떻게든 생존하기 위한 계기를 마련하기 위해 최후수단으로 기업매수에 나서게 된다. 본업의 부진이 장기간 계속되고 경영체질이 악화되어 피로가 누적되어 있으므로 자금력이 현저하게 약하다고 보아야 할 것이다.

이러한 상황에서는 가령 기업매수를 실행한다 해도 결국 기업의 생존은 매우 어렵다. 결국 이 단계까지 와서 기업매수에 나선다는 것은 '몸부림' 이라고 밖에 볼 수 없고 성공확률은 극히 낮다고 보아야 한다.

이상과 같이 매수의 형태를 크게 4가지 유형으로 나누었는데, 기업매수의 선택동기가 경영개선에 의한 안정경영의 유지에 있는 만큼 성공확률이 높은 유형으로 전개해야 한다.

따라서 우량 건전기업 간에 이루어지는 장래를 위한 선행투자 다각화형의 기업매수야 말로 가장 바람직한 유형이다.

03_기업매수의 배경

기업매수가 기업경영전략의 하나로 자리잡는 배경에는 다음과 같은 것이 있다.

1. 개발기간의 단축

하이테크가 눈부시게 발전하여 새로운 제품 · 새로운 기술을 낳아 기존제품이나 종전의 기술은 급속도로 진부화되어 자취를 감춰버리고 있는 실정이다.

원래 R&D에서 출발해야 하겠지만 혁신의 속도에 대응하기 위해서는 개발된 제품이나 기술을 가진 기업을 매수하는 것이 사업화로의 지름길이라고 할 수 있다.

미국에서는 80년대에 들어서서 M&A가 크게 유행하고 그 규모도 매년 대형화하여, 한 건에 100억불이라는 초대형 기업매수로 확대되고 건수도 증가하고 있다.

급속한 기술혁신 · 제품의 라이프 사이클 단축화로 인해 R&D의 단계부터 시작하여 설비투자, 시장개발까지 가는 데는 엄청난 코스트와 리스크가 따르므로 완성된 기업을 매수하는 쪽이 득이라는 경영전략이 채택되어, 미국에서는 M&A의 자금량이 설비투자의 30%를 넘어섰다는 지적도 있다.

이와 같이 기업매수가 성행하자 사회 일각에서는 R&D로 기업을 키우려는 노력이 사라지게 되어, 기존의 완성기업을 낚아채려는 행위는 산업의 공동화 · 피폐화를 초래한다는 비판도 있다.

2. 기업매수의 규제

세계 선진국의 공통적인 문제점의 하나는 각종 규제에 의한 관료조직의 비대화와 민간기업의 활력상실을 들고 있다.

관료조직의 비대화는 재정적자의 주요인이 되어 그의 시정을 위해 미국에서는 항공산업을 자유화하고, 영국에서는 브리티쉬 텔레콤을 민영화하는 등 세계적으로 규제완화가 진행되고 있다.

이와 같은 국제경제의 영향을 받은 많은 국가들은 각종 법적 규제 완화를 위해 노력을 기울이고 있다. 우리나라도 정상적인 기업매수를 규제하면 결국 경쟁력이 약화되어 국제경쟁에서 패배하는 기업이 속출한다는 것을 인식하여 기업매수의 승인 절차가 원활하게 추진되도록 규제 완화하는 정책적인 변혁이 요망된다.

3. 기회이익에의 과제

고도성장기에는 양적 이익추구를 위해 동업계의 기업을 합병하여 수평적으로 통합함과 동시에 수직적으로 유통 채널 기업을 합병하는 일이 성행했다.

이에 비해 저성장기에는 기회이익의 추구가 중심과제로 되어 기업매수전략의 의의가 크게 부각되고 있다.

소비자 욕구의 개성화 · 다양화에 의하여 시장이 세분화됨에 따라 단일제품 · 단일기술의 큰 시장을 바탕으로 하는 양적 이익추구의 기회가 적게 되고, 대신 새로운 기회이익이 필요하게 되었다. 즉, 단일에서 복합으로 초점이 바뀌고 복합제품 · 복합기술이 기업의 경영전략에서 큰 비중을 차지하게 되었다.

이를 위해서는 종래 기업의 주력제품 또는 주력기술의 연장선상에서든가 주변에 있는 분야에 한정하지 않고 전혀 관련이 없는 분야로 진출하여 이를 종래의 제품이나 기술과 융합하고 복합시키는 경영전략을 선택하지 않을 수 없게 되었다.

이 경영전략을 가능케 한 것이 기업매수이다. 기업매수에 의하여 과거에 없던 신제품 · 신기술 분야로 진출하여 기존 제품이나 기술을 융합하고 복합하여 새로운 분야를 개척해 미래지향적인 기업으로 생존하려는 것이다.

4. 정보화의 진전

기업매수는 살 사람의 조건과 팔 사람의 조건이 일치할 때 성립된다. 과거에는 이 양자를 연결해 주는 정보의 흐름이 협소하고 폐쇄적이었다.

팔려는 기업은 '창업 ○○년, 선조전래의 기업을 팔려고 내놓다' '경영부진으로 자신감 상실인가' 하는 업계 매스컴의 비판이 두려워 팔려고 내놓을 생각이 있어도 이를 표명하는 데는 상당한 용기가 필요했다.

한편, 사려는 기업도 그것을 공개하면 경쟁기업에게 비밀이 누출되어 선수를 빼앗길 수 있고, 또 매수의욕을 너무 강하게 비추면 매수가격이 오를지도 모른다는 경계심도 있어 사려는 희망을 강하게 표명하지 않았다.

여기에 정보의 공백이 있고 기업매수에 대한 우리나라의 독특한 비열성이 작용하여 기업매수관련 정보의 흐름이 완만했다고 말할 수 있다.

그런데 최근의 급속한 정보 네트워크 구축은 암호나 키워드를 이용, 비밀을 유지하면서 방대한 데이터베이스에서 매수기업 · 피매수기업을 발견하기 쉽게 되고 있다. 기업명을 공개하지 않고도 서로 컴퓨터를 써서 매수조건을 충족시킬 수도 있게 되었다.

04 기업매수의 추진방법

기업매수의 진행은 다음과 같은 프로세스를 계획에 의해 하나하나 세심하고 차분히 실행해야 한다. 자금에 여유가 있다고 충분한 조사도 없이 서둘러서 업적의 개선에 기여하기보다 부담이 될 기업을 매수하는 과오를 저지르지 않도록 주의하여 실행해야 한다.

1. 제1스탭 : 철저한 조사

피 매수 후보기업에 대하여 다음 사항을 조사한다.

(1) 피 매수기업의 메리트(제품 또는 기술상의 장래성, 매수성과 기대도 등)

(2) 피 매수기업의 재무체질(손익상황, 1주당 순자산, 담보여력, 차입한도의 여유 등)

(3) 피 매수기업의 사원동향(노조의 역할, 사원의 사기, 급여수준 등)

(4) 기업매수에 대한 법적 규제(독과점 금지법, 세법)

(5) 피 매수기업 매수의 필요자금 규모와 조달방법(매수직접투자, 매수후 정비자금, 조달원천, 차입에 의하는 경우 차입처, 자금한도, 상환계획 등)

(6) 피 매수기업의 자산과 개인자산의 구분구성

(7) 피 매수기업의 국책의 기여도(국가기밀과의 관련, 국가안전보장에의 기여 등)

2. 제2스탭 : 매수방법의 선택과 실시

기업매수 방법은 크게 다음의 2가지로 나눈다.

(1) 피 매수기업이 중소기업으로 주식이 장외등록이나 상장되어 있지 않는 경우 … 오너 경영자 또는 그 친족주주에 매수의향을 표명하고 조건을 제시하며 절충한다.

대부분의 주주가 동의해도 일부 주주가 반대할 수가 있으므로 주주에 따라서는 조건을 약간 변경하던가 다른 유보조건을 제시하는 경우도 있는데, 케이스 바이 케이스로 큰 주제에 어긋나는 것이 아니라면 어느 정도 타협하는 것도 부득이한 일로 유연한 대응자세가 요망된다.

종업원 지주제도를 취할 경우에는 주식이 상당수 분산되어 있으므로 한 사람 한 사람과 대화하여 적정가격으로 매수해야 한다. 이 대응이 부적절해서 매수 후 문제를 일으키고 있는 기업도 있다. 그러나 주식회사의 법적 측면으로 보면 과반수를 취득하면 충분하므로 무리한 자금투입을 피하는 것도 한 방법이다. 문제는 매수 후 일부 주주 때문에 경영의 간섭이 격화되는 것을 피하기만 하면 된다.

(2) **주식이 장외등록 또는 상장되어 있는 경우** … 널리 분포되어 있는 주식을 사모아 과반수를 차지해야 하므로 직접 주식을 취득하는 방법과 다른 계열사를 통하여 간접적으로 취득하는 방법이 있다.

경영자측이 우호적이면 대주주와의 대화를 통하여 과반수를 취득해 매수가 가능할 수도 있는데, 이는 직접 매수의 형태가 된다.

경영자측이 저항감이 있는 경우, 반발하며 매수를 방해하기 위하여 강력한 라이벌 기업에 주식 흘려 넣기, 공모신주 발행 등을 하는 경우도 있다.

그러나 이런 방해를 배제하고 기업매수를 성공시키기 위해서는 '주식의 공개매입' 즉 TOB(Take Over Bit)를 걸어야 한다.

단기적으로 대량의 주식을 취득하기 시작하면 유통물량이 적어지며 주가가 이상하게 올라 매수자금이 부족하여 좌절할 수도 있다.

그 때문에 시장가격을 웃도는 매입가격을 제시하여 매수하는 것이 TOB이다. 이 사례가 많은 미국은 대체로 시장가격의 30~45%의 프리미엄이 일반적이다.

우리나라에서는 TOB 같은 것은 비열한 방법이라는 시각이 있어서 사례는 적지만 금융의 세계화 시대를 맞아 이런 경향이 가속화되리라 예상된다.

제조업에 있어서도 전혀 새로운 해외 직접투자를 하기보다 리스크와 코스트면에서 기존의 해외기업을 매수하는 쪽이 낫다는 생각이 강하여 자동차, 가전, 사무기 등 현지기업을 매수하거나 그 공장을 사들이는 예가 증가하고 있다.

3. 제3스탭 : 피 매수기업의 경영형태 결정

기업매수에 성공하면 피 매수기업을 어떤 형태로 경영할 것인가가 문제가 된다. 그것은 다음의 2가지로 집약된다.

(1) **자사 내의 조직에 편입하는 방법** … 기업매수가 피 매수기업의 저항도 없이 순조롭게 진행되고 오히려 피 매수 기업 측에서 매수기업의 조직 속에 편입되는 것을 환영하는

경우에는 직접 흡수하여 조직 내에 편입하는 쪽이 낫다.

피 매수기업의 사원을 그대로 놔두는 것이 오히려 불안을 조장하고 매수의 성과를 올리기 어렵다는 예도 있기 때문이다. 쌍방기업 모두가 일체화하는 것을 환영하고 통합의 메리트가 즉시 발휘될 수 있다면 가장 바람직한 유형이다.

(2) **관계회사의 별도조직으로 하는 방법** … 피 매수기업이 뚜렷하게 이질적인 업종이나 업태인 경우 또는 피 매수기업의 사원에게 저항감이 있는 경우는 관계회사로 하여금 별도조직으로 해두는 것이 심리적 불협화음도 적고 매수의 성과도 올리기 쉽다.

매수 직후에는 관계회사로 해두고 사원의 심리적 융화감이며 연대감이 생긴 뒤에 일체화하는 것도 한 방법이다. 기업매수의 경영형태는 매수의 성과가 가장 빠르게 실현되는 체제가 어떤 것인가를 바탕으로 하여 선택해야 한다.

11

정보기술(IT)의 활성화

정보기술(IT)이 사회의 다양한 분야에 커다란 영향을 주고 있는 오늘날 기업전략을 진행해 나갈 때 「정보기술을 어떻게 활용해 가야 하는가」가 가장 큰 요소가 된다.

첨단 IT의 진보는 요즈음 사회나 기업의 다양한 국면인 네트워크화(지금까지 단속으로 가능하던 시스템이 서로 접속되어진 것)의 진전을 촉구했지만, 네트워크화가 다양한 방향을 향하며 변화도 심해져서 지금까지 그 전체상을 반영하는 것이 곤란했다.

IT기술의 발전으로 방송과 통신이 융합되고 있다. AT&T, MCI 등 미국의 전화회사들 간에 인수 · 합병 붐이 일고 있는 것은 가입자를 최대한 확보, 이들을 대상으로 휴대전화 · 케이블TV · 인터넷전화 등 다양한 서비스를 동시에 공급하겠다는 목표 때문이다.

그러한 상황에서 최근 눈에 띈 것이 기업전략을 좌우하는 3개 분야에서의 큰 흐름이다. 첫 번째는 기업이 고객에게 펼치는 마케팅 영역, 두 번째는 기업 내의 정보유통을 향상시키기 위한 장치인 인트라넷 영역, 그리고 세 번째는 고객이 기업을 선별하는 수단으로써의 디지털 미디어 영역. 이렇게 3개 분야이다.

기업 전체를 한 대의 자동차로 예를 들면 첫 번째는 전체의 조타(操舵)를 행하는 부분, 두 번째는 차내의 쾌적한 공간을 유지하기 위한 내장, 세 번째는 밖에서 본 스타일링이다.

이 3개 분야에서의 변화는, 제각각 유기적으로 서로 영향을 끼치면서 기업활동을 지원한다. 저마다, PC의 가정 보급, 데이터 통신요금의 상대적인 코스트저하, 미디어의 다양화를 기초로 한 움직임이며, 앞으로 이러한 사회의 움직임이 가속화됨에 따라, 기업 측도 좀 더 빠른 속도의 대응이 요구되어질 것이다. 정보기술혁신이 기업 시스템에 미치는 영향을, 이러한 3개의 국면을 축으로 해서 이야기해 보겠다.

01 마케팅 정보기술(IT)

IT의 진화에 의해 기업과 고객간의 관계가 가까워지고 있는 구체적인 배경으로, 크게 두 가지를 들 수 있다. 첫 번째는 기업측의 상황변화이다. 기업측에서는 초고성능 워크스테이션(work station · 호스트 컴퓨터에 접속된 다기능 퍼스널 컴퓨터)에 의해, 대용량의 고객 데이터를 싼 가격에 또한 고속으로 처리할 수 있게 되었다.

이 고객 데이터에는, 주소, 전화번호 등의 기본적인 정보부터 구매이력이나 행동이력 등의 정보까지 포함되어 있어, 극히 다채로운 데이터가 정리되어 갖추어져 있다.

두 번째는 고객측의 환경변화이다. 가정에 보급된 PC의 숫자 및 인터넷 등의 네트워크 접속수치는 비약적으로 증가했다. PC의 가정용 출하비율이 상승해, 21세기 초에는 전체 보급률의 반 정도가 될 것이라고 예상된다. 더욱이, 지역사회의 통신인프라가 보급되어지면, 현재 상승비율을 점하고 있는 오피스용 PC보급 비율보다도 가정용 PC · 네트워크 컴퓨터시장이 정보기기의 주류가 될 것이다. 그러한 의미에서, 기업과 고객과의 사이에서의 첨단 IT에 의한 채널(channel · 유통경로)은 점차 확대되는 것이다.

그러나 신기술을 유효하게 이용해 영업 현장에서 활용하기까지는, 몇 가지 극복하지 않으면 안 되는 과제가 있다. 첫 번째는, 어떤 식의 고객 데이터베이스를 구축하면 좋은지를 아직 모르고 있다는 것이다. 대량 고객 데이터를 보는 분석방법, 이것이 지금까지의 시스템대로라면 상당히 어렵다는 점도 있다.

또한, 전화나 엽서 등에 의한 고객으로부터의 문의를 보다 효율적으로 하고 싶은데, 그 구체적인 방법이 좀처럼 발견되지 않는다는 점도 있다.

시대의 요청에 의해 보다 상세한 마케팅이 필요해지고, 지역별, 제품별의 상세한 마케팅이 가능한 시스템을 구축할 필요가 있지만 지역밀착의 생생한 영업전개나 이동식 단말기 등을 이용한 영업활동의 유효한 구체화 방법이 없는 것 또한 현실이다.

여기에서, 21세기에 전개될 마케팅 IT를 전망해 보겠다. 우선, 현시점에서 이미 방향성이 보이는 대규모 데이터에 의한 분석이 한층 고도화되어, 가설검증에 의한 마케팅으로 향할 것이다. 이와 동시에 데이터를 기본으로 한 마케팅기획은 보다 세세한 단위로 나뉘어 세분화될 것이다.

마케팅 분석은 세세한 단위 부문별로 행해지게 되고, 최종적으로 개개의 영업사원 단위에서 행해지는 경우도 현실화될지 모른다. 한편 마케팅활동 그 자체도 변화해, 고객과의 관계가 일체화(one to one)됨에 따라, 충분한 데이터를 배경으로 한 대규모 텔레마케팅이 행해지게 될 수 있다.

과도기에는 콜센터라는 전화를 창구로 한 활동이 주가 되는 시기도 있겠지만, 최종적으로 고객측의 환경이 성숙한 단계에서, 사이버커머스(cyber commerce · 인터넷상거래)가 현실화될 것이다.

요소(要素)기술면에서는 초고성능컴퓨터기술도, 데이터마이닝(data mining · 대규모 지식base에서 귀중한 정보만을 계산기로 자동적으로 발굴하는 것)기술 이렇게 3가지 범주로 나누어 생각할 수 있다. 저마다 구체적인 마케팅IT의 방책을 생각할 때에 주축이 될 수 있는 기술분야들이다.

초고성능컴퓨터 이용은, 하드웨어 측에서는 예전의 전용(專用)하드웨어가 아니라, 일반적인 PC의 연장선상의 설계 범위내에서 고성능화를 실현하는 방향성이 정착되었다.

마이크로소프트의 윈도우즈NT나, IBM의 OS/2 등 OS레벨에서의 대응도 착실하게 진행되고 있으며, 인텔, IBM, NCR 등의 하드웨어 메이커가 저마다의 특징을 서로 경합하게 될 것이다.

02 가상 인트라넷(Virtual Intranet)

1996년 이후, 다양한 시스템 공급자가 새로운 인트라넷기술을 개발 · 제안하고 있지만, 여기에서는 기업 전체지역에 정보공유화, 생산성 향상에 초점을 맞추어 보겠다.

기업 전체지역은 빌딩 안이나 좁은 영역에서의 정보공유가 아니라, 예를 들면 영업사원이 고객거래처에서 활동하는 경우나, 출장지에서 사내(社內)의 공유화된 정보에 접근하는 것까지 포함한다. 인터넷과 같은 저비용에 유연성을 가진 시스템과 현재 생각할 수 있는 인트라넷과를 융합한 시스템이, 다음의 발전단계라고 생각할 수 있다.

이러한 사내(社內)의 정보계 시스템이 생산성에 기여하는 필요조건으로써, 많은 사원이 저항감을 느끼지 않고 전화나 팩시밀리처럼, 새로운 정보 인프라를 잘 사용해낼 수 있는가 라는 점을 들 수 있다. 이 점을 고려해도 사내에서도 자신의 책상에 앉아 있을 때만 이용할 수 있다는 상황은, 정보공유의 시스템으로써 결함이 있다고 할 수밖에 없다.

이러한 정보공유 장치를 널리 사외(社外)에까지 확대하려고 했을 때, 기밀성과 함께 커다란 문제가 되는 비용에 대해서는 다음과 같이 생각할 수 있다. 네크워크 단가는 1킬로미터의 거리에 대해 1채널분의 데이터를 보내는 비용으로 해서 상대적으로 나타낼 수 있는데, 기간(基幹)회선(backbone)에 이용되는 전송(電送)기술의 진보와 함께, 현재는 10년 동안 10분의 1의 비용저하가 실현되었다.

그러나 앞으로는 상대적으로 보면 좀 더 가격저하가 예상된다. 즉, 단순히 전송로(電送路) 기술이 향상하는 것만이 아니라 인터넷 등 인프라를 공동으로 이용하는 장치가 수요를 뒷받침해, 10년 후 10분의 1에서 100분의 1이라는 혁명적인 비용저하의 경향도 예상할 수 있는 것이다.

이와 같이, 모든 합승효과, 즉 인터넷으로 대표될 수 있는 대용량 회선, 빠른 선을 공유해 네트워크 비용을 절감한다는 장치가, 일반가정에 있어서의 네크워크화에 큰 파도를 일으켰다. 그런데 이 효과가 기업이나 사회 공공장소에 있어서도 유효하다고 인지되어져 앞으로 합승네트워크 이용에 한층 더 기세가 붙을 것이다.

합승공동이용에 있어서의 또 하나의 이점은, 유연하게 네트워크의 접속을 갱신할 수 있다는 점이다. 이것은 이들 기업의 본연의 모습에 관련해서도 더욱 그 중요도가 높다. 정세의 변화와 함께, 유연하게 거점이나 거래처를 바꾸고, 또한 충분한 정보공유망을 보유하는 것이 새로운 시대에서 살아남을 수 있는 기업 조건이 되기 때문이다.

이들 기업 시스템에 있어서의 요구는 유연하고 싼 인프라를 이용해 기업 거점 간 혹은 파트너와의 접속이나, 변화가 풍부한 접속형태를 유연하게 실현해 가는 것이라고 볼 수 있다. 또한 최종적인 고객접점까지 그 네트워크를 늘리는 전자상거래(electronic commerce)와 같은 형태도 기업시스템 안에서 생각해 갈 필요가 있다.

소호(SOHO)와 같이, 스몰 오피스(small office), 홈 오피스(home office) 혹은 이동식 오피스(mobile office)와 같이, 재택근무나 고객 거래처에서의 영업활동 또한 상정한 가상인트라넷이라고 하는 네트워크를 활용하는 것이 필요해지게 될 것이다.

가상 인트라넷의 실현을 위해서는 다양한 요소(要素) IT를 활용할 필요가 있다. 인터넷이라는 합승 시스템을 사용하는 한, 보안상 확보가 문제가 되는데, 이에 대해 암호화(暗號化) 루타(LAN을 상호접속하기 위한 장치로, 정보의 수신처를 보고 그곳으로의 중단 경로설정을 행함)나 방화벽(fire wall · 보안확보시스템) 관련 기술이 나오고 있다.

이동식 단말기 자체도, 최신 내장기술에 의해 작고 보다 간편하게 되었다. 그러나 비밀누설 이외에도, 생각해두지 않으면 안되는 것이 있다.

미국에서는 인터넷상에서 발신된 E메일 중 10%는 어떤 이유인가로 인해, 상대방에게 도착하지 않는다고 하는 보고가 나와 있다.

이용자 측의 부주의에 의한 것도 있겠지만, 합승 시스템을 이용할 때의 신뢰성 확보 또한 중요한 기술테마가 된다는 것을 보여주고 있다. 또한 네트워크 관리 면에서는 인트라넷뿐만 아니라 인터넷까지 포함한 툴(tool · 수단, 방편)이 필요해진다.

03_ 디지털 미디어 기술

디지털 미디어라고 하면 자칫 엔터테인먼트나 게임적인 측면으로 이해되어져, 성실한 기업시스템과는 별로 어울리지 않는다고 생각하는 경향이 있다. 실제로는 기업 시스템의 고객 구매 동기를 유발하고, 제품 혹은 채널변화를 확대해 가기 위한 기술로써 중요하다.

지금까지 배양해 온 기존 자원, 예를 들면 기업의 명칭과 그 네임가치, 사회에 있어서의 기업 프레젠스(존재감)를 유효하게 활용하면서, 고객 측면의 제품가치, 서비스 가치, 기업브랜드를 높여가기 위한 IT로서 파악해야 할 것이다.

디지털미디어 기술이 중요한 것은, 양적인 보급이 가속화되고 있다는 점 이상으로, 고객이 기업이 내보내는 정보에 접할 기회와 그 방법(채널이 가속도로 다양해지고 있다는 점이다. 종래의 회선(回線)교환에 의한 것이 절반 이하가 되고, ISDN이나 PHS, 셀률라(cellular system · 자동차 전화에 사용되는 무선통신방식), CATV, 위성데이터방송이라는 다양한 네크워크 인프라가 사용되어졌다.

이러한 네트워크 인프라는 당연히 저마다의 개성을 가지고 있으며, 네트워크가 사용되는 경우도 이동환경, 일터, 단란한 가족의 보금자리, 개인 거실 등 다양해질 것이다. 당연히, 기업이 발신하는 정보에도, 보는 관점에 따른 다양성이 요구되어지게 될 것이다.

이렇게 다양한 채널과 다양한 관점이라는 환경하에서는 기업브랜드가 사이버공간에서 지속적으로 비즈니스를 전개하기 위해서는 어떻게 하면 좋을지 생각할 기회가 늘어날 것이다. 또한 고객 측도 여러 가지 의미에서의 선택성향이 높아지는 데에 대해, 임기응변으로 대응하는 제품이나 서비스, 정보발신의 방법도 고안하지 않으면 안 될 것이다.

앞으로 극심해질 대경쟁 속에서는 타사와 다른 상품과 서비스의 차별화를, 정보발신 방법에 의해 꾀하고 싶다는 니즈(needs · 욕구)가 현실화 될 것이다. 그러한 의미에서, 디지털미디어 기술은 결코 게임이나 엔터테인먼트에 멈추지 않고, 보다 큰 영향력을 기업 시스템에 미칠 것이다.

예를 들면, 기업 프레젠스의 향상 한 가지를 들어보아도, 어떻게 기업의 브랜드 이미지를 고객에게 어필하는가가 큰 문제가 된다. 이에 부응하는 요소(要素) 기술로서는 기업의 홈페이지를 정말 보았으면 하는 사람에게 평가되고 있는지 어떤지를 검증하기 위한 디자인 평가기술, 웹(www) 상의 정보를 참조하기 위한 소프트웨어나 콘텐츠(내용)의 관리기술을 들 수 있다.

또한, 최근 거리에서 눈에 많이 띄기 시작한 무인계약(無人契約) 시스템 등도 기업과 고객과의 새로운 접점을 제공하는 것으로 주목받게 될 것이다.

컴퓨터 그래픽스나 TV회의 시스템을 유효하게 이용한 새로운 장치나, 상품부가가치의 향상을 꾀하기 위해 시뮬레이션을 통해 그 제품의 실제 가치를 고객이 체험할 수 있는 장치도 간편하게 작성할 수 있게 되었다.

이러한 최첨단 디지털미디어 기술은, 이용 방법은 아직 충분한 연구가 이루어지지 않았지만 커다란 가능성을 가지고 있는 분야라고 할 수 있다.

실례로, NRI에서 개발한 시스템의 예를 소개하겠다. 그 하나는 인터넷에서의 3차원(3D) 브라우저를 이용했을 경우의 디자인의 예이다. 인터넷상에서 최근 성행하게 된 3D 기술을 이용하면, 실제의 3차원 세계와 같이 경치가 화면상에 비쳐진다.

해당하는 홈페이지에 접근하면, 마우스 조작에 의해 3차원의 세계 속을 자유로이 돌아

다닐 수 있는 장치를 만들 수 있다. 이러한 데이터를 만들기 위해서는, 10년 전까지는 1억 원 정도 드는 장치로 공간계산이 필요했지만, 현재는 PC상에서 보는 쪽은 물론, 공간을 설계하는 모델링의 계산도 간단한 조작으로 가능해졌다.

이 기술을 이용하면 공공장소로 사용되는 건축물, 예를 들면 다목적 홀의 설계화 특정 상품의 세부에 이르는 디자인의 검증을 고객 측에서 할 수 있다. 또한, 이 3차원 공간 내에서 영상(映像)뿐만 아니라 키보드에 의한 간접대화도 할 수 있게 되었다.

최근, 인터넷 세계에서는 마음에 맞는 사람들이 자유로이 대화를 즐기는 전언판(傳言板) 형식의 채팅(대화)용 홈페이지가 늘고 있는 것에서도 알 수 있듯이, 사람이 모이는 어떠한 형태의 「장소」를 구하는 것은 사이버 공간 속에서도 마찬가지이다.

3D의 세계 속에서는 동시에 접근하는 다른 참가자가 아바타(avata · 구현, 구체화) 하는 적당한 가상 모습을 빌려 표시되는데, 그러한 참가자에게 다가가면 키보드입력을 재촉하는 창이 열리며, 그곳에서 대화를 즐길 수 있다.

이 장치는 단순히 엔터테인먼트에 그치지 않고, 교육이나 제품에 대한 문의의 처리, 혹은 고객과의 고도의 커뮤니케이션을 꾀할 수 있게 될 것이다.

04_ 첨단 IT 활용으로 얻어지는 「내일의 상식」

지금까지 첨단 IT와 기업 시스템과의 관계에서의 세 가지 국면에 대해 살펴보았다. 첫 번째가 기업이 고객을 알기 위한 마케팅 IT, 두 번째가 기업의 정보공유시스템을 보다 확장하는 가상 인트라넷, 세 번째가 고객으로부터의 접근에 대해 기업이 보다 고도의 정보발신을 행할 수 있도록 하는 디지털미디어 기술에 관한 것이다.

마케팅 IT에서는 고객에 대한 메시지발신 방법이 바뀌어 고객과의 신뢰관계를 지지하는 기술이 앞으로 주목되어질 것이다. 또한 가상 인트라넷 활용으로 언제나 어디에서나, 기업 전체의 커뮤니케이션을 확보할 수 있게 된다. 이러한 커뮤니케이션 시스템에 의해 지적(知的) 업무에서의 생산성 향상을 기대할 수 있다.

디지털미디어에서는 기업의 미(美)감각을 고객에게 잘 연출해 보이는 것이 중요한 테마가 되고 있다. 동시에 그러한 미(美)의식을 고객의 미의식에 호소하는 호감도(好感度) 경쟁이 앞으로 디지털미디어 혹은 사이버스페이스 안에서 일어날 것이다.

다른 시점에서 보면, 이러한 세 가지 변화는 「모든 낡은 상식이 통용되기 어려워지고 있다」라는 것을 나타낸다고 할 수 있다. 즉, 현재 생각하고 있는 상식과는 다른 사고방식이 내일의 기업 시스템을 바꾸어 간다는 것이 현실화되고 있다. 예를 들면 낡은 상식에서의 PC는 단순한 마니아의 장난감이었는데, 지금은 기업 시스템의 중핵 인프라로써 생각되어지고 있다.

WWW(World Wide Web · 인터넷 상에 분산된 하이퍼텍스트 형식의 정보를 검색하는 시스템)의 기술은 업무 시스템과는 관계없이, 마니아가 사용하기 위한 시스템으로 이해되어졌었으나, 지금은 마케팅 IT에서도 말했듯이, 인트라넷의 구성요소로써 사실은 상당히 뛰어난 인터페이스(서로 다른 장치를 접속하기 위한 중개장치)로 여겨지고 있다.

또한 동화(動畵)나 CG(Computer Graphics)는 게임에 관련된 것이라는 것이 지금까지의 상식이었지만, 앞으로는 멀티미디어매점과 같이 중요한 고객의 가치관에 대한 공략부대로써 기업 시스템 안에 수용해 들어갈 것이 중요시되고 있다.

또한 컴퓨터에는 인공두뇌적인 지적(知的) 작업은 아직 완성되지 않았다는 상식도 있지만 21세기에는 지적(知的) 에이전트기술도 진보하여 지적(知的) 업무에서의 생산성 향상의 중요한 도구가 될 것이다.

이들은 어디까지나 사례(事例)이며 내일의 세계에서 무슨 일이 생길지 모른다는 것이 첨단 IT의 세계이다. 그만큼 더욱 유효한 해결책을 위해서라도 「내일의 상식」을 찾는 계속적인 연구개발은 매우 중요하다고 할 수 있다.

3

CHAPTER

중소기업의 하도급 전략

01. 계열 하도급 기업
02. 전문기술 하도급 기업
03. 하도급 기업의 생산관리 대책

하도급 중소기업의 경영자가 기업을 경영하면서 일상적으로 고민하는 문제는 무엇인가? 계열 하도급기업과 전문기술 하도급기업의 기본적 차이는 무엇인가? 원청회사와의 유대관계, 원청회사를 선정할 때에 어떤 점에 유의해야 하는가? 이 장에서는 하도급 중소기업의 경영체질 강화대책, 수주대책, 작업관리, 납기관리, 품질관리, 인사관리 등의 실제적인 문제점을 상세하게 점검했다.

01

계열 하도급 기업

01 원청회사가 계열사에 하도급을 주는 이유

1. 원청회사에 어떠한 이점을 주는가

원청회사가 하도급을 주는 목적은 크게 나누어서 2가지가 있다. 첫째, 경기변동의 조절 장치로 이용하려는 경우이고 둘째, 원청회사가 지니고 있지 않은 기술능력을 얻으려는 경우이다.

새로 관계를 맺은 원청회사, 종래에 거래하던 원청회사로부터 주문이 급격히 늘어난 경우, 하도급 업체로서는 우선 그 원인을 원청회사 입장에 서서 생각해 볼 필요가 있다.

'자사를 이용하는 것이 일시적인 수주증가에 의한 것인가, 아니면 자사의 기술능력이 원청회사나 다른 하도급 기업이 갖고 있지 않은 귀중한 것이라고 인정하기 때문인가'를 판단해야 한다.

일시적인 조절수단이 아니라 계열 하도급 회사가 되어 원청회사와 함께 안정된 성장을 해나가는 기본적인 조건은 '원청회사로 하여금 수지를 맞추게 할 수 있느냐' 하는 것이다.

원청회사가 일거리를 외주하는 목적은 결국 '비용절감'에 있다. 비용절감이라 해도 다만 하도급 기업의 저렴한 인건비만을 노려서 단가를 내리는 것만이 목표는 아니다. 더 큰 관점에서의 비용절감이다.

하도급 기업은 원청회사로부터 고도의 기술을 요하는 제품을 수주받고 생산하는 경우 부품이 다품종 소량생산이기 때문에 국내의 하도급 기업이 아니면 안되는 특수가공이 많아져서 원청회사도 하도급 기업과의 협력관계를 중시하게 되었다.

이런 관점에서 원청회사가 외주하는 이유를 살펴본다면 다음과 같은 것을 들 수 있다.

(1) 기술개발이 효율적이다

하도급 기업은 일정한 범위의 기술분야를 전문적으로 추진하고 있어 기술 수준도 높고 가격도 싸고 품질도 좋기 마련이다. 특히 원청회사는 그 기술분야가 자기 본업의 기술과 관련이 없는 경우에는 하도급을 주는 편이 좋다.

예를 들어 사무기기 메이커에 판금기술은 자사의 제품 개발과는 직접 관계가 없으므로 거기에 자본이나 인재를 투입하는 일은 효율이 떨어지고 결국 비용만 많이 들게 된다.

원청회사가 제품을 만드는 데 필요한 모든 부품을 나사 한 개에 이르기까지 만들 수 없기 때문에 원줄기 이외의 기술은 다른 곳에 위임하는 편이 경제적이다.

따라서 하도급 기업은 자기가 맡은 분야의 기술에 노력을 집중시켜 원청회사가 개발자본을 들여 얻어내는 기술보다도 더욱 더 값싸고 수준 높은 것을 원청회사에 제공한다.

요약해서 말하면 하도급 기업은 맡은 분야의 기술을 개발하여 원청회사가 만들 때보다 효율적으로 품질이 좋고 값싼 부품을 납품해야 한다. 원청회사의 수지를 맞추어야만 하도급 기업이 존재할 수 있기 때문이다.

(2) 관리비 · 경비가 절약된다

원청회사가 큰 조직을 움직여서 부가가치가 높은 다품종 소량생산을 하다 보면 관리비 등 경비가 많이 든다. 규모가 작은 하도급 기업은 원청회사에 비하여 비용이 적게 들어 제조원가가 총원가 면에서는 훨씬 적게 든다. 이런 장점을 살리기 위해서는 원청회사의 구입창구 절차를 간편히 하고 외주 관리비가 적게 들도록 해야 한다.

(3) 기동성이 활용된다

하도급 기업이 담당하는 부품제작이나 부품 조립작업은 원청회사가 하는 완성품 조립이라는 본체에 비하면 '꼬리' 에 해당된다. 본체와 꼬리는 함께 움직여야 하는데, 납기변경과 설계변경에 따른 변화에 원청회사와 같은 큰 조직은 신속하게 대응하기가 어렵다.

무리하게 진행하면 부분적으로는 납기를 맞출 수 있을지라도 전체에 혼란이 생기기 쉬워 결국 비싼 제품을 만들어내는 결과가 된다.

조직이 작은 하도급 기업이라면 비용을 초과시키지 않고도 변화에 대응해 나갈 수 있다. 이런 점을 고려해 볼 때, 기동성을 살릴 수 있는 하도급 활용은 바람직한 방법 중 하나가 될 수 있다.

(4) 상각비가 삭감된다

공장 건물, 설비기계가 원청회사의 것보다 값싼 것으로도 꾸려나갈 수 있다는 것이 종래의 하도급 기업의 장점이었다. 그러나 기술자의 기능만 있으면 좋은 물건이 생산되던 시절은 지나고, 이제는 자동화 시설이 아니면 제품생산이 불가능하여 하도급 기업쪽이 오히려 고가의 최신 기계설비를 갖추지 않으면 안된다.

그러나 같은 기계라도 원청회사가 갖고 있기보다는 하도급 기업이 사용하는 편이 일반적으로 가동률이 높다. 또한 기계 사용자도 원청회사에서는 인사이동 때문에 유동적이었으나, 하도급 기업에서는 전담자가 고정배치되어 있어 기술수준이 향상된다. 원청회사보다는 기계 상각비의 부담을 줄이고 코스트를 낮출 수 있다.

(5) 직접공임이 절감된다

원청회사의 종업원은 학력이나 지식, 능력이 모두 높아서 봉급수준이 대체로 높다. 이런 사람들에게 값싼 부품이나 만들게 해서는 그 회사는 유지하지 못한다. 능력과 임금에 맞는 고부가가치의 작업을 시켜야 한다.

그런데 제품을 완성시키는 데 필요한 부품가공 모두가 고부가가치 작업이 아니라 그 중에는 숙련공이 아닌 시간제 고용자에게 지도하면 할 수 있는 간단한 작업도 있다.

원청회사에서 하고 있는 작업 중, 자체 내의 고급 기술자보다 좀더 낮은 능력의 작업자 즉, 저임금 봉급자라도 할 수 있는 작업은 하도급 기업에 맡기는 편이 더 바람직하다.

이처럼 하도급 기업을 이용하면 원청회사로서는 직접공임을 줄일 수 있다. 하도급 기업은 이런 사실을 인식하여 그 장점을 더욱 살려, 원청회사의 작업 중 하도급 기업이 해낼 수 있는 작업을 선정하여, 그 작업에 필요한 기술을 직원들에게 익히게 하여 더 많은 수주가 될 수 있도록 노력해야 한다.

이상의 5개 항목이 원청회사가 하도급 기업을 이용하는 이유인데 하도급 기업으로서는 '자사는 어느 항목에서 원청회사에게 장점을 제공하고 있는가?' 를 잘 검토해야 한다. 원청회사에게 유리한 장점을 제공해야 하도급 기업은 존재할 수 있기 때문이다.

02_ 계열 하도급으로 지명받는 경영전략

1. 전술이 아니라 전략이 중요하다

하도급 기업, 특히 계열 하도급 기업은 특별히 영업부를 둘 필요도 없고 영업활동에 신경을 쓰지 않아도 되는 것일까? 물론 제품 선전이나 판촉을 위해 새로운 거래처를 찾아다니는 일상적인 영업활동은 계열 하도급 기업에서는 거의 필요없다.

선전이나 방문은 별로 확률 없는 활동이며, 돈과 시간을 낭비하지 않고도 수주계약이 성립될 수 있다는 점이 계열 하도급 기업의 장점이다.

또 계열 하도급 기업은 영업에는 별로 신경 쓰지 않고 생산에만 전념할 수 있다. 따라서 값싸고 품질 좋은 것을 만들 수 있다는 것이 계열 하도급 기업의 존재가치라고도 할 수 있다.

그러나 하도급 기업도 그 나름대로의 영업전략이 있어야 한다. 앞으로 어떤 업종을 목표로 삼을 것인가, 어떤 원청회사 계열에 들어갈 것인가? 하는 거래처 선택은 하도급 기업의 가장 중요한 경영전략이다.

다음은 향후 성장잠재 산업분야와 판로확대범위에 대해서 몇 가지 언급하고자 한다. 원청회사 거래처 선택을 위해서 참고가 되리라 생각된다.

첫째, 제품의 판로가 국내 또는 수출에만 한정되는 좁은 범위의 활동보다 국내외 수요와 수출 양면으로 판로가 뻗어나가야 튼튼하다.

둘째, 에너지 · 자동화와 관련한 산업은 장기적인 안목으로 볼 때 반드시 성장한다. 컴퓨터 관련 정보산업은 종이에 적혀진 정보의 처리라든가 인간의 두뇌를 대신하는 것으로만 생각하기 쉬우나 사실은 자원의 낭비를 줄이고 인간의 육체적 능력을 대신한다.

한정된 자원을 효율적으로 사용한다는 것은 지구상에 사는 인간 모두의 지상명령이다.

따라서 감량경영으로 종업원을 늘리지 않게 하는 자동화는 앞으로도 기업의 중요한 과제가 될 것이다. 따라서 컴퓨터의 이용이나 그 밖의 방법에 의한 에너지 절약형 산업, 자동화기기 산업은 앞으로도 발전을 거듭할 것이다.

셋째, 레저산업이 크게 발전할 가능성이 높다. 자동화의 진전은 시간의 단축을 가져다주고, 사람들에게 시간의 여유를 가져다준다.

따라서 이런 여유시간을 대상으로 한 취미나 놀이기구산업, 여행산업, 건강산업, 노인산업 등이 유망할 것이다. 반면, 사양 산업으로는 개발도상국의 위협을 받고 있는 경공업, 섬유산업이 그 대표적인 것이라 할 수 있다.

또한 이미 포화상태에 이른 중화학공업도 별로 발전성이 없다는 사실을 경영자라면 누구나 다 알고 있지만 중요한 점은 자기가 업계를 객관적으로 바라보는 일이다.

그러자면 기술예측이나 산업구조 변화에 관한 연구서를 읽거나 세미나에 참석하여 다른 업계의 경영자와 사귀어 그들과 정보를 서로 교환하는 것도 대단히 중요하다.

계열 하도급 업자는 자칫하면 원청회사를 섬기는 동업자와의 그룹이 되기 쉬운데, 그런 속에만 묻혀있지 말고 폭넓게 다른 업계와의 접촉을 꾸준히 시도해야 한다.

2. 원청회사 선정을 위한 5가지 요점

어떤 업계를 선택할 것인가 하는 일은 원청회사가 신중하게 생각할 문제이므로, 하도급 기업으로서는 다만 어떤 원청회사에 따라갈 것인가를 결정하는 일이 가장 중요한 영업 전략이다.

계열 하도급 기업이 된다는 뜻은 '이 원청회사와 손을 잡으면 위기에 처하더라도 함께 고통을 분담할 수 있다' 는 것을 의미한다. 따라서 눈앞에 보이는 일시적인 높은 단가라든가 발주량이 많다는 것만으로 원청회사를 선정해서는 안된다.

원청회사가 하도급 기업에 대해 어떤 자세와 방침을 갖고 있는가를 오랫동안 관찰해 본 다음에 판단을 내려야 한다.

올바른 판단을 위해서는 다음 5가지 사항을 반드시 점검하기 바란다.

(1) 공존공영의 자세를 갖고 있는가

자식을 보면 부모를 알 수 있다는 말이 있다. 원청회사의 번영에는 하도급 기업의 성실한 뒷받침이 있어야 하며, 하도급 기업도 그 나름대로의 이익을 얻을 수 있는 형태가 되어야 한다.

예를 들면, 원청회사의 사업확대에 맞추어 하도급 기업이 설비를 증설시킨 경우, 발주량을 줄이지 않고 꾸준히 높여 준다든지, 지급어음의 기일을 늦추는 경우에는 그 할인비용의 일부를 단가에 얹어주는 배려를 해주는 원청회사라면 안심할 수 있다.

즉, 고락을 함께 하려는 원청회사라면 뭔가 다른 태도를 보이기 마련이다. 하도급 기업은 자사의 성장에만 신경쓰는 그러한 원청회사는 가까이 하지 말아야 한다.

(2) 하도급 기업의 지도육성에 적극적인가

하도급 기업을 지도하는데는 꾸준한 끈기가 필요하다. 원청회사의 대기업적인 생산방식을 그대로 강요해서는 안된다. 그렇다고 그대로 내버려둔다면 원청회사가 바라는 수준에 따라가기 힘들다. 그러므로 하도급 기업의 기술수준에 걸맞은 지도가 필요하다.

예를 들어 작업표준이 안된 것을 보고 원청회사의 작업표준용지에 맞춰서 적어 넣으라고 요구하는 것은 무리이다. 작업을 하는데 최소한 이런 것은 꼭 필요하다는 주의사항을 적어주는 간단한 방식부터 지도한다. 품질관리가 불충분하다고 당장 품질관리 도표를 작성시킬 것이 아니라 우선 주요부품의 표준화 검사기록방법을 알려주는 것이 좋다.

(3) 하도급 기업의 선정방법이 공정한가

원청회사가 유망한 대기업이라면 기존의 하도급 기업들은 지속적으로 단골 하도급이 되기를 바란다. 또 새로운 하도급 기업이 나타나면, 주문을 빼앗기지 않으려고 구입 담당자를 접대하거나 금전까지 오가는 방법을 취하는 하도급도 있다.

그러한 하도급에 대해 휘말려 들지 않고 냉정하게 대처하는 원청회사라야 한다. 어디까지나 하도급은 납입성적에 의해서 평가되어야 한다.

(4) 접대하는 태도가 상식적인가

원청회사는 하도급 기업의 귀중한 손님이다. 원청회사측이 고자세로 나와도 참아야 한다. 원청회사 측에서는 하도급의 생사를 원청회사가 좌우한다고 생각하기도 한다.

외주관리를 견실하게 시행하고 있는 원청회사는 그런 태도에서 벗어나 대등한 입장으로 대해준다. 하도급 기업이 정말로 좋은 협력업체가 되려면 원청회사와의 진지한 의사소통이 있어야 한다. 구입 담당자가 고자세인 원청회사와는 유대가 이루어질 수 없다.

그러나 하도급 기업이 약속한 납입조건을 지키지 않을 경우, 그것은 전적으로 하도급 기업 측의 잘못이므로 원청회사로부터 추궁 당하는 것은 당연하다.

(5) 지리적 조건은 좋은가

앞으로는 산업의 적정배치 정책에 따라 원청회사나 하도급 기업도 도시에서 벗어나서 농촌지역이나 해안 매립지 같은 곳에 이전할 가능성이 있으므로 그런 점도 고려해야 한다. 되도록이면 주거래처와 3시간 이내의 거리가 바람직하다. 거리가 멀면 운반이 비능률적이며 서로의 의사소통(커뮤니케이션)이 어려워진다.

03 원청회사의 방침을 받아들이는 방법

1. 운명을 함께 한다는 마음가짐

원청회사의 선정을 마치고 그 계열 하도급 기업으로 들어가려면 어떻게 하면 좋은가? 우선 원청회사의 외주공장 선정기준에 적합해야 한다.

일반적으로 그 선정기준은 다음과 같다.

(1) 경영자의 인격, 식견, 능력을 인정받을 정도가 될 것

(2) 기업으로서의 경영관리능력, 기술 수준을 높일 것

(3) 품질보증체제가 확립되어 있을 것

(4) 원청회사에 대한 협력이 잘 되어 있을 것

(5) 어느 정도의 자본력, 금융력 등 재무상태가 양호할 것

(6) 원청회사의 발주품에 맞는 설비능력을 갖추고 있을 것

(7) 지리적 조건이 좋을 것, 공해발생이 없을 것

기계도입의 최종 책임은 어디까지나 하도급 기업이 져야 한다는 것을 잊지 말아야 한다. 계획한대로의 주문이 없어서 기계를 반쯤 밖에 가동하지 못한다고, '설비를 증설하라고 권한 것은 원청회사이니 그 손실을 메워 달라.' 라고 책임전가해서는 안된다.

설비투자를 한 것은 원청회사의 모험에 덩달아 따라간 것이지만, 최종적으로는 자기 자신의 의사결정이 적중하지 못한 것이다. 이익이 나면 기쁨을 함께 나누고 실패의 결과도 함께 달게 받는다는 운명공동체의 자세가 필요하다.

2. 원청회사의 기술결함을 보완

대기업의 내부에는 기술상의 허점이 반드시 있기 마련이다. 그런 점을 잘 보완해 줄 능력이 있으면 하도급 관계를 무난히 맺을 수 있다.

트럭이나 버스의 스타트 스위치, 배터리 스위치, 휴즈 박스 등 자동차의 전장품을 조립하는 C라는 하도급 기업이 있었다. 당초에는 원청회사에서 지급해 준 부품을 조립하는 작업만 수주했으나 요즘은 설계도면까지 받아서 부품조달을 포함한 전장품 완성납품도 하고 있다.

이 하도급 기업의 경영자는 이들 전장품의 설계도 자기네가 하기로 계획을 세워서 원청회사와 잘 타협하여 자사의 기술자를 원청회사의 기술부에 일정기간 파견시켜서 그 설계기술을 습득시켰다.

지금은 원청회사에서는 시방서를 제시하는 정도이고, 그 하도급업체가 설계에서 포장에 이르기까지 일괄생산하고 있다. 그 결과, 부가가치도 높아지고 업적도 좋아져서, 중요한 계열 하도급으로서의 위치를 굳혔다.

C회사의 경우는 대기업의 기술적인 결함을 잘 활용한 성공사례이다. 자동차 기계기술의 큰 덩어리 속에서 전장품이란 기술적으로는 아주 사소한 부분에 속한다. 승용차의 전장품이라면 수요가 많아서 전장품 전문 메이커도 있지만, 버스나 트럭용은 다품종 소량생산이기 때문에 전문 메이커가 없다.

그래서 버스나 트럭 메이커 자신이 설계를 담당하는 형편인데, 그것은 자동차 본래의 기술은 아니고 부속된 기술이다. 회사로서도 큰 관심분야가 되지 않고 담당자도 별로 좋게 생각하지 않는 작업이다. 그것은 열심히 연구개발 해봐야 원줄기의 기술과는 관계가 없으므로 별로 인정받지도 못한다.

그러나 이 일거리를 하도급 받은 중소기업으로서는 부가가치가 높은 보람있는 사업이다. 그런 업계는 범위가 아주 좁은 만큼 중소기업으로서도 질적으로 깊이 연구, 대기업보다 값싸고 품질 좋은 것을 개발하여 원청회사와 함께 성장할 수 있다.

이처럼 대기업 내부에는 주된 작업이 아닌 부수적인 분야가 반드시 있다. 하도급 기업으로 전속되고 싶으면 그러한 틈을 잘 찾아낼 줄 알아야 한다.

자기보호라는 측면에서 원청회사의 발주량이 전면적으로 감소되었을 때의 대책수립이 가장 중요하며 따라서 계열 하도급이 되더라도 100% 의존하지 말고 아무리 원청회사가 든든해도 70% 이상은 의존하지 않는다는 기본방침을 세우는 것이 필요하다.

3. 하도급 기업의 변동상황도 보고한다

원청회사의 방침을 이해하고 수용하는 한편, 하도급 기업측의 경영방침이나 변동상황도 원청회사에게 설명해야 한다.

공장의 증축, 기계설비의 증설 · 갱신, 대폭적인 인원의 증감 등은 사전에 보고하고 그 사유도 설명해야 한다. 특히 조직변경으로 담당직무가 바뀌어 원청회사의 창구와 교섭하는 사원이 교체되는 경우, 사전에 교체된 사원이 방문 인사한다.

원청회사에서 전화가 오거나 방문해 왔을 때 비로소 변경사실을 알리는 실수가 없도록 조치한다. 또한 중요한 물품, 정밀도가 높은 부품을 재하도급할 경우나 재하도급 거래처를 변경하는 경우에는 사전에 양해를 얻도록 한다.

02

전문기술 하도급 기업

01_ 전문기술 하도급 기업이 나아갈 길

1. 전문기술 하도급 기업의 강점과 약점

하도급 기업으로서 여러 이(異)업종의 주문을 받을 수 있다는 것은 하나의 강점이다. 또 수준 높은 전문기술을 보유하고 있는 하도급 기업이 자기의 기술을 가장 비싼 값으로 사주는 원청회사에게 팔 수 있다는 점도 강점이다.

계열 하도급 기업에서는 같은 작업을 다른 원청회사가 더 높은 단가로 발주해 주는 기회가 있더라도 그것을 수주하기 위해서 지정된 원청회사의 일을 줄이거나 할 수는 없다. 그러나 계열 하도급이 아닌 경우는 맡겨오는 일이 별로 신통치 않는 원청회사와는 주저없이 관계를 끊고 좀더 수익성 있는 거래처를 찾을 수 있다는 강점이 있다.

이런 강점이 있는 반면, 전문 하도급 기업에게도 약점이 있다. 갖고 있는 기술분야는 범위가 좁고 납품하는 제작물은 부품에 지나지 않는다. 그래서 거래처가 설계변경으로 그 기술이나 부품이 언제 필요없게 될지 모른다는 우려가 있다.

TV에 사용하는 선반기계 부품을 매월 수십만 개를 만들어 왔으나 설계가 변경되어 프레스 판 부품으로 바뀌는 바람에 한꺼번에 수천만 원의 주문이 감소되어 곤경에 빠진 기계가공전문 하도급 업체가 있었다.

그럴 때 만약 그 업체가 계열 하도급 업체였다면 다른 일거리를 발주해서 메워 준다든가, 프레스 기계 도입자금도 원조하겠다고 원청회사에서 제안해 올 수도 있을 것이다. 그러나 계열 회사가 아닌 전문 하도급 업체에 그런 배려를 해줄 리가 없다.

따라서 여러 이(異)업종의 주문을 받아낼 수 있다는 강점을 살리기 위해서는 업계를 선택하는 방법에 주의해야 한다. 예를 들어 생산재 관련업종과 소비재 관련업종이라든가 경기의 영향이 서로 달리 미치는 업계를 섞어서 선택하는 것이 좋다.

또 자사의 기술을 가장 높이 평가해주는 원청회사를 찾으려면 최종 사용자의 수요동향에 관심을 기울여야 한다. 예를 들어 식품제조기계 메이커가 호황인 것은 식료품 산업 전체가 성장되고 일반 소비자의 식생활 향상이라든가 서구화 또는 외식하는 경향이 늘어난데 요인이 있다는 것을 식품제조 기계의 톱니바퀴장치를 제작하는 하도급 기업은 잘 인식해야 한다.

하도급 기업에는 관계가 없는 듯이 보이는 소비자의 변화나 시대적 변화가 결국 자사가 '수주를 많이 할 수 있느냐' 에 영향을 끼친다는 사실까지도 신경을 써야한다. 특히, 전문기술 하도급 기업의 경우는 보다 적극적인 점검이 필요하다.

약점을 보완하는 다음 방법으로는 업계의 큰 흐름으로 보아 자사의 기술이 앞으로도 유망한가를 검토하는 것이다. 예를 들어 절삭가공 전문기술 하도급 기업이라면 금속을 절삭해서 물건을 만드는 방법이 차츰 줄어들고 프레스 가공이나 플라스틱 성형으로 대체되고 있는 업계 동향을 알아 차려서 그 분야에 신속히 진출할 준비를 한다.

또 스프링 제조기업이라면 최근 코일 스프링보다 판스프링의 수요가 증가하고 있다는 것을 신속히 파악해서 대처방안과 기술적인 흐름을 정확하게 파악해야 한다.

큰 흐름의 파악이라는 관점에서 개발도상국들이 바짝 뒤쫓아오는 점도 고려해야 한다. 국내의 기술수준만을 생각하고 그와의 경쟁에만 정신을 팔고 있을 때, 저임금의 개발도상국 산업이 우리를 추월할 것이다. 단순한 절삭가공업, 단가가 싸고 분량만 많은 프레스 부품업, 주물공업 등은 앞으로 위험한 업종이다.

계열 하도급 업체가 되느냐, 반대로 원청회사를 여러 개 갖는 것이 좋으냐 하는 것은 전문 하도급 기업의 업종에 따라서 좌우된다. 규모가 작은 기계부품 가공업이나 인쇄업처럼 수요는 많으나 수주금액이 적은 업종에서는 계열 하도급이 되기보다 원청회사를 여러 개 갖는 경우가 많다. 반대로 전기제품의 배선 조립업이나 공장설비 공사업 등 수주금액이 큰 업체나 기술적으로 원청회사와 긴밀한 관계가 요구되는 업종에서는 전문기술을 보유하고 있어도 계열 하도급으로 되는 경우가 많다.

02_ 기술의 폭은 좁게, 내용은 깊이 있게

1. 관련기술은 어느 정도 필요한가

기술적인 범위를 어디까지 넓힐 것인가? 관련되는 작업에 어느 정도까지 진출할 것인가? '폭은 좁게, 내용은 깊이 있게' 라는 원칙을 삼는 게 좋겠다. 프레스업자가 금형 제작도 시험제작한다든가, 반대로 금형 제조업자가 프레스 가공이나 플라스틱 성형까지 손을 대는 경우가 상당수 있다.

이런 경우 기술적 연관성이 있어 손을 대는데 금형업자가 금형을 사용하는 작업을 해보는 것은 금형 제작의 기술향상에도 크게 기여하기 때문이다.

계열 하도급 기업이 원청회사의 권유도 있고 자신도 돈벌이가 된다고 믿으면 그 기술분야가 자사의 본업과 연관된 것이 아닐지라도 사업확대에 주저할 이유가 없다. 후에 그 기술분야의 전문업자가 진출하여 일거리를 빼앗기는 경우, 또 다른 일거리를 원청회사한테서 얻으면 된다. 그러나 전문기술 하도급 기업은 그렇지 못하다.

2. 적당주의가 되지 말 것

'폭을 좁게' 라고 강조하는 이유는 같은 업종의 전문기술 하도급 기업과 경쟁에서 지지 않기 위해 본래의 기술을 '깊이 있게' 하려는 데 목적이 있다.

A라는 스프링 제조업자는 스프링 제조에 필요한 성형과 열처리 기술만 갖고 있어 그 일에만 전력을 기울였다. B라는 스프링 제조업자는 성형과 열처리 외에도 도급도 하고 소형의 기계가공도 하고 있었다. 이 경우 같은 인원, 같은 자본이라는 비슷한 경영규모라면 결국 A회사가 승리할 가능성이 높다. 승부의 문제보다도 하도급 기업은 동업자와의 기술경쟁을 소홀히 해서는 안된다.

원청회사가 권유하는 대로 작업범위를 넓혀가는 경우가 적지 않다. 절삭 가공업자가 그와는 관계없는 조립작업을 맡거나, 프레스 가공업자가 플라스틱 성형 작업에 손대는 경우이다. 원청회사의 계열 하도급도 아니고 다른 원청회사에서의 수주가 없으면 꾸려나가지 못하는 어중간한 하도급 기업이 되면 더욱 곤란하다. 이렇게 되면 계열 하도급도 아니고 전문 하도급도 아니다. 일거리만 많으면 좋아하는 적당주의에 빠져서는 안된다.

고유의 기술수준이 낮아서 그것만으로는 동업자에게 이길 수 없고, 그렇다고 특정 원청회사에 계열 하도급으로 파고들어갈 영업능력도 없다면 어정쩡한 하도급 업체가 되고 만다.

규모가 작을 때는 적당주의로도 우선은 통한다. 그러나 하도급 기업도 50인, 100인의 규모로 커지면 기술력을 높여서 전문분야로 나가든가 기술이 높지 않으면 아예 원청회사의 계열 하도급이 되어야 한다.

3. 자주기술을 갖는다는 의미

전문기술 하도급 기업과 적당주의적 하도급 기업의 차이는 만들고 있는 물품의 기술적인 뒷받침이 있느냐 없느냐에 달려 있다.

구체적으로 지적하면, 핀이나 샤프트를 제조하는 하도급 기업은 그 핀이나 샤프트의 성능을 표시하는 데이터가 갖추어져 있어야만 한다.

치수 측정치, 연마 정도, 압연강도, 편도, 몇 시간의 내구성이 있는가의 실험수치, 온도에 의한 영향 등을 자체 내에서 작성하여 거래처에게 제출할 수 있어야 한다.

'이러한 자료로 이런 치수의 샤프트를 만들어 주시오.' 라는 원청회사의 발주를 받아놓고, '이 샤프트는 경도가 얼마인가, 몇 kg의 하중을 견딜 수 있는가?' 라고 질문을 받을 경우 '그건 잘 모르겠다. 그저 도면대로 만들겠다.' 라고 답변한다면 이는 적당주의가 되는 것이고 전문기술 하도급이라 할 수 없다.

'이 직경 갖고는 하중은 견디기 어려울 것 같은데요.' '이런 상태라면 이런 정도의 연마도는 필요없을 텐데요.' '연마도를 한 단계 낮추면 단가가 훨씬 싸게 듭니다.' 라고 지적할 수 있을 정도로 자사 내의 기술을 높이는 것이 전문기술 하도급 기업의 최종 목표이다.

그런 것은 원청회사측에서 관심을 갖는 일이니 하도급 기업으로서는 상관할게 아니라고 생각하기 쉬우나 그것은 옳지 않다. 하도급 기업에 제조를 의뢰하는 부분은 원청회사로서는 기술적으로 중요하지 않거나 부수적인 것이 많다.

예를 들어 자동차 메이커의 기술부에서 스프링에 관해서 전문적으로 깊이 연구해도 그것은 주류인 엔진이나 차체의 기술에 비하면 사소한 일이다.

만약 스프링 연구를 철저히 해주는 전문업자가 있다면 자동차 메이커로서는 그곳에 일임하는 편이 낫다. 이런 사유로 전문 하도급 기업이 존재하는 것이다.

4. 기술부의 설치와 육성

하도급 기업에 기술부를 설치하려면 많은 저항에 부딪힌다. 간접인원은 될수록 줄이고 종업원은 한 사람이라도 더 기계에 매달려서 하나라도 더 물품을 생산하는 것이 하도급 기업이 발전하는 근원이었다.

전문 하도급을 목표로 한다고 책상 앞에 앉아서 종이와 펜을 들고 생각에 잠기는 사람을 보면 '저런 것은 낭비'라는 소리를 하는 경영간부도 있다. 또한 현장에서는 '여기는 바빠서 정신 못 차리는데, 기술부원은 느긋하게 앉아서 실험한다'는 비난의 소리가 나온다.

주위사람들이 기술부를 미래의 기둥이라고 소중하게 여겨주지 않고 현장이 바쁠 때는 나와서 도와주라고 하며, 기술부에서 의뢰한 시험제품의 제작을 뒤로 미뤄 천천히 처리한다. 이런 상태에서는 기술부분이 육성되지 않을 뿐 아니라 기술부 요원으로 지명된 자는 괄시를 받아 쫓겨나게 된다. 중소기업에서 이런 일이 흔한 것이 유감스럽다.

이런 저항을 없애려면 기술부의 중요성을 경영자는 일선 작업원에게 사전에 충분히 인식시켜야 한다. 그와 동시에 일상적인 작업 속에 기술적 실험작업을 끼워넣을 필요가 있다. 즉 성능테스트나 실험 데이터를 기술부 발족 이전부터 실시한다.

전문기술 하도급 기업은 물품이 완성되어 납품해 버리면 그만이란 자세에서 벗어나, 납품할 물품의 일부를 빼내어서 내구(耐久)실험을 해보거나 측정데이터를 적어놓는 일을 현장 작업원 중 실력 있는 자에게 맡긴다.

또한 수주 전의 타협단계에서 시방서 중 어려운 점이나 문제가 생길 염려가 있는 부문에 대한 기술협의를 할 때, 영업사원과 함께 현장 작업원 중에서 뽑아낸다면 다른 사람들의 저항도 적어지고 육성도 순조롭게 될 수 있을 것이다.

어쨌든 기업 내에서 종이와 연필을 들고 작업에 관해서 연구하는 것도 회사를 위한 중요한 일이라는 이해의 분위기가 생겨야만 기술부 설치의 첫걸음을 내디딜 수 있다.

03 전문기술 종업원을 양성하려면

1. 기능자 교육의 문제점

기능자 · 기술자의 교육에 있어서 2가지 문제점이 있다. 하나는 종업원이 업무나 작업에 관한 공부를 하는 것은 자기 자신에게 이득이 되기보다 오직 회사에게만 이득이 되는 일이라고 생각하는 것이다.

또 하나의 문제점은 습득하는 지식이나 기능범위가 좁아서 자기가 맡은 부문 이외의 것을 배울 기회가 매우 적다는 것이다.

예전의 장인은 기능을 습득하는 일 외에도 독립해서 작업장을 차리기 전까지는 선생에게 재료를 사들이는 방법이나 고객을 다루는 방법도 배웠다. 단순한 기능습득 뿐 아니라 종합적인 실력을 몸에 익혔다.

그런데 요즘 기능자는 현장에서 기계만 만질 뿐, 10년이 지나도 거래처에 한 번 가보질 못한다. 재료를 납품하는 사람과는 얘기를 주고받은 적도 없다는 사람이 적지 않다.

대기업에서는 간혹 다른 분야로 이동근무시키는 일이 있지만 중소기업에서는 기능이 우수할수록 그 사람을 다른 부서로 빼내면 작업에 지장이 있다해서 한 곳에만 고정시키기 쉽다.

예를 들어 금형 제작의 기능자도 얼마 전까지는 부품제작부터 불에 달구는 작업, 연마, 조립까지 혼자서 하나의 형체를 완성시킨다는 방식을 취해 왔으나 요즘은 분업이 되어서 금형 공장에 10년 있어도 혼자서는 금형을 완성시키지 못하는 기능자도 생겨난다.

영업 등의 경영전반을 배우게 할 필요는 없지만 다른 부문의 일은 전혀 모르는 불완전한 기능자를 배출하기 쉬운 것이 전문기술 하도급 기업의 공통된 폐단이다.

2. 교육은 자기 스스로 생각하도록 훈련시킨다

교육이란 곧 세미나 · 강연회를 연상하기 쉬우나 강의를 듣는 것만이 교육은 아니다. 일상적인 작업이나 업무가 교육 장소이다. 직장에서의 교육은 선배나 간부가 가르친 일을 '받아들여 외우는 일' 보다 '스스로 생각하는 일' 이 더 중요하다.

문제가 생길 때 '과장님 어떻게 할까요?' 라고 대책을 물어보는 후배에게 곧바로 해결방법을 지시하지 않고 '자네라면 어떻게 하겠나?' 하고 생각해 보도록 훈련시킨다.

'생각해 보도록 한다' 는 일은 세미나나 강연회의 강의를 듣는 경우에도 필요하다. 들은 강의를 흘려버리지 말고 강의 내용이 자사에게 또는 자기 자신에게 어떤 점이 유익한 것인지 그 내용을 받아들여 실행하도록 사고를 유도해야 한다. 강의를 들은 후 그룹을 만들어 토의하는 것도 좋고 보고서를 작성시켜도 좋다. 그 중에서 실행할 수 있는 구체안이 나오면 그것을 실행하고, 그 결과를 경영간부가 판단한다면 바람직한 교육이 된다.

3. 전문 종업원을 육성한다

전문기술 하도급 기업이란 다른 회사가 간단히 흉내낼 수 없는 깊이 있는 기술을 보유하고 있는 기업을 말한다. 궁극적으로 따져보면 한 사람 한 사람의 종업원의 기능이나 지식이 다른 회사보다 훌륭한 것을 갖고 있다는 셈이다.

금형 제작기업이 전문기술 하도급 기업으로 실력이 있고 좋은 실적을 올린다는 것은 거기에 있는 금형 기술자 개개인이 다른 금형업 기술자보다 우수하다는 뜻이다.

이는 하나 하나가 금형 기능면에서 '프로' 로서 다른 기업의 기능자와 경쟁하고 있다는 것이다. 따라서 기능자 뿐 아니라 영업사원이나 구입담당자도 '프로(전문인)' 로서 금형 기업의 실적을 올리기 위한 지식과 판단감각을 익히도록 노력해야 한다.

전문능력의 소유자 즉 '프로' 는 상당한 보수를 받을 수 있는 종업원을 말한다. 전문기술 하도급 기업에서는 기업경쟁에서 살아남기 위해 다른 회사의 종업원 보다 월등한 보수를 받을 능력 있는 진정한 프로를 육성하는데 전력을 다해야 할 것이다.

4. 생산기술 담당자를 육성하는 방법

작업개선은 부수적 작업에 대해서만 실시해서는 안된다. 깎아내거나 구멍 뚫는 주체적인 작업개선도 중요하다. 또한 경우에 따라서는 물품의 형상이나 치수를 바꿔 같은 성능을 유지하면서 싸게 팔 수 있는 설계변경에 의한 개선도 있을 것이다. 그러나 이런 일들은 실험을 해봐야만 알 수 있고 새로운 준비가 있어야 한다.

개선하기 위해서는 관리자가 납품기일에만 쫓기지 말고 차근차근 문제점을 발견해야 한다. 그러나 문제점을 발견하고 개선책을 생각해내더라도 바빠서 실험이나 지그 · 공구를 제작하는 일까지 손을 댈 여유가 없다는데 문제가 있다.

그래서 제기된 문제점을 확인하고 관리자가 생각해낸 개선책을 검토하여 실행에 옮길 '생산 기술 담당자' 가 필요하다. 그는 기술개발부원과는 다른 가공방법의 기술을 연구하는 담당자이다.

이 생산기술 담당자도 효과적으로 양성하고 적임자를 골라내지 못하면 현장에서 밀려나버릴 수 있다. 밀려나지 않게 하려면 우선 현장작업을 널리 경험시켜야 한다.

단, 처음부터 점찍어서 '이 사람이다' 라고 생각되는 자에게는 작업만 전담시키지 말고 작업하는 중간중간에 적당한 도면을 작성시키거나 새로운 가공방법을 실험시켜본다.

그러한 2가지 일을 소화해내기란 쉬운 일이 아니다. 따라서 부적격한 자는 초기에 교체하고 끝까지 소화해내는 자에 한해 생산기술을 담당시킨다. 이런 자에게 앞서 말한 관리측면의 개선 주제 보고서를 정리시키거나 그 보고서를 기초로 해서 각 관리자와 상의해서 개선할 구체안을 추진시켜 나간다. 이 생산기술 담당자가 잘 육성되느냐, 안되느냐에 따라 전문기술 하도급 기업으로서의 승패가 결정된다.

계열 하도급 기업은 원청회사와 부가가치가 높은 제품분야에 진출하면 함께 큰 수익을 기대할 수 있다. 그러나 전문기술 하도급 기업은 자력으로 부가가치를 향상시켜 가지 않으면 거래처에서의 비용절감 요구와 사내의 인건비 상승이라는 2가지 압박에 견디지 못한다.

생산 기술자는 앞서 말한 기술부의 목표인 '폭은 좁게, 내용은 깊이 있게' 와는 달리, '얕아도 좋으니 광범위한 지식' 이 필요하다.

생산 기술자를 육성하는 데에는 업종에 따라 여러 가지의 방법이 있지만 대체로 다음과 같다.

(1) 지그 · 공구설계, 금형설계 등에 관한 통신교육을 받게 한다.

(2) 기계공학과 출신자에게 야간 전기공학과에 다니게 하는 방법으로 기술의 폭을 넓힌다.

(3) 필요 있는 기술이나 지식에 관해, 외부로부터 정기적으로 전문가를 초빙하여 생산기술 담당자를 교육시키거나 실제의 작업 개선 지도를 받는다.

(4) 개선사례는 생산기술 담당자가 연관된 관리가 앞에서 발표하여 의견교환을 한다.

04_ 단가교섭의 기술

1. 단가교섭은 전문기술 하도급 기업의 중요한 사업수단이다

계열 하도급 기업은 단가교섭에 별로 신경 쓰지 않아도 된다. 원청회사에서 지정해준 단가로 적자가 생긴다면 내용을 모조리 밝혀서 값을 올려달라고 신청하면 된다.

자기 공장의 가공내용과 원가를 숨김없이 밝혀서 원청회사의 판단을 기다리는 입장이므로 교섭을 하기 위해서는 작전을 짠다거나 묘책을 연구하거나 할 필요가 없다.

이에 비해 전문기술 하도급 기업의 경우, 훌륭한 기술을 발휘하여 교섭하는 일이 중요하다. 계열 하도급 기업은 원청회사에서 적자단가가 되지 않도록 일단은 배려해 준다. 그러나 전문기술 하도급 기업에게 원청회사는 관심을 가져주지 않는다. 다만 자기가 바라는 성능의 부품을 되도록 싼 값에 사들이면 그만이다.

반대로 계열 하도급 기업은 이익을 너무 많이 올리면 곤란하지만 전문 하도급 기업은 가능한 한 많은 이익을 내는 것이 유리하다. 그런 의미에서 단가교섭은 전문 하도급 기업의 중요한 장사수단이 되는 것이다.

2. 단가교섭의 기본은 신용을 얻는 일이다

단가교섭은 '흥정' 이며 결코 '속임수 경쟁' 이 아니다. 신용이 생명인 거래행위는 떠돌이 행상과 같은 하루살이 거래와는 달라야 한다.

전문기술 하도급 기업은 계열 하도급 기업처럼 원청회사하고 1년 중 계속해서 거래를 하는 것은 아니지만 거래처와는 계속적으로 접촉을 하게된다.

따라서 단가교섭전력의 기본은 '신용' 을 얻는데 있다. 한두 번 교묘한 방법으로 높은 단가를 받아냈더라도 본색이 드러나서 주문이 끊겨 버려서는 모두 허사이다.

신용을 얻으려면 무엇보다도 우선 단가의 견적 그 자체가 정당해야 한다. 보통 견적내용은 도표와 같은 형식의 '견적명세서' 로 제출하도록 각 원청회사에서 정하고 있다.

따라서 기업내용에 착오나 거짓이 있어서는 안되며 그런 의미에서 다음 몇 가지를 제출 전에 꼭 체크해야 한다.

(1) 재료비에 관해서

1) 소재치수에 착오가 없는가?

2) 원료에 대한 제품수율(收率), 즉 불량품 발생비율은 적정한가?

3) kg당 단가는 적정한가?

4) 자투리 물품대금은 적정한가?

(2) 구입부품비에 관해서

1) 원청회사에게 구입해 달라고 하면 싸게 먹히지 않는가?

2) 표준품이면 되는 것을 특수 시방서에 의해 만들고 있지 않는가?

(3) 외주비용에 관해서

1) 그 일에 알맞은 외주기업을 제대로 선택하고 있는가?

2) 외주단가는 적정한가?

3) 외주경비는 적정한가?

(4) 가공비에 관해서

1) 그 일에 알맞은 기계를 사용하고 있는가?

2) 자동화, 지그 · 공구 사용 등으로 가공시간을 단축시킬 수 없는가?

3) 작업 롯드 숫자에 맞는 가공시간인가?

4) 준비작업 시간이나 여유시간을 적정하게 산정한 표준시간으로 되어 있는가?

5) 분야별 단가는 작업의 어려움, 즉 그 일을 하는데 필요한 기능수준에 따라 균형있게 책정되었는가?

6) 불량품의 발생비율은 거래처에서 납득이 갈 수 있는 수치인가?

(5) 경비 · 관리비 · 이익에 관해서

1) 포장이 지나치게 크지 않은가?

2) 운임계산은 적정한가?

3) 관리비율, 이익률은 다른 회사 수준과 비교해서 적정한가?

수주가 넘쳐서 바쁠 경우 견적가격을 다소 높게 책정하고 있는 하도급 기업이 적지 않다. 거래란 수요와 공급의 상관관계로 정해지므로 한가할 때는 값이 싸고 바쁠 때는 비싼 견적가격이 제시될 수도 있다.

예를 들어 금형 제작자가 평소에는 자기 공장에서 가공해 왔으나 일이 바빠지고 게다가 정밀한 금형이 많아서 자기 공장의 능력만으로는 납기일을 맞출 수 없게 되었다고 하자. 이럴 경우 그 가공을 외주하게 되므로 단가가 높아진다.

바쁜던가 또는 납기가 촉박해서 작업방식이 달라져 비용이 다소 더 들게되면 이러한 사유로 단가가 부득이 상승하게 된다.

그러나 이런 사정이 바닥에 깔려 있지 않는 단순한 오기로 견적가격을 제시해서는 안된다. '어차피 지금 일거리를 맡아도 납기를 지키지 못할 것 같다. 단가를 듬뿍 올리면 주문하지 않겠지.' 라는 무책임한 견적은 안된다. 바빠서 못하면 그러한 사유를 알린다. 주문이 오지 않게 터무니 없는 견적을 내는 행위는 신용을 잃어버린다.

비록 그 거래처가 자사에게 중요한 원청회사가 아니더라도 '저 하도급 기업의 견적은 도무지 믿을 수 없다.' 라고 업자 사이에 소문이 날 것이다. 견적가격은 어디까지나 합리적이고 납득이 가도록 작성하며 흥정하는 요소는 되도록 집어넣지 말아야 한다.

3. 논쟁은 하더라도 기분은 상하게 하지 말 것

거래처와는 논쟁을 피하는 것이 좋지만 때로는 정면 대결해야 할 때도 있다. 이쪽에서 제출한 근거 있는 견적명세서의 내용에 대해서 그 근거를 뒤집어엎는 반론을 제기할 때 상대방의 말이 틀린 것이라면 물러설 수만은 없고 이쪽에서도 반론을 내세우지 않을 수 없다.

그러나 반론은 상대방과 논쟁해서 이긴다든가 또는 자기 체면을 유지하기 위해서가 아니고 자기의 의견이 타당한 것을 상대방이 알아주면 된다. 체면유지는 오히려 거래처에게 필요한 일이라고 끝까지 반론하여 상대방이 숨도 못 쉬게 해선 안된다.

단가교섭에 바람직하지 못한 논쟁에 대한 사례를 들어본다.

- **구매과장** : '이 견적가격은 시험제품 때와 거의 변동이 없지 않은가? 시험제품 50개 시점에서의 단가 1,500원이 1개월 생산 3,000개가 되어도 겨우 100원 밖에 내려가지 않은 1,400원이라니 우습지 않은가? 틀림없이 시험제품을 만들 때 대량생산되면 20%쯤은 내릴 수 있다고 하지 않았는가?
- **하도급 업자** : '그렇게 말했지만 처음 시험제품을 만든 시점에서 18개월이 지났습니다. 그동안 경비와 인건비도 올랐으니까 20%까지는 낮출 수 없습니다. 몇 차례 지시받은 시험제품의 거듭된 제작으로 적자만 봤습니다.'
- **구매과장** : '대량생산으로 들어서면 모든 가공을 자동화 시설로 생산한다고 했는데, 이 견적서를 보면 2차 가공해야 할 곳이 3개 공정이나 있다고 되어 있으니 좀 이상하지 않은가?'
- **하도급 업자** : '최초의 시험제품 형태에서는 지그장치(공작기계의 칼날을 바르게 갖다대게 하는 장치)만 만들어 놓으면 전체공정의 자동화가 가능했으나, 그 후 몇 번이나 도면이 변경되어 지금의 상황으로는 거창한 지그를 만들지 않으면 안됩니다. 그 지그 제작비의 상각비용을 계산에 넣기보다 2차 가공하는 편이 싸게 먹힙니다.'
- **구매과장** : '견적 명세서의 부스러기 물품대금의 계산이 틀리지 않았는가? 지금의 부스러기 물품대금의 시세로 계산한 액수의 80% 정도가 아닌가?'
- **하도급 업자** : '절삭할 때 발생하는 가루가 100% 자산가치가 있다고 본다면 지나친 착각입니다. 20%쯤의 감량은 어느 원청회사에서도 인정하고 있습니다.'

이처럼 상대방의 말을 전적으로 부인하고 논리적으로 바짝 공격해 버리면 원청회사측의 입장이 난처해진다. 이론상으로는 이겼더라도 상대방은 이쪽을 호의로 대해주지 않는다. 이쪽은 견적명세서 작성에서는 전문가이니까 이기는게 당연하다.

교섭에서의 논쟁은 이기는 것이 목적이 아니라 상대방의 잘못된 생각을 깨닫게 하면 성공이다. 그러자면 끝까지 추궁하지 말고 상대에게 체면이나 피할 길을 만들어 주는게 중요하다.

앞으로 대화에서도 '2차 가공이 3개 공정이나 되는 점이 원가가 높아지는 원인입니다.

우리는 거창한 지그장치를 만들지 않으면 2차 가공을 뺄 수가 없다고만 생각했으나 지적해주셔서 새삼 그 방면의 연구가 한 가지 모자랐다고 생각되므로 검토해서 다시 견적서를 제출하겠습니다' 이렇게 대화의 분위기를 부드럽게 수습하는 것이 필요하다. 논쟁은 하더라도 기분은 상하게 해서는 안된다.

반대로 이편에서 잘못했을 때는 곧바로 그 점을 인정하고 사과를 해야한다. 견적하는데 실수도 있을 수 있고 교섭하는 대화 중에 틀린 말을 해버릴 수도 있다. 상대로부터 강력히 지적당할 때는 더욱 변명하고 싶은 마음이 생기겠지만 변명하면 상대방의 불신감이 쌓여서 단가교섭상 좋은 성과를 기대할 수 없게 된다.

4. 최저치 · 목표치를 미리 정해 놓고 교섭에 나선다

단가교섭은 '최저치 · 목표치' 등 사전에 2가지 안을 갖는 일이 중요하다. 그리고 '교섭하는 자세는 부드럽게 그러나 알맹이는 관철한다' 는 자세로 임해야 한다.

교섭의 결론은 타협의 산물이다. 쌍방이 부르는 값으로 서로 밀고 당기고 하다가는 타협이 안된다. 한쪽이 꺾이든가 쌍방이 의견을 좁혀서 결론을 찾아내던가 어느 정도까지 가깝게 해줄 수 있는지 자기 나름대로의 복안만은 대충 정해 놓아야 한다.

최저선을 정하지 않으면 상대방도 어느 정도까지 양보해야 할지 짐작을 못하게 되어 이쪽으로 밀어붙이게 된다. 힘으로 따지면 약한 입장인 하도급 기업측이 불리하다.

단가교섭은 이 이하는 절대로 양보할 수 없다는 최저치를 자신이 확인한다. 최저치의 가격(이익포함)은 그 물품이나 원청회사의 조건에 따라 달라진다.

이 거래처의 물품은 무리하게 받아들일 필요가 없다고 생각될 경우 약간 높은 이익을 포함시킬 수도 있고, 이 물품은 장차 대량생산이 예상된다고 생각되면 이익이 남지 않는 값이라도 대량생산 효과를 노려서 싸게 받아들이는 경우도 있다. 여러 가지 조건을 고려하여, 그 이하로는 수주를 거절할 수밖에 없다는 한계선을 우선 정해 놓아야 한다.

다음은 목표치이다. 최저치를 웃도는 가격이면 수주해서 손해는 없으니까 그 다음에는 얼마만큼 더 액수를 얹어서 수주할 것인가를 결심하고 어느 정도의 가격선을 노리고 있는가를 상대방에게 느끼게 해 주어야 한다. 그러므로 이 일을 수주하려면 이 만큼의 이익은 바라고 싶다는 목표치를 정해서 교섭에 들어가야 한다.

이익률을 얼마로 할 것이냐 하는 것도 최저치와 마찬가지로 물품이나 원청회사의 조건에 따라 다르다. 본래 견적서에 적어 놓은 가격이 목표치이다. 그러나 단가교섭에 들어가면 그대로 통과하지 못하고 타협에 들어가게 되므로 견적서의 가격을 그대로 목표치로 삼아서 밀고 나가기보다 좀 낮은 선으로 복안을 갖고 있어야 한다.

목표치는 물품이나 원청회사의 조건 외에 자사의 기술력도 가산하여 고려해도 좋다. 만일, 다른 동업기업의 전문기술에 비해서 자사가 기술수준이 높아서 이 물건은 우리가 아니면 못 만든다든가, 이 일은 꼭 우리에게 맡기려는 원청회사의 의도를 감지하면 견적서의 제출가격을 목표치로 삼거나 그와 거의 가까운 가격을 점찍는 복안을 세워도 좋다.

5. 최저가격은 숨기고 목표가격은 알려라

단가교섭에 있어서 목표치는 상대방이 알도록 하고 최저치는 숨겨둔다. 예를 들어 단가교섭 시 1,270원이 최저치로써 이익률 3%, 목표치는 9%의 이익을 내다본 1,350원이었다고 하자. 구입처의 구매과장은 최저치를 알려고 아래와 같이 질의한다.

- **구매과장** : '기계화 시설만으로는 되지 않는다는 사실과 수작업이 필요하다는 것은 알지만, 우리 쪽에서 늘 시제품에서 양산체제로 옮겨갈 때 평균 20% 낮은 가격으로 납품을 권장했으므로 이 물품도 그렇게 예산을 편성했는데 낭패로군' 하며, 20% 낮춘 1,200원이 너무 무리인지 혹은 최저치로써 하도급 측이 거기까지 각오하고 있는지 어떤지를 은근히 탐색한다.
- **하도급 업자** : '우리도 앞서 말하신 값에 가까운 가격을 생각해서 여러 가지를 검토해 봤는데 1,200원으로는 한 달 3,000개에서 5,000개로 증가되어도 수지가 맞지 않습니다. 또한 만일 거대한 지그장치를 만들어서 2차 가공을 없게 하고 그 지그장치의 설비 비용을 부담해주신다 해도 무리입니다.' 1,200원으로는 어떠한 좋은 조건이 붙어도 적자가 커서 하도급측의 최저치마저 깨뜨리고 있음을 알려줄 필요가 있다.
- **구매과장** : '우리 측에서도 예산착오가 있었고 설계변경의 영향도 있는 것은 이해된다. 그러니까 무리하게 해서라도 1,200원으로 고수할 생각은 아니지만 견적서의 1,400원에서 한발 짝 양보하여 기입한 중간 가격 1,300원 전후로는 안될까?'

상대방에서 예산착오라고도 하고 설계변경의 영향도 시인하며 1,200원이란 고집을 포기한 것이다. 그러므로 이쪽도 견적서에 적은 1,400원이란 고집을 포기해야 한다.

하도급 업자가 '솔직히 말해서 대량으로 만들어 보지 않고서는 1,400원으로도 채산이 맞는지 알 수 없습니다. 그러나 저희 쪽도 개선하는데 힘써서 50원 정도의 가격인하는 가능할 것 같습니다' 라고 말해서 여기에서 확실하게 하도급측의 목표치는 1,350원 전후라는 것을 나타내야 한다.

원청회사로서도 목표치가 있어서 쌍방의 목표치의 중간에서 타협되는데, 가격교섭은 원청회사의 목표치와 하도급 기업의 최저치의 중간으로 하향조정되는 경우가 많다.

다음 사항을 염두에 두고 교섭에 나서야 한다.

1) 설득하는데 너무 집착말고, 다음 사항을 염두에 두고 교섭에 나서야 한다.

2) 말씨는 정중하게, 거친 표현을 삼가고 상대편의 잘못은 지적하지 않는다.

3) 수량이 많은 것이나 금액이 큰 것의 교섭은 끈기있게 추진한다.

4) 영업사원의 단가상승 노력은 기업업적에 큰 영향을 끼친다는 점을 명심한다.

5) 단가교섭에만 정신이 팔려서 사소한 사항이라도 결정할 문제를 잊어서는 안된다. 예를 들어 납품방법, 포장의 모양이나 크기 혹은 유상지급 재료의 결재방법 등의 결정사항은 단가교섭 후에 문제가 발생되지 않도록 사전에 협의해야 한다.

03

하도급 기업의 생산관리 대책

01 하도급 기업의 원가의식과 수주대책

'이익이 얼마 남든지 간에 책상 앞에 앉아 있기보다는 작업을 하는 편이 훨씬 이득이다' 또 '언제 일거리가 떨어질지 모르니 주문은 받을 수 있을 때 받아 놓아야 하고, 철야작업을 해서라도 주문받은 것은 납기일에 처리해야 원청회사와의 신용관계를 유지할 수 있다' 라고 말하는 경영자가 많다.

그런데 이 일거리라는 것이 과연 얼마나 돈벌이가 되는 것인가? 이 수주금액을 가지고 이익이 얼마만큼 생기는가 하는 점에 이르러서는 정확하게 대답하는 경영자는 많지 않다. '원청회사에서 정해준 금액이니 어쩔 수 없다. 그러니 작업량을 늘려서 이익총액을 늘리는 수밖에 없다' 는 것이 오늘날 하도급 기업의 안타까운 현실이다.

1. 원가계산제도의 확립조건

하도급 기업은 제조업이니 만큼 올바른 원가계산을 하지 않으면 이익계산을 할 수 없다. 즉 정말 벌었는지 아닌지를 모르게 된다. 왜냐하면 이익이란 기업의 일정기간 동안의 생산수익에서 비용을 빼고 난 나머지를 의미하기 때문이다. 즉 이익=수익−비용이다.

이익을 계산하려면 수익과 비용이 정확하게 파악되어야 한다. 수익이란 제품의 매출액을 말하고, 비용이란 그 제품을 만드는데 들었던 가치의 희생분 즉 재료비 · 노무비 · 경비 등의 제조원가를 말한다. 그리고 그 제조원가를 계산하는 것이 원가계산이다.

제조업에 있어서 제품을 만들기 위해 외부에서 구입하는 것을 대체로 외부구입가치라 부른다. 이 외부구입가치란 구체적으로 원재료 · 전력 · 용수 · 가스 · 외주품 등이다.

이러한 외부구입가치를 종업원이 기계설비 등을 사용하여 가공해서 제품을 완성시킨다. 이 종업원의 급여수당이나 기계설비의 감소분 등이 제품을 제조하는데 드는 가공비이다.

그런데 원가계산이란 이 외부구입가치의 계산과 제품의 제조에 든 가공비의 계산, 이 2가지의 합계금액인 제품의 제조원가를 계산하며 또한 완성된 제품 한 개의 제품원가를 계산하는 것이다.

일반적으로 기업의 제조활동에 든 재료비, 노무비, 경비가 전체 얼마나 들었는가는 쉽게 계산이 되지만 이들 비용이 하나 하나의 제품에 얼마나 들었는가는 원가계산을 해보지 않으면 파악할 수 없다.

정확한 원가계산을 해봄으로써 제품 1개의 원가를 산정하고 이익을 정확히 계산할 수가 있다. 이렇게 함으로써 회사 전체가 얼마나 벌었는지, 어느 제품의 이익이 가장 큰지, 어느 제품이 적자인지 하는 경영상의 중대한 사실을 알아볼 수 있다.

특히 하도급 기업의 경우, 바른 원가계산을 해서 정확한 수주단가를 산정하여 그 단가에 의해 수익을 얻을 수 있도록 원청회사와 교섭해야 한다.

최근과 같이 단가 낮추기 경향이 심한 상황에서, 올바른 원가계산에 의한 수주단가를 제시하지 못한다면 원청회사를 납득시키기가 어려울 것이다. 또한 주문에 대한 단가교섭을 할 때 우선 내역서를 검토하여 원가계산에 의거한 한도액을 산정해 놓고 탄력적으로 단가교섭을 해야 한다.

하도급 중소기업은 어디까지나 자신의 기업에 합당한 원가계산을 해야 한다. 대기업에서 하고 있는 정밀한 원가계산 산출방법은 시간이 많이 걸리며, 그렇다고 원가계산의 표준견본 같은 것을 구해서 단순히 그것을 모방하는 방식은 아무런 도움이 안된다.

2. 수주단가를 견적할 때의 유의사항

하도급 기업의 경우 생산을 의뢰받은 제품이나 부품의 수주단가를 얼마로 하느냐 하는 것은 중요한 문제이다. 특히 최근에는 수주단가를 낮추기만 하려는 경향이 심해서 수주단가의 선정방법을 잘 알지 못하면 수주단가가 너무 낮아서 만년 적자를 면치 못한다.

원청회사와 하도급 기업이 안정된 거래관계를 유지하려면 신뢰관계가 가장 중요하며, 그러기 위해 원청회사측에서는 만족할 만한 품질보증체제를 갖출 것 · 납기를 엄수할 것 등의 조건을 내세운다. 중요한 것은 수주할 때의 단가교섭에서 원청회사가 제출할 견적서 즉 단가의 견적계산이 원가자료를 근거로 해서 정확한 수치로 되어 있어야만 한다.

고의로 수치를 부풀려 놓고 나중에 재주껏 교제해서 해결하려 한다면 한두 번은 가능할지 몰라도 원청회사측으로부터 엉터리라는 낙인이 찍혀 정상적인 하도급 거래관계가 유지되지 못한다. 그래서 수주단가의 견적계산을 할 때 우선 어느 범위까지의 원가를 계산에 집어넣을까 하는 점을 알아야 한다.

원가에는 재료비 · 노무비 · 경비 등 공장이나 제조현장에서 필요한 제조원가도 있고, 판매비용 · 일반 관리비 등 회사의 필요한 원가도 있다.

수주단가 산정에 필요한 원가견적을 할 때는 원칙적으로 제조원가 뿐만 아니라 판매비용이나 일반 관리비도 비용항목으로 집어넣어야 한다. 그리고 영업 이외의 비용으로 지급이자, 할인료 등도 경우에 따라서는 포함시킬 필요가 있다.

이들 비용은 재무 회계상으로 원가가 아니지만, 기업 경영상 필요한 비용으로서 결국 수주단가 금액 중에 포함시켜 받아내야만 하는 비용이다. 수주단가를 견적할 때 수주단계의 상황에 따라 정확한 원가자료에 의해 타당한 원가범위를 정하는 것이 중요하다.

그런데 수주단가를 견적할 때 주의할 것은 미래원가의 계산이다. 보통의 원가계산은 과거의 실적에 의한 원가를 기준으로 삼아 계산한다. 이것을 역사적 원가라 부른다.

통상적인 원가계산은 매출액은 시가로, 거기에 드는 원가는 취득원가로 계산함으로 가격상승의 경향이 있을 때에는 이익금 속에 가공이익이 포함되게 된다. 이와 같이 수주단가의 견적에 있어서 수주금액을 시가로 계산하는 이상 거기에 소요되는 원가도 시가로 견적할 필요가 있다. 일반적으로 이런 방식을 제조달 원가라 부른다.

제조달 원가란 재료 등의 현재 소유하고 있는 자산을 과거의 구입원가와는 관계없이 현재의 시가로 바꾸어 놓는 원가 즉 재조달 시가란 뜻이다.

수주단가의 견적과 같은 채산계산은 과거에 있었던 사실의 계산이 아니라 앞으로 어떻게 할 것인가의 미래계산이기에 구입시점에서의 원가가 아니라 재조달 원가를 기입해야 된다. 수주단가의 견적시 중요한 점은 하도급 기업으로서는 우선 원청회사에서 제시한 도면이나 시방서를 토대로 정확한 원가분석을 하여 견적서를 작성해야 한다.

02_ 하도급 기업의 작업관리

하도급 기업도 비용을 절감하기 위해서는 도면지급이나 재료공급 같은 것을 취급하는 작업관리를 잘 해나가야 한다. 또한 작업관리는 생산관리의 여러 가지 관리 중에서도 가장 기초가 되며, 이것을 잘못해 나가면 납기관리나 품질관리도 엉망이 된다.

따라서 작업관리방식을 잘 지켜나가는 것이 생산성을 높이는 전제조건이 된다. 대체로 하도급 기업에서는 이런 점에 인식이 부족하므로 작업관리에 더욱 힘써야 할 것이다.

1. 정리 · 정돈해서 낭비를 막는다

많은 기업에서 정리 · 정돈 · 청결 · 청소 운동을 벌이고 있다. 그 중 '정리' 란 필요한 물건과 필요치 않은 것을 구별한다는 것이고, '정돈' 이란 다음 작업을 할 때 꺼내 쓰기 쉽도록 순서 있게 가지런히 놓아두는 것을 뜻하는데 잘 이해하고 꼭 실천하는 것이 중요하다.

그런데 정리 · 정돈은 작업관리 수준을 높이는 출발점이다. 직장을 돌아보면 최근에 거의 사용한 흔적이 없는 기계나 용접공구 · 틀 같은 것들이 먼지가 쌓인 채 공장의 한 구석에 버려져 있다. 그 때문에 작업면적은 좁아져서 일하기에 매우 불편하다.

그렇게 된 이유는 무엇인가? 그 이유를 알아보자.

(1) 원청회사에서 맡겨 놓은 것

특히 틀이나 공구가 많다. 과거에는 사용했지만 지금은 별필요가 없어서 원청회사에서 회수해 가지 않아 버릴 수도 없는 프레스 원형이나 주물원형 같은 것들이다.

(2) 아직 더 쓸만해서 버리자니 좀 아까운 물건

새로운 기계도입으로 헌 기계나 철거된 철물조각, 설계변경으로 못 쓰게 된 피스 낫트 등의 작은 물품들이 많이 생긴다. 이런 것은 용도에 따라서는 아직 쓸 수 있으나 팔려고 해도 값이 별로 나가지 않아 방치하고 있다.

(3) 놔두면 편리하기도 한 것

놔두면 언젠가 필요할 때 요긴하게 쓸 수 있다는 등의 이유로 보관한 것들이다. 하도급 기업의 경우 공장이 좁아서 작업면적을 효과 있게 쓰려면 첫째, 꼭 필요한 것, 둘째, 필요 없는 것, 셋째, 아무래도 좋은 것으로 나누어 필요한 것과 버려야 할 것을 분명히 구별해야 한다.

2. 관리 감독자와 작업자를 교육한다

특히 하도급 기업의 경우에는 관리 감독자인 작업과장 및 반장급의 관리능력을 향상시키는 일 즉, 관리를 해나가는 방법, 사람 부리는 방법, 대인관계, 작업개선 등의 지식을 갖추게 하는 것이 중요하다. 그러기 위해서는 전문가를 초빙하여 교육을 실시해야 한다.

또 한편으로는 작업자에게 각종 기능검정을 취득하도록 해서 기능을 향상시킨다. 그리고 유자격자에 대해서는 당연히 자격수당을 지급하고, 구내식당이나 휴게실에 자격 취득자의 명단을 게시한다.

이것이 원청회사에서 찾아온 주문 담당자의 눈에 띄게 되고 자사의 기술 · 기능의 재산이 된다. 또한 회사 안내 카탈로그에 유자격자의 숫자를 적어 놓으면 신규로 원청회사를 개척할 때 긍정적인 작용을 한다.

3. 작업실적은 개인별 작업일지를 사용한다

일반적으로 하도급기업 대부분은 작업일지를 형식적으로만 쓰게 해서 그것이 출근부 역할 정도로나 여기는 경우가 많다. 그러나 중요한 것은 그 기록의 알맹이다.

작업실적을 파악하기 위해 작업일지 혹은 작업전표에 기입하는 방법을 쓰는데 개인별 작업일지를 쓰도록 권고하고 싶다.

개인별 작업일지는 작업의 종류나 공장관리 방식에 따라 여러 형태로 만들 수가 있으나 기본적으로는 다음과 같은 것이 필수항목이 된다.

(1) 개인별 생산수량(제품별, 부품별, 공정별, 기계별로 완성된 수량과 불량품 수량)

(2) 개인별 작업시간(실제 작업시간과 간접 작업시간으로 명확하게 구분)

(3) 재료 사용량(주재료 · 부자재 · 소모품 등)

(4) 개인별 근무시간(작업장별 실제 노동 총시간 · 잔업시간 · 출근인원)

(5) 불량률(제품별 · 작업장별 · 원인별)

(6) 작업조건(연료 · 전기 사용량 · 온도 · 압력 등)

특히 2)항은 어떤 하도급 기업에서도 정확한 기록이 필요하다.

그리고 이 개인별 작업일지는 작업진도 조절, 납품기일 맞추기, 남는 힘의 활용 등 전반적인 생산통제 수단으로 이용되며 원가계산이나 임금계산을 하는 자료로도 활용된다. 이런 것을 집계하여 작업능률이 높고 낮음을 판정하고 앞으로의 생산계획에 활용해 나가야 한다.

4. 납기단축 · 주문 축소화의 대응방법

최근 원청회사의 발주경향은 납기의 단축을 요구하고 배당량을 축소해서 주문하고 있다는 것이다. 앞으로 이런 경향은 더욱 심해지리라 생각된다. 프레스 공장의 경우를 예로 들어보자. 프레스 공장의 경우 금형설치시간을 순간적으로 해치워야 한다.

이때 금형설치준비와 관련 있는 주변부분의 개선도 고려해서 금형 부착 시 볼트 끼우기, 낫트 조이기 동작, 금형 치 공구를 찾는 동작, 금형완성을 기다리는 시간을 거의 없앨 수 있는 개선방법을 연구한다.

작업준비단계에 볼트 끼우기, 낫트 조이기를 한꺼번에 한다든지 장치준비를 원 터치로 할 수 있도록 연구하는 과정에서 점차로 장치준비동작을 순간적으로 해치울 수 있는 체제를 갖추어 나가도록 노력한다. 이렇게 하면 원청회사의 생산변경에 대응할 수 있는 탄력성을 갖는 생산체제가 이루어지고 납기를 단축시키는 유효한 수단이 될 것이다.

5. 표준시간 설정과 변경설정

원청회사에서 요청하는 품목이 다양화되고 발주품목의 종류와 가공방법이 달라져 가는데도 작업 표준시간이 설정되지 않거나, 혹은 표준시간을 상황에 따라 바꿔주어야 하는 데도 그대로 놔두고 있는 하도급 기업이 매우 많다. 이래서는 아무런 진보도 없고 작업능률을 올릴 수도 없다. 따라서 작업 표준시간은 반드시 있어야 한다.

표준시간이란 ① 정해진 방법과 설비를 사용해서(표준작업 방법) ② 정해진 작업조건 하에서(표준작업 조건) ③ 그 작업에서 요구되는 평균적인 수준의 숙련도와 기량을 지닌 작업자가(평균적인 기량과 숙련도) ④ 정해진 시간 내에 정상적인 속도로 작업을 진행해서(정상작업 페이스 또는 속도) ⑤ 일정한 품질의 작업을 완성시키는데 필요한 작업시간을 의미한다.

이상이 표준시간의 정의인데 하도급 기업에 있어서도 가공시간의 견적을 낼 경우 반드시 '표준시간' 의 개념이 필요하다.

똑같은 작업을 하는 데에 A작업자는 한 시간에 해낼 수 있는데 B작업자는 2시간이나 걸리는 경우가 있다. 이럴 때 그냥 내버려두면 비능률적인 생산이 되어버린다.

그래서 작업에 필요한 '표준시간' 을 기준으로 하고 있다. 따라서 하도급 기업으로서는 '하루에 몇 개 만드는 것이 표준인가?' 하는 사고방식이 가장 중요하며, '일단 만들어 보자.' 라는 생각이라면 작업능률을 올릴 수가 없다.

'표준시간' 설정의 효과로는 다음과 같은 것을 들 수 있다.

(1) 적정한 하루 작업량을 산출하기 위한 기초가 마련된다.

(2) 작업의 소요인원을 계산하는 기초가 마련된다.

(3) 작업에 필요한 기계대수를 정하는데 기초가 된다.

(4) 생산을 위해 필요한 기간을 정하는 기초가 된다.

(5) 제품의 원가를 계산할 때 기초가 된다.

(6) 격려금 제도를 채택하고 있는 기업에서는 그 임금계산의 기초가 된다.

(7) 새로 일을 시작한 작업자를 훈련할 때의 목표가 된다.

(8) 작업방법을 비교 · 선택하거나 개선의 가부를 판단하는 토대가 된다.

(9) 그룹 작업의 균형을 맞출 수 있다.

(10) 한 사람이 책임질 기계대수를 결정하는 기초가 된다.

작업표준시간의 설정은 경영을 과학적으로 해나가기 위한 하나의 정보이다. 따라서 오늘날과 같은 저성장기의 냉혹한 경영환경 하에서 단번에 큰 성과를 거두기는 어렵지만, 앞으로 하도급 기업이 동업 하도급 업자들과 경쟁해나가기 위해서는 표준시간 설정의 제도화를 꼭 시행해야 한다.

표준시간의 결정방법은 그 공장의 현실에 맞는 시간의 수치를 잘 파악해야 한다. 따라서 작업의 종류에 따라서 표준시간 결정의 방법도 달라져야 한다.

6. 작업표준은 작업관리 수준을 높인다

어느 일정한 작업에 대해서 표준작업 방법과 표준시간이 설정되면 작업하기 위한 필요사항을 일람표로 만들 필요가 있다. 이것이 '작업표준'이다.

이 작업표준의 의의는 현장의 각 작업의 능률화와 품질향상을 위해 작업을 통일시키는 데 목적이 있다. 따라서 작업자는 이러한 표준작업 방법 및 표준시간을 지켜야 할 의무가 있고 관리 감독자는 작업자가 안심하고 일정한 작업수순 및 시간에 의해서 작업을 할 수 있도록 모든 작업조건을 표준화하고 통일시켜야 한다.

작업표준은 관리 감독자와 작업자가 서로 협의해서 작성한다. 더 중요한 것은 이것을 현장에서 철저히 지켜야 된다는 점이다.

'작업표준'은 처음부터 완벽하게 만들려고 하면 오히려 능률적인 것이 되지 않는다. 우선 만들어 놓고 경험을 쌓아 점차 개선해나가야 한다. 특히 하도급 중소기업의 경우에는 우선 각 공장 숙련공의 작업방법에 허실이 없으므로, 그런 작업자를 기준으로 삼는 것이 중요한 점이다.

(1) **작업시간의 단축** … 불필요한 작업요소가 제거되므로 시간이 단축된다.

(2) **품질의 안정화** … 작업불량이 감소되어 안정된 품질이 나온다.

(3) **작업시간의 균일** … 숙련도가 높고 낮음에 관계없이 작업시간이 균일하게 되므로 작업이 어느 정도 진척되었는지 관리하기 쉬워진다.

(4) **경험부족의 보완** … 미숙한 작업자(훈련공 · 임시공 · 시간제 근무자)라도 단시간에 바른 작업을 익힐 수 있다.

(5) **작업개선을 구체적으로 파악** … 작업개선의 효과가 어느 정도인가 하는 것이 수량으로 표시되어 구체적으로 파악할 수 있다.

(6) **제품개량에 효과적** … 현장에서 작업분석을 충분히 하게 되므로 설계도면의 짜임새가 좋지 않은 곳이 발견되어 제품을 개량하는데 기여한다.

03_하도급 기업의 납기관리

소품종 다량생산체제의 시대가 끝나고 수요구조의 변화와 취향의 다양화에 의한 다품종 소량 생산체제로 변해가는 요즘, 대기업의 하도급 중소기업은 '납기 단축', '품질 향상', '비용 절감' 이라는 3가지 문제로 기업이 사느냐, 쓰러지느냐 하는 중요한 갈림길에 서 있다.

하도급 기업에는 대체로 원 맨 체제의 경영자가 대부분이어서 그저 주먹구구식 직감에 의한 공장운영 방식에서 벗어나지 못하고 있으며, 그 결과 변화하는 생산체계에 잘 대응하지 못하고 있다. 이런 점을 방지하려면 하도급 기업의 약점으로 꼽히는 과학적 공정관리 방법을 적극적으로 연구해야 한다.

1. 하도급 기업의 공정관리

도시형 경공업에서는 '자사는 종업원이 적어서 공정관리 같은 것은 제대로 하지도 못할 뿐 아니라, 공정관리를 담당할 전문사원을 따로 둘 형편도 아니다.' 라는 말을 한다. 그러나 생산관리의 순서를 볼 때 기본은 원청회사와 같은 진행과정을 거치면서도 생산관리 업무는 그저 기억을 더듬어서 하는 방식에서 벗어나지 못하고 있다.

원청회사의 생산관리체제는 맡은 업무가 분업화되어 있고 장부나 전표도 명확하게 되어 있다. 이에 비해 하도급 기업에서는 직능분화가 되어 있지 않아 관리방법을 잘 알아볼 수가 없다. 그저 경영자 자신의 머리로 기억을 더듬어서 생산계획을 짜고 구두 또는 메모로 지시하고 있어, 이런 방식으로는 생산성 향상을 기대할 수 없다.

조직은 형식적으로 해놓고 임기응변의 업무처리를 하는 경우가 많아 기구 조직표와 현상이 일치하지 않을 때가 많다. 그러므로 업무 분담 표를 명확하게 만들어 각자가 담당하는 업무 성과서를 적어 내도록 할 필요가 있다.

2. 장부전표 제도의 운영

누구로부터 어떤 지시나 연락이 있었는가, 누구에게 무엇을 연락 · 보고하고 있는가 등의 지휘명령 계통이나 연락보고 계통을 명확하게 하는 생산관리 조직을 확립할 필요가 있다.

이상과 같이 공정관리를 해나갈 때는 조직 면에서는 각 담당자 그리고 각 관계부문의 업무분담과 업무내용 명세를 규정한 설명서를 작성한다.

그리고 제도면에서는 장부와 전표의 결재 경로표를 활용하여 개개의 장부전표의 운용 방법에 대해 설명서를 만들어 놓아야 한다.

특히 하도급 기업의 공정관리의 경우, 필요한 장부나 전표가 없어서 지난 것을 찾으려 할 때 필요없는 정력과 시간을 낭비하게 되고 실수도 생기게 된다.

사무처리도 매우 급박하게 이루어지는 경향이 있어서 납기를 지키는 일은 그저 현장 사정에만 맡기게 되어 많은 문제가 발생한다. 따라서 장부, 전표 및 그 운용절차를 정비해놓는 것은 공정관리를 잘하고 못하는 데에 큰 영향을 끼친다는 것을 잘 인식할 필요가 있다.

3. 하도급 기업은 납품을 엄수한다

하도급 기업의 납기관리는 매우 어렵다. 일반적으로 원청회사는 하도급 기업에게 약간 무리한 요구를 해오는 경향이 있다. 그러므로 하도급 기업은 항상 납기에 대한 대책을 세워야 한다. 우선 주문서를 받아 검토한 후 지정된 납기에 늦어질 염려가 있을 때는 곧바로 원청회사에게 그 사정을 통고해야 한다.

가령 납기가 늦어진 경우에는 '이상발생 보고서'를 원청회사에 속히 제출한다. 이것은 납기가 늦어진 것은 하도급 측의 책임인가 또는 원청회사의 책임인가를 명백히 가릴 수 있고 쌍방이 반성하는 자료가 된다.

따라서 원청회사의 입장에서는 하도급을 주는 모든 과정이 자기네의 공정관리중의 한 부분이라는 것을 잘 인식시키고, 납기가 잘 이루어질 수 있도록 철저히 관리를 해야 한다.

또 하도급 기업은 다음 사항을 잘 지켜야 한다.

(1) 하도급 기업은 자사의 생산능력 범위 내에서 지정 납기일을 원청회사로부터 승낙받는다.

(2) 일단 납기를 승낙받게 되면 끝까지 성의와 책임을 가지고 완수한다.

(3) 납기를 지킬 수 없는 예측하지 않던 사태가 생기면 곧바로 원청회사에 신고한다.

4. 하도급 기업과 원청회사의 납기지연 요인과 대책

하도급 기업의 납기지연은 원청회사 측의 책임과 하도급 측의 책임에 의한 2가지가 있다. 하도급 기업은 대체로 자기네가 도저히 감당할 수 없는 작업량이라도 좀처럼 거절하지 않고 주문을 받는 경우가 많다. 또, 하도급 기업은 주문을 받아내는 일에는 열심이지만 납기에 대해서는 현장 사정에 맡겨버리는 경향이 매우 많다.

그러나 앞으로의 하도급 기업은 원청회사의 책임부분은 별도로 치더라도 납기를 가볍게 보지 말고 능력 이상의 작업량을 떠맡지 않는 것을 기본원칙으로 해야 한다. 어쩔 수 없이 능력 이상의 작업을 맡게 될 때는 재하도급 업자를 활용하는 방법을 모색해야 한다.

(1) 하도급 기업 측의 납기지연 요인과 그 대책

1) 능력 이상의 주문을 받았다. 기술수준이 높거나 서투른 일거리를 맡았다.

2) 재료부품의 입수가 지연되고 품질에서 불량품이 생겼다.

3) 노무관리가 허술했고 납기 소요시간의 예측이 확실치 못했다.

4) 작업지도가 철저하지 못했고 이익만을 우선했다.

5) 작업현장에만 맡겨놓고 도면점검 등의 공정관리가 소홀했다.

①항의 능력 이상의 주문을 받는 경우, 원청회사에 보고하고 납기조정이나 재하도급의 활용을 계획해야 한다. 경우에 따라서는 이번 일만은 다른 하도급 기업에게 발주하도록 요청하는 것도 장기적으로 볼 때 현명한 방법이다.

원청회사의 계열 하도급 기업이라면 더욱 무리한 주문을 받아서는 안된다. 일정량의 수주는 원청회사에서 확보하고 있는 데도 기술수준 이상의 서투른 일거리를 맡는 것은 위험한 짓이다. 특히 일레트로닉스 분야, IC, LSI, 메카트로닉스 기기 등 새로운 재료, 신공법 분야의 것을 수주받을 때는 기술미숙 때문에 납기가 지연되기 쉬우므로 적극적으로 원청회사의 지도에 따라야만 한다.

②항의 재료부품의 입수지연에 관해서는 쉽게 입수될 것으로 믿었던 재료를 구하지 못했다든지 값싼 재료를 구하느라 납기를 놓치는 경우가 있다.

그리고 불량품 발생은 작업자의 기량부족이나, 도면을 잘못 보아서, 작업표준을 정해

놓지 않아서, 작업지도를 잘못해서, 검사기기나 설비가 부족해서 등등의 이유로 일어난다. 이런 경우에는 신속히 원청회사에 알려서 지급자재를 배정받는다든가 해야 한다. 그리고 불량품이 생기지 않게 하기 위해서는 품질관리의 기초교육을 철저히 해야 한다.

③항의 노무관리가 철저하지 못하다는 것은 하도급 기업의 임금제도가 잘못되었거나 작업상의 노무관리가 적절치 못하면 작업능률이 오르지 않고 작업자의 결근, 도덕성에 부족해지고 퇴직자가 발생하여 공장능력에 변동이 생기고 작업공정이 불안정하게 되어 버린다. 그러므로 특히 작업반장 같은 위치에 있는 사람을 잘 선정해야 한다.

또 소요시간 예측의 불확실이란, 수주시 작업의 소요시간을 잘못 계산하여 작업시간이 지연되어 납기가 늦어지는 것을 의미한다. 이렇게 되면 적자가 생겨서 작업하는 의욕도 떨어진다.

④항의 작업지도가 철저하지 못한 것에 대한 대책으로는 작업반장들의 기능지도 · 기능훈련에 시간을 좀더 써서 작업에 숙달하도록 해야 한다. 또한 '작업표준' 을 만들어 작업자 서로 간의 기능을 평준화하면서 납기지연을 막아야 한다.

⑤항의 공정관리 미비문제는 일반적으로 수주나 매출에만 신경 쓰고, 완성 날짜는 현장에만 맡겨놓고 관심을 갖지 않은데서 발생한다. 따라서 공정 담당자는 납기의 중요성을 인식하고 공정 진도표를 작성해서 일정대로 작업이 진행되도록 하며, 또한 원청회사의 계획 변경이나 자사의 공정지연 사유도 점검한다.

④항의 경우와 같이, 일반적으로 하도급 기업은 ⓐ 지급조건이 좋은 것부터 ⓑ 단가가 높은 것부터 ⓒ 손에 익은 일거리나 발주량이 많아서 능률이 오르는 것부터 ⓓ 주로 거래하는 원청회사의 것부터 ⓔ 주문을 많이 받았으면 하고 기대하는 기업의 것부터 ⓕ 작업을 거절하면 곤란하게 되는 것부터 우선적으로 작업일정을 계획한다.

반대로 ⓖ 사전 준비 장치를 해야 하는데 만들어 내야하는 분량이 얼마 안되어서 능률이 안 오르는 것 ⓗ 마감날짜까지는 아직 시간이 있고 납품 즉시 대금을 받지 못하는 것 등을 미룸으로써 당장의 이익에만 급급하는 경향이 있다.

그러나 눈앞의 이익에만 쏠리는 작업일정 계획은 상호간의 신뢰를 잃게함으로, 원청회사의 생산계획에 잘 협조하여 약속한 납기를 엄수할 수 있도록 해야 한다.

(2) 원청회사 측에 납기지연 원인이 생기는 경우와 대책

1) 하도급 업체의 능력을 잘 알지 못하고 주문하는 경우

2) 사무적인 수속을 늦게 해주는 경우

3) 재료, 부품의 지급업무가 미비하거나 늦어지는 경우

4) 요구하는 품질에 대한 설명부족

5) 주문서, 설계변경 등의 지시 · 연락사항이 철저하지 못하거나 단가상의 문제

6) 작업진척의 파악, 외주지도를 잘하지 못한 경우

7) 외주 담당자가 무리하게 납기 단축을 요구하는 경우

①항의 경우, 원청회사의 의존도가 높은 하도급 기업이라면 그 능력을 알아보는데 별로 힘들지 않지만 원청회사를 여러 곳 상대하는 하도급 기업의 경우에는 그 능력의 실태가 좀처럼 파악되지 않아 그 결과로 나타난다.

하도급 공장의 능력을 파악하려면 ⓐ 전체 일정, 중간 일정 식으로 나누어서 파악을 하고 ⓑ 발주 후 1주일 정도의 일정에 착수한 것을 확인하는 방법으로 전체 공정을 파악하도록 하며 하도급 측에서도 이런 방식에 대응해서 데이터를 정비해 놓아야 한다.

②항의 경우 일정한 방식으로 처리하는 사무처리 지침서 같은 것을 작성해 놓으면 외주 담당자가 자리에 없더라도 대신 처리할 수 있다. 즉 생산 계획표, 재료 공급표, 부품제작 예정표, 구입 요청서, 주문 납품서, 검수전표, 청구서 같은 것을 명문화하면 좋다. 그리고 처리방법은 전산화 등 기업의 실정에 맞추어서 기계화한다.

③항의 경우, 원칙적으로 원청회사에 지급하는 부품을 최소한으로 줄이고 하도급 기업 자체 내에서 되도록 마련하는 것이 바람직하다.

원청회사에서는 재료나 부품을 지급하는 부서와 완성품을 납품받는 부서가 일치하지 않는 경우가 많아서 지급해 주는 부서의 관심을 높이기 위해 지급품 납입 일람표를 매월 작성해서 지급하는 부서와 납품받는 부서 양편 모두에게 제출하여 관계부서와 늘 연락을 취해 놓을 필요가 있다.

④항의 경우 특히 도면 · 시방서 · 지침서를 잘 받아 놓아 사용불능제품이나 제품을 다시 수정하는 수고를 덜어야 한다. 즉 가공성 · 조립성의 정밀도와 치수의 체크, 공작상의

어려운 점, 재료입수의 가부 등을 사전에 잘 협의해야 한다.

⑤항의 경우, 주문서의 계약내용 즉, 사양설명 · 작업순서 · 제작상의 요점 · 착수시기 · 납기 · 재료 지급일 · 납기변경 · 설계변경 등이 제대로 적혀 있는가를 주문을 받은 하도급 측에서는 정확하게 검토할 수 있는 능력을 갖춰야 한다.

⑥항의 경우, 단가를 너무 낮게 책정하면 하도급 기업은 자기네에게 유리한 다른 주문부터 먼저 처리하는 경우가 생기기 쉬우므로 적정한 단가로 하도급을 줘야 납품도 순조롭게 된다.

⑦항의 경우, 원청회사는 하도급 기업과 평소에 자주 접촉하고 공장에도 자주 방문하여 작업의 진척상황을 살피고, 하도급 기업은 자주 진도표를 작성 · 보고하여 유대관계를 잘 맺고 있어야 한다.

이상과 같이 납기지연에 관한 갖가지 요인을 분석하고 거기에 대한 대책을 세워야 한다. 아무리 기술이 좋아도 중요한 납기를 맞추지 못한다면 하도급 기업으로서의 사명을 다할 수 없다.

5. 제품의 조기납품도 말썽이 될 수 있다

납기지연 뿐만 아니라 납기를 너무 앞당겨도 공정 관리상 납기분쟁이 생길 수 있다. 특히 대량생산 타입의 생산공정이나 생산 라인이 잘 편성된 공장에서는 납기를 너무 앞당김으로써 다른 곳에도 영향을 줄 수 있다. 그 결과 연쇄반응을 일으켜 일정관리를 어긋나게 하고 원청회사로 하여금 재고를 발생하게 할 수 있다.

원청회사에 의해 발생되는 조기납품의 원인으로는 첫째, 품질상의 사고발생, 둘째, 분실 또는 현품보관의 필요성 발생, 셋째, 설계변경 등이 있다.

또한 하도급 기업에 의해 발생되는 경우로는 첫째, 깊이 생각해보지도 않고 그저 빨리 작업을 진행했을 때, 둘째, 보관장소가 부족해서, 셋째, 자금회선을 빨리 해보려고, 넷째, 납입 빈도가 적은 경우와 적재효과가 매우 낮은 경우 등을 들 수 있다.

6. 원청회사의 요청사항

하도급 기업과 원청회사는 납기 · 품질 · 단가 등에서 의견이 일치하기 어렵다. 이런 상황에서도 원청회사는 하도급 기업에게 지정된 납기를 엄수할 것, 발주 단가가 쌀 것, 불량품 없이 품질이 안정될 것, 각종 요구 조건을 받아주고 즐겁게 협력해 줄 것, 자주성 있는 기업경영을 할 것 등을 요청한다.

이런 점을 고려해 볼 때 아무래도 하도급 측이 다소 불리하다. 원래 양측의 관계는 복잡하고 이해관계가 대립되는 면도 많지만 잘 조정되어야 한다.

원청회사가 하도급 기업을 쓰는 목적은 원청회사가 갖지 못한 기술능력을 산다든가 또는 경기변동의 조절장치로 이용하기 위해서이다.

따라서 하도급 측에서는 원청회사가 우리에게 하도급을 준 이유가 다른 하도급에게는 없는 기술이 있기 때문인가 그렇지 않으면 일시적으로 수주를 늘리기 위한 대책인가를 검토해 볼 필요가 있다. 결국 원청회사가 돈을 벌 수 있도록 해주어야만 하도급 기업도 살아남을 수 있다.

그리고 하도급을 주는 이유는 품질 · 비용 · 납기 때문이며 동시에 훌륭한 전문기술을 가지고 있는 점을 중시했기 때문이다.

그러나 오늘날 원청회사 측에서는 경영을 합리화할 필요가 생길 경우, 꼭 필요치 않는 하도급 기업과의 거래를 우선 정지하고 자체적으로 할 수 있는 주요공정은 스스로 해결하는 경향을 보이고 있다. 또 하도급 기업에게 의뢰하는 것도 양이 적거나 노동력을 필요로 하는 작업만 골라서 발주한다. 따라서 하도급에서는 이러한 상황을 충분히 인식하여 원청회사보다도 한층 더 기업체질 강화에 힘써야 할 것이다.

하도급 기업의 원청회사에 대한 요청사항은 장기적으로 안정된 발주량이 있을 것, 지급조건이 양호할 것, 발주단가가 높을 것, 정보와 연락이 신속할 것, 자주적 경영의 보증을 받는 것 등이다. 하도급 기업의 입장에서는 원청회사로부터 어떤 메리트를 받고 있는가를 올바르게 인식하는 것이 급선무이다.

04 하도급 기업의 품질관리

하도급 기업의 '품질관리'는 대단히 어렵고 번거로운 일로 생각되고 있다. 또 대개 원청회사의 강요에 의해서 하는 수 없이 하는 경우가 많다.

원청회사에서 파견한 품질관리 감독자는 통계적인 품질관리 방식을 가르쳐 준다. 여기서 주의할 것은 원청회사와 하도급 기업 사이에는 조건이 다른 점이 많아 꼭 그 방법이 성공한다고는 할 수 없다. 그러나 어쨌든 하도급 기업으로서는 자기 나름대로 그 필요성을 실감해야 한다.

또, 경영자는 품질 제일주의를 앞세워 원청회사에 봉사한다는 정신자세를 갖지 않으면 성공할 수 없다. 그러한 정신자세를 종업원 앞에서도 모범으로 보여줘야 한다. 그리고 자사의 품질성적, 다시 말하면 품질수준을 정확하게 알고 있어야 한다.

예를 들면 지난번 원청회사의 품질에 대한 클레임은 어떤 것이며, 자사가 만성적으로 잘못하는 부분은 무엇인가 등 자사의 수준을 잘 파악해야 하는데, 의외로 자사의 실태를 잘 알지 못하는 경영자가 많다.

1. 작업자에게 품질의식을 심어준다

품질의식이란 질이 좋은 제품을 만들어내려는 관심을 말한다. 이러한 품질의식을 높이고 원청회사에게 만족할 만한 품질의 제품을 제공하기 위해서는 다음과 같은 것을 철저히 해야 한다.

(1) 품질목표를 명확히 해서 직장 전체가 총력을 다해야 한다.

(2) 작업자가 맡은 부문의 품질은 어떤 것이어야 하는가를 명확하게 알도록 교육시킨다.

(3) 제품의 최종 사용 목적이나 제품의 중요성을 알게 한다.

(4) 좋은 제품을 만들어내는 기쁨, 자기 성장의 기쁨을 느끼도록 지도한다.

(5) 규격에 맞는 재료를 사용하고 표준작업 방법을 잘 지켜야 한다.

(6) 설비 · 기계 · 지그 · 공구 등을 점검 · 정비해 놓아야 한다.

(7) 최초의 제품을 가장 잘 검사해서 규격에 맞는가를 확인한다.

(8) 도구의 정리 · 정돈을 철저히 한다.

2. 품질관리는 인간관계가 원만해야 한다

인간관계가 부드러워야 품질관리가 잘된다. 예를 들어 한 작업자가 실수를 했을 때 그 실수를 서로 덮어주거나, 잘못 지시한 것을 그대로 우물쭈물 처리하는 경우가 종종 있다.

반대로, 실수한 작업자를 문책하는 경우도 있다. 요컨대 품질관리는 본심을 털어놓는 활동이다. 따라서 불량이 생겼을 때, 올바른 정보가 전해져서 품질불량이 다시 발생하지 않도록 다짐할 수 있는 분위기와 인간관계가 이루어져야 한다.

예를 들면 다음 공정은 진저리 나는 작업이 아니라 우리 집의 일거리라는 생각이 들도록 상호 노력해야 한다.

하도급 기업은 원청회사에서 주문해온 제품이나 부품이 원청회사의 공정에서 어떤 방식으로 사용되며 어떤 기능을 하고 있는가를 알아두는 것이 중요하다. 그러므로 주문받은 제품이나 부품의 품질, 특성을 잘 이해하고 어떤 불량품이 어떤 방식으로 다음 공정이나 최종제품에 영향을 주는가를 공부할 필요가 있다.

특히 수주량이 많은 원청회사의 견학은 대단히 중요하다. 이것은 품질향상을 위한 월간행사로써 또는 하도급 기업의 창립기념 행사로써 전 종업원을 대상으로 실시하는 것이 바람직하다.

3. 하도급 기업의 품질관리 조직

하도급 기업의 조직은 종업원 규모가 30명 이하로서 경영자가 한눈에 모두 파악할 수 있고 경영자 한 사람이 전 조직을 직접 관장할 수 있는 조직적 활동이 약한 소규모 공장과 종업원 규모가 100명 이상으로 조직 활동이 강한 중규모 이상의 공장으로 볼 수 있다.

(1) 소규모 하도급 기업의 경우

종업원 10명 이하의 기업에서는 공장장이 검사원을 겸임한다든지 작업하는 종업원이 검사원의 역할을 함께 해야 한다. 종업원 30명 이하의 기업에서는 검사 전담부서를 생산과에서 분리시켜 조직을 편성하기 곤란하다. 따라서 생산과 안에 검사 전담자를 두는 것이 바람직하다.

어쨌든 소규모 하도급 공장에서는 자사의 제품은 자사가 책임을 지는 방식으로 나아가야 한다. 각 작업자는 비록 자사가 만든 물건이라 하더라도 검사는 엄격한 검사 기준에 의해 해야 한다. 여기에서 전체적인 관리를 위해 클레임 관리나 품질정보 등은 어느 부문의 누가 책임을 맡을 것인가를 정해놓을 필요가 있다. 그리고 원청회사와의 관계가 원만하게 되도록 품질관리 책임자를 원청회사 측에 통보하여 등록하는 일이 중요하다.

(2) 중규모 이상의 하도급 기업의 경우

종업원 100명 이상의 하도급 기업은 원청회사의 품질관리 방침이나 검사방법에 따라 하도급 기업으로서의 독자적인 품질관리 조직을 만들어야 한다. 만약 원청회사에 대한 의존도가 높은 경우에는 원청회사와 같은 품질관리 용어 등을 사용해서 조직을 편성해 두면 좋을 것이다.

4. 품질관리 강화행사

원청회사는 품질관리 강화기간 등을 설정하고 있는 만큼 하도급 기업에서도 그와 같은 기간을 설정하는 것이 바람직하다.

예를 들어 정리 · 정돈 · 청소운동 특별기간을 설정하는 것이다. 그리고 이 기간동안에 클레임 받은 불량품을 전시하여 원청회사의 발주 담당자, 품질관리 담당 간부들을 초대하여 기술협의를 할 수도 있고 해결의 실마리를 찾을 수도 있다. 또한 표어나 포스터를 모집해서 입상자에게 상금을 주면서 품질의 중요성을 계몽하는 것이 중요하다.

5. 품질보증 체제의 확립

규모가 작은 하도급 기업은 품질에 관한 데이터가 갖추어져 있지 않은 경우가 많다. 품질관리는 데이터가 있어야만 원인분석이 가능하므로 상세한 데이터를 만들어 놓는 습관을 몸에 배게 하는 것이 중요하다.

그리고 원청회사의 외주 담당자가 '품질보증체제 체크 리스트'를 가지고 와서 개선요망 항목을 지적해 주는 경우가 많다. 그때 '이렇게 엄격한 원청회사에 뒤쫓아 갈 수가 있을까?' 하고 불안감을 갖게 되기 쉽다. 그럴 경우, 그만큼 원청회사에서 우리 회사에 기대를 걸고 있다고 생각하기 바란다.

우선 시행하기 쉬운 것부터 착수하고, 납득이 잘 안가는 부분은 앞으로 좀더 검토하기로 하고 점차 개선해 나가면 된다. 점검항목의 착안점과 주의사항은 다음과 같다.

⑴ 품질에 관한 기본방침

하도급 기업의 경영자가 제품향상에 적극적인 열성을 갖고 있는지 경영자의 자각, 책임감, 태도, 품질에 대한 사고방식 등의 정도를 체크한다.

⑵ 조직 · 운영

조직표는 생산기능을 발휘시킬 목적으로 쓰는 것이므로 하도급 기업의 규모, 성격에 맞도록 작성한다. 그런 경우 관리자나 작업자의 능력, 경험, 연수, 연령, 관리능력, 숙련도 등을 감안해서 작성해야 한다.

대개 하도급 기업에서는 조직표와 실제 맡은 일이 일치하지 않을 때가 많다. 따라서 업무분담규정, 직무명세를 정해놓고 변경이 될 때는 그때그때 고쳐나가며 현재상태에 맞추어 놓는 것이 중요하다.

⑶ 작업관리

불량품이 되는 원인의 대부분은 작업지시가 적절하게 이루어지지 못해서 생기는 경우이다. 지시사항은 되도록 말로 하지 말고 메모나 도면, 스케치 등 눈으로 볼 수 있는 방법으로 한다.

작업관리에서 또 하나 중요한 것은 '작업표준' 이다. 모든 작업을 전부 작업표준화하는 것이 아니라 주의해야 할 작업, 과거에 원청회사에서 문제 삼았던 점만 일정한 양식을 만들어서 '작업 표준서' 로 만들어 놓으면 좋다.

이 '작업 표준서' 는 필요에 따라 언제든지 개정해 나가는 것이 좋으므로 개정할 때는 추기, 개정 년월일, 개정자 성명 등을 기입해 놓는다. 이에 맞추어 작업반장은 '작업표준' 대로 하고 있는지 체크해야 한다.

⑷ 공정관리

하도급 기업은 원청회사에서 요구하는 납기에 맞추어서 공정관리를 하는 것이 우선 과제이므로 자체 내에서 세밀한 진도(進度)관리를 해야 한다. 어떤 물체가 지금 어느 과정에 들어가 있고 언제 완성되어 나오는가, 즉 현품표가 그 물체마다 붙여지고 진행표도 벽에 붙여서 작업의 진척상황을 한 눈에 알아보게 하는 생산체제를 만들어야 한다.

그리하여 원청회사에 대해서 지금 어떻게, 어느 정도로 되어가고 있다는 것을 설명할 수 있게 해놓아야 한다. 이렇게 해놓으면 만약 작업진도에 문제가 있을 경우 '늦었습니다.' 하는 결과보고만이 아닌, '이런 이유로 늦을 것 같습니다.' 라고 납득할 수 있는 중간보고를 신속히 할 수 있어 납기일을 조정받기 쉽다.

(5) 검사 · 품질관리

검사기준은 원청회사에서 만들어 가지고 오는 경우도 있지만 하도급 기업은 이것을 참고로 할 뿐, 최종적으로는 자체 내에서 상세한 검사기준을 만들어 놓아야 한다.

대부분의 원청회사에서는 종합품질경영(TQM) 활동을 도입하고 있으므로 하도급 기업에서도 품질관리 써클활동을 실시하여 전 사원이 참가한 가운데 불량품 퇴치운동을 적극적으로 펼쳐나가야 한다. 그러기 위해서는 '불량품 통계' 활용이 필요하다. 검사수치를 기록하며 통계적으로 '그래프' 로 나타내는 습관을 기르도록 전 사원에게 교육시킨다.

'그래프' 로 만들어 놓으면 불량원인을 추정하기가 쉬워져서 대책도 세우기 쉽다. 특히 하도급 기업에서는 작업자 자신에게 검사를 맡기는 경우가 많다.

이때에는 검사요령을 기입한 체크 리스트를 주어 검사용원을 대신해서 할 수 있도록 훈련을 시켜 놓으면 검사를 하는 태도도 수동적이 아니라 능동적으로 하게 되어 자주정신도 높여주고 능률향상에도 도움이 된다.

또한 원청회사의 지시로 검사 성적표를 적을 때 예를 들어 '이 수치는 늘 고정된 것이니까' 하는 생각에서 측정하지도 않고 미리 기입한다든지, 아직 검사도 하기 전에 검사증이나 합격증에 미리 검인을 찍어 버린다든지 하는 나쁜 습관을 들이면 안된다.

(6) 설비관리

설비나 기계는 제품의 품질에 크게 영향을 주기 때문에 항상 점검하고 손질을 잘 해 놓아야 한다. 설비와 기계 담당자를 정해서 정기점검 · 보전정비방법 등을 책임지게 하고, 기계설비에 대한 애착심도 길러주는 것이 중요하다. 일반적으로 기계나 측정기의 점검 · 손질이 잘 되어 있는 하도급 기업은 실적도 좋고 품질도 좋다.

(7) 배치와 운반관리

하도급 기업은 제품의 변경이 심하므로 그에 알맞은 융통성 있는 설비배치를 해야 한다. 항상 소형설비는 이동시키기 쉽게 배치하고, 통로는 그 건물의 벽면에 두지 말고 반드시 가운데로 하고 양측에 작업대를 배치하여 통로의 면적을 줄인다.

그리고 재료의 투입에서 완성에 이르기까지의 생산 흐름은 꾸불꾸불하거나 반대 방향으로 가서 다시 시작하는 식으로 꺾이지 않고 한 줄기의 선처럼 해놓는 것이 바람직하다.

(8) 원청회사와의 연락

품질 · 납기뿐만 아니라 가공방법이나 공정방법이나 공정변경을 하고자 할 때도 반드시 원청회사에 보고한다. 물론 중요한 것만 하면 된다. 예를 들어 구두로 또는 전화로 연락받은 사항이나 도면 변경 같은 것을 확실하게 다시 처리했는가? 하는 것들이다. 이런 것도 '연락수첩' 같은 것을 비치해 놓고 시행해야 서로 착오가 없다.

원청회사가 만족할 수 있는 품질의 제품을 경제적으로 생산하기 위해서는 품질관리 기법을 도입 · 추진할 필요가 있다. 하도급 기업은 고도의 기법을 배우기보다 간단한 기본적 기법을 능숙하게 조작하여 문제점을 해결해 나가는데 철저해야 한다.

현장에서 때때로 파생되는 품질상의 문제처리 능력은 품질관리 기법을 어떻게 적용하는가의 품질관리 기법에 대한 꾸준한 연습과 훈련에 좌우된다.

품질관리 체제와 연관된 체크 리스트를 참고로 적었다. 그러나 원청회사에서 반드시 이러한 방침에 의해서 조사하는 것이 아니므로 하도급 기업은 품질보증 체제 만들기의 일환으로 자기진단 착안자료로써 자사에서 실시하여 평가하면 된다.

다음은 외주공장의 품질보증 체제 체크 리스트에 관한 참고사항들이다.

05_ 외주공장의 품질보증 체제 체크 리스트

항목	체크 내용	평가
1. 품질에 관한 기본방침	경영자의 품질의식과 지도방침이 있는가? 실시계획은 구체적인가? 방침전달과 달성 상황의 체크는 어떤가?	ABCDE
2. 조직 · 운영	조직도는 있는가? 추진하는 부문이 있는가? 관리자 각자의 담당 업무는 명확하게 나뉘어져 있는가? 책임과 권한은 명확한가? 부문 서로간의 업무 연락은 부드럽게 되고 있는가? 문제점 파악, 해결의 체제를 갖추고 있는가?	ABCDE
3. 작업관리	작업지시는 구두, 메모, 지시서 중 어떤 형태인가? 작업표준이 있는가? 또한 작업의 중점, 유의점 등이 명시되어 있는가? 작업은 작업표준대로 실시되고 있는가? 작업표준은 필요에 따라 개정되어 있는가? 합격품, 불량품의 구별은 적절한가? 첫 제품의 검사는 잘 실시되고 있는가? 관리자는 순회 지도를 하고 있는가? 작업반장은 현장 지도시간을 얼마나 쓰고 있는가?	ABCED
4. 공정관리	뭉치 별, 묶음 별로 현품표를 붙이고 있는가? 진도표를 이용해서 활용하고 있는가? 이상 발생 시의 처리 방법은 적절한가? 원청회사에 대한 납기지연은 어느 정도인가? 생산은 계획대로 되고 있는가? 인원, 기계의 과부족에 대한 대책은 충분한가?	ABCDE
5. 검사 · 품질관리	검사기준은 확립되어 있는가? 검사기준대로 검사되고 있는가? 완성품 검사는 올바르게 하고 있는가? 원청회사와 합의한 검사 항목은 누락되지 않았는가? 적절한 검사기기를 사용하고 있는가? 필요한 것은 검사 성적표를 붙이고 있는가? 불량 원인을 품종별, 공정별로 분석, 검토하고 있는가? 검사장소는 적절한가? 검사원은 적임자가 맡고 있는가? 재발 방지 대책은 시행되고 있는가? 원청회사의 납입검사의 결과는 어떤가? 불량 통계를 내어서 일반에게 공개하고 있는가?	ABCDE

6. 설비관리	적절한 설비를 사용하고 있는가? 설비의 정기점검은 충분히 실시하고 있는가? 점검한 기록은 남아 있는가? 가동중단, 고장 상황의 기록은 어떤가? 기계의 비정상적인 작동을 잘 파악하고 있는가?	ABCDE
7. 배치 · 운반관리	설비의 배치는 공정의 흐름에 지장을 주지 않는가? 공장 내의 통로 표지는 있는가? 잘 지켜지고 있는가? 운반 설비는 적절한 것을 사용하고 있는가?	ABCDE
8. 원청회사와의 연락	공정이나 가공법의 변경을 신속하게 보고하고 있는가? 변경 도면은 확실하게 바꿔놓았는가? 원청회사에서 보내온 연락사항은 기록되어 있는가?	ABCDE

관리수준	외주공장으로서의 채점 기준 점수	
A 매우 잘 되어 있다	A클라스 85점 이상	최우수 하도급 기업으로 채용
B 잘 되어 있다	B클라스 84점~70점	우량 하도급 기업으로 채용
C 보통	C클라스 69점~60점	채용해도 좋다
D 다소 나쁘다	D클라스 59점~40점	지도하는 조건으로 채용이 가하다
E 매우 나쁘다	E클라스 39점 이하	채용불가

06 하도급 기업의 경영체질 강화책

1. 하도급 거래가 존립하는 이유

저성장기의 환경 속에서 기술혁신과 국제화 등이 급속히 진전됨에 따라 원청회사는 하도급 기업을 선별해서 쓰거나 자체적인 생산체제로 바꾸어 가고 있다. 그 결과, 하도급 기업의 수주량도 크게 감소할 것으로 예상된다.

하도급 거래의 존립 이유에 대해서 원청회사와 하도급 기업 간에는 견해가 다르다. 우선 원청회사가 하도급 기업을 이용하는 이유는 다음과 같다.

1) 제품의 안정성 · 신뢰성이 높다.

2) 새로운 가공기술의 개발에 적극적이다.

3) 충분한 기술간부를 보유하고 있다.

4) 경영자의 능력이 높다.

이에 비해 하도급 기업이 원청회사와 거래를 계속하고자 하는 이유는 다음과 같다.

1. 오랜 거래관계가 있었고 신뢰할 수 있다.
2. 원청회사의 요청에 적극적으로 대응할 수 있다.
3. 제품의 가공정도가 높다.

하도급 기업이 '오랜 거래관계의 신뢰' 를 주된 이유로 삼고 있는 반면, 원청회사에서는 그런 이유를 별로 중요하게 생각하지 않는 것 같다.

하도급 기업이 원청회사와의 안정된 하도급 거래를 유지하려면 원청회사가 중요시하는 기술과 생산관리 면을 중심으로 종합적인 경영체질을 강화하는데 적극적으로 노력해야 할 것이다.

2. 수주생산 내용의 차이로 본 하도급 기업의 2가지 타입

원청회사가 하도급 기업에게 보내는 발주내용은 다음 2가지 타입으로 나누어진다.

첫째, 끊임없는 비용절감문제로 될수록 스케일 메리트(scale merit)를 받기 쉬운 형태로 하려고 부품이나 가공에 있어서 범용화, 공통화를 꾀하고 있다.

둘째, 제품의 고부가가치화를 위해 고성능 · 고정밀도의 부품가공이 요망되어 부품이나 가공에 있어서의 '전문화' 를 추진하고 있다.

다시 말해 하도급 기업이 범용성 · 공통성이 강한 생산과 가공을 하는 업체인가 아니면 보다 더 전문성 · 특수성이 강한 생산과 가공을 하는 업체인가에 따라 원청회사는 하도급 기업을 결정하고 지도 · 원조한다.

하도급 기업의 2가지 형태를 좀더 상세하게 설명하고 그 문제점과 대책을 밝혀 보자.

(1) 원청회사의 발주이유가 다르다.

1) 범용성과 공통성이 강한 생산 · 가공을 주로 하는 하도급 기업에 대한 원청회사의 발주 이유는 첫째, 생산 코스트가 싸고, 둘째, 납기에 있어서 원청회사의 뜻에 잘 맞추어 준다 등이다. 즉 생산관리 면이나 경영면을 중점으로 보는 것이고 기술면은 좀 덜 생각하는 경향이 있다. 그래서 이런 타입에 속하는 하도급 기업은 주로 코스트와 납기

면에 중점을 둔 기업활동을 전개해 나갈 필요가 있지만, 현재의 저성장기에서는 원청회사로부터의 가격 낮추기와 납기재촉이 대단히 심해지므로 단순히 대량생산으로 단가를 낮추는 것만으로는 부가가치가 별로 없게 되어 앞으로 살아남기 힘들거라 생각된다.

2) 전문성, 특수성이 강한 생산 · 가공을 주로 하는 하도급 기업에 대한 원청회사의 발주 이유는 기술면이 우수하다는 것이다. 따라서 생산단가가 낮다는 이유는 둘째 문제이다. 그래서 이런 타입의 하도급 기업은 독자적인 생산기술을 지니고 전문적인 기술축적을 세일즈 포인트(sales point)로 삼아 기업활동을 전개해 나가야 한다.

(2) 앞으로의 과제

범용성 · 공통성이 강한 생산가공을 주로 하는 하도급에 대해 원청기업에서 불만스럽게 여기는 점은 첫째, 납기를 잘 안 지킨다, 둘째, 불량품 비율이 높다, 셋째, 작업의 간소화 · 자동화를 하고 있지 않다는 점들이다. 따라서 이런 문제를 개선하는 방법 등을 연구해야 한다.

한편, 전문성 · 특수성이 강한 생산가공을 주로 하는 하도급 기업에 대해 원청기업에서 불만을 갖는 점은 첫째, 단가가 비싸다, 둘째, 신기술에 대한 대응이 잘 안된다, 셋째, 생산능력이 부족하다, 넷째, 납기를 잘 지키지 않는다 등이다.

단가가 비싼 이유는 이런 하도급 기업은 기술상 수준이 높고, 작업도 숙련공과 같은 인적능력에 의존하는 부분이 많아서 대량생산에 의한 단가 낮추기가 힘들기 때문이다. 또 '생산능력이 떨어진다.' '납기를 잘 안 지킨다.' 하는 점도 같은 이유에서 생긴다.

'신기술에 잘 대응하지 못하고 있다.' 는 점은 이들 기업에서 내세우는 장점이 '기술' 인데 원청기업에서 요구하는 '기술' 은 좀더 높은 것만 요구하고 있고 기술혁신의 진전이 너무나도 빨라서 미처 따라가기가 힘들다는 것을 의미한다.

그러므로 이런 하도급 기업으로서는 비용 낮추기와 생산기술을 한층 더 높이는 방법을 연구하는 이외는 다른 도리가 없다.

우선 단가 낮추기 문제에 있어서 수주물량이 아무래도 적으므로 양산기술에 의한 코스트 다운(cost down)은 기대하기 힘들다. 따라서 숙련된 작업자와 메카트로닉스(Mechatronice)기 기간의 확실한 조화를 통해 작업관리를 철저하게 함으로써 단가문제

(Mechatronice)기 기간의 확실한 조화를 통해 작업관리를 철저하게 함으로써 단가문제의 해결을 연구해야 한다.

마지막으로 생산기술 향상을 위해서는 기술요원의 교육 · 훈련이나, 정보의 적극적인 수집, 외부 전문기관 등을 이용해서 끊임없이 기술수준을 높여 나가야만 한다.

3. 하도급 기업이 앞으로 극복해야 할 과제

누차 강조하고 있지만 유형에 관계없이 모든 하도급 기업들이 앞으로 살아남기 위해서는 첫째, 생산비용 절감, 둘째, 품질 · 정밀도 향상, 셋째, 설비 · 기계의 근대화, 넷째, 생산기술의 향상, 다섯째, 인적능력의 개발 등에 집중적으로 힘을 기울여야 할 것이다.

(1) 새로운 기계설비를 충분히 활용할 수 있는 '소프트웨어(software)' 기술을 마스터하는 일이 중요하다. 즉 구체적으로 NC공작기계 등의 기계를 능숙하게 활용할 수 있는 기술을 습득하는 데 적극적으로 노력해야 한다.

(2) 공정관리에 대한 기술을 향상시켜야 한다. 즉 자사의 생산체험으로 쌓아올린 지식을 활용해서 공정을 변경하고 단축시키는 기술, 또는 공작 · 공구류의 개량이나 검사기기의 도입으로 불량비율을 낮추는 기술 등을 향상시키도록 노력해야 한다. 이런 것은 납기관리 · 원가관리를 해 나가는데 중요하다.

(3) 설비를 잘 보전관리하는 기술을 향상시킨다. 그래야만 가공 정밀도를 확보하고 대기시간을 줄이며 가동률이 상승되고 설비의 사용 기능연수도 늘려나갈 수 있다.

이상과 같은 소프트웨어 기술을 어떻게 개발해 나가느냐 하는 것이 하도급기업의 과제이다.

4. 경영자 · 간부사원의 교육

일반적으로 하도급 기업 경영자는 자기 스스로가 기술을 가지고 독립해서 회사를 운영하게 된 사람이 많아서 1인 경영체제로 되어 있는 경우가 많다. 그러므로 자칫하면 독선적으로 흐르기 쉽다. 그러나 앞으로 치열한 경쟁시대를 맞이하여 합리적인 경영을 해나가기 위해서도 중소기업이 갖추어야 할 자세에 관해서 체계적인 지식과 경영관리교육을 받아야 한다. 전국경제인연합회, 중소기업중앙회, 상공회의소, 중소기업진흥공단, 생산성본부, 표준협회, 능률협회 등의 기관에서 경영자 교육이 수시로 개최됨으로 적극 활용하기 바란다.

그리고 경영자 자신 뿐 아니라 간부사원의 교육도 중요하다. 아무리 기계화가 잘 되어 있는 기업이라도 기업의 중심이 되는 것은 어디까지나 사람이다. 일반 사원에게까지도 그런 교육을 받을 기회가 주어진다면, 종업원 각자의 능력개발을 하는데 더할 나위 없이 좋은 일이다.

하도급 기업이 경영체질을 개선해 나가려면 원청회사의 적절한 협력이 필요하다. 기술지도 · 지원뿐만 아니라 기계설비의 융자채무보증을 포함한 자금원조 등 앞으로의 환경변화에 적응해 나가려면 서로 협력해서 종합적인 체질강화를 해 나가는 것이 필요하다.

5. 하도급 기업의 체질개선 강화책

요즈음 원청회사는 일거리 감소를 이유로 상대 하도급수를 줄이거나 선별하여 집중적으로 발주하는 경향이 많아졌고 계열화를 강화하고 있다.

업종과 업태에 따라서는 계열화로써 그치는 게 아니라 하도급 기업이 기술적 · 자본적으로 독립된 전문 메이커로 발전하도록 원청회사에서 육성 · 지도하고 있는 곳도 많다. 또한 원청회사에서 인재를 파견하여 경영 및 기술지도를 맡아주는 경우도 있다.

저성장기이므로 하도급 측에서도 전반적으로 인건비가 늘어나고 재료비 · 제경비가 올라 이익률이 저하되고 있다. 그 결과 중소기업의 체질강화를 위해 정부에서도 설비 근대화조성을 위한 장기저리융자, 경영지도 등 적극적인 시책을 강구하고 있다.

따라서 하도급 기업은 이러한 정부시책을 잘 활용함과 동시에 원청회사에 대해선 생산성 향상을 위한 설비기계 대여, 구형기계의 개조나 전문화, 경영지도, 기술지도를 요청하여, 부가가치가 높은 생산이 되도록 하는 체제를 만들어가는 것이 급선무이다.

이러한 상황에서 하도급 기업은 원청회사의 외주방침, 이용목적 등을 재검토하여, 원청회사가 일류기업인 경우에는 사회적 신용이 높고 대금 지급조건이 좋은 곳을 고르고, 일류기업이 아닌 경우에는 그 원청회사의 경영자의 인품, 경영방침을 조사해보고 신뢰할 수 있는 곳을 선정해야 한다.

그리고 언제나 새로운 시험제작 방법, 새로운 원자재 등을 조사연구하고 전시회나 참고서적 같은 것을 활용해야 한다. 그리고 가공내용의 복합화 · 품질 정밀도의 향상 등에 대응해 나가기 위해서는 원청회사로부터 기술자를 초빙하는 일, 원청회사의 기술을 이전해오는 일에 적극적이어야 한다.

또 새로운 하도급 제품을 수주하였을 때에는 공장을 하루 동안 정지시키고 작업자 전원을 원청회사에 데리고 가서 연수받도록 하고 그런 후에 리더격인 몇 사람을 일정기간 파견하여 연수시킨다.

6. 새로운 모자(母子) 관계

앞으로 국제화를 향한 국내 기업구조의 변화와 저성장기에 의한 시장수요 감소로 인해 기업 간의 경쟁이 격화되어 하도급 기업의 처지는 점점 어려워질 것이다. 이에 대응할 수 있는 하도급 기업의 기본전략은 다음과 같다.

(1) 특정한 원청회사에 전속되도록 힘쓴다.

(2) 반대로 원청회사를 여러 개 가져서 거래처를 다각화 한다.

(3) 원청회사 계열에서 독립해서 전문 메이커로 나선다.

어쨌든 앞으로는 우리나라의 산업구조가 고도화하여 보다 효율적인 생산체제가 확립되어가고 동시에 제품의 '다품종 소량생산체제' 가 더욱 확대되리라고 예상되는 만큼, 부품 수의 증가 · 외제화의 진전이 예상된다.

이에 따라, 하도급 기업에 대한 단가인하, 품질관리 등 발주 내용면에서의 요청이 강화되리라 예상된다. 결국, 경영체질이 약한 하도급 기업들은 도태되거나 하도급 기업 간의 격차가 심화되어, 원청회사와 하도급 기업 간에 새로운 모자관계가 형성되리라 예상된다.

7. 원청회사에서 기술을 배워라

원청회사가 제품을 자체 개발하거나 생산방법을 보다 효율적으로 개선해 나갈 경우, 발주내용이나 발주방법이 변경되어 고정밀도 품질의 안정성 · 검사의 충실 등에 대한 요청이 가속화되어 생산가공기술의 전문적인 축적과 사내의 체제정비가 이루어져 있지 못한 하도급 기업들은 대응해 나갈 수 없으리라 본다.

원청회사의 입장에서 볼 때 기업 간에 경쟁이 심한 환경 속에서 하도급 기업이 이런 문제를 어떻게 신속하게 대처해 나가는가 하는 점이 제품기능의 향상이나 생산방법의 효율화를 실현할 수 있는 커다란 열쇠가 될 것이다.

그래서 원청회사는 이러한 까다로운 요구에 대응할 수 있는 하도급 기업만을 선별해서 필요하다면 적극적으로 기술이전과 기술지도를 한다.

(1) 설비기계의 개선이나 생산관리 · 품질관리에 대한 지도를 한다.

(2) 설비자금의 원조, 설비기계의 대여등으로 하도급 기업의 기술도입을 원활히 해준다.

(3) 연수생을 받아주거나 지도원의 파견 인재육성을 통해서 기술력을 향상한다.

하도급 기업이 생산기술을 향상시킬 수 있는 방법은 다음과 같다.

1) 기술 세미나, 원청회사로부터의 지도원 지도, 원청회사 공장에서의 현장 연수

2) NC공작기계 등의 첨단기계 도입

3) 검사설비나 관리체제 강화를 통한 정밀도나 품질의 신뢰성 향상

4) 작업의 표준화, 공정관리 기법의 개선, 원가관리의 충실 등 생산관리와 기술부문의 설치나 기술력 향상을 위한 사내 체제의 정비

5) 원청회사에 파견해서 기능공이나 기술간부를 양성

6) 비용절감을 위한 제조법의 개발 · 개선 등 원청회사하고의 공동기술개발 촉진

8. 품질향상만이 하도급 기업의 살 길이다

하도급 기업은 납기 · 소량화의 시대에 발맞추어, 무엇보다도 품질을 향상시켜야 한다. 또 신제품 · 신기술 개발도 필수 불가결하다. 그러나 두 가지를 다 충족시키기 위해서는 애로사항이 많은 것이 사실이다. 애로사항으로는 인재의 부족, 개발체제의 취약, 자금부족 나아가 정보 수집력의 부족 등을 들 수 있다.

원래 하도급 기업은 그 활동범위가 좁아서 자칫하면 '우물 안의 개구리'가 되기 쉽다. 원청회사에만 의존하고 있을 형편이 못되는 요즘, 종업원을 늘리지 않고 기업을 유지 · 발전시키려면 적극적으로 신제품 · 신기술 개발을 시도하지 않으면 안된다.

신제품 · 신기술 개발의 중요한 요소인 인재 양성, 기술력 향상을 위해 다음 방법을 활용하기 바란다.

(1) 타 기업의 기술을 활용한다.

(2) 정부 공인 시험연구기관의 기술을 활용한다.

(3) 대학 연구실의 기술을 활용한다.

(4) 최신설비와 최신기술을 도입한다.

9. 이업종간의 교류

하도급 기업 경영자의 특성을 살펴보면 과거에 기업에서 근무 · 수업한 경력을 갖고 있는 경우가 많다. 즉 독립 · 자존심 · 개척정신이 강한 특성을 지니고 있는 반면, 조직 속에서는 타인과의 협조가 부족한 경영자가 많다.

따라서 이런 성격의 경영자들이 전면적인 교류가 아니라 부분적으로 그룹을 결성해서 협조하여 다른 업종의 공동연구를 한다는 것은 매우 어렵다. 그러나 힘이 약한 자끼리 협력해서 강한 조직을 만들어 서로의 결점을 보완하고 기술개발을 해나간다는 것은 현재의 경영환경 악화를 극복할 수 있는 유익한 대책이 될 것이다. 신제품 · 신기술 공동개발의 활동 내용으로

(1) 기술정보를 교환한다.

(2) 기술자를 일시적으로 서로 파견한다.

(3) 기술과 설비를 서로 이용한다.

(4) 공동으로 신제품을 개발한다 등을 들 수 있다.

4

CHAPTER

중소기업의 벤처 비즈니스 전략

01. 지금 왜 '벤처기업'이라야 하는가
02. '벤처기업' 경영자의 조건
03. '벤처기업'의 자금조달
04. '벤처기업'의 발전조건

벤처기업이란 기업가 정신이 왕성하고 새로운 기술(고도기술, 독자기술)을 무기로 삼아 스스로 의욕적으로 신규시장을 개척해 나가는 중소기업을 말한다. 많은 기업들이 불황의 늪에서 헤어나지 못하고 있다. 이러한 불황에서 살아남는 길은 새로운 제품을 개발하고 새로운 기술, 새로운 기업가 정신이 절실히 요구된다. 이 장에서는 벤처 비즈니스의 경영자로 성장할 수 있는 조건들을 제시했다.

01

지금 왜 '벤처기업' 이라야 하는가

01 21세기에 부딪혀야 할 문제점

1. 제1차 산업혁명

지금으로부터 약 2백년 전 영국에서 시작된 산업혁명은 근대산업사회에 공업화 · 산업화의 계기를 마련해준 획기적인 일이었다. 제1차 산업혁명이라 일컬어지고 있는 이 산업혁명은 1769년 제임스 왓트가 증기기관을 발명함으로써 이루어졌다. 석탄을 태워 얻어낸 증기라는 에너지가 기계를 움직이게 하여 인류는 한 단계 더 발전된 산업화를 이룩하였다.

석탄에서 얻어진 증기 에너지와 기계의 힘은 또 다시 새로운 산업을 가능케 했다. 석탄 산업 그 자체가 발달되어 석탄을 캐는 광산기계나 배수펌프 같은 것들이 개발되었고 목화를 짜서 옷감을 만드는 면직물 공업도 기계화 되었다.

대량의 솜뭉치 원면이나 석탄을 운반하기 위해 기차나 기선도 발명되었다. 게다가 새로운 기계들을 만들기 위해서는 더 많은 쇠가 필요하게 되어 쇠를 다루는 새로운 제련법도 개발되었다.

이때를 즈음하여 많은 발명가들과 기업가들이 사업을 일으켜 나갔다. 새로운 기술을 사용해서 이룩한 최초의 주요산업은 면직물공업으로써, 이것을 중심으로 기계공업 · 제철업 · 석탄업이 일어나게 되었고 또 철도업 · 해운업 같은 것이 점차 커지게 된 것이다.

이리하여 영국에서는 면직물공업을 중심으로 해서 기계공업과 그 밖의 공업을 포함한 하나의 산업체계가 이루어져 1800년대 영국은 이러한 면직물 수출을 통해 세계무역에서 3분의 1을 차지하게 되었다.

이렇게 영국에서 일어난 새로운 산업은 세계 전체로 퍼져나가게 되었다. 면직물을 중심으로 발전된 제1차 산업혁명은 곧 철도를 통해 전국으로 퍼져나갔다. 이 철도의 발전은 사회에 큰 변화를 일으키는 중요한 원인이 되었다.

철도가 지나가게 되는 연변에는 철도역을 중심으로 수십만명 규모의 공업도시가 형성되었고 원료 · 석탄 · 식량을 운반하는 철도는 기선에 의한 해운업과 더불어 유럽 · 미국 · 캐나다 · 러시아 · 아르헨티나 · 호주 등과의 세계적 상호무역 관계를 가능하게 했다.

2. 제2차 산업혁명

석탄과 기계에 의해서 이루어진 공업사회 후 100년이 지나, 또다시 새로운 움직임이 미국에서 시작되었다. 그것은 석유의 대량 생산화와 전기의 실용화이다.

미국에서는 석유를 수직으로 파내려가는 방법을 사용함으로써 대량생산을 할 수 있게 되어 록펠라는 스탠다드 오일 컴퍼니라는 석유회사를 1882년 설립하게 되었다. 또한 토머스 에디슨이 1879년에 전등불을 발명하여 1882년에 뉴욕과 런던에 각각 발전소가 설립되었다.

1차 산업혁명 이후 꼭 100년이 지난 19세기 말, 이렇듯 여러 사람의 발명가와 기업가가 탄생되었다. 많은 기업이 생기고 새로운 산업이 태어난 것이다. 그리고 그 많은 산업은 어떠한 형태로든 석유와 밀접한 관계가 있었다.

과거 100년 간 이루어진 모든 산업은 거의 모두 미국에서 시작된 것으로 대부분 석유와 관계가 있는 산업이었다.

20세기 초, 포드의 자동차 대량생산 방식도 석유에 의해서 가능했다. 1903년 라이트 형제가 처음으로 비행기를 날렸지만 이 또한 석유가 있었기에 가능했다. 항공 수송업이 발달함에 따라 우주산업이 발달하게 되었고 이것 역시 석유의 힘에 의해 이루어졌다.

석유화학은 물론 그밖의 기계공업도 석유를 사용한 전력 에너지 덕분에 큰 발전을 이루게 된 것이다. 농업부분에 있어서는 석유를 연료로 쓰는 대형 농기구가 개발되어 식량의 대량생산이 가능하게 되었다. 대량으로 생산된 식량은 온 세계로 수출되어 농업을 하나의 수출산업으로 자리잡게 하였다.

19세기 말기에는 시멘트 · 유리 · 고무 등의 새로운 원료가 공업용 재료로 추가되어 철강자재와 함께 고층빌딩 건설에 큰 힘이 되었다. 이러한 새로운 원자재와 통신기술, 즉 전화라든가 자동차는 도시를 더욱 발전시켰다.

새로운 원료는 그 후 합성염료, 합성암모니아를 시작으로 1930년대부터는 석유를 원료로 하는 합성화학기술이 발전해서 폴리에틸렌이나 나일론이 만들어지고, 이제는 고분자재료라는 강도 높은 플라스틱을 생산하게 된 것이다.

이와 같이 19세기 말에서 20세기 초는 석유 · 전기 · 화학 · 자동차 · 비행기 · 고무 · 유리 · 시멘트 · 제지 · 인쇄 등의 신기술이 한꺼번에 싹터서 많은 발명가와 기업가들이 탄생한 시기였다. 그러나 이러한 것들이 곧바로 커다란 산업으로 발전되지는 않았다.

이런 것들이 틀이 잡혀지고 크게 발전하기 시작한 것은 1908년 T자형 포드 자동차의 대량생산장치가 만들어진 때부터였다.

자동차는 철강 · 유리 · 전기 · 고무 · 엔진 등의 많은 산업제품이 총집합되어 완성되는 것이다. 이러한 생산형태는 그후 라디오 · 냉장고 · TV · 냉방장치 등 오래 사용하는 가전제품에 적용되어, 20세기의 산업을 그야말로 세계 제일의 위치로 올려놓게 했다.

3. 전환기를 맞이한 지구가족

그러나 1970년대에 들어와서 에너지 자원, 환경문제 등 성장을 가로막는 요인이 점점 발생하기 시작하였고, 90년대에 들어와서는 무역마찰과 기술마찰이 더욱 더 심화되었다.

이제는 전세계가 모두 전환기를 맞이하여 공업사회 또는 지구사회 전체가 어떠한 꽉 막힌 지경에 도달했다고 말할 수 있다.

이미 성장할대로 다 성장한 산업속에서 미국 · 유럽 · 일본 그리고 많은 중진국, 개발도상국 등이 너나 할 것 없이 낙오되지 않기 위해 몸부림치고 있다.

예측할 수 없는 미래경영 환경변화에 대응하기 위해서는 새로운 기술개발로 새로운 산업을 일으키는 수밖에 달리 방법이 없다.

석유문제만 보더라도 제1차 석유파동의 충격, 제2차 석유사태의 충격은 전 세계에 큰 고통을 안겨주었다. 현재 석유가격은 안정되어 있다고 하지만 장기적으로 보면 역시 모자라 값은 뛰게 될 것이다.

인구문제도 심각하다. 영국의 경제학자 맬더스(1766~1834)의 이론에 의하면 인구는 만약 늘어나는 것을 제한하지 않을 경우 기하급수적으로 늘어나고 또 다시 그 배의 배로 늘어나는데 비해서 식량은 산술적으로만 늘어날 뿐이다.

따라서 시간이 흐를수록 격차가 벌어져서 필연적으로 식량이 모자라게 된다는 것이다. 맬더스가 이 '인구론'을 쓸 당시의 세계인구는 약 9억이었으나 세계적으로 대불황이 닥쳐온 1930년 전후에 20억, 그리고 현재(2005년)는 약 67억에 이르고 있다.

인구가 엄청나게 증가했는데도 불구하고 모자라는 식량문제에 대해서 인류는 어떻게 해결해왔을까? 그것은 석탄을 중심으로 하는 화석에너지에 의해서 산업혁명이 일어나고, 기계 · 철강 등의 새로운 산업이 발달해서 그것이 전 세계로 퍼져나갔기 때문이다.

그리고 또 그 뒤를 이어서 20세기에 들어서는 석유와 같은 에너지를 써서 농업을 기계화하기 시작하였으며 자동차 · 항공기 · 석유화학 · 컴퓨터 · 우주산업 같은 것을 새로 만들어내어 이것을 전 세계로 퍼뜨렸다.

즉 석유 에너지와 같이 땅 속에서 보너스처럼 덤으로 얻어진 자원의 덕으로 공업을 일으키고 도시를 세우고 산업사회를 확대시켜서 인구가 늘어나도 그것을 다 흡수해 나갈 수 있었던 것이다.

또 하나는 공업의 여세를 몰아 세계의 미개발국, 약소국가 그리고 식민지에 그 넘치는 사람들을 퍼뜨려서 내보낼 수 있었던 것이다. 예를 들면 이탈리아 한 나라에서만도 이민자의 수가 2500만명이나 된다. 현재의 이탈리아 인구가 약 6000만 명인 것과 비교해 본다면 얼마나 방대한 수의 사람들이 옮겨나갔는지를 알 수 있다.

그러나 19세기에서 20세기까지의 식민주의, 제국주의 시대와는 달리 오늘날 많은 나라가 독립하여 전 세계에 약 200여개의 독립국가가 생겨났다. 이제 더 이상 인구를 이동시켜서 다른 땅으로 옮겨가 살게 하는 식으로는 인구문제를 해결할 수 없게 되었다.

4. 기술혁신과 기업성장

세계의 인구는 계속 늘어나기만 한다. 세계의 인구는 1999년 약 60억명, 2000년에는 약 63억명 이상 되리라고 예측하고 있다.

2030년이 되면 85 내지 90억명이 되리라는 것은 뻔하다. 이처럼 짧은 기간동안에 90억명이 되는 것이다. 이것은 쉽게 지나쳐 버릴 문제가 아니다.

인구가 늘어나면 여기에 필요한 에너지도 식량도 함께 늘어나야만 한다. 현재 지구상에서 연간 사용하고 있는 에너지는 석유로 환산하여 계산해 볼 때 약 70억톤이다. 이것이 21세기에는 112억톤 정도 필요할 것이라고 한다.

그 사이에 석유 생산량은 절정에서 내리막으로 갈 것이 예상되는 만큼 과연 그만한 에너지를 확보할 수 있을 것인가 하는 것이 큰 의문이다.

식량은 어떤가?

현재 67억명(2005년)이 먹고 있는 식량은 22억톤 정도라고 하는데 2020년쯤에는 30억톤, 즉 현재의 배나 되는 식량이 필요하게 된다. 그런데 농사지을 수 있는 경지면적은 그동안 4~5% 정도 밖에 늘어나지 못할 것이라고 예측하고 있다.

농업은 기후와 풍토에 의해서 좌우된다. 물을 충분히 공급하려면 관개시설이 필요하고 그 관개시설을 마련하자면 막대한 투자가 필요하다.

그런데 동남아시아 등에서 관개시설이 제대로 갖추어진 곳은 단 2% 뿐이고, 불완전하게 만들어져 있는 곳이 30%, 나머지 70%는 비가 와야만 하는 천연수에 의존하고 있는 형편이다. 비가 올 때는 한꺼번에 쏟아졌다가 안 올 때는 모내기를 전혀 하지 못한다. 이래서는 식량의 증산을 기대할 수가 없다.

이런 동남아시아 나라들이 일본처럼 농업시설을 갖추려면 방대한 투자를 해야한다. 그런데 그들에게 그만한 자금이 없다. 아무래도 하루아침에 식량을 대량으로 증산한다는 것은 힘든 실정이다.

동남아시아로서는 그런 일을 못해도 미국이 있지 않느냐 반문하는 사람도 있을 것이다. 물론 미국은 전 기계 식량수출량의 60%를 차지하고 있는 식량대국이다.

그러나 미국의 농업에도 큰 문제가 있다. 우선 석유사정이 나빠지면 석유 덕분으로 유지되고 있는 대형농업은 제대로 유지하기 어렵다는 것이다.

게다가 미국은 일본이나 한국처럼 비가 많지 않다. 지금 미국의 곡창이라고 불려지는 남서부지방에서는 더욱 더 그렇다. 지하수를 퍼내어 농사를 짓고 있는 형편인데, 비가 적은 지방에서는 지하수도 언젠가는 잘 나오지 않게 되어 물이 몹시 부족하게 될 것이다.

또한 토양이 흘러나가버리는 현상도 생겨나고 있다. 미국에서는 밭이 수평으로 되어있지 않아서 큰 비가 오면 기름진 옥토의 좋은 흙이 씻겨내려가 버린다. 화학비료를 써도 다시 흘러내려 밭의 영양분은 점점 사라져버린다. 화학비료를 사용해도 수확량이 점점 줄어드는 실정이다. 이런저런 이유로 해서 미국의 농업도 불안한 면이 적지 않다.

이와 같이 앞으로의 인구증가에 따르는 식량문제와 에너지문제는 심각하다. 문제는 이것만이 아니다. 예를 들면 주택 · 도시문제 · 의료 · 복지문제를 비롯해서 모든 면에서 사회환경의 불안요소가 엿보인다.

지구상에서 인간이 평화롭게 살아갈 수 있는 기초가 되는 것은 결국 경제적 안정이다. 또 경제적 안정을 유지하려면 산업이 잘 발달되어 있어야 한다. 그러한 산업을 지탱해 나가려면 기술이 필요하다. 기술을 혁신하는 것이야말로 앞으로 21세기에 걸친 어려운 상황을 헤쳐나갈수 있는 하나의 열쇠가 된다는 것은 틀림없는 사실이다.

02_ 헤쳐나가기 위한 신기술 · 신산업

세계는 에너지 면에서 앞으로 더욱 어려운 상황에 부딪히게 될 것이다. 한편에서 새로운 기술이 계속 개발되고는 있지만 에너지의 부족을 대신 메울 수 있고 인구문제를 해결해 줄 수 있는 획기적인 기술혁신이 절대적으로 필요하다.

최근 신문이나 TV에서 매일 보도되는 기술혁신이나 벤처 비즈니스(Venture Business)라는 말은 그런 의미를 대신하고 있다. 200년 전에 영국에서 일어난 산업혁명이 제1차 산업혁명, 백년 전에 미국에서 일어난 것이 제2차 산업혁명이라 한다면, 지금 일어나고 있는 기술혁신은 제3차 산업혁명이라 할 수 있다.

'벨' 이란 사람이 전화를 발명하고부터 지금의 광통신이 생기기까지 백년, '에디슨' 이 진공관을 발명하고 지금의 반도체가 발명되기까지 백년, 이와 같이 현재 모든 분야에서 개발되고 있는 신기술은 원리적으로 전혀 새로운 기술들이다.

다만 매일 매스컴에 보도되는 것 가운데 일렉트로닉스(Electronics), 메가트로닉스(Megatronics), 로봇(Robot) 또는 파인 세라믹스(Fine Ceramics), 바이오 테크놀로지(Bio Technology)라고 불리는 것들은 겨우 요소기술(要素技術)의 단계라고 해도 무방할 것이다.

이러한 요소들이 섞여서 하나의 시스템이 되어 산업적으로나 사회적으로나 유익한 것을 만들어 내려면 아직 시간이 더 걸린다. 현 단계에서는 전자공학만 하더라도 주로 지금까지의 조직장치를 대신해서 쓰이고 있을 뿐이다. 이것을 앞으로는 완전히 새로운 것을 만들 수 있는 단계까지 이끌어내야 한다.

새로운 기술이나 산업이 인류가 당면한 문제 즉 식량, 에너지, 그밖의 문제에도 직접 영향을 끼쳐 문제의 해결책을 제시하도록 해야한다.

또 전 세계의 이러한 문제를 발전적으로 해결해 나가기 위해서는 신기술에 의한 새로운 산업을 더욱 더 육성해야 함은 물론 더 많은 고용을 창출해 나가야 한다.

이 고용창출이란 것도 종래에 사람 손으로 하던 많은 작업을 로봇이나 '기계 자동화'가 대신하고 있어 그리 쉬운 것이 아니다.

그러므로 인간이 하기에 알맞은, 인간의 손으로 직접 해야만 하는 일거리와 작업을 많이 만들어 주어야 한다. 그렇지 못하면 실업자 문제가 해결되지 않는다.

기술혁신이 인간성 상실을 초래할 것이라고 우려하는 사람도 있겠지만 기술혁신은 시작에 불과하다. 앞으로, 마이크로 일렉트로닉스, 바이오 테크놀로지, 파인 세라믹스 등 신소재가 더욱 더 광범위하게 발전되어 새로운 형태의 고용을 창출해 나가야 할 것이다.

03 제3차 산업혁명기를 맞이했다

1. 지구를 새로운 시각으로 보아야 한다

소련의 인공위성 스푸트니크 1호로 시작한 우주시대는 벌써 4반세기가 흘렀다. 우주개발은 과학적 연구 또는 통신위성이나 기상위성 등 실제 이용면에서 여러 가지 새로운 성과를 가져다 주고 있지만 우주의 실체가 밝혀짐에 따라 그 환경이 사람이 살기에는 너무나도 험난하다는 사실이 밝혀져 새삼 놀라지 않을 수 없는 실정이다.

낭만의 대상이었던 달은 황량하고 삭막한 곳이며 생물이 살고 있느니 없느니 하여 논쟁의 대상이 되던 화성은 지금도 계속 조사하고 있지만 단순히 무수한 크고 작은 크레타로 뒤덮힌 돌맹이의 큰 덩어리라는 것으로 밝혀졌다.

금성의 두터운 구름 아래에는 바다가 있고 많은 석유가 있다는 학설도 있었으나 온도가 400도가 훨씬 넘고 기압도 85기압이나 되는 바위 투성이로 밝혀졌다.

목성도 토성도 미루어 추측해 보면 알 만하다. 결국 이 우주의 태양계 속에서 우리가 사는 지구만이 특별한 존재로서 물을 듬뿍 지니고 있는 '파란 별' 이라는 것이 점점 확실해진 셈이다.

우주개발기술이 진보함에 따라 우리가 알게된 지식은 인간이 활동할 수 있는 곳은 지구와 그저 그 주변의 약간의 우주공간으로 제한을 받고 있다는 사실이다. 인간은 이 지구 속에서 태어나서 발전하고 차례로 새로운 땅을 개척해 왔었다. 그러나 이제 지리적으로 새로이 개척할 만한 새로운 땅은 더 이상 없어졌다고 말할 수 있다.

우리 인간은 제1차, 제2차 산업혁명으로 지구 구석구석에서 살게 되었다. 그러나 그러한 지구에도 앞으로 인구는 급속히 늘어날 것이 예측된다. 이에 따라 에너지 자원, 그밖의 여러 문제가 일어나리라 예상된다.

이러한 인간이 당면하는 문제를 해결하려면 새로운 기술혁신 즉 제3차 산업혁명이 필요하다. 여기에서 말하는 기술혁신이란 새로운 의미에서 지구를 개발하는 일이다. 즉 물리적인 또는 지리적인 개발이 아니라 일단 인간이 개발할대로 개발한 지구를 새로운 눈을 가지고 다른 방법으로 살펴보고, 좀더 세밀한 방법으로 개발해서 이용하자는 것이다.

2. 자원은 무한정으로 많이 있다

예를 들어 식량에 관해서 생각해 보자. 식량을 생산해 내는 농업의 기본이 되는 것은 물이다. 물이 없으면 농사를 못 짓는다. 그 물은 태양 에너지의 힘으로 지구의 표면을 돌고 있다. 그러나 농사를 지을 수 있는 정도의 물이 있는 곳이 지구 육지면적의 20% 정도에 지나지 않는다. 따라서 우리 인간은 농사를 지을 수 있는 땅이면 최대한 활용해서 식량을 얻어내야만 한다.

우리는 지금까지 농사에 쓰는 물을 단순히 흐르는 물, 투명한 물이란 것으로만 생각해 왔다. 그러나 이제 화학적으로 물의 성질은 어떤 것이며, 그 속의 한 성분인 산소는 어떤 것이며 그 속에 들어있는 미생물은 어떤 것인지 좀더 깊이 생각할 필요가 있다.

어업도 바다의 고기를 그저 잡는 형태에서 벗어나 길러내는 어업으로 바뀌어야 한다. 그러기 위해서는 물고기의 먹이인 플랑크톤 혹은 해조류들을 증식시키는 일부터 시작해야 한다.

또 해양의 생태계를 보다 더 상세하게 연구하고, 해양의 온도, 조류 등의 해상 기상에 관한 섬세한 조사와 관리를 철저히 하고, 해양 리모트 센싱(Remote Sensing) 위성 같은 것을 이용한 해양조사장치, 조사기구를 만드는 등 많은 노력을 기울여야 한다.

삼림을 보존하기 위한 각종 기술개발도 필요하다. 지구의 녹색 보물이라 할 수 있는 남양지대의 삼림이 목재펄프 재료의 수요증가에 따라 거의 죽어가고 있다. 이에 대해 나무심기에 효율적인 기계 개발이나, 성장이 아주 잘 되는 종자개발이 시급한 실정이다.

에너지 부분에 있어서도 석탄 · 석유와 같은 에너지에는 한계가 있기 때문에 이를 대신하는 자연 에너지의 개발이 시급한 문제이다. 지구는 우주에서 태양 에너지를 얻고 있다. 이 태양 에너지가 지구상의 모든 생물이 활동할 수 있게 하는 원동력인 것이다. 이 태양에너지에서 재생이 가능한 에너지를 찾아내는 기술을 개발해야만 한다.

자원에 있어서도 마찬가지이다. 반도체나 광섬유, 파인 세라믹스 같은 재료도 그 근본은 모두 흙에서 나온 것이다.

광섬유는 종래의 동선 역할을 대신하게 되는데, 구리가 희귀한 자원인데 비해서 광섬유는 별것 아닌 유리 종류인 것이다. 자원의 양은 무한히 많다. 파인 세라믹스도 새로운 재료로서 각광을 받고 있다. 일렉트로닉스의 IC라든가 LSI도 실리콘이다. 파인 세라믹스 같은 것도 탄소섬유로 강하게 만들어진 플라스틱으로 사용되기 시작하고 있다.

자원이라고 하면 쇠나 구리를 말하던 시대에서 최근에는 지금까지 가볍게 생각되어왔던 단순한 흙이 자원으로 쓰이고 있다. 이것은 기술이 그만큼 섬세한 단계에까지 발달했다는 것을 의미하는 것이다.

04 벤처기업으로 산업사회는 격동하고 있다

이처럼 지구 곳곳을 활용한 기술개발에 의해서 인류는 자원 에너지, 식량 등의 문제를 극복하고 한 단계 나아가서 더 높은 수준에 이르게 될 것이다.

그러나 그것을 달성하기 위해서는 독창적인 기술개발과 그것을 산업에 활용할 수 있는 강한 기업가 정신이 필요하다.

과거의 제1차 · 2차 산업혁명의 시기를 보더라도 이를 성취한 것은 기존 산업이나 기존 기업이 아니라 벤처비즈니스(새롭고 혁신적인 기업)들이었다. 세계의 석유파동도 20년이 지났다. 파동이 일어난 직후, 신기술을 개발하며 뻗어나간 기업들과 과거의 경영방식을 고수해 오던 기업들간에는 흥망의 명암이 분명하게 나타났다.

또 뒤늦게 깨달아 기구를 축소하고 새로운 소재를 개발하여 성장하고 있는 기업도 있다. 또한 최근의 석유정제 부문에서 기업의 분리, 합병과 같은 축소정책으로 나서는 산업체도 있다.

한편 신기술로 뻗어나간 기업들 중에는 대기업도 있지만 중소기업 중에서도 기업혁신을 과감히 이룬 업체가 여기저기서 나오고 있다.

앞으로 20년간 이러한 대기업 · 중소기업 · 혁신기업들이 신기술에 의한 신제품 · 신산업 개발을 통한 새로운 그룹을 형성하게 될 것으로 생각된다. 즉 제3차 산업혁명이 진행될 것이다.

사무자동화(OA)나 공장자동화(FA)에 의해서 인간은 단순노동이나 육체노동에서 벗어나 보다 더 창조적인, 즉 인간이 아니면 할 수 없는 일을 하게 되어 연구개발이나 소프트웨어 개발, 서비스 문화사업 등에 종사하는 인간이 점차 늘어나게 될 것이다.

또한 정보 · 통신 · 교통의 발달은 인구의 지역분산을 촉진시킬 것이다. 석유나 철강의 생산 공장이 혼합조립식 장치를 사용하고 있는 것처럼 20세기 대부분의 중화학공업도 그 원자재와 기술의 성격으로 봐서 이와 같은 방식을 필연적으로 사용해 왔던 것이다.

그러나 앞으로의 신기술은 반드시 그럴 필요가 없다. 원자재나 제품도 여러 품종의 적은 양으로 무게를 줄이는 방향으로 나아가고 있으며 게다가 정보와 통신기술이 발달되어 지방으로 분산시켜 생산할 수 있게 되었다. 에너지도 태양광발전(太陽光發電)과 같은 것이 실용화되면 오히려 지방으로 분산시켜 생산하는 방법이 좋을 것이라고 생각된다.

장래 도시의 모습도 보다 더 조촐하고 아담하며 기능적인 형태로 변할 것으로 예측된다. 다만 이렇게 아담하고 조촐한 소도시의 형태가 되더라도 현재 대도시의 특징인 직접

효과, 그 중에서도 지식과 각종 정보를 한 곳에서 쉽게 얻을 수 있는 장점 같은 것은 그대로 누릴 수 있다고 생각한다.

각 도시 간에 고속교통 수단이 생기고 대량의 정보교환이 가능한 통신장치가 만들어지기 때문이다. 그러므로 각지로 분산된 작은 도시에서도 고도의 지식집약형 산업이 성립될 수 있는 것이다.

그리고 이런 콤팩트(Compact)형 도시는 도시 안의 신교통망 · 정보망 · 폐기물 처리장치 · 물순환 장치 등 가지각색의 새로운 도시조직을 갖추어 현재보다 훨씬 효율적인 도시가 될 것이다. 주택을 비롯해서 각종 도시시설에는 태양 에너지 이용장치나 물 순환장치가 갖추어져서 필요한 에너지의 상당한 부분이 그 도시 자체에서 충당하게 된다. 물론 녹지시설도 충분히 마련된다.

그리고 지방도시 주변에는 농사를 지을 수 있는 야산이나 어촌이 형성될 것이다. 그러면 도시와 새로운 농촌 사이에도 좋은 유대관계가 형성될 것이다.

즉 도시는 농촌에 공업제품이나 여러 가지 도시 서비스를 제공하고, 농촌은 도시에 식량과 에너지를 제공한다. 도시의 폐기물과 폐수는 재생되어서 농촌의 비료와 농업용수로 이용된다. 도시 주민은 농촌에서 레크리에이션을 하고, 농촌 주민은 도시로부터 각종 서비스를 받게되는 셈이다.

또한 영상 정보장치로 도시와 농촌이 연결됨으로 한 덩어리가 된 생활과 교육 · 문화권을 형성해 나갈 수 있게 된다.

도시나 농촌에서의 혁신산업의 활약도 빼놓을 수 없다. 도시에서는 전자공학 · 메가트로닉스나 소프트 같은 첨단산업이 활약하고, 농촌에서는 바이오 테크놀로지를 도입한 농산물, 식품을 중심으로 하는 혁신이 이루어져 도시와 농촌이 서로 보완해가면서 새로운 산업사회를 만들어 나갈 것이다.

이런 모습으로 변하자면 시간이 걸리겠지만, 그런 동안에도 과도기로써 우리 사회는 변해갈 것이다. 20세기에 우리가 가지고 있던 산업, 사회적 문제점, 자원 에너지, 지나치게 무역에만 의존하는 산업구조, 도시인구의 과밀현상, 환경의 악화 같은 것들은 차츰 개선되어 균형잡힌 산업 · 사회 구조로 변해가리라 예상된다.

05_ 혁신을 필요로 하는 분야

공업화 사회에서 정보화 사회로 옮겨지고, 기술의 새시대를 맞이한 오늘날은 바야흐로 '변혁의 시대' 라고 불러야 할 상황이다.

이러한 시대의 흐름은 한국의 산업사회 그 자체가 혁신해 나갈 것을 재촉하고 있으며 여기에 발맞추어 나가기 위해 새로운 혁신적인 활동이 급속히 요구되고 있다. 이렇게 된 것은 우선 기술혁신의 성격이 달라졌기 때문이다.

종래의 기술혁신이란 주로 대량생산의 기술 즉 규모확대를 위한 기술이었던 것에 반해, 석유 파동 이후에는 양보다 질을 중요시하는 수요를 다양화해서 제품의 부가가치를 높이는 다품종소량생산을 가능하게 하는 기술이 필요하게 되었다.

이러한 경향은 기업에서의 생산과정에서 뿐만 아니라 사무나 판매부문 그리고 일반사회나 가정에까지 파급되었다. 또 제각기 전문분야에서 활약하는 혁신산업이 활기를 띠게 되는 기반이 되었다.

그러나 이와 같이 혁신의 바람이 왕성하게 된 가장 큰 요인은 첨단기술이었다. 마이크로 전자학이나 생화학 기술 · 신소재 · 소프트 시스템 등의 기술발달이 바로 그런 것들이다. 이런 식으로 나간다면 머지 않아 이들 산업이 종래의 철강산업이나 자동차 산업을 대신하는 우리나라의 기간산업이 될 전망도 있다고 본다.

결국, 21세기는 바야흐로 이러한 최신기술을 기반으로 삼는 기술입국의 시대이며, 이것을 주도해나갈 수 있는 것이 바로 기술 개발력을 앞장 세우고 있는 '혁신산업' 이다.

앞서 말한 바와 같이 양적확대만으로 이익을 확대해 나가는 데는 한계가 있다. 시대의 요청에 부흥하는 새로운 상품을 만들어 사람들에게 제공하는 적극적이고 미래지향적인 기업의 출현을 기대하고 있다.

혁신산업의 활동을 목마르게 고대하고 있는 분야는 놀랄만큼 많다. 또한 혁신산업 자체도 산업계나 사회 전반의 다양한 요구에 부응하는 여러 형태의 것을 개발하고 있다.

1. 소프트웨어(Software)형 기업 … 마이크로 일렉트로닉스의 소프트웨어 기술을 중심으로 연구개발하고 있는 기업

2. 디바이스(Device)형 기업 … 제조업 중 부품생산 또는 장치생산의 연구개발 및 생산판매를 하는 기업
3. 프로덕트(Product)형 기업 … 제조업 중에서 최종 상품을 연구개발, 생산판매하는 기업
4. 머티리얼(Material)형 기업 … 제조업 중에서 소재의 연구개발에 성공하여 그를 생산에 응용하고 있는 기업
5. 유통 서비스형 기업 … 유통 서비스업을 중심으로 하면서도 각 분야의 연구개발력 또는 상품 차별화의 실력을 갖춘 기업

이러한 업종에 맞추어 혁신기업의 각 회사는 가장 성장성이 높은 분야에 진출하여 유망한 시장을 계속 개척해 나가고 있다. 예를 들면 첨단 기술력에 의해 급성장하고 있는 컴퓨터 주변장치산업은 높은 성장이 예상된다.

광산업도 유망산업이다. 레이저(Laser) · 광섬유 · 광IC 등의 재료부품 · 기계류 · 광정보처리 · 광에너지 응용장치 등 그 발전은 눈부시며, 광기술의 응용분야가 넓어지는 추세로 보아 장래에 급속한 성장을 이룰 것으로 생각된다.

또한 의료용 전자기기는 의료기술의 고도화에 대한 요청이 상당한 것으로 보아 앞으로도 유망하리라 예상되며, 혁신산업의 활약이 뛰어난 반도체 분야는 LSI(대규모 집적회로) 개발에 따른 수요가 늘어남에 따라 당분간 성장이 계속되리라 예상된다.

또, 산업용 로봇은 계속해서 고성능쪽으로 나아가고 있고 이에 따라 소프트웨어가 더욱 더 중요시 되고 '벤처' 의 역할도 더 필요하게 되리라 본다.

생명공학(Bio Technology)은 앞으로의 기술응용에 무한한 가능성을 지니고 있는 매력있는 사업분야이다.

그 응용분야가 의약품 · 화학제품 · 식료품 등 범위가 넓어서 산업화가 실현되면 될수록 거대한 시장과 사업기회가 생기게 되므로 가장 '벤처' 적인 분야라고 말할 수 있다.

또한 정보처리산업은 시장규모가 매년 급성장을 계속해 온 첨단분야로서 '소프트웨어하우스' 등 이미 벤처기업(Venture Business), 즉 위험부담을 안고 모험적으로 신제품을 만들어보는 산업의 활약이 눈부시며, 앞으로도 하드웨어(Hard Ware)의 기술개발 · 통신

회로 개발의 진전 · 이용이 늘어나는 것 등을 배경으로 시장은 계속적으로 확대되리라고 본다.

그밖에도 기술혁신이 급속도로 이루어짐에 따라 노동집약적 형태에서 지식집약적 형태로 탈바꿈하고 있는 금형산업, OA(Office Automation)나 FA(Factory Automation) 즉 사무 자동화나 공장 자동화에 힘입은 리스 산업 등이 성장할 전망이 밝다고 보여짐으로 '벤처기업' 으로서는 대단히 유망한 시장이다.

또한 CATV나 INS를 활용한 홈쇼핑이 앞으로 유통구조를 획기적으로 바꿔놓는 분야로써 간과해서는 안될 것이다.

또 최근에는 서비스 분야도 '벤처기업' 의 유망한 시장이 되고 있다. 예를 들면, 패스트푸드(Fast Food)나 여행 서비스 같은 분야도 컴퓨터의 하드 · 소프트웨어 기술을 활용해서 서비스의 시스템화를 강화하고 있다. 첨단기술을 사용하게 되면, 앞으로 얼마든지 '사업화' 해 볼만한 가능성이 있다.

이와 같이 '벤처기업' 이 이용하는 분야는 어느 것이나 사회와 산업을 변화시켜 놓은 것으로서 앞으로의 21세기를 이끌어 나갈 분야이다. 첨단기술과 관련되는 것이 많은 만큼 이미 많은 '벤처기업' 이 출현하고 있다.

고도의 기술력과 새로운 경영전략을 무기로 감는 '벤처기업' 만이 변혁적인 시대에 '차세대' 산업으로 성장할 수 있을 것이다.

02

'벤처기업' 경영자의 조건

01 '벤처기업'의 경영자

1. 도전해 보는 정신의 근원은 배고픔이다

기업을 일으키는 것은 사람이다. 특히 '벤처기업'에서는 사람의 문제가 기업의 성패를 좌우한다. 유력한 재벌그룹에 소속되지 않고 보호자도 없이 중소기업에서 출발하여 대기업으로 성장해 온 기업자들에게 공통적으로 볼 수 있는 점은 위험에 도전하는 억센 기업가 정신이다. 무자본 상태에서 거대한 사업을 만들어내자면 당연히 수많은 시련과 인생을 건 선택과 승부가 필요하다.

그러면 이러한 도전정신이란 어디에서 생겨나는 것일까? 그것은 바로 배가 고파야 발벗고 나서는 '헝그리' 정신이다. '헝그리'는 배고프다는 의미니까 물질적인 결핍상태를 말한다. 단적으로 말하면 돈이나 명예, 권력을 쥐고 싶다는 것이다.

그런데 '헝그리'라는 말에는 물질적인 것과 동시에 정신적인 뜻도 있다. 오히려 물질적인 상태를 초월해서 정신적인 것이 되었을 때, '헝그리'라는 것은 위대한 힘을 발휘하게 된다.

물질적인 배고픔에는 일단 배가 채워지면 더 이상의 진보는 없게 된다. 배고픔을 정신적인 것으로 높여 끊임없이 새로운 것보다 좋은 것, 그리고 보다 더 강력한 것을 찾아 도전을 해보는 이 정신적 배고픔은 한편으로는 종교적 진리를 목마르게 찾아 헤매는 것과 같다고도 할 수 있다. 혹은 인간능력의 한계에 대해 지칠줄 모르고 추구해보는 정신인지도 모르겠다.

독창력의 계기가 되는 것은 갈망이다. 즉 창조하고자 하는 사람, 무엇인가를 기어코 성취하고자 하는 사람에게는 반드시 이루고자 하는 애타는 목마름이 없어서는 안된다. 극도로 목마르면 도전정신도 생기기 마련이다.

도전에는 반드시 위험이 뒤따른다. 성공의 기회도 있으나 실패할 가능성도 많은 것이다. 인간에게는 늘 양면성이 있다. 현재의 안정을 그대로 유지해나가고 싶은 마음과 새로운 것에 한 번 도전해보고자 하는 마음이 함께 공존한다. 다만 대부분의 경우 살기 넉넉해지고 안정되면 모험을 하지 않는다.

특히 현대처럼 물질적으로도 배고픔이 사라지고, 기업에 있어서도 근무연수만 채우면 안전하다는 사고방식을 가진 환경에서는 배고픔의 정신이 싹트기 어려운 법이다.

'벤처기업' 을 일으키는 사람은 새로운 것을 갈망하는 '헝그리' 정신이 왕성한 사람들로서, 하나 하나 새로운 것에 도전하는 사람들이다.

2. '남자의 꿈' 으로써 결속

'벤처기업' 으로 성공한 경영자에게 찾아볼 수 있는 공통점은 절대군주와도 같은 통솔력이 있고 또한 통솔력을 뒷받침 해주는 놀랄만큼 끈질긴 행동력과 결단력이 있다.

그들은 사회통념상 도저히 넘을 수 없는 벽이라고 생각되거나 금기사항으로 되어있는 것 따위를 믿지 않으며, 강렬한 통찰력과 독자적인 '이미지' 를 중시하고 기성관념에 얽매이지 않는 신념을 지니고 있다.

유행에 따르는 것이 아니라 스스로 시대의 흐름을 만들어 가려고 하는 의욕을 가지고 있다. 남다른 포부와 계획을 갖고 끝까지 해내면 반드시 거기에서 좋은 결과가 생겨난다는 것을 아는 사람이 바로 성공할 수 있는 경영자이다.

열성, 한 가지 일에 몰두하는 자세, 자기 스스로 앞장서서 투쟁해나가는 자세, 위험에 정면으로 도전하는 자세, 이것이 주위의 남자들을 분발시킨다.

'이 사람을 위해서라면' 하는 공감대가 형성되며 단결하게 된다. 한 가지 목표를 향해서 단결한 남자들만큼 강한 것은 없다.

모든 성공한 '벤처' (모험가, 도전자)는 바위처럼 뭉쳐서 위험에 도전하고 높은 이상을 향하여 새로운 웅대한 계획을 이 세상에 만들어 내려고 하는 '남자의 꿈' 으로 되어 있다.

'벤처' 창업자의 강력한 지도력이 전사적인 높은 이념이 되어 전 사원의 힘을 한데 뭉치게 한다. 원리 · 원칙을 따르지 않고 오히려 상식을 부정해야만 남들보다 더 높은 성과를 얻게 된다. '가슴속 깊은 곳에서 타오르는 불과 같은 열성이 없어서는 안된다' 고 외치며 현상타파의 정신을 잠재의식 속까지 배어들게 한다.

이와 같이 얼핏 보기에 파격적이라고 생각되는 창업자의 경영철학이나 행동은 결코 터무니없는 짓이 아니다. 기업활동이 어떤 형태로든지 사회에 보탬이 되지 않으면 안된다는 점에서는 공통된 것이고, 목표를 향해서 가장 효율적으로 그리고 신속하게 돌진해나가고 있는 것이 이들 '벤처기업' 이라고도 할 수 있다.

'벤처' 의 경영자는 앞장서서 힘차게 당겨가는 견인형이지 결코 부드럽게 조정하는 타입의 지도자여서는 안된다. 그들은 자기 자신의 미래에 대한 구상이나 철학에는 매우 충실하나 그렇다고 자기 도취에 빠진 신념의 소유자가 되어서는 안된다.

어느 것이나 사원 모두가 함께 지닐 수 있는 가치관을 바탕으로 한 철학이어야 하며, 그것이 강렬하고 클수록 사람들을 끌어당기는 힘이 강해진다. 벤처 경영자는 이러한 높은 이상을 되풀이 해가면서 사원들을 격려한다.

이리하여 창업자의 정신은 기업의 각 부문에서 발휘되어 간다. 그리고 어려운 문제에 부딪혔을 때 '창업자라면 어떻게 대처할까?' 하는 경영철학이 우러나오게 된다. 반대로 이런 일체감이 없어졌을 경우 쇠퇴하고 관료화하고 무사안일주의가 생겨나게 된다.

기업가 정신이란 창조성과 모험심과 밀접하게 연결되어, 안정이나 보장같은 것은 용납되지 않는다. 자기의 신념에 따라 감히 위험을 무릅쓰면서도 자기의 갈 길을 개척하여 창조해 나가는 헝그리 정신이다.

'벤처기업' 경영자는 모름지기 이와 같이 이 세상에 새로운 무엇을 탄생시켜 나가는 배고픔의 정신을 지녀야만 하는 것이 필수조건이라 하겠다.

02_ 현대의 '벤처' 타입

'벤처기업' (위험부담을 안고 모험해보는 사업)을 일으키는 사람은 대개 기술자 출신이 많다. 기술자는 그만큼 시대를 변혁해 갈 수 있는 첨단기술과 늘 가까이 접할 수 있다. 따라서 엔지니어로서 새로운 것을 연구개발하는 벤처기업을 생각하기 쉽다. 또 훌륭한 경영력을 지닌 사람이 기술자를 모아서 기업을 일으키는 경우도 있다.

그러나 기술자 타입에는 그 나름대로 결점도 있다. 기술에만 너무 집중하는 나머지 시야가 너무 좋아지지 않을까? 하는 염려가 바로 그것이다.

자신의 기술에 대한 힘을 최대한 신뢰하는 것은 필요한 것이지만 자칫 서투르면 이것이 발전을 가로막는 방해요소가 될 수도 있다. 사물을 대국적 견지에서 볼 수 있는 파트너를 찾아내어 그 기술력을 최대한으로 발휘할 수 있어야 한다.

어쨌든 '벤처기업' 을 성공시키려면 경영과 기술력이 서로 잘 보완되어야 한다. 창조형 기술자는 대기업보다 오히려 중소기업에서 두각을 나타내며, 중소기업이기 때문에 기업 전체를 환히 파악하는 유리한 점과 기술에 대한 자신감도 깊어진다.

미국에서 급성장한 100개의 벤처회사를 대상으로 INC지가 조사한 바에 의하면, 100개 회사 중 14개 회사의 대표가 대학 중퇴자였다고 한다.

또한 대학 출신자의 전공은 전자공학이나 기계 등의 기술계가 30%이고 의외로 경영학 전공자는 9% 밖에 되지 않았다고 한다. 그 밖에 대표자의 대부분이 벤처를 하기 전에는 기업에서 같은 분야의 경험을 쌓았고 창업할 때의 평균 나이는 37세, 가장 젊은 예로는 19세, 최고령자는 54세라는 조사결과가 나와있다.

이러한 예로 보아 '벤처' 로서 성공한다는 것은 결코 엘리트들만이 아니라는 사실이다. 산업의 새로운 업종을 개척해나가는 것은 오히려 기성 재벌들과는 반대 입장에 있는 사람들이다.

그것은 중소기업 속에서 한 기술자로 끝을 맺는 것은 도저히 참을 수 없다는 이유인지도 모르겠다. 혹은 어떤 조직에 소속되는 것을 명예롭지 못하다고 생각하거나, 몸 담고 있던 기업이 도산해서 벤처를 시도하는 계기가 된 경우도 있다. 어느 경우나 무엇인가 새로운 것을 탄생시켜보려는 '배고픔에서 시작하게 되는 도전' 이 벤처의 특성이라 하겠다.

03 '벤처기업' 경영자의 자질과 경영능력

1. 자기평가의 포인트

자기 자신에 관해서는 자기가 제일 잘 알 것이다. 독자 여러분 중에서도 '벤처기업을 시작해보자.' '나 같은 사람이야말로 벤처의 경영자로서 적합한게 아닌가' 라고 생각하는 사람도 있을 것이다. 우선 도전해보는 것도 하나의 방법이지만, 미국의 어느 '벤처 캐피탈' (벤처기업을 대상으로 자금대출)은 오랜 경험을 통해 '벤처기업' 을 성공시킬 수 있는 경영자의 자질로서 다음과 같은 조건으로 삼고 있다.

(1) 의욕과 체력

우선 기업가로서 성공하려면 평균적인 수면시간을 취하지 않고도 장시간 작업을 계속할 수 있는 의욕과 체력이 필요하다. 지금까지 소개되어 온 '벤처기업' 성공자에게 공통된 최소한의 필수조건이다. 체력이 떨어지면 의욕도 사라지게 되므로 이 점이 제일 중요하다.

(2) 자기의 인생은 자기가 결정하는 자신감

자신감이 없다면 다른 사람들이 따라올 리가 없다. 특히 벤처 초기 단계에서는 자기 자신이 솔선해서 주위 사람들을 이끌고 나가지 않으면 안된다.

벤처의 후반에 들어서서 또는 기업이 커지고 조직의 힘으로 움직일 때에도, 일종의 군주적 또는 독재적 방식이 필요하게 되는데 자신감이 없는 인간이 군주적 · 독재적 성격과 태도를 가질 수는 없을 것이다.

(3) 지속력

사업을 완수하려면 최저 5년이나 7년의 장기간의 시간이 필요하며 장기간에 걸쳐 이를 수행해 나갈 능력이 필요하다. 즉 장기간에 걸쳐서 지속적으로 집중력을 발휘하는 능력이 필요하다. 목적달성을 위해서는 계속해서 문제를 풀어가고자 하는 의지나 의욕이 있어야만 한다.

(4) 위험부담을 겁내지 않는 능력

기업가로서 성공하려면 자기가 스스로 적극적으로 위험을 무릅쓰고 일 해볼 필요가 있다. 그러나 이 위험부담을 안는 시도는 도박처럼 성공할 확률이 극히 적다.

반대로 성공률이 너무 높아서 모험을 걸어볼 만한 가치도 없는 것들만 건드려보는 것은 별로 의미가 없다. 최선을 다하리라는 확신이 서는 것으로서 성공했을 경우 대단한 만족을 맛볼 수 있을 정도의 위험부담을 지닌 것이어야 한다.

(5) 실현 가능한 도전목표를 설정하는 능력

현실성 있고 게다가 도전한 보람이 있는 목표를 설정하는 능력을 지녀야만 한다. 벤처경영자는 끊임없이 이상과 꿈을 좇는 인간이긴 하지만, 목적을 달성하기 위한 수단이 언제까지나 꿈을 좇는 식이어서는 안된다.

그런 자는 '허풍쟁이' 에 지나지 않는다. 그 목표를 몇 가지의 실현 가능한 단계로 나누어, 목표에 도달할 때까지 현실적인 방법을 구체적으로 설정하는 능력을 지녀야만 한다.

(6) 실패에서 배우는 능력 · 비평을 활용하는 능력

'실패는 성공의 어머니' 라는 것을 잘 알고, 이것을 잘 살려서 처신해야 한다. 실패했을 때 자기 자신은 어떤 역할을 하고 있었는지 잘 되새겨 장차 똑같은 실수는 하지 않아야 한다. 실패 때문에 한때 마음이 덜컹 내려앉는 충격을 받겠지만, 다시 시도하려는 의욕마저 잃어버려서는 안된다.

여러 번 넘어져도 주저앉지 않는 정신이 필요하다. 또 자기에 대한 비판은 솔직히 받아들여서 이를 새롭게 활용하는 능력을 가져야 한다. 그러기 위해서는 인생의 경험도 상당히 쌓아 올려야만 한다. 자기 체면만 고집하지 말고 모든 경험을 더 높은 목표를 달성하기 위한 발판으로 삼고 같은 실수를 되풀이하지 않는다.

(7) 주체성과 개인 책임의 확립

주체성을 가지고 기업경영의 책임 있는 지위를 자진해서 떠맡도록 한다. 남에게 책임을 미루거나 관료주의처럼 무책임한 체제가 되면 끝장이다. 경영자가 솔선해서 주체성과 개인책임을 떠맡으면 다른 사람도 이를 배워, 벤처 전체가 한 덩어리로 뭉쳐져서 활성화되는 법이다.

(8) 이용 가능한 수단을 충분히 활용하는 능력

목적을 달성하기 위해 필요한 전문가를 이용할 수 있는가, 없는가? 벤처는 이처럼 실제 전투에서의 승부와도 같은 것이다. 경영자는 자기의 모든 지식과 능력을 쏟아야만 한다. 자기의 지금까지의 경험을 바탕삼아 이용 가능한 수단이나 전문가를 총동원하여 활용한다. 목적 달성을 위한 전문가의 도움을 이용하지도 못할 만큼 혼자서 너무 깊이 빠져 들어가는 자세여서는 안된다.

(9) 자기규율의 확립

자기규율을 정해놓고 실천에 옮겨야 한다. 사생활의 행동에서도 자기규율을 만들어서 실천에 옮겨야 한다. 회사의 일과 사생활이 별개의 것이라고는 하지만 사생활때문에 너무 골치를 썩힌다면 사업은 어찌될 것인가? '사업과 사생활의 혼돈' 이런 실패의 예는 중소기업의 경영자 중에서 흔히 볼 수 있는 모습이다.

또한 사업을 위해서라 하더라도 부정한 방법을 쓰는 것은 피해야 한다. 그런 부정은 자기 자신이 너무나도 잘 아는 상황이기 때문에 앞으로 사업을 수행하는 데 의욕을 크게 감퇴시킨다. 자기규율은 새삼 강조되어야 한다.

(10) 성공의 결과로서의 수입 추구

임금, 이윤, 자본상의 소득 등의 수입은 이것 자체를 목적으로 삼기보다는 사업활동의 당연한 성과로 과시되는 능력이 필요하다.

이상과 같은 것이 '벤처' 경영자에게 필요한 자질이 되는 것으로 이런 항목들을 모조리 갖추기는 어려운 일이다. 몇 가지 항목에 약점이 있는 것은 자연스러운 일이며 그러한 약점을 '팀' 즉 다른 임원의 힘으로 보완해야 한다. 그러나 어디까지나 책임이나 위험부담은 대표 자신이 져야한다는 것을 명심해야 한다.

'벤처기업' 의 경영자가 될 사람은 이런 항목에 대해서 자신의 능력이 어느 정도인가를 상 · 중 · 하(上 · 中 · 下)로 평가해봐야 할 것이라고 미국의 벤처 캐피탈(모험산업 기금대여기관)은 지적한다. 만약 그런 항목의 대부분이 자기는 '상' 이나 '하' 라고 생각되면 가족이나, 투자가를 위해서라도 기업을 창업하려는 일은 단념해야 한다.

만약 자기의 채점결과, 높은 득점을 얻었다면 자기가 신뢰하는 사람에게 재검토를 의뢰해 볼 필요가 있다. 전문 경영인이 평가하면 자기의 평가와는 판이한 평가를 내릴 수도 있다. 그들이 낮은 평가를 한다면 그들의 평가가 옳은 것일지도 모른다.

04 '벤처기업' 의 경영능력

'벤처기업' 은 더욱 더 치밀한 경영능력이 필요하다. 만약 경영면에서 능력이 부족하다고 생각될 때에는 이를 보완하기 위하여 같은 경영진에 있는 사람의 힘을 빌려야 한다. 그러기 위해서는 자기 약점을 잘 알고 도움이 필요한 부분을 명확하게 해 놓아야 한다.

경영능력 평가의 중점은 기업의 성격에 따라 달라지지만 일반적으로 다음과 같다.

1. 연구개발 · 기술개발 활동(엔지니어링)

1) 응용연구의 관리 … 창조적 인재를 필요로 하는 장기의 기초연구(첨단부문)와 단기의 제품개발과의 균형잡힌 짜임새를 만들어나갈 능력이 있어야 한다.

2) 개발계획의 입안 … 개발담당 엔지니어에게 개발계획을 세우게 하고 이를 실천시키는 능력이 있어야 한다. 이럴 경우 개발기간과 비용을 그 기업경영에 맞게 적정한 규모를 넘지 않도록 관리하고 불필요한 낭비를 막아야 한다.

   제품의 기능이나 외부의 개량 또는 그것을 생산하기 위한 공정관리에 필요한 것은 모두 제공하고 그때 시험제품과 실제 생산에 들어가는 것과의 차이를 둔다.

3) 기술자의 관리 … 시험제품을 실제 생산하기 위한 최종 마무리를 계획하고, 그것을 엔지니어에게 지시하며 생산공정의 최종 테스트 등을 지시할 수 있는 능력

4) 기술적 노하우(비법) … 개발 및 기술자문에 참여할 수 있는 지식을 갖출 것. 왜냐하면 '벤처기업' 의 경영자는 항상 새로운 기술에 대해서 일정한 지식이 있어야 한다.

5) 연구개발 및 엔지니어링 전반에 관한 능력 … 위에서 말한 바와 같은 여러 기능에 대해서 어느 정도의 전반적인 능력을 지니고 있는지 자신이 채점해 볼 필요가 있다.

2. 생산공정

1) 공정관리 … 생산공정에 대해서 기계의 배치, 공장의 설계 등 생산과정의 구체적 지식을 가질 것. 또 시간 · 스케줄 · 비용관리나 품질관리 등을 실제로 해본 경험을 가질 것

2) 재고관리 … 재료 및 제품의 재고관리를 해본 경험이 있을 것

3) 품질관리 … 생산공정, 제품의 품질에 대한 품질관리 시스템을 구축하여 실시하는 능력

4) 구입관리 … 원자재의 구입, 원자재 납품업자와의 교섭, 원자재의 반입, 재고 관리, 구입량의 많고 적음에 따른 디스카운트의 교섭 등에 대해서 정통할 것

3. 마케팅과 판매기능

1) 시장조사 … 시장조사를 계획 · 실시하여 그 결과를 해석하는 능력
구체적으로 앙케이트를 작성하여 샘플링(표본 만들기) 방법의 설계 · 서베이(총괄적인 관찰) 실시능력

2) 마케팅 계획 … 판매계획, 광고판매촉진, 판로분석 등을 실제로 해본 경험을 가질 것

3) 판매정책과 실지거래 … 상품의 판매경로를 조직화하고 이를 총괄하여 판매 제1선을 동원하고 그들의 활동을 지원해주는 능력
즉 시장 점유율을 획득하는데 필요한 판매량의 예측과 이를 실현하기 위한 판매정책이나 세일즈맨을 관리하는 능력

4) 직접적인 판매력 … 새로운 고객층을 개척하여 실제로 새로운 고객에게 싸게 만들어 판로를 확대하는 실적을 올릴 수 있는 능력

5) 서비스 제공 … 고객의 욕구를 서비스망을 형성하여 서비스를 제공하는 능력

6) 판로정책 … 공장에서부터 최종 소비자에 이르는 제품의 판매경로를 형성할 것

7) 마케팅 전반에 관한 기능 … 마케팅 및 판매기능 전체에 관한 자기능력을 점검

4. 재무관리

1) **자금조달** … 기업의 설립 및 성장에 필요한 자금을 가장 적절한 방법으로 조달하고, 나아가 자금수요를 예측하여 필요자금을 조달하기 위한 장기 및 단기자금 조달수단과 방법을 잘 알고 있을 것

2) **자금관리** … 자금관리방법을 계획하고 구체화하여 실시해 나가는 능력

3) **그 밖의 자금관리에 필요한 기술** … 손익 분기점의 산출, 이익 기여율에 대한 평가, 예산과 이익계획의 입안, 손익 계산서와 대차 대조표의 정비, 나아가 투자 수익률 분석 등의 특수기술을 익힐 것

4) **재무관리 전반의 기술** … 위에 설명한 재무관리 전반에 관해 자기의 능력을 되돌아보고 전반적인 자기 평가를 해 볼 필요가 있다.

5. 일반관리 능력

1) **문제해결 능력** … 예상되는 문제에 대해 미리 손을 써서 그 발생을 예방하는 능력
문제가 발생할 가능성이 있는 요인들을 찾아 확실한 원인을 분석해보고 효과적인 문제해결방법을 생각해보는 능력

2) **커뮤니케이션(의사소통) 능력** … 보도기관이나 고객 · 동료 · 부하직원에 대해 대화나 서면을 통해 명확하고 효과적으로 의사소통을 할 수 있는 능력

3) **계획입안 능력** … 현실적인 목표를 설정하고 그 목표를 실현함에 있어서 생기는 장애물을 찾아내 극복해가며 목표달성에 이르는 세부적인 행동계획을 세우는 능력. 그리고 자기의 시간을 효과적으로 이용하는 능력

4) **결단력** … 불충분한 자료라도 충분하게 분석해보고 결단을 내리는 능력

5) **프로젝트(계획 · 설계) 관리능력** … 프로젝트 팀을 조직하여 목표를 설정하고, 프로젝트 팀이 할 일을 정하여 나타나는 문제를 해결하고 비용(코스트)과 품질이 제약을 받는 중에서도 프로젝트의 작업이 완성되도록 감시해 나가는 능력

6) **교섭력** … 교섭하는 경우에 효과적으로 성공시키는 능력
그리고 상대방의 손해와 이득에 관해서 즉각적으로 비교 · 판단하는 능력

7) **급여관리** … 급여지급제도를 만들어 고용 · 보수 · 연수교육 시스템을 확립하는 능력

8) 일반관리 능력 … 일반관리기능 전반을 뒤돌아 볼 수 있는 평가능력

6. 인사관리

1) 리더십(지도력) … 작업을 수행하는 과정에서 상사와 부하직원 간의 관계를 이해하는 능력, 즉 적절한 상황으로 인도해 나가는 능력
구체적으로 지도해주거나, 고언해주거나, 암시해주거나 그밖에 다른 방법으로 부하의 행동을 적극적으로 감독, 관리해 나가는 것이 필요하다.

2) 남의 의견에 귀를 기울이는 능력 … 남의 의견을 솔직하게 받아들여 이해하는 능력

3) 필요에 따라서는 남의 도움을 받아들일 줄 아는 능력 … 도움이 필요할 때에는 원조를 요청하며 그것을 받아들이는 능력

4) 판단하는 능력 … 유익하고 정확한 비판을 할줄 아는 능력이나 반대로 남의 비판에 대하여 솔직히 받아들일 줄 아는 능력

5) 결단을 내려야 할 때 생길 수 있는 알력에 대처해가는 능력 … 의견이 다른 것을 솔직히 시인하고 결단을 내릴 때까지 서로 다른 점에 관해서 철저하게 토론하는 능력

6) 팀워크(단결) … 같은 목표를 향해서 남들과 잘 조화를 이루며 수행해 나가는 능력

7) 부하를 잘 골라서 교육하는 능력 … 부하를 잘 선택해서 책임있는 일을 맡기며, 그들의 경영능력을 개발하고 교육하는 능력

8) 좋은 환경을 조성하는 능력 … 수익을 높이기 위해서 작업을 편히 할 수 있는 환경을 만들어주는 능력

9) 인사관리 전반의 기술 … 위에서 설명한 인사관리분야의 전반에 걸쳐 자기의 능력수준을 반성해보고 자기평가를 해 볼 필요가 있다.

7. 법률 · 세금문제에 관한 지식

1) 회사운영에 관한 법률 … 주식발행 · 회사설립 · 판매계약 · 리스(기계류 등의 장기간 대여) 등에 관한 법률문제에 정통

2) 계약법 … 불이행조항 · 보증조항 · 할부조항 등을 포함한 계약수속이나 상거래 관습상 필요한 계약조건 등에 정통할 것

3) **특허법** … 특허신청 준비나 정정을 실제로 해보고 '특허' 의 힘이 얼마나 강한가를 잘 인식할 것. 또 필요한 특허권 행사 등에 관해서 정통할 것

4) **세법** … 제출할 필요가 있는 세무상의 보고서류나 조세감면 · 세공제 · 복리비 등에 대한 조세특별조치 등에 대해서도 충분한 지식을 갖출 것. 나아가 일반 관리비 · 간접비 · 그 밖의 비용 구분 등에 정통할 것

5) **법률 · 세금에 관한 전체적 지식** … 위에서 설명한 법률과 세금분야를 통해서 자기 지식의 수준을 새삼 파악하고 전반적인 평가를 해두는 것이 필요하다.

이상에서 말한 경영상의 능력에 대한 자기평가에 관해서 업무적으로 매일 접촉하고 지내는 사업의 선배나 전문가에게 재검토를 간청하는 것도 필요하다. 친구나 부하 직원은 틀린 평가를 내릴지도 모른다. 그러나 사업의 선배나 전문가에게 도움을 요청하면 자기의 경영능력에 대한 충분한 평가를 얻어낼 수 있다고 본다.

03

'벤처기업' 의 자금조달

01_ 자금조달의 수단

일반적으로 기업의 경영에는 돈 · 물자 · 인력의 3가지 요소가 필요하며 오늘날에는 이에 덧붙여 정보나 환경이라는 외적 요인이 중요한 위치를 차지해 가고 있다.

그러나 벤처기업은 어느 것 하나 충분히 갖춰진 것이 없다. 그 중 요즘 자금부족현상이 삼각한데 자금부족은 중소기업의 특성인 경영기초의 빈약에서 오는 경영위기나 경제환경의 영향을 받기 때문에 경영파탄이나 도산의 직접적인 원인이 되는 경우가 많다.

특히 기술중심의 고부가가치형 벤처기업에게는 연구 개발비 등의 선행투자에서 생긴 자금부족을 해소하기 위한 자금조달이 경영상 큰 부담이 되고 있다.

벤처기업의 자금조달방법에는 주식이나 채권을 발행하여 자금을 조달하는 직접금융과 은행에서 차입을 하는 간접금융 그리고 자기금융, 이렇게 3가지로 나누어진다.

그 중 자기금융은 기업의 내부유보에 의한 자금이며 감가 상각비와 이익(세금제외)에 의한 것이므로 자금으로서는 가장 양질의 것이다.

그러나 벤처기업은 창업 초기 연구개발기간이나 작업 초기에는 이익이 별로 많지 않는 경우가 대부분이고 모험적인 급성장을 하는 다음 단계가 되면 이익의 발생보다 확대자금이 더 필요하게 되고 이익의 대부분을 다시 연구 개발비로 우선 투자하여야 하므로 실제 자기 자금의 축적에는 어려움이 많다.

그래서 자금조달은 거의 직접금융 아니면 간접금융에 의존한다. 최근에는 중소기업에서도 종래의 간접금융 의존방식에서 직접금융을 중시하는 쪽으로 방향이 바뀌어가고 있으며 동시에 직접금융시장을 둘러싼 각종 규제의 완화, 정책 지원금 등이 있다. 그러나 벤처기업에서는 초기단계에서의 자금조달이 어렵다는 점이 문제가 된다.

다양성과 오늘날까지 길러온 중소기업의 노하우에 의한 부가가치, 정보의 발전에 의하여 벤처기업에게 대단히 유망한 자금조달기관이 되었다.

02_ 단계별로 하는 자금조달

1. 연구개발단계

연구개발단계는 기술의 기초연구에서 응용연구 그리고 용도의 개발실증과 상품화 시험제작의 단계를 말한다. 벤처기업의 경영자는 어려운 환경이라 하더라도 미리 계획을 세워 매달 정기적으로 은행에 적립, 자기 자금을 저축하여 창업자금과 연구개발자금을 충분히 준비해 둘 필요가 있다.

또한 은행과 친밀한 관계를 맺어 인물됨을 인정받고 확고한 사업계획, 기술 설명서를 작성하여 창업자금의 융자를 바라보는 노력도 필요하다. 그러나 기본적으로 은행대출은 벤처기업의 불확실성으로 매우 어려운 것으로서 거절당하는게 보통이고, 더구나 담보물건, 보증인이 충분치 않으면 융자를 받기가 어려운 실정이다.

그래서 이런 시기에는 잘 이해해주는 스폰서나 동반자를 찾아내는 것이 무엇보다 중요하다. 기술을 평가하고 선행투자를 해주는 친척이나 아는 사람을 주식회사의 주주로 앉혀 자금을 제공받는 방법이다.

또한 중소기업중에서 새로운 기술을 구하고 있는 곳을 찾아, 공동출자 형식으로 하여 성공하면 이익을 분배하는 방식, 즉 기술도 상품처럼 판다는 사고방식을 채택하는 것은 한 가지 방법이다.

어느 정도 상품화(시험제품)가 이루어지면 외국의 '벤처 캐피탈'은 연구개발자금(R&D 자금)을 투자하는 경우도 있다. 우리나라에서도 아직 극히 초보적인 단계라고는 하지만 R&D 자금분담 제도나 이 시기에 투자하는 '벤처 캐피탈'도 많이 생겨나고 있다.

그래서 벤처기업은 기술개발 및 상품화(시험제품단계)를 한정된 인원과 연구 개발비로 짧은 시간에 집중적으로 해야 한다. 그러기 위해서는 되도록 느긋한 준비태세를 갖추고 생계를 유지해가면서 여가시간을 이용한 소위 공동연구가 필요하다.

또는 벤처기업을 지향하는 동지들의 공동연구에 의한 경비분담 등 자금의 사용과 조달의 밸런스를 유지하는 연구가 필요하다. 연구개발기간을 단축시키기 위하여 국가나 대학의 연구기관에 기초연구를 부탁하는 방법도 있다.

2. 스타트 업 단계

스타트 업 단계는 자금이나 인재가 한정된 속에서 연구개발단계가 진행되고 구체적으로 상품화됨으로써 점차 기업화로 향하는 시기이다. 보통 이 단계에서는 지니고 있던 자금도 거의 바닥난 상황이겠지만 좀더 분발해서 다음과 같은 자금조달을 해야 한다.

즉, 어느 정도의 자금을 생산이나 마케팅을 위해 마련하는 것인데 친척이나 친지로부터 추가로 지원을 받거나 상품을 앞장세워 사용자에게 시험 판매를 시도해야 한다.

또한 그 실적을 기초로 해서 은행에 담보나 연대보증을 하여 장기융자를 받도록 노력한다. 은행측에서도 종래의 재무나 경영심사에다 기술심사까지 하여 성장성있는 벤처기업의 발굴이나 융자를 시도해보려는 움직임이 있다. 그러나 아직 생산품의 시험제품단계에서는 은행의 문턱이 높은 것은 어쩔 수 없는 상황이다.

그래서 자금조달을 잘 하려면, 예를 들어 기술평가 즉 상품가치가 높다는 것을 입증시키기 위해서 대학연구기관이나 매스컴의 소개를 받아 상품이나 기업을 알리는 노력을 해야 한다. 또한 판로개척이 성공의 열쇠인 만큼

1) 신규시장 확대형은 고객의 취향정보를 정확하게 파악해서 취향에 맞는 신분야의 개척과 응용으로 상품을 기획한다. 비록 좋은 상품이라도 고객취향에 맞지 않으면 사지 않는다.
2) 신규시장 창조형은 상품기능에 맞는 취향을 발굴하여 창조해내고 정보를 사전에 파악해서 특수화 내지 세분화 해나간다. 잘된 상품이라도 과거의 실적이 없으므로 판매가 부진하고 재고의 누적으로 찌그러지거나 폐품이 되기 쉽기 때문에 이익이 적더라도 많이 팔아서 실적을 올리도록 한다.

3) 기존 시장 재개발 확대형은 판매대상을 꼭 붙들어 안정이익을 확보하기 위한 OEM(상대방의 상표에 의한 생산판매)방식을 취하거나 상대방 상사의 기존 판매망을 활용하도록 한다. 당초부터 독자적인 판매망을 만들어 나간다는 것은 로스가 많이 발생하기 때문에 상대방의 실적과 신용을 이용한다.

이런 방법의 마케팅 활동실적에 의해서 은행이나 '벤처 캐피탈'에 대한 자금공급의 중요한 동기를 주는 것도 생각해볼 수 있다.

'벤처 캐피탈'과 능숙한 교섭을 하려면

1) 기업의 기술력 · 상품력 · 기업의 체질에 관해서 장래성을 충분히 설명한다.
2) 경영자의 자질과 경영의 장점을 충분히 이해시키며 기업의 실태를 계수로 설명한다.
3) '벤처 캐피탈' 자체가 어떤 특색이 있고 어떤 방침으로 운영되고 있는지를 잘 알아야 한다.
4) 타이밍을 잘 맞춰서 자금사정을 설명하며 유력한 소개자가 있으면 활용한다.
5) 사업계획 · 이익계획 · 담보조건 등을 명확하게 설명한다.

이상과 같은 점에 유의해야 한다. '벤처 캐피탈'에서도 장래성과 성장성이 있는 벤처기업에 대한 발굴에 기대를 걸고 있다.

3. 급성장 단계

판매개시단계에서 더 나아가면 상품이 본격적으로 시장에 들어가 판매확대의 급성장을 이루게 되는데, 주로 기술자 집단으로 이루어진 벤처기업으로서는 마케팅 측면에서 미숙할 뿐 아니라 재무관리에도 서툴러서 체제의 정비가 잘 되지 않는 경우가 생긴다. 또한 설비투자나 인재투자를 증대해야 되고 가끔 선행투자를 하지 않으면 안된다.

이 시기에는 반환이 필요치 않은 직접금융 자금조달을 하던가 간접금융을 택하더라도 될 수 있는 한 장기간의 자금을 도입하던가 거치기간이 긴 자금을 도입해야 한다.

한편 선행투자나 내부유보의 불충분으로 이익의 절반 정도가 세금으로 납부되는 상황에서 증자하는데 나서주는 사람이 적으므로 무리한 제3자 배당 등으로 경영권을 양도하기보다는 이를 이겨내어 적은 자본으로라도 경영의 자주성을 고수하는 것이 좋을 것이다.

04

'벤처기업' 의 발전조건

01 창조성의 가치와 풍토

과거 산업화 과정에서 우리의 산업현실은 창조보다는 모방을 중시하는 경향이 강했다. 그 시대에는 오직 한 길로 그 기술을 도입 · 모방하여 억척스럽게 일만 하면 되었고 창조성을 발휘할 필요성이 없었다. 이런 풍토는 창조성을 발휘하려는 자는 두들겨 버리고 창의성을 가진 자는 배제하는 풍토를 낳게 하였다.

그러나 세계화 · 개방화 시대를 맞아 지금 우리 기업들은 성장이나 발전을 생각하기보다 기업의 생존 자체를 염려해야 할 정도로 시장의 경쟁은 치열하고 냉정해졌다. 따라서 앞으로의 경쟁체제에서 살아남기 위해서는 모방적인 자세가 아니라 자주적인 기술개발에 힘써나가지 않으면 안된다.

더욱이 21세기는 인구문제 · 식량문제 · 자원과 에너지 문제 등 해결해야 할 문제가 산더미처럼 쌓일 것이다. 이러한 여러 문제들은 우리가 주체가 되어 해결해야 한다. 미국, 일본, 유럽 사람들에게 맡겨 놓을 수는 없다.

왜냐하면 21세기는 자원이 거의 없는 우리나라로서는 처음부터 고전을 면할 수 없기 때문이다. 우리가 창조성을 발휘하여 이와 같은 과제를 해결하는데 앞장서서 세계번영을 위해 리드해 나가야 한다.

우리는 모든 점에서 '벤처기업' 의 발전이 가능한 나라이다. 우선 국민의 교육수준이 높다. 지금까지는 유럽 · 미국 · 일본의 기술에 의존했지만 오늘날의 기술수준에 도달한 것은 국민의 높은 교육수준에 힘입은 바가 크다. 따라서 부지런하고 근면성을 가진 우리는 경영자와 전 사원이 합심하여 종합적인 품질향상에 힘씀으로써 세계시장에 진출해야 한다.

앞으로는 모든 분야에서 창조성을 가장 중요시해야 하고 그러기 위해서는 학교교육의 질을 향상시켜야 한다. 우리의 고도성장은 높은 지식수준에 힘입은 바가 컸기 때문이다.

이런 성장의 이면에는 고학력 사회를 형성, 지식인들을 많이 배출하긴 했으나 창조성 있는 인재육성에는 문제가 많이 있었다.

모방이나 응용을 일삼아오던 동안에는 그런대로 지낼 수 있었지만 독창형 · 창조형 기술자가 필요한 현재에는 커다란 방향전환이 있어야 한다.

지금까지 우리의 교육은 주입식에만 치중한 나머지 시험보는 재주는 늘었지만 창조성을 길러주는 환경을 만들어주는 것과는 거리가 먼 교육제도였다.

21세기 '기술입국' 을 강조한다면 이런 식의 교육은 고쳐져야만 한다. 독창성을 발휘하지 못하는 획일적인 인간을 만들 것이 아니라, 각자가 가지고 있는 창의력 있는 자질을 살려 그 싹이 거침없이 뻗어나갈 수 있도록 해 줄 필요가 있다.

해당란에 점찍는 객관식 시험기법으로 '편차수치' 를 내어 평가된 인간을 만들어 낼 것이 아니라, 교육의 복선화(複線化), 복복선화를 계획하여 좋아하는 것을 실컷 배울 수 있는 교육제도를 정비해 나가야 한다.

창조성에는 전파현상(傳播現象)이 있다고 한다. 즉 한 사람의 발명이나 발견이 계기가 되어 같은 연구소 안에서 노벨상 수상자가 뒤이어 나온 예가 영국이나 덴마크에서 있었다고 한다. 동료에게 자극을 받아 계속하여 새로운 성과가 나타나게 된 셈이다.

이러한 예는 창조성이 발휘될 수 있는 위치나 조건이 얼마나 중요한 것인가를 말해준다. 창조성을 소중히 여기는 기업은 사원의 능력을 아낌없이 발휘시켜 기업의 활성화를 이루고 있다. 독창성을 낳게 하는 조직이란 어떤 것일까? 거기에는 경영자가 창조성이란 것을 높은 이상으로 삼고 있어야 한다.

이러한 경영자는 창조성을 발휘하려는 사원을 소중히 여기므로, 자유로운 발상을 촉진시키고, 개인의 장래를 위하여 도움을 주고, 개개인의 주장을 존중하고, 이를 대담하게 제도화해 나간다. 그리고 창조성이 없는 사원에게는 창의성을 유발시켜 새롭게 생각해낼 계기를 만들어 주어서 창의력을 발휘하도록 끈질기게 토론을 하여 각자가 갖고 있는 능력을 북돋우어 준다.

창조성을 발휘해 나가는 기업은 사원의 평가법도 감점방식을 취하지 않는 것이 보통이다. 회사가 감점주의로 나가면 결단성 있는 발상을 하기가 어렵고, 실패를 염려하는 나머지 무사안일한 풍토가 생기기 쉽다.

도전정신을 늘 지니게 하기 위해서 다음과 같은 '득점주의적 평가'를 실시하는 회사도 있다.

1점… 아무것도 하지 않다가 실패한 경우

2점… 아무것도 하지 않고 변화도 별로 없었던 경우

3점… 무엇인가를 시도해 보다가 실패한 경우

4점… 무엇인가를 시도해 보았는데 변화가 없었던 경우

5점… 무엇인가를 시도해서 성공한 경우

이처럼 해본다면 자연히 창조적 풍토가 조성되리라고 본다. 물론 창조성이란 것은 독창적인 사고방법과 통하는 것으로서 그중엔 기업의 조직에서는 용납될 수 없는 발상도 생기게 된다. 끊임없이 새로운 것을 해보려는 갈망의 정신은 아직도 동질화 되기만을 바라는 우리나라 기업에서는 거부당하기 일쑤이다.

독창적인 사고방식만을 소중하게 여기면 기업조직은 혼란을 가져오게 된다. 이런 인재의 재능을 잘 살리기 위하여 기업내에 벤처전략을 펴 나가는 방법이 있다. 각자의 전문분야에 20명 내지 30명의 규모로 그룹을 만들어준다.

혹은 독립적으로 자금을 지원해주는 방법도 있다. 이러한 방법은 기업 내에서 별로 하는 일이 없는 일부 사원들에게 새로운 일거리를 주게되는 것이어서 기업의 활성화에도 좋은 결과를 가져올 것이다.

IBM회사에서는 거대한 조직의 경직성을 혁신해 나가기 위해 2년에 걸쳐 로봇 인공지능, 의료용 기자재 개발 등 수십여개의 '벤처' 부서를 개설하고 있다.

앞으로는 사회 전반에서도 창조성을 중히 여기는 풍조가 생겨나지 않으면 안된다. 우리가 나아갈 길이 기술입국이니 만큼 튀어나오는 못을 무조건 두들겨버리는 식의 국민 의식구조는 앞으로 개선되어야 한다.

독립적으로 '벤처'를 시도하는 자에 대해서는 우리 사회의 하나의 소중한 재산으로 여겨 육성해나가는 자세가 바람직하다. 그러기 위해서는 벤처기업을 시도하는 사람에게 인적, 자금적 지원을 비롯한 제반시책을 베풀어 준다든지, 사회적 가치를 높여간다는 측면에서의 지원도 필요하다.

02 생산개시 시기의 자금조성

벤처기업에게 가장 괴로운 시기는 생산이 시작되는 때이다. 위험부담이 많아서 은행에서는 거의 상대해주지 않으므로 많은 벤처기업이 이 단계에서 중도 포기하는 경우가 많이 발생한다.

벤처기업은 새로운 기술이나 새로운 경영의 노하우를 무기로 삼고 있는 만큼 당연히 새로운 분야의 기술개발과 경영비법에 관한 연구가 필요하다.

여기에는 기술개발에 앞서 돈이 우선 필요하다. 기술자에게 새로운 아이디어가 떠올라 우선 자기 자본과 친척이나 연고자의 돈을 얻어 연구한다. 이렇게 모아진 돈으로 시작한 것이 희망적일 때, 다음에는 더 큰 규모를 하고 싶어져 이번에는 더 많은 돈이 필요하게 된다.

은행에 가서 기술내용과 자기가 지금까지 밤잠 못자고 연구해 온 노력이 성공단계에 와있다고 설명하여 자금의 융통을 호소하지만 담보가 없으면 소용없다고 거절당한다. 안 된다고 하니 더 이상 어쩔 도리가 없다.

만약 가옥과 재산이 담보가 되면 일단 실패하는 날엔 집을 날려 버리는 처지가 된다. 그래서 모처럼의 훌륭한 기술도 빛을 보지 못하고 끝나게 된다.

벤처기업의 발전을 위해서는 아무래도 '벤처 캐피탈'이나 일반금융기관 등 민간의 자금투자가 활발해지기를 기대한다.

최근에는 벤처기업의 중요성을 인식하여 이를 육성하기 위해 '벤처 캐피탈'이 투자사업에 적극 관여한다든가, 은행에서도 담보평가를 할 때 기술면을 중점적으로 고려하는 움직임이 서서히 생기고는 있지만 벤처기업이 가장 절박하게 자금을 필요로 하는 생산 초기에는 소극적인 자세를 취하는 경우가 많다.

일부 은행에서 '기술담보' 라는 제도를 실시한다고는 하지만 흡족할 만한 상태가 되기는 어려운 실정이다. 각각의 입장에 맞는 방식으로 벤처기업을 후원해 주는 새로운 제도를 마련해 주기만 한다면 벤처기업의 전망은 매우 밝다 할 것이다.

또한 단순한 자본이득만을 생각하는 평가기관이 아니라 객관적인 기술평가를 할 줄 아는 정책적인 기관도 필요하다.

왜냐하면 투자한 기술개발이 곧바로 제품화나 실용화가 되는 것을 기준으로 하지 않고 사회적인 관점에서 모험과 도전적 정신을 가지고 운영해 나가야 할 필요성도 있기 때문이다.

자유경쟁으로만 내버려두면 자칫하면 돈벌이가 되는 것, 흥미가 있는 것에만 사람들의 관심이 쏠려서 벤처기업의 기술개발도 흥미위주로 돈벌이가 되는 것만 쏟아져 나오게 될 것이다. 그렇게 된다면 기술개발이 고루 이루어지지 못할 것이다.

또한 사회 복지차원에서 기술개발에 도전하려는 기술자에게 자금지원을 해주는 제도가 있어야 한다. 예를 들어 농림이나 어업분야 · 에너지 분야 등이다.

그래서 유용한 기술을 가진 기업을 대학의 연구기관이나 객관성 있는 공익기관에 연결해 주고 벤처기업을 대중의 자금으로 개발시켜 기업화하는 방법도 생각해 볼 수 있다.

03 인재 · 자금 · 정보의 계통화

인재의 확보육성 · 자금원조 · 정보교류는 어느 것이나 하나의 벤처기업에게만 필요한 것이 아니라, 벤처기업 전체에 해당되는 앞으로의 큰 과제라고 말할 수 있다.

벤처기업은 근년에 마이크로 컴퓨터, 메가트로닉스, 로봇, 광통신, 바이오 테크놀러지, 신소재 등의 첨단기술 산업의 개화와 함께 이러한 산업분야와 그 주변 분야에서 급성장을 해왔다. 벤처기업은 기술과 맞물려 한 번 사업이 성공할 경우에는 기업규모가 급격히 확대하는 경향이 있으므로, 기술면과 경영면에서 경영자를 보필해줄 만한 전문지식을 갖춘 인재를 충분히 확보하는 것이 대단히 중요하다.

그리고 기술개발에 집중하여 제품의 대량생산에 성공하여도 그 제품의 판매력, 마케팅, 재무구조가 약하면 기업경영면에서 파탄을 피할 수 없다.

또한 정보수집에도 문제가 있다. 벤처기업의 핵심인 기술혁신은 시장에서의 수요량 예측과 긴밀한 연관을 맺어야 하며 다른 업종의 동향이나 신기술에 관한 정보도 항상 갖고 있어야만 된다.

현대는 시장의 국제화 · 다양화 · 고도화 · 순환의 단기화 · 복합화 등으로 인해 어떠한 기업에서도 정보의 중요성은 매우 높아지고 있으며 이러한 관점에서 벤처기업도 충분한 정보수집체제를 갖추고 있어야 한다.

유능한 인재들이 벤처기업에 매력을 느낄 수 있도록 방법을 강구하며 국가와 기업이 협력하여 우수한 '벤처'를 표창한다든지, 과학기술전시장 같은 곳에 '벤처기업 코너'를 마련해 주는 것도 벤처기업육성을 위한 좋은 방법이 될 수 있으며 전문가의 양성을 위해 '벤처기업 학교'를 설립하는 것도 방법이 될 수 있다.

또 '인재은행' 같은 것도 필요하다. 우수한 인재를 구하고자 하는 '벤처기업'에 자기의 정열을 쏟아보려는 인재를 등록시켜 기회를 확대해주는 것도 바람직하다.

정보의 확보 측면에서 볼 때 벤처기업의 정보수집활동을 돕기 위하여 그들 기업이 필요로 하는 정보를 대신 수집해 놓았다가 요청에 따라서 제공해 주는 형식이 바람직하다.

그러기 위해서는 정보를 중앙에서 총괄하여 관리할 수 있는 기관을 만들고, 그 밑에 전국적인 조직망을 만들어서 정보의 수집과 제공 그리고 관리체제를 확립해 두는 것도 생각해 볼 수 있다.

벤처 기업들이 안고 있는 약점을 보호해 주고, 기존의 제도나 시책을 보다 현실에 맞게 개선해 나가면서 전국적으로 인재 · 자금 · 정보에 관한 조직망을 구성하는 것이 현재 벤처기업에게 가장 절실하게 요구되는 점이다.

동시에 세계 전역에 걸친 정보의 조직화이다. 벤처기업의 역사가 길고 훨씬 앞선 미국과의 유대는 기본적으로 필요하며, 또 새로운 방법을 추진해 나가기 위해 사람과 사람을 조직화하는 다시 말하면 '거점(據點)'을 만드는 일부터 시작할 필요가 있다.

5

CHAPTER

중소기업의 해외사업 전략

우리나라 기업도 상품수출에서 플랜트, 프로젝트의 수출을 거쳐 전 세계에서 직접 투자를 활성화하는 시대를 맞고 있으나 해외진출에 따른 사전조사를 철저히 하지 않는데서 여러 가지 투자규제와 정세변화에 대응하지 못하여 실패하고 있다. 이 장에서는 해외사업의 사전조사방법 · 추진방법 · 운영방법 등의 체크 리스트를 제시했다.

01

해외사업의 추진

01_ 사전조사의 중요성

사전조사는 해외진출에 성공하느냐, 실패하느냐를 결정짓는 중요한 요인이 된다. 해외진출보다 철수가 더욱 더 어렵다는 점을 인식, 사전조사에 철저하기를 당부한다.

1. 상품수출에서 플랜트, 프로젝트 수출을 거쳐 기업진출의 시대로

국제화가 진전됨에 따라 기업의 해외진출이 양적 확대와 더불어 질적으로 다양화하고 있다. 즉, 상품수출만이 아니라 플랜트 수출, 프로젝트 수출로 이어지고 있다.

완성하는 데 3년, 5년 걸리는 장기적 프로젝트나 플랜트를 수출하는 경우 수출기업의 사업을 일부 해외로 진출시켜야 한다.

단지 상품만을 수출하는 경우에는 원칙적으로 무역 담당자 또는 해외영업부문만으로 처리할 수 있지만, 해외 플랜트를 건설하거나 프로젝트를 수출하는 경우에는 제조, 기술, 설비, 노무, 공사 등 각 분야 전문가들의 협력이 필요하다.

물론 경리, 재무, 법무 담당자의 협력도 필요하다. 이는 기업의 총체적인 힘으로 실현될 수 있는 것이다.

또 최근 증가하고 있는 해외로의 '기업진출'은 현지에 새로운 법인을 설립하던가 기존의 현지법인을 매수하는 사례로 이어진다. 이것은 우리나라 기업이 자기의 분신으로 생산 · 영업거점을 해외에 설치하는 것이 된다.

2. 특정지역에서의 세계화 전개

우리나라의 수많은 기업들이 전 세계에 걸쳐 해외로 진출하고 있다. 그러나 같은 해외 진출이라 하더라도 플랜트나 프로젝트 수출의 경우와 기업진출의 경우는 다르다.

기본적 차이점은 전자가 길어도 3~5년간 해외 현지 공장 또는 인프라스트럭쳐 시설(Infra-structure) 등의 건설에 종사하는 것에 비해, 후자는 외국에서 기업을 항구적으로 운영하는 데 있다. 따라서 사전준비, 현지에서 일을 추진하는 방법이 각기 다른 것은 말할 것도 없다. 그러나 어떤 지역에서 상당히 장기간 일한다는 점은 공통적이다.

3. 철수는 진출보다 어렵다

일반적으로 해외사업진출의 성패를 좌우하는 큰 요인의 하나로 사전조사를 든다. 사전조사를 철저히 하지 않아 실패한 예가 많다.

국내에서 공장건설을 하는 경우에도 충분한 조사를 하는데, 하물며 정치 · 경제 · 사회 · 문화 등이 전혀 다른 외국에서 사업을 전개하는데 어떻게 국내의 경우보다 더 주도면밀한 준비와 조사가 필요치 않겠는가?

기업의 해외진출은 프로젝트나 플랜트 수출과 비교할 때 진출의 동기나 목적이 일정치 않다. 수출이 어려워져서 대체전략으로 진출을 기도하거나 관련제품의 수출을 촉진하기 위해서 또는 상대국의 현지화 요청에 의해서 또는 우호적인 파트너가 현지생산에 협력하려고 해외진출을 계획하는 경우도 있으므로 경제적 합리성만으로 판단하기 어려운 점이 많다. 어떤 경우에든 신중하고 냉정한 사전조사와 판단이 절실히 필요하다.

또, 기업진출의 경우 통상 일정기간에 사업이 완료되는 것이 아니기 때문에 진출 후 사업이 부진해지면 철수해야 하는데, 언제 철수해야 하는가 하는 결정을 내리기가 매우 어렵다. 사전조사를 충분히 했어도 진출 후 여러 가지 정세 · 조건 등의 변화로 실패하는 경우가 있다.

일반적으로 사업의 철수는 진출보다 어렵고 시간과 노력이 드는 만큼, 더욱 더 사전준비와 조사를 신중히 하고 철저해야 한다.

02_ 정치 · 경제적 리스크와 문화적 이질성

정부체제, 정권 안정도, 국민경제의 안전성 · 성장성을 조사하여 문화적 이질성이 어느 정도 되는지 알아야 한다.

1. 진출할 나라의 정치적 리스크나 사회 · 문화적 차이를 철저히 조사

해외에 진출하여 성공하기 위해서는 그 나라의 정치, 경제, 사회, 문화에 대하여 사전에 충분히 파악하고, 진출할 기업이나 프로젝트 팀 구성원들이 그것에 잘 적응해야 한다.

예컨대 정치적 리스크가 큰 나라의 경우에는 비록 경제적 리스크가 매우 적게 보이거나 사회 · 문화적 여건이 우리나라와 비슷하다 해도 진출을 보류해야 한다.

반대로 정치 · 경제적으로 비교적 안정된 나라라 해도 사회 · 문화면에서 너무 이질적이고, 그 나라와의 거래경험이 없어서 사업에 자신이 없는 경우에는 시간이 걸리더라도 충분히 사전준비를 하고 나서 진출해야 한다.

2. 정부체제와 정권의 안정도 및 문화적 이질성은 어느 정도인가

문화적 이질성의 여러 가지 요인 중 가장 리스크가 큰 것이 정치이다. 정치의 경우 가장 중요한 포인트로 생각해야 하는 것이 정부의 체제와 정권 안정도에 관한 장래성 예측이다.

전자는 민주주의도, 사회주의 등과 같은 정치체제에 관한 것이고, 후자는 정치적 혼란의 가능성이 얼마나 되는가 라는 문제이다.

혁명이나 전쟁의 위험, 그에 따르는 정치체제 변혁의 가능성도 고려해야 한다.

민주체제의 나라라 해도 정치가 늘 불안정하고 어지러울 정도로 정국이 변하는 나라가 있다. 경제적 리스크에 관해서는 대상국의 국민경제의 안전성 · 성장성 등을 기초로 하여 조사 · 검토할 필요가 있지만, 인프레 동향, 실업자 문제, 채무초과, 금융불안, 국제수지 등 여러 가지를 조사해야 한다.

사회 · 문화에 관해서는 진출기업이나 팀 구성원들이 적응할 수 있도록 사회풍속, 습관, 종교, 문화 등의 차이에서 오는 '문화적 이질성' 에 주의를 기울여야 한다.

3. 시장 · 수요의 크기, 경쟁업종의 유무

진출할 나라의 시장상황이 계속적으로 수주할 수 있고 중장기적으로 유망한 곳이 바람직하다.

(1) 진출할 나라의 시장이나 수요를 중장기적으로 계속 확보할 수 있는가

기업진출의 경우, 진출할 나라의 시장이나 수여를 중장기적으로 계속 확보할 수 있는지 여부가 중요하다.

진출기업의 제품이 진출할 나라의 시장뿐 아니라 인근 국가를 비롯한 외국시장에서도 판매될 수 있는 경우가 있다. 나라에 따라서는 자기 나라 제품의 수출을 장려하기 위해 장려금을 지불하거나 진출조건에 수출을 의무적으로 하도록 하는 경우도 있다.

그런데 제조업의 해외진출에 있어서는 진출할 나라의 장래 시장성을 확인하는 일이 매우 중요하다.

예컨대 현지생산이 시작된 뒤 외부에서 덤핑가로 수입하는 일이 생기지 않을 것인지 또 그런 수입을 방지하고 그 나라에서의 제품시장을 확보하는 조치를 정부가 강구해 줄 것인지 등의 문제이다.

국제경쟁이 심해지면 싼 값으로의 수출이 성행하는 경우가 많고 그것을 그대로 방치하면 소위 덤핑 가격에 밀려나 국산품이 판매부진에 빠지게 된다. 따라서 수입관세를 높임으로써 싸구려 물품의 침입을 막는 조치가 강구된다.

(2) 업종별로 국내기업에 대한 보호조치가 어떠한지 조사한다

그 나라 정부에 의한 국산품 우선 구입정책도 국내기업에 대한 보호조치이다. 이들 보호조치의 유무를 진출 전에 잘 조사해 두어야 한다.

또 진출 후에 이들 정책이 변경되어 국내기업 보호조치가 감소되거나 폐지되는 경우도 자주 있으므로 항상 주의를 요한다.

원래 보호조치는 국내기업의 국제 경쟁력을 장기적 관점에서 육성하기 위한 특별 배려이지만, 국제 경쟁력이 없는 것을 영구적으로 보호한다는 것은 경제 합리성으로 볼 때 결코 바람직한 것이 아니므로 보호조치를 해제하는 일은 당연한 것임을 알아야 한다. 진출

기업은 보호기간 중에 한층 더 합리화를 기하고 코스트 다운을 지속적으로 실시하여 국제 경쟁력을 높여야 한다.

또 진출할 나라의 경제 전반이 조사결과 매우 유망하다 하더라도, 모든 업종에 걸쳐서 시장 · 수요의 장래가 유망하다는 것을 의미하지 않는다.

즉, 국민경제와 각 업종의 상황 · 장래성이 꼭 일치하는 것이 아니므로 진출하려는 업종이나 업계의 상황과 장래성에 대하여 개별적으로 충분히 조사해야 한다.

이 조사의 포인트로 무엇보다 중요한 것은 기존 동업자의 유무, 동업자가 있는 경우 그 실적, 향후 예측되는 발전 등에 대한 조사이다.

다시 말해 업계의 경쟁 상태를 정확히 파악하여 동업자 간의 경쟁이 심할 경우 그런 상황 하에서도 진출하는 것이 타당성이 있는지 조사해 보아야 한다.

선진국으로의 진출을 꾀하는 경우, 원칙적으로 보호정책을 기대할 수 없으므로 국제 경쟁력을 가질 수 있는지의 여부를 충분히 검토해야 한다.

04_ 노무관계 · 인적능력

현지국에의 입국 · 체류는 비자를 비롯해 여러 수속절차가 필요하다. 또 현지인의 고용, 임금, 교육훈련 등이 키포인트이다.

1. 현지 채용자의 질적문제, 파견사원의 입국 · 체류의 보장

해외진출을 위한 사전조사 중 현지에서의 '인력관리' 문제가 대단히 중요하다. 또 노무관계에 대한 예측 착오로 해외사업이 실패로 끝나는 경우도 있다. '경영은 사람이다'라는 말이 있듯이 사업의 성패는 경영 관리자 및 현장 작업자의 질적문제에 달려 있다.

특히 해외에 현지인을 고용하는 경우 국내기업에서 우리나라 사람을 고용하는 경우와는 달리 고용력의 질이 문제가 된다. 따라서 비교적 양질의 노동력을 필요한 인원수만큼 장기간 확보할 수 있는지를 우선 조사해야 한다.

해외진출의 경우 공장입지 조건으로 수송 · 유통의 편리성을 고려하는 것은 당연하지만 그밖에 필요한 노동력의 확보 가능성도 충분히 검토해야 한다.

기업진출이 비교적 적은 나라의 경우, 현지 노동력의 부족으로 제3국인 노무자를 써야 할 경우도 있다.

또 우리나라에서 관리자, 지도자를 파견해야 하는 경우 이들 파견자들의 현지 입국 · 체류를 위해 입국 비자를 비롯한 소정의 허가가 필요하다.

일반적으로 개발도상국에서는 현지인 고용촉진을 장려하기 때문에 진출기업의 파견자 인원수를 크게 제한하는 경향이 있으므로 우리나라의 파견자에 대하여 입국 · 체류가 보장되는지 여부를 검토해야한다.

2. 우리나라와는 이질적인 임금체계

사업의 코스트에 직접 영향을 미치는 임금수준을 사전에 조사해야 한다. 우리나라와 달리 임금체계가 직종별로 되어 있는 것과 직종(직능)별 노동조합 사이에서 임금이 결정되는 경우가 많다는 것을 알아야 한다.

일반적으로 노동 집약형 산업이 해외로 진출되는 경우 상대적으로 저렴한 노동력이 사업의 성패를 좌우하게 된다.

따라서 사업의 채산성 범위 안에서 적절한 임금의 노동력을 확보할 수 있는지를 반드시 고려해야 한다.

3. 노조의 조직 · 세력, 노사관계, 노동시간에 대한 조사

현지의 노사관계 실태를 조사하는 일은 유급휴가, 건강보험 등의 부가급부를 포함한 노동조건을 상정하는데 매우 중요하다.

노동조합의 세력이 강한가, 노동조합은 어떻게 조직되어 있는가, 우리나라와 같이 기업내 조합이 허가되는가, 노동조합 없이 기업은 언제까지 경영을 계속할 수 있는가 등이 조사의 포인트이다.

직종별 노동조합에서 노동공급을 받는 경우에는 노사관계가 경영에 미치는 영향이 결코 작지 않다. 노동조건을 둘러싼 노사교섭 실태는 어떤가, 노사의 협조는 어떤가, 생산성 향상을 위한 노사협력 가능성은 어떤가 하는 것도 중요한 조사항목이다.

또 노동 기준법, 노사 관계법을 사전에 조사하는 것도 바람직하다. 노동시간도 중요한 노동조건이며, 나라에 따라서는 이것이 노사교섭의 중요한 과제가 되는 경우가 있다.

4. 채용은 해당부서의 부문장이 결정하여 관리도 나라에 따라 다르다

노무관리분야에 대한 사전조사는 고용, 배치, 이동, 승진, 해고, 퇴직 등의 현지관행과 제반규칙에 대한 조사이다. 외국에서는 일반적으로 노무관리는 부문장의 권한이고, 노무자의 채용도 부문장이 결정하는 경우가 많다.

인사 · 노무부문의 채용을 실질적으로 장악하고 있는 우리나라 기업의 운영방식에 비하여 해외기업은 부문장의 권한이 상당히 크다.

해고에 있어서는 소위 선임권 제도(경영이 곤란하여 해고할 때 먼저 채용한 자를 우대하는 제도)를 취하고 있는 나라도 있다.

외국기업의 고용정책은 불황임에도 불구하고 한 사람이라도 해고시키지 않으려고 노력하는 우리나라와는 상당히 차이가 크다.

노동관행이 다른 나라에서의 노무관리는 매우 어렵고 잘 되지 않는 경우가 많다. 현지 노무자의 관리를 될 수 있으면 현지인의 손에 맡기거나 노사교섭을 현지의 노동 컨설턴트에게 어느 정도 맡기는 관행(예컨대 말레이시아)도 있다.

어느 것이든 현지에 밀착된 노무관리를 해야 하는데 그것이 가능한지의 여부를 분명히 할 필요가 있다.

5. 종업원의 교육훈련

교육훈련은 '기술이전'의 요체인 만큼 이를 적극 추진해야 하는데 개발도상국에서의 교육훈련에는 우리나라의 경우보다 몇 배 더 인내를 요할 뿐 아니라 그렇게 하더라도 충분한 성과가 오르지 않는다는 사실을 알아두어야 한다.

외국의 경우, 평생고용체제가 없는 경우가 많고 기업이 교육훈련에 열을 올려도 종업원이 정착하지 않고 다른 데로 전직해 가는 사례가 많다. 현지(외국) 노동자 관리에 대한 자료부족과 평생 고용제도나 '연공적 처우'를 취하기 어려운 해외기업의 경영을 고려해 볼 때, 노무관계에 관한 사전조사는 대단히 중요한 일이다.

05_ 진출한 나라의 기술환경

개발도상국에서는 기술의 현상평가와 기대도를 검토해야 한다. 반면, 선진국에서는 미완성 기술의 라이센스 평가가 어렵다는 사실을 고려해야 한다.

1. 기술협력 요구가 크다 해도 기술수출 대상국의 수입상황을 잘 조사할 것

우리나라의 최신기술에 대한 협력을 요구하는 개발도상국들의 수가 늘어나고 있다. 이는 우리나라 기술이 급속도로 발전했다는 것을 의미한다.

기술수출은 상품수출과 달리 수입국의 기술수준이나 체제를 특별히 고려해야 한다. 기술수출에는 자본수출을 동반하지 않는 기술협력만의 것도 있지만 기업의 해외진출과 동반한 기술협력도 많다.

기술수출과 관련한 사전조사의 핵심은 기술 수입국의 수입체제이다. 개발도상국은 기술수준이 낮아 기술습득에 많은 시간이 필요하다. 따라서 기능(기술) 숙련(발달) 정도에 대한 현상평가와 향후의 어느 정도 향상을 시킬 수 있을지를 전망하는 것이 중요하다.

기술 숙련공 또는 반숙련공이나 전문 기술자가 거의 없는 나라에서는 진출기업이 중심이 되어 현지의 기능자 또는 기술자를 지도 · 훈련해야 한다. 이런 경우에는 상당한 각오와 준비가 필요하며 현지측이 기술지도를 흡수할 수 있는지의 여부를 조사해야 한다.

개발도상국에서도 최근 정부가 기능자 · 기술자의 양성에 힘을 기울이고 있어, 직업기술 훈련소 등이 정비되고 있다. 또 대학, 연구기관에서 기술교육을 실시하고 있는 데도 있다.

진출기업은 이들 현지 관련기관을 충분히 활용해야 하며, 이들 관련기관의 충실 강화를 촉진하는 뜻에서 현지 정부에 요청도 하고 협력도 해야 한다. 또 공장 예정지 주변에 기술자, 기능자의 공급원이 있는지의 여부도 사전에 조사해야 한다.

제조업체가 현지에서 생산을 개시하기 위해서는 재료 · 부품조달을 어떻게 할 것인지도 조사해야 한다. 개발도상국에서는 재료나 부품을 현지에서 조달할 수 있는 가능성이 비교적 낮기 때문이다. 이것은 현지의 사정이 기술 · 기능적 시야가 좁고, 기술 환경이 취약함을 의미하는 것이다.

2. 기술력 조사방법

기업이 합병이나 자본의 참여 또는 매수의 방법으로 선진국으로 진출하는 경우, 상대회사의 기술력을 조사할 필요가 있다. 보유기술의 조사는 특허공보, 학술문헌, 신문광고, 뉴스기사, 업계잡지, 영업 카탈로그, 애뉴얼 리포트(Annual Report) 그리고 유가증권 보고서 등의 이용에 의하여 가능하지만, 미완성기술 · 미실증 기술의 조사나 평가는 쉬운 것이 아니다.

06_ 자본 · 금융관계

출자나 융자에 관한 규제가 없는지 조사한 뒤 거래처 선정, 조건을 점검해야 한다.

1. 출자, 융자에 관한 규제와 배당에 관하여 확인한다

기업진출에 드는 자금은 출자와 융자에 의해 조달됨으로 진출할 나라가 출자나 융자에 어떤 규제를 가하고 있는지 조사해야 한다. 나라에 따라서는 특정 업종에 대한 외자의 참여를 원칙적으로 인정하지 않던가 외국기업에서의 출자비율에 일정한 제한을 두고 있다.

특히 개발도상국에서는 법률이나 행정지도에 의하여 외자비율을 현지 자본비율보다 낮게 하도록 요구하는 경우가 많다.

흔히 진출 초기에는 느슨하던 규칙이 점차 강화되는 경우도 있으므로 출자에 관한 현지의 규제상황과 이후의 전망을 사전에 조사해야 한다. 외자비율을 삭감시키는 현지 정부의 정책을 페이드 아우트 폴리시(fade-out policy)라고 한다.

어쨌든 개발도상국은 자본축적이 불충분하므로 현지 정부가 현지 자본 우선이나 보호정책을 강구해도 기대만큼의 출자나 증자에 충분히 응하지 못하는 경우가 많다.

예컨대 합병회사의 출범에 있어서 현지 정부의 방침에 따라 현지 자본이 주식의 과반수를 소유했지만 몇 년 뒤에 필요한 증자에 응하지 못하기 때문에 차입에 의존하지 않을 수 없게 되고 결과적으로 외자비율을 높이는 형태의 증자가 된다.

또 현지 자본시장이 발달하지 않았기 때문에 현지에서 제3자의 자금협력을 받을 수 없는 사태도 일어난다. 출자분에 해당하는 배당을 받을 수 있는지 배당에 대한 본국으로의 송금이 규제되어 있는지에 대해서도 충분히 검토해야 한다.

2. 차입처의 선정과 조건

융자에 있어서 차입처의 선정과 차입 조건이 무엇보다도 중요하다. 또 기업진출 계획이 확정되었다면 즉시 주거래 은행에 그 뜻을 전하고 상의하는 것이 바람직하다.

우리나라도 국제화가 진전됨에 따라 세계 여러 나라에 무역진흥공사 지점, 대기업의 출장소 등 여러 형태의 거점을 가지고 있기 때문에 정보를 제공받을 수 있다.

일반적으로 기업진출이 합병형태를 취하는 경우에는 출자비율에 따라 장단기의 융자 또는 융자보증을 조건으로 하는 경우가 많다.

그러나 개발도상국에서는 앞서 말한 바와 같이 자금부족이나 신용부족에서 현지의 당사자가 출자비율에 상응하는 융자나 융자보증을 감당하지 못하는 경우가 있으므로, 우리 쪽에서 그만큼 보충하지 않을 수 없는 경우가 있다.

따라서 합병에 앞서 현지 측의 융자보증 능력을 충분히 조사해야 한다. 또한 현지 당사자가 소개하는 현지의 금융기관과 사전에 조건을 타진하는 것도 좋은 방법이다.

07_ 원료 · 부품조달과 건설코스트

원료나 부품조달의 용이성은 코스트 절감을 위하여 대단히 중요하다. 따라서 원료의 현지조달가능성 여부와 투자규제에 대해서도 철저히 조사해야 한다.

1. 현지조달이 어렵거나 원료 · 부품조달에 사전조사할 유의사항

원료수입에 대한 규제 여부와, 수입을 통해서라도 원하는 시기에 원하는 수량만큼 원료를 확보할 수 있는가 하는 점이다.

특히 진출할 나라가 정치 · 경제상의 문제뿐 아니라 전쟁 · 혁명 등의 영향을 포함한 국가적 리스크가 많은 경우에는 소위 우발적 위험(contingency risk) 요소를 고려해야 한다.

다음으로 유의해야 할 점은 원료 · 부품의 현지 생산화에 대한 전망이다.

개발도상국에서는 일반적으로 원료 · 부품의 국산화율을 높이기 위한 정책을 취하고 있으므로 그에 대한 연차계획을 검토하는 것은 매우 중요한 일이다.

만약 수입품의 국산화가 가능하다면 대개의 경우 국산품 보호 차원에서 국산품 우대조치(preference)나 관세장벽이 설치되므로 종래의 수입품보다 가격이 높아진다. 이것을 미리 예측하여 계산하지 않으면 손이익에 대한 예측이 어긋날 우려가 있다.

따라서 현지정부의 원료 · 부품의 국산화 방침을 연구하여 우리의 기술에 의한 원료 · 부품의 현지생산을 고려해 두는 것도 한 방법이다.

2. 건설 코스트는 하드와 소프트의 양면에서 점검해 본다

진출기업의 채산성 향상을 위해 공장건설 코스트를 절감해야 하는데 이때 하드와 소프트의 양면으로 고려해야 한다.

먼저 기계 설비류는 현지 조달품을 우선적으로 사용하도록 의무화하는 경우도 있지만 일반적으로 기술 제공측이 그 사양을 정하고 그것에 적합한 품질의 기계 설비류를 국내외 불문하고 가장 타당한 가격으로 구매하는 것이 원칙이다.

기술 제공자가 기계 설비류도 제조하고 있는 경우 플랜트 수출에 의한 이익을 획득하려는 것은 이해되지만 진출기업의 입장(채산)도 충분히 고려하여 종합적인 판단을 바탕으로 조달처를 정해야 한다.

다음 소프트면의 경우 엔지니어링 비용(기계설비 등의 설계, 견적 등), 기계설비 설치(지도)비용, 공장 시동을 위한 생산기술 지도료 등 공장건설에 관련되는 소프트 코스트도 현지 측으로부터 양해 받을 수 있는 가격을 설정하지 않으면 안된다.

3. 현지의 자금조달이나 경리기준을 조사하여 전체의 코스트를 절감한다

진출기업의 전체 코스트의 절감을 위해서 저리의 자금조달이 필수적이다. 통상 자본금만으로 전체 건설 코스트를 감당하는 일은 없으므로 차입금에 의존할 수 밖에 없다.

이런 경우, 저리의 장기차입 가능성 여부가 채산에 큰 영향을 준다. 차입금 부담의 경중이 사업채산을 현저하게 좌우하기 때문이다.

기계설비 · 건물 등의 하드 부분과 소프트를 중심으로 하는 창업비의 상각연수에 대해서는 현지의 경리기준을 조사하고 공장의 규모도 현지의 제품수요에 맞도록 조정한다.

즉 수요예측을 한 적정규모를 상정하여 과잉설비(투자)에 따른 경영악화를 초래하지 않도록 계획한다. 또 공장건설을 위해 현지 업자나 노무자를 직 · 간접적으로 이용하는 일이 발생하는 만큼 로컬 코스트에 대해서도 사전에 충분히 조사해야 한다.

08_ 수송 · 유통

개발도상국의 경우 기반정비가 안된 나라가 많다. 따라서 유통 면에서는 유력한 파트너나 시스템을 찾아야 한다.

1. 개발도상국의 유통구조 점검

공사자재, 기재, 플랜트 기계류의 수송문제도 매우 중요하다. 수송이 원활하지 않으면 공기가 당연히 지연된다. 원료 · 부품의 수입에 있어서도 하나의 수송 루트(수단)가 불가능한 경우를 대비하여 대체 루트(수단)를 검토해 둘 필요가 있다.

이것은 제품의 판매수송에도 적용된다.

개발도상국의 경우, 항만 · 도로 등의 수송시절뿐 아니라 전반적인 하역 시스템 등 수송업무의 합리화 상황과 전망에 대해서 조사해 두어야 한다.

선진국의 경우는 이와 같은 제약이 비교적 적지만 파업과 같은 사유로 원활한 수송이 안되는 경우가 있다.

호주가 미국이 항만 스트라이크가 그 예이다. 노사분쟁은 조업정지로 이어질 뿐 아니라 부품 조달 면에도 영향을 주고 생산계획을 그르치게 한다.

2. 유력한 유통망을 찾자

개발도상국에서는 직수판매가 아닌 경우 유통망 구축이 사업의 성패에 관련될 만큼 중요하다. 우리나라에 비하여 도매상이나 대리점 등이 발달하지 못했거나 신뢰할 수 있는 대리점을 찾기 어려운데 만약 유력한 유통망이나 시스템을 찾아낼 수 있다면 판매의 성공 확률이 매우 높아진다.

따라서 강력한 유통망을 구축할 수 있는지의 여부를 사전에 반드시 조사해야 한다. 유통 면에서 사전에 검토할 사항은 진출할 나라에서의 제품수출에 관한 전망이다.

흔히 개발도상국에서는 수출계획을 갖고 있으면 진출기업에 우대조치를 내린다. 따라서 진출한 나라의 시장뿐 아니라 인근 국가를 비롯한 다른 나라에 대한 수출의 가능성을 조사해야 한다.

09 자연환경 · 입지

공장건설 예정지를 선정할 때는 반드시 현지를 답사하여 전기 · 수도 등의 상태에 대한 조사도 잊지 말아야 한다.

1. 공장입지를 선정할 때 반드시 현지 답사할 것

최근 선진국, 개발도상국 모두가 우리 기업을 열심히 유치하려고 각국 중앙정부뿐 아니라 지방정부나 관계기관이 공업단지의 소개, 환경조건이나 각종 우대조치에 관해 적극적으로 홍보하고 있어서 1차적인 정보수집은 그리 어렵지 않다.

그러나 공장입지의 선정에서 가장 중요한 것은 현지를 직접 답사하는 것이다. 최근에는 개발도상국에서도 공해규제가 문제로 떠올랐기 때문에 진출할 나라의 공해 기준조사도 필수적이다. 특히 공해산업인 경우에는 규제강화를 예측한 공해 방지설비와 그를 위한 비용을 미리 책정해두어야 한다.

2. 전기 · 수도의 공급여부, 자연환경, 사회문화 환경도 점검할 것

공장입지에 대한 주요조사 항목으로 전기 · 수도 등의 상태에 대한 것이 있다. 전기 · 수도의 정비가 기본조건이므로 관계기관에서 조사하여 확인해 두어야 한다. 공업단지 이외의 지역에 입지하는 경우는 이들 전기 · 수도의 공급 가능성에 특히 유의해야 한다.

또 종업원들의 '생활의 편리성' 도 노동력 조달에 영향을 주는 중요한 요소이다. 지역의 자연환경이나 사회 · 문화환경 등 종업원들의 심신 양면에 걸치는 여러 조건을 점검한다.

말할 것도 없이 이들 환경조건이 미비한 지역에서는 진출기업이 스스로 복리후생시설을 만들어 놓아야 하기 때문에 그에 대한 계획이나 비용의 예측이 필요하다.

10_ 투자규제

투자규제는 ILT에서 조사하면 편리하지만, 실제 운용이 다른 경우도 있으므로 현지 변호사나 공인 회계사에게 확인한다.

1. 투자규제는 ILP에서 조사한 것을 현지 변호사에게 확인할 것

어느 나라든 외국에서의 투자를 완전히 자유롭게 인정하지 않는다. 투자에 대한 규제는 투자수입국의 정치적 요인과 경제적인 필요성에 따라 그 방법 및 대상이 달라진다.

예를 들면 공산주의 국가에서는 외국에서의 직접투자를 거의 인정하지 않는다. 또 어느 나라든 민족주의가 강해지면 외국자본을 배척하는 경향이 나타난다.

경제 선진국에서는 비교적 외국에서의 직접투자를 자유로이 인정하는 경향이 강한 데 반해, 개발도상국에서는 자국자본의 육성 또는 민족주의적 역량과 외국자본 및 기술도입에 의한 경제발전이라는 상반되는 요청으로 외자도입에 대한 조세우대조치와 같은 적극책과 외자규제라는 소극책의 복잡한 조정이 행해지게 된다.

이 조정은 정치적 영향을 받기 쉬운 만큼 세계 공통의 원칙이란 것도 없고 투자 수입국의 정치 · 경제정세의 변화와 함께 크게 변화할 가능성이 있다.

따라서 투자계획의 수립은 Business International Corp, 社의 Investing, Licensing and Trading Conditions Abroad(ILP)(세계 주요국에 대해 투자환경, 조직법, 독과점 금지법, 가격통제, 기술원조규제, 외환규제, 조세우대조치, 자금조달, 노동문제 및 외국무역규제 분야에 관해 설명한 가제식(加除式) 출판물로 수시 추가 보충물이 발행) 등에서 최신 정보를 얻어내고 투자 수입국의 변호사에게 이를 확인할 필요가 있다.

또 규제에 대한 문장 상의 해석과 실제 운용에 현저한 차이가 있는 나라도 있어서 이런 점에 대해서도 현지 공인 회계사 및 변호사의 협력을 얻는 일이 불가결하다.

여기서 말한 외자규제는 법률이나 정부령 등으로 공포되어 있는 것으로 외자도입허가를 받을 때나 행정 지도적으로 강제되는 여러 조건에 대해서는 언급되어 있지 않다.

이와 같이 공포되어 있지 않는 제약 혹은 행정지도에 대한 것을 알기 위해서는 현지 공인 회계사나 변호사의 기용이 필수적이다.

2. 업종별로 외자를 규제하고 있는 나라

외자진출에 엄격한 허가조건을 내세운 분야로, 다음과 같은 분야를 지정한 나라가 많다.

(1) 국방 혹은 무기 · 탄약 제조 … 대만, 인도네시아, 인도, 필리핀, 파키스탄, 프랑스, 스페인, 칠레

(2) 전기 · 수도 사업 … 대만, 태국, 인도네시아, 말레이시아, 호주, 프랑스, 스페인, 가나, 케냐, 나이지리아, 멕시코, ANCOM 가맹국

(3) 은행 · 보험업 … 필리핀, 이탈리아, 호주, 포르투갈, 멕시코, 니콰라과이, 아르헨티나

(4) 방송 · 통신 … 인도, 인도네시아, 대만(전화사업), 말레이시아(신문), 호주, 스페인, 이탈리아, 가나, 나이지리아, 브라질, 칠레(TV), 멕시코

(5) 석유산업 … 대만, 포르투갈, 모로코, 멕시코, 브라질

(6) 철도 · 운송사업 … 인도, 인도네시아, 이탈리아(항공운수), 포르투갈, 멕시코

이상은 그 나라의 기간산업에 속하는 분야이다. 이들 중 특히 천연자원의 경우 전면적으로 외자를 거절하는 것이 아니라 기본적으로는 민족자본에 의한 컨트롤을 확보하면서 외국의 자본 및 기술의 도입을 부분적으로 인정하는 나라가 많다.

한편, 선진기술이나 거액의 자본이 불필요한 분야에 대해서는 외국자본을 배척하며 민족자본을 지키는 경향도 있다. 전형적인 예로 소매업이 있는데 필리핀, 인도네시아(외자 50% 미만), 가나, 나이지리아, 파나마, 태국(외자 50% 미만) 등이다. 기타의 업종에 대해서는 나라에 따라 천차만별이다.

3. 외자진출을 명문으로 금지하고 있는 나라

개발 도상국 외자진출 금지의 한 전형으로 나이지리아를 예로 들 수 있다.

그들은 다음 업종에 대하여 외자의 문호를 대부분 닫아 놓고 있다.

광고업, 라디오, TV, 녹음기 등 가전제품의 조립, 알코올 음료, 건설용 블록 타일, 제빵, 제과, 양초, 카지노, 영화, 운송, 대리인, 매출이 200만 나이라 미만인 백화점, 수퍼마켓, 기타 소매업, 디스트리뷰터(자동차, 기계 제외), 독립적 전기기구 수리, 영화배급, 미용원, 아이스크림 제조, 공증, 클리닝, 핸드백 제조, 버스, 택시, 신문 · 인쇄 발행, 사무소 청소, 복권, 양계, 사무용품 인쇄, 라디오 TV 방송, 부동산 브로커, 여행업, 타이어 생산, 국산품의 도매

4. 외자진출을 인정하되 합병사업에 한정하는 경우

외자의 투자는 인정하되 투자 수입국의 국가기관이나 민간자본과 합병사업에 한정하는 경우도 있다. 개발 도상국에서는 외자를 50% 미만으로 억제하려고 한다. 그리고 예외적으로 50% 이상의 외국자본이 인정되는 것은 고도의 기술이전을 수반하는 산업이나 투자 수입국의 경제상 특히 급속한 성장을 필요로 하는 산업에 한한다.

5. 자국의 산업보호를 위해 외자의 참여비율을 제한하는 경우

고도의 기술이나 많은 자본을 필요로 하지 않는 자국산업을 외자에서 보호하기 위해 외자의 참여비율을 제한하는 경우도 있는데 그 제한 업종은 천차만별이다.

예를 들면 태국에서는 1972년의 외국인 취업규제법에 의하여 산업을 다음과 같이 3종류로 분류하고 있다.

(1) 태국인의 과반수가 소유하고 있는 것

(2) 1972년 법 이후의 투자에 대하여 태국인의 과반수의 소유를 필요로 하는 것

(3) 제한부로 외국자본의 과반수가 소유하는 것

1의 범주는 쌀, 제염, 농산물의 국내거래(농업을 외자에서 보호하는 나라는 많다. 필리

핀, 인도 등), 부동산 거래, 회계사, 빌딩건설, 광고, 대리 브로커, 경매, 이발, 미용원, 건설 등이 있다.

2범주에 속하는 것은 1을 제외한 농업, 난초생산, 양잠, 목재, 어업(어업을 외자에서 보호하는 나라도 많다. 포르투갈, 브라질, 나이지리아), 정미, 제분, 사탕, 소프트 드링크, 제빙, 제약, 보석, 목제품, 성냥 제조, 시멘트 제조, 제화, 견직물, 3의 범주에 속하는 것을 제외한 광물의 매매, 고물상, 여행 대리점, 호텔, 사진, 봉제, 국내 통운, 인쇄, 신문 등이 있다.

나이지리아에서도 외자규제를 받는 산업을 자세하게 분류하여 발표하고 있는데 그 중 60% 이상의 나이지리아 자본을 요구하는 분야의 주된 것은 은행, 소프트 드링크, 맥주 제조, 과일 통조림, 건설, 수상운송, 자동차 및 그 부품의 도매, 어업, 보험, 국내항공, 자전거 제조, 코코아 초콜릿, 사탕과자 제조, 낙농제품, 보석, 제화, 성냥제조, 펜 · 연필제조, 광산, 오일시드의 압착, 사진, 책 및 정기 간행물의 출판, 목제품의 제조, 레스토랑, 염정제, 피혁가공 수입품의 도매이다.

40% 이상의 나이지리아 자본참여를 요구하는 것의 주된 것이 농원, 데이터 프로세싱, 알코올 음료제조, 비료제조, 호텔, 기계류의 리스 렌탈, 항공기 제조, 기초 화학품의 제조, 시멘트 벽돌의 제조, 약품의 제조, 통신기 제조, 섬유제품의 제조, 계측기 의료기기의 제조 등이다.

6. 국산화의 조건

제조업 분야로 외국에 투자하는 경우, 목적물의 현지 생산에 관한 국산화 의무가 강요된 경우가 있다. 규제방법은 제품 중 일정가격 비율로 투자 수입국의 국산품 사용을 의무화하는 형태이다.

따라서 그 대상은 자연히 폭넓은 고도의 공업제품이 해당되는데 전형적인 것이 자동차 산업이다. 자동차에 대해 국산화율을 요구하고 있는 나라는 태국, 필리핀, 호주, 남아프리카 연방, 멕시코, 베네수엘라, 콜롬비아, 에콰도르, 페루, 아르헨티나, 칠레 등이다.

위 나라들 외에도 외자의 투자허가를 할 때 국산화율 또는 특정 국산품 사용을 의무화하거나 우대조치를 받을 전제조건으로 내세우는 경우가 많다.

7. 송금제한

외국에서의 투자를 허가받아 뜻하는 대로 목적한 나라에 기업을 세워 성공했다 해도 본국에 송금을 하는 경우 최고 한도액이 정해져 있거나 투자금의 원금을 철수하려고 할 때 제한을 받게 되는 경우가 많다.

또 투자금 그 자체에 대해서도 투자금 수입국은 이를 국내에 정착하기를 바라므로 빠른 시기에 외국 자본가가 이를 회수하려고 하는 것을 제한한다.

11_ 법제의 동향

투자국으로 고려할 나라 또는 지역에서의 법규제 동향을 연구할 필요가 있다. 투자를 고려하고 있는 나라의 외자수입 관련 법제 조사는 대단히 중요하다. 아울러 법제가 앞으로 어떻게 전개될 것인가에 관하여 어느 정도 예측해 두는 것도 중요하다.

또 지역적인 법제가 어떻게 변모할 것인지에 대한 고려도 소홀히 할 수 없다. 1980년 후반 몇 몇 개발 도상국이 적극적으로 외자도입 정책을 펴기 시작한 반면, 미국 · 유럽에서는 지역주의적인 움직임도 보이기 시작하고 있다.

따라서 투자국으로 고려하는 나라가 속한 지역의 '법제'가 앞으로 어떻게 될 것인지가 프로젝트의 성패에 영향을 미칠수도 있다.

외국에서는 기업의 매수 · 부동산의 취득이 활발히 전개되면서 이들에 대해 규제를 가하려는 움직임이 나타나고 있다. 예컨대 일본기업이 미국에서 기업매수 · 부동산 취득이 활발해지자, 1988년 미국의 포괄통상 경쟁력 강화법은 대통령에게 외국인이 기업을 매수하는 데 대한 조사와 그를 금지할 수 있는 권한을 부여했다.

즉 대통령은 외국 당사자와의 합병, 외국 당사자에 의한 기업매수를 조사하여 미국의 안전보장이 위협받거나 훼손되는 일이 없도록 그들 거래를 중지, 금지시킬 수 있게 했다.

12_ 투자장려

장려는 규제와 표리일체(表裏一體)로 국가에 의한 것과 지방정부에 의한 것이 있다. 장려책의 내용은 크게 나누어 4종류로 분류된다.

1. 투자장려는 투자규제와 표리일체

외자도입은 투자 수입국의 정치적 · 경제적 여러 가지 요인에 의해 규제(소극책)와 장려(적극책)의 복잡한 조정하에 이루어진다. 규제와 장려는 표리일체를 형성하는 것으로 투자규제에 관하여 앞에서 말한 것은 투자장려에도 그대로 적용된다.

예컨대 인도는 외자도입에 대하여 오랫 동안 쇄국정책을 계속했지만, 1980년 간디 정권이 부활한 이래 경제부흥을 위해 문호개방정책으로 돌아섰다고 한다.

그러나 인도는 민족주의의 영향으로 외자도입에 대해 여전히 신중한 태도를 견지하고 있어서 유전개발, 수출상품제조 및 선진기술도입에 관한 것에만 외자도입을 인정한다.

투자장려정책은 외국인의 투자의욕을 자극할 목적으로 주로 투자 부담의 감면, 투자처의 사업활동에 따르는 경제적 부담의 감면 또는 경제적 편익의 공여라는 형태를 취한다. 이것들은 모두 직 · 간접적으로 국가재정에 영향을 주는 것들이어서 국가 재정의 상황에 따라서 변경될 수 있다.

또 투자장려정책은 외자도입을 위한 국가의 지출(코스트)이므로 과거 수년간의 실적을 바탕으로 비용 대 효과의 관점에서 다시 검토하고 그 결과에 따라 변경될 수도 있다.

또 자국 내에 존재하는 경제적인 지역격차를 개선하고 해소하기 위해 경제적 후진지역을 경제 진흥 중점지역으로 지정하여 그 지역에 진출하는 기업에 대해 좋은 조건을 부여하는 나라가 많다(인도, 말레이시아, 호주 등).

2. 외자도입이 필요한 분야

외국에서 투자해 오는 것을 완전히 자유롭게 인정하는 나라가 없는 것과 마찬가지로, 업종 · 규모 등을 불문하고 여러 가지 특전을 일률적으로 부여하는 나라도 아직 존재하지 않는다.

자기 나라의 경제구조 · 상황에 입각한 외자도입 필요성의 정도에 따라 외자도입 분야에 우선 순위를 두어, 이에 따라 차별적으로 특전을 부여하고 있다.

나라에 따라 다르지만 투자 수입국의 입장에서 볼 때 필요성이 높고 따라서 부여되는 특전도 유리한 외자도입으로는 일반적으로 다음과 같은 것을 들 수 있다.

(1) 민족자본만으로는 감당할 수 없는 자본투자를 필요로 하는 분야에 대한 외자도입

(2) 선진기술을 필요로 하는 또는 선진기술의 국내로의 이동을 수반하는 외자도입

(3) 투자 수입국의 기존산업 · 상품을 활용함으로써 새로운 산업을 창출하게 되는 외자도입

(4) 고용창출 효과가 높은 사업에 대한 외자도입

(5) 수출상품의 제조 또는 수입품의 대체품 제조에 관한 외자도입(인가할 때의 조건으로 생산품의 수출의무가 주어지고 그를 위반하면 부여된 특전을 취소하는 경우가 있다.)

(6) 경제적 후진지역으로의 기업유치에 관한 외자도입

3. 장려정책의 내용은 크게 나누어 4종류

투자장려정책은 외자도입의 우선순위에 따라 여러 가지가 있지만 크게 나누어 4종류이다.

(1) 외자도입 기업에 대한 법인세 감면(직접적으로 법인세를 면제 또는 세율을 낮추어 주는 방식 외에 가속감가상각(Accelerated Depreciation) 또는 과세대상 소득액에서 일정률을 공제해 주는 방식이 있는데 이 2가지 방식을 병용하는 경우도 있다.

(2) 외자도입 기업의 배당에 대한 과세의 감면

(3) 외자도입 기업이 수입하는 설비기기 및 원재료의 수입관세 감면(관세를 분할연납토록 하는 경우도 있다) 또는 외자도입 기업이 현지에서 생산하는 상품과 경쟁하는 수입품의 수입허가 발급정지 또는 그 수입에 대한 고율관세 부과

(4) 그 밖에 정부 또는 정부계통 금융기관에서 장기의 저리융자, 설비투자 또는 원재료 · 제품의 수송 등에 대한 보조금, 공장용지의 제공 또는 싼 임대료로 리스, 전기 · 가스 · 수도 등의 염가공급, 외국인 기술자 · 종업원에 대한 개인 소득세 감면 등이 있다.

13_ 업종에 따르는 위험도

국유화의 위험도는 업종, 프로젝트의 성격 등에 따라 크게 다르다.

1. 국유화되기 쉬운 업종

업종에 따라 국유화되기 쉬운 것이 있다고 최초로 분석한 사람중의 한 명인 MIT의 커브린(S.Kobrin) 박사는 다음과 같이 말하고 있다.

1960~76년 사이에 76개 도상국이 1500개 기업을 국유화(강제수용을 포함)했다. (커브린 박사는 이에 대하여 대규모 데이터베이스를 개발했다)

그 중 모든 업종에 대해 국유화를 시행한 나라는 칠레, 페루, 탄자니아, 알제리아 등 14개국에 지나지 않고, 적어도 60개국에서는 국유화를 선택적으로 하고 있어서 특정의 업종 · 기업 나가서는 프로젝트가 대상으로 되어 있다고 한다.

구체적으로 천연자원산업, 금융, 공익사업은 제조업이나 상업보다 국유화되기 쉬운데 다음과 같은 사실로 실증된다.

즉 투자액 대 피국유화 자산의 비율을 업종별로 산출해 보면 자원채국업=0.5, 금융 · 보험=2.4, 공익 통신업=1.33인데 비하여 제조업=0.5, 상업=0.33에 지나지 않는다. 제조업 중에서도 기술의 성숙단계에 따라 차이가 있다.

예컨대 포장상품, 식료품, 음료, 구두 제조, 시멘트, 토석 등의 성숙업종은 플라스틱, 화학, 일렉트로닉스 등의 고도 기술산업보다 국유화되기 쉽다고 한다. 또 그 업종의 수직통합 정도도 관계가 있어서 그것이 약할수록 국유화되기 쉽다고 지적하고 있다.

2. 투자규모나 투자속도도 중요

좀 다른 관점으로 해외 투자사업에서 어떤 요인이 작용하여 국유화되기 쉬운지 살펴본다.

(1) 결정적 요인으로 우선 투자규모를 들 수 있다. 초기 투자액으로 1억 달러 이상 필요한 경우, 투자 실행 전에는 외국기업이 현지 정부에 대하여 매우 강한 입장에 선다.

프로젝트가 시행되어 성공하게 되면 입장이 싹 바뀌어 현지 정부에 의한 규제와 과세가 강화되어도 자본을 철수한다든지 생산을 삭감하는 등의 견제를 할 수 없게 된다.

(2) 경영규모가 크면 현지에서도 눈에 띄기 쉽지만 투자규모가 작은 경우 그다지 눈에 띄지도 않아 탄력적인 행동도 취할 수 있다.

(3) 위에 말한 것과 관련되지만 투자를 서서히 추가하면서 할 수 있는지 혹은 한 번에 하지 않으면 안되는지 하는 것이다. 석유, 천연가스, 철광석, 동 등의 자원채굴형 산업은 원래 초기 투자액이 커야 하는 성격을 갖고 있다. 그러나 자동차, 석유화학, 중장비기계 등의 제조업에서도 경제적 규모의 플랜트를 건설하려는 경우에는 같은 문제가 발생한다.

3. 제품의 차별성도 관계가 있다

첫 번째 요인은 그 산업에 있어서의 경쟁 정도이다. 이것은 외국 기업 간, 외국기업과 현지 기업 간의 쌍방을 포함하여 경쟁이 심할수록 투자 모국 기업의 입장이 강해진다.

두 번째 요인은 투자기업이 사업 전체의 운영을 절대적으로 떠받치는 포인트를 개발도상국의 공장 이외의 곳에 가지고 있는지의 여부이다.

보크사이트 알루미늄 산업에서 그것은 알루미늄 제련단계, 열대 청과물산업에서는 수송 · 분배 단계이다. 이런 중요 포인트를 장악하지 못한 도상국은 국유화에 쉽게 나설 수 없다.

세 번째 요인은, 제조되는 상품의 성격이다. 차별성이 없고 오로지 양으로 팔리는 상품은 투자모국의 광고 등으로 높은 브랜드 이미지를 형성하고 있는 상품보다 국유화되기 쉽다.

4. 2종류의 국유화 대책

국유화에 대해서는 2가지 대책이 있다.

하나는 국가 차원에 의한 대응책이다. 미국에서는 위법적으로 국유화를 한 나라에 대해서는 대외원조 정지와 같은 제재를 입법화하던가 양국 간 조약이나 다국 간 조약으로 투자보호를 상호 약속하는 방법을 택하고 있다.

다른 하나는 기업 차원의 대책이다. 결론부터 말하면 국유화가 국가 주권 행사에 기인하는 이상 사기업으로는 절대적인 대책이 없다. 그러나 리스크를 최소화 하기 위해 다음과 같은 몇 가지를 생각할 수 있다.

1) 상대방이 국가기관인 경우에는 '국가와 다른 국가 국민과의 사이에서 일어난 투자분쟁 해결에 관한 조약'에 입각한 투자분쟁해결 국제센터(International Center for Settlement of Investments Disputes 조약 ICSID, 세계은행 하부조직)를 이용하는 방법이 있다.

   국유화를 시행한 나라는 자국법에 따라서 문제를 처리하기를 주장한다. 그러나 문제를 제 3자의 중재에 맡김으로써 큰 메리트가 있다. 분쟁해결 실적은 적지만 위법적 국유화에 대한 견제 역할을 하고 있다.

   국가기관과의 투자에 관한 계약에는 반드시 주권면책(Sovereign Immunity)의 포기를 약속하게 함과 동시에 준거법을 상대국 이외의 법으로 하여 재판관할도 상대국 이외의 나라 재판소로 하는 것이 바람직하다.

2) 거액투자의 경우에는 상대국 정부로부터 국유화하지 않을 것이라는 확약을 받는다.
3) 합병사업을 투자수입국의 튼튼한 사기업과 하는 경우에는 외국 투자가의 주식매수를 의무화해 놓는 방법도 생각할 수 있다.
4) 위험한 국가에는 자산을 갖지 않고 소기의 목적을 달성하는 방법, 예를 들면 경영위탁계약(Management Agreement)이나 기술원조계약을 권하는 사람도 있다. 그러나 이 방법을 취할 수 있는 것은 한정되어 있다. 마지막으로 투자보험에 드는 방법도 있다.

14 기업진출을 위한 피지빌리티 스터디

피지빌리티 스터디 계산은 인풋 자료의 수집·작성에서 시작하여 어떤 상태의 아웃풋이 되는지를 조사하는 것이다.

1. FS에는 2가지 뜻이 있는데 정량분석과 평가는 필수적이다

피지빌리티 스터디(Feasibility Study : FS)라는 말은 넓은 의미로 프로젝트의 실현 가능성에 대한 검토를 뜻하고, 좁은 의미로 볼때는 채산의 정량적 검토에 한하여 사용된다.

전자는 프로젝트를 실현할 수 있는지의 여부를 종합적으로 판단하기 위한 모든 요인분석과 그에 대한 종합평가이다. 따라서 거기에는 당연히 현지 파트너의 자본력, 경영력, 인품 등을 주로 한 신용도 검토가 포함된다.

이에 비하여 후자는 프로젝트가 채산성이 있는지의 여부를 정량적으로 분석하고 평가하는 것이다. 물론 후자는 종합평가의 주요 부분의 하나이며 불가결의 것이다.

정량적 검토를 하면 그 구체적인 숫자에 사로잡혀 종합평가에서 정량적인 분석과 평가를 과대시 하기 쉽다. 숫자를 신용해서는 안된다는 것이 아니라 결과로 나온 숫자는 여러가지 전제조건에 의하여 도출된 것이기 때문에 그 전제조건이 변하면 당연히 숫자도 변한다고 생각해야 한다.

이런 과오를 범하지 않는 한 기업진출을 위한 계획수립과 검토에 있어서 정량적 분석과 검토는 필수적인 것이며 충분히 활용하는 것이 바람직하다.

2. 경영전망을 심사할 수 있게 인풋해 놓는다

정량적 채산계산을 하는 경우 전제조건을 여러 가지로 세워 몇 가지 경우를 산출해 보는 것이 사업의 채산 전망을 예측케 하는데 필요하다. 이 경우 될 수 있으면 기업의 경영예측을 탐사할 수 있는 양식을 미리 정하여 컴퓨터에 의해 패턴을 설정해 놓으면 편리하다.

프로젝트의 성격에 따라 다르지만 통상 10년 간의 장기에 걸치는 손익 계산서, 대차 대조표, 자금 운용표의 3개 양식이 나올 수 있게 패턴을 설정하는 것이 바람직하다.

즉 인풋하는 제원의 종류를 정하고 그 제원의 조합에 의하여 위 3개 양식이 나올 수 있게 패턴을 정하면 제원의 숫자를 바꾸는 것만으로 여러 경우를 거의 자동적으로 산출할 수 있다.

이들 3개 양식 중에서 기업진출 의사결정에 중요한 요소로 작용하는 것이 손익 계산서이고 이것에 의하여 사업의 채산이 언제 얼마만큼 나오는가 하는 것이 나타난다. 따라서 협의의 FS를 채산계산에 의한 검토라고 말한다.

다음에 이들 계산의 전제가 되는 인풋 제원 중에는 현지조사를 충분히 해야하는 것과 반드시 그렇지도 않은 것이 있다. 특히 공장건설에 관한 소요 인풋 제원의 경우 책상 위에서의 이론치나 추정치가 아닌 현지 및 현장답사에 입각한 최신의 현실적 데이터를 사용해야 할 것이다.

이미 사업환경조사의 각종 사전조사 포인트에서 언급한 것과 같이 반드시 해야하는 예측항목과 그에 의한 몇 가지 유의점을 바탕으로 하여 현장 조사를 하는 것이 바람직하다.

3. 인풋 소요 데이터 주요항목

공장건설에 따른 기업진출의 경우를 모델로 인풋 소요 데이터의 주요 항목을 열거한다.

(1) 먼저 공장 조업 전에 발생하는 비용을 산출할 필요가 있다.

여기에는 정비비 그 자체를 제외한 공장건설에 필요한 모든 비용이 포함된다. 그리고 채산 계산상으로는 이들 비용은 신설회사 창업비로 계상되어 설비 · 기계류와 같이 감가상각의 대상이 된다.

(2) 엔지니어링 비용

1) 수주경비 … 출장여비(현지 파트너와의 협의를 위한 출장, 공장 예정지의 사이트 조사 출당 등), 자료 인쇄비, 연락비용 등
2) 설계비용 … 새 회사로 나갈 예정자의 국내 준비기산 중 인건비, 국내 여행비(본사와 사업소 간 등), 제품 시험제작비, 자료 작성비, 회의비 및 통신비, 교제비 기타

(3) 감독지도 및 기술 지도비

1) 설비 관계자 지도비 … 현지 공장건설에 관한 감독지도, 기계 · 전기 관계의 기술적 지도 및 기계설치를 위한 공무관계 출장자의 현지 전체실비(인건비 등)
2) 제조기술 관계자 지도비 … 제조기술 관계자 현지 전체실비 및 이들의 여비
3) 현지인 고용비 … 공장건설을 위해 고용하는 현지인의 인건비, 여비
4) 현지인 훈련비 … 조업훈련 인원을 우리나라 공장에서 연수하는 비용(여비 포함)

5) 파견자 현지 인건비 … 현지에 파견될 인원이 공장건설기간 후반쯤 현지로 부임하여 조업개시 준비를 하게 되는데, 일반적으로 신설회사의 급여기준을 준용하여 계산한다.
6) 사무소 경비 … 공장 및 본사 예정지의 가설사무소 및 전화, 텔렉스 등의 비품류 설치비용
7) 회사설립 비용 … 신설회사 설립을 위한 수속비용(등록비, 인지세, 법적 수속비용 등) 및 현지에서의 신설회사 오픈 파티 비용 등
8) 시운전 자재비 … 정식 조업 개시까지 기계의 시운전을 위한 원재료비
9) 조업전 교제비 … 신설회사 설립 후 조업 개시 전까지의 주로 현지 관계자와의 교제비
10) 기타 … 기계설비, 건물 등의 보험에 드는 비용
11) 금리 … 기계설비, 구입대금을 비롯해 조업 전에 필요한 자금중 차입금 금리

이상과 같이 창업비용은 여러 가지로 나누어지는데, 신설회사의 공장조업을 개시하기 위한 필요경비이므로 빠짐없이 계상하여 신설회사(진출기업)에 부담시켜야 한다.

공장건설을 위한 준비기간, 건설기간, 건설 후의 시운전 기간은 우리 자본 · 기술제공 기업축이 여러 가지로 돌보지 않으면 안된다. 원칙적으로 그 비용까지 부담할 필요는 없다. 신설회사에 자금원조가 필요한 경우에는 그 비용을 이 쪽에서 봐주는 형식이 아니라 원조와 협력의 조치를 취하는 것이 바람직하다.

창업비에서 의외로 상대적으로 커지기 쉬운 것이 금리이다. 따라서 금리부담을 경감하는 뜻에서도 기계설비의 수출에 적용되는 수출은행의 신용공여(소위 서플라이어 크레디트〈연불신용〉 등)을 활용하는 등 비교적 저리 장기융자를 쓰도록 배려할 필요가 있다.

다음 공장의 토지, 건물, 기계설비 등의 코스트를 산출할 필요가 있다. 이들 설비관계 코스트 안에는 전기, 수도 관계의 소요설비와 공장에 에어컨이 필요한 경우에는 그 코스트도 포함해야 한다.

12) 용지관계비용 … 토지대(취득의 경우와 임대의 경우가 있다), 필요한 경우의 정지대, 조경 코스트 등

13) 건물관계비용 … 공장건물, 사무소 가옥비용 기타(식당, 위험물 창고 비용 등)

14) 건축물비용 … 공장용지 내외의 도로, 울타리, 배수구, 수조 등의 건설비용

15) 지원관계 설비비 … 전기, 수도, 가스 등의 수배전, 배관 설비비

16) 생산기계 설비비 … 주요 제조 기계설비의 비용

17) 부속기계 · 공구비용 … 기계, 공구, 차량 등의 부수된 비용

18) 검사설비비용 … 제품 및 반제품의 검사기계 설비류의 비용

이상은 직접 가공비 및 일반 관리비를 제외한 간접 가공비는 공장에서의 가공비이고, 일반 관리비는 영업 · 관리부문의 간접 가공비이다. 그 주요항목은 사장 이하의 관리, 영업관계자의 인건비, 기타 비용 및 사무용 비용 등이다.

4. FS는 인풋 자료에 따라 정해지므로 최종 숫자는 중지를 모아 정한다

이상의 각 비용항목을 인풋 자료로 정비하기 위해서는 앞에서 말한 바와 같이 현지의 사이트 조사를 포함하여 각종 소요정보, 자료를 수집 정리하고 그 내용을 잘 음미한 뒤에 최종적으로 채택해야 할 숫자를 정해야 한다.

극단적으로 말한다면 FS 계산은 인풋 자료에 따라서 마음대로 정해질 수 있을 정도이므로 최종적 숫자를 어떻게 선택할 것인가 하는 것이 매우 중요하다.

자료나 정보의 일부에는 상당수가 보는 입장이나 평가에 따라 숫자가 달라질 수 있으므로 최종적으로 결정할 때는 가능하면 중지를 모으는 것이 바람직하다.

또 인풋 숫자의 일부에는 적건 많건 가정이나 전제조건이 붙게 마련인데, 채택한 인풋 숫자에 이들 가정이나 전제조건이 있는 경우에는 명기해 둘 필요가 있다.

지금까지 언급한 것 외에 채산계산을 위한 3개 양식(손익 계산서, 대차 대조표, 자금 운용표) 작성에 필요한 항목으로 다음과 같은 것이 있다.

(1) 불입 자본금 … 전 소요자금 중 차입금에 의존하는 것이 커지면 금리부담이 무거워지므로 불입자금을 크게 할 필요가 있다. 그러나 그것도 현지 파트너를 포함하여 출자측의 사정도 있으므로 자연히 한계가 있다. 소위 자기자본비율을 어느 정도로 할 것인가

하는 경영정책적 판단이 문제이다.

(2) **로열티** … 기술협력의 대가로 몇 %의 기술료를 신설회사에 지급할 것인지의 문제이다. 기술의 내용에 따라 다르지만 매출액의 2~5% 정도가 일반적인 것 같다. 러닝 로열티뿐 아니라 기술료의 선급금으로 일시금을 지급하는 경우도 있지만, 그런 경우 이것도 감가상각 대상으로 할 수 있다.

(3) **감가상각년수** … 상각 대상의 종류에 따라 다르다. 일반적으로 창업비는 되도록 단기간(예컨대 5년)으로, 기계설비는 중기간(예컨대 10~15년)으로, 건물 토지는 비교적 장기간(예컨대 20~30년)으로 상각연수를 설정하는 경우가 많다.

(4) **장 · 단기 차입금과 금리** … 이것은 앞에 말한 조업 전에 필요한 차입과 그에 대한 금리가 아니라 조업 후 신설회사가 보유하는 차입총액과 금리를 말한다.

손익 계산상으로 영업외 비용으로 계상되지만 중공업의 경우는 설비 투자액이 큰 만큼 차입액도 커지므로 그 금리부담이 상당히 무거워지고 채산계산을 압박할 수 있는 요소이다.

(5) **세금** … 주로 법인세인데 특히 개발도상국의 경우를 중심으로 투자 인센티브로 해 조업 개시 후 일정기간을 무세로 하는 경우가 많다. 기타 토지세, 거래액세, 판매세, 지방세 등 각종 세금이 있는데 빠지지 않도록 잘 조사하여 계상하도록 해야 한다.

(6) **배당률** … 신설회사의 손익 결과에 의하여 정해야 하지만 나라에 따라서는 배당 제한도 있으므로 잘 조사할 필요가 있다.

15_ 자본참가 상대기업에 대한 조사와 파트너

자본참가의 경우 신규 설립 경우보다 실태파악이 어렵지만 상대 파트너에 대해 충분히 조사하여 자주적으로 평가 · 판단할 수 있게 힘쓴다.

1. 기존 해외기업에 자본참가하는 경우는 기업조사가 어렵다

기업을 완전히 매수함으로써 해외 기업진출을 이루는 방법도 있지만, 여기서는 기존의 해외기업에 우리 기업이 자본참가하는 경우에 대해 기술한다.

기존의 기업에 대한 자본참가의 경우는 신규설립에 비하여 상대기업의 과거 업적을 중심으로 실태를 파악하고, 그 실태에 입각하여 장래의 계획을 예측하지 않으면 안된다.

해외기업에 자본참가하는 방법을 택한 회사는 조사자료를 얻기 위해 상당한 비용을 예산에 포함시켜야 한다. 외부의 우수한 신용기관을 활용하려면 상당한 비용지출을 각오해야 하는데 이 비용을 삭감할 바에는 해외 기업진출을 다시 고려해야 할 것이다.

2. 제3자 기관의 조사를 효과적으로 활용한 뒤 진출기업의 자주성을 발휘한다

외부 조사기관에 기업조사를 의뢰하는 경우, 특히 유의할 사항은 일반적인 조사사항만을 요구하지 말고 어디에 중점을 두고 조사해 줄 것인가를 명확히 해야 한다.

예컨대 상대 기업의 재무제표를 조사하는 것은 당연한데 그것만을 봐서는 경영의 실태를 알기 어렵다. 따라서 장래가 걱정된다든가, 특히 상대기업에 요구하는 점이라든가, 알고 싶은 사항을 구체적으로 명확히 하여 그들에 대해 조사해 주기를 요구해야 한다. 또 상대 파트너에 대한 사회에서의 평가나 신용을 충분히 조사해야 한다.

일반적으로 제3자 기관이 조사한 자료를 입수하는 경우는 불필요하지만, 기업 간에 상당히 깊숙한 속까지 드러내는 자료나 정보제공을 요구하는 경우에는 기밀보장(누설방지)협정(Secrecy Agreement)을 체결하는 경우가 많다. 이것을 체결하면 일반에게는 공개되어 있지 않는 정보자료를 자세하게 제공해 주므로 실태파악에 매우 유용하다.

기업조사 과정에서 가장 중요한 것은 상대기업의 실정과 장래성을 파악하는 것인데 그때 최종적인 주식매수가격의 평가를 어떻게 할 것인가가 중요하다. 따라서 만약 기밀보장협정을 체결할 수 있는 관계가 되면, 가격을 협상할 수도 있다.

또 자본참가 후 우리 쪽이 어떤 점에서 상대기업에 협력할 수 있는지에 대해서 상대기업으로부터 의향을 타진할 수 있다면 이야기를 주고 받기가 쉬울 것이다.

즉 주식매수 가격과 장래의 협력내용을 종합적으로 판단하여 쌍방이 만족할 수 있는 합의를 만들어 내는 것이 가장 바람직한 자본참가의 추진방법이다.

02

해외사업의 경영관리

01_ 해외사업 운영지침

해외사업은 어떻게 운영되는가? 또 현지에 정착하기 위해서는 어떤 전략으로 사업을 전개해야 하는가?

여기에 8개의 지침을 소개해 본다.

1. 현지에 동화(同化) : 그 나라의 기업이 되어 그 나라의 발전에 기여한다

해외회사는 그 나라의 법률에 의해 설립되고, 그 나라의 '사람', '물건', '돈'을 활용하여 개발 · 생산 · 판매활동을 한다.

해외회사는 그 지역사회에 공헌하는 것을 으뜸으로 생각하고 현지 스탭(간부)에 의해 운영, 그 나라 사람들의 생활문화의 향상, 관련업계와의 협조, 나아가서는 그 나라 및 사회의 번영과 발전을 생각하며 명실공히 현지기업이 되어야 한다.

2. 관련업계, 유통업계, 관련협력공장과의 공존공영

관련 업계와의 조화, 연대를 도모하고 업계 전체의 발전과 번영에 기여하는 일도 해외회사의 운영에서 유의해야 할 중요한 사항이다. 시장의 요구에 부응하고 타사에 없는 특징을 가진 제품을 적시에 적정한 가격으로 생산 · 판매해야 한다. 또 공정한 경쟁을 통해 업계 · 타사의 모범이 되어 공존 공영을 도모해야 한다.

현지 유통 업계와 관련해서는 서로의 처지를 존중하며 원활한 판매활동을 추진함으로써 상호 번영을 도모해야 한다.

또 관련 협력공장에 대해서는 합리화에 대한 여러 가지 조언 · 원조를 제공하며 협력공장 육성에 노력해야 한다. 그렇게 함으로써 더 좋은 품질의 재료, 부품을 적정한 가격으로 공급받아 서로의 발전을 촉진할 수 있다.

3. 자주책임경영(생산 · 판매 · AS까지 철저한 자주 책임경영)

해외회사는 제품개발에서 생산 · 판매 · 애프터 서비스까지 철저하게 자주 책임경영의 원칙에 따라 운영되어야 한다. 경영상의 중요한 문제에 대해 의사결정의 책임과 권한은 모두 해외회사에 있음을 명심해야 한다.

자금에 있어서도 본국으로부터 차입하는 것에 의존하는 것은 옳지 않고, 자기 신용으로 자금조달을 하는 것을 원칙으로 해야 한다.

한편, 제품에 대해서는 시장의 요구를 정확히 파악하여 계획설계도 자력으로 하는 체제를 갖추어야 한다. 또 복수 제품을 취급하는 해외회사는 각 부문의 책임을 명확하게 하고 경영 전체의 문제점을 파악하여 정확한 대책을 세울 수 있게 부문별 경영 결과를 명확히 하는 일이 자주 책임경영을 실현하는 데 중요한 핵심이다.

4. 생산 · 판매의 일체화

해외회사의 제조, 판매, 서비스 활동에 있어서는 항상 거래처의 의견 · 요구를 신속히 파악하여 자사의 정책에 반영하도록 노력해야 한다. 거래처들은 일반 고객과 직접 접촉하고 있으므로 그 의견은 대단히 중요하다. 거래처의 요구에 부응하는 것이야말로 자사의 사회적 책임이고, 이 사고방식에 입각하여 각 해외회사는 독선에 빠지지 않고 항상 수요자가 요구하는 생산 · 판매를 실현할 수 있다.

5. 인재의 육성과 등용

'사람 만들기' 는 해외회사에게 주어진 가장 큰 임무 중의 하나임을 잊어서는 안된다. 언어 · 신조 · 습관 등의 차이에서 여러 가지 장애가 생기지만, 일상적인 모든 기회를 통해 현재 종업원에게 자사의 경영이념, 기본방침을 이해시키고 그들의 좋은 자질을 발굴하며 기능을 향상시키도록 노력해야 한다.

그리고 각자의 성과와 능력에 따라 과감하게 인재를 등용해야 한다. 그러기 위해서는 계획적이고 조직적으로 또 적극적으로 현지 종업원을 훈련시키고 자기계발에 대한 의욕을 갖도록 해야 한다. 일상적인 업무를 통한 지도 · 교육이 매우 효과적이란 것을 잊어서는 안된다.

6. 이익에 대한 사고

이익은 사회에의 공헌에 대한 보수이다. 경영 노력에 의해 그 나라에의 공헌도를 높이고 건전한 경영을 실현해야 한다. 이렇게 해서 나온 이익은 그 나라에 바치는 세금, 주주에 대한 배당, 종업원에 대한 복지향상, 나아가서는 내부보유에 충당하고 더 큰 발전으로 이어져야 한다.

7. 재료, 부품의 현지조달

해외회사가 부품을 현지 조달하는 것은 해외회사의 자립성을 강화하기 위한 활동 중의 하나이다. 현지조달함으로써 현지산업의 발전을 촉진하고 해외회사가 현지와 밀착하는 기회도 된다. 현지조달은 해외회사의 자주성이 강화되는 만큼 해외회사는 적극적으로 그리고 계획적으로 현지조달률의 향상을 도모하지 않으면 안된다.

8. 재수출 체제의 확립(국제분업, 그 나라의 국제수지에 공헌하는 일)

해외생산회사는 그 나라의 기업으로서 내수를 충족시키는 것은 당연한 일이며 나아가 국제 경쟁력이 있는 품질 · 성능 · 코스트 · 서비스를 실현함으로써 수출을 촉진하고, 그 나라의 국제수지에 공헌하는 일이 주요 활동의 하나이다.

한편, 국제분업의 원칙에 의한 적지생산(適地生産), 적지공급(適地共給)의 실현을 위해 부품 · 완성품의 상호보완을 통해 그 일익을 담당할 수 있는 체제를 빨리 확립하는 것이 바람직하다.

02 해외 경영책임자의 기본자세

1. 해외 경영책임자는 경영자의 입장에 서서 항상 시장동향을 파악하고 소비자, 판매점의 소리를 개발 · 제조부문에 반영해야 한다.
2. 당면한 중요한 문제를 정확히 파악하고 해결에 전력을 경주해야 한다.
3. 방침을 명확히 제시하고 일방적인 지시가 아닌 관계자의 이해와 납득을 얻어내는 노력을 게을리 해서는 안된다.
4. 결단을 신속 명확하게 내려야 한다. 부득이 신속하게 내리지 못할 경우, 결정하는 기일 만큼은 반드시 명확하게 정하고 그대로 실행해야 한다.
5. 커뮤니케이션(부문 책임자, 현지 간부, 본사)이 잘 되도록 노력한다. 사전 사후의 보고를 반드시 하게 하고 반드시 확인한다.
6. 권한위임과 방침을 혼동해서는 안된다.

1. 기본방침

경영책임자는 현지 독립회사의 장으로서 최고 책임자이며 출자자인 본사를 대표한다. 해외 파견사원, 현지 사원 및 그들 가족을 포함한 관계자 모두에 대하여 큰 책임을 지고 있다.

(1) 전략과 전술

본사와 현지는 모든 매니지먼트에 있어서 많은 점이 다르다는 것을 인식해야 한다. 본사는 항상 경영이념을 설득하고 경영전략을 통해 장기계획을 수립하고 면밀히 계산된 계획대로 거대한 대포를 배치하는 전략에 초점을 맞춘다.

즉, 본사의 경영은 전 조직을 동원하여 대군을 움직이는 진지공격전(陣地攻擊戰)으로 비유할 수 있다.

한편, 최전선에 있는 현지는 선봉대로서 시시각각으로 변하는 상황 하에 있으면서 전술을 구사하고 기동력을 발휘하는 조우전(遭遇戰 : 적병과 맞닥뜨린 전투)을 펴 나간다. 조우전에서는 언제나 기선을 제압하고 승리를 가져와야 하는 사명이 필요하다.

따라서 생산 · 판매 · 재고 · 경비 · 자금 등의 경영관리 숫자는 전략단위로 매일 또는 매주 세밀하게 파악되어야 한다.

(2) 조직

현지회사는 시중의 소기업이다. 그런데 해외 파견사원은 큰 조직 속에서 교육훈련을 받았기 때문에 소기업의 여러 가지 잡다한 일의 현지 업무에 당황할 뿐 아니라 때로는 불평불만으로 이어지는 일이 있으므로 파견하기 전에 사전교육을 충분히 시키고 또 현지에 도착 즉시 현지상황에 맞는 교육을 할 필요가 있다.

조직의 확대, 인원의 증대는 외견상 아주 발전한 것처럼 보이지만 현지에서는 그 필요성이 극한에 이르기까지 확대해서는 안된다. 현지사원은 그 지휘 통솔과 명령하기에 따라 무한한 능력과 가능성을 가지고 있음을 믿어야 한다.

조직이 세분화 되면 세분화된 곳에 책임자가 필요하게 되어 불필요한 인원이 증가하고, 파벌주의를 초래하며, 기동력이 떨어져 정보 파악 · 의사소통을 악화시키고, 명령의 전달이 둔화하여 결국 경비의 증대를 가져오게 한다. 무엇보다 필요한 것은 고도의 생산성 유지와 경비축소를 위한 목표관리에 철저해야 한다.

(3) 잉여인원

우리나라와 노동조건, 사회조건이 다른 현지에서는 일의 원활화를 도모하기 위해 약간의 잉여인원을 확보하는 것이 현장 관계자에게는 필요할지 모른다. 그러나 파견사원의 불요불급한 인원의 증원은 절대로 해서는 안된다.

따라서 파견사원은 적재 적소에 증원, 배치, 선택되어야 한다. 잘못된 파견사원의 인선 배치는 일을 위한 일을 만들고, 인사 관리상 중대한 곤란을 초래하는 원인이 된다.

국제기업에는 원칙적으로 파견사원이 없으면 일이 안된다는 말이 통용되어서는 안된다. 파견사원이 많으면 많을수록 국제기업과는 거리가 멀다는 것을 자각하여 현지사원의 고용을 증대하고 현지간부를 적극적으로 등용하도록 노력해야 한다.

(4) 지휘 · 장악

현지사원은 완전히 지휘 · 장악하도록 해야 한다. 즉 출장 · 결근 등 매일의 근무상황을 명확히 파악하고 있어야 한다. 누가 언제 어디서 무엇을 하고 있는지 몰라서는 경영을 장악했다고 말하기 어렵다. 경비의 낭비, 방만한 관리는 항상 부하를 완전히 장악하지 못하는 데서 온다.

(5) 지휘

종업원을 지휘할 때는 자신과 박력을 가지고 지도해야 한다. 우리나라에서와 같이 '각자의 자각을 기다린다' 는 식의 일은 있을 수 없다. 특히 파견사원의 지도는 경영책임자의 큰 책무이다. 옳은 방향인데도 부하들이 싫어한다는 이유로 머뭇머뭇 거려서는 안된다.

(6) 신상필벌

현지사원을 잘 통솔하기 위해서는 '신상필벌' 이 대단히 중요하다. 규율을 문란하게 하고 주위에 해를 끼치는 사원이 있는 경우 즉시 해고해야 한다. 그러나 경우에 따라서는 앞으로의 업무 수행을 위해 냉정하게 판단하는 인내력도 필요하다.

만약 파견사원 중에 파렴치한 행위 또는 불평불만으로 파견사원들 사이에 나쁜 영향을 크게 미치는 자가 있다면 임기를 기다릴 것이 아니라 즉시 본사에 귀국 조치하는 것이 바람직하다. 문제의 소지는 조기에 제거하는 것 이상 좋은 것이 없다.

(7) 현지인에 대한 신뢰

경영책임자는 일을 명하는 데 있어서 상대를 신용해야 한다. 왜냐하면 상대는 자기 부하이기 때문이다. 경영책임자는 현지인과의 신뢰를 쌓기 위해 꾸준히 노력해야 한다.

(8) 업무개선

경영책임자는 동업타사, 거래처, 각종 공장을 방문하여 타사의 경영조직, 관리운영 조직에 주의하고 참고할 것이 있으면 즉시 도입하는 의욕을 가져야 한다. 타사의 좋은 점은 자진하여 받아들이는 정신이 필요하다.

(9) 규칙의 확립과 계획적 경영

현지에 적합한 사내규칙에 입각하여 경영관리를 철저하게 시행해야 한다. 이러한 축적된 경영 노하우가 기업체질을 향상시키는 것임을 명심하고 경영책임자는 경영을 해나가는 과정에서 규정, 제도, 규칙의 확립과 정비를 철저히 시행하여 끊임없이 계획적 경영을 추진해야 한다.

(10) 해외파견사원의 마음가짐

부문 책임자가 갖추어야 할 자세, 행동기준으로 명시할 사항은 경영책임자가 작성한다.

1) 다른 나라에 있음을 인식하고 그 나라의 풍속, 풍습에 빨리 익숙해지고 잘 이해할 것
2) 항상 자기 건강에 유의하고 상쾌한 마음으로 사원과 접촉할 것
3) 품질 제일을 지향하여 기술의 적당한 타협을 용서치 말 것
4) 현지재료를 적극 개발하여 본국에의 의존에서 탈피할 것
5) 파견사원 및 현지사원과의 유대를 항상 중요하게 생각할 것
6) 현지사원을 육성, 경영 전반에 참여케 하여 현지사원에 의한 경영 실현의 시기를 앞당길 것

이상 6가지를 파견사원은 항상 염두에 두어야 한다.

(11) 사업장 운영의 기본방침

1) 직무분석

① 직무분석은 운영방침 및 조직표와 함께 삼위일체를 이룬다. 직무분담에 의하여 각 부문의 책임과 권한이 명확하게 된다.

② 권한은 되도록 부하에게 위임하고 자주운영을 도모해야 하지만 권한위임과 방임주의를 혼동해서는 안된다. 항상 확인하고 보고하게 한다. 회의, 기타 커뮤니케이션이 원활하게 이루어지게 해야 하며, 방임과 독단의 폐해를 방지하는데 노력해야 한다.

2) 업무일정

① 업무일정은 전사적으로 실시계획을 만들고 그것들을 일정계획에 표시한다.

② 업무일정, 행사일정은 실시계획을 추진하기 위한 것으로 연도별, 기별, 월별, 주별로 정해야 한다.

③ 일정은 관계자 전원에게 주지시켜야 한다. 그렇지 않으면 일상 활동을 조직적이고, 유기적으로 원활하게 할 수 없다.

3) 개별규정

① 개별규정은 일상생활에서 지켜야 하는 기준으로 이것이 규정되어 있지 않으면 제멋대로 행동하게 되어 혼란의 원인이 된다.

② 개별규정의 범위는 상당히 넓은 것으로 작성일정과 원안(原案)작성 담당자를 정하여 순서있게 만들어 나가야 한다. 최종 완료 목표일을 지정하는 일은 경영책임자의 책무이다.

③ 규정이란 말에 사로잡혀 너무 딱딱하게 생각하지 말고 문장표현도 간결하게 한다.

03 해외 현지 간부, 종업원의 육성

1. 간부육성의 순서

현지간부의 육성은 해외진출 기업에 있어서 매우 중요한 부분이다. 특히 말도 다르고 문화 · 풍속 · 가치관 등이 다르기 때문에 더욱 더하다. 현지 간부 육성을 위해서 가장 중요한 것은 현지화 정책을 추진하는 일이다. 또 한국인 파견사원이 갖고 있는 관리능력, 기술력, 정신적 강인성 등을 그들에게 옮겨 주는 일도 중요하다. 그러기 위해서는 회사방침, 인사방침, 장기 인재육성방침을 설정하고 그것을 철저히 시행할 필요가 있다.

2. 인력의 효율적 활용

(1) 각 사업장은 자주 독립의 책임경영을 추진하는 일환으로 교육훈련을 자주적 · 주체적으로 추진해야 할 책무가 있다. 이 경우 각 사업장의 실정에 맞는 방법을 연구하고 실천해야 한다. 전사교육 훈련은 전사적인 관점에서 상황에 맞는 방침을 내걸고

새로운 훈련기법의 개발과 필요에 따라 실시되어야 한다.

(2) 직장에서 상사에 의하여 시행되는 개별지도가 인재육성의 키포인트이다. 종업원 한 사람 한 사람의 능력이 향상되고 인간적인 성장이 이루어진다. 그가 하는 일에 달성감과 삶의 보람을 갖게 하기 위해서는 상사의 자상한 개별지도가 필요하다.

(3) 새로운 지식 · 신기술의 습득 혹은 이질의 교류, 체험에 의한 깨달음, 능력개발 효과를 위해서는 집합연수를 실시하는 것이 바람직하다.

3. 인재의 등용(사람의 현지화)

(1) 교육훈련에 의한 관리 · 감독자의 육성, 파견사원 업무의 현지 사원에게로의 이관 등과 병행하여 인재의 등용을 적극적으로 시행하여 사람의 현지화를 추진해야 한다.

(2) 현실적으로 운영방법을 명확히 하지 않으면 안되는 것, 불문율 또는 관습적으로 행해지고 있는 것을 규정으로 만들어 놓는다. 이 경우 미비점은 점차 보완해 나가야 하며 처음부터 만점을 바라면 시간이 걸릴 뿐이다.

(3) 취업규칙은 기회 있을 때마다 점검해야 한다. 그러나 그의 개정은 종업원, 노동조합과의 충분한 협의 하에 시행한다.

(4) 개별규정은 발효 실시 전에 부문 책임자의 이해와 납득을 얻기 위해 충분히 협의 검토하고 전원에게 주지시키는 노력을 게을리 해서는 안된다.

(5) 개별규정과 관련 있는 본사에서의 지시는 함께 묶어 관계자에게 배표하는 것이 바람직하다.

(6) 개별규정에는 결제규정, 회의규정, 인사규정, 총무규정, 경리규정, 거래규정 등이 있다.

04_ 해외 파견사원의 성공조건

1. 어학력(영어 · 한자어)

어학은 어느 나라에 파견되더라도 반드시 필요하다. 영어가 공용어인 나라에서는 경영 책임자 및 영업직을 비롯하여 대외관계가 많은 직종에서는 상급 수준, 제조직 등 내부근무자의 경우 중급 수준의 실력은 되어야 한다.

2. 경영기본방침과 해외사업방침에 대한 철저한 이해

경영활동, 문제해결, 가치판단 등의 기본이 되는 것으로 해외에서는 스스로 결정하는 일이 많은 만큼 이해해야 한다.

3. 관리 지도력

현지 간부 육성이 주요 임무이므로 일의 관리, 사람의 관리에 관한 지식 · 기능 · 경험이 요구된다. 특히 사람에 대한 육성 지도를 할 수 있는 리더십이 중요하다.

4. 전문지식

어떤 의미에서 볼 때 진짜 리더십을 발휘할 수 있는 것은 이 분야의 능력이다. 폭넓은 그리고 깊은 지식 · 기능 · 경험이 요구된다.

5. 관련지식

해외에서 근무하는 부문책임자에게는 많은 일이 주어진다. 따라서 자기의 전문분야만이 아니라 타 부문의 지식도 중요하다.

6. 국제인으로서의 요건

현지에서의 생활은 외국인과의 교류를 의미한다. 우선 한국인으로의 긍지를 가지고 국제적으로 통용하는 최소한의 매너나 에티켓을 습득해야 한다.

7. 현지사정

어느 민족이나 각각 그들의 언어 · 역사 · 전통 · 종교 · 문화를 선조로부터 이어 받고 있다. 참된 벗, 협력자로서 현지 사람들로부터 신뢰를 얻기 위해서는 현지의 역사 · 문화 · 국민성을 잘 배워야 한다.

8. 성격

인간성이 풍부하고 인정을 알며 항상 자기 이외의 사람에 대한 배려를 할 줄 아는 너그러움과 적극성, 유연성, 인내력이 필요하다.

05_ 해외파견자의 자각과 역할

지금까지 기업의 해외진출에 대한 리스크 극복을 위한 처방과 해외사업을 성공시키기 위한 불가결한 포인트를 이야기했는데 그러기 위해서는 해외파견자(경영책임자 및 사원)가 자기에게 부여된 사명을 얼마나 자각하고 자기 역할을 충실히 해 나가느냐를 되풀이해서 머릿속에 새겨야 한다.

해외파견자가 성공하기 위해서는 무엇이 중요한가를 다시 한 번 확인해 보자.

1. 해외파견자는 자기 사명감을 자각하라

해외파견 사원, 특히 경영책임자는 해외회사의 경영을 어떻게 해야 할지 확실하게 자각해야 한다.

회사 설립인가를 받고, 땅을 구입하고, 건물을 건설하고, 설비를 설치하고, 사람을 채용 · 훈련하고, 생산판매를 궤도에 올려놓기란 그야말로 보통 일은 아니다.

무(無)에서 시작하여 레일에 올려놓기까지의 여정은 길고 끝이 없다. 때로는 정말로 끝이 없다는 착각에 빠질 정도로 매우 어려운 상황에 처할 수도 있다.

해외로 파견되는 사람들은 파견사원으로서의 사명을 자각하고 강한 신념을 가지며 그것을 실천해 나가야 한다. 그렇지 않으면 해외에서 갑자기 발생한 사고에 대하여 올바르게 대응해 나가지 못한다. 얄팍한 배의 밑바닥 아래에 깊은 바다가 깔려 있음을 항상 염두에 두고 대처해야 한다.

사명을 달성하기 위한 강한 행동을 일으키기 위해서는 그곳이 자기의 의지할 곳이란 사명감을 가지고 일에 임해야 한다. 그렇지 않으면 해외에서 업무를 수행할 때 망설임은 물론 여러 가지 불만이 표면화하게 한다.

2. 고정관념에 사로잡히지 말라

해외에서 성공하기 위해서는 그 나라의 정치행태나 습관을 잘 이해하고 빨리 그 나라에 익숙해져서 그 나라에 맞는 수단과 방법을 찾아내야 한다. 그러기 위해서는 고정관념에 사로잡혀 이 방법 외에 다른 방법은 없다고 생각하지 말아야 한다.

각기 다른 나라에서 그에 맞는 다른 수단을 강구하며 선입관에 사로잡히지 않는 유연성을 가져야 한다. 어떤 방법을 행동하여 만약 실패한다 해도 '이것으로 끝장이다' 라고 체념하지 말고 다른 방법을 강구하는 자세가 절대적으로 필요하다.

3. 해외파견자로서의 사명을 인식하고 실천한다

해외근무의 사명은 대체 무엇인가? 해외파견자(경영책임자 및 사원)는 우선 자기 사명을 인식해야 한다. 파견자의 사명은 경영이념 및 기본방침의 실천, 기술 노하우 및 관리 노하우와 관리수법을 현지에 이전, 정착시킴과 더불어 현지사원을 철저히 육성하여 조기에 현지 간부에게 경영을 이관하는데 있다.

파견자는 자기의 사명을 분명히 인식하여 현지 간부에게 하루라도 빨리 경영을 맡길 수 있게 현지 사람들을 육성해야 한다. 이것이 경영책임자 및 파견사원에게 주어진 큰 사명이다.

4. 먼저 자기 자신이 경영이념을 이해한다

해외에서 자사의 경영이념과 기본방침을 스스로 실천하며 정착시키기는 매우 어렵다. 또 자사의 이념을 해외의 사람들에게 이해시키기란 쉽지 않다.

그래서 경영책임자 및 파견사원은 '이 나라에 공헌한다' 는 이념을 자기에게 철저히 납득시키면서 일해야 한다. 그러기 위해서는 자사의 경영이념 · 기본방침을 자기 자신이 이해하고 실천 · 정착시키는 일이 최우선 과제이다.

5. 입으로만 하는 것이 아니라 스스로 모범을 보인다

스스로 모범을 보이며 지도하지 않으면 부하나 현지인은 따라오지 않는다. 특히 해외에서 현지인과 함께 운명 공동체가 되어 상대국에 공헌하려면 더욱 더 그러하다.

현지에서는 조회 같은 것을 갖기가 어렵다고만 생각하지 말고 여러 가지 기회나 장소를 이용하여 조회를 갖도록 노력해야 한다. 그 자리에서 "우리 회사는 이러이러한 생각으로 회사를 운영하고 있다. 이 회사는 이 나라에 공헌하지 않으면 안된다.

그러므로 우리는 이렇게 하지 않으면 안된다"는 것을 매일 되풀이하듯 전해야 한다. 또 그러한 조회를 이용하여 경영이념, 기본방침뿐 아니라 기술적 문제, 관리규칙 등을 이해시키고 정착시키는 기회로 삼아야 한다.

6. 중요한 일은 하루 3번 되풀이해 전달한다

상대가 알아야 할 일, 해야할 일, 생각해야 할 일은 하루에 3번 철저하게 이해시켜야 한다. 그래도 불충분하다고 생각되면 인사 책임자에게 그 내용을 인쇄하게 해서 종업원에게 배포해 주고 퇴근시 똑같이 전해주어야 한다.

상대에게 무엇을 전하려고 할 때 이쪽의 설명 부족으로 또는 받는 쪽의 이해 부족으로 A가 B로 되고 C로 되는 경우가 적지 않다. 하물며 전하는 상대가 우리나라 사람이 아닌 경우는 더욱 더 그러하다.

따라서 현지 종업원에게 이해시키고 자각시키기 위해서는 지나칠 정도로 철저히 노력해야 한다. 즉 필요한 일, 중요한 일을 종업원에게 전할 때는 하루 3회 이상 되풀이해서 말해야 한다.

7. 그 나라에 간 이상 그 곳에 뼈를 묻을 각오로

해외에 나가기로 결정했으면 1년이나 2년 내에 자기 목표를 100% 달성하기가 어렵다는 것을 명심하고 혼신의 힘을 다할 것을 각오해야 한다. 상대에게 "아, 이 사람은 우리나라에 뼈를 묻을 각오를 한 사람이구나"하고 느끼게 할 정도로 노력하지 않으면 회사의 경영은 어렵다는 사실을 명심해야 한다.

8. 대외절충은 성심성의로 대하라

현지에 부임하여 실제 업무를 시작한 후 경영책임자는 정부 · 업계 · 판매회사 그리고 은행 등 대외적인 접촉이나 절충이 매우 많다는 것을 실감하게 된다.

본국과는 달리 대외절충이 매우 어렵고, 이것이 잘되지 않으면 회사일도 매우 어렵게 진행된다. 일이 순조롭게 운영되게 하기 위해 또는 회사가 유리하게 전개되도록 하기 위해서는 대외절충을 성의를 가지고 반드시 성공시켜야 한다.

중요한 것은 회화가 100% 된다 해서 대외 절충력이 있는 것은 아니라는 사실이다. 하루라도 빨리 현지 언어에 익숙해야 하겠지만, 중요한 것은 언어가 아니라 적극적인 자세와 절충능력 그리고 인간관계이다. 그러나 그것도 성심성의를 가지고 부딪힘으로써 상대는 마음을 열고 이쪽의 요망에 응답해 온다.

인간관계가 형성되면 자기라는 인간을 신뢰하고 호의를 나타내게 되고 우리가 생각하고 있는 것, 회사 경영에 관한 일, 나아가서는 우리나라에 대한 일, 본사에 대한 일 등에 대해 잘 이해해 준다. 그렇게 되어서야 비로소 일이 순조롭게 되어진다.

다시 말하지만 해외에서는 이와 같은 접촉이 되지 않으면 일이 순조롭게 되지 않는다. 만약 대외절충이 잘 이루어지고 있지 않는데도 적극적으로 나서지 못하는 파견사원이 있다면 즉시 본국으로 전속배치하는 강한 자세가 필요하다.

중요한 사람들의 생일에 카드를 보내거나 축하연을 해주는 등 친밀한 노력을 함으로써 언젠가는 자사가 순조롭게 운영되고 성과가 오르게 된다. 2년에서 3년 정도 꾸준히 해나가는 것이 중요하다는 인식을 가지고 실행해 나가면 아무리 곤란한 사태가 발생하더라도 반드시 극복할 수 있다고 확신하게 된다.

9. 체념은 금물! 해법은 반드시 있다

'우리들의 사전에 불가능이란 없다' '절대로 할 수 있다' 이와 같은 강한 의사를 가지고 즉시 행동에 옮겨야 한다. 안되는 것이 있다면 노력이 부족하기 때문이고 현지인들과의 신뢰관계가 확립되어 있지 않다는 증거이다. 회사를 경영하다 보면 매일 뜻하지 않게 문제가 발생하는데 '반드시 해결할 수 있다. 반드시 극복할 수 있다' 고 믿고 최선의 노력을 계속하라. '체념하는 것이 제일가는 금물이다' 라는 사실을 명심하기 바란다.

10. 해야 할 일을 하기 위해 모든 노력을 아끼지 말라

대외절충에서 또 하나 중요한 것은 그 나라에는 그 나라의 법률이 존재한다는 것을 무시해서는 안되는 것이다. 법률에 입각한 정부의 행정지도가 있으므로 그 나라에서 일하는 이상 그 나라의 법률, 행정지도에 따라야 한다.

그런데 법률이나 행정지도를 엄수하여 일을 진행하는데 주의해야 할 일이 있다. 이 나라의 법률로 정해져 있으므로, 정부의 행정지도가 있으므로, 오랜 동안의 상관습이 있으므로 등으로 '여러 가지 제약이 있으므로 이 나라에서 일하는 것은 곤란하다.' 고 체념하는 일이 있어서는 안된다.

엄연히 존재하는 법률, 행정지도에 사로잡혀 '이것도 안되고' '저것도 안되고' 하며 하지 않으면 안될 일까지 체념해서는 안된다. 지켜야 할 때는 지켜야 하고 또 밀고 나갈 때는 그 나름의 배수의 진을 치고 행동해야 한다.

어디까지나 그 나라에서 일하는 이상 법률, 행정지도, 상관습은 지켜야 하지만 본국에서 전권을 맡고 온 해외 회사는 모든 수단을 강구하여 정부와 절충하고 특별인가를 얻도록 노력해야 한다. 불합리한 일, 회사에 해로운 것, 종업원에게 해로운 것, 그 나라에 해로운 것은 회사로서 어떻게 개선해야 할지를 생각한다.

개선해도 결코 큰 문제가 되지 않을 일이라면 모든 절충을 다하여 특별 인가나 허가를 얻거나 만난 사람들에게 호소하여 개선하는 노력을 게을리 해서는 안된다.

6

CHAPTER

중소기업의 지식집약형 서비스업 전략

과거에는 얼마나 질이 좋고 효율이 높은 가공기술을 가지고 있는가가 경영력을 결정하는 요인이었다. 그러나 가공기술의 급속한 발전으로 가공기능은 높은 소득을 낳는 원천이 되었다. 이 장에서는 상품계획 · 디자인 · 마케팅 · 첨단 기술용역과 같은 고부가가치화된 지식집약형 서비스업의 경영전략을 제시했다.

01

경영과제 극복을 위한 방안

01 지식 집약형 서비스업의 중요성

기업활동은 크게 가공 부문과 서비스 부문으로 나눌 수 있다. 가공 부문이란 공장을 말하고, 서비스 부문이란 가공을 하지 않는 부문을 말한다. 가공 부문과 서비스 부문은 서로 밀접한 관계를 유지하면서 기업 성장의 근간이 되고 있다.

최근의 추세는 가공 부문 인원수는 감소하고 서비스 부문 인원수는 증가하는 경향이다. 이러한 현상은 2가지 이유 때문이라고 생각할 수 있다.

하나는 생산성 향상률의 차이 때문이다. 즉 가공 부문의 생산성 향상률이 높아짐에 따라 가공 부문의 인원이 상대적으로 줄고, 서비스 부문의 인원이 증가하게 된 것이다. 또 하나의 이유는 서비스 부문의 작업량이 상대적으로 증가했다는 사실 때문이다.

경제가 발전함으로써 '기능적으로 우수한 상품을 싸게 만든다'는 의식에서부터 '어떤 상품을 만들어 어떻게 팔 것인가' 하는 의식으로 바뀌어 가고 있다.

생산이 보다 쉬워짐에 따라 수요자가 어떤 상품을 요구하고 있는가를 알아내는 것이 기업활동에 있어서 하나의 결정적 요인으로 작용하게 되었다. 이것은 곧 시장정보가 결정적인 역할을 하고 있음을 의미한다.

또 시장에 관한 정보가 입수되면 그에 따라 어떤 상품을 기획할 것인가 하는 문제가 제기된다. 상품의 다양화로 디자인의 중요성이 커지고 작업량이 증대하는 추세이다. 그리고 광고 선전의 방법, 판매방법이 매출에 큰 영향을 준다. 또 수요자가 요구하는 상품을 제공하기 위해서는 연구개발이 매우 중요한 위치를 차지한다.

이와 같이 정보 · 상품기획 · 디자인 · 마케팅 · 연구개발과 같은 지식집약형이라 말할 수 있는 서비스의 질이 기업의 운명을 좌우하고 있다.

과거에는 얼마나 질이 좋고 효율이 높은 가공기능을 가지고 있는가가 경쟁력을 결정하는 요인이었다. 이렇듯 가공기능이야 말로 소득을 낳는 원천이었다.

그러나 가공기술이 급속히 발전하고 가공이 간단해지자 서비스의 중요성이 더욱 더 커지게 되었다. 결국 서비스의 질이 결과를 좌우하게 된 것이다. 미국에서 기획되고 디자인된 상품이 한국에서 가공되어 유럽에 수출된다면 옛날에는 한국이 많은 이익을 올렸다.

그러나 서비스화가 진전됨에 따라 이제는 미국에서 발생하는 이익이 상대적으로 증대하게 된다. 이처럼 서비스화 사회 안에서 지식 집약형 서비스는 이제 개개의 기업 경쟁력뿐 아니라 한 나라의 경쟁력도 좌우하고 있다.

우리나라는 가공무역국이므로 서비스화가 진전되어 '물건' 을 만드는 사람이 없어지면 경제는 파탄된다고 생각하는 사람이 있다. 그러나 공업제품에는 많은 서비스가 투입되어 있으므로 '물건' 이 수출되면 간접적으로 다액의 서비스가 수출됨을 의미한다.

많은 서비스가 투입되어 있는 공업제품이말로 고부가가치화된 제품이고 국제경쟁력이 강한 제품이기 때문에 수출이 늘어나는 것은 이런 종류의 상품 때문이라고 볼 수 있다.

02_ 새로운 산업사회속의 지식 집약형 서비스업

향후 산업사회는 다음과 같은 구조를 가진 사회로 나아가리라 예상된다.

1. 에너지 · 운수 · 통신 · 가공 · 금융 · 부동산업자 등 대규모 설비나 시스템을 필요로 하는 산업분야이다. 이것을 기간산업이라 부르기도 한다.
2. 전문 서비스 공급자로 서비스를 공급함으로써 장사하는 분야이다. 지식 집약형 서비스업은 이 중에서 중요한 위치를 차지한다.
3. 기획형 서비스업이다. 이것은 기간산업이나 전문 서비스 공급자의 기능을 이용하여 스스로 손익계산을 하며 운영하는 기업이다. 잘하면 크게 벌지만 실패하면 도산하는 리스크의 부담을 안고 있는 것이 특징이다.

예컨대 조사 회사에 부탁하여 얻은 결과에 의하여 상품을 기획하고, 디자인은 디자인업에, 가공은 메이커에, 광고 선전은 광고 대리점에, 판매는 상사 또는 판매 대리업자에게 위탁하면 소형 기업이라도 큰 장사를 할 수 있다.

종래의 대기업은 이들 기능을 기업 내에서 자체적으로 소화해내면서 기업활동을 해왔다. 그것이 3개의 역할을 가진 기업군으로 분해된다고 생각하면 이해하기 쉽다.

영화 프로덕션이 어떤 영화를 기획하면 시나리오 작가에게 시나리오를 쓰게 하고, 작곡가에게 작곡을 의뢰하면 감독, 배우, 기타 필요한 스탭과 계약하고 스튜디오를 빌려 영화를 만든다.

이 사례에서는 영화 프로덕션이 기획형 서비스업이고 스스로의 손익계산 하에서 사업을 진행한다. 스튜디오 임대업자는 기간산업으로 분류된다. 그리고 조사 회사, 집필자, 디자이너, 시나리오 작가, 감독, 배우 등이 전문 서비스 공급자이고 기획형 서비스업에 서비스를 제공한다. 계약에 입각하여 요금을 받을 뿐이고 리스크 위험을 안지 않는 것이 원칙이다.

03 지식 집약형 서비스업종

앞으로의 지식 집약형 서비스업을 아래 7개 업종으로 나누어 제시해 본다.

1. 소프트웨어업
2. 정보처리 서비스업
3. 디자인업
4. 기계수리업
5. 토목건축 서비스업(건설 설계업, 토목 설계업, 측량업, 지질 조사업 등)
6. 기계설계업
7. 기타 서비스업(상품 검사업, 환경계량 증명업, 비파괴 검사업, 설비세정업 등)

지식 집약형 서비스의 새로운 경영과제는 기술이나 전문지식의 고도화, 기술혁신에 대한 대응, 경영체질의 개선이다. 지식 집약형 서비스업이 이들 경영과제를 극복하기 위해서는 고도의 전문지식을 가진 인재를 육성해야 한다.

왜냐하면 지식 집약형 서비스업이 제공하는 서비스의 품질은 인재의 능력으로 결정되기 때문이다. 예를 들면 소프트웨어업에서 효율이 좋은 정보 시스템을 만드는 결정적 요인은 시스템 엔지니어의 컴퓨터에 관한 지식이나 프로그래밍 기술이다.

디자인업에서 카탈로그 · 포스터 · 의복 등이 잘 만들어지는 요인은 디자이너 개인이 가지고 있는 최신 유행에 관한 지식이나 기술 그리고 감수성이다.

그 시스템 엔지니어에게 소프트웨어 개발을 의뢰하고 싶다든가 그 디자이너에게 디자인을 부탁하고 싶다는 등 수주 기업이 구체적으로 어느 사람을 지명하는 일이 많은 것은 작업하는 한 사람 한 사람의 능력이 서비스의 품질을 결정한다는 것을 분명히 증명해 주고 있다.

04_ 어떤 인재를 구해야 할까

지식 집약형 서비스업이 수주 기업이 지시하는 것에만 의존하여 작업을 하게 되면 부가가치가 높은 서비스를 제공할 수 없다. 지식 집약형 서비스업에서는 수주 기업이 필요로 하고 있는 것을 정확히 파악하여 그에 합당한 서비스를 제안할 수 있는 능력을 가진 인재가 필요하다.

예컨대 소프트웨어 업자가 슈퍼마켓에서 POS분석용 소프트웨어 개발을 의뢰받은 경우를 생각해 보자. POS란 Point of Sales(판매 시점 정보관리)의 약어로 POS 시스템은 상품을 판매하는 시점에서 발생하는 정보를 경영활동에 활용할 수 있도록 처리하는 시스템을 말한다.

POS 시스템을 이용하면 상품을 판매한 시점에 단말기에서 바코드로 읽어들여 판매정보를 그대로 데이터베이스로 만든다. 이 데이터베이스를 분석함으로써 잘 팔리는 상품이 무엇인지를 판별하여 효과적인 재고관리를 할 수 있다.

시스템 엔지니어가 하는 기본적인 일은 POS 시스템을 운영하는 컴퓨터, 시스템을 생각하고 그것을 운용하는 소프트웨어를 개발하는 것이다. 그러나 시스템 엔지니어가 소프트웨어를 단지 프로그래밍 하는 것만으로 높은 부가가치를 얻던 시대는 지나갔다.

POS 시스템을 운용하는 정도의 소프트웨어라면 패키지 소프트웨어로 이미 시중에서 판매되고 있기 때문이다.

이런 경우, 지식 집약형 서비스업에서 요구되는 인재란 예컨대 단말기마다의 작업량을 판단하는 기능을 부가하여 파트 타이머를 효과적으로 활용할 수 있는 방안을 제안할 수 있는 능력을 가진 시스템 엔지니어여야 한다.

또는 슈퍼마켓이라고 해도 그 규모는 가지각색이다. 규모가 작은 슈퍼마켓에는 정보처리를 할 수 있는 전문적인 담당자가 없는 경우가 많고 예산도 적으므로 단시간에 정보를 읽어들일 수 있는 단순한 출력형식이 바람직하다.

시스템 엔지니어는 사양에 입각하여 프로그램을 만드는 능력에 그치지 않고 수주처와 이야기하는 과정에서 개발 코스트를 고려하면서 그 기업이 바라는 시스템을 만들어야 부가가치가 높은 서비스를 제공할 수 있다.

디자인업에서 회사 안내 팸플릿의 디자인을 작성하는 경우를 생각해 보기로 하자. 수주 기업의 필요사항을 충족시키는 서비스를 제공하기 위해 요구되는 인재란 수주처의 회사 분위기를 알고, 나아가서는 수주 기업이 무엇을 파악하고 싶어하는지를 알아낸 뒤에 같은 업계의 경쟁사와 비교하여 무엇이 우수한지, 강조할 사항은 무엇인지를 조언할 수 있는 능력을 가진 디자이너이다.

이와 같은 일을 할 수 있을 때 비로소 동업 타사와 차별을 둘 수 있고 부가가치가 높은 일을 수주할 수 있다. 단지 사진의 레이아웃, 로고, 마크, 색상을 쓰는 방법 등의 센스밖에 없는 디자이너는 높은 부가가치를 만들어 낼 수 없다.

예를 들면 어느 디자인 기업에서는 토목, 건축설계 등에 관한 지식을 디자이너에게 가르치고 있다. 이 회사에서는 관공서의 토목, 건설공사의 사업개요를 보여주는 카탈로그 디자인 분야를 특화하고 있다. 디자이너는 수주처인 관공서가 강조하고 싶어하는 점, 예컨대 안전성이 높은 공사인가, 공공성이 높은 공사인가, 기술적으로 우수한 공사인가 등을 고려하여 그것을 디자인으로 표현해야 한다. 지식 집약형 서비스업이 기술면에서 고부가가치를 올리기 위해서는 특정기술에 강한 인재가 요구된다.

건축 설계업을 예로 들어보자. 건축 설계업에서는 1급 건축사 자격을 취득하면 건축설계뿐 아니라 모든 업무를 해낼 수 있다. 그러나 건축설계 사무소는 건축사가 잘하는 기술분야마다 전문화가 진행되고 있다.

건축설계 사무소라 해도 건축물의 기본적인 형태를 전문으로 설계하는 의장설계 사무소, 건축물의 구조를 역학적으로 해석하는 구조계산을 전문으로 하는 사무소, 공조나 전기설비 급배수 등의 설비설계를 전문으로 하는 사무소 등으로 분리되어 있다. 따라서 각 부문에 맞는 특정 기술의 소유자를 육성하는 것이 타사와의 차별화는 물론 부가가치 창출에 절대적으로 필요하다.

05_ 특수 요원 육성의 실제

지식 집약형 서비스업에 취직하는 대부분의 사람은 사전에 어떤 전문지식을 취득하고 있는 사람들이다. 예를 들면 소프트웨어업이나 정보처리 서비스업의 종업원은 정보처리 전문학교나 대학에서 전문과정을 마치고 입사하는 경우가 많다. 정보처리 기술자 기술자격을 입사 전에 취득하도록 요구하는 회사가 상당히 많다.

디자인업이나 건축설계업, 토지측량업도 역시 전문학교나 대학의 전문과정을 수료한 종업원이 대부분이고, 기본적인 기능은 이미 습득하고 있다.

그러나 지식 집약형 서비스업이 다양화한 기업의 필요성에 대응하기 위해서는 학교에서 배운 것 이상의 지식을 갖춘 종업원을 육성해야 한다.

그러기 위해서는 상당한 기간이 필요하다. 앙케이트 결과에 의하면 어떤 분야에 있어서 완전한 전문가로 육성하는 데 드는 경험 연수는 대개 10년 이상 걸린다고 한다. 지식 집약형 서비스업의 인재 육성전략은 장기간에 걸쳐 지속적으로 교육을 실시하는데 있다.

종업원 능력의 양성을 위해서는 OJT(On the Job Training : 직장내 훈련)나 집합 연수와 같은 각종 능력개발방법을 마련하는 것 외에 종업원이 자기계발하려는 의욕을 고취시키는 시스템을 만들어야 한다. 그와 함께 전문지식을 습득하려는 본인의 의지와 노력이 중요하다.

02

지식집약형 서비스업의 업종별 동향

01 정보 서비스업

정보 서비스업은 소프트웨어업, 정보처리 서비스 사업, 정보제공 서비스업, 기타 정보 서비스업 4개로 분류된다.

1. **소프트웨어업** : 전자 계산기의 프로그램을 만드는 사업을 말한다.
2. **정보처리 서비스업** : 전자 계산기를 써서 위탁받은 계산 서비스를 하는 사업을 말한다.
3. **정보제공 서비스업** : 수집, 가공, 축적한 데이터를 정보로 제공하는 사업을 말한다.
4. **기타 정보 서비스업** : 시장조사, 여론조사 등을 하는 사업을 말한다.

정보 서비스업의 업무내용은 크게 2가지로 볼 수 있다. 하나는 소프트웨어 개발과 같은 정보처리방법을 만드는 업무이고, 다른 하나는 정보를 수집 · 가공 · 제공하는 등 데이터의 처리를 하는 업무이다. 정보 서비스업은 기업의 정보화 전략을 지원하는 중요한 역할을 다하고 있다.

기술혁신의 진전에 따라 컴퓨터가 고성능, 소형화되고 가격은 대폭 내리고 있다. 컴퓨터의 다운 사이징에 의하여 정보처리 시스템은 크게 변하고 있다.

정보처리 시스템은 지금까지의 대형범용기 중심에서 소형 고성능 컴퓨터를 네트워크로 연결한 분산형 처리 시스템으로 변하고 있다. 종래에는 정보처리 시스템의 중심에 대형 범용기를 설치하고 전문 기술자가 독점적으로 시스템을 관리했었다.

분산형 처리 시스템에서는 업무 분야별로 워크스테이션(고성능 퍼스널 컴퓨터의 일종) 등의 컴퓨터를 배치하여 업무 담당자가 직접 데이터를 처리한 결과를 네트워크를 통해 전원이 공유하게 된다. 이처럼 정보처리 시스템이 분산형으로 바뀌는 것은 대형범용기 중심 시스템에서는 디메릿트가 나오기 때문이다.

다운 사이징의 진전에 따라 정보 서비스업계에서도 축소되는 시장과 확대되는 시장이 분명해졌다. 종래의 대형범용기를 중심으로 하는 정보처리 시스템은 일정한 시장 규모를 유지하면서도 점차 축소될 것으로 예상된다. 한편, 네트워크를 이용한 분산형(分散型)처리 시스템에 관한 시장은 앞으로도 확대될 것으로 예상된다.

이와 더불어 정보 서비스업에서는 컴퓨터로 네트워크를 편성하여 분산형 처리 시스템을 구축하는 기술의 습득이 요구된다. 그러나 대형범용기에 익숙해 있는 프로그래머를 분산 처리 기술에 대응할 수 있는 기술자로 양성하는 것은 그리 쉽지 않다.

대형범용기 기술과 분산형처리 기술에서는 사용하는 프로그래밍(전자계산기의 프로그램)언어도 크게 다르고 기초가 되는 사고방식도 다르다.

기술자는 집중처리형 발상에 익숙해버리면 분산형 처리 발상으로 전환하기가 매우 어렵다고 한다. 집중처리형 사고에 익숙한 기술자에게 분산처리 기술을 가르치려면 프로그래밍에 대한 기본적 사고방식부터 바꾸게 해야 한다.

분산형 처리 시스템 관련 분야와 함께 업계에서 기대하고 있는 것은 멀티미디어 관련 시장이다. 멀티미디어 처리 기술은 컴퓨터가 데이터 처리만을 하는 것이 아니라 문자, 음향, 정지화(停止畵), 동화(動畵) 등 각종 정보를 일괄하여 처리한다.

예를 들면 레이저 디스크에 사전이나 백과사전을 기억시킨 것이라든지 박물관, 미술관의 회화, 조각 등을 설명을 곁들여 해설하는 것은 이미 실용화되었다.

앞으로 이 멀티미디어 기술과 TV, 광섬유 통신시설이 결합하여 쌍방향의 대화를 할 수 있는 시스템도 실용화될 것이다. 이 시스템이 실용화되면 거리가 먼 지역에서 상세한 설계도를 송수신하거나 가정에 있으면서 의사의 진단도 받고 쇼핑도 할 수 있게 될 것이다.

멀티미디어 시장의 확대에 의해 정보 서비스업의 고객이 사업소 뿐 아니라 개인에게로 넓혀지므로 사업 기회가 확대될 것이다. 그러나 멀티미디어 시장으로 진출하기 위해서는 새로운 기술습득과 기술개발에 전력을 다하지 않으면 안된다.

앞으로 정보 서비스업 기술자에게는 새로운 기술을 구사하는 응용능력이 요구된다. 응용능력을 양성하는 데는 장기적인 안목에 입각한 인재 육성 시스템이 필요하다.

구체적으로 말하자면 ① 입사 초기에는 C언어 등 네트워크를 만드는데 적합한 프로그래밍언어를 공부하고 ② 2~3년 뒤 언어에 숙달되면 컴퓨터에 접속한 네트워크를 짜는 지식을 습득하고 ③ 6~7년 뒤 종합적인 시스템 개발 설계 방법을 배우는 몇 단계를 거치는 교육방법이다.

정보 서비스업이 하청적인 거래관계를 탈피하여 부가가치가 높은 서비스를 제공하기 위해서는 자사에서 패키지 소프트웨어를 개발해야 한다. 현재 우리나라 패키지 소프트웨어의 비율은 구미 여러 나라에 비하면 매우 낮다.

네트워크화의 진전이나 멀티미디어 시장의 확대에 새로운 패키지 소프트웨어를 개발할 여지는 크다고 생각된다. 부가가치가 높은 서비스를 제공하는 또 하나의 방법은 컨설팅 기능을 강화하는 일이다. 정보 서비스업은 단지 소프트웨어를 개발하는 일뿐 아니라 컨설팅을 함으로써 부가가치가 높은 서비스를 제공할 수 있다.

왜냐하면 거의 모든 기업이 컴퓨터를 도입하고 기본적인 소프트웨어를 갖추었기 때문에 새로운 정보 시스템 개발보다 기존의 정보 시스템이나 소프트웨어를 어떻게 유효하게 활용할 것인가 하는 데에 관심을 갖고 있기 때문이다.

02 디자인업

디자인업이란 공업 디자인, 크래프트 디자인, 인테리어 디자인, 상업 디자인에 관한 전문적인 서비스를 제공하는 사업을 말한다. 디자인업을 하는 주 디자인에는 다음과 같은 것이 있다.

(1) 그래픽 디자인 : 신문 · 잡지 · 포스터 · 카탈로그 · 달력 등의 인쇄물 디자인

(2) 인테리어 디자인 : 가구 · 깔개 · 조명 실내 공간 디자인

(3) 인더스티리얼 디자인 : 기기 · 기구 등의 공업제품 디자인

(4) 크래프트 디자인 : 칠기 · 도자기 · 금속 · 목제 · 유리 등 수공업 제품 디자인

(5) 패키지 디자인 : 상품의 외장 · 포장지 · 용기 · 라벨 등의 디자인

(6) 싸인 디자인 : 상표나 문자 · 기호 등의 디자인

(7) 패션 디자인 : 의복 · 신변 장신구의 디자인

(8) 텍스타일 디자인 : 복지 · 타월 등 직물 디자인

(9) 환경 디자인 : 도로나 광장의 형상 · 색채 · 시설 배치 등 외부 공간 디자인

디자인업에서도 기술혁신의 영향은 크다. CAD나 컴퓨터 그래픽은 디자인은 평면적인 것에서 입체적인 것으로, 정적인 것에서 동적인 것으로 바뀌게 하고 있는 새로운 디자인의 가능성을 보여주고 있다.

예를 들면 토목건설 설계나 도시계획 분야에서 경관을 디자인하는 경우 컴퓨터 그래픽을 활용하고 있다. 컴퓨터 그래픽을 쓰면 간단하게 경관 디자인을 작성할 수 있고 여러 가지 시뮬레이션(모의실험)결과를 검토할 수 있다.

마찬가지로 인테리어 디자인도 컴퓨터 그래픽을 사용함으로써 벽의 색상을 바꾸고 커텐의 색상을 바꾸는 등 여러 가지 시뮬레이션(시험제작)을 해봄으로써 고객의 기호에 맞는 디자인을 만들 수 있다.

디자인을 발주하는 기업은 사람의 눈을 끌고 프레젠테이션(광고계획서의 작성) 할 때 설득력 있는 디자인을 요구하는데 디자인업은 그 요구에 대응하기 위해서는 항상 최신 디자인 기술을 갖추고 있어야 한다.

디자인업이 직면하고 있는 큰 문제 중 하나는 디자인 제작에 들어가는 노무비와 필요경비 외에 디자인의 가치에 부합하는 요금을 청구할 수 없다는 것이다.

디자인 요금은 제작자가 제공한 작업에 대한 노무비와 제작에 든 경비와 완성한 제작물이 만들어 내는 부가가치 3개를 요금산정의 근거로 하는 요금기준을 정하고 있다.

그러나 실제 디자인이 만들어 내는 부가가치 부분에 대한 요금은 청구할 수 없고 노무비도 필요경비에 못 미치는 요금으로 수주하는 경우도 많다. 그 원인은 디자인 업계에서는 구두 약속에 의한 계약이 많기 때문이다.

구두 약속에 의한 계약에서는 맡은 일의 범위나 납기가 불명확하기 때문에 수주품이 마음에 들 때까지 몇 번이고 다시 하거나 색교정, 시작품의 작성, 외주관리, 거래처에 대한 프레젠테이션 등 당초의 약속에는 없던 디자인 이외의 일까지 해야 한다. 결국 구두

약속에 의한 계약은 코스트가 높아지고 채산도 악화되는 경우가 많다.

또 하나의 문제는 단지 물건을 디자인하는 것만으로는 높은 부가가치를 얻을 수 없다는데 있다. 디자인업이 높은 부가가치를 얻으려면 단지 물건을 디자인하는 데에 그치지 말고 상품의 기획, 판매전략의 제안 등을 해야 한다.

예를 들면 지역개발사업에 관한 기념품이나 로고 등의 디자인을 하는 것만으로는 높은 부가가치를 얻지 못할 뿐 아니라 수주처와 거래관계를 유지하는 일조차 곤란해진다.

디자인업이 수주를 확보하여 높은 부가가치를 얻으려면 지역개발사업을 생각하고 있는 지방 공공단체의 역사며 지역산업의 상황을 조사하고, 그 지방 공공단체가 무엇에 역점을 두고 지역 개발산업을 할 것인가를 기획 제안하지 않으면 안된다.

또 인테리어 디자인을 하는 기업이 높은 부가가치를 얻으려면 여성의 사회 진출이나 고령화 등을 고려하여 장래의 라이프 스타일에 맞는 인테리어 디자인을 제안해야 한다.

디자인업을 둘러싼 경영환경이 크게 변화하는 가운데 디자인업계는 여러 가지 문제에 직면하고 있다. 디자인의 가치에 걸맞는 요금을 받아 채산 면에서 개선을 기할 것과 부가가치가 높은 디자인을 어떻게 제공할 것인가 하는 것이다.

여기에 실제적으로 대처한 기업의 실례를 들어본다. 디자인업에서는 노무비와 필요 경비밖에 받지 못하는 경우가 많은데, 독자적으로 디자인 수준에 맞는 요금산정의 근거를 정하고 수주처 기업에게 납득시켜 채산성을 개선하는데 성공한 기업이 있다.

주로 기업 안내나 포스터 디자인을 담당하고 있는 이 기업은 종업원을 7개 등급으로 분류하여 수주처에 가격표를 제시하고 있다. 종업원의 일급과 시간급을 정한 표를 만들고 수주처 기업과 가격을 교섭할 때에 상대가 제시한 예산에 부응하여 자사의 어떤 종업원을 사용할 것인지를 명시하는 것이다. 단가가 높은 종업원이 수준 높은 디자인을 하면 디자인의 수준에 알맞은 요금이 매겨진다.

이 회사 경영자가 이러한 방식을 채택했을 때 수주처 기업은 처음 이해를 하지 못했지만 좋은 디자인은 그에 알맞은 요금이 필요하다는 것을 설득한 결과 이 요금체계를 인정받게 되었다. 그 결과 이 회사는 채산성을 대폭 개선하는 데 성공했다.

03

기계 수리업

01_ 기계 수리업

기계 수리업은 일반 기계 수리업, 전기 · 기계기구 수리업, 건설기계 · 광산기계 정비업 3가지로 분류하며 아래와 같이 정의한다.

1) **일반 기계 수리업** : 내연기관 수리업, 항공기 정비업, 기계 수리업, 광학기계 수리업 등 일반 기계를 수리하는 사업을 말한다.
2) **전기 · 기계기구 수리업** : 라디오 수리업, TV 수리업, 전기냉장고 수리업 등 전기 · 기계기구를 수리하는 사업을 말한다.
3) **건설기계 · 광산기계 정비업** : 건설기계 정비업, 건설기계 수리업, 광산기계 정비업 등 건설 기계 및 광산기계를 정비 · 수리하는 사업을 말한다.

기계 수리업이 제공하는 서비스는 '수리'와 '정비 점검' 2개로 대별한다. 의사가 사람의 병을 고치거나 상처를 치료하며 병에 걸리지 않게 건강관리 하는 것과 마찬가지로 기계 수리업은 고장난 기계를 정상 상태로 만들고 기계가 고장나지 않게 지원을 한다.

기계 수리업을 둘러싼 경영환경은 크게 변하고 있고 그 속에서 기업은 새로운 여러가지 문제에 직면하고 있다. 여기서는 기계 수리업이 당면하고 있는 수주처로부터의 가격인하 요구에 어떻게 대응해야 하는지 실제 기업의 실태를 알아보기로 한다.

02 경영환경의 변화

기계 수리업은 지금까지 불황기라 해도 수요가 극단적으로 감소한 적이 없었다. 수리에 대한 수요는 불황기에는 기계 가동률의 저하에 의해 감소한다. 이에 비해 정비 · 점검 수요는 일정 기간마다 발생하는 정기점검 등을 포함하고 있기 때문에 경기에 그다지 영향을 받지 않았다. 그러나 최근의 불황기로 말미암아 정비 · 점검의 수요도 감소했다. 오래 지속되는 불황 속에서 전보다 길게 잡고 점검항목도 줄이는 기업이 늘고 있다.

수주처 공작기계의 운전시간이 단축되고 고장이 줄어든 것이 가장 큰 원인이었다. 또 부품의 교환을 최소한으로 줄여달라는 수주처가 증가한 것도 매출액 감소의 원인이 되었다. 예컨대 베어링을 교환할 시기가 되어도 기계운전에 지장이 없는 경우 그대로 사용하도록 지시하는 수주처도 있었다고 한다.

한편, 기계 수리업에서도 PC를 도입하는 기업이 늘고 있다. 그 결과 기계 수리업의 서비스 내용이 변하고 있다. 수리나 정비 · 점검이란 기본적인 서비스에는 변함이 없으나 그들에 부가적인 서비스가 가해지고 있는 것이다.

건설 기계 정비를 담당하는 어느 기업에서는 PC에 고객에 대한 정보를 데이터베이스화 함으로써 신속 정확한 수리와 정비 서비스를 제공할 수 있게 되었다. 이 회사에서는 한 번 거래한 기업에 대해서는 기계의 종류는 물론 가동상태, 고장 잘 나는 부위, 부품의 소모도 등을 상세하게 PC에 입력하여 정보를 축적하고 있다.

이렇게 함으로써 같은 기업에서 다시 수주가 있을 때 재빠르게 대응할 수 있었다. 또 수주처의 부품 교환시기를 알려줌으로써 기계의 고장을 사전에 방지할 수 있었다.

또 아직은 소수이지만 CAD를 도입한 기업도 증가하고 있다. 기계제작에 CAD가 보급됨에 따라 기계 수리업에도 영향을 미치게 되었다. 주로 공작기계를 취급하고 있는 어느 기업에서는 수리할 때 반드시 메이커에서 설계도면을 받아온다. 도면을 확인하면서 필요한 부품의 교환이나 수리를 행한다.

최근 메이커에서 받아오는 도면이 CAD용 플로피 디스크에 수록할 수 있게 되었기 때문에 CAD가 필수품이다. 이 회사에서는 수리뿐 아니라 기계의 개량 설계도 수주하고 있는데 CAD를 도입한 것을 계기로 설계에도 CAD를 도입하게 되었다.

03_ 기업이 직면하고 있는 문제

수요의 감소와 PC의 보급 등으로 기계 수리업을 둘러 싼 경영환경이 급변하고 있다. 그 결과 많은 기업들은 다음과 같은 문제에 직면하게 되었다.

첫째, 수주처로부터 수리나 정비 점검에 드는 가격을 인하해 달라는 요구가 점점 증가하고 있다. 수주처의 경비절감 동향은 수리 · 정비 등의 발주량을 감소시킬 뿐 아니라 각 개 거래의 가격 인하 요청으로 이어지고 있다.

공작기계 모터를 수리하고 있는 어떤 기업의 경우 수주량은 별로 변하지 않았으나 수리가격의 산정 기준으로 되는 시간단가의 인하를 요구받는 일이 많아졌다고 한다. 그 결과 매출액이 전년에 비해 약 20% 감소했다.

둘째, 취급하는 기계가 고도화하고 복잡해지고 있다는 것이다. ME기기를 내장하는 기계가 늘고 있는 것이 그 배경이다. 예컨대 ME기기를 탑재한 NC선반은 중소기업에도 상당히 보급되었고 지금까지 숙련공에게 의존하던 많은 작업이 기계로 대체되고 있다.

ME기기탑재 기계를 수리하는 데는 새로운 전문지식이나 기술이 필요하다. 또 ME기기 자체가 고장나면 거의 모든 경우, 메이커에 의뢰하던가 ME기기부품을 모조리 교환하는 방법밖에 없다.

또 사회가 여러 가지 새로운 것을 요구하고 그 기술의 진보에 EK라는 신형 기계가 등장하고 기계의 재질이 변하고 있는 것도 기계의 고도화 · 복잡화를 촉진하고 있다.

어선 엔진 수리를 하는 기업은 꼬리를 몰고 등장하는 신형 엔진을 취급하지 않으면 안 된다. 환경문제에 대한 관심이 높아지면서 디젤엔진 대신 LPG 엔진이 등장하고, 어선의 고속화에 따라 경합금이나 세라믹 등을 많이 쓴 경량 엔진이 등장하고 있다.

셋째, 취급하는 기계의 범위를 넓혀야 하는 사례가 늘어나고 있다는 것이다. 공장 내의 제조 라인 자동화가 진전됨에 따라 개개의 기계를 보는 것이 아니라, 한 개의 제조 라인 또는 공장의 시스템 전체를 봐 달라는 요구가 늘어나고 있다.

공장 내 발전 플랜트에 대한 정비를 맡고 있는 기업이 수주처로부터 지금까지 취급하고 있던 것 이외의 설비도 보수할 수 없겠는가라는 문의를 받았다. 이 수주처는 거래 코스트를 줄이기 위해 복수의 기계를 총괄해서 취급할 수 있는 수리업자를 찾고 있었다.

원래 기계란 메이커에 의하여 사양이 달라지므로 다른 메이커의 기계를 다루기 위해서는 새로운 전문지식이나 기술을 습득해야 한다. 이 회사에서는 이제까지 거래가 없었던 메이커에 협력을 구하여 종업원을 파견하여 새로운 기술을 익히고 있다.

04 경영과제에 대한 대안

기계 수리업이 가격 교섭력이 약한 것을 극복하기 위한 중요한 포인트의 하나는 독자적인 서비스를 제공함으로써 타사와의 차별화를 실현하는 것이다.

공작기계 수리를 하는 'G' 사는 수리뿐 아니라 기계의 성능을 높이기 위한 컨설팅과 기계개조설계도 하고 있다. 예컨대 수주처에서 착공기의 가공속도를 더 빠르게 하고 싶다는 요구가 있으면 독자적인 지그장치를 만들어 부착한다. 이 때 착공기 자체의 개량이 필요하다면 자사에서 설계까지 한다.

이런 것이 가능한 것은 G사의 경영자가 이전에 큰 공장기계 메이커에서 설계부문에 종사했던 경험이 있기 때문이다. G사에서는 수리에 드는 업계의 표준시간 단가를 고수할 뿐 아니라 컨설팅 비용, 설계료도 따로 받고 있다. 주변 지역에서는 이런 서비스를 제공하는 기업이 없으므로 'G' 사는 불황기에도 수주량을 충분히 확보할 수 있다.

기업에게 있어서 도입한 기계를 어떻게 하면 고장을 적게 하고 유지할 수 있는가 라는 문제는 대단히 중요하다. 또 ME기기 탑재기계가 증가하는 등, 고도화 · 복잡화하는 기계는 전문지식이나 기술을 가진 전문가가 아니고는 보수 · 유지가 어렵기 때문에 그 중요성은 더욱 더 절실하다. 따라서 정비에 대한 노하우를 축적한 서비스를 제공할 수 있다면 기계 수리업의 가격 유지는 어렵지 않다.

신속한 서비스를 제공하기 위해서는 먼저 기계가 고장난 곳을 빨리 발견해야 한다. 특히 고도화된 기계의 경우, 각기 그 기계의 특징을 미리 파악해 두는 일이 중요하다.

이 회사에서는 수리 · 정비 · 점검 등 한 번 수주가 있었던 기업에 대해서는 정보를 상세히 PC에 기록하고 있다. 그 결과 부품의 교환시기를 알리는 서비스의 제공도 가능하게 되었고 수주처의 기계고장도 감소시키고 있다.

04

토목건축 서비스업

01_ 토목건축 서비스업이란

토목건축 서비스업은 '설계감독, 건축설계, 측량 등의 토목건축에 관한 전문적인 서비스를 하는 사업을 말한다. 국가, 지방 공공단체 등 각종 건설공사의 설계, 감독을 하는 관련기관도 이 분류에 포함된다' 고 규정되어 있는데, 구체적으로는 다음 업종이 토목건축 · 서비스업에 포함된다.

1. **건축 설계업** : 주택이나 빌딩, 학교, 병원 등의 건물에 대한 설계를 한다.
2. **토목 설계업** : 도로나 터널, 댐, 교량 등의 설계를 한다.
3. **측량업** : 측량 지도를 작성한다.
4. **지질 조사업** : 건축물의 안정성 · 내구성을 확보하기 위한 암반, 토사의 채취 조사를 한다.

02_ 눈부신 CAD, PC의 보급

토목건축 서비스업에서는 CAD나 PC 등의 보급이 눈부시게 이루어지고 있다. 건축설계나 토목설계에서 CAD를 쓰면 종래 줄 하나 하나를 수작업으로 하던 작업을 단시간에 마칠 수 있다. 또 건축물이 건축기준법 등의 법령에 적합한 지의 여부도 점검할 수 있다.

입체도면을 작성하는 기능도 있고 고객이 바라는 바를 즉시 입체도면으로 만들어 건물의 외관을 보일 수도 있다.

또, PC를 활용함으로써 복잡한 계산을 요하는 업무를 빠르고 정확하게 처리할 수 있게 되었다. 예컨대 지금까지는 상당한 시간을 소비하던 구조계산을 짧은 시간내에 간단히 마칠 수 있게 되었고 오류도 적어졌다.

구조설계를 하고 있는 건축설계업을 하는 기업에서 PC용 구조계산 소프트웨어를 도입하여 이제까지 1개월 걸리던 구조계산을 4, 5일에 마칠 수 있게 되었고 단순한 계산착오도 거의 없어졌다.

또 최근의 빌딩이나 교량 등의 건설에는 흔들림을 제어하는 면진구조(免震構造)나 제진구조(制震構造) 등 지진의 영향을 감소시키는 내진설계(耐震設計)를 하게 되어 있는데 이 분야에서도 PC는 위력을 발휘하고 있다.

내진설계(耐震設計)에서는 흔들림에 대해 건조물이 어떻게 반응하는지를 미리 계산해 둘 필요가 있다. 이전에는 할 수 없었던 복잡한 구조물 반응에 대해서도 PC를 쓰면 간단히 계산할 수 있다.

덧붙여 컴퓨터 그래픽을 이용함으로써 지금까지 파스로 제시하던 건물의 완성예상도를 PC의 화면상에서 아웃풋 할 수 있게 되었다. 여러 가지 풍경과 합성한 건물의 완성도를 만들어 고객에게 프레젠테이션 효과를 높일 수도 있다.

측량업에서는 인공위성을 이용하는 새로운 측량기기(GPS)가 등장하여 정밀도 높은 새로운 서비스를 제공할 수 있다면 토목 · 건축 서비스업의 비즈니스 기회는 넓어진다.

그러나 CAD · PC · GPS 등을 제대로 활용하려면 새로운 전문지식이나 기술을 습득하지 않으면 안되므로 종업원의 채용이나 교육방법을 바꿀 필요가 있다.

03 기업이 직면하고 있는 문제

CAD나 PC 등이 눈부시게 보급되는 환경 속에서 토목건축 서비스업 기업은 어떤 문제에 직면하고 있을까?

첫째, 서비스 제공에 있어서 우수한 센스나 창조성이 더욱 요구되고 있다.

오피스 빌딩의 건축설계를 담당하고 있는 기업의 경우 독창적인 디자인을 한 빌딩설계 주문이 증가하고 있다고 한다. 그 중에는 해외의 역사적 건축물을 현대식으로 조화하여 빌딩의 외관에 반영해 달라는 주문도 있었다.

둘째, 환경이나 경관에 대한 배려를 요구하고 있다.

환경이나 경관보전에 대한 의식이 높아짐에 따라 환경을 파괴하거나 경관을 해치는 건물에 대하여 사회적으로 보는 눈이 까다로워졌다. 이런 사실을 배경으로 수주처에서는 경제성뿐 아니라 주변의 환경이나 경관의 보전을 중시하는 설계를 요구하고 있다.

이 때문에 토목건축 서비스업을 담당하는 기업은 환경대책 관련 법령이나 자치단체의 지도 요강 등에 정통하지 않으면 안된다.

또 경관공학의 중요성이 높아졌다. 경관공학이란 건조물의 완성에 의하여 변화하는 그 지역의 경관이나 분위기를 정확히 예측하여 그것을 여러 가지 수법을 써서 시각적으로 표현하거나 디자인하는 업무이다.

예를 들면 고속도로를 건설하는 경우에 컴퓨터 그래픽이나 비디오를 써서 완성 후의 도로와 그곳을 달리는 차의 모습을 시퀀스 경관(시간적으로 연속하여 흐르는 풍경)으로 만들어낸다.

이것으로 주변의 경관과 조화하도록 도로의 형상, 색채 등을 정하고 그것을 설계 단계에 반영할 수 있게 한다.

셋째, 기업 간 수주획득 경쟁이 격화하고 있다. 그 결과 수요의 감소가 심한 민수부문에서 딱딱한 관공서 부문으로의 수주처 전환이나 영업구역을 넓혀 수주 활동을 하는 기업이 늘어나고 있다.

04_ 경영과제에 대한 대안

토목건축 서비스업이 앞으로도 성장하여 주택이나 사회자본 충실의 중요한 역할을 다하기 위해서는 현재 직면하고 있는 여러 가지 문제를 뛰어넘지 않으면 안된다.

여기서는 기업이 직면하고 있는 문제 중 특히 중요하다고 생각되는 '센스와 창조성의 발휘'가 요구되고 있는 것에 어떻게 대응해야 하는가를 구체적인 기업 사례를 들어 소개하기로 한다.

지금까지 남성 전용 직장이라고 생각되던 토목건축 서비스업에서도 설계와 같은 분야에 여성을 활용하고 있는 기업이 늘어나고 있다.

건축물 설계에는 종래보다 더 우수한 디자인, 오피스나 주거의 기능성 · 쾌적성이 요구되고 있다. 거기다 오피스에서 일하는 여성이 증가하고 있어서 살림의 주역이 여성인 것을 감안하여 건축물 설계에 여성의 감수성을 활용해야 한다.

우수한 여성을 채용하여 여성이 가지고 있는 능력을 서비스 내용의 향상에 활용하려는 기업은 앞으로 더욱 더 늘어나리라 예상된다.

J사는 종업원의 반수가 여성으로, 여성의 감성을 살린 건축설계를 자랑으로 삼고 있다. 그 중에서도 여성에게 담당시키고 있는 아파트 부엌 설계는 남성으로서는 할 수 없는 자세한 배려가 되어 있다고 지역에서 평가가 높다.

이 회사가 여성을 채용하기 시작한 것은 6년 전이다. 수가 많지 않은 여성 건축사를 확보하기 위해 여러 가지로 머리를 썼다. 우선 종업원들의 일에 대한 진척 감리를 철저히 하여 잔업을 하지 않게 하고 잔업수당을 폐지했다.

또 급여의 평가에서 연봉제를 채택했다. 연봉의 평가는 완전히 남녀를 동등하게 취급하여 소화한 일의 양에 따라 승급률을 정하는 실력주의를 기본으로 했다.

그밖에도 사무실 안에 종업원이 선곡한 음악을 틀어 주고 종일 금연을 실시하는 등 여성이 일하기 쉬운 직장으로 만드는데 노력했다.

이와 같은 조치가 지역에 좋은 평판을 일으켜 이 회사에 취직하기를 희망하는 여성 건축사가 늘고 있다. 채용 후의 정착률도 좋아서 결혼하여 거의 모든 여성이 계속 일하고 있다.

토목건축 서비스에 요구되는 우수한 센스나 창조성은 하루아침에 이루어지는 것이 아니다.

직장 내에서 뿐 아니라 일상적인 생활속에서도 창조성을 높이고 센스를 닦기 위한 노력을 의식적으로 해야 한다.

다음에 예로 든 기업은 토목건축 서비스 중에서도 특히 예술성이나 시대 감각이 요구되는 설계업무에서 종업원이 예술과 새로운 것에 접할 수 있는 기회를 늘리는 데 머리를 쓴 사례이다.

K사에서는 1년 전부터 종업원이 회화(繪畵) 전람회나 록 콘서트 등을 감상하는 경우 티켓 대금의 50%를 보조하는 제도를 운영하고 있다. 보조 조건으로 감상한 결과, 그에 대한 소감을 조례 때에 2, 3분간 다른 사원들에게 보고해야 한다.

이런 제도를 만든 배경은 수주처로부터 들어오는 주문이 고도화하고 있고 그에 적극적으로 대응하기 위한 데서 비롯되었다. 각 층마다 다른 형상의 빌딩 설계를 요구한다든지 해외의 역사적인 건물을 현대식으로 조화한 빌딩을 고려해 달라는 등의 주문이 늘었기 때문이다.

K사의 경영자는 업무시간 중에 전문서적을 읽는 것만으로는 이런 수주처의 새로운 여러 가지 요구에 응해 나갈 수 없다는 위기감을 가진 것이다. 시작한지 아직 얼마 안되었지만 1년 동안에 적어도 2, 3회 이 제도를 이용하고 있다. 그 결과 새로운 패션에 음악에 관한 정보를 삽입하여 프레젠테이션에 즉시 반영하는 종업원도 있다.

05

기계 설계업

01 기계 설계업이란

기계 설계업은 '기타 전문 서비스업' 안에 분류되어 있고 '각종 기계의 설계를 하는 사업' 이라고 정의되어 있다. 기계 설계업의 주 업무에는 '기본계획설계' 와 '상세설계제도' 2가지가 있다.

'기본설계계획' 에서는 어떤 기능의 기계를 어떤 기술로 제작하는가 하는 기본적인 방침을 정하고 사양서, 견적서를 만든다. '상세설계제도' 에서는 기본계획설계에서 정한 조건에 따라 기계 전체의 조립도, 기계를 구성하는 톱니바퀴 등의 각 부품도를 작성한다.

02 단가 결정방법

기계설계 가격은 다음 3가지 방법으로 정한다.

① 설계에 드는 시간 수에 기술자의 시간단가를 곱해서 정하기

② 도면의 매수에 도면마다의 단가를 곱해서 정하기

③ 기계의 총 공사비에 일정 비율을 곱해서 정하기

이들 가운데 가장 일반적인 것이 ①의 방법이다. 기술자의 시간단가는 기술자의 기술수준, 경험 연수 등에 의하여 정한다.

03_ 정보기기의 급속한 보급

기계설계업에서도 PC나 CAD 등의 정보기기가 급속히 보급되고 있다. '드래프터 1대 있으면 일할 수 있다' 는 기계설계업에서도 최근 PC나 CAD를 많이 쓰고 있다. CAD를 씀으로써 제도 작업은 과거에 비해 빨라졌고 설계기간도 단축되었다. 그러면서도 작성된 도면은 깨끗하게 보기가 좋다. 설계 변경으로 도면을 수정할 때도 어렵지 않게 할 수 있다.

04_ 기업이 직면하고 있는 문제

기계설계업의 기업은 2가지 큰 문제에 직면하고 있다. 하나는 설계작업에 CAD 도입이 요구된다는 것이다. CAD를 소유하고 있는 기업은 80% 가까이 되지만, 기술자 전원에게 배치할 만큼 확보하고 있는 기업은 아직 없다.

또 CAD를 도입해도 즉시 자유롭게 쓸 수 있는 것이 아니어서 얼마나 빨리 CAD 조작 기술이나 지식을 익히느냐가 문제이다.

각종 플랜트를 설계하는 기업은 CAD로 그린 도면이 아니면 수주처가 받아주지 않는다고 한다. CAD로 그린 도면은 손으로 그린 것에 비해 보기도 좋을 뿐 아니라, 설계를 변경하는 경우 도면을 간단히 수정할 수도 있기 때문이다.

또 하나는 수주처가 가격을 고정시키던가 인하하기를 요구하고 있다는 것이다. 수주처에 요원을 파견하여 화력발전소 등의 설계를 하고 있는 기업의 경우, 불황으로 접어들면서 수주처가 일반적으로 가격을 정하는 일이 많아졌다고 한다.

05_ 경영과제에 대한 대안

기계생산의 부진이나 정보기기의 급속한 보급 등에 의해 경영환경이 크게 변화하는 속에 기계설계 기업들은 여러 가지 문제에 직면하고 있다.

CAD를 도입할 때 큰 문제로 대두하는 것이 어떻게 빨리 조작방법을 익히느냐 하는 것이다. CAD에는 제도시간을 단축하고 제도를 다시 그리기 쉽다는 등 우수한 기능이 있다. 그러나 조작방법이 서툰 동안에는 작업효율이 도입 전보다 오히려 떨어지기 때문에 종업원에게 CAD를 배우게 하고 싶어도 충분히 교육할 여유가 없다는 기업이 적지 않다.

L사는 민간단체가 월 2회 실시하는 CAD 연수에 종업원을 교대로 참가케 하여 단체가 인정하는 'CAD 인스트럭터 자격' 취득을 장려했다. 연수나 자격취득에 필요한 비용은 회사가 부담하고 자격취득자에게는 새롭게 기술수당을 지급키로 했다.

그 결과 종업원은 CAD를 배우게 되었다. 연수에 참가한지 불과 반년만에 종업원 전원이 CAD에 대한 기본적 조작을 습득했다. 인스트럭터 자격 취득자도 20명을 넘어섰다.

거래처에서도 종업원의 기술 향상을 인정하여 종전보다 평균 10% 이상 높은 파견료를 지불하게 되었다. CAD를 제대로 쓰기 위해서는 L사와 같이 기존의 종업원을 교육하는 방법과 CAD 조작기술을 가진 기술자를 채용하는 방법이 있다.

M사는 5년 전에 CAD를 도입함과 동시에 CAD 조작을 전문으로 담당할 인원을 그 지역 정보처리 전문학교 졸업생중에서 채용했다. 당시 M사에는 40세를 넘은 종업원이 3분의 1 이상이다. M사 사장은 그들에게 CAD 사용법을 가르치기보다는 제도작업만을 전문으로 하는 CAD 조작요원을 확보하는 쪽이 일의 효율을 높이는 것이 된다고 생각했다.

지시한 대로 제도만 하는 것이라면 정보처리 기술자가 CAD를 써서 하는 속도가 손으로 하는 것보다 2배 이상 빠르다. 고참 기술자가 설계 구상을 짜고 신참인 정보처리 기술자가 CAD로 제도함으로써 설계기간을 종전보다 10~20% 정도 단축할 수 있게 되었다.

어떤 정보처리 기술자는 CAD의 소프트웨어에 흥미를 가지게 되어 자기가 쓰기 편리하도록 시판 소프트웨어 프로그램에 여러 가지를 삽입하여 쓰고 있다.

예를 들면 도면 부문마다 표시되는 PC의 디스플레이 화상을 통상보다 빨리 전환하는 개량을 이룬 것 등이다. 이것이 2년 전에 메이커의 눈에 띄었다. 'M' 사는 메이커와 함께 공동으로 CAD 패키지 소프트웨어를 개발하여 판매를 개시했다. 현재 'M' 사의 매출액 30% 이상이 CAD 소프트웨어 판매가 독점하고 있다.

7

CHAPTER

중소기업의 지적재산권 전략

21세기에 살아남을 기업이 되기 위해서는 대기업, 중소기업 할 것 없이 각종 분야에서 창조한 모든 지적재산권을 보호하고 이를 효과적으로 활용하여 무한한 이익을 추구해야 한다. 지적재산권 시대에 대응하려면 지적재산권을 침해당하지 않아야 함은 물론 지적재산권을 침해하여 막대한 손해배상을 청구받는 일이 없도록 해야 한다. 이 장에서는 기업방어를 위한 지적재산권의 보호제도와 영업비밀의 보호제도를 제시했다.

01

지적재산권의 보호제도

01 지적재산권의 보호

최근 경제전쟁이 치열해지는 가운데 그동안 그리 중요시되지 않았던 지적재산권 분야가 커다란 문제로 부각되고 있다.

따라서 선진국들은 국내경기의 활성화는 물론 세계경제를 제패하기 위해 지적재산권을 무기화하여 경쟁 상대국은 물론 개발 도상국에까지 무차별 공격을 가하고 있는 실정이다.

그 예로 매년 증가하고 있는 R&D(기술개발) 투자와 특허출원, 특허분쟁사건 등이 이를 잘 말해주고 있다.

과연 지적재산권이 무엇이고, 왜 이렇게 위력의 무기가 되고 있는가?

지적재산권이란 인간의 지적 창작물인 무체재산(無體財産)에 대하여 설정하는 권리로서 창작 · 고안 · 표식 · 저작 등 네 가지 분야로 분류할 수 있지만, 크게는 아이디어 그 자체의 보호를 목적으로 하는 산업재산권과 그 표현의 보호를 목적으로 하는 저작권으로 대별할 수 있다.

이와 같은 지적재산권을 세계 지적소유권 기구(WIPO)의 협약에서는 ① 문학 · 예술 · 과학작품 ② 연출예술가의 공연 · 음반 · 방송 ③ 모든 분야에 있어서의 인간의 노력의 발명 ④ 과학적 발명 ⑤ 공업의장 ⑥ 등록상표, 서비스표, 상호 ⑦ 부정경쟁에 대한 보호 등에 관한 권리 ⑧ 공업 · 과학 · 문학 · 예술분야의 지적 활동에서 발생하는 모든 권리라고 규정하고 있다.

최근 선진국을 중심으로 점차 색채 · 입체상표, 트레이드 드레스(trade dress), 컴퓨터 프로그램, 반도체 집적회로 배치설계, 영업비밀(trade secret), 데이터베이스(data base) 등 새로운 분야를 신지적재산으로 인정하여 강력한 보호를 하고 있는 추세이다.

이와 같이 거의 모든 지적 창작물인 무체재산을 보호해 줌으로써 창작활동을 촉진하고 새로운 상품과 서비스의 개발 및 투자를 유도하는 한편, 공익적으로는 일반 소비대중에게 창작물에 대한 자유로운 선택과 이용을 광범위하게 허용함으로써 경쟁이 촉진되어 산업발전의 가속화를 기할 수 있다.

즉 두뇌활동에 의하여 산출된 지적산물은 어떤 형태로든 막대한 연구 개발비와 지적 창작노력, 오랜 시일이 소요되어 생산된 것으로써 재산적 가치가 있을 뿐 아니라 경쟁력의 중심세력이 되기 때문에 이를 재산권이나 경제적 이익으로 보호하려는 것이다.

이 절에서는 지적재산권 제도 중 특허권, 실용신안권, 의장권 및 상표권 등 산업 재산권 제도에 대해서만 기술한다.

02_ 지적재산권의 개념

산업 재산권이란 특허권, 실용신안권, 의장권, 상표권 등의 총칭적 개념으로서 공업 소유권, 지적 소유권 혹은 무체재산권(無體財産權)이라고도 불리어지고 있으나, 이는 용어 차이에 불과하며 두뇌활동에 의하여 산출된 지적재산이라는 점에서는 공통점을 가진 용어라고 볼 수 있다.

즉 공업 소유권을 제조분야에서만 특허권, 실용신안권, 의장권, 상표권 등을 인정하려고 하는 용어로 이해되기 쉬운데 비해, 산업 재산권은 2차산업인 제조분야뿐만 아니라 1차 산업인 농림 수산업 및 광산업은 물론 3차 산업인 서비스 산업에 이르기까지 산업 전반에 걸쳐 특허권, 실용신안권, 의장권, 상표권 등을 인정하고 있다는 점에서 구별된다.

또한 지적 소유권이나 무체 재산권이 특허권, 실용신안권, 의장권, 상표권뿐만 아니라 저작권, 영업비밀, 컴퓨터 프로그램, 반도체 칩, 데이터베이스(data base), 트레이드 드레스(trade dress) 등 모든 지적재산을 총칭하고 있다는 점에서 특허권, 실용신안권, 의장권, 상표권만을 총칭하고 있는 산업 재산권과 구별된다.

1. 특허제도

특허란 자연법칙을 이용한 고도의 기술적 사상의 창작으로써 산업의 이용성과 신규성, 진보성 등이 있는 발명을 특허권으로 보호하려는 제도로 그 존속기간은 20년간이다.

여기에서

(1) 자연법칙이란 자연계에서 경험을 통해 발견되는 법칙으로 경제법칙, 심리법칙, 논리학 상의 법칙 등은 제외된다. 이와 같은 자연법칙은 전체로써 이용되어야 하며, 일정한 확실성을 가지고 동일 결과의 반복 가능성을 구비하면 되며 그 자연법칙을 정확하게 그리고 안전하게 인식할 필요는 없고 경험상 얻는 것이면 충분하다.

(2) 산업의 이용성이란 공업, 광업, 농업, 임업, 어업, 수산업 등 인간 이외의 사물을 대상으로 하는 산업에 이용될 수 있는 것이어야 한다. 따라서 의료업은 인체를 대상으로 하는 분야이므로 산업의 이용성이 없는 것으로 해석되어 특허법상의 발명이라 할 수 없을 것이다.

(3) 신규성이란 특허출원 전에 국내에서 공지되지 않았거나 실시되지 않은 발명이나 국내외에서 반포된 간행물에 기재되지 않은 발명이다. 이것은 새로운 발명으로서 특허를 받을 수 있다.

(4) 진보성이란 발명이 속하는 기술분야에서 통상의 지식을 가진 자가 특허출원 당시의 기술수준에서 용이하게 생각해낼 수 없는 정도의 발명으로 이것은 진보성이 있는 발명으로써 특허를 받을 수 있다.

이와 같은 발명의 예를 들어보면, 최초로 흑연과 점토를 혼합하여 필기구로 둥근 연필을 만드는 발명을 하면 특허권으로 보호가 된다.

그러나 다음과 같은 발명에 대해서는 특허를 받을 수 없다.

(1) 특허출원 전에 국내에서 공지되었거나 이미 실시된 발명

(2) 특허출원 전에 국내 또는 국외에서 반포된 간행물에 기재된 발명

(3) 특허출원 전에 그 발명이 속하는 기술분야에서 통상의 지식을 가진 자 (예 : 동종업자)가 국내 · 외에서 공지하였거나 이미 실시된 발명이나, 특허출원 전에 국내 또는 국외에서 반포된 간행물에 기재된 발명에 의하여 용이하게 창작할 수 있는 발명

(4) 특허 출원일 전에 출원되어 당해 특허출원일 후에 출원공개 또는 출원공고된 다른 특

허출원서나 실용 신안등록 출원서에 최초로 첨부된 명세서 또는 도면에 기재된 발명이나 고안과 동일한 발명(타 출원이 국제 출원인 경우에는 출원공개 또는 국제공개된 국제출원일에 제출한 국제출원의 명세서, 청구범위 또는 도면과 그 출원 번역문에 다 같이 기재된 발명 또는 고안과 동일한 발명) 다만, 발명자나 고안자들이 동일인일 경우나 출원시의 출원인이 동일인인 경우에는 그 발명에 대하여 특허를 받을 수 있다.

(5) 원자핵 변환방법에 의하여 제조될 수 있는 물질의 발명

(6) 공공의 질서 또는 선량한 풍속을 문란하게 하거나 공중의 위생을 해할 염려가 있는 발명

2. 실용신안제도

실용신안이란 자연법칙을 이용한 기술적 사상의 창작으로서 산업상 이용할 수 있는 물품의 형성, 구조 또는 조합에 관한 고안을 실용신안권으로 보호하는 제도로서 그 존속기간은 10년간이다.

예를 들면 둥근 연필을 책상에 놓으면 잘 굴러 떨어져서 연필심이 부러진다. 이와 같은 결점을 보완하기 위해 연필 단면을 6각으로 개량된 고안을 하면 실용신안권으로 보호가 된다.

그러나 다음과 같은 고안에 대해서는 실용신안등록을 받을 수 없다.

(1) 실용신안등록 출원 전에 국내에서 공지되었거나 이미 실시된 고안

(2) 실용신안등록 출원 전에 국내 또는 국외에서 반포된 간행물에 기재된 고안

(3) 실용신안등록 출원 전에 그 고안에 속하는 기술분야에서 통상의 지식을 가진 자(예 : 동종업자)가 실용신안등록 출원 전에 국내에서 공지하였거나 이미 실시된 고안이나, 실용신안등록 출원 전에 국내 또는 국외에서 반포된 간행물에 기재된 고안에 의하여 극히 용이하게 안출할 수 있는 고안

(4) 실용신안등록 출원 전에 출원되어 당해 실용신안등록 출원일 후에 출원공개 또는 출원 공고된 다른 실용신안등록 출원서나 특허 출원서에 최초로 첨부된 명세서 또는 도면에 기재된 고안이나 발명과 동일한 고안(다른 실용신안등록 출원이나 특허출원이 국제 출원일 경우에는 출원공개 또는 국제공개된 국제출원일에 제출한 국제출원의 명세서, 청구의 범위 또는 도면과 그 출원 번역문에 다 같이 기재된 고안 또는 발명과 동

일한 고안).

다만, 고안자나 발명자 등이 동일인일 경우나 출원시의 출원인이 동일인인 경우에는 그 고안에 대하여 실용신안등록을 받을 수 있다.

(5) 국기(國旗) 또는 훈장과 동일하거나 유사한 고안

(6) 공공의 질서 또는 선량한 풍속을 문란하게 하거나 공중의 위생을 해할 염려가 있는 고안

3. 의장제도

의장이란 산업상 이용할 수 있는 물품의 형상, 모양, 색채 또는 이들의 결합에 관한 창작으로 무품의 의장을 의장권으로 보호하려는 제도로서 그 존속기간은 15년간이다.

예를 들면 단조로운 연필에 미적 감각을 일으키게 하는 형상이나 모양, 또는 색채를 가미하여 미관상 보기 좋은 디자인을 창작하면 의장권으로 보호가 된다. 이와 같은 의장제도에는 기본의장과 유사의장이 있다.

기본의장이란 의장권자가 등록한 의장 또는 의장등록 출원인이 출원한 의장을 말하고, 유사의장이란 기본의장과 유사한 의장을 말한다. 그러나 다음과 같은 의장의 창작에 대해서는 의장등록을 받을 수 없다.

(1) 의장등록 출원 전에 국내 또는 국외에서 공지되었거나 이미 실시된 의장(유사의장 제외)

(2) 의장등록 출원 전에 국내 또는 국외에서 반포된 간행물에 기재된 의장(유사의장 제외)

(3) 의장등록 출원 전에 국내 또는 국외에서 공지되었거나 이미 실시된 의장이나 반포된 간행물에 기재된 의장과 동일 또는 유사한 의장

(4) 의장등록 출원 전에 그 의장이 속하는 분야에서 통상의 지식을 가진 자(예 : 동종업자)가 국내에서 널리 알려진 형상, 모양, 색채 또는 이들의 결합에 의한 의장에 의하여 용이하게 창작할 수 있는 의장

(5) 국기(國旗), 국장(國章), 군기(軍旗), 훈장(勳章), 포장(褒章), 기장(記章), 기타 공공기관 등의 표장(標章)과 외국어 국기(國旗), 국장(國章) 또는 국제기관 등의 문자나 표식(標識)과 동일 또는 유사한 의장

(6) 공공의 질서나 선량한 풍속을 문란하게 할 염려가 있는 의장

(7) 타인의 업무에 관계되는 물품과 혼동을 가져올 염려가 있는 의장

4. 상표제도

상표란 상품을 생산, 가공, 증명 또는 판매하는 것을 업으로 영위하는 자가 자기의 영업에 관련된 상품을 타인의 상품과 식별하기 위하여 사용하는 기호, 문자, 도형 또는 이들을 결합한 것을 상표권으로 보호하려는 제도로서 그 존속기간은 10년간(10년간씩 연장 가능)이다.

예를 들면 연필에 타인의 연필과 식별하기 위하여 붙인 이름이나 마크는 상표권으로 보호가 된다. 이와 같은 상표권 제도에는 상표 외에 연합상표, 서비스표, 단체표장, 업무표장 등을 함께 인정하고 있다.

(1) 연합상표

연합상표란 상표권자나 상표등록 출원인이 자기의 등록상표 또는 상표등록 출원한 상표와 유사한 상표로서 그 지정상품과 동일류 구분 내의 상품에 사용하는 상표를 말한다. 연합상표 등록출원에 있어서 상표권의 설정등록이 있을 때에는 그 원상표과 등록된 연합상표는 서로 연합상표가 된다.

(2) 서비스표

서비스표란 서비스업을 영위하는 자가 자기의 서비스업을 타인의 서비스업과 식별하도록 하기 위하여 사용하는 표장을 말한다.

(3) 단체표장

단체표장이란 동종업자 또는 이와 밀접한 관계가 있는 업자가 설립한 법인이 그 감독하에 있는 단체원의 영업에 관한 상품 또는 서비스업에 사용하기 위한 표장을 말한다.

(4) 업무표장

업무표장이란 영리를 목적으로 하지 아니하는 업무를 영위하는 자가 그 업무를 표시하

기 위하여 사용하는 표장을 말한다.

이와 같이 상표 등을 보호하는 목적은 자기의 상품 등을 타인의 상품 등과 식별하여 영업상의 신용유지를 도모함으로써 산업발전은 물론 수요자의 이익을 보호하기 위한 것이다. 따라서 이와 같은 목적에 부적합한 다음과 같은 상표 등에 대해서는 상표등록을 받을 수 없다.

(1) 그 상품의 보통 명칭을 사용하는 방법으로 표시한 표장만으로 된 상표

(2) 그 상품에 대하여 관용하는 상표

(3) 그 상품의 원산지, 품질, 원재료, 효능, 용도, 수량, 형상, 가격, 생산방법, 가공방법, 사용방법 또는 시기를 보통으로 사용하는 방법으로 표시한 표장만으로 된 상표

(4) 지리적 명칭 또는 지도만으로 된 상표

(5) 흔히 있는 성명(姓名) 또는 명칭을 보통으로 사용하는 방법으로 표시한 표장만으로 된 상표

(6) 간단하고 흔히 있는 표장만으로 된 상표

(7) 위의 (1) 내지 (6) 외에 수요자가 누구의 업무에 관련된 상품을 표시하는 것인가를 식별할 수 없는 상표. 다만 위의 (3) (5) (6)에 해당하는 상표라도 상표등록 출원 전에 상표를 사용한 결과 수요자간에 그 상표를 누구의 업무에 관련된 상품을 표시하는 것인가가 현저하게 인식되어있는 것은 그 상표를 사용한 상품을 지정상품으로 하여 상표등록을 받을 수 있다.

(8) 대한민국의 국기(國旗), 국장(國章), 군기(軍旗), 훈장(勳章), 포장(褒章), 기장(記章), 외국의 국기(國旗), 국장(國章), 공업소유권 보호를 위한 파리조약동맹국의 훈장(勳章), 포장(褒章), 기장(記章) 그리고 올림픽 또는 저명한 국제기구 등의 명칭이나 표장과 동일 또는 유사한 상표. 대한민국 공업소유권 보호를 위한 파리조약동맹국 · 그 국가의 공공기관이 사용하는 증명용 인장 또는 기호와 유사한 상표

(9) 국가, 공공단체 또는 이들의 기관과 공익법인의 영리를 목적으로 하지 아니하는 업무 또는 영리를 목적으로 하지 아니하는 공익사업을 표시하는 표장으로서 저명한 것과 동일 또는 유사한 상표. 다만, 국가, 공공단체 또는 이들의 기관과 공익법인 또는 공익사업체에서 자기의 표장을 상표등록출원한 때에는 등록을 받을 수 있다.

(10) 공공의 질서 또는 선량한 풍속을 문란하게 할 염려가 있는 상표

(11) 정부가 개최하거나 정부의 승인을 얻어 개최하는 박람회 또는 외국정부가 개최하거나 외국정부의 승인을 얻어 개최하는 박람회의 상패(賞牌), 상장(賞狀) 또는 포장(褒章)과 동일 또는 유사한 표장이 있는 상표. 다만 그 상패(賞牌), 상장(賞狀) 또는 포장(褒章)을 받은 자가 당해 박람회에서 수상한 상품에 관하여 상표의 일부로써 그 표장을 사용할 때에는 등록을 받을 수 있다.

(12) 저명한 타인의 성명, 명칭 또는 상호, 초상, 서명, 인장, 아호, 예명(藝名), 필명(筆名) 또는 이들의 약칭을 포함하는 상표. 다만 그 타인의 승낙을 얻은 경우에는 등록을 받을 수 있다.

(13) 선출원(先出願)에 의한 타인의 등록상표와 동일 또는 유사한 상표로써 그 등록상표의 지정상품과 동일 또는 유사한 상품에 사용하는 상표

(14) 상표권이 소멸한 날[상표등록을 무효로 한다는 심판결정이 있는 경우에는 심판결정 확정일]부터 1년을 경과하지 아니한 타인의 등록상표와 동일 또는 유사한 상표로서 그 지정상품과 동일 또는 유사한 상품에 사용하는 상표, 다만 타인의 상표권이 소멸한 날로부터 소급하여 1년 이상 그 등록상표가 사용되지 아니한 때에는 등록을 받을 수 있다.

(15) 타인의 상품을 표시하는 것이라고 수요자간에 현저하게 인식되어 있는 상표와 동일 또는 유사한 상표로서 그 타인의 상품과 동일 또는 유사한 상품에 사용하는 상표

(16) 수요자간에 현저하게 인식되어있는 타인의 상품이나 영업과 혼동을 일으키게할 염려가 있는 상표

(17) 상품의 품질을 오인하게 하거나 수요자를 기만할 염려가 있는 상표

(18) 위의 (12) (15) (16)에 해당하는 상표라도 상표등록 출원시 이에 해당하지 아니하는 것에 대하여는 등록을 받을 수 있다.

(19) 위의 (13) (14)는 상표등록 출원시 이에 해당하는 것에 대하여 등록을 받을 수 없다. 다만 상표등록출원 후 상표권자와 상표등록출원인이 동일한 경우에는 등록을 받을 수 있다.

(20) 등록상표가 위의 (12) (15) (16) 및 선출원(先出願) 또는 조약 당사국에 등록된 상표

또는 이와 유사한 상표로서 그 상표에 관한 권리를 가진 자의 대리인이나 또는 상표등록 출원일 전 1년 이내에 대리인이나 대리자이었던 자가 상표에 관한 권리를 가진 자의 동의를 받지 아니하는 등 정당한 이유없이 그 상표의 지정상품과 동일 또는 유사한 상품을 지정상품으로 상표등록출원을 하여 등록된 경우에 그 상표에 관한 권리를 가진 자가 당해 상표등록일부터 5년 이내에 취소심판을 청구한 경우 등에 위반한 것을 사유로 무효 또는 취소의 심판결정이 확정된 경우 그 정당한 상표등록출원인이 한 출원에 대해서는 (14)가 적용되지 않는다.

(21) 상표등록 취소심판(상표법 제73조 제1항 제1호 내지 제3호, 제5호, 제6호) 청구일 이후에 상표권자가 상표권 또는 지정상품의 일부를 포기하거나 상표등록 취소의 심판결정이 확정된 경우에는 상표권자 및 그 상표를 사용한 타인은 포기한 날 또는 그 심판결정이 확정된 날부터 3년이 경과한 후가 아니면 소멸된 등록상표와 동일 또는 유사한 상표를 그 지정상품과 동일 또는 유사한 상품에 대하여 상표등록을 받을 수 없다.

03 특허 등의 출원절차

1. 특허 등록을 받을 수 있는 자격

발명, 고안, 의장의 창작 및 상표를 개발 · 선택한 자 또는 그 승계인은 당해 발명, 고안 등에 대하여 특허 · 등록을 받을 수 있는 권리를 가진다. 2인 이상이 공동으로 발명 · 고안 등을 한 때에는 특허 · 등록을 받을 수 있는 권리는 공유한다.

2. 특허 등의 출원범위

(1) 특허출원의 범위

특허출원은 1발명을 1특허출원으로 한다. 다만 1총괄적 발명의 개념을 형성하는 1발명에 대하여 1특허출원으로 할 수 있다. 1특허출원 요건은 다음과 같다.

1) 물건 또는 방법에 관한 1독립항을 기재한 출원

2) 물건에 관한 1독립항을 기재한 경우에 다음의 독립항을 선택하여 모두 기재한 출원

① 그 물건을 생산하는 방법에 관한 1독립항

② 그 물건을 사용하는 방법에 관한 1독립항

③ 그 물건을 취급하는 방법에 관한 1독립항

④ 그 물건을 생산하는 기계, 기구, 장치 기타의 물건에 관한 1독립항

⑤ 그 물건의 특정 성질만을 이용하는 물건에 관한 1독립항

⑥ 그 물건을 취급하는 물건에 관한 1독립항

⑦ 방법에 관한 1독립항을 기재한 경우에 그 방법의 실시에 직접 사용되는 기계 · 기구 · 장치 기타의 물건에 관한 1독립항을 기재한 출원

이상의 1특허출원의 경우 1독립항만으로 포괄하여 기재할 수 없을 때에는 1발명에 해당하는 경우에 한하여 2 이상의 독립항으로 기재할 수 있다.

(2) 실용신안등록 출원의 범위

실용신안등록 출원은 1고안을 1실용신안등록 출원으로 한다. 1실용신안등록 출원의 요건은 물품에 관한 1독립항을 기재한 출원으로 한다. 다만 1독립항으로 기재하는 것이 부적합한 경우에는 2이상의 독립항으로 기재할 수 있다.

(3) 의장등록 출원의 범위

1) 1의장 1의장등록 출원의 범위

의장등록 출원은 1의장마다 1의장등록 출원으로 한다. 1의장등록 출원은 제조식품 및 기호품, 의복, 복식품, 신변품 등 73류와 세밀하게 구분된 물품 (의장법 시행규칙 제9조 제2항)에 따라한다.

2) 한 벌의 물품의 의장등록 출원의 범위

2종 이상의 물품이 관습상 한 벌의 물품으로 판매되고 사용되는 경우, 당해 한 벌의 물품의 의장은 한 벌 전체로서 통일성이 있을 때에는 1의장으로 의장등록 출원을 할 수 있다. 한 벌 물품의 구분은 다음과 같다.

한 벌의 끽연용구 세트, 한 벌의 차 세트, 한 벌의 화채용 세트, 한 벌의 숟가락 및 젓가락, 한 벌의 나이프 · 포크 및 스푼, 한 벌의 반상기 등이다.

(4) 상표등록 출원의 범위

우리 상표법은 1상표 1출원주의를 채택하고 있다. 즉, 상표등록 출원은 제53류와 각 종류별 상품군에 의한 상품세목의 구분(상표법 시행규칙 제6조) 내에서 사용할 상품을 지정하여 상표마다 출원한다.

3. 특허 등의 출원

발명 · 고안을 한 자가 특허 · 등록을 받고자 할 때에는 소정의 특허(등록) 출원서, 명세서, 도면 등을 작성한 출원서류에 출원 수수료(별표 : 출원요금표 참조)를 국고 수납은행에 납부하고 그 영수증을 첨부하거나 우체국에서 소액환 또는 정액환으로 바꾸어 출원서류와 함께 특허청 출원과에 직접 제출하거나 우편으로 송부하면 이를 접수하고 출원번호 통지서를 교부한다.

<별표> 출원관계 수수료　　　출원료 (2006. 10. 1. 기준)

구분 \ 권리		특 허	실용신안	디자인		상 표
				심 사	무심사	
전자출원 (온라인, FD)		38,000원	17,000원	60,000원	1 디자인마다 45,000원	1 상품류 구분마다 56,000원 (갱신추납 : 85,000원)
서면 출원	기본료	38,000원	17,000원	70,000원	1 디자인마다 55,000원	1 상품류 구분마다 66,000원 (갱신추납 : 95,000원)
	가산료	명세서·도면·요약서 1면마다 1,000원을 가산	명세서·도면·요약서 1면마다 1,000원을 가산	없음	없음	없음

* 특허권 존속기간 연장등록출원료 : 매건 78,000원

4. 변경사항의 신고

출원 후에 성명(법인의 명칭), 주소, 인감 등이 변경되면 특허청에 소정의 서식에 의해 즉시 신고하여야 한다.

5. 출원의 보정(補正)

출원일로부터 1년 3개월 내에 최초의 명세서의 요지를 변경하지 않는 범위 내에서 자진하여 청구범위의 감축, 오기정정, 불명료한 기재에 한하여 보정할 수 있다.

그러나 출원일로부터 1년 3개월이 경과한 후라 하더라도 공고결정등본을 송달받기 전까지는 법률이 정한 기간 내에 한하여 보정을 할 수 있다. 또한 공고결정등본을 송달받은 후 사정 또는 심결이 확정되기 전에도 법률에 정한 기간 내에는 보정을 할 수 있다.

04_ 특허출원 등의 심사절차

□ 「특허」 출원등록 절차도

선행기술조사 → 출원인코드부여신청(사전등록절차) → 출원서 작성 → 제출서류준비

접수 및 출원번호 통지서 수령 → 수수료 납부 → 출원공개 → 심사청구 및 심사 → 등록료 납부

□ 「디자인」 출원등록 절차도

선행디자인심사자료조사 → 출원인코드부여신청(사전등록절차) → 출원서작성 → 제출서류준비

접수 및 출원번호 통지서 수령 → 수수료 납부 → 디자인심사 및 무심사 → 등록료 납부

ㅁ「상표 · 서비스표」 출원등록 절차도

견본준비 → 선출원 · 등록상표 조사 → 출원인코드부여신청 (사전등록절차) → 출원서작성

제출서류준비 → 접수 및 출원번호 통지서 수령 → 수수료 납부 → 심사 및 이의신청 → 등록료 납부

1. 출원공개

출원이 된 후 1년 6개월이 경과하면 일반 대중이 그 출원내용을 알 수 있도록 특허공보에 공개한다. 다만 국방상 비밀을 요하는 것과 공중위생을 해칠 염려가 있는 발명 · 고안 등은 제외한다.

이와 같은 출원 공개제도는 출원 공개가 있은 후 발명 · 고안 등에 대한 침해자에게 금지 등의 경고를 한 날로부터 출원공고 전까지 기간동안에 보상금 청구권이 발생한다. 다만 그 청구권은 출원공고 후에만 행사할 수 있다.

2. 출원심사 청구

특허 및 실용신안등록 출원은 심사 청구료(별표 : 심사청구 요금표)를 납부하고 심사청구를 한 것에 대해서만 심사한다. 심사청구는 출원과 함께 할 수 있고, 출원 후에는 특허가 출원일로부터 5년 내, 실용신안 출원일로부터 3년 내에 누구나 할 수 있다.

<별표> 심사청구 요금표

권리 / 구분	특 허	실용신안	디자인		상 표
			심 사	무심사	
기본료	109,000원	55,000원	없음	없음	없음
가산료	청구범위 1항마다 32,000원을 가산	청구범위 1항마다 14,000원을 가산	없음	없음	없음

3. 우선 심사

특허청장이 긴급을 요한다고 인정하는 출원에 대하여는 심사 청구일에 관계없이 우선

하여 심사하는 제도로 방위산업분야의 출원, 공해방지에 유용한 출원, 정부 또는 지방자치단체와 그 출연연구기관의 직무에 관한 출원과 이들 기관이 심사청구한 타인의 출원, 출원공개 후 출원공개 전에 출원인이 아닌 자가 특허권자로서 출원한 발명 등을 실시하고 있다고 인정되는 경우에 우선 심사를 할 수 있다.

4. 심사관이 심사

출원은 그 분야 담당 심사관에 의해서 심사가 진행된다. 심사는 특허 · 등록을 받을 수 있는 자격을 가진 자가 출원을 하였는지의 여부를 먼저 심사한다.

특허 · 등록요건 등에 적합한 발명 · 고안인지를 심사하여 특허 · 등록을 거절할 만한 이유를 발견하지 못한 때에는 공고결정을 하고, 거절할 만한 이유를 발견하였을 때에는 거절이유와 거절이유에 대한 의견을 제시할 수 있는 기간을 명시한 거절이유 통지서를 보낸다.

5. 출원공고

심사결과 거절이유를 발견하지 못하였을 때에는 발명 · 고안 등의 내용을 2개월간 일반에게 공고하여 공중(公衆)의 심사에 회부한다는 성질과 특허 · 등록할 것을 예고하는 성질을 함께 갖는 제도로써, 출원공고 결정등본을 출원인에게 송달한 후 특허공보에 출원의 내용을 게재한다.

이와 같은 출원공고의 효과는 공고일로부터 특허권자로서 그 출원된 발명이나 고안을 실시할 수 있는 임시보호의 권리가 발생되며 존속기간의 기산점이 된다. 즉 당해 출원이 특허 · 등록된 경우, 그 권리의 보호기간이 공고일로 소급하여 인정되는 가보호기간의 성질을 갖는다. 또한 이의신청을 할 수 있는 기회가 부여된다.

6. 이의신청

출원공고에 의해서 누구라도 심사에 참여시켜 심사관의 심사 미비를 지적함으로서 심사를 보다 정확하게 하여 결함있는 특허 · 등록의 성립을 사전에 방지하려는 제도로서 출원 공고일로부터 누구든지 2개월 내에 이의신청을 할 수 있다.

이의신청은 그 이유를 기재한 이의 신청서와 필요한 증거를 첨부하여 특허청장에게 제출하여야 한다. 접수된 이의신청은 그 부본을 출원인에게 송달하고 기간을 정하여 답변서를 제출할 수 있는 기회를 준다.

이의신청에 대한 결정은 그 이유를 붙인 서면으로 하고 그 결정의 등본을 출원인과 이의신청인에게 송달한다. 이의신청에 대한 결정에 관하여는 불복을 할 수 없다.

7. 사정(査定) 후의 절차

(1) 특허 · 등록사정 후의 절차

특허 · 등록료를 납부하고 특허 · 등록권의 설정 신청서를 특허청장에게 제출하면 특허청장은 소정의 등록절차에 따라 특허 · 등록원부에 등록한다. 이와 같이 등록된 발명 · 고안에 대해서는 독점, 배타권이 발생한다.

(2) 거절사정 후의 절차

심사의 결과에 불복이 있을 때에는 거절사정 불복항고 심판 청구서를 거절사정을 받은 날로부터 30일 이내에 특허청장에게 제출하여 당해 발명 · 고안의 특허 · 등록의 성립을 주장한다.

06 특허권 등의 효력

물건의 발명 또는 고안에 있어서는 특허권자로서 그 물건을 생산 · 사용 · 판매 · 수입 권리를 독점하고, 방법의 발명인 경우에는 특허권자로서 그 방법을 사용하거나 그 방법에 의하여 생산된 물건의 사용 · 판매 · 수입하는 권리를 독점한다.

07_ 심판 등의 절차

특허권 등의 분쟁을 해결하기 위하여 특허청에 초심급인 심판과 2심급인 항공심판이 있고, 3심급인 대법원의 상고심이 있다.

1. 심판

(1) 심판청구 절차

특허권 등에 대한 분쟁을 결정하기 위하여 이해관계인, 특허 · 등록권자, 심사관 또는 제3자 등은 다음과 같은 사항을 기재한 심판 청구서를 특허청장에게 제출한다.

① 당사자 및 대리인의 서명과 주소(법인인 경우에는 그 명칭 · 영업소 및 대표자의 성명)

② 심판사건의 표시

③ 청구의 취지 및 그 이유

④ 권리범위 확인심판을 청구할 때에는 필요한 명세서 및 도면을 첨부하여야 한다.

⑤ 통상실시권의 심판 청구서에는 위의 ① ② ③ 외에 다음 사항을 기재하여야 한다.

㉮ 실시를 요하는 자기의 특허 번호 및 명칭

㉯ 실시되어야할 타인의 특허발명 · 등록실용신안이나 등록의장의 번호 · 명칭 및 특허나 등록 연월일

㉰ 특허발명 · 등록실용신안 또는 등록의장의 통상 실용권의 대가

⑥ 정정심판을 청구할 때에는 심판 청구서에 정정한 명세서 또는 도면을 첨부하여야 한다.

(2) 심판의 종류

심판에는 무효심판, 상표등록의 취소심판, 권리범위 확인심판, 정정심판, 정정 무효심판, 특허권의 존속기간 연장등록의 무효심판, 통상실시권 허여심판, 상표권의 존속기간 갱신등록의 무효심판, 전용 사용권 또는 총상 사용권 등록의 취소심판 등이 있다.

① 무효심판

특허 등의 무효 사유에 해당하는 경우에 심판의 방법에 의하여 그 성립시로 소급하여 특허권 등을 소멸시키는 심판을 말한다.

② 권리범위 확인심판

선출원 · 후출원 사이 또는 제3자와 권리자 사이의 이용, 저촉, 권리침해 등을 명백히 할 필요가 있는 경우에 특허권 등이 미치는 효력의 범위를 심판절차에 의하여 확인하는 심판을 말한다.

③ 정정허가심판

발명 · 고안의 명세서나 도면에 불완전한 것이 있을 때 이의 정정을 청구하는 심판으로서 청구범위의 감축, 오기의 정정, 불명료한 기재에 한하여 청구할 수 있으며, 청구범위의 확장 또는 변경은 할 수 없다.

④ 상표등록 취소심판

등록상표의 성립 자체에는 아무 하자가 없으나 설정등록 후에 발생한 불실시 등의 취소사유를 이유로 이해 관계자 또는 제3자가 특허청장에게 당해 등록상표의 취소심판을 청구하는 경우, 심판의 방법에 의하여 상표권의 효력을 상표등록을 취소한다는 심결이 확정된 때로부터 소멸시키는 심판을 말한다.

⑤ 정정허가의 무효심판

정정허가심판에 의하여 정정허가가 확정된 후 그 잔존부분이 특허 · 등록요건을 구비하지 못한 경우 또는 청구범위가 확장 또는 변경된 경우에 정정허가를 무효시키는 심판을 말한다. 심판 청구인은 이해관계인 또는 심사관이 되며 무효심판이 확정되면 정정허가는 처음부터 없었던 것이 된다.

(3) 심판의 심리

구두심리와 서면심리를 병행하여 심판을 하고 있으나, 특히 무효심판은 구두심리를 원칙으로 하고 서면심리를 예외로 하고 있으며, 기타 심판은 서면심리를 원칙으로 하고 구두심리를 예외로 하여 심판을 하고 있다. 또한 심판의 진행, 심리, 증거조사 등은 직권주의를 채택하고 있다.

(4) 심판결정의 효력

한 번 심판결정이 확정 · 판결되면 동일 사실 및 동일 증거에 의하여 다시 심판을 청구할 수 없는 일사부재리의 효력이 발생하며 확정된 심판결정은 심판관은 물론 심판 청구인, 피청구인 등 당사자뿐만 아니라 제3자를 구속하고 재심사유가 없는 한 취소, 변경을 할 수 없다.

2. 항고심판

출원에 대한 거절사정 또는 심판결정을 받은 자가 불복이 있을 때에는 거절사정등본 또는 심판결정등본을 송달받은 날로부터 30일 내에 항고심판을 특허청장에게 청구할 수 있다.

3. 상고심

항고심판의 심판결정 또는 각하결정(却下決定)을 받은 자가 그 심판결정 등에 불복이 있을 때에는 그 심판결정이나 결정이 법령에 위반되는 것을 이유로 심판결정, 결정등본을 송달받은 날로부터 30일 내에 특허청장을 피고(청구인 또는 피청구인이 있을 때는 그 자)로 하여 대법원에 상고한다. 대법원에서 심판결정 또는 결정파기의 기본이 된 이유는 그 사건에 대하여 특허청을 기속한다.

4. 재 심

확정심판결정에 의하여 종료된 사건에 대하여 당사자가 일정한 이유를 들어 그 심판결정을 취소하고 사건을 심판결정 전의 상태로 회복시켜 다시 심판절차에 들어가서 심판할 것을 구하는 특별한 불복신청으로서 재심청구는 심판결정 확정 후 재심사유를 안 날로부터 30일 내에 하여야 하며 심판결정확정 후 3년을 경과한 때에는 재심을 청구할 수 없다.

08_ 특허권 등의 침해구제

특허법 등 산업재산권법에서는 특허 · 등록권 또는 전용 실시권 등을 보호하기 위해 권리의 침해구제로서 민사적 구제방법과 형사적 구제방법을 두고 있고, 동법 이외에도 민법이나 형법 등에 의해 침해권리의 구제를 받을 수 있다.

1. 민사적 구제

특허권자 등은 특허 등이 침해되거나 침해될 우려가 있을 때에는 침해자 또는 침해할 우려가 있는 자에 대하여 그 침해행위의 금지 또는 예방을 청구할 수 있고, 고의 또는 과실에 의한 침해로 손해를 받았을 때에는 그 손해보상을, 업무상의 신용이 실추되었을 때에는 신용회복을 법원에 청구할 수 있다.

(1) 금지 청구권 등

특허 · 등록권자 또는 전용 실시권자는 다음과 같은 침해행위로 자기의 권리를 침해한 자 또는 침해할 우려가 있는 자에 대하여 그 침해의 금지 또는 예방을 청구할 수 있을 뿐만 아니라 침해행위를 조성한 물건의 폐기, 침해행위에 제공된 설비의 제거, 기타 침해의 예방에 필요한 행위를 법원에 청구할 수 있다.

① 특허가 물건의 발명인 경우에는 그 물건의 생산에만(방법의 발명인 경우에는 그 방법의 실시에만) 사용하는 물건을 특허권자로서 생산, 양도, 대여, 수입 또는 전시하는 행위

② 등록 실용신안에 관한 물품의 생산에만 사용하는 물건을 특허권자로서 생산, 양도, 대여, 수입 또는 전시하는 행위

③ 등록의장에 관한 물품의 생산에만 사용하는 물품을 특허권자로서 실시하는 행위

④ 상표권의 침해로 보는 행위

㉮ 타인의 등록상표와 동일 또는 유사한 상표를 그 지정상품과 동일 또는 유사한 상품에 사용하는 행위

㉯ 타인의 등록상표와 동일 또는 유사한 상표를 그 지정상품과 동일 또는 유사한 상품에 사용할 목적이나 사용하게 할 목적으로 교부 또는 판매하거나 위조 · 모조 또는 소지하는 행위

㉰ 타인의 등록상표를 위조 또는 모조할 목적이나 위조 또는 모조하게할 목적으로 그 용구를 제작, 교부, 판매 또는 소지하는 행위

(2) 손해배상 청구권

특허 · 등록권자 또는 전용 실시권자는 고의 또는 과실에 의하여 자기의 권리를 침해한 자에 대하여 그 침해로 인해 받은 손해의 배상을 법원에 청구할 수 있다.

이때의 손해액은 권리의 침해자가 그 침해행위에 의하여 이익을 받을 때에는 그 이익액을 손해액으로 추정할 수 있을 뿐만 아니라 침해받은 발명, 고안 등의 실시에 대하여 통상 받을 수 있는 금액에 상당한 금액을 손해액으로 하여 배상을 청구할 수 있다.

(3) 신용회복 청구권

특허 · 등록권자 또는 전용 실시권자는 고의 또는 과실로 인하여 자기의 권리를 침해함으로써 영업상의 신용을 실추하게 한 자에 대하여 손해배상과 함께 업무상의 신용회복 조치를 법원에 청구할 수 있다. 법원의 신용회복 조치는 신문에 사죄광고의 게재를 명하고 있다. 그러나 법원의 사죄광고 명령이 위헌이라는 헌법재판소의 판결이 내려져있어 향후 법원의 신용회복조치에 관한 명령이 어떤 형태로 내려질지가 사뭇 궁금하다.

2. 형사적 구제

특허권, 실용신안권, 의장권, 상표권 및 그 전용실시권을 침해한 자는 5년 이하의 징역 또는 2천만원 이하의 벌금에 처한다. 이와 같은 죄는 상표권 및 그 전용 사용권의 침해를 제외하고는 고소가 있어야 공소를 할 수 있는 친고죄로 하고 있다.

02

영업비밀의 보호제도

01_ 영업비밀의 보호

최근들어 전자, 통신, 제약 등 첨단기술분야를 중심으로 경쟁업체 간에 경쟁이 치열해지면서 매수 등에 의한 부정 스카우트, 전자통신장비의 이용, 거래업체 위장, 고객 또는 시찰단원 가장 · 위장취업 등 부정수단에 의해 막대한 연구 개발비 등을 투입하여 창출한 지적재산인 영업비밀이 정당한 대가의 지불없이 도용되거나 무단사용되고 있는 사례가 부쩍 늘어나고 있다.

이와 같은 경향은 기술개발이나 기술혁신 속도가 빨라지고 기술상품의 라이프 사이클(Life Cycle)이 짧아지면서 위험부담이 큰 자체 기술개발을 기피하고 유리한 도용이나 모방 쪽을 택하는 데에서 기인되고 있다.

뿐만 아니라, 수십만장 분량의 정보자료를 단 한 장의 컴퓨터 디스켓에 보관하고 있어 많은 정보를 일시에 손쉽게 훔쳐 사용할 수가 있고, 또 영업비밀을 훔칠 수 있는 휴대용 복사기, 도청장치, 소형 TV 카메라, 전화 텝, 마이크로폰을 언제 어디서나 손쉽게 구할 수 있는 점도 중요한 요인이 되고 있다.

그 외에도 기업측의 영업비밀에 대한 인식 부족으로 인한 영업비밀 관리의 소홀, 종업원의 불만과 노무관리의 미흡 등이 영업비밀의 침해를 부추기는 주요변수가 되고 있다.

이와 같이 경쟁업체의 성공기술에 편승하려는 무임승차의 풍조가 업계에 만연될 경우 진정한 의미의 경쟁력 향상이나 국가 산업경제발전은 기대하기 어려울 것이다. 이러한 영업상의 비밀을 방지하기 위한 영업비밀 보호제도는 1988년부터 약 2년 동안의 검토과정을 거쳐 현행 부정경쟁 방지법 속에 영업비밀 보호규정을 신설하는 개정 부정경쟁 방지법을 1991년 12월 31일 공포하여 1년간의 유예기간을 거쳐 1992년 12월 15일부터 시행되어오고 있다.

따라서 영업비밀 보호제도를 통해 연구개발과 첨단산업기술의 도입을 촉진하여 건전한 경쟁기반을 구축해 나아가는 것이 무엇보다 중요한 일이다.

이 절에서는 부정경쟁 방지법을 중심으로 무엇이 영업비밀이며, 어떤 경우 침해행위가 성립되고, 그 구제방법에는 어떠한 것들이 있으며, 어떻게 관리를 해야만 법에 의한 보호를 받을 수 있는지 등에 대해서 기술한다.

02_ 영업비밀의 개념

영업비밀이란 특허권, 실용실안권, 의장권, 상표권 등과 같은 산업 재산권이나 부정경쟁 방지법으로 보호하고 있는 권리 또는 경제적 이익 저작권 및 컴퓨터 프로그램, 반도체 집적회로 배치설계, 데이터베이스 등과 같은 신지적재산권의 일종이다.

이것은 기업 등 사업주체가 영업활동을 함에 있어서 경쟁상의 우위를 확보하기 위하여 비밀로 보유하고 있는 유용한 정보로서 기술상의 정보뿐만 아니라 경영상의 정보까지를 모두 포함하는 총칭적 개념이다.

독일, 일본, 스위스, 오스트리아 등과 같이 성문법인 부정경쟁 방지법에 의해 상업정보를 보호하고 있는 나라에서는 일반적으로 영업비밀이라는 용어를 사용하고 있으며 일명 기업기밀, 산업비결, 트레이드 시크리트(trade secret), 재산적 정보(proprietary information), 비공개정보(undisclosed information), 노하우(know how), 비밀영업정보라고도 불리워지고 있으나 이는 거의 비슷한 개념으로 이해될 수 있을 것이다.

여기에서 '기업비밀' 이란 기업의 생산활동이나 판매활동 기타 사업활동에 유용한 기술상 또는 경영상의 정보를 의미한다.

그러나 기업비밀에 포함되는 것 중에서 사업활동에 유용하지 않은 종교상의 교리나 사장과 여직원과의 스캔들 등 반윤리적 정보, 공해물질의 방출, 세금포탈, 경쟁사의 도산계획, 공익적 보도자료의 비공개 등 반사회적 가치를 창출하거나 영업활동에 유용한 정보라고는 볼 수 없기 때문에 부정경쟁 방지법에 의한 영업비밀로서 보호를 받을 수 없다.

1. 영업비밀의 정의

부정경쟁 방지법상 영업비밀이란 알려져 있지 않지만 독립된 경제적 가치를 가지고 있는 것으로서 상당한 노력에 의하여 비밀로 유지된 생산방법, 판매방법 기타 영업활동에 유용한 기술상 또는 경영상의 정보를 말한다고 규정하고 있다.

따라서 이 법에 의한 영업비밀이란 비밀로 유지되고 있는 생산방법 등 기술상의 정보뿐만 아니라 판매방법 등 영업활동에 유용한 경영상의 정보도 포함하고 있다.

예를 들면 기술상의 정보로는 제조방법, 제조공정, 화합방법, 배합방법, 강도계산의 운용방법, 설계방법, 설계도면, 청사진, 제조원가, 실험자료, 데이터베이스(data base), 연구 보고서 등을 들 수 있다.

영업상의 정보로는 고객 명부, 거래선의 루트, 판매 지침서, 시장조사정보, 사원연구지침서, 고객관리 기법, 판매 매뉴얼, 제품의 할인 시스템 등을 들 수 있으며, 기타 경영상의 정보로는 재무관리 정보로 자금계획, 자산구입, 설비투자계획, 예산배분계획 기타 재무자료 등을 들 수 있다.

이 외에 조직관리 정보로 인사기록 카드, 기타 신분관리자료, 기구개편 등 직제개정계획 및 조직관리 기법 등에 관한 정보를 들 수 있으며 사무관리 정보로 사무집기, 시설, 차량관리 등에 관한 정보를, 기타 영업정보로 영업전략 정보, 사업계획자료, 사업성 검토자료, 선전광고기법 등을 들 수 있을 것이다.

이와 같은 정보는 특허를 받을 수 있는 발명, 실용신안등록을 받을 수 있는 고안, 의장등록을 받을 수 있는 의장의 창작뿐만 아니라 특허 · 등록을 받을 수 없는 발명, 고안, 의장의 창작 모두를 포함한다.

즉 자연법칙을 이용한 기술적 사상의 창작으로써 산업의 이용성, 신규성, 진보성이 있는 정보뿐만 아니라 없는 정보까지도 영업비밀이 될 수 있다.

예를 들면 화학제품의 미묘한 조합, 온도 · 성분에 관한 기술적 노하우, 설계도면, 실패한 실험데이터, 고객 명부, 영업전약, 인사 · 조직 · 재무 및 사무관리 기법 등은 특허 · 등록을 받을 수는 없지만 영업비밀로는 보호대상이 될 수 있다.

미국의 통일영업 비밀법에서는 영업비밀의 정의를 경제적 가치를 얻을 수 있는 자에게 알려져 있지 않고 정당한 수단에 의해서는 쉽게 얻을 수 없기 때문에 영업비밀 보호자만이 독립된 경제적 가치를 가질 수 있으며 그 비밀유지를 위하여 적절한 노력이 가해진 정보로서 공식, 패턴, 데이터의 수집, 프로그램, 도구, 방법, 기술 등을 포함한 정보라고 규정하고 있다.

2. 영업비밀의 특성

1) 영업비밀이란 비밀정보를 보호객체로 하는데 반해 특허는 공개정보를 보호객체로 하고 있다.
2) 영업비밀은 비밀유지 노력에 대해 보호이익을 받는데 반해, 특허는 공개를 대가로 일정기간 특허권의 설정등록이 있는 날부터 특허출원일 후 20년이 되는 날까지로 한다.
3) 영업비밀은 두 사람 이상이 보유하고 있다 하더라도 각자가 비밀로 유지만 하고 있으면 보유자 모두에게 영업비밀을 인정할 수 있는데 반해, 특허권은 발명자 또는 발명을 승계한 자에게만 인정된다.
4) 영업비밀은 영업활동에 유용한 기술상 또는 경영상의 정보이면 어떤 정보, 예를 들면 실패한 실험 데이터와 같은 정보도 영업비밀 대상이 되는데 반해, 특허는 자연법칙을 이용한 고도의 기술적 사상의 창작으로써 산업의 이용성뿐만 아니라 신규성 · 진보성이 있는 발명만을 그 대상으로 하고 있다.
5) 영업비밀은 어떠한 형식이나 절차가 필요없는데 반해, 특허는 출원, 심사, 공고, 이의신청, 사정, 등록 등의 절차가 필요하다.
6) 영업비밀은 그 침해행위에 대해 구제수단을 둠으로써 얻어지는 경제적 이익인데 반해 특허는 독점 배타적 권리이다.
7) 영업비밀은 공개되지 않는 한 영구히 독점사용을 할 수 있는데 반해, 특허권은 15년이라는 존속기간만 독점행사할 수 있고 이후에는 누구나 자유로이 사용할 수 있다.
8) 영업비밀은 기술상의 정보뿐만 아니라 경영상의 정보까지를 모두 포함한 개념인데

반해, 노하우는 일반적으로 기술상의 정보만을 의미하는 경우가 많다.

9) 영업비밀이 사업활동에 유용한 정보만을 말하는데 반해, 기업기밀이란 사업활동에 유용하지 않은 정보, 예를 들면 세금포탈, 공해물질의 방출에 관한 정보까지를 모두 포함하는 개념으로 사용되고 있다.

따라서 영업비밀은 ① 특허요건이 되는 발명이지만 공개하고 싶지 않은 정보 ② 특허요건이 되지 않은 정보, 예를 들면 화학제품의 미묘한 조합, 온도 · 성분에 관한 기술적 노하우, 설계도, 실험 데이터, 판매 등과 같은 시장정보, 영업전략, 투자계획 등 경영상의 정보 ③ 특허와 같이 발명 부분만을 권리범위로 하는 것보다는 발명을 축으로 하여 보다 광범위하고 포괄적으로 보호하고 싶은 정보 등이다.

코카콜라의 향 내는 비법과 같이 영구독점을 하고 싶은 정보에 대해서는 영업비밀 보호제도에 의한 보호가 적합하다 할 것이다.

3. 영업비밀의 보호요건

부정경쟁 방지법에 의해 영업비밀로 보호받기 위해서는 그 정보가 공연히 알려져 있지 않음으로써 독립된 경제적 가치를 가지며(비공지성 또는 비밀성), 영업비밀 보유자가 상당한 노력을 들여 비밀로 유지하고 있는(유지성 또는 관리성) 생산방법, 판매방법 기타 영업활동에 유용한 기술상 또는 경영상의 정보(유용성 또는 경제성)이어야 한다. 이를 요건별로 기술한다.

(1) 비공지성(또는 비밀성)

영업비밀로 보호받기 위한 첫 번째 요건은 일반에게 알려지지 않은 정보이어야 하는데 이를 비공지성 또는 비밀성이라고 한다.

비공지성은 특허법상의 '신규성'과의 비교관점에서 고찰한다는 성질보다는 해당 정보를 정당한 수단에 의해서는 쉽게 얻을 수 없다는 측면에 중점을 두고 있다.

그러나 비공지성은 특허법적 의미의 신규성을 전적으로 요구하는 것은 아니지만, 최소한의 신규성은 요구함으로써 해당 정보가 비밀로 유지할만한 경제적 가치의 지표가 되는 것이다.

그러므로 비공지성이란 여러 사람이 알고 있는 정보라 할지라도 각자가 비밀로 유지 · 관리하고 있는 경우에는 공연히 알려지지 않은 정보이고, 그들이 비밀로 유지 · 관리하고 있지 않을 때에는 공연히 알려져 있는 정보로서 이 법에 의한 영업비밀로서 보호를 받을 수 없을 것이다.

따라서 영업비밀이란 반드시 소수의 특정인만 알고 있어야 할 필요는 없으며, 알고 있는 경우에도 그들이 비밀을 지켜야 할 의무가 있을 때에는 비밀이 된다는 것이다.

일반적으로 입수하기가 곤란한 정보로서 한정된 자에게만 알려져 있고 공개나 사용에 의해 경제적 가치를 얻을 수 있는 자에게는 알려져 있지 않아야 한다.

(2) 유지성(또는 관리성)

영업비밀로 보호받기 위한 두 번째 요건은 상당한 노력에 의하여 비밀로 유지된 정보이어야 하는 데 이를 유지성 또는 관리성이라고 한다.

이와 같은 유지성은 누구를 막론하고 영업비밀의 공개 또는 사용에 의하여 경제적 가치를 얻을 수 있는 자가 통상적인 수단에 의해서는 용이하게 입수할 수 없도록 해야함은 물론 나의 영업비밀이라고 주장할 수 있을 정도의 객관적 관리에 최선을 다해야 한다.

철저한 관리를 위하여 영업비밀 보유자는 영업비밀을 일반정보와 분류하여 비밀표시를 하고, 금고 등 안전시설에 보관하며 이용자에게 알림은 물론 열람, 복사, 복제, 대출 등을 제한하기 위하여 관리번호를 부여하여 사용하며, 영업비밀 등이 있는 곳을 제한 또는 통제구역으로 설정하여 내부 관계자 이외의 방문객 등 외부인의 출입을 통제한다.

또한 영업비밀을 위해서는 꼭 필요한 곳에 필요한 양만을 공급하되 가능한 한 회수하여 관리하거나 아예 자료없는 회의 등을 운영하는 방식을 강구한다.

이상과 같은 영업비밀 자체에 대한 관리 못지 않게 영업비밀 관리자 및 이용자에 대한 관리도 매우 중요하다. 따라서 영업비밀 취급자를 인가 또는 지정하고 영업비밀 전담부서를 설치 · 운영하며, 신입사원이나 재직 중인 종업원으로부터는 고용기간 중 영업비밀을 부정한 이익을 얻거나 회사에 손해를 끼치는 등의 부정한 목적으로 사용하거나 공개하지 않는다는 영업비밀 유지에 관한 서약서 등을 받는다.

또한 퇴직 종업원과도 일정기간 영업비밀 유지를 위한 경업금지(競業禁止)계약을 체결할 뿐만 아니라 경쟁사로부터 전입해오는 사원과도 전 직장에서 취득한 영업비밀을 사용하지 않는다는 각서 등을 받아 전 직장으로부터의 제소에 대비한다.

이와 같은 철저한 관리방법에 의해 해당 영업비밀을 얻기 곤란한 정도의 상태로 유지할 때에 비로소 상당한 노력에 의한 비밀유지로 인정될 수 있을 것이다.

(3) 유용성(또는 경제성)

영업비밀을 보호받기 위한 세 번째 요건은 해당 정보가 생산방법, 판매방법, 기타 영업활동에 유용한 기술상 또는 경영상의 정보이어야 하는 바 이를 유용성이라고 한다. 이와 같은 유용성은 특허법상의 기술성, 진보성, 산업의 이용성과의 비교관점에서 고찰한다는 성질보다는 해당정보가 사업활동에 쓸모있는 기술상 또는 경영상의 정보이어야 한다는 측면에 중점을 두고 있다.

따라서 해당 정보에 유용성을 요구함으로써 영업적 가치의 지표가 되는 것이다. 그러므로 세금 포탈이나 공해물질의 방출, 종교적 교전, 사장의 여사원 간의 애정 스캔들 등과 같은 부도덕적, 비영업적 정보는 아무리 상당한 노력을 들여 비밀로 유지하고 있다 하더라도 이 법에 의한 영업비밀이 될 수 없으므로 보호를 받을 수 없는 것이다.

그러나 실패한 실험 데이터는 영업비밀로써 보호를 받을 수 있다. 실패한 자료이므로 영업활동에 직접 사용할 수는 없으나 그 실패한 자료를 비밀로 관리하지 않을 경우 경쟁사가 이를 입수하여 사용할 때에는 동일한 실패를 피할 수 있다.

뿐만 아니라 이를 기초로 고속개발을 함으로써 경쟁력을 높여주는 결과가 되고 자체의 입장에서도 이를 영업비밀로 활용함으로써 같은 실패를 피할 수 있어 연구 개발비나 시간 등을 절약할 수 있고 동일 또는 관련분야의 연구개발을 촉진할 수 있는 정보로서의 활용 가치가 있기 때문에 영업비밀로서 보호될 수 있다.

03 영업비밀 침해행위의 유형

부정경쟁 방지법에서는 영업비밀 침해행위에 대한 금지 또는 예방 청구권, 침해행위를 조성한 물건 등의 폐기 · 제거 청구권, 영업비밀 침해에 대한 손해배상 청구권, 영업비밀 보유자의 신용회복 청구권 및 형사처벌 등의 법적구제를 할 수 있는 영업비밀 침해행위 6가지 유형을 한정 열거하고 있고, 이외의 침해행위에 대해서는 민법, 상법, 형법 등 타 법률에 맡기고 있다.

이와 같이 영업비밀 침해행위를 6가지의 유형으로 정하고 있으나 기본적으로는 제3자의 부정취득행위 등과 비밀유지 의무자의 의무위반행위 2가지 유형으로 대별해 볼 수 있다. 이 2가지 유형의 기본적 침해행위에 따른 사후 관여행위를 각각 2가지씩 추가하여 정하고 있다.

즉, 제3자의 부정취득행위 등이나 비밀유지 의무자의 의무위반행위를 취득 당시에 알거나 중대한 과실로 알지 못하고 해당 영업비밀을 취득 · 사용 · 공개하는 행위를 각각 법 제2조 제3호에 정하고 있다.

비밀유지 의무자의 의무위반행위를 취득 당시에는 알지 못하였으나 취득 후 알게 되거나 중대한 과실로 알지 못하고 해당 영업비밀을 사용 또는 공개하는 행위를 각각 법 제2조 제3호에 정하고 있다. 이를 유형별로 기술하고자 한다.

1. 부정취득행위 등

산업 스파이 등 제3자가 부정한 수단으로 타인의 영업비밀을 취득하는 행위 또는 그 취득한 영업비밀을 스스로 사용하거나 공개하는 행위(법 제2조 제3호 가목(目)).

이와 같은 영업비밀의 침해행위는 형법상의 범죄적 행위일 뿐만 아니라, 사회질서에 반하는 반윤리적 행위이므로 이를 금지할 뿐만 아니라, 이와 같은 부정한 수단에 의하여 취득한 영업비밀을 사용하거나 공개하는 행위도 부정행위의 산물을 사용하거나 공개하는 행위이므로 금지되어야 한다는 것이다. 따라서 부정취득한 영업비밀을 사용하거나 공개하는 행위도 부정취득행위와는 별도로 침해행위가 성립된다.

예를 들면 부정취득행위란 산업스파이가 메타놀 공장에 잠입하여 영업비밀인 메타놀 제조공정에 관한 도면을 훔친 경우이고, 부정사용행위란 해당 산업스파이가 직접 그 메타놀 제조공정에 관한 도면을 사용하여 메타놀을 생산하거나 판매하는 경우이다.

부정공개행위란 그 메타놀 제조공정에 관한 도면을 제3자에게 양도하거나 비밀유지를 조건으로 하여 실시권을 주거나 또는 동종분야 전문지인 화학지에 게재하는 경우에 성립된다. 이와 같이 공개란 불특정 다수인에게 일반적으로 알리는 행위뿐만 아니라 비밀을 유지하면서 특정인에게 알리는 것도 포함된다.

2. 영업비밀 취득 시 부정취득행위의 개입사실 인지 등

영업비밀에 대하여 부정취득행위가 개입된 사실을 알거나 중대한 과실로 알지 못하고 그 영업비밀을 사용하거나 공개하는 행위(법 제2조 제3호).

이는 절취, 협박 등 부정한 수단에 의하여 취득된 영업비밀임을 전제로 하여 사후 관여를 금지시키려는 것이다.

따라서 취득 당시 부정취득행위가 개입된 사실을 알거나 중대한 과실로 알지 못하고 그 영업비밀을 취득하는 행위뿐만 아니라 그와 같은 악의나 중과실로 취득한 그 영업비밀을 사용하거나 공개하는 행위 모두를 금지하려는 것이다.

예를 들면 '갑' 의 냉류압법에 관한 영업비밀을 '을' 이 훔쳐 '병' 에게 매각하였다. '병' 이 냉류압법을 매수할 때 '을' 이 '갑' 의 것을 훔친 것이라는 사실을 알았거나 중대한 과실로 알지 못하였다면 '병' 의 취득행위는 물론 그 취득한 영업비밀을 사용하거나 공개하는 행위 모두가 침해행위가 구성된다.

여기에서 '중대한 과실로 알지 못하고' 라 함은 매수자 '병' 이 부정취득자 '을' 로부터 영업비밀을 매수함에 있어서 사회적 지위, 종사하는 직업 등에 따라 평균적으로 요구되는 주의를 현저히 게을리하였기 때문에 알지 못한 것을 말한다.

3. 영업비밀 취득 후 부정취득행위 개입사실 인지 등

영업비밀을 취득한 후에 그 영업비밀에 대하여 부정취득행위가 개입된 사실을 알거나 과실로 알지 못하고 그 영업비밀을 사용하거나 공개하는 행위(법 제2조 제3호).

이는 부정취득한 영업비밀에 사후적으로 관여하는 것을 금지하려는 것으로써 취득 당시에는 그 영업비밀에 부정취득행위가 개입된 사실을 전혀 몰랐으나 취득한 후에 그 사실을 알았거나 중대한 과실로 알지 못하고 그 영업비밀을 사용하거나 공개하는 행위를 금지하려는 것이다.

예를 들면 '갑'의 자동차 판매 매뉴얼에 관한 영업비밀을 '을'이 훔쳐 '병'에게 자신의 영업비밀인 것처럼 속여서 매각하였다.

매수인 '병'은 취득 당시 '을'의 말을 믿고 선의로 취득하였다. 그 후 '병'은 '갑'으로부터의 경고에 의하여 해당 영업비밀에 '을'의 부정취득행위가 개입된 것을 알았음에도 불구하고 그 영업비밀을 사용하거나 공개하는 경우 '병'의 사용 또는 공개행위는 모두 영업비밀의 침해행위에 해당된다.

4. 비밀유지 의무자의 의무위반행위

계약관계 등에 의하여 영업비밀을 비밀로서 유지하여야 할 의무가 있는 자가 부정한 이익을 얻거나 그 영업비밀의 보유자에게 손해를 가할 목적으로 그 영업비밀을 사용하거나 공개하는 행위(법 제2조 제3호).

이는 고용관계, 라이선스 계약 등 여러 가지 유형의 계약관계 등에 의하여 영업비밀을 비밀로 유지하여야 할 의무가 있는 자가 부정한 이익을 얻거나 영업비밀 보유자에게 손해를 가할 목적으로 그 영업비밀을 사용하거나 공개하는 행위를 금지하려는 것이다.

따라서 부정한 이익을 얻거나 영업비밀 보유자에게 손해를 가할 목적이 아닌 다른 정당한 사유가 있는 경우에는 영업비밀 침해행위가 구성되지 아니한다.

예를 들면 '갑' 회사에서 근무하고 있는 종업원 '을'이 영업비밀 유지의무가 있음에도 불구하고 '갑' 회사와 경쟁관계에 있는 '병' 회사가 제시한 파격적인 대우를 받을 목적은 물론 '갑' 회사의 경쟁력을 약화시킬 목적으로 경쟁상의 우위 확보에 결정적인 영업비밀을 가지고 전직(轉職)하거나 또는 해당 영업비밀만을 알려주는 '을'의 행위는 영업비밀 침해행위에 해당된다.

5. 영업비밀 취득 시 비밀유지의무 위반행위 개입사실 인지 등

계약관계 등에 의하여 영업비밀을 비밀로서 유지하여야 할 의무가 있는 자가 부정한 이익을 얻거나 그 영업비밀의 보유자에게 손해를 가할 목적으로 공개한 사실 또는 그러한 공개행위가 개입된 사실을 알거나 중대한 과실로 알지 못하고 그 영업비밀을 취득하는 행위 또는 그 취득한 영업비밀을 사용하거나 공개하는 행위(법 제2조 제3호).

이는 비밀유지 의무자가 부정한 이익을 얻거나 영업비밀 보유자에게 손해를 가할 목적으로 공개한 영업비밀에 대하여 취득 당시 그러한 목적으로 공개된 사실 또는 그러한 공개행위가 개입된 사실을 알거나 중대한 과실로 알지 못하고 그 영업비밀을 취득하는 행위 또는 그 취득한 영업비밀을 사용 또는 공개하는 행위를 금지하려는 것이다.

예를 들면 '갑' 회사의 종업원 '을' 이 '갑' 회사와의 비밀유지계약을 위반하고 '병' 에게 향수에 대한 성분원료의 배합비율에 관한 영업비밀을 1억원을 받고 알려주었다. 이 경우 '병' 은 취득 당시 '을' 이 부정한 목적을 가지고 알려준 것임을 알면서도 이를 취득하여 사용하거나 '병' 이외에 공개하는 행위는 모두 영업비밀 침해행위에 해당된다.

6. 영업비밀 취득 후 비밀유지의무 위반행위의 개입사실 인지 등

영업비밀을 취득한 후에 그 영업비밀이 계약관계 등에 의하여 영업비밀을 비밀로써 유지하여야 할 의무가 있는 자가 부정한 이익을 얻거나 그 영업비밀의 보유자에게 손해를 가할 목적으로 공개된 사실 또는 공개행위가 개입된 사실을 알거나 중대한 과실로 알지 못하고 그 영업비밀을 사용하거나 공개하는 행위(법 제2조 제3호).

이는 비밀유지 의무자가 부정한 이익을 얻거나 그 영업비밀 보유자에게 손해를 가할 목적으로 공개된 영업비밀에 사후적으로 관여하는 것을 금지하려는 것이다.

취득 당시에는 비밀유지 의무자가 부정한 이익을 얻거나 그 영업비밀의 보유자에게 손해를 가할 목적으로 공개된 영업비밀인줄 전혀 몰랐으나 취득한 후에 그 사실을 알았거나 중대한 과실인줄 알지 못하고 그 영업비밀을 사용, 공개하는 행위를 금지하려는 것이다.

예를 들면 '갑' 의 영업비밀에 관하여 라이선스를 받은 '을' 이 계약상의 비밀유지의무를 위반하여 부정한 이익 등을 목적으로 '병' 에게 이를 매각하였다.

'병' 은 해당 영업비밀을 취득할 당시에는 이러한 부정공개행위가 개입된줄 모르고 선의로 매수하였으나 그후 '갑' 의 경고를 통해서 알았거나 알 수 있었음에도 불구하고 계속 사용하거나 공개하는 경우 '병' 의 사용 또는 공개행위는 모두 영업비밀 침해행위에 해당된다.

이상 설명한 영업비밀 침해행위에 대해서는 이 법 제13조의 규정에 의한 '선의자에 관한 특례' 가 적용된다.

즉 영업비밀을 취득할 당시에 그 영업비밀이 부정하게 공개된 사실 또는 영업비밀의 부정취득행위나 부정공개행위가 개입된 사실을 중대한 과실없이 알지 못하고 그 영업비밀을 취득한 자는 그 거래에 의하여 허용된 범위 내에서 그 영업비밀을 사용하거나 공개하는 행위에 대해서는 영업비밀 침해행위에 대한 금지청구 등이나 손해배상 청구 및 신용회복 청구의 대상이 되지 않는다.

이는 영업비밀을 정상적인 거래방법에 의해서 취득한 경우 그 취득 당시에는 고의 또는 중과실이 없었지만 그후에 영업비밀 보유자로부터 경고를 받음으로써 영업비밀 침해행위가 개입된 사실을 알게된 선의의 취득자를 구제하기 위한 특칙이다.

이와 같은 선의자에 대한 특례규정을 둔 것은 영업비밀에 관한 거래의 안정성 확보와 법질서를 보호하기 위한 것이다.

04_ 영업비밀의 관리

영업비밀의 보호는 비밀정보를 생산, 이용, 관리하고 있는 자와 전혀 관련이 없는 자 등 사람을 중심으로 한 인적 관리와 보유하고 있는 영업비밀 자체를 중심으로 한 정보관리, 이와 관련한 사물관리 및 장소관리 등을 철저히 하여야 한다.

1. 인적관리

영업비밀은 내부인에 의한 누설과 외부인에 의한 탐지로부터 보호되어야 한다. 따라서 관리 대상이 되는 사람은 영업비밀과 관련된 위치에 있는 자와 전혀 관련이 없는 위치에 있는 자 모두가 관리의 대상이 된다.

(1) 기업 내부인 등에 의한 누설 등의 방지

영업비밀은 주로 기업 내부인에 의하여 누설되므로 영업비밀과 관련한 종업원과 거래관계자 등에 의한 누설 등을 방지하기 위한 관리를 철저히 하여야 할 것이다.

여기에서 종업원이라 하면 취업규칙에 의해 기업과 사원계약관계에 있는 정규사원(임원 또는 직원)뿐만 아니라 시간제 근로자, 아르바이트 사원, 계약사원, 촉탁사원, 출장사원, 파견사원 기타 청부계약 등에 의한 특수 근로자까지를 포함하며, 거래 관계자라 하면 자회사, 하도급 회사 등의 수탁회사나 제휴회사는 물론 거래처에 있는 모든 자를 포함한다.

(2) 기업 외부인 등에 의한 탐지 등의 방지

영업비밀은 기업 내부인 등에 의한 유출뿐만 아니라, 기업 외부인 등에 의해서도 탐지되고 있어 공장견학, 공장시찰, 기타 방문객과 산업 스파이 등 제3에 대한 관리 또한 철저히 하여야 한다.

(3) 기업 내부인과 외부인과의 공동유출방지

최근 기업 내부인의 단독 누설보다 외부인과의 공모에 의한 공동유출이 더 늘어나고 있는 추세이다. 이와 같은 형태의 증가 추세는 정보를 사고자 하는 자와 팔려고 하는 자가 많아지고 있기 때문이다.

이상과 같은 영업비밀의 침해사건은 기술개발이나 기술혁신 속도가 빨라지고, 기술상품의 수명주기가 짧아지고, 위험부담이 큰 자체기술개발을 기피하고, 유리한 도용이나 모방쪽을 택하는 데에서 기인되고 있을 뿐만 아니라, 수십 만장 분량의 정보자료를 단 한 장의 컴퓨터 디스켓에 담아 언제든지 손쉽게 훔쳐 사용할 수가 있기 때문에 최근 들어 급격히 증가하고 있다.

그러므로 이와 같은 침해를 방지하기 위해서는 침해자를 어떤 방법으로 관리할 것인가에 초점을 맞추고 종업원에 대한 관리를 철저히 하여야 한다.

최근에는 이사급 이상의 임원인 관리층 내지는 경영층에 의한 유출이 상당히 증가하고 있는 것으로 나타나고 있어 이들에 대한 철저한 관리가 요망되고 있다.

즉 이사급 이상의 임원이 실질적으로 회사의 모든 정보를 장악하고 있을 뿐만 아니라, 총회 또는 이사회에서 신임을 바탕으로 선출되었기 때문에 일반적으로 직원에 비해 그리 철저하게 관리를 하고 있지 않는 것이 사실이다.

우리 기업은 이들에 의한 영업비밀 누출 등은 아예 생각조차 할 수 없을 정도로 관대하기 때문에 관리를 비교적 철저히 하고 있는 직원에 비해 의외로 영업비밀의 유출이 많다.

그러므로 이들에 대해서도 직원에 대한 관리에 준하여 철저히 관리함으로써 영업비밀의 유출을 막아야할 것이다.

영업비밀 유출을 방지하기 위한 몇 가지 사항을 정리해본다.

(1) 채용 전 면접을 통해 인성, 직업관, 정직 · 신의, 성실과 같은 윤리관 등을 종합적으로 점검하여 기업문화에 적합한 인재 발굴 · 채용에 참고한다.

(2) 채용 시 영업비밀유지에 관한 서약서나 계약서를 특별히 작성한다.

채용 시의 영업비밀 유지계약은 근로 기준법에 의해 상시 10인 이상의 근로자를 사용하는 사업장에서 사용자가 취업규칙 안에 영업비밀유지에 관한 특별계약조항을 직접 두거나, 취업규칙에서 영업비밀 관리규정에 위임하여 이 규정에서 따로 정하여 이를 근거로 하여 체결하거나, 또는 근로 기준법에 의한 사원계약 형식으로 체결하여야 한다. 그러나 10인 미만의 영세기업에서도 이와 같은 취업규칙이나 이에 의한 영업비밀 관리규정 등을 만들어 종업원의 의무를 명시해야 하며, 이를 근거로 종업원과 영업비밀유지계약을 체결하여야 한다.

(3) 채용 후 현직 종업원의 고용기간 중 경업금지의무를 취업규칙이나 취업규칙에 근거한 영업비밀 관리규정에 정하여 운용한다.

예를 들면, 종업원이 재직 중 경쟁회사나 경쟁관계에 있는 단체의 임원 또는 직원이 되거나 경쟁업을 목적으로 한 업무에 종사하고자 할 때에는 회사의 사전승락을 받지 않으면 안된다는 내용의 조항을 둔다.

그러나 아무리 취업규칙이나 영업비밀 관리규정 등에 의한 영업비밀 유지계약 등을 철저히 체결하였다 하더라도 인간관계를 바탕으로 한 노무관리, 즉 회사의 만족관리가 원활하지 않을 때에는 명실상부한 영업비밀의 보호를 기대하기란 어려울 것이다.

따라서 회사에 대한 충성심 등 사내윤리 확립과 종업원의 도덕심 함양, 사내 불만 · 불안요소 해소를 위한 공정한 인사와 충분한 보수의 지급, 미래에 대한 청사진의 제시, 기타 긍지와 성취욕 등을 가지고 일할 수 있는 분위기의 조성 등 정신적, 물질적으로 보람과 풍요함을 가질 수 있도록 하는 노무관리가 바람직하다.

그 외에도 인적관리를 위해 빼놓을 수 없는 것이 교육이다. 신입사원은 물론, 재직자에게도 영업비밀관리규정 등에 대한 직무교육을 실시하여 고용기간은 물론 퇴직 후에도 일정기간 영업비밀 보호의무를 준수하여야 한다는 기본인식을 갖도록 영업비밀관리에 대한 교육을 실시한다.

(4) 퇴직 시에는 퇴직의사를 밝힌 종업원에게 재직 시 취득한 영업비밀의 명세를 제시하고 이에 대한 비밀유지의무가 있음을 알리고, 퇴직 후 일정기간 재직시 취득한 영업비밀의 사용금지의무를 취업규칙이나 취업규칙에 근거한 영업비밀 관리규정에 정하여 이에 의한 경업금지(競業禁止)의무를 약정한다.

이와 같은 약정은 반드시 서면에 의해야 하며, 계약의 일부로 체결되어야 하고 유효한 대가에 의해야 한다. 제한이 부과되는 기간, 지역은 한정하되 합리적이어야 하고, 제한을 가하는 직종의 범위는 세분화하여 한정하며, 사항적인 제한으로서는 근무 중 직무와 관련하여 알게된 비밀이라고 한정하여야 한다.

그리고 그 계약은 양당사자에게 공평해야 하고 공공의 복리에 위배되어서는 안된다. 여기에서 유효한 대가라 함은 경업금지 기간동안의 비밀유지에 대한 대가적 성격을 함께 가지고 있는 것으로 해석되는 바, 예를 들면 명예수당 또는 기밀수당 등의 지급을 들 수 있을 것이다. 또한 제한장소라 함은 영업비밀 보유자의 영업활동 구역 내로 해석된다.

이와 같은 퇴직자와의 경업금지계약의 체결이 퇴직 종업원의 거부로 이루어지지 않았을 경우가 문제이다.

이때 사용자 측은 먼저 퇴직 종업원의 거부 이유를 충분히 파악하여 이를 해소하는 등 합의 도출에 최선을 다하고, 그래도 끝내 거부할 경우에는 퇴직 종업원의 서명 날인란에 서명날인거부라고 쓰고 거부일자, 거부사유 등을 명시한 동의 계약서를 내용 증명우편으로 발송한다.

만약 수취인 거부로 세 번 이상 회송되어 올 때에는 민사 소송법에 의한 공시송달방법에 의하여 처리할 수밖에 없고, 훗날 그 퇴직 종업원에 의하여 영업비밀이 부정하게 사용되거나 공개되어 사법상의 분쟁이 야기되었을 때에는 서명날인을 거부한 이와 같은 계약서도 중요한 입증자료가 될 수 있을 것이다.

(5) 거래 관계자 등에 대한 관리를 철저히 하여야 한다.

1) 거래 전에 영업비밀유지에 관한 서약서 혹은 각서 등을 받아놓고

2) 거래 시에는 영업비밀유지에 관한 특별약정을 해야 한다. 즉, 계약기간 동안은 전속계약으로 경쟁사업금지를 의무화 한다.

3) 거래 후 일정기간 영업비밀 보유자의 영업권 내에서는 영업비밀과 관련된 업종을 경영하거나 타인의 경영에 참여할 수 없도록 하는 내용의 계약을 체결한다.

여기에서 거래 관계자 등이라 함은 영업비밀 보유자의 방계회사, 하도급 관계에 있는 회사, 제휴회사 기타 협력관계에 있는 업체와 변호사, 변리사, 공인회계사, 고문, 자문 기타 조력자와 퇴직 종업원을 말한다.

(6) 제3자에 대한 관리를 철저히 해야 한다.

1) 방문 전에 공식 · 비공식 방문을 불문하고 반드시 방문 목적, 방문 일시, 방문할 장소, 방문자 인적 사항 등을 기재한 서류를 제출토록 하여 점검한다.

2) 방문 시 방문 전에 제출한 명단과 대조하고 방문 시 알게 된 영업비밀은 회사의 승낙 없이는 사용하거나 공개하지 않는다는 영업비밀유지에 관한 서약서나 각서를 받는다. 또한 방문 시 카메라, 카세트 테이프 등 휴대품의 소지를 제한하고 필요할 경우 금속 탐지기에 의한 몸 수색을 한다.

이상과 같은 공식 또는 비공식 방문객 등에 대한 관리 이외에 산업 스파이 등 영업비밀 탐지를 목적으로 접근하고 이를 색출하기 위해서 공장 등 주요시설에 카드 시스템에 의한 점검은 물론 24시간 감시할 수 있는 비디오 장치의 설치 등 감시 시스템을 구축하여 탐지자의 영상을 카메라에 잡아 차단하고 경비체제도 아울러 강화한다.

2. 정보관리

회사는 영업상의 정보를 자체 생산하거나 타인으로부터 입수할 경우, 먼저 이 정보를 특허권, 실용신안권, 의장권 등 기존의 산업재산권 제도에 의해서 보호할 것인가, 영업비밀 보호제도 등 신지적재산권 제도에 의해서 보호할 것인가를 해당 정보의 특성과 영업전략적 측면을 고려하여 결정하여야 한다.

참고로 영업비밀로 선택하는 경우의 예를 들어 보면

(1) 해당 정보가 자연법칙을 이용하여 안출한 것으로써 산업의 이용성, 신규성, 진보성이 있는 정보로 특허 · 등록요건은 되지만 공개하고 싶지 않을 때

(2) 특허 · 등록은 받고 싶으나 해당 정보가 강도 계산의 운용방법이나 실패한 실험 데이터. 시장정보 등과 같이 특허 · 등록요건이 되지 않을 때

(3) 해당 정보를 특허권과 같이 발명 부분만을 권리로 받지 않고, 그 발명을 포함한 관련부분 일체에 대해서 보다 포괄적이고 광범위하게 보호하고 싶을 때

(4) 해당 정보를 특허권과 같이 일정기간(15년)만 독점배타권을 갖는 것보다는 코카콜라의 향내는 비법과 같이 영구 독점하고 싶을 때에는 영업비밀로 보호하는 것이 좋을 것이다.

이상과 같은 전략적 선택에 따라 영업비밀로 보호하고자 할 때에도 다음과 같은 사항을 고려하여 결정하는 것이 중요하다.

1) 보호하고자 하는 정보가 공연히 알려져 있지 않은지를 확인한다.

2) 영업비밀로 보호할만한 가치가 있는가를 판단한다.

3) 영업비밀로 보호하기 위한 준비 태세가 갖추어져 있는지를 점검한다.

4) 해당 정보의 개발에 얼마만한 비용과 노력이 투입되었는지를 고려하면서 비밀로 유지되었을 때의 가치가 공개되었을 때의 가치보다 큰가를 비교해 본다.

이상과 같은 착안에 따라 영업비밀로 선정한 정보는 일반정보와 분류하여 관리한다. 영업비밀은 그 중요도에 따라 1급 영업비밀, 2급 영업비밀, 3급 영업비밀, 사외비 영업비밀, 사내비 영업비밀 등으로 등급을 책정하고, 그 활용가치에 따라 5년, 3년, 2년, 1년, 6개월 등으로 보호기간을 정한다.

여기에서 1급 영업비밀이란 누설되었을 경우 회사의 존립이 위태롭게 되는 등의 우려가 있는 정보를, 2급 영업비밀이란 누설되었을 경우 영업활동에 막대한 지장을 초래할 우려가 있는 정보를, 3급 영업비밀이란 누설되었을 경우 영업활동에 손해를 끼칠 우려가 있는 정보를, 사외비 영업비밀이란 누설되었을 경우 경쟁업체에 유리하게 되는 정보를, 사내비 영업비밀이란 누설되었을 경우 영업비밀 비인가자(非認可者)가 유리하게 되는 정보를 말한다.

이와 같이 분류한 영업비밀은 영업비밀 취급자 또는 관리자에게 경고하고 영업비밀 취급 비인가자의 접근을 방지하기 위하여 분류와 동시에 등급에 따라 표식을 하고, 금고나 이중 자물쇠 등 특수 안전장치가 되어 있는 용기에 보관한다.

영업비밀을 직무상 종업원에게 알리거나 영업상 거래 관계자 등에게 제공할 때에는 반드시 영업비밀이라는 것을 알려주어야 한다. 또한 영업비밀의 현황을 파악하고 열람, 복사, 대출 등을 관리하기 위하여 영업비밀 관리 기록부, 영업비밀 열람기록전 및 영업비밀 대출부 등을 비치하여 기록, 정리한다.

이와 같은 관리실태를 정기 또는 수시로 점검하여 미비점과 문제점을 보완, 개선하여 영업비밀의 누출을 방지하기 위한 영업비밀 관리실태 시 제기되는 점검체제를 확립하여 운영한다.

3. 장소관리

영업비밀이 보관되어 있는 곳이나 보호를 요하는 연구시설, 생산시설 등이 있는 곳에는 그 중요도에 따라 일정한 범위를 정하여 제한지역, 제한구역, 통제구역으로 나누어 보호구역으로 설정하고 관계자 이외의 출입을 통제한다.

제한구역과 통제구역의 설정은 최소한의 범위로 정하고 비인가자 또는 외부인의 업무상 출입이 빈번한 구역을 피해야 한다.

통제구역에는 관계자 이외의 출입을 통제하고 통제구역 출입자 명부를 비치하여 출입자를 기록보존하여야 함은 물론, 필요한 때에는 영업비밀유지에 관한 각서 또는 서약서 등을 요구하여 보존하여야 한다.

여기에서 제한지역이라 함은 영업비밀의 보호를 위하여 울타리 또는 경비원에 의하여 일반인의 출입의 감시가 요구되는 지역을 제한구역이라 함은 영업비밀 또는 주요시설 및 자재에 대한 비인가자의 접근을 방지하기 위하여 그 출입에 안내가 요구되는 구역을, 통제구역이라 함은 영업비밀 비인가자의 출입이 금지되는 극히 중요한 구역을 말한다.

4. 정보관리체제의 확립

영업비밀의 효율적 관리를 위하여 영업비밀 관리규정을 제정하고(가칭), 영업비밀 관리위원회를 설치하며 영업비밀 전담부서를 두어 운영한다. 또한 영업비밀관리에 관한 책임과 한계를 분명히 하기 위하여 영업비밀 취급자를 인가하여 관리한다.

5. 기타 관리

이상의 영업비밀관리 방법 외에도 고충처리센터의 설치 · 운영, 영업비밀의 신고제 및 보상제의 도입 · 운용, 영업비밀관리에 관한 직무교육의 활성화 및 영업비밀 유출 등 사고에 대한 조치 등도 영업비밀관리의 간접적 방법이 될 수 있을 것이다.

(1) 고충처리센터의 설치 · 운영

사원의 가정문제에서부터 개인 신상문제에 이르기까지 광범위하게 품고 있는 불만, 불평, 불안 등을 회사 차원에서 해소방법을 모색하여 줌으로써, 회사에 대한 신뢰를 확인하게 하며 직장에 대한 긍지와 보람, 희망을 가지고 회사에 충성을 할 수 있도록 하는 사내윤리를 확립해나간다.

그 방법의 예로서 충분한 보수, 공정한 인사, 공개경영, 미래에 대한 청사진 제시 기타 후생복지의 지원 등을 들 수 있다.

(2) 영업비밀의 신고제 및 보상제의 도입 · 운용

사원이 직무수행 과정에서 발견 또는 창출한 영업비밀은 회사에 신고하여 회사의 영업비밀로 관리될 수 있도록 하는 영업비밀 신고제를 두어 운영한다.

신고된 영업비밀은 (가칭) 영업비밀 관리위원회의의 심의를 거쳐 영업비밀 관리 기록부에 올리고 이에 상응하는 보상을 지급하는 제도를 마련하여 영업비밀의 엄격한 관리로 인하여 자칫 위축되기 쉬운 사내연구 · 개발 분위기를 일신하는 한편 영업비밀 보호제도의 활발한 운용을 도모한다.

(3) 영업비밀관리에 관한 교육실시

신입사원은 물론 재직자에게도 영업비밀 관리규정 등에 대한 직무교육을 실시하여 영업비밀에 관한 관리방법을 철저히 주지시킴은 물론, 퇴직 후에도 알고 있는 영업비밀을 일정기간 누설하여서는 안된다는 기본인식을 갖도록 영업비밀보호의 생활화를 몸에 익히도록 한다.

(4) 영업비밀 유출 등 사고에 대한 조치

영업비밀의 누설, 영업비밀자료의 분실, 보호시설 및 장치의 파괴, 보호구역 내의 불법침입 등의 사고가 발생하였을 때에는 영업비밀 관리책임자, 영업비밀 관리전담부서 및 영업비밀 관리위원회 등에 즉시 보고하여 필요한 조치를 취하여야 한다.

예를 들면 사내 조치는 물론 변호사나 영업비밀분야 전문가 등에 의한 법적 구제나 조력 등을 고려할 수 있을 것이다.

이상과 같은 영업비밀 보호에 관한 적극적인 관리방법도 중요하지만, 타사로부터 영업비밀침해라는 이유로 제소를 당하지 않도록 하는 소극적인 관리도 게을리해서는 안된다. 따라서 타사에서 근무했던 경력사원을 채용할 때에는 전직 회사에서 취득한 영업비밀은 정당한 이유 없이는 사용하지 않는다는 서약서나 각서 등을 요구하여 보존한다.

최근 늘어나고 있는 신상품, 뉴 비즈니스 등에 관한 아이디어 우편물은 반드시 개봉, 심사, 채택하기 전에 제공자에게 우리 회사는 아무런 책임도 없다는 의사를 분명히 한 후에 적절히 조치하는 것이 좋을 것이다.

또한 제3자로부터 영업비밀의 취득을 제안받을 때에는 제안한 제3자가 정당한 권리자인지를 확인한 후 그 권리에 하자가 없는 경우에 취득하여 분쟁의 소지를 미연에 방지하여야 할 것이다.

이상과 같은 관리방법 등에 의하여 영업비밀을 보호받을 수 있는 부정경쟁 방지법이 시행되고는 있으나 이는 영업비밀보호에 관한 기본적인 '룰'만을 정하고 있을 뿐, 실제 이 제도의 운용은 산업계에 종사하고 있는 사장, 임원, 직원들이다.

그러므로 우선 영업비밀의 법적 개념과 법적 구제방법 등을 정확히 파악한 다음, 위에서 소개한 관리방법을 중심으로 기업문화에 알맞은 최적의 관리모형을 개발하여 정착시켜나가는 것이 중요하다.

8

CHAPTER

중소기업의 자기계발 전략

도대체 기업을 어떻게 개혁해야 하는가? 기업을 개혁하기 위한 좋은 방법은 있는가? 경영자는 기업개혁에 어떻게 대응해야 하며 경영혁신을 위한 구체적 방법은 무엇인가? 이 장에서는 21세기의 경영자로서 갖추어야 할 경영이념, 비전, 역할, 성공조건 등 자신을 객관적으로 돌이켜 보면서 연마할 수 있는 자기관리의 노하우를 제시했다.

01 경영자의 기업가 정신

기업가 정신에 관한 연구 결과, 기업가에게는 다음과 같은 11가지 특징이 있다고 한다.

1. 기업가는 건강하다

기업가가 건강한 이유 중의 하나는 자기가 없으면 사업을 완성할 수 없다고 생각하고 항상 건강유지를 위해 노력하기 때문이다.

기업가로 성공한 사람을 보면 건강하지 않은 사람이 거의 없다. 건강의 유지는 기업가의 조건으로 맨 먼저 내세워지는 조건이다.

2. 기업가는 뛰어난 구상력을 가지고 있다

기업가는 큰 구상력의 소유자이다. 기술이든 경영이든 모든 비즈니스에 무엇이 필요한가를 꿰뚫어 보는 능력의 소유자이다.

3. 기업가는 제네럴리스트(만능인)이다

자기가 기업을 일으키려고 생각한다면 타인에 의지할 수는 없다. 오직 의지할 것은 자기 밖에 없다. 많은 기업가가 실패하는 것은 이 고독한 현실을 깨닫지 못하기 때문이다.

일의 모든 면에 관여하라는 것은 아니지만 참된 기업가로 호칭받기 위해서는 제네럴리스트로서 폭넓은 지식을 몸에 지니고 목표달성에 필요한 일이라면 무엇이든 한다는 마음가짐이 필요하다.

4. 기업가는 자기 자신에 대하여 강한 자신감을 가지고 있다

기업가는 자기 자신에게 그리고 자기가 하는 일이나 자기 능력에 대하여 자신을 가지고 있다. 자기 자신에 자신감이 있으므로 누구에게도 지지 않는다는 생각을 갖게 된다.

5. 기업가는 투지의 덩어리이다

기업가는 출발신호가 오면 스타트하는 수동형 인간이 아니다. 어떤 방법이나 지시하고 부하의 의욕만 불태워 주면 된다고 생각하는 보스 따위도 아니다.

참여하고 도전하고 실행하려는 의욕이 태어날 때부터 갖추어져 있는 것이 아닐까 할 정도로 많은 사람들로부터 부러움을 사고 있는 존재이다.

6. 기업가는 기회를 포착하고 실현한다

기업가에게는 의욕과 함께 주변의 상황을 관찰하고 관리하는 능력이 있다. 그들은 기회를 포착하기 위하여 혼신의 노력을 집중한다. 책임의 소재를 따지지 않고 기회를 찾아내어 자기 힘으로 통제하고 관리하려 한다.

7. 기업가는 대인관계에 고민하는 일이 없다

기업가는 적극적이며 과감한 성격의 소유자이다. 그래서 대인관계에 그다지 마음을 쓰지 않는다. 만나는 사람 모두를 기쁘게 해주지 못하는 자기를 잘 알고 있다.

당면한 일에서 '100점 만점'을 받기 위해 가까운 사람들에게 인기를 얻는 행동을 취할 틈이 없는 것이다.

8. 기업가는 계산된 모험심을 가지고 있다

기업가는 기업에서 성공하기 위하여 모험에 가까운 위험을 무릅쓰지 않으면 안 된다. 즉 '호랑이 굴에 들어가지 않고는 호랑이 새끼를 얻지 못한다'는 모험심을 실천하고 있다. 다시 말해 기업가는 '계산된' 모험심을 가질 필요가 있다.

9. 기업가는 현실주의자이다

기업가는 자기능력을 키우기 위하여 노력은 하지만 자신의 능력이 부족한 일은 하지 않는다. 승산이 있으면 실행할 것이고, 그렇지 않으면 승산이 있는 다른 일을 조사하고 다닐 것임에 틀림이 없다. 기업가는 현실주의자로서 가능하지 않는 큰 계획은 세우지 않는다.

10. 기업가는 감정의 균형이 잡혀 있다

기업가는 장애가 있어도 굴하지 않지만 불필요하게 힘을 소모하지도 않는다. 또 어떤 일이라도 장애사항을 잘 처리하며 몸을 던져 정열을 다하여 사람을 움직여 나가는 능력이 있다.

11. 기업가는 겉치레를 하지 않는다

기업가는 고급차와 같이 신분을 겉치레할 필요가 없다. 신분을 과시하기보다는 목표달성에 중점을 둔다.

그러나 고용된 경영자는 독립된 기업가보다는 신분을 과시할 필요가 있다. 고용된 경영자와 자수성가한 독립된 기업가가 다른 점은 이런 점이다.

당신이 사업성공에 필요한 기업가 정신을 갖고 있는지 다음 사항을 점검해 보자.

1. 불타는 경쟁심

격심한 경쟁환경은 기업가에게 해보고자 하는 도전의식을 불러 일으킨다. 기업가는 사람과 경쟁하여 이기는 것에 만족감을 느낀다. 경쟁력이 없는 사람에게 성공의 길은 먼 것이다.

2. 공격성

여기서 말하는 '공격성'은 어디까지나 목표달성을 위한 정열을 의미하는 것으로, 기업가는 행동을 사전에 취하여 자기목표가 달성될 수 있도록 '최대의 노력'을 경주한다.

3. 모험성

기업가는 모험을 두려워하지 않는다. 성공한 기업에는 진취적인 기백을 지닌 지도자가 버티고 있다. 이 지도자가 새로운 흥미나 노력의 대상을 발굴하여 곧바로 행동을 개시한다.

4. 결단력

목표를 달성하기 위해서는 결단력을 가지고 「팀」 전체에 자기의 신념을 전달할 필요가 있다. 결단력이란 모든 지혜와 능력을 경주해야 할 행위임을 기업가는 알고 있다.

5. 절박감

기업가가 위기의식을 가지고 있는 것에 대해서는 이미 말했다. 승리하는 사람이나 성공한 기업의 오너는 항상 긴장하고 절박감을 가지고 행동한다.

목표를 달성하는 인물은 목표나 계획을 행동으로 실천하면서 접근해 나간다.

6. 민주주의자가 아니라 독재자

기업가는 흔히 '나를 따르라!' 라고 외치는 원맨 타입이다. 사업에 성공하는 사람은 자신만만하여 보기에는 거만한 것 같이 느껴지는 인물이 많다.

02_ 협상능력

모든 회사는 자사가 격심한 경쟁 속에서 경영되고 있다고 생각한다. 경쟁상대야말로 자사의 높은 이익 또는 고도성장의 큰 장애물이라고 생각하고 있다. 이것은 당연한 생각이다. 문제는 경쟁상대와 어떻게 싸우느냐 하는 것이다.

전략이란 자사와 동일하거나 자사보다 우수한 회사를 상대로 하여 우수한 성과를 기대할 수 있도록 자사의 경영자원을 이용하는 기법인 것이다.

어려운 교섭에 성공하기 위해서는 3개의 상식적인 규칙이 있다.

1. 협조하면 어떤 이득되는 일이 일어나고 타협하지 않으면 어떤 손해되는 일이 발생하는지를 라이벌에게 확실히 이해시킨다.
2. 라이벌이 논리적이고 합리적인 행동을 취해오는 것이 교섭의 성공요건이므로 상대의 감정을 상하게 할 언동은 삼간다.

3. 자기는 이 교섭에 임하는 것이 마음에 들어 최선을 다하고 있고 그것이 옳다고 확신하고 있다는 것을 상대에게 납득시킨다.

경쟁상대와 협조한다는 말을 쓰면 이상하게 생각하는 경영자가 많을 것이다. 그러나 상대를 철저하게 파멸시킬 때까지 경쟁을 계속해나가는 것이 이득이 된다는 논리 따위는 있을 수가 없다. 어떤 경우에도 경쟁은 어느 정도의 선에서 멈추고 서로 자제하는 쪽이 득이 된다.

경쟁자 간에 협조가 없으면 경쟁관계의 안정은 있을 수 없다. 협조는 평화시의 국제관계에서 잘 볼 수 있다. 외교정책의 목표는 오직 하나, 되도록 유리한 조건으로 협조를 오래 지속시키는 것이다.

외교정책이란 상대의 감정을 자극하지 않고 완곡히 주장하거나 힘을 과시하거나 또는 비합리적인 행동을 하는 등의 기술이라고 말할 수 있다. 노려야 할 것은 공격을 좋아하는 상대편에게 자발적으로 협조적으로 자제하도록 만드는 일이다.

경쟁을 완전히 없애기란 생각할 수 없다. 불꽃 튀기는 경제전쟁에서도 그 결말은 상대의 숨통을 끊는 것이 아니라 공존공영을 위한 합의가 목적이다. 경쟁과 상호침략은 사라지지 않고 영원히 계속될 것이다. 그러나 그 싸움도 쌍방이 자제하면서 행해져야 한다.

만약 싸우고 있는 쌍방이 서로 받아들일 수 없는 주장만을 하고 양보하지 않는다면 교섭의 결렬은 피할 수가 없다. 그러나 회사의 이익을 방어하기 위해서는 어느 정도의 협상과 같은 행동이 필요하게 되는 경우가 있다.

'경쟁자와 협조자' 서로가 마주 앉았을 때 무엇을 용인하고 타협하는가, 타협해서 무엇을 얻을 수 있는가를 정하기 위해서는 상대의 태도가 얼마만큼 타협의 방향으로 기울어져 있는가를 알아채지 않으면 안된다. 회사에서의 전략의 핵심이란 경쟁상대로 하여금 자제하도록 하거나 이쪽이 유리하다고 생각되는 방향으로 행동하도록 유도하는 것이다.

만약 협조하지 않으면 이쪽은 압도적인 힘을 행사해서라도 해내고야 만다는 의지를 확실하게 보여준다. 이 방법에는 전략상의 지혜는 필요가 없다. 그러나 그 힘은 실제로 행사하는 것이 아니라(높은 대가가 요구되고 번거롭기도 하지만) 시위하는 것으로 그치는데 그 요점이 있다.

쌍방이 상대에게 위력을 발휘할 수 있는 힘을 갖고 있으면서도 싸우지 않고 타협에 도달할 수 있는지의 여부는 다음 3가지 조건에 달려있다.

1. 쌍방이 협상결렬에 따르는 리스크를 감수할 마음이 있는가?
2. 쌍방 모두 상대편이 징벌의 리스크를 감수한다고 믿고 있는가?
3. 쌍방의 행동에 어느 정도의 합리성이 있는가?

만약 이 결론이 옳다면 경쟁에 의해서 어떤 이익과 손실이 얻어지는지 알게 될 것이다.

지금까지 말해 온 협상을 위한 조건을 요약해 보면 다음 5가지의 '룰'이 된다.

1. 경쟁상대가 자사와의 협상에서 무엇을 노리는지 되도록 빨리 알아내야 한다. 우리가 그것을 알게 되면 어느 선까지 상대가 타협해 오는지 분명해진다.
2. 경쟁상대가 이쪽의 속셈을 모르면 모를수록 그 만큼 상대가 불리하다. 이쪽이 어느 만큼 비합리적인 행동으로 나올지 상대는 모른다.
3. 경쟁상대와의 교섭을 유리하게 이끌고 나가려면 상대의 성격 · 태도 · 동기 · 관행을 철저하게 알아야 한다.
4. 상대편의 요구가 엉뚱한 것이면 엉뚱한 것일수록 이쪽은 유리한 입장에서 교섭할 수 있다. 단, 상대의 감정적 반발을 일으키지 않는 한도에서의 이야기이다.
5. 상대편에게 자기편의 속셈이 느껴지지 않도록 행동해야 한다.

이 다섯가지가 경영협상에 필요한 기법이다. 경쟁상대를 전략적 · 심리적으로 이기기 위한 가이드 라인이다. 심리전에서 이기면 매출액 · 코스트 · 이익에서도 이길 수 있다.

03_분쟁해결

1. 분쟁극복의 요령

인생에는 타인과 싸우던가 자기와 싸우던가 선택해야 할 일이 많이 있다. 타인과 다투는 일을 피하려는 사람은 자기의 내부 모순과 싸우지 않으면 안된다.

싸움을 자기 내부로 억눌러 넣는 것이 아니라 표면에 내놓고 극복하는 기술을 몸에 지니면 당신은 자기와 타인과의 사이에 사랑의 관계를 구축할 수가 있다.

분쟁을 극복하는 요령을 다음 3개의 「룰」로 요약해 본다.

1. 일상생활에서 다툴 일을 줄일 것

다툴 일이란 작은 분쟁의 씨가 생기면 그것이 원인이 되어 자석과 같이 꼬리를 물고 다툼의 씨를 끌어다 붙이는 것이다. 다툼을 초래하기 쉬운 씨가 무엇인가를 관찰하여 사전에 제거하도록 노력하면 당신의 인생은 훨씬 더 즐거운 것이 될 것이다.

2. 다툼의 빈도를 적게 할 것

싸우는 것이 목적이 아니라면 싸움을 더욱 고조시킬 필요가 없다. 싸움을 잘 관리할 수 있는 사람은 최초의 단계에서 나중에라도 싸움의 씨가 될 요인을 끄집어 내지 않도록 한다.

아무리 사소한 일이라도 모든 사람이 주시하는 분쟁이 되어버리면, 물러설래야 물러설 수 없게 되고 만다. 그와 같은 상황으로 사태를 밀어 넣지 말아야 한다.

3. 양자가 타협할 수 있는 해결책을 찾아낼 것

요구하고 있는 일이 항상 100% 이루어질 수는 없지만 100%를 손에 넣어야만 승리한다.

이러한 승부의 규칙에 따르자면 거꾸로 100% 잃는 경우도 있다.

쟁의에 대처할 때 바람직한 것은 과연 어떤 것이 가장 바람직한 해결책인가를 자문하고 양자가 타협할 수 있는 해결책을 찾아낸다.

쟁의가 일어나더라도 공공의 장소나 쟁의와 관련이 없는 사람이 합류할 수 있는 위험한 장소에서 다투어서는 안된다. 이런 경우 쟁의에서 이겨도 악평을 받을 뿐이다.

2. 문제해결을 주객전도하지 않는다

쟁의에 직면하였을 때 취할 수단으로는 문제를 차분히 보아가면서 해결책을 생각하는 것이 있고 상대를 비난하고 나서는 것이 있다. 물론 전자가 훨씬 생산적이다.

만약 당신의 전술이 상대에게 자기의 잘못을 인정하게 하는 것이라면 문제점과 해결방안에 상대의 눈을 돌리게 하여 상대의 행동을 바꾸도록 하는 것이 가장 좋은 방법이다.

중요한 일은 문제의 해결을 절대로 포기하지 않는 것이다. 정말로 문제를 해결할 생각이라면 모든 면에서 부정적인 입장을 취해서는 안된다. 사태를 개선하기 위하여 최선의 방법을 다해야 한다.

특히 사람의 사고나 행동을 정상적으로 고치고 싶다면, 사람을 그릇된 상황의 울타리 속에 가두어 둔 채로 놔두어서는 안된다.

중요한 것은 해결방안에 눈을 돌리는 것이지 상대의 태도에 눈을 돌려서는 안된다. 즉 쌍방에게 있어 동의할 수 있는 사항은 없는지 찾는 일이다.

유능한 변호사는 우선 원고와 피고가 서로 동의할 수 있는 타협점을 찾아내고, 서로가 가까워지도록 접근시키는 방법을 검토한다. 이미 양해하고 있다고 생각되는 일이라도 거듭 동의를 얻는 것은 서로의 분위기를 부드러운 분위기로 만들기 위한 것이다.

그것은 양자의 유대를 재확인시키고 신뢰를 두텁게 하여 서로의 울타리를 제거하는 결정적인 역할을 한다.

예컨대 복잡하게 얽힌 분쟁을 해결하기 위한 대화의 자리에 앉을 경우, 당신은 상대를 노려보는 대신 다음과 같은 말을 해보는 것이 어떨까?

'저는 당신을 신뢰하고 있으며, 우리들은 아주 작은 시행방법에서 의견의 차이가 있을 뿐이라고 생각됩니다만...' 이라고.

3. 자기과실은 솔직히 인정한다

같은 말도 사용하는 방법에 따라 상대에게 솔직히 받아들여지거나 반대로 거세게 반발당하는 경우가 있다. 아무리 사소한 문제라도 말은 신중하게 해야 한다.

우선 상대를 화나게 하는 말을 해서는 안된다. 예를 들면 '당신은 그것을 분명히 설명하지 않았다.' 라는 말보다는, '나는 당신의 의도를 잘 알 수 없었다.' 라고 말한다.

자기의 과실을 인정하기란 어려운 일이지만 쟁의를 수습하기 위해서는 중요한 요소의 하나가 된다.

예컨대 당신이 급히 지시했기 때문에 비서가 그 지시를 충분히 이해하지 못했다고 생각해 보자. 만약 그랬다면 조속히 자기의 잘못을 인정하여 비서를 피고석에서 해방시켜야 한다. 그러면 그도 그 나름대로 자기가 어디서 잘못했는가를 이해하고 과오를 인정하게 된다. '책임의 일부는 자기에게 있었다고 서로 인정' 하는 것이 쟁의를 원만히 수습하는 방법이다.

4. 상대의 잘못은 구체적으로 지적한다

많은 분쟁은 무책임하고 막연한 비판에서 비롯된다. 막연히 돌려서 비난하기보다는 분명하게 구체적으로 지적하는 쪽이 더 친절하다.

예를 들면, 사원에게 '자네는 시간에 대해 무관심해. 자네는 프로로서의 자세가 안 되어 있어. 모두에게 폐를 끼치고 있다는 것을 모르는가?' 하고 욕하기보다 '자네가 일을 열심히 하는 것은 인정하지만 시간엄수에 관해서는 문제가 있어. 자네는 오늘 아침 20분 지각했고 이 약속에도 10분 늦었어. 시간엄수는 프로로서의 철칙이 아닌가?' 라는 식으로 지적하는 것이 바람직하다.

누군가가 막연히 당신을 비판하는 경우, 그 분명치 못한 데를 분명히 하기 위해 다음과 같이 되물어 보는 것도 좋다. '제가 프로가 아니라고 말씀하시는 이유를 들려 주십시오. 저는 저의 나쁜 점을 고치고 싶습니다.'

당신이 누군가를 비판하거나 또는 누군가에게 비판받았을 때, 비판의 대상이 되는 문제점은 도대체 무엇일까? 하고 자문자답한다.

때로는 당신을 많은 사람의 면전에서 상처를 입히고 곤란하게 만들기 위한 목적으로 하는 경우도 있다. 이와 같은 저질스러운 것에 걸려들면 상대의 생각을 거꾸로 잡아 맞세워 싸우는 방법도 효과적이다.

5. 상대의 억지에 효과적으로 대처한다

예를 들어 누군가가 "당신은 센스가 없어. 당신의 넥타이는 상의와 색상이 안 맞아."라고 말했다면 "말씀하신 대로입니다. 저는 촌놈이라서 정말 센스가 없습니다. 어떤 넥타이를 고르면 좋은지 가르쳐 주십시오." 하고 진지하게 물어본다.

이것은 공적인 장소에서 당신을 모욕하려는 상대를 역습하는 대처법의 하나이다. 혹은 몇 초 동안 그 사람의 눈을 뚫어지게 보다가 눈길을 돌리는 방법도 있다.

이 경우의 무언의 메시지는 '당신의 본래의 목적이 무엇인지 알고 있지만, 그런 것에 맞붙을 생각은 전혀 없다.' 라는 의사표시가 된다. 이것은 가장 효과적으로 행사할 수 있는 권리이고, 모욕을 본래의 소유주에게 되돌려 줄 수 있는 무기이기도 하다.

그런데 너무 화가 난 나머지 갑자기 분별없는 행동을 하는 것은 삼가야 한다. 그것이야말로 상대가 바라는 함정이다. 화가 가라앉고 사건의 전모를 알게 될 때까지 시간을 확보하라.

당신이 우선 마음 먹어야 할 일은 이기느냐 지느냐 하는 따위의 부질없는 생각을 제거해 버리는 일이다. 시각을 조금만 달리함으로써 창조적 해결방법을 너무나 당연한 곳에서 찾아낼 수가 있다.

그리고 당신 자신이 그런 일을 유연히 받아들일 태세를 언제나 갖추고 있어야 한다.

문제가 분쟁으로 발전될 기미가 보이면, 상대를 비난하기 전에 우선 자신이 어떻게 해야할 것인가를 제시해 본다.

자기가 이제부터 취해야 할 행동을 상대에게 분명히 하여 쟁의의 문제점을 부각시킴으로써 해결책에 일조해야 한다.

04_ 회의진행

회의에는 다음과 같이 5가지 기본적인 목적이 있다. ① 정보를 넓힌다. ② 문제를 해결한다. ③ 계획을 세운다. ④ 멋진 아이디어를 발표한다. ⑤ 서로 자극을 주고 받는다.

과연 당신의 회사에서 열리는 회의는 이 중 어느 것에 해당되는 것일까?

회의의 목적이 많은 사람에게 의견을 전달하는 것이라면 이러한 회의의 목적은 '정보를 넓힌다' 에 해당된다. 거의 모든 회사의 정기총회는 이러한 목적으로 열리고 있다. 또 회의는 경영층으로부터 신입사원에 이르기까지 정보를 손에 넣기 위한 수단으로 이용되고 있다.

한 사람보다 두 사람, 두 사람보다 세 사람이 '문제해결' 을 위한 좋은 아이디어나 새로운 발상을 쉽게 낼 수 있다는 측면에서 회의가 개최된다.

따라서 회의목적에 따라 모이는 사람은 공통의 관심과 이해를 가져야 하며 참가자의 수준도 동일하지 않으면 의미가 없다. 또, 참가자가 너무 많으면 의견이 맞지 않으므로 대략 6명에서 8명이 가장 적정인원이다.

회의의 세 번째 목적은 계획을 세우는데 있다. 성공적인 회의가 되려면 우선 달성해야 할 목표가 명시되어야 한다. 그리고 서로 의견을 제시하고 아이디어를 보다 구체적이고 현실적인 것으로 조정하는 것이 회의의 목적이다. 그와 동시에 회의석상에서 새로 정해진 목표를 달성하도록 약속하는 의식이기도 하다.

회의의 네 번째 목적은 멋진 아이디어를 발표하는데 있다. 이것을 회의 사회자가 가장 기대하는 말하자면 회의의 전형적인 목적이다. 그것이 어떤 아이디어이건 의장의 재량여하에 따라 긴급제안을 유익한 아이디어로 발전시킬 수도 있다.

회의의 다섯 번째 목적은 서로 자극을 주고 받는다는데 있다. 예컨대 전 달의 영업활동에서 톱을 차지한 사람은 누구인가, 어려운 프로젝트를 성공시킨 사람은 누구였는가를 확인도 하고, 참가한 멤버로부터 의외의 아이디어를 들음으로써 자기를 분발시키는 계기를 만든다.

회의는 이상의 5가지 목적 중 2~3번째의 목적으로 많이 열리는 데 잘 운용하면 큰 프로젝트나 새로운 판매목표를 향하여 의사통일을 기하는 데 빠뜨릴 수 없는 행사가 될 수 있다.

1. 회의주제는 사전에 알린다

회의는 그야말로 긴급한 것이 아닌 한 의제란 것이 사전에 발표된다. 그것에 의하여 그 회의는 목적이 있는 회의인지 단지 정례적으로 열리고 있는 회의인지를 판단할 수 있다.

예를 들면, 당신은 의제 하나하나에 대하여 그것은 회의라는 수단으로 밖에 처리할 수 없는 것인가를 사전에 검토할 수가 있는 것이다. 회의 이외에 더 좋은 해결방법이 있다면 구태여 귀중한 시간을 내어 회의를 열 필요는 없다.

따라서 회의를 소집할 때는 참가자와 의제를 명확히 해두어야 한다. 그것이 애매한 회의라면 열리지 않아도 아무런 지장이 없다.

의제의 사전준비는 회의 주체자에게 적잖은 시간을 요하는 일이지만 긴 안목으로 볼 때 많은 시간이 절약된다. 회의에서 토의하고 싶은 문제점을 간단히 요약하거나, 의제 · 결정한 항목 · 시간배분 등 스케줄을 복사하여 참가자 전원에게 회의 1주일 전에 배포하여야 한다.

사전에 의제를 알려주는 준비기간이 있으면 참가자는 자료를 준비할 수 있어 회의를 알차게 진행할 수 있고, 결론을 다음 차례까지 넘기는 일도 적게 된다.

가능하면 의제에 대한 각 개인의 제안 등의 요지를 간단히 취합하여 참석자에게 사전에 알려주는 것도 유익하다.

의제가 서식화되어 있으면 참가자는 눈으로 확인하면서 회의가 어느 방향으로 진행되고 있는지를 확인할 수가 있다. 유능한 회의 진행자라면 이 진행 방향을 사전에 점검하면서 회의 참가자 전원에게 발언을 촉구하면서 회의를 진행해 나갈 수 있다.

2. 회의의 가치관을 높이는 의장의 역량

회의는 리더인 의장의 능력 여하에 따라 진행성과가 가늠된다. 리더 부재의 회의에서는 사리에 맞지 않는 결론이 각광을 받아 물의를 일으키는 일도 종종 있다.

리더는 검토될 문제와 관련이 있고, 문제점도 잘 파악하고, 결론을 잘 이끌어 낼 수 있는 사람이 바람직하다.

리더가 없는 모임에서는 무엇이 정해지더라도 누구나 그것을 지키려고 하지 않는다. 5가지 회의목적을 생각하면 적절한 리더로는 어떤 인물이 이상적인지 짐작이 갈 것이다.

처음부터 분쟁이 예상되는 회의도 있는데, 이런 회의의 리더로 지명된 경우에는 단지 공평하게 행동할 뿐 아니라 편견을 버리고 의견이 헛돌지 않도록 하여야 하며, 문제점을 솔직히 이야기할 수 있도록 참가자 전원을 이끌지 않으면 안된다.

이와 같은 태도는 감정적으로 되기 쉬운 문제나 이기성이 나오기 쉬운 문제를 처리할 때에 아주 유효하다. 리더가 형식이나 체면에 사로잡히지 않고 문제를 해결하려면, 개선해야 할 문제점에 대하여 출석자 전원이 솔직히 토의하고 대처할 수 있도록 유도해야 한다.

또 출석자 전원에게 비밀엄수의 규칙을 철저히 지키도록 하는 것도 중요하다. 회의록을 남기는 회의와 결정사항 이외의 의사록은 남기지 않는 회의와의 구별을 분명히 해 놓아야 한다. 어떤 문제라도 이와 같은 환경을 만들어 두면 만족할만한 결론을 이끌어 낼 수 있다.

적은 인원의 회의에서는 의견이 거의 다 나오면 발언이 더 이상 계속되기 어려워서 회의를 진행하지 못하는 일이 있다. 그런 지지부진한 경우에는 회의의 리더로서 어떻게 하면 좋을까?

그러한 사태를 간단하게 해결하기 위해서는 '이 문제는 나중에 생각해봅시다' '다음 기회에 토의합시다' 라고 말하고 곧 다음 의제로 넘어가는 것도 좋은 방법이다.

회의를 순조롭게 진행시키는 또 하나의 방법은 뭔가를 먹으면서 진행하는 것이다. 누군가가 팝콘이 가득 든 큰 봉지를 가지고 회의에 출석하여 회의 중 그 봉지를 쉴새없이 책상 위에 이동시키고 출석자는 봉지에서 한 줌 가득히 팝콘을 집어 입에 넣는 것이다.

때로는 과자나 캔디 등으로 바뀌기도 하는데 팝콘이나 캔디는 참석자가 함께 나누고 있다는 유대감을 안겨준다. 이와 같은 일이 서로의 협조와 팀워크를 강화하고 회의의 진행을 순조롭게 해주는 비결이라 말할 수도 있다.

3. 유머는 회의의 윤활유이다

회의를 효과적으로 진행하려면 미리 각 의제에 관하여 시간을 할당한다. 또 적당한 시간대에 휴식시간을 넣도록 한다. 휴식시간도 회의 그 자체의 연장이다.

되도록 유효하게 활용하기 위하여 휴식시간 전후의 의제의 선택방법도 생각해 보는 것이 좋다. 그러나 생각보다 회의진행이 순조로와 좋은 아이디어가 기대될 것 같으면 회의를 그대로 속행한다. 시간엄수란 것 때문에 창조성이나 독창성, 참가자의 활발한 토의에 물을 끼얹는 듯한 일을 해서는 안된다.

반대로 회의가 감정적인 발언으로 분규가 일어날 듯하면 의장의 권한으로 휴식시간을 가져 열을 식히는 것도 필요하다.

그러나 휴식시간을 취하는 것이 일방적으로 어느 한편의 발언을 지원하고 있다는 생각이 들지 않도록 배려하는 것도 잊어서는 안된다.

회의에서 가장 결핍된 사항은 유머가 아닐까? 회의는 공통의 문제에 관하여 참가자 모두가 대화를 주고 받을 수 있는 절호의 기회인 것이다. 윤활유를 치면 기계가 부드럽게 움직이는 것과 같이 회의는 알찬 유머가 있으면 원활히 진행될 것이다.

어느 조사에 의하면 잘 웃는 그룹은 그다지 웃지 않는 그룹에 비하여 2배의 경영성과를 올릴 수 있다는 결과가 나와 있다.

진지한 회의 중이라도 자연스럽게 유머가 튀어나오는 분위기가 바람직하지만 이는 유머 센스를 평소 얼마만큼 닦고 있는가에 달려 있다. 회의 참가자가 멋진 유머로 회의무드를 바꾸는데 성공했다면 당신은 의장으로서 솔직하게 그를 칭찬해 주어야 한다.

4. 중요한 사항은 집중적으로 토의한다

결정을 빨리 내려 발표해야 할 필요가 있는 경우에는 다음 정례회의까지 기다리며 시간을 낭비할 수가 없다. 즉시 회의를 소집하여 결론을 내려야 한다.

단, 회의를 효율적으로 마치기 위하여 시간을 엄수해야 한다. 가능하면 30분 이내로 마치도록 자료를 사전에 준비하여 의제와 참가자를 문제점에 집중시키도록 한다.

이 방법은 특정한 문제가 제기되었을 때나 중요하고 긴급한 관련자료가 생겼을 때, 회사에서 가장 바쁜 사람들을 대상으로 회의를 소집할 때에 유효한 회의형태이다.

문제점에 철저히 집중하면 대개의 회의는 출석자 5명 내지 6명이 30분 만에 회의를 끝낼 수 있다. 계획을 서면화하여 배포하는 것은 다소의 시간을 요하는 일이지만 기억에 의지하고 회의를 헛되게 하는 것보다는 훨씬 유효하다. 문제에 직면할 때마다 즉석에서 결론을 냄으로써 정식회의가 아니라도 끊임없이 중요한 프로젝트를 추진할 수 있게 된다.

또 서로 대화하는 습관을 붙여야 한다. 같은 시간, 같은 장소, 매주 또는 매일 회합을 가지는 습관은 효과를 보기까지 어느 정도의 시간이 걸리지만, 그 회합을 통하여 사람들이 마음속에 품고만 있던 문제점을 밖으로 내놓게 되면 회의에서 특별한 결론이 나오지 않아도 성공에 다가섰다고 말할 수 있다.

이와 같은 회의에서는 여러 가지 일들이 제기되어 누구나가 그 문제를 취급할 수 있도록 문제를 집약하고 그 결론은 서두르지 않는다. 그러나 다음 회의에서 전번 회의에 제기된 문제가 어떻게 처리되었는지에 대한 의장의 결과 보고는 필요하다.

05 기업진단

경영자는 자사를 진단해 보고 단점을 극복하지 않으면 안된다. 자사의 단점에는 표면에 나타나 있는 여러 문제가 있는가 하면 보이지 않는 잠재적인 단점도 있다.

경영자는 자사의 현상을 철저히 관찰하여 잠재되어 있는 구조적 단점을 발견하고 그에 대한 타개책을 세우지 않으면 안된다.

표면화된 문제에 대해서만 대처하는 것으로는 불충분하다. 자사의 단점을 안다는 것은 기업의 존속 · 발전을 위해 필요하다. 단점을 알고 그것을 극복함으로써 기업이 쓰러질 수 있는 리스크를 줄일 수 있고, 나아가서 기업발전의 기회를 찾아내는 것이다.

자사의 단점을 알아내기 위해서는 여러 각도에서 자사의 현상과 장래를 파악하고 분석할 필요가 있다. 특히 자사의 사업기반과 기업체질에 숨어있는 단점을 발견하는 일이 중요하다.

1. 사업기반에 숨어있는 단점의 진단방향

(1) 업계의 미래에 위험은 없는가? 시장동향이 급변할 위험은 없는가?

(2) 대상으로 삼고 있는 시장이 쇠퇴할 위험은 없는가?

(3) 동업 타사에게 시장을 빼앗길 위험은 없는가? 다른 업계의 신규참여는 없는가?

(4) 자사의 지명도가 떨어지거나 브랜드 이미지가 퇴색할 위험은 없는가?

(5) 자사의 기업규모는 적정한가? 부수사업 간의 보완관계나 상승효과의 메리트가 소멸될 위험은 없는가?

(6) 판매처의 경영은 안정되어 있는가? 도산 · 폐업 위험은 없는가?

(7) 판매처의 구성균형은 어떤가? 지나치게 집중되거나 분산되어 있지 않는가?

(8) 판매처에게 지배될 위험은 없는가? 판매처와의 신뢰관계는 어떤가?

(9) 구입처의 경영은 안정되어 있는가? 도산 · 폐업 위험은 없는가?

(10) 구입처의 구성균형은 어떤가? 지나치게 집중되거나 분산되어 있지 않은가?

(11) 구입처에게 지배될 위험은 없는가? 구입처와의 신뢰관계는 어떤가?

(12) 원료, 부품은 안정적인 공급이 가능한가? 원료공급이 중단될 위험은 없는가?

(13) 상품구성의 균형은 적절한가? 지나치게 집중되거나 분산되어 있지 않은가?

(14) 신상품의 개발력 및 상품의 라이프 사이클은 어떤가? 쇠퇴상품이 많지 않은가?

(15) 프로모션(광고선전, 홍보 공익성, 인적판매, 판매촉진)의 효과는 어떤가?

(16) 자사의 기술이 퇴색될 위험은 없는가? 도입기술이 퇴색할 위험은 없는가?

(17) 기술력 수준이 저하될 위험은 없는가? 기술개발체제에 약점은 없는가?

(18) 주주구성에 문제는 없는가? 지역사회와의 관계는 양호한가?

2. 기업체질에 숨어있는 단점의 진단방향

(1) 경영자의 처지(오너, 샐러리맨), 주식 보유수, 연령, 건강 등에 문제가 없는가?

(2) 경영자의 리더십에 문제가 없는가? 경영자는 공 · 사(公私)의 구별을 확실히 하는가?

(3) 임원구성에 약점은 없는가?(능력 · 인품 · 연령 · 건강 · 주식 · 보유수 · 재직기간)

(4) 인재구성에 문제가 없는가?(능력 · 직종 · 연령 · 성별 · 평균 · 근속연수 등)

(5) 사원의 복지제도는 정비되어 있는가?(휴일 · 휴가제도 · 주택제도 · 기업연금 제도 · 성과분배 제도 · 카운셀러 제도 등) 임금수준에 문제는 없는가?

(6) 능력개발과 활용제도에 문제는 없는가?(사내연수 · 외부 세미나 · 통신교육 · 직무확대 · 직무충실 · 개선제안 · 소집단 활동 · 자격제도 · 전문직 제도 등)

(7) 조직형태에 문제는 없는가?(직능별 조직 · 사업부제 조직)

(8) 계수관리 시스템(예산제도 · 원가계산제도 · 월차결산제도)에 문제는 없는가?

(9) 내부관리 시스템에 문제는 없는가? 컴퓨터화, 네트워크화에 문제는 없는가?

(10) 회의에 대하여 문제는 없는가?(가치관 · 사고방식 · 행동방식 · 인간관계 · 의식)

3. 중소기업에 숨어있는 단점의 진단방향

(1) 혁신에 대한 대처방안이 미약하고 신규분야를 육성하지 못하고 있는가?

(2) 판매처나 구입처와의 안정적인 신뢰관계를 유지하지 못하고 있는가?

(3) 경영자 한 사람에게 과도하게 의존하고 있는가? 경영 시스템이 구성되어 있지 않는가?

(4) 인재의 능력(직종) 구성이 편파적이고, 인재의 채용이 곤란하며 육성도 안되고 있는가?

(5) 조직에 대한 정비가 되어있지 않고, 컴퓨터화 · 네트워크화가 지연되고 있는가?

4. 단점에 대한 대책

경영자는 표면화되어 있는 여러 문제와 잠재화되어 있는 문제를 다방면으로 검토하여 중요한 것과 그렇지 않은 것을 구분하고 우선 순위를 정해 해결해 나가지 않으면 안된다.

(1) 외부로부터 공격받는다고 가정한다면 파괴되기 쉬운 곳은 무엇인가?

(2) 내부로부터 붕괴된다고 가정하면 파괴되기 쉬운 곳은 어디인가?

(3) 급격한 경영환경의 변화를 가정할 때 수익구조, 가격구조는 어떻게 변화하는가?

(4) 사내에서 중대한 사고가 발생했다고 가정할 때 어떤 영향이 예상되는가?

(5) 어떤 문제가 발생하여 해결했지만 같은 문제가 장래에 또 발생한다고 가정할 때 어떤 영향이 있겠는가?

(6) 어떤 의사결정을 했다고 가정할 때 어떤 마이너스 영향이 발생할지 예상할 수 있는가?

이와 같이 여러 가지 각도에서 검토해야 한다.

5. 중대문제의 발생을 예측하여 돌발사태에 대한 대책을 강구한다

예방책과 돌발사태에 대한 대응책은 스스로도 생각해야 하지만 관계되는 전문가 혹은 해당팀에게도 검토시킨다. 예방대책의 포인트는 원인을 예측함으로써 사전대책을 세우는 일이며, 돌발사태에 대한 대책의 포인트는 영향을 되도록 작게하는 사전대책이다.

경영자는 자사의 약점을 극복하기 위하여 능력개발 · 합리화 · 시스템 정비에 대한 방향을 제시하면서, 구체적으로 어떻게 대처할 것인지 지침을 명확히 해야 한다.

06_ 기업환경 만들기

사람에게 일하려는 의욕을 북돋아주는 방법을 이해하기 위해 몇 가지 요소를 살펴보자.

아래의 15가지 중에서 하나만 실천해도 강한 영향을 받을 것이다.

(1) 사람은 자기 노력에 대하여 공정한 평가를 원한다. 자기가 한 일에 대하여 무엇을 원하는가 하는 설문서에서 정당한 임금이 상위를 차지하고 있다.

(2) 누구든지 가족이나 사회에서 중요한 존재란 것을 인정받고 싶어하므로 그에게 조언을 요구하든지 또는 그 사람의 일에 관심을 보이며 칭찬을 한다든지 또는 사람에 따라서는 사생활에 관하여 대화하는 방법 등을 취하면 좋다.

(3) 그 사람에게 정말로 기대하는 것이 무엇인지 분명하게 설명한다.

자기에게 무엇을 기대하고 있는지 확실하게 알고 있는 사람이 과연 얼마나 될 것인가? 종업원 한 사람 한 사람에게 그들이 해야 할 일의 내용을 구체적으로 써주는 것이 제일 좋은 방법이다. 경우에 따라서는 1대 1로 대화하여 조금씩 일의 내용을 알게 하는 방법도 있다.

(4) 누구에게나 조직속에서 승진할 기회를 부여한다. 설사 일하는 사람이 경비원이나 식당 아주머니라도 자기는 이제 이 회사에서는 출세할 수 없다고 생각하면 누가 열심히 일하며 회사에 충성하겠는가?

(5) 능률적으로 잘하고 있는지 비능률적인지, 일하고 있는 본인에게 알린다.

사람들에게 일의 목표를 할당하여 본인이 한 일의 분량이나 성격을 알려주고 필요에 따라서는 여러 가지 원조를 해주는 것도 중요하다. 자기의 일은 모두에게 인정받고 있으며 멤버의 일원으로 참여하고 있음을 인식하도록 한다.

(6) 경영자가 상황이 변한다는 이유로 변덕이 심해지고 감정적이며 계획이나 방침을 쉽게 바꾸면 그 밑에 있는 사람은 언제나 균형을 잃어 혼란에 빠진다.

(7) 회사에서 일하고 있는 사람들이 회사의 상황을 잘 알게 되면 더욱 열심히 노력하게 된다. 사원의 협력을 얻고 싶은 경우, 회사에서 일어나고 있는 일이나 진행되고 있는 상황에 대하여 사원에게 정보를 주어야 한다. 아래로부터의 아이디어나 의견이

발전적 역할을 하는 경우도 많다. 종업원과의 관계를 항상 우호적인 상태로 유지하지 않으면 안된다.

(8) 권한과 책임을 아래 직원에게 위임하고 자기는 더 큰 기획을 생각하도록 하라.
자유롭게 된 시간은 더 중요한 활동에 투자하라. 부하에게 위임한 권한은 그 처리의 잘잘못을 떠나 회사 전체가 이 일에 의하여 좌우된다는 점을 알려주면 좋다. 또 자기와 끊임없이 연락을 취하도록 하여 일의 진척도라든가 문제점을 보고하도록 한다.

(9) 부하를 꾸짖거나 충고할 때는 사람이 없는 곳에서 건설적으로 꾸짖는다.
우선 모든 정보를 수집하여 당사자와의 관계를 조사한다. 앞으로 두 번 다시 같은 과오를 되풀이 하지 않도록 지시를 한다. 꾸짖기 전에 칭찬할 만한 일을 살펴보는 것이 좋다.

(10) 부하를 칭찬하고 신용하는 일도 필요하다.
부하가 일을 잘 하고 있을 때는 칭찬하고 표창하라. 그것으로 의욕을 북돋우어주고 자신감을 가지게 할 수가 있다. 꾸짖을 때는 사람이 없는데서 하고, 칭찬할 때는 사람이 많은데서 하는 것도 요령이다.

(11) 사람을 부리는 것이 아니라 함께 일하라. 지배하는 것으로는 아무 것도 얻어지지 않는다. 그저 '예스맨' 을 만들어 낼 따름이다.

(12) 지시나 요청으로 되는 일이라면 명령이라는 형식을 취하지 말라.
사람은 타인으로부터 명령받아 움직이는 것보다 자기 자신의 의지로 스스로 움직일 경우 몇 갑절 더 일을 잘하게 된다. 또한 사람은 왜 이 일을 자기에게 부여했는가를 알게 되면 더 열심히 일한다.

(13) 기획단계부터 부하를 참가시키면 부하는 지금 자기가 하고 있는 일은 자기가 기획한 것이므로 열심히 일하려는 마음을 가지게 된다. 또 하나의 이점은 현장에서 곧바로 여러 가지 아이디어가 창출되어 계획수행에 매우 큰 힘이 되어 준다. 잊어서는 안될 일은 계획이 어떻게 진행되고 있는지를 부하에게 알릴 기회를 만드는 일이다. 일의 진행상황을 알면 모두가 더 열심히 일해 줄 것이다.

(14) 구체적 사례를 제시하여 '내가 너희에게 기대하는 것은 이런 것이다.' 라는 것을 철저히 알려야 한다. 예를 들어 자신이 약속한 시간을 꼭 지키도록 하며 점심시간이

끝나면 바로 함께 일을 시작하도록 한다. 할 일도 많은데 골프 치러가는 것은 삼간다든지 이와 같은 일을 실행하여 부하의 마음을 흔들어놓아서는 안된다.

(15) 부하에게 조언을 구하여 나는 너희를 의지하고 있다는 것을 나타낸다.

이와 같이 하여 모두의 자존심을 만족시켜 더 열심히 일하도록 한다. 부하가 아이디어를 내놓는 경우, 아무리 보잘것없는 내용이라도 끝까지 잘 듣도록 한다. 그들에게 아이디어를 내게 하는 것이 목적이지 아이디어의 싹을 잘라버리는 것이 목적이 아니다. 다음 번에 제시될 아이디어가 혹시 100만 불짜리 아이디어일지도 모른다.

07_ 결단력

경영자는 매일 기업운영상의 여러 가지 결정을 내려야 되는데 그와 같은 일상적 결정행위를 결단이라고 할 수는 없다.

경영자의 결단이란 첫째, 결단을 필요로 하는 문제가 그 기업의 현재 또는 장래의 운명을 좌우할 중대한 문제가 아니어서는 안된다. 둘째, 상황을 판단하기 매우 어려워서 많은 난처한 장애와 큰 위험이 존재하지 않으면 안된다.

결단의 결과가 반드시 성공한다고는 할 수 없다. 그 결단이 잘못된 경우에는 기업은 파탄으로 몰릴 수도 있다. 한마디로 결단력이란 경영자에게는 그야말로 모든 지혜와 능력을 경주해야 할 중대한 행위이며, 결단은 경영자의 전 인격적인 행동이라고 할 수 있다.

지난 고도성장기에서는 기업환경이 순탄하여 내부관리만 착실히 하여도 기업은 순조롭게 성장해 갈 수 있었다. 그러한 순조로운 시대는 경영자의 결단력 따위는 그리 문제되지 않았다. 그러나 현재는 상황이 크게 달라졌다. 대기업도 쓰러지는 그런 시대이다.

그야말로 현재는 경영전략 재구축의 시대이고, 기업이 살아남기 위한 대책을 수립하지 않으면 안되는 시대이다. 바른 결단력이야 말로 현재의 경영자에게 특히 요구되는 자질의 하나이다.

다음은 병서에서 가르치는 결단에 대하여 알아보자.

1. 병서가 가르치는 결단

전쟁터에서 지휘관은 항상 불투명한 상황 하에서 나라의 운명과 부하의 생사를 결정할 중대한 결단을 내리지 않으면 안된다. 따라서 많은 병사는 지휘관의 결단이나 결심에 대하여 많은 교훈을 담고 있다.

클라우제비츠는 그의 '전쟁론'에서 "예기치 못한 것과의 부단한 투쟁에서 싸워 이기기 위해서는 두 가지 특성이 필요하다. 하나는 어떠한 암흑 속에서도 항상 한가닥의 희망을 잃지 않고 그 진원이 어디에 있는지를 알아내는 지력이고, 다른 하나는 이 미약한 희망을 의지하여 뛰쳐나가려는 용기이다.

전자는 프랑스인이 적절하게도 안력(능력)이라고 이름 붙여진 것에 해당하며, 후자는 곧 결단력이다"라고 말하고 있다. 그는 불투명한 전장에서 미약한 정보만을 갖고서도 전황을 정확히 판단하여 방침을 결정하는 용기야 말로 결단력이라고 표현했다. 이 말은 결단력을 간결하게 설파한 명언이다.

이와 같은 정신적 요소를 전제로 한 용기란 평소에 많은 수양에 의해서 얻을 수 있으며 결단이야말로 전 인격적인 행동이라고 말할 수 있다.

2. 결단의 조건

결단은 리스크에 대한 도전이라고 할 수 있다. 따라서 결단을 내릴 경우에는 리스크를 각오하지 않으면 안된다.

그런데 정확한 정보란 입수되지 않는다. 도리어 앞 뒤가 분명치 않은 정보와 서로 모순되는 정보의 홍수로 그 식별에 고민하게 된다. 또 그 결단이 옳고 항상 성공한다는 보장이 없으므로 실패하면 그 조직체는 위태롭게 된다.

그렇다고 리스크나 실패를 겁내서는 좀처럼 결단을 내릴 수가 없다. 그리고 우물쭈물하다가는 시기를 놓치고 말아 더욱 나쁜 상황에 빠지고 만다.

따라서 결단에 임해서는 리스크나 실패를 겁내지 않는 용기가 필요하다. 그러나 그 용기는 용기만이 앞서는 만용이 아니라 침착 냉정함을 함께 지닌 용기가 아니어서는 안된다. 또 강한 신념이 뒷받침된 것이어야 하며 그 위에 절대적인 책임을 진다는 각오와 실패하면 오명도 받아들일 수 있는 각오를 단단히 한 용기여야 한다.

올바른 결단을 내리기 위한 사고방식의 기준이나 전제는 다음과 같은 것이 있다.

(1) 먼저 사심을 버리는 일이다. 자기 이익과 자기에 대한 비판에 마음을 써서는 올바른 결단을 내리지 못한다. 자기를 희생하는 마음을 가짐으로써 올바른 결단을 내릴 수 있다.

(2) 자신의 지금까지의 귀한 체험과 학문이야 말로 올바른 결단을 이끌어낸다.

(3) 세상은 결코 멈추지 않고 매일 새롭게 생성 · 발전해 나간다는 사실을 염두에 두어야 한다.

(4) 인간은 본래 어떻게 되기를 원하는가? 그 욕구에 대한 깊은 이해가 없으면 안 된다.

(5) 자기 자신에 대한 꿈을 지니고, 이를 추구해 나간다는 것도 결단을 위한 한 전제가 된다.

다음으로 결단을 할 때 어떤 마음가짐이 필요한지 알아본다.

(1) 결단이 독단으로 되지 않기 위해서는 주도면밀한 준비가 필요하다. 주도면밀한 준비를 위해서는 정신적인 준비도 필요하지만 특히 올바른 정보를 수집하는 일이 가장 중요하다.

(2) 자기만의 생각으로 성급히 결단하는 것은 독단이지 바른 결단이라고 할 수가 없다. 먼저 많은 사람의 지혜나 조언에 귀를 기울이고 자문자답을 되풀이하면서 결단해야 한다.

(3) 아무리 노력해도 상황을 완전무결하게 파악할 수는 없다. 상황은 항상 불투명하다. 이런 사실이 결단을 주저하게 만드는데 질질 끌려다니다 보면 아무 일도 할 수 없다.

(4) 결단은 지연되어도 안되지만 그 반대로 서둘러도 실패하고 만다. 결단의 타이밍이란 일정한 법칙이 없다. 자기 자신이 판단하고 결단을 내릴 수밖에 없다.

(5) 무엇이든 '안된다.' 든가 '될 것 같지도 않다.' 라고 생각해 버리면 그것으로 끝난다. '반드시 잘 될 것이다.' '어떻게 하면 잘 될 것인가' 라는 생각에 몰두함으로써, 보기에는 곤란하고 불가능하다고 생각되던 문제도 가능하게 된다는 것을 잊어서는 안 된다.

(6) 많은 사람들의 의견에 따르거나 세상 상식에 따라 결단하는 일도 있는데, 때와 장소

에 따라서는 이들에 순응치 않는 결단도 필요함을 마음에 새겨두어야 한다.

(7) 지금까지의 방법에 사로잡혀서는 머리가 굳어져서 올바른 결단을 내릴 수가 없다. 새로운 사고방식과 관점을 바꾸어 결단하는 일이 중요하다. 즉 발상의 전환이 필요하다.

(8) 흥분하여 냉정을 잃을 때의 결단은 대체로 실패한다. 평온한 마음을 되찾은 후 결단한다.

(9) 결단이란 단순한 결론이 아니다. 결단해야 할 사람의 전 인격의 '번뜩임' 으로 발휘된다.

3. 결단의 요소

결단을 위해서는 정신적인 요소가 가장 중요하다. 정신적 요소는 자기 자신의 수양에 의하여 육성된다. 물론 그 방법은 사람마다 다르지만 결국은 죽음을 각오하는 것이 아닐까? 생사관을 확립하고 사심을 버리면 어떠한 비판이라도 겁내지 않는 용기를 가질 수 있다.

(1) 결단의 기준은 자사의 이익

경영자가 결단에 임하여 근본적인 기준으로 삼아야 할 것은 과연 무엇인가? 경영자의 책임은 자기 기업의 생존과 발전에 있으며 그를 위해서는 이익을 늘려야 한다.

책임감이 왕성한 경영자는 자기 기업에 이익을 가져오도록 하는 것이 최고의 책무임을 자각해야 한다. 이렇게 생각하면 결단을 위한 기준은 그 결단이 과연 자기 기업에 이익을 가져오는가 어떤가 하는 것에 있다. 사내외에서 어떤 비판이 있더라도 그 결단이 회사에 이익이 된다는 확신만 선다면 비판은 걱정할 것이 못된다. 단호히 결단한다.

(2) 핵심은 실행하는 일이다

결단도 결단하는 것만으로는 아무런 가치가 없다. 오히려 결단 그 자체보다 결단한 일을 끈기있게 실행해 가는 것이 더욱 중요하다. 경영자는 올바른 판단에 입각하여 바른 결단을 내림과 동시에 이의 실현을 위해 한층 더 노력을 기울이지 않으면 안된다.

08_설득력

부하의 의욕을 꺾지않고 야단친다는 것은 노련한 경영자라도 매우 어려운 일이다. 건설적인 이야기가 되어야 할 일이 부질없는 대립으로 끝나버리는 일이 적지 않고, 문제를 근본적으로 해결하지 못한 채 서로의 불만이나 험한 감정만을 뒤에 남기는 경우도 많다.

다음에 소개하는 간단한 5가지 방법은 경영자가 부하를 야단칠 때, 보다 효과적인 문제해결책을 제시해 줄 것이다.

(1) 핵심을 뚫어라

문제의 쟁점을 피하지 말라. 사소한 의논은 생략하고 곧바로 본론으로 들어가라. "박군, 자네가 기일이 지나서 한 보고에 대하여 이야기 하고픈데"라든가, "김군, 판매부장과 의견충돌이 있다던데 진상을 알려고 불렀네." 이와 같이 해서는 너무 거칠고 정이 없어 보인다고 생각할지 모른다.

예를 들면 "박군, 애들은 잘 자라는가"라든가 "김군, 테니스 연습은 잘 되는가"처럼 말문을 열어줌으로써 부하의 긴장을 풀 수 있다고 생각하겠지만 안색을 살피고 탐색해 보는 것으로는 서로의 신경을 날카롭게 할 뿐이다.

(2) 상황을 설명하라

우선 상황을 설정하고 명쾌히 그러면서도 단적으로 설명하라. 어떤 일이 있어도 비판적인 언행은 피해야 한다.

여기에 2개의 예를 들어보자.

- 비판조 … "박군, 이제 참을 수 없어. 자네가 낸 보고서는 늦었고, 내용도·엉망이야!"
- 설명조 … "박군, 자네 보고서는 최근 2주 동안에 세 번이나 늦었네. 덕분에 출하지연이 두 번 생겨 3백만원의 손실이 있었네."
- 비판조 … "김군, 자네 근무태도가 좋지 않아. 모두 자네 일로 신경을 곤두세운다네."
- 설명조 … '김군, 판매부장이 말하는데 자네가 그를 피한다고 말하던데'

(3) 적극적으로 귀를 기울여라

부하에게 마음놓고 말을 하게 하라. 그러면 상대는 경계심을 풀고 듣는 쪽은 상황을 자세히 알 수 있어 문제에 대해 검토할 수 있게 된다. 이러한 방법이면 내용에 따라 여러 가지 질문도 할 수 있고 서로 대화를 이끌어 나갈 수 있다. 단지 "예, 그렇습니다." "아니, 그렇지 않습니다." 라는 대화보다도 이쪽에서 던지는 질문은 '무엇이' 라든가 '어떻게' 등의 형태를 취하는 것도 좋은 방법 중의 하나가 될 수 있다.

- 나쁜 예 … "새로운 컴퓨터 시스템은 마음에 들었는가?"
- 좋은 예 … "새로운 컴퓨터 시스템은 어떤가?"

고개를 끄덕여 보이거나, 부하의 의견을 자기의 말로 되풀이 해주거나 또는 묵묵히 귀를 기울여 그의 말을 더 끌어내려고 노력하는 것도 적극적으로 들어주는 기술이다. 부하는 그와 같은 접근에 이끌려 더 마음을 열게 되고 상사가 자기의 생각에 흥미와 관심을 가지고 있다고 확신하게 된다.

(4) 문제의 소지를 공통의 인식 위에 놓고 그 해결책을 같이 생각하라

실제로 문제가 있다는 것을 부하에게 납득시킬 것, 이것이 긴요한 요점이다. 서로간에 문제점의 확인이 끝났으면 함께 원인을 규명하며 가능한 해결책을 검토한다. 예를 들어 지식의 결여가 문제로 되어 있다면 교육 프로그램을 검토하고, 해야 할 일에 대한 동기부여가 부족한 것이라면 부하의 업무를 보다 더 의의가 있고 자극적인 것으로 만들어 준다.

만약 부하들 사이에 불화가 있는 경우 한 쪽을 이동시키던가 그들 스스로가 문제를 해결하도록 배려해 보자. 당신이 야단치고 있는 부하에게 잘못이 없는 것으로 판정되었다면 다른 원인을 찾아내도록 하면 된다. 이렇듯 당신이 내린 문제의 해결책 모색에 부하를 참가시킬 수 있다면 그는 틀림없이 적극적으로 협력할 것이다.

(5) 항상 토의된 결과를 요약하라

부하에게 토의된 내용, 합의한 해결책을 정리시킨다. 결정된 사항에 대하여 양자는 이해를 같이하지 않으면 안된다. 토의를 마칠 때에는 부하에게 언제든지 사후처리로 상담에 응할 수 있음을 전해주어야 한다.

토의의 성패는 당신의 고민거리로 되어있는 문제가 해결되느냐 그렇지 못하느냐에 달려 있다. 언제나 성공한다고는 할 수 없지만 그래도 건설적인 비판은 부하의 일, 생산성, 사기를 높이려고 노력하는 경영자에게 요구되는 기술 중의 하나이다.

09_ 인물 감별력

경영자에게 만약 부하의 인물됨을 바르게 보는 능력이 없어 인재를 적재적소에 배치하지 않거나, 심지어는 자기 자신의 눈으로 확인도 하지 않은 채 음모에 가까운 중상모략에 현혹되어 훌륭한 인재를 잃어버린다면 그 기업에 희망 따위는 있을 수 없다.

인물에 대한 감별능력이 필요한 것은 사내 인사관리상의 문제만이 아니다. 대외적 절충의 모든 방면에서 상대를 바르게 감식할 수 있다면 손자가 말하듯 그야말로 '백전불패' 그것이다.

인물 감별력을 지니기 위해서는 어떠한 방법이 좋을까? 심리학을 비롯하여 역, 관상, 수상, 혈액형 등이 많은 사람들에 의하여 설파되고 있는데 여기서는 병서의 가르침을 중심으로 선인들이 어떤 방법으로 인물을 감별하고 그 능력을 키워나갔는지 사례를 들어보기로 한다.

1. 병서가 가르치는 인물 감별력

(1) 논어

1) 덕이 있는 사람에게는 반드시 좋은 언변이 있지만 좋은 언변이 있는 사람이 반드시 덕이 있다고 할 수는 없다. 어진(仁) 사람에게는 반드시 용기가 있지만, 용감한 사람에게 반드시 어짐(仁)이 있다고는 할 수 없다.

2) 사람의 행동이나 사상 · 주의 · 마음의 만족을 얻는 바를 보면 그 인물을 잘 알 수가 있다.

3) 말하는 바가 좋다 해서 인물이 우수하다고는 할 수 없다.

4) 말 잘하고 애교와 아양 떠는 자 치고 변변한 인물이 없다.

5) 인물평가에 있어서 세상 평판에 현혹되어서는 안된다.

6) 유익한 벗과 유해한 벗에는 각각 3가지 종류가 있다. 정직한 사람, 성심이 가득한 사람, 박식한 사람은 유익한 벗이다. 거드름 피우는 자, 겉치레만의 아부꾼, 입만 살아있는 자는 유해한 벗이다. 이상은 '논어' 에서 인물평가의 가르침을 발췌했다.

(2) 육도(六韜)

육도는 문도(文韜) · 무도(武韜) · 용도(龍韜) · 호도(虎韜) · 표도(豹韜) · 견도(犬韜)의 6가지로 나누며 용도의 선장 제20에는 태공여망이 무왕의 물음에 답으로 장국을 고르기 위한 15가지 주의점과 8개의 방책에 대하여 말하고 있는데 의역하면 다음과 같다.

무왕이 하루는 "왕이 군을 일으킬 때에는 먼저 중인 속에서 영웅적 병사를 골라 이를 훈련하고 장군에 임명해야 하는데 병사의 기량이 좋고 나쁨을 알기 위해서는 어떻게 하면 좋을까" 하고 태공에게 물었다. 태공은 다음과 같이 답하였다.

"병사에는 외모와 마음속의 실체가 일치하지 않는 자가 15가지 있습니다.

1) 외모는 현자처럼 보이지만 기실 불초(不肖)한 자

2) 외모는 온화하고 순량해 보이지만 기실은 도적을 행하는 자

3) 외모는 존경스레 보이지만 그 마음속은 태만한 자

4) 외모는 겸손해 보이지만 마음속은 겸손한 마음이 없는 자

5) 외모는 섬세해 보이지만 진실의 정이 없는 자

6) 외모는 담담하여 결백해 보이지만 속은 성실이 없는 자

7) 즐겨 술책을 짜나 결단이 없는 자

8) 외모는 과단성 있는 사람처럼 보이지만 실은 무능한 자

9) 외모는 훤하여 성실해 보이나 신의가 없는 자

10) 외모는 멍청해 보이나 마음속은 충실한 자

11) 쉽게 노하며 중용의 길에 어긋나나 일에 있어서 실제 이상의 효과를 올리는 자

12) 외모는 용기있어 보이나 내심은 겁 많은 자
13) 외모는 단아하게 보이나 도리어 사람을 업신 여기는 자
14) 외모는 엄하고 가혹해 보이나 내심은 침착 성실한 자
15) 외모는 기세허약, 풍채열등하여 정말로 무능해 보이나 일단 나서면 어떤 경우에도 사명을 다하고 일을 성취하는 자입니다."

무릇 사람은 외모만으로는 모른다. 세상 사람들이 모두 천하게 여겨버리는 자가 실은 중요한 인재인 경우도 적지 않다. 병사는 외면에 나타나는 것과 마음속의 실제와는 일치하지 않는다.

무왕은 또 "병사의 외모와 내심이 반드시 일치하지 않는 것이라면 어떻게 해서 현자와 우자를 판별할 수 있겠는가" 하고 물었다. 태공은 다음과 같이 답하였다.

"병사의 현자와 우자를 알기 위해서는 8가지 징후가 있습니다.

1) 말로써 자문하여 그의 지(智)가 섬세한지 어떤지를 관찰해 봅니다.
2) 언변으로써 추구하여 그가 웅변의 재능이 있는지 어떤지 관찰해 봅니다.
3) 첩자를 보내 그가 성실한지 어떤지를 관찰해 봅니다.
4) 내 마음을 감춤 없이 확실히 질문해보아 그 덕행을 관찰해 봅니다.
5) 금전을 취급시켜보아 그가 청렴한지 어떤지를 관찰해 봅니다.
6) 미녀로 유혹시켜보아 그가 고결한지 어떤지를 관찰해 봅니다.
7) 환난 있음을 고하여 그가 용기있는지 어떤지를 관찰해 봅니다.
8) 술을 마셔 취하게 하여 그 태도가 어떤지를 관찰합니다.

이들 8가지 징후를 시험해 보면 그 인물이 진실된 현자인지, 혹은 보잘 것 없는 우자인지를 명료히 식별할 수가 있다.

태공의 가르침은 다음 2가지로 요약된다.

1) 인물을 감별하는 데는 그의 외모나 세상의 평판으로 판단해서는 안된다.
2) 그 인물을 자기 눈으로 확인하고 여러 방책으로 시험하여 그 결과에 따라 신중히 판단한다.

(3) 십팔사략(十八史略)

위나라의 문후가 이극에게 묻기를 "선생, 일찍이 이르기를 '집 가난하여 어진 아내를 생각하고 나라 어지러워 어진 재상을 생각한다.' 고 했는데, 지금 재상으로는 위성 아니면 익황인데 어떠한가?"라고 하자, 이극이 말하기를 "거(居)에서는 그 친하는 바를 보고, 부(富)해서는 그 주는 것을 보고, 달(達)해서는 그 오르는 데를 보고, 궁(窮)해서는 그 하지 아니함을 보고, 빈(貧)해서는 그 취하지 아니함을 봅니다. 이 5가지로 정하면 족합니다. 자하, 전자방, 단간본은 성이 이룩한 것입니다."라고 위성을 재상으로 철거했다.

위나라의 문후가 이극에서 위성와 익황 중 어느 쪽을 재상으로 하면 좋겠는가? 물었을 때, 이극은 재상의 조건으로 다음 5가지를 들고 있다.

1) 관에서 물러서서 집에 있을 때 어떤 인물과 사귀고 있는가를 관찰한다.

2) 재산을 모았을 때 그 돈을 무엇에 썼는가를 관찰한다.

3) 고위고관이 되었을 때 어떤 인물을 발탁하고 어떤 시책을 추천했는가를 본다.

4) 불우한 때 조용히 스스로를 닦고 있는지를 관찰한다.

5) 궁핍할 때 긍지를 가지고 타락하지 않았는지를 관찰한다.

이상 5가지가 재상될 자의 조건이라고 답했는데, 문후는 이 5가지 항목으로 위성과 익황을 비교하여 위성을 재상으로 등용하였다.

바른 인물 감별력을 키우기 위해서는 먼저 자기 자신이 어떤 인물인가를 확실히 알아야 한다. 인간은 남의 일은 잘 알면서도 자기 일은 잘 모른다. 자기 자신이 어떤 인물인지도 모르면서 남을 바르게 평가할 수는 없다.

손자도 "그를 알고 나도 알면 백전 백승하고, 그를 모르나 나를 알면 한 번은 이기고 한 번은 패한다. 그를 모르고 나도 모르면 싸움마다 모두 패한다."라고 말하고 있지만, "그를 알면 백전하여 백승한다."고는 말하고 있지 않다.

외모로 인물을 평가하는 일은 가장 삼가해야 할 일이다. 그와 비슷한 일이지만 사람들의 평판만으로 판단하는 것도 엄히 삼가야 한다. 명장들은 일반의 평판이 좋은 인물은 도리어 경계해야 할 인물이며 별로 쓸모없는 인물이라고 극언하고 있는데, 경계해야 할 인물은 아닐지라고 별로 쓸모없는 인물임에는 틀림이 없다.

반대로 생각해 보면 일반의 평판이 나쁜 인물 속에는 실제로 유능한 인물이 많다. 그것은 질투와 악의의 모함에 의한 평판 쪽이 많기 때문이다.

경영자는 그와 같은 것에 현혹되어서는 안된다. 그러기 위해서는 바른 인물 감별력을 갖추고 자기 자신의 눈으로 확인하지 않으면 안된다. 그 경우 신뢰할 수 있는 사람이나 자료에 근거하여 사실을 충분히 조사하는 것이 중요하다.

(4) 인물 감별법은 스스로 생각해 낸다

인물 감별에는 일정한 방법이 없다. 그것은 첫째, 자기의 귀중한 체험, 둘째, 학문, 셋째, 사색, 넷째, 제3자의 조언 등을 바탕으로 하여 스스로 고안해 내야한다.

학문에 의하는 경우는 다음 사실에 주의하지 않으면 안된다.

1) 중국식 인물 감별법은 인간의 '덕성'을 기준으로 했는데 현재와 같은 새로운 시대에는 그와 병행하여 '능력'이라는 점을 빠뜨려서는 안된다.
2) 인물을 평가하는 경우 하나의 묘사된 패턴에 꼭 맞는 인간이란 한 사람도 존재하지 않음을 알아야 하며, 반드시 여러 각도에서 관찰하는 눈을 가지고 인물평가를 하여야 한다.
3) 만약 역학이라든가 관상으로 인물을 감별할 수 있다면 이 이상 간단한 방법은 없다. 역학 · 관상학 · 수상학을 열심히 연구하여 그 법칙과 방식을 기억하고 자료에 의하여 그에 알맞은 결론을 끌어내면 될 것이다. 그러나 인물을 판단하고 평가한다는 것은 그렇게 단순하고 간단한 것이 아니다.
4) 미국은 물론 유럽의 선진국에서는 인물을 감별하기 위하여 심리학의 연구성과가 크게 활용되고 있다. '우수한 인재를 발굴하라. 그리고 그들을 신뢰하라.'는 격언은 세계의 산업계에서 당면과제로 되어있다. 경영자는 인물 감별력을 구사하여 뛰어난 인물에게 경영을 일임하고 그의 재능을 발휘시켜야 한다.

10_ 듣기 기술

읽고 쓰는 것과 비교하여 듣는 것이 왜 어려울까? 입에 의한 커뮤니케이션은 일과성으로 신경을 집중하여 듣지 않으면 안되기 때문이다. 듣는다는 것은 확실히 하나의 기술이고 듣는 사람에게 많은 이익을 가져다 준다.

새로운 것을 배울 수 있고 지식의 양도 늘어난다. 또는 이야기를 듣고 즐거운 시간을 보낼 수도 있다. 따라서 다른 사람과 사이 좋게 될 수도 있다.

1. 듣는 방법이 서투른 원인

일반적으로 사람은 듣기보다 말하기를 더 좋아한다. 듣는 방법이 서투른 원인은

1) 자기 생각을 상대에게 전하기 바빠 상대가 말하고 싶은 것이 있다는 사실조차 전혀 개의치 않는다.
2) 듣는 것을 귀찮게 생각하며 상대가 마음대로 말하게 놔두지 않는다.
3) 듣는 것에도 노력이 필요하다는 것을 잊고 있다.

여기에 적은 것은 효과적으로 듣기 위한 몇 개의 힌트다.

1) 이야기를 들으면서 앞으로 앞질러 간다. 이 이야기는 어느 방향으로 갈 것인가 상대의 결론은 어떤 것인가 즉 말의 내용을 앞질러 생각한다.
2) 상대의 이야기 내용을 회화 중 끊임없이 음미한다.
3) 말로 표현하지 않은 속셈을 읽는다. 상대에게는 입밖으로 나타내지 않았지만 뭔가 말하고 싶은 것이 있음이 틀림없다. 바로 그것을 읽어내는 것도 아주 중요하다. 상대의 말투나 표정을 보면 그가 말하려는 것을 짐작할 수 있다.
4) 상대의 말에 집중하기 어려우면 상대에게 몇 가지 질문을 하면 화제가 요약된다.
5) 무조건 상대의 말에 집중해야 한다. 회의에 참가하면 말하는 상대의 이야기에 주의를 기울이자. 노트해서는 안된다. 그의 말이 끝나면 발언 내용을 요약해 본다. 과연 어느 정도 기억을 되살려 요약할 수 있을까?

이에 대한 훈련방법으로는 라디오나 TV에서 말하는 발언내용을 요약해 보는 방법이 있다. 이것으로 당신의 집중력은 점점 높아질 것이다. 이 연습은 시간이 허락하는 한 계속하는 것이 좋다.

인간이기 때문에 실수할 수도 있지만, 상대의 말에 집중하면 상대가 무엇을 이야기하려고 하는지를 알 수 있게 된다. 끊임없이 상대의 말을 되새겨, 이면에 숨은 뜻을 생각하면서 상대의 이야기에 귀를 기울이면 집중력이 산만해지는 것을 막을 수 있다.

사람의 말을 들을 때의 장애는 자기고집을 부리는 것이다. 우리들은 상대와 의견이 어긋나면 그것을 받아들이지 않으며 상대의 말을 듣지 않으려고 한다.

이럴 때는 아무튼 끝까지 이야기를 들어야 한다. 가치부여, 판단 또는 태도를 정하는 일을 상대의 말이 끝날 때까지 보류해야 한다. 내용의 음미는 그 뒤에도 충분하다. 그리고 자기는 상대의 말 속에서 오해하고 있던 점과 바르게 이해하고 있던 점을 확실히 선별한다.

그 결과 당신이 자기 중심적이고 남이 이야기한 것은 언제나 틀렸다고 단정해 버리던 습성을 알게 되며 이래서는 안된다고 반성하여 상대의 말을 잘 듣게 된다.

사람의 의견을 듣고 그 의견이 바른가 아닌가를 살피는 방법으로는 다음과 같이 하면 좋다.

1) **시간을 살핀다** … 말의 내용이 시대에 뒤떨어지지 않았나?
2) **말의 신빙성을 살핀다** … 말하고 있는 본인이 말의 내용을 바르게 이해하고 있는가?
3) **편견이 없는지 살핀다** … 말하는 사람이 중립적인 입장에 서 있는가? 가끔 편견을 고집하지는 않는가?
4) **완전한지 어떤지를 살핀다** … 말하는 사람은 사실을 있는 그대로 모두 말하고 있는가? 만약 감추고 있는 것이 있으면 그 이유를 생각해 본다.

듣기를 잘 하는 사람이 세일즈를 얼마나 잘하는지 생각해 보자. 세일즈를 해 보면 듣는 것이 얼마나 중요한 역할을 하는지 알 수가 있다.

상대의 말에 진정으로 귀를 기울이고 질문을 하고 다시 귀를 기울이는 태도를 거듭하면 상대의 마음을 단단히 잡을 수가 있다. 이것이 우수한 세일즈맨의 무기이다. 고객은 자기의 욕구나 문제를 잘 이해해 주는 세일즈맨에 대해서 결국은 우호적인 태도를 취하게 된다.

더 간단히 말하자면 고객이 원하는 것과 안고 있는 문제를 알려면 듣는 것이 제일 좋은 방법이다. 거기에서 원하는 것과 사려고 하는 것을 알게 된다.

'무엇보다도 먼저 들어라.' 라는 판매방법은 세일즈의 핵심을 찌르는 명언이다. 손님이 요구하고 필요로 하는 것을 모른다면 상품을 팔 수 있는 방법을 알 수 있겠는가?

어떻든 당신은 거래하고 싶은 상대가 말하는 것을 잘 들어 주어야 한다. 상대가 말한 것과 말하지 않은 것들을 정확히 메모해 두자.

상대가 뭐라고 잔소리나 시비를 해오는 경우에 의외로 거짓없는 마음을 나타내는 일이 많다. 거기서 상대가 말한 것과 말 밖의 의미도 알아보지 않으면 안된다. 만약 바르게 쓰이면 이 기술은 성공하는데 강력한 도구가 될 것이다.

11_ 속독술

몇 년 전 미국 경영협회의 회합에서 어떤 경영인이 그의 시간 중 65 내지 75%를 그저 읽는데 소비하고 있다고 발표를 했다. 메모 · 리포트 · 문서 · 비즈니스 잡지 · 제품광고 · 선전자료 기타의 인쇄물 등 읽을 분야는 다양했지만 읽는데 너무 많은 시간을 소비하여 경영에 지장을 초래했다고 한다.

빠르고 잘 읽을 수 있는 힘을 기르는데 투자하라고 당부하는데는 그 나름대로 이유가 있다. 사람이 무엇을 읽는 평균적 속도는 1분간에 200 내지 250 단어(이는 영어의 경우임)라고 한다. 그러면 속도가 1분간에 250에서 500으로 증대했다면 지금까지 걸린 시간의 절반이면 된다는 이야기가 된다. 다시 그것이 700이 되었다면 지금까지 시간의 약 40%면 된다.

전문가에 의하면 우리 어른들은 700단어 정도는 읽어야 한다고 한다. 따라서 시간절약면에서 읽는 시간을 절약하는 방법을 배운다는 것은 결코 무시 못할 일이다.

서류의 홍수를 막는 방법은 크게 2가지가 있다. 휴지통에 마구 던져 버리던가 속독술을 배우던가 하는 2가지이다.

우리들이 배운 읽기 방법으로는 현대의 비즈니스가 원하는 요구에 쫓아갈 수가 없다. 따라서 경영자는 지금부터 속독술을 배우고 익혀 남는 시간을 더욱 창조적인 일에 투자해야 한다.

1. 읽을 때의 '눈'의 생리

문장을 읽는 동작을 실험실에서 조사한 바 사람은 한 자 한 자를 읽는 것이 아니라 한 번에 몇 자의 문자군을 읽고 있다는 것을 알았다.

안구는 어떤 점에 정지하여 일정의 문자군을 읽으면, 다음에 날쌔게 시선이 움직여 다음 문자군을 잡는다. 즉 읽을 때의 안구의 움직임은 응시 → 비약 → 응시 → 비약 이와 같은 연속이다. 그래서 읽는 속도의 증대원리는 1회의 응시시간을 짧게 하기와 1회의 응시로 되도록 많은 문자를 읽어내기를 하는 것이다.

실험실에서의 연구 결과에 따르면 문자를 지각(읽어내는)하는 응시시간은 누구든지 그다지 차이가 없다고 말한다. 그런데 1회의 응시로 읽어내는 문자군은 보통사람은 3 내지 5자 정도이지만 연습하면 10여자, 최대 20자 가까이까지 읽어낼 수 있다고 한다.

그러므로 연습에서는 이 응시 시야를 넓힐 것, 즉 한 번에 많은 글씨를 읽어내는 습관을 붙이는 데 중점을 두는 것이 중요하다. 무엇보다 중요한 것은 '빨리 읽어내자고 의식하면서 읽는 것' 이다.

2. 빨리 읽는 연습요령

그런데 독서가 느린 사람을 조사해 보니 공통된 결점이 있었다.

첫째가 중얼중얼 소리를 내면서 읽기 때문이다. 눈의 움직임은 음성을 내는 활동보다 몇 갑절 빠르지만 음성을 내면 그것이 제동역할을 하여 눈의 움직임마저 느리게 한다.

또 하나의 결점은 한 번 읽은 곳을 때때로 되돌아가 다시 읽는 버릇이다. 사실은 알고 있는 데 무언가 마음이 안 놓여 다시 읽는다. 이것이 제일 나쁜 버릇이다.

빨리 읽으려면 다음의 3가지에 주의하면서 연습할 것을 권한다.

1) 한 번의 응시로 되도록 많은 활자를 눈에 넣으려고 의식하면서 읽을 것, 즉 '묶어 읽기' 의 습관을 붙일 것

2) 절대로 중얼중얼 소리내어 읽지 말 것. 묵독(소리를 내지 않고 읽음)의 연습을 할 것

3) 절대로 뒷걸음쳐 다시 읽지 않는다는 결심으로 읽을 것

여기서 속독의 가장 간단하면서도 효과적인 연습방법을 소개한다.

책과 같은 크기의 백지를 준비한다. 이것을 자기가 읽는 평균속도보다 약간 빠르게 어느 정도 눈의 진행을 쫒을 정도의 속도로 읽은 줄을 감추어 간다. 눈이 줄을 쫓아 진행함에 따라 그 뒤로 쫓듯이 일정한 속도로 백지를 손으로 밀어간다.

뒤돌아 읽고 싶어도 백지로 감춰져 있으므로 윗줄이 보이지 않는다. 그러므로 시선이 자연히 앞으로 나가게되어 습관이 붙여진다.

의미가 확실하게 파악되지 않아 아무래도 다시 읽을 곳이 있어도 그 페이지를 다 읽을 때까지는 뒤돌아 가서는 안된다. 마음을 굳게 다져 컨닝을 하지 않는 것이다.

이 연습을 되풀이하여 습관을 들이면 끝내는 백지에 쓰지 않아도 뒤돌아가지 않게 된다. 또 언제나 재촉받는 듯한 기분으로 앞으로 전진하는 의욕과 습관이 붙여진다.

독서는 말할 것도 없이 이해하지 않으면 의미가 없다. 눈으로 글씨를 쫓는 것 뿐이라면 시간과 노력의 낭비에 지나지 않는다. 그런데 독서가 서투르거나 속도가 느리다고 한탄하는 사람의 또 하나의 결점은 허공의 눈으로만 읽고 있는 때가 많은 것 같다.

즉 집중력이 약한 것이다. 밖에 지나가는 차 소리가 귀에 들어오거나 그만 모르는 새에 멍청히 내용과는 전혀 무관한 상념에 사로잡혀 가지고는 독서가 마음에 들어오지 않는 것은 당연하다. 그러므로 독서의 환경이나 정서의 안정법도 생각하지 않으면 안된다.

물론 책을 읽으면서 어떤 상념이 떠올라 거기서 꼬리를 물고 사고력과 상상력이 비약하는 것은 중요한 일이다. 독서효과의 대부분이 거기에 있다해도 좋다. '상상력' 을 동원하면서 읽으면 멋있는 아이디어가 생기는 일도 있다. 이런 때는 곧바로 메모해 두면 좋다.

읽지 않으면 안되는 의미를 자기 자신에게 잘 타일러 독서에 대한 적극적인 의욕을 불태울 것, 둘째로 독서하기 전에 이것을 몇 시간에 읽어 버린다는 예측을 미리 세워 자기의 일상적인 속도보다 조금은 벅찬 목표를 정하고 그 틀 안에서 독파하는 습관을 붙인다.

3. 속도를 올리는 요령이 속독법의 핵심

천천히 읽음으로써 잘 이해되고 외우기 쉽다고 믿는 사람이 많은데 이것은 터무니 없는 오해로 독서에 대하여 많은 사람이 빠져있는 미신이라고 해도 좋다.

전문가의 말을 빌리면 읽는 속도가 빠르면 빠를수록 그만큼 이해력도 증대한다는 것이다. 이것은 대학생을 대상으로 한 실험에서도 명쾌히 증명되고 있다.

읽기를 잘하는 사람은 중요한 내용을 주워 모아 전체의 전망, 구도를 명확히 그려내고 있는 것을 알 수 있다. 읽는 대상물에 따라 속도는 달라진다. 신문이나 일반잡지를 읽을 때와 전문적 학술논문을 읽을 때의 속도가 달라지는 것은 당연하다.

또 하나는 우리들이 가지고 있는 흥미의 정도에 따르는 바가 크다. 소설이면 술술 읽을 수 있는데, 회사의 보고서는 좀처럼 진척되지 않는 것이 이 사실을 잘 나타내고 있다. 그렇기 때문에 빠르게 읽기 위한 조건으로 자기 자신의 '동기부여' 가 중요하다.

즉 무엇 때문에 독서를 하는가, 읽지 않으면 안되는 의미를 자기 자신에게 타일러 의욕을 북돋우는 것이 중요하다.

현대의 독서술에서는 의사가 읽는 행위를 컨트롤 한다는 것이 기본적인 생각으로 되어 있다. 따라서 빠르게 그리고 잘 읽기 위해서는 의사를 컨트롤 해야 한다.

다음으로 속독을 위한 몇 가지 기본규칙을 소개한다.

(1) 재료를 사전에 점검하라

제목 · 소제목 · 그림설명 · 서론 등을 점검하여 읽을 가치가 있는지, 읽는다면 어느 정도의 시간이 걸리겠는가 등을 미리 판단한다.

읽기를 잘하는 사람은 레스토랑에서 식사할 때와 같이 우선 메뉴에 차분히 눈을 돌린다. 무엇이 먹고 싶은가, 어느 것에 흥미가 있는가를 체크한다.

가장 빠른 속독의 비결은 역설적이지만 '읽지 않는데 있다.' 해도 된다. 즉 일각이라도 빨리 무엇이 씌어져 있는가 핵심이 어디에 있는가를 알기 위해서는 문장을 순서에 따라 다 읽을 필요는 없다.

회합의 안내문이라면 몇 일, 몇 시, 어디서, 누가, 무엇 때문에 회합을 여는가를 알면 된다.

회사의 보고서라면 결론은 무엇인가를 찾아 읽어도 된다. 일종의 커닝이다.

추리소설을 이렇게 읽으면 독서의 짜릿한 맛을 잃을 것이다. 그러나 비즈니스 문서나 잡지서적, 논문 등에서는 이 컨닝이 절대 필요하다고 해도 좋다.

책의 경우 제목 · 부제목 · 저자 약력 · 서문 · 후기 · 목차 그리고 책장을 척척 넘겨 장 · 절 · 항의 소제목 · 그림 · 도표 등 눈에 띄는 데를 사전에 훑어보면 대략적 내용이 예측된다.

이 커닝을 잘하는 사람일수록 독서 속도가 빠르고 이해도 빠르다. 현대와 같은 활자의 홍수 속에서는 이 기술은 꼭 몸에 지녀야 할 지식 · 정보의 습득을 위한 절대 기술이다.

(2) 키워드를 찾아라

제비가 호수의 수면을 닿을락 말락 싹싹 날아가는 것을 영어로 skim이라고 한다. 이 말에서 책의 책장을 척척 넘기며 싹싹 중요한 것만을 읽어가는 읽기 방법을 스키밍(skimming)이라 한다. 스키밍하면서 키워드(key word)를 잡아간다.

비즈니스문서의 경우 소위 '5W1H' (When, Where, Who, What, Why, How)를 주워 읽는 것만으로 읽는 목적은 대략 달성된다. 이런 읽기 방법을 '개괄 읽기' 라고 한다.

연습법으로는 '절대로 되돌아가지 않기' 라는 주의를 지키고, 내용을 되도록 정확히 읽어 알아내려는 의욕을 부추기면서 뛰어넘기 읽기를 해보고, 그 뒤에 차분히 정독을 하면서 읽으면 '뛰어넘기 읽기' 이든 정독이든 내용의 해석에는 그다지 큰 차이가 없다는 것을 느끼게 된다. 한번 그것을 깨닫고 자신이 생기면 '뛰어넘기 읽기' 의 기술은 급속히 향상되어 간다.

(3) 읽으면서 기억하라

읽으면서 자기에게 있어서 중요한 것은 무엇인가를 생각하여 중요한 점을 골라낸다. 즉 자기와 내용과를 연관시켜 나가면 확실하게 기억하는 데 보탬이 된다. 머릿속에 그런 것을 저장하여 훗날에 이용되게끔 기억하면서 나간다.

12_ 스피치 기법

보통 때는 척척 의사결정을 멋지게 하는 사람도 "10분 간만 좋은 말씀 좀 부탁합니다." 라고 청탁 받으면 꼼짝달싹 못하는 경우가 있다.

회의에서 격식을 차려야 하는 치사나 모임에서의 중요한 연설이나 인사말하는 것은 생각만해도 불안 · 초조해 하는 사람들이 있다. 이와 같이 불안이 생기는 것은 평소 스피치에 대한 훈련을 하지 않았기 때문이다.

1. 스피치를 구상한다

스피치의 준비로는 먼저 말할 주제에 관하여 최신의 흥미있는 정보를 입수해야 한다. 그리고 당신이 전하려고 하는 메시지(목적)를 위해 이치에 맞고 조리있게 조립해 간다.

우선 아우트 라인을 그린다. 다음에 이 아우트 라인에 살을 붙여간다. 그 재료는 조사하여 수집한 사실과 해설 그리고 자기의 기록, 제안 등이다. 스피치는 시작 · 중간 · 종료 세 부분으로 나눌 수 있다. 스피치에서는 본론에 들어가기 전에 청중을 '워밍업' 시킬 필요가 있다. 이렇게 해 놓으면 본론에 들어갔을 때 이야기를 진행시키기가 쉽다.

마지막으로 청중이 당신의 견해를 받아들여 당신이 생각하고 있는 대로 행동하게끔 이끈다. 스피치는 최초 3분 간이 승부처라고 한다. 이 3분 간에 청중의 마음을 끌어들이지 않으면 완전한 공감을 얻지 못한다.

따라서 처음에 입을 통하여 나오는 말은 청중에게 호감을 주고 주목을 끌어 본론으로 이끌어 갈 수 있어야 한다. 여기에 초청되어 여러분께 이야기할 기회를 얻었기에 열심히 하겠다는 열의를 확실히 나타내야 한다.

중요한 것은 여러 사람들 앞에서 말할 때 송구스럽다는 그런 태도를 보여서는 안된다. 당신에게 그럴 가치가 없다면 누구든 스피치를 부탁하지 않았을 것이다. 겸손도 좋지만 당신은 청중에게 멋진 이야기를 들려주려고 초청된 것이다. 초청받은 이상 당신은 전문가임을 잊어서는 안된다.

2. 설득력 있는 스피치의 요령

청중의 주의를 끌 수 있었다고 하자. 이 귀중한 상황을 끝까지 유지시키지 않으면 안된다. 청중에게 감명을 주고 청중을 납득시키고 청중을 움직이지 않으면 안된다.

주주에게 보고 · 연설 기타 여러 가지 스피치할 기회가 있을 것이다. 그러나 함부로 말장난을 하여 청중을 노하게 만들어서는 안된다. 청중의 이해를 높이고 당신의 생각대로 움직이도록 노력해야 한다.

스피치를 진행해감에 따라 당신이 목적하는 대로 청중을 이끌어 가지 않으면 안된다. 그러기 위해서는 스피치 전에 충분한 이야기의 줄거리를 생각해 두는 것 외에 다른 묘수는 없다.

이번에는 말하는 방법이다. 처음부터 끝까지 변화가 없는 똑같은 어조로 말하는 것은 좋지 않다. 평소의 당신 말투가 비교적 느리다면 때때로 짧은 문장으로 산뜻한 말을 골라 말에 속도감을 붙일 필요가 있다.

여기가 핵심이라고 생각될 때는 말에 힘을 주어 엑센트를 유지하여야 한다. 당신의 말이 옆길로 흘러가면 스피치의 힘은 그만큼 약화되어 듣는 맛을 잃게 한다.

3. 스피치를 마치는 요령

이야기의 도입부분이 매우 중요하다고 앞에서 말했지만 끝내는 것 또한 중요하다. 청중을 어정쩡한 상태로 만든 채 스피치를 끝내서는 안된다.

끝은 칼로 자른 듯 산뜻하게 마무리해야 한다. 훌륭한 스피치를 '귀중한 시간을 빼앗아 죄송합니다.' 와 같은 불필요한 말로 마치는 사람이 얼마나 많은지 모른다.

이런 때는 '고맙습니다.' 하고 끝내는 것이 좋다. 제일 좋은 마침은 청중이 언제든지 자리를 일어설 수 있는 상태로 갖고 가는 방법이다. 훌륭하게 스피치를 마치려면 훈련이 필요하다. 그러나 말하는 횟수가 많아지면 점점 요령이 생길 것이다.

4. 스피치 원고를 작성한다

지금까지는 스피치의 각론을 말했다.

다음 실제 스피치 원고를 쓰는 법에 대해 말해 보자. 스피치 원고를 쓸 때는 다음 사항에 유의하자. 간결하고 좋은 말, 정확성 그리고 성실이다.

몇 가지 주의할 점은 자기가 알고 있다고 해서 말을 함부로 쓰면 안된다. 듣는 사람이 이해할 수 있는 말이 아니고서는 듣는 사람은 물론 당신 자신도 시간을 낭비하는 것이 된다.

스피치를 진행해감에 따라 당신이 목적하는 대로 청중을 이끌어 가지 않으면 안된다. 그러기 위해서는 스피치 전에 충분한 이야기의 줄거리를 생각해 두는 것 외에 다른 묘수는 없다.

이번에는 말하는 방법이다. 처음부터 끝까지 변화가 없는 똑같은 어조로 말하는 것은 좋지않다.

5. 설득력을 높이는 요령

어떤 스피치이든 청중이 납득하는 것이어야 한다. 자기의 주장을 아무렇게나 나열하는 것으로는 불충분하다. 청중을 당신 쪽으로 끌어당겨 스피치의 내용에 공감하게 한다.

그러기 위해서는 확실한 데이터를 준비하고 말할 필요가 있다.

몇 가지 힌트를 소개한다.

(1) 문제점이 존재함을 제시하면서 그 문제점의 기본적 요소를 설명한다.
(2) 그 문제점을 해결하기 위해 과거에 얼마나 실패했는지를 말한다.
(3) 당신 자신의 해결책을 제시하고 그것이 얼마나 적절한가를 설명한다.
(4) 당신이 제시한 해결책이 왜 유익하고 최상의 것인지를 설명한다.
(5) 청중에 대하여 당신은 이렇게 하고 싶다는 요망을 설명한다.

6. 펜을 잡는다

노력은 하지 않고 스피치 원고를 쓰는 사람들도 있다. 그러나 그런 재능을 모두가 가진 것은 아니다. 노력하는 길 밖에 없다. 제일 좋은 방법은 스피치 주제에 대하여 생각나는 대로 종이에 메모하는 것이다.

초보자에게 도움이 될 아우트 라인을 잡는 방법을 여기에 소개한다.

(1) 주제에 관하여 철저하게 연구한다.

말할 대상은 어떤 사람들인가? 그 사람들의 지식정도는? 그들 속에 들어갈 수 있는 가장 좋은 방법은 무엇인가? 당신의 말 내용이 청중에게 어떤 반응을 일으킬 것인가?

(2) 이야기의 목적을 강조하기 위하여 맨 처음 한 마디를 잘 선택하라. 본론에 들어가면 당신이 말하고 싶은 것을 논리정연하게 이치에 맞게 발전시키면서 열거하라. 그리고 결론은 당신의 주장을 다시 한 번 강조해 둔다.

(3) 청중으로부터 나올 질문을 사전에 여러 각도에서 검토해 둔다.

(4) 스피치의 원고를 쓴다. 용어는 당신이 평소 대화에서 쓰는 것이면 된다. 스피치가 주어진 시간 내에 마칠 수 있을지 살핀다. 시간을 절대로 초과해서는 안된다.

7. 스피치를 시작하기 전에 주의할 점

일어서서 스피치를 시작하기 전에 해두지 않으면 안될 일이 있다. 메모, 노트라든가 그대로 읽으면 되는 원고 등을 이용할 때는 사전에 연습해 두어야 한다. 아무 준비도 없이 이야기를 시작하는 사람은 무책임한 사람이다. 반드시 사전연습을 해야 한다.

다음은 복장이다.

당신의 복장 때문에 청중이 주의력을 엉뚱한 데로 돌려서는 안된다. 누가 보든지 유별나지 않는 복장으로 나서야 한다. 당신의 복장은 당신의 품위를 높이는 것이어야 한다.

새빨간 손수건을 윗주머니에 꽂는 것 등은 삼가야 한다. 노트나 원고를 사용할 때에는 사전에 담당자에게 가서 낭독대를 준비하도록 부탁해야 한다. 낭독대에 기대어 고개를 숙이고 원고를 낭독하는 것은 안된다. 또 원고를 높이 들고 읽는 것도 곤란하다.

8. 스피치 중 시선을 두는 곳

스피치를 하는 동안 방 안의 시계나 그림 등 움직이지 않는 것을 계속 보는 것은 좋지 않다. 청중의 얼굴을 보라. 청중 한 사람에게 말을 건넸으면 다음에는 그 옆 사람에게, 그리고 시선을 전체에게 돌린다.

강의를 한다기보다는 도리어 대화를 한다는 기분이 바람직하다. 청중에게는 어떠한 경우에도 등을 보여서는 안된다. 이와 같이 한 사람 한 사람과 개인적으로 커뮤니케이션하고 있는 느낌이 가도록 하면 청중의 마음을 확실히 잡은 증거가 된다.

스피치를 계속하면서 청중이 침착하지 못한 태도를 보이지 않는지 주의하자. 하품은 적신호이므로 재미나는 에피소드를 들려주지 않으면 안된다.

이야기 도중에 해서는 안 되는 일은 안경이나 양복을 만져서는 안된다. 얼굴을 긁거나 몸에 손을 갖다 대거나 머리를 쓸어 올려서도 안된다. 이런 것들은 반드시 고쳐야 한다.

9. 손을 효과적으로 쓴다

당신의 손은 말할 때 효과적인 소도구의 역할을 한다. 낭독대 위에 얹어 놓고만 있어서는 재미없다. 뒤로 잡고 있는 것도 좋지 않으며 호주머니에 넣고 있는 것도 곤란하다. 자유롭게 해두도록 한다.

그리고 강조하고 싶을 때 손을 쓰는데 낭독대를 때리는 것은 좋지 않다. 자연스럽게 나오는 동작이 제일 좋다. 담배에 불을 붙여 뻐끔뻐끔하는 행동은 절대로 삼가야 한다.

같은 동작을 몇 번이고 되풀이 하지 말아야 한다. 말 잘하는 사람의 동작을 잘 연구해 두자. 그리고 거울 앞에 서서 몇 번이고 연습한다. 그러면 점차 동작이 세련되어 감을 알게 될 것이다.

10. 에피소드를 적당히 넣을 것

스피치 도중에 에피소드를 넣거나 조크를 하면 효과가 있다는 것은 알지만, 그것이 그리 쉽게 나오는 것이 아니라는 말을 흔히 듣는다.

이것은 청중이 그 에피소드나 조크의 재미를 이해하지 못한다고 생각하거나 장내가 조용해지면 어떻게 할까하는 불안 때문이다. 조크를 하려면 상당한 연습을 하지 않으면 안된다. 우스개 등 매우 짧은 이야기가 좋을 것이다.

재미있는 에피소드를 소개했으면 잠시 사이를 두어 청중에게 그 에피소드를 즐기게 한다. 그렇게 하지 않으면 다음 이야기를 시작해도 웃음소리에 묻혀 사라질 것이다.

연설을 잘하는 사람은 자기의 마음을 정직하고, 분명하게, 자기의 말투로 쉽게 말할 수 있고 때와 장소에 어울리는 표정과 목소리로 간단하게 이야기할 수 있는 사람이다.

연설이 서툴다는 것은 지식을 필요 이상으로 자랑하며, 보통때에 사용한 일도 없는 수식어를 들춰가며 뽐내고, 듣는 사람을 무시하고 장황하게 암기한 내용을 청산유수처럼 때와 장소에 어울리지 않는 목소리로 떠벌리는 것을 말한다.

'연설'이란 마음에 있는 것을 표현하는 기술이다. '연설한다'는 것은 '고백한다'는 말과도 통한다고 본다. 이를테면 꽉 닫힌 가슴을 헤치고 마음을 털어놓는 일이다. 자기의 생각, 자기의 사상을 상대에게 밝히는 일이다.

13 실패에서 배우기

일이나 사업에 성공하기 위해서는 목표를 설정하고 남을 리드하고 기회와 환경을 만드는데 정성을 기울여야 한다. 이런 점에서 성공한 사람들의 처세술을 연구하는 것도 성공의 지름길이다.

성공의 비결은 물론 실패의 원인을 분석할 수 있으면 큰 도움이 된다. 중요한 것은 실패와 성공의 특징을 똑같이 검토하는 일이다. 타인의 성공에서 많은 것을 배울 수 있으나 실패에서도 많은 교훈을 얻을 수 있다.

회사를 경영하다보면 실패하는 일도 많다. 경영자로서 성공하기 위해서는 주의깊은 사려심보다 결단력을 갖추어야 한다. 경쟁이 치열한 시대에는 주저하여 행동하지 못하는 사람이거나 불안이 가득한 사람 쪽이 의사결정이 서툰 사람보다 큰 실패를 당하기 쉽다.

성공할 수 있는 사람은 자기가 저지른 실패를 인정하고 실패에서 좋은 교훈을 얻어내는 사람이다. 실패했다고 이 세상이 끝난 것으로 생각하지 말고 왜 실패하는가를 분석할 줄 알아야 한다. 중요한 것은 같은 실패를 두 번 다시 하지 않도록 주의하여야 한다.

그러기 위해서는 일반적으로 다음 4개의 항목이 요구된다.

1. 실패를 분석한다

우선 아이디어 단계에서 실행에 옮긴 시점까지를 분석한다. 이 과정에서 왜 실패했는지 그 원인을 규명한다.

아래 항목들은 실패를 분석하는 데 유익한 점검사항이 될 것이다.

(1) 그 실패는 정말 타격이 컸는가? 어떻게 실패했는가?

(2) 두 번 다시 실패하지 않는다고 단언할 수 있겠는가?

(3) 그 기획을 진행시킴에 있어서 계획은 적절한 것이었는가?

(4) 실행시기는 적절하였는가? 여러 가지 사태를 예측할 수 있었는가?

(5) 제대로 점검을 하고 추진하였는가? 인재를 적절하게 배치하였는가?

(6) 부하에게 올바른 정보를 주었는가? 부하에게 적절한 전략을 주었는가?

(7) 감독을 충분히 하였는가? 커뮤니케이션은 만족하게 이루어졌는가?

(8) 필요한 데이터를 갖추기 위한 기획은 충분히 준비되었는가?

(9) 최고 경영층이 충분히 후원하고 있었는가?

(10) 취해진 조치들은 그 당시를 회피하기 위한 일시적인 것이 아니었는가?

(11) 취해진 조치들은 다른 것에 비하여 필요 이상 편중된 것이 아니었는가?

2. 두 번 다시 실패를 되풀이 하지 않는다

왜 실패했는가를 분석하였으면 이제 두 번 다시 거듭된 오류를 범하지 않도록 주의하여야 한다.

실패의 원인규명이 끝났으면 다음 단계로 옮긴다. 같은 실패나 비슷한 잘못을 두 번 다시 범하지 않는다고 선언한다.

가능하면 실패를 영구히 막는다는 보증을 항목별로 써두는 것도 좋을 것이다. 실패의 교훈은 다음부터 어떠한 조치를 취해야 하는지를 가르쳐 준다.

종업원이 관련되어 있다면 그 종업원의 능력개발을 꾀하는 것이 바람직하다. 그러나 위험신호가 나올 때까지는 되도록 진행상황을 관찰하는 것이 좋다. 또 재검토하는 방법도 만들어 두면 좋을 것이다.

이제 모든 사실을 알게 되었고 자기의 실패를 인정한 시점에서는 다음에 착수해야 할 일이나 비즈니스에 대하여 계획하지 않으면 안된다.

실패의 원인이 충분히 파악되었으면 다음으로 해야 할 일은 결단이다. 먼저 같은 방법을 다시 한 번 취할 것인가 아니면 미흡한 점을 수정하여 실행에 옮길 것인가를 결정한다. 계획을 수정하게 되면 실패한 원인을 찾아내어 발견된 약점을 극복하여야 한다.

원인의 크기 여하에 따라서는 계획 그 자체를 근본적으로 변경해야 될 경우도 있다. 경우에 따라서는 인원을 정리하여 새로운 우수한 인재를 고용해야 하고, 새로운 설비도 필요하며, 새로운 운용방법과 스케줄의 변경 등도 필요할 것이다.

실패에서 배운 것은 일에 적용시켜야 한다. 자기의 약점을 극복하고 장래의 의사결정을 할 경우 실패의 경험을 충분히 살려야 한다.

3. 새로운 행동지침을 세운다

이제 당신은 다음에 할 새로운 비즈니스와 사업을 향하여 돌진하여 크게 성공하지 않으면 안된다. 해야 할 일은 경영방침의 결정이다.

(1) 새로운 목표와 목적을 정하며 새로운 기술을 개발한다.

(2) 새로운 계획을 세우며 그 계획의 결함을 찾아낸다.

(3) 새로운 직무에 사람을 배치하며 최종적 스케줄을 제시한다.

(4) 계획대로 일이 진척되고 있는지 주의를 기울이며 필요에 따라 수정과 변경을 한다.

실패를 했을 때 가장 중요한 것은 결코 그것을 무시하지 않는 것이다. 욕구불만에 빠지기도 하겠지만, 실패에서 배운 뼈저린 교훈으로 자기의 힘을 키워나가면 성공할 수 있다. 실패의 원인을 주의 깊게 다시 점검하면 지금까지 몰랐던 약점과 장점도 알게 된다.

실패했을 때는 다음과 같은 자문자답을 해 보면 좋다.

(1) 실패의 원인은 제거되었는가?

(2) 실패에서 어떤 아이디어와 경험 그리고 기술을 배웠는가?

(3) 그 실패로 인하여 다른 부분도 재검토해야 할 일이 생기지 않았는가?

실패에 관한 모든 사실을 샅샅이 조사하여 원인을 규명해 두지 않으면 안된다. 만약 실패를 그대로 방치해 둔다면 사정은 점점 악화되어 간다.

어떤 실패라도 또 어떤 사정일지라도 원인에 관하여는 치밀하게 검토를 하여야 한다. 물론 누구나 실패할 수 있다. 당신의 성공은 자기의 실패를 어떻게 대처하고 거기서 무엇을 배우는가에 달려 있다.

4. 실패가 당신을 더 강하게 만든다

만약 최초의 계획이 실패한다면 어떻게 하면 좋을까? 포기하지 말고 곧바로 다음의 새로운 계획을 세운다.

만약 그 계획도 역시 실패하면 재차 새로운 계획을 세운다. 즉 완전히 성공을 거두기까지는 몇 번이고 계속해서 새로운 계획을 세우는 것이 성공의 비결이다.

대부분의 사람들은 여러 번 실패를 거듭하면 끈질기게 새로운 계획을 세워서 도전하는 인내력이 부족하기 때문에 결국 실패로 끝나 버린다.

실력이 있는 사람이라도 완전한 계획이 없으면 돈벌이는 물론 다른 어떤 일에서도 성공하기 어렵다. 꼭 명심할 것은 '만약 당신이 실패할 경우 그것은 다만 일시적인 것이지 결코 영구적인 것은 아니다' 라는 사실이다.

당신이 실패한 원인은 다만 계획이 서툴렀기 때문이다. 그러므로 다음은 새로운 계획을 잘 세워서 재차 도전하면 되는 것이다.

대재벌을 이룩한 사람들을 바라볼 때 우리는 그들의 성공한 모습만을 보고, 그가 '성공' 하기까지 뛰어넘지 않으면 안되었던 수많은 일시적 패배는 그냥 지나쳐 버리기 쉽다.

실패는 당신의 계획이 서툰 것을 가르쳐 주는 신호인 것이다. 끈기가 없어서 '중단자' 란 소리를 들어서는 안된다. 중단자는 결코 승리할 수 없으며 승리자는 결코 중단하지 않는 법이다.

성공은 재능있는 사람에게만 약속되는 것은 아니다. 지능지수의 높이, 최고의 지식, 능력과는 아무런 관계가 없다. 성공은 정신력, 집중력, 인내력에 좌우된다.

원하는 결과를 얻기 위해서는 노력도 필요하지만 그를 위한 에너지(정력)를 비축하는 것도 성공에의 비결이다. 에너지는 성공하려는 굳은 의지가 있어야 하며 의지가 있을 때만이 싸움에서 이길 수 있는 에너지와 의지력이 생긴다.

14 사시 · 사훈에서 배우는 경영철학

사시 · 사훈은 경영자의 경영방식을 제시한 것으로 경영자를 포함한 전 사원의 행동지침이다. 일본은 사시 · 사훈을 상당히 중요시하고 있지만 우리나라의 경우 일부 중소기업만이 아침 조회 때 전 사원이 함께 제창하여 의식 속에 깊이 침투시키고 있다.

그럼, 사시는 어떤 특징을 가지고 있어야 하는 것일까?

첫째, 그 회사의 발전을 내다볼 수 있는 내용으로써 기업목적이 포함되어야 한다. 업적평가에 활용될 수 없는 것은 부적격이다. 사시의 채택으로 그 기업의 행동이 변하지 않는다면 그 사시는 아무런 가치도 없다.

둘째, 사시는 다른 회사와의 차이를 명백히 하는 것이어야 한다. 즉 그 기업의 독자성을 확립하여야 한다. 예를 들면 '효과적 수단을 사용하여 적정이윤을 낼 수 있는 가격으로 제품을 만든다.' 등과 같이 어느 회사에서나 들을 수 있는 내용으로 정했다면, 그것은 시간낭비이다.

셋째, 사시는 그 기업이 현재 활동하고 있는 분야뿐 아니라 금후 활동하려는 사업분야를 규정한 것이어야 한다. 현재 다각화 되어 있어도 시야를 넓혀 사업전체를 초점 안으로 모을 수 있는 통일적인 개념을 포함해야 한다.

넷째, 사시는 기업과 관련있는 고객 · 거래업자 · 지역사회 · 주주 · 종업원 등 이들에게 그 기업이 각각 어떻게 봉사해 갈 것인가를 나타내야 한다.

다섯째, 사시는 사람을 분발시키고 사기를 고무시키는 것이어야 한다.

자사에 이미 사시가 있다면 지금까지 말한 5가지에 견주어 살펴보면 좋다. 어느 것인가 하나라도 충족시키지 못하는 것이 있다면 사시 · 사훈을 다시 만들어야 한다.

다음에 든 예는 B 주택회사와 W 철강회사의 사시 · 사훈이다. 기업이념으로써 필요한 요소를 포함한 모범적인 것으로써 참고할 만하다.

1. B 주택회사의 경영이념

1. 우리는 시대의 요청에 따라 새로운 주거문화 · 지역문화의 가치창조에 끊임없이 노

력하여 고객이 보다 풍부하고, 보다 즐겁게 안심하고 살림할 수 있는 주거환경 만들기에 공헌함으로써 사회발전에 기여한다.

2. 우리는 회사를 둘러싸고 있는 사람들과 성의를 가지고 협조하여 영속적인 발전을 으뜸으로 하는 건전경영을 추진하며 이로써 업계의 선구자가 되어 사회로부터 지지받고 신용받는 기업경영을 위하여 노력한다.
3. 우리는 회사의 지속적인 발전과 종업원의 행복을 성취하도록 노력한다. 종업원은 산업인으로서의 본분과 사명감에 철저하며 연구 노력하여 창의와 진취, 도전정신으로 일에 종사하도록 한다.

1번에서 자사의 사명을 알기쉽게 외치고, 2번에서 경영자세를 명확히 하고, 3번에서 사원에 관한 준수사항을 말하고 있다. 앞으로 기업이념은 추상적인 짧은 한마디보다 이와 같이 되도록 알기 쉽고 구체적으로 표현하는 것이 바람직하다.

2. W 철광회사의 경영이념

우리들은 주물을 만들고 있다. 주물을 만드는 공정은 뜨겁고 무겁고 그리고 더럽다. 그러나 우리들에게는 보람이 있다. 주물은 철기문명의 어머니라는 보람이!!

그러므로 우리들은 앞으로도 주물을 계속 만들 것이다.

얼마나 힘찬 사시인가! 사명이란 말을 쓰지는 않았지만 사명감이 충분히 전달되어 있다. 회사의 사시를 보고 '무엇에 의하여 공헌하고 있는가' 가 쉽게 회사 밖의 사람들에게 이해되면 그 회사를 신임하는 마음도 우러난다.

3. 모범적인 「사시 · 사훈」 사례

[보기 1] 사시 · 사훈

1. 기둥이 되고 보배가 되어라. 그곳에 없어서는 안되는 사람이 되어라! 너의 희망도 정열도 그 때문에 있는 것이다.
2. 일을 만들어라. 일을 쫓아라. 일하는 사람에게 신뢰가 쌓인다. 업무량이 다른 사람보다 갑절 많아지면 그만큼 신뢰가 두터워진 것이다.
3. 머리를 써라. 연구하라. 이것을 잊었을 때 너는 후퇴의 제1보를 내디딘 것이다.

4. 자기계발에 노력하라. 이것이 없으므로 너에게는 박력도 전진도 자신도 없는 것이다.

5. 결정에 대한 책임을 중히 여겨라. 책임회피는 권리의 포기와 직결된다.

6. 곤란한 일을 회피하지 말라. 최후까지 해내라. 여기에 비로소 진보와 젊음이 샘 솟는다.

7. 항상 적극적이어라. 마찰을 겁내지 말라. 그렇지 않으면 비굴해진다.

8. 할 바를 다하지 않고 권리만을 요구하지 말라.

9. 다른 사람의 입장에 서서 생각해 보아라. 선배들의 거친 가시덤불 길을 더럽히지 말라.

[보기 2] 사시 · 사훈

[사 훈]

청춘이란 인생의 한 기간을 말하는 것이 아니라, 마음에 훨훨 정열을 불태우고 뛰어난 창조력, 일에 두려움을 갖지 않고 매진하는 용맹성, 안이함을 구하지 않고 스스로 고난과 맞서는 모험심, 이와 같은 왕성한 마음의 양상을 곧 청춘이라 한다.

나이를 쌓는 것만으로 사람이 늙는 것은 아니다. 이상을 잃고 정열의 불꽃이 시들어 꺼졌을 때, 비로소 늙음이 찾아온다. 가슴에 고민을 안고 공포에 시달리며 자신과 희망을 잃는 것이 사람을 늙음으로 몰아 넣으며 정기의 혼은 그 그림자를 감추고 만다.

나이가 일흔이건 열여덟이건 그 가슴에 간직할 수 있는 것은 무엇인가? 그것은 끝없는 애모의 정, 사물에 대한 용감무쌍한 투지 그리고 어린이와 같이 끈질기게 캐내는 탐구심이다.

사람은 신념과 더불어 젊어지며 의혹과 더불어 늙어간다. 사람은 자신감과 더불어 젊어지며 공포와 더불어 늙어간다. 사람은 희망이 있는 한 젊어지며 실망과 더불어 늙어 시든다.

위와 같이 스스로 반성하며 젊어진 마음으로 사회에 공헌하는 것이 이 세상에 삶을 받은 자의 최대의 보람이며 기쁨이다.

[보기 3] 사시 · 사훈

[경영이념]

1. 소비자 지향 … 우리 회사는 소비자의 마음을 나의 마음으로 삼아, 새로운 시대의 생

활감각에 맞는 상품을 만들기에 노력하여 그들의 기대에 보답한다.

2. 품질지향 … 우리 회사는 소비자의 품질평가를 겸허하게 받아들여, 항상 품질향상과 기술연마에 노력하며 업계 최고의 상품을 공급한다.
3. 인간성 존중 … 우리 회사는 사업이 곧 사람이라는 신념을 바탕으로, 인간성을 존중하며 인재의 육성과 공정한 인사로 전 사원이 그들이 갖고 있는 힘을 아낌없이 발휘할 수 있는 자유롭고 활달한 회사 분위기를 만드는데 노력한다.
4. 노사협조 … 우리 회사는 상호이해와 신뢰를 바탕으로, 노사관계의 유지강화를 도모하고 서로 어깨를 나란히 하여 기업발전과 복지향상에 노력한다.
5. 공존공영 … 우리 회사는 공존공영의 정신으로 우리 회사의 모든 거래에서 및 관계회사와의 사이에 상호신뢰를 기반으로 한 강력한 협력관계를 구축함과 동시에, 그룹기업의 핵심체로써의 책임과 사명을 다한다.
6. 견실주의 … 우리 회사는 손님의 잔소리를 하늘의 소리로 생각하고 무엇이든 기쁘게 받아들이며 합리주의를 부리로 한 과학적 경영을 철저히 실시한다.
7. 사회적 책임 … 우리 회사는 경영기반의 안정과 확대를 통하여, 주주 및 지역사회에 이바지하고 사업활동에서는 경영상의 윤리를 존중하며 사회규범에 충실히 따른다.

[보기 4] 사시 · 사훈

[10개 수칙]

1. 친절 · 상냥 · 신속 … 이 세 가지는 오래되고도 새로운 우리들의 목표입니다.
2. 협동 … 각 종업원은 소속 팀의 일원임과 동시에 호텔 전체의 일원입니다. 화합 · 협동으로 완전한 서비스에 전념합시다.
3. 예의 … 예의는 마음의 표현이며 호텔의 품위입니다. 손님에게는 물론 우리 서로 예의 바르게 지냅시다.
4. 보건 … 각자 위생수칙을 철저히 지켜 건강증진에 노력합시다.
5. 청결 … 호텔의 생명입니다. 호텔 내는 물론 자기 신변의 청결에도 마음 씁시다.
6. 절약 … 종이 한 장이라도 함부로 취급하지 맙시다. 사적으로 쓰는 것은 절대로 금합니다.

7. 연구 … 각자가 담당한 일은 물론이고 손님의 취미 · 기호까지 연구합시다.

8. 기억 … 손님의 얼굴과 성함은 노력하여 빨리 외우도록 합시다.

9. 행실 … 손님들 앞에서 쑤군쑤군 이야기하거나 히죽히죽 웃거나 손님의 몸이며 옷을 뚫어지게 보는 행위는 삼갑니다.

10. 감사 … 항상 '고맙습니다' 하고 감사의 인사를 하는 것을 잊지 맙시다.

[보기 5] 사시 · 사훈

[사 시]

오늘의 '우리' 는 어제의 '우리' 가 아니다. 내일의 '우리' 를 오늘의 '우리' 로 멈추게 하지 말라.

[사 훈]

1월 … 꿈을 갖자. 꿈은 젊은 생명력이며 약진의 근원이다.

2월 … 생각하자. 발상의 전환을 꾀하며 연구하고 창의성을 발휘하자.

3월 … 실행하자. 자신과 용기를 가지고 실패를 겁내지 말고 실행하자.

4월 … 사업은 사람, 사람이 성장과 충실의 원동력이다.

5월 … 개척정신을 발휘하자. 미래에 도전하여 새로운 길을 트자.

6월 … 협조하자. 일하는 기업풍토를 만들어 총력을 집결하자.

7월 … 안전을 철저히 지키자. 사람과 설비에 안전을 기해, 밝은 직장을 만들자.

8월 … 끈기를 가지자. 무엇이든 해내려는 끈기가 모든 길을 튼다.

9월 … 봉사하며 살자. 회사 일을 통하여 사람과 사회에 봉사하자.

10월 … 건강 제일. 건전한 신체와 정신은 모든 것의 활력이다.

11월 … 좋은 상품 싸고 빠르게. 최고의 기술을 제품에 아낌없이 살리자.

12월 … 자기완성에 노력하자. 넓고 풍부한 교양을 몸에 지녀 한없이 전진하자.

9

CHAPTER

중소기업의 월차결산 전략

회사가 지금 이익을 내고 있는지, 손해를 보고 있는지, 평가하고 파악하는 작업이 1년에 한 번 이루어지고 있다는 것은 무의미하다. 자금의 흐름을 보여주는 시산표를 매월 작성하는 것이 수익 좋은 회사로 성장하는 첫 걸음이다. 이 장에서는 월차결산을 채택한 이후 자금이 쪼들리지 않는 흑자경영을 실현한 기업의 성공사례도 제시했다.

01

중소기업의 월차결산주의 경영

우리나라 경영자 대부분은 경리 · 재무부문에 약하다. 조금만 복잡한 숫자가 나오면 서류를 경리과에 넘겨버리고 신경을 쓰기 싫어하는 것이 보통이다. 그러나 결산서를 경리담당자에게만 맡겨서는 안된다.

세부항목은 경리에게 맡겨도 충분하지만 경영자는 회사가 지금 돈을 벌고 있는가 그렇지 않으면 손해를 보고 있는가라는 관점에서 큰 덩어리의 숫자만이라도 파악해야 한다. 1년에 한 번만의 형식적인 결산이라던가 대충 숫자만 파악하는 그런 정도라면 경영자는 숫자의식을 바꿔야 한다.

또 '돈' 의 흐름을 여실히 나타내고 있는 결산서를 매월 작성하여 회사운영을 거기에 압축시켜야 한다. 이것이 돈벌이에 연결되는 '월차결산주의 경영' 이다.

01_ 월차결산을 '나침반' 으로 삼아라

경영자에게는 여러 가지 괴로움이 있다. '매출이 늘지 않는다' '이익이 뜻대로 오르지 않는다'

'신제품 개발이 이루어지지 않는다.' '부하가 말을 잘 듣지 않는다.' '규율이 유지되지 않는다.' '지역사회와의 말썽이 끊이지 않는다.' '고객들로부터의 불만이 그치지 않는다.' 등 이루 헤아릴 수 없다.

이와 같은 것들이 경영자 개개인에게는 큰 고민이 아닐 수 없다. 그러나 이러한 일들은 결코 해결할 수 없는 것이 아니고 지혜와 시간으로 어떻게든 해결할 수 있다.

그러나 경영자에게 가장 큰 고민은 역시 '돈' 이다. 사실 돈보다 무서운 것은 없다. '외상 매입금을 지급하지 못한다.' '월말이 되어 월급을 줄 일이 아득하다.' '어음교환이 안 된다.' 등 이와 같은 고민은 다른 어느 것보다도 클 것이다.

'돈만 있으면 이 고통에서 벗어날 것인데…' 하며 피를 토하는 괴로움에 빠져보지 못한 사람은 이 고통을 이해하지 못한다. 이것은 기업규모의 대소에 관계없이 경영자라면 누구나 가지고 있는 고민이다.

특히 중소기업은 돈에 곤란을 겪고 있다는 사실이 사내외로 누설되면 발목을 잡히는 꼴이 되어 더욱 더 돈을 융통하기 어렵게 된다. 마음 놓고 경영을 하고 싶은 이러한 심정은 진짜 고통을 겪어본 경영자만이 알 수 있다.

'마음 놓고 경영' 한다는 것은 돈에 여유가 있는 경영을 말한다. 돈줄이 막혀 애먹는 일 없이 여유만만하게 자기의 이상을 실현하기 위한 일에만 노력을 기울일 수 있는 현실을 말한다.

이와 같은 경영을 달성할 수 있는 방법은 없는가? 분명히 '있다' 라고 말하고 싶다. 그것은 바로 '월차결산주의 경영' 이다.

자금운용에 곤란을 받지 않는 경영을 하기 위해서는 회사의 성적표이기도 한 결산서를 '나침반' 으로 삼아 경영을 압축시켜 가야 한다.

그러나 결산서를 경영개선의 기둥으로 삼아 충분히 활용하기 위해서는 1년에 한 두 번이 아니라 매월 결산하는 것이 전제가 되어야 한다. 이것이 월차결산을 기반으로 한 경영 즉 '월차결산주의 경영' 인 것이다.

02_ 결산서는 경리 담당자만의 것으로 하지 말라

인간과 같이 기업에도 건강진단이 필요하다. 아무리 자기 몸에 자신이 있다 하더라도 때로는 객관적인 방법에 의한 진단을 받을 필요가 있다. 그리하여 단점을 조기에 발견하여 치료를 받는 것이 건강의 지름길이다.

기업도 인간과 같이 살아있는 생명체이므로 순조롭게 영업이 되어간다 해도 객관적으로 진단을 받는 일이 중요하다. 그 '진단'이란 결산해 보는 것이고 진단서 즉 결산서를 만드는 일이다. 결산서는 기업의 활동과 성과를 바르게 나타내고 강점과 약점을 여실히 반영한다.

그러나 건강진단을 매일 하는 것은 번잡하고 시간 낭비가 된다. 기업의 진단서인 결산서도 적절한 시기를 선택해서 실시해야 한다. 그 '시기'란 월차결산이다. 해당하는 달의 결산을 다음달 15일 전후에 하는 습관을 들이지 않으면 안된다.

대부분의 대기업에서는 월차결산을 실시하고 있다. 그러나 중소기업에서는 연 2회, 그것도 사외의 전문가(세무사)에게 전적으로 의뢰하는 실정이다. 그 때문에 결산서를 세무보고의 목적 이외에는 사용하지 않고 있을 뿐 아니라, 경영 개선의 수단으로 이용하려고는 전혀 생각지 않고 있다.

기업경영의 목적은 돈을 버는데 있다. 그렇다면 경영자의 최대 관심은 결산서에 집중되어야 한다. 결산서를 경영자가 활용할 생각을 갖지 못한다는 이유는

1. 결산서의 양식이 바쁜 경영자에게 친근감을 주지 못한다.
2. 결산서를 충분히 이해하지 못하며 결산서에서 필요한 행동양식을 얻어내지 못한다.
3. 결산서를 경리 담당자가 더욱 어렵게 만든다. 즉 결산서는 일반인이 이해할 수 없는 것으로 생각되고 있다. 즉 결산서 그 자체에도 문제가 있고 경영자가 결산서에서 무엇인가 얻어내려는 자세도 결핍되고 있다.

기업이라는 배를 안전하고 경제적으로 운영하기 위해서는 무엇보다 키(결산서)를 중시해야 한다. 그러기 위해서는 우선 경영자는 결산서를 자기의 것으로 만들 필요가 있다. 양식이 어려우면 경리 담당자가 만든 것을 자기 방식으로 고쳐 만들어 키의 역할을 다할 수 있게 해야 한다.

03 기업의 결산서는 경영의 '키'이다

여기서 기업을 배라고 생각하면 결산서는 키이다. 키는 배의 꼬리에 장착되어 배가 앞으로 나가는데 마치 매달려 끌려가는 것처럼 보이지만, 배의 진로를 정하고 장애물을 피

해가면서 안전하게 목적지에 도착시키는 중요한 역할을 한다. 결코 단순한 장식물이 아니다.

결산서는 이 키와 흡사하다. 영업기가 끝나고 난 뒤 작성되는 것으로 경영활동의 최후에 부속되어 있다. 따라서 중요하게 다루지 않아도 경영은 어떻게든 이루어진다.

키의 움직임이 조금 둔해져도 스크루만 돌아가면 배는 앞으로 나간다. 그러나 배의 진행을 엔진에 의한 스크루의 회전에만 의존해서는 안전한 항해를 할 수 없다.

결산서를 기초로 하여 기업의 항로를 정하면 안전하고 편하게 목적을 달성할 수 있다. 즉 결산서를 영업의 최종 보고서로 그치게 할 것이 아니라 앞으로의 영업활동의 기틀로 활용해야 한다.

그런데 결산서를 1년에 단 한 번, 그것도 주주총회에 제출할 자료로써 2, 3개월이나 늦게 작성한다면 그것은 키의 역할을 다했다고 볼 수 없다. 결산서를 느릿느릿 만들고 있는 사이에 배는 멋대로 가버리기 때문이다. 그렇게되면 아무리 정교한 키라 하더라도 쓸모가 없게 된다. 결산서를 영업활동의 기둥으로 삼으려면 1년에 한 번이나 두 번으로는 의미가 없다. 따라서 월차결산이 절대적으로 필요하다.

04_ 숫자의 세부항목에 집착하지 말고 전체를 보라

사람의 건강에 대한 바로미터는 쾌식(快食)·쾌면(快眠)·쾌변(快便)이다. 이 3개의 조건만 완전하면 다른 조그만 증상은 저절로 고쳐진다. 경영도 자금운용·수주·매출만 잘 되면 우선 건전한 경영 상태라고 할 수 있다.

월차결산을 실천하는 경우, 결산서를 부분적으로 보지 말고 이 3요소를 중심으로 집약해서 판단하면 결산서는 결코 번잡한 것이 되지 않는다.

따라서 바쁜 경영자는 결산서의 세부과목을 하나하나 외울 필요가 없다. 그것들은 경리 담당자에게 맡기자. 경영자는 다만 손익 계산서의 세금공제전 이익과 대차 대조표의 유동자산과 유동부채에만 주목해도 된다.

유동자산이 유동부채보다 많은 경우는 단기(1년 이내)의 지급능력에 여유가 있게 되므로 경영 상태는 안정되어 있다고 속단해도 좋다. 그러나 반대의 경우는 자금부족 상태가 되어 자금을 꾸려나가는 데 시달리게 될 것이다.

여기서 주의를 요하는 것은 유동자산이 유동부채보다 많은데도 자금운용이 어려운 경우이다. 이와 같은 경우는 유동자산의 내용을 철저히 검토해 보아야 한다.

만약 유동자산을 구성하고 있는 판매 미수금이 회수불능에 가깝거나, 재고자산이 매출 상황에 비해 과다하거나, 불량품을 갖고 있으면 당연히 자금운용이 악화된다. 여기서 손익 계산서의 이익을 합하여 검토하는 일이 중요하다.

경영은 숫자 꿰어 맞추기가 아니다. 아무리 유동자산이 유동부채의 몇 배가 되더라도 경영자가 지급지연에 따른 변명을 하기 위해 뛰어다닌다면 기업이 안정되어 있다고 말할 수 없다. 경영자는 숫자에는 개의치 말고 숫자의 이면을 살펴보고 자금운용이 좋은가, 어려운가를 직감적으로 판단하지 않으면 안된다.

요는 '돈' 이 있느냐, 없느냐이지 자세한 결산과목에 얽매일 일이 아니다. '월차결산 경영' 은 결산서의 숫자를 만지작거리고 맞추는 것이 아니다.

월차 결산서는 경영자가 힘들이지 않고 편하게 경영을 운영하기 위한 불가결의 경영도구라고 말할 수 있다. 즉 결산서(손익 계산서 · 대차 대조표)에 의하여 기업의 현상과 과거를 정확히 파악할 뿐 아니라 앞으로의 경영 상태를 개선하고 자금운용에 곤란을 받지 않는 회사를 지향하는 것이다. 1년에 한 번이라는 긴 기간으로 늦춰서는 살아있는 경영을 할 수 없다.

05 월차결산주의 경영은 수익과 연결되는 기법이다

결산서의 작성은 당연히 경리부문이 할 일이며 월차 결산서를 적극적으로 작성할 수 있는 체제를 타부서와 협력해서 만들지 않으면 안된다. 그러기 위해서는 각 부분이 다음의 일을 엄수해야 한다.

1. 그날 일은 그날 안으로 마친다.
2. 결산에 관한 업무는 신속히 처리하고 경리부문에의 보고는 절대로 보류하지 않는다.

3. 결산서가 작성되면 즉시 분석, 검토하고 경영자가 소견을 첨부하여 각 부분에 회람한다.
4. 각 부문에서는 적어도 계장 이상의 사원이 결산서의 요약, 경영자의 소견을 열람하도록 하고, 각 부문장이 개선의견을 첨가하여 철저히 주지하도록 한다.
5. 결산서 작성부문(주로 경리부)은 수동적 입장을 버리고 능동적으로 한다. 즉 각 부문의 결산관계 보고서류의 제출을 기다리지 말고 재촉하고 지연되는 부문에 대해서는 원인을 점검하여 조기에 제출할 수 있도록 조치한다.
6. 결산서 작성은 조기에 완료되도록 부문업무를 점검한다. 그리고 해당 월의 결산은 다음달 15일까지 경영자에게 제출할 수 있는 체제를 확립한다.
   현재 다음 달 말일까지 작성한다면 15일까지 완성하도록 매월 3일 내지 5일씩 단축해 나갈 계획을 세운다.

이와 같이 하면 월차 결산서가 소정의 시기에 작성될 수가 있지만, 그렇게 간단히 되는 것은 아니다. 각 부문은 자기들의 일에는 힘을 기울이지만 타부문의 보고사항에는 관심을 기울이지 않는다. 그것을 그대로 방치하면 월차결산은 빛 좋은 개살구가 된다.

예컨대 제조부문이라면 주 업무인 '제품을 생산하는 일' 과 같은 의식으로 보고서를 만들도록 의식개혁을 해야 한다.

그리고 그보다 더 중요한 일은 경영자의 강력한 지시와 지도이다. 결산서 작성부문에 '관계보고서 제출 점검표' 를 만들도록 하고, 지연될 때는 개선책을 직접 지시해야 한다. 그 정도의 의욕이 없이는 월차 계산서의 조기작성은 그림의 떡이 되고 말 것이다.

06_ 결산서는 개선행동을 일으키기 위해 작성한다

월차결산과 활동은 끊을래야 끊을 수 없는 관계에 있다. 월차결산은 활동을 일으키기 위한 것으로 활동이 따르지 않는 월차계산은 허사가 된다.

만약 활동 즉 '개선을 위한 수단' 을 일으키지 않아도 되는 결산 결과가 나왔다면 그 기업은 완전한 안정 상태라고 말할 수 있다. 이것이야 말로 '편한 경영' 의 극치이다. 그런데 그렇게 잘 되어 나간다면 누구도 고생하지 않을 것이다. 매출은 결코 일정치 않으며 경영에는 항상 피할 수 없는 문제가 발생한다. 결산서가 경영자 앞에 펼쳐졌을 때 거기에는 반드시 '활동의 씨앗' 이 있다고 생각해도 좋다.

경영자는 결산서를 한 번 검토하면서 그 급소를 정확히 파악하고, 그런 다음에 세부활동으로 들어서지 않으면 안된다.

흔히 재무제표를 상세하게 분석하여 개개의 비율을 산출하고 타 기업의 평균치와 비교하는 경영자가 있다. 소위 '경영분석' 이라는 것이다.

그러나 이 경영비율에 너무 지나치게 집착하는 것은 바람직하지 않다. 경영비율을 세분화하고 그것에 이유를 붙이는 것은 전문가의 일이다. 경영자는 그들이 분석한 것을 종합적으로 판단하는 일이 무엇보다 중요하다. 그 판단에서 개선을 위한 행동범위를 찾아내는 것이 경영자의 일이며 비율분석에 집착하는 것은 시간의 낭비이다. 무엇보다 너무 세분화한 것으로는 적절한 활동을 일으킬 수 없다.

경영분석의 결과를 업계표준이라든가 최소 · 최대치와 비교하여 자사가 어느 정도의 위치에 있는가를 아는 일도 결코 헛된 일은 아니지만 그것은 단지 '본다' 는 것만으로 끝나는 경우가 많다.

개개의 비율을 분석하여 그 수치를 보았다 하더라도 기업의 규모나 성장과정 · 시장상황 등이 각각 서로 다르므로 분석결과가 들쭉날쭉한 것은 당연한 일이다. 분석 전문가가 되고 싶다면 몰라도 프로 경영자라면 어느 쪽으로 보아도 대세에 영향이 별로 없는 것은 과감히 잘라 버려야 한다. 그렇게 함으로써 더 정확한 판단을 할 수 있다.

경영은 각종 요소가 서로 엉켜서 이익, 돈벌이를 하는 것이므로 개개의 요소는 물론, 경영자로서의 육감, 종합력이 크게 역할을 한다.

따라서 총괄적으로 경영 상태를 파악하는 일이 중요하다. 너무 세세한데까지 깊이 들어서면 앞뒤가 바뀔 우려가 있다. 월차결산은 되도록 빨리 작성해야 한다. 그것은 활동을 빨리 일으켜 결산서에서 발견된 결함을 조기에 개선하기 위해서이다.

개선하지 않으면 안될 점이 있으면 그것을 다음 달 업무운영에 반영시킬 필요가 있다. 경우에 따라서는 즉시 다음 달에 반영시키지 못할 시책도 있을 것이다. 경영자는 중단됨이 없도록 눈을 부릅뜨고 개선할 시책의 진행상황을 점검하는 것이 중요하다.

07_ 결산서의 중요사항은 사원에게 공개하라

월차결산주의 경영은 그 달의 활동성과를 결산서에 집약하여 다음 달 이후의 경영 개선을 도모하는 것이다.

그런데도 불구하고 회사에 따라서는 결산서를 한정된 일부 간부사원에게만 공개하는 경우가 있다. 그것은 이익의 규모, 회사의 재무상황, 적립금 등이 알려지면 종업원에게 악영향을 주어 분쟁의 원인이 되지 않을까? 하는 우려에서일 것이다.

그러나 이것이야 말로 기우에 지나지 않는다. 종업원의 입장에서는 도대체 회사가 벌고 있는지 어떤지 모르는 쪽이 더 불안하다. 결산서를 기초로 한 경영을 표방하는 이상, 결산서는 전 사원에게 철저히 주지시켜야 한다.

그러나 결산서를 그대로 '자, 봐 주십시오.' 라고 공개한들 과연 몇 사람이나 그 내용을 이해할 수 있겠는가? 누가 보아도 알아볼 수 있는 상태로 정리 · 정돈되어야 한다. 이 일도 월차결산 경영방식의 일환으로 꼭 연구해볼 점이다.

즉 결산결과를 그대로 공표하는 것이 아니라 예컨대 종업원 1인당 이익 또는 손실은 얼마이고, 1인당 얼마만큼의 벌이가 필요하며 그러기 위해서는 종업원 한 사람 한 사람이 어떻게 일하면 되는가 등을 밝혀, 그들 스스로 자발적으로 행동할 수 있도록 하는 것이 중요하다.

02

손익 계산서의 활용방법

기업은 돈을 벌지 않으면 안된다. 그런데 일반적으로 '돈을 번다'는데 대하여 떳떳하게 내놓고 이야기하기를 꺼리는 경향이 있다. 마치 철저히 돈을 번다는 것이 무슨 죄악이나 되는 것 같은 눈치마저 보이는 경우도 있다.

물론 보이지 않는 속마음이야 다르겠지만, 돈을 번다는 것에 대해 그런 느낌이 조금이라도 있어 눈치 보는 사람이라면 지금 곧바로 기업경영에서 손을 떼야 한다. 충분한 벌이가 있어야 비로소 경영방침도 사회에의 공헌도 실현된다. 그런데 바로 이 돈벌이 경영을 하는 데 큰 핵심이 되는 것이 손익 계산서이다.

01_ 수익금으로 차입금 이자를 무는 바보가 되지 말라

제1절에서는 '월차결산주의 경영'에 대한 경영자의 자세에 대해 '정신론'을 말했다. 거기서도 강조한 바 있지만, 경영자는 결산서를 읽을 수 있어야 한다. 그리고 읽는 방법도 경리 담당자와는 달리 경영자로서의 방법이 필요하다.

중소기업을 경영하는 A사의 경영자는 경영자금 압박에서 벗어나려고 온갖 방법을 시도하였지만, 모든 일이 뜻대로 되지 않았다. 그래서 생각해낸 것이 월차결산주의 경영이다. 이 월차결산주의 경영을 실시한 결과 차입금 경영에서 벗어나 이자를 지급하지 않는 기업으로 전환해 커다란 이익을 올리고 있으며 제품의 판매망도 확립되었다.

차입금 경영이 무조건 나쁘다는 것은 아니다. 잘 운용하는 차입금이야말로 기업경영의 열쇠라고 보는 시각도 있다. 그러나 힘들게 번 돈을 이자지급에 충당하는 경영만큼 바보스런 일도 없다. 고생하여 번 것을 금융기관에 바치는 허무함을 경험해 보지 않은 사람은 이해하지 못한다.

02_ 먼저 '가처분 이익'의 액수를 보라

이제 손익 계산서를 보는 방법으로 들어가 보자. 여기에 간략하게 요약된 손익 계산서의 한 예 〈도표 1〉이 있다. 이것은 한눈으로 보아도 이해할 수 있을 정도이지만, 바쁘기 이를 데 없는 경영자에게는 이것도 복잡하다고 생각될 것이다.

〈도표 1〉과 같이 요약해 보면 손익 계산서는 11개 항목이 되는데, 그 중 경영자로서의 최대관심사는 ⑪의 '당월이익'이다. 즉 결국은 벌었는가, 손해를 보았는가 하는 것이 궁금할 것이다. 벌었다면 그 액수가 적절한지 어떤지를 본다. 많으면 많을수록 좋지만 정직한 장사로 그렇게 많은 이익이 나는 것은 아니다.

〈도표 1〉 손익 계산서의 요약(월차)

No.	요약과목	%
①	매 출 액	
②	매 출 원 가	
③	매 출 총 이 익	
④	판 매 비 와 관 리 비	
⑤	영 업 외 비 용	
⑥	경 상 이 익	
⑦	특 별 이 익	
⑧	특 별 손 실	
⑨	법인세비용 차감전 순이익	
⑩	법 인 세 비 용	
⑪	당 월 이 익	
⑫	누 계 이 익	

여기서 당월이익을 매출액으로 나누어 몇 %가 되는지 산출해본다. 그렇지만 이 비율이 몇 %가 적정하다고 정할 수는 없다. 기업에 따라 그 기준이 다르기 때문이다.

서점에서 팔리고 있는 책에는 업종별, 기업규모별 실적이 기재되어 있다. 이것도 하나의 참고는 되지만 자사를 위한 적정한 비율이라고 하기는 어렵다.

그래서 자사에서는 얼마의 이익이 필요한가를 미리 산출하여 이것을 기준으로 삼아 업종별 실적과 비교해 보면 좋다. 즉 업계의 평균치보다는 자사의 기준을 먼저 살펴본다.

이익처분 항목은 ① 주주에 대한 배당 ② 임원상여 ③ 내부 유보 등으로 구분된다.

월차결산방식을 채택하고 있는 경우, 이익에서 매월 예정액을 공제함으로 예상 배당항목에 넣을 필요는 없다. 그럼 이 3개 항목에 대하여 설명해 보자.

주식회사가 주주를 우대하는 것은 당연한 일이다. 그런데 우리나라의 중소기업에서는 자본과 경영이 분리되지 않아서 임원상여와 뒤섞어 결정하기도 한다. 대기업에서도 이익의 몇 %라고 명확히 정하고 있는 데는 적은 것 같다.

회사는 주주의 소유물이고 경영자는 주주의 위탁을 받아 경영에 임한다. 그러나 실제 주주보다 회사 우선, 임원 우선의 경영을 하고 있다. 그러나 주식회사는 주주의 소유물이라는 것을 자각하여 경영자는 우선 주주에게 철저히 봉사해야 한다.

회사의 기본방침은 주주총회에서 정하고, 이것을 대표이사가 집행하므로 주주의 의견에 의하여 기업을 경영하는 것이 중요하다. 그럼에도 경영자 우선 행위가 당연한 것처럼 행해지고 있다.

어떻게 하면 주주총회를 단시간에 마칠 것인가에 정신을 쏟고, 심지어는 특별히 손을 써서 10여분 만에 마무리 지어버리는 한심한 회사도 있다. 많은 중소기업이 오너 경영자에 의하여 운영되고 있는 원맨 경영(소유자 경영) 방식이므로 쉽게 개선되지 않는 것이다. 그러나 언제까지나 방임할 수 없다.

기업경영은 사람과 물건과 돈을 결합하여 이익을 올리는 것이다. 이 중에 가장 중요한 '사람' 을 경시, 냉대하여 돈이 벌릴 리 만무하다. 주주 우대냐, 종업원 우대냐의 문제가 아니라, 종업원(사람)을 중시하는 경영의 결과로 주주 우대책이 실현되어야 한다.

임원상여는 이익에 준하여 배분한다. 그러나 최근에는 상여의 성격이 변하여 생계비라고 부르기도 한다. 현실적으로 상여라는 말이 싫어 '연말수당' 등으로 고쳐 부른다.

그것이 샐러리맨 임원의 증가로 임원에게도 파급되어 가고 있다. 이익의 유무에 관계없이 임원상여를 지급하는 기업이 있는 것도 그 때문이다.

물론 적자결산의 경우에는 임원상여 계정은 불가능하지만, 기업에 따라서는 누적 적자 상태에 있으면서도 지급하는 데도 있다. 임원 · 중간 관리자 · 일반 종업원간의 급여 격차가 축소되어 임원이면서도 중간 관리직과 큰 차이가 없는 보수가 지급되고 있는 곳도 있으므로 적자 경영이라 하여 상여까지 깎이고 보면 견딜 수 없다는 심정도 이해는 된다.

그러나 경영자는 주주로부터 회사경영을 하도급 받고 있는 것이다. 크게 벌어서 주주에게 고율의 배당을 하면서 더불어 자신도 일한 만큼의 상여를 받아야 한다.

동시에 이익이 없는 경우에는 명목이야 무엇이든 상여와 유사한 일체의 보수를 받지 말아야 한다. 요는 경영층은 어디까지나 '벌이'에 맞먹는 상여를 받아야 한다는 것이다.

끝으로 내부유보는 이미 해답이 나온 것이나 마찬가지다. 즉, 앞에 기술한 주주배당과 임원상여의 합계액을 세금공제전 이익에서 공제한 액수이다.

그런데 경영자 측에서는 주주배당과 같이 외부로 유출되는 금액은 적게 하고 내부에 유보되는 적립금 등은 많이 보유하도록 조치한다. 그만큼 자기 자본이 많아져서 타인 자본을 쓰지 않아도 되기 때문이다.

그러나 주주의 입장에서 보면 자기가 투자한 돈이므로 많은 배당금을 바란다. 적어도 정기예금 이자 이상의 배당이 없다면 그 회사에 관심이 없어질 것이다.

주주에게 대차 대조표의 내용이 공표되지만 경영자가 읽어도 잘 이해되지 않는 것을 어떻게 주주가 이해하겠는가? 즉, 주주는 배당규모에 의하여 그 회사에 대한 귀속의식이 달라진다. 자기자본 비율이 어떻고, 적립금이 어떻고 하는 것은 일반 주주에게는 관심 밖의 일이며, 많은 배당을 보장하는 즉 '주주 우대'의 회사를 주주는 선호한다.

03_ '매출액' 증가대책은 중간 관리직의 책임이다

이익이 계획대로 계정되어 있지 않는 경우, 원인이 어디에 있는지 알아야 한다. 첫 번째 순서가 '매출액'을 보는 것이다. 매출이 적어서 이익이 적었다고 생각하는 것이 가장 자연스럽다. 그러나 어느 정도의 매출이 필요한지 알 수 있도록 영업기간이 시작되기 전에 경영계획은 어떻게든 세워져야 한다.

경영계획이라 해서 학자 · 전문가가 말하는 그런 계획이 아니고, 자사가 놓여 있는 상황 · 시장 등을 고려한 포괄적인 수치를 의미한다. 그 기준에 의하여 매출을 측정하여 부족하면 어디에 원인이 있는지를 찾아내고, 알아낸 원인을 제거하기 위해 다음 달 이후 어떻게 대처해 나갈 것인지를 계획하고 실행한다.

매출감소의 원인규명, 대책의 수립은 중간 관리자가 해야 한다. 중간 관리자는 결정한 매출 목표를 질 · 양 모두 달성할 책임을 지고 있다. 경영자가 할 일은 중간 관리자의 업무영역을 침범하지 않고 중간 관리자가 대책을 세웠을 때 그것이 과연 유효한 수단인지 아닌지를 판단하여 실행하도록 촉구하는 일이다.

그런데 매출은 아무리 정밀하게 계획을 세웠어도 실적과는 차이가 나게 마련이다. 따라서 월차결산주의 경영이라 할지라도 얼마 안되는 매출감소에 일일이 신경 써서는 안된다. 3개월 정도로 구분하여 행동의 대상을 삼는 것이 적당하다.

매출액 감소를 회복할 수 있는 방법이 사내에 있는 경우, 제품에 대한 고객의 불만이나 서비스에 대한 요구 등은 즉각적인 대책을 강구할 수 있으며 효과도 확인할 수 있다.

그러나 원인이 사외에 있을 때, 즉 수요 측의 부진이나 판매를 잘 못한 것 등 손이 미치지 못하는 곳에 있을 때에는 경영자는 관리자의 분석결과와 대책안을 검토하여 과연 장래성이 있는지 없는지의 판단을 재빨리 내려야 한다.

다른 대체안이 어떤지를 검토하고, 만약 없다면 영업비용 등을 삭감하여 계획된 이익을 확보해야 한다. 이처럼 월차결산방식을 정확히 실시하면 문제의 조기발견과 조기치료도 가능하게 된다.

04 '매출원가' 의 틀을 정하고 강력히 추진하라

다음은 '영업비용' 이다. 여기에는 '매출원가' '판매비 및 일반 관리비' 가 포함되며 매출액에 대하여 영업비용이 적은 것이 이익을 더 내는 결과가 된다. 따라서 매출원가를 절감시켜 '매출총이익' 을 많게 하고, 판매비 및 일반 관리비를 억제하면 더욱 좋다는 것쯤은 누구라도 아는 이치이다.

매출 총이익이란 매출액에서 매출원가를 뺀 것이다. 거기에서 판매비 및 일반 관리비를 빼면 '영업이익' 이 된다. 이것들과 매출액과의 비율이 '매출 총이익률' 또는 '매출액 영업 이익률' 이며 이들의 적정치는 업종이나 업태에 따라 다르다. 예정치는 있어도 결정치는 없다고 말해도 과언이 아니다. 시판되고 있는 '경영분석' 책에 명시된 비율을 참고로 삼아도 좋다. 그러나 그들은 어디까지나 '예상치' 이다. 다른 기업을 교과서로 삼기보다는 자사에서는 얼마만큼의 이익을 확보하는가를 정하는 것이 우선해야 할 일이다.

그 이익을 올리기 위해서는 매출원가를 몇 %로 하면 좋은가, 판매비 및 일반 관리비를 몇 %로 억제할 것인가를 정하고 이에 강력히 접근시킨다.

구체적으로 말하면 원가율 · 매출 총이익률 · 판매비 · 일반 관리비를 우선 정한다. 이것을 기준으로 하여 월차손익 계산서의 실적치와 비교하여 목표치에 달하고 있는지의 여부를 판단한다.

매출액은 회사 밖의 여러 요인에 의하여 결정되지만 영업비용은 경영자의 리더십으로 상당히 삭감될 수 있다.

다시 말하면 원가율과 일반 관리비율의 억제는 경영자의 능력에 달려 있다. 따라서 경영자로서는 가장 큰 흥미와 관심을 가지지 않으면 안된다.

경영자는 원가계산에 대하여 전반적인 이해는 물론, 제품을 보는 것만으로도 그의 시장가격을 추정할 수 있을 정도의 능력을 구비해야 한다. 즉 팔리는 가격을 파악하는 능력을 가지고 있어야 한다.

05_ '고정비용' 은 움직일 수 없는 비용이 아니다

영업비용 중 판매비 및 일반 관리비에 관하여 살펴보면, 이들 비용은 고정비(인건비 등)와 매출에 비례하여 증가하는 변동비로 나눌 수 있다. 또 신제품 개발을 위한 비용(시험 연구비)도 포함될 것이다.

"고정비는 움직일 수 없는 비용이다"라고 생각하는 사람이 많은데, 그런 고정된 사고방식에서 벗어나야 한다. 고정비에 대해 특별히 관심을 가져야 하지만, 먼저 무엇보다 중간 관리자의 발상의 전환이 필요하다.

그러나 발상 전환은 그리 쉽게 되는 것은 아니다. 그러므로 제 아무리 싫어도 다시 보지 않으면 안된다. 즉 1인당 매출액 · 이익 · 경비 등을 정하여 그것을 바탕으로 하는 관리 시스템을 만든다. 중요한 것은 성과와 균형이 잡힌 고정비로 만드는 것이다. 그저 액수가

적으면 좋다는 것이 아니다. 성과와 균형이 잡혀 있으면 높은 능률 · 높은 임금이 실현된다.

다음은 '변동비' 이다. 이것은 매출의 증감에 따라 어느 정도 변하는 것인데 소위 변동비 속에도 고정적인 것이 있기 마련이다. 그것을 미리 알아야한다.

그런 다음 경영자는 1인당 경비를 큰 테두리로 파악하고 손익 계산서를 점검한다. 물론 이것은 지출을 억제하여 종업원을 위축시키기 위한 것이 아니어야 한다.

최종목표는 필요한 이익을 획득하는 것이므로 구석구석의 먼지를 털어내는 것 같은 점검은 역효과이다. 무엇보다도 전표를 하나하나 점검할 시간이 경영자에게 있을리 없기 때문에 종합적인 파악을 하는 것, 이것이 핵심이다.

여기서 A회사의 예를 들어보자. A회사에서는 영업기의 연도계획 즉 1년의 매출 · 매출총이익, 그것을 달성하기 위해 소요되는 경비를 각 담당자가 정하고 있다. 그것은 담당관리자의 지휘하에 회의를 가지고 각 부문이 취합하여 경영자에게 제출하고 거기서 연간예산을 결정하는 제도이다.

그러나 이 연간예산은 영업기가 시작되기 3개월 전에 결정되므로 정세변화에 꼭 맞지는 않다. 그래서 매월 25일까지 다음 달 분에 대한 같은 요령으로 담당자에게 수정예산을 세우게 하여, 그것을 취합하여 전사적으로 결정한다.

월차결산 경영에서는 이 자금운용을 취합하여 각 부문의 지출이 결정된다. 연도예산과는 달리 활동 월에 가까움으로 실적과 크게 차이 나는 일은 거의 없다. 말할 것도 없이 이들 예산은 해당 월의 월차결산을 점검하는 자료 역할도 한다. 경영자는 1인당 매출 · 매출총이익 · 경비 등 종합적인 파악만 하면 되며 자세한 내용을 파악할 필요는 없다.

이 방법은 요컨대 담당자 수준에서 예산을 수립하도록 중간 관리자가 지도하고 경영자가 결정함으로 숫자 하나하나에 담당자는 책임을 지는 셈이다.

06 간접부문을 축소하고 일반 관리비는 삭감하라

일반 관리비는 시험 연구비와 같은 전향적인 지출도 포함되지만 간접비가 많은 부분을 차지하고 있다. 즉 임원보수 · 교제비 · 일반 관리부문(간접부문)의 인건비 등이다. 이들 간접비는 애써 번 돈을 갉아 먹는 '생산적 지출' 이다. 따라서 얼마든지 구두쇠 정신을 발휘하여 그 내용에 간섭할 가치가 있는 지출이다.

그렇지만 일반 관리비는 말하자면 경영자의 주변경비이다. 경영자가 여간 확고한 운용을 하지 않고서는 증가를 억제할 수 없다.

원래 간접부문의 역할은 직접부문을 지원하는 것이다. 그런데 이 부문은 경영자에게 물리적으로 가까운 위치를 점하고 있어 아부와 아첨을 잘하는 인물이 간접부문의 책임자로 있으면 현장보다 경영자의 마음에 드는 일에 정력을 기울이게 된다.

만약 경영자가 독선적이고 마음대로 하는 성격인 경우 그가 좋아할 정보만을 제공하고 진실을 전하지 않게 된다. 따라서 경영자는 가능한 한 간접부문의 기구를 축소하고 그 책임자에게는 사내의 직제상 직위가 낮은 자로 하여, 오직 직접부문을 지원하는데 전념하도록 지도해야 한다.

총무부문의 일은 잡무가 많아 태반은 여성인력으로도 해낼 수 있다. 구태여 비중있는 인물을 앉힐 필요가 없다. 총무부장을 중용하고 있는 회사는 경영자가 '측근 경영' 을 좋아하기 때문이다. 생산적 경비는 얼마든지 지출해야 하지만 총무부문 등의 비생산적 부문은 극도로 절감하여 이익이 빠져나가지 않도록 하는 방책을 취할 필요가 있다.

07_ '개발비' 는 전문가의 의견을 그대로 채택말라

시험 연구비는 기업의 특성에 따라 다르다. 시대가 변해도 가업(家業)을 유지하기만 하면 장사를 계속할 수 있는 업종이라면 연구비를 지급할 필요가 없다. 그러나 항상 새 제품으로 경쟁하는 기업은 연구비의 지출을 아껴서는 안된다.

따라서 연구비가 매출의 몇 %이면 좋다는 등의 기준은 기업의 실태를 모르는 무책임한 말이다. 기업이 처한 환경에 따라 경영자가 판단할 일로써 일반적인 지출률 따위는 아무런 참고가 되지 않는다.

이것은 효율적인 연구개발이 행해지고 있는가, 없는가의 문제이다. 효율적인 연구개발이란 그 기업에 알맞은 이익을 낳는 일이다. 예들 들어 기초연구와 같이 언제 돈이 될지 예측할 수 없는 개발 사업은 여력을 가진 대기업이 아니고서는 진행할 수 없다. 전문가 중에는 자기 스스로의 전문적 울타리 속에 웅크리고 앉아 개개의 기업실태 따위는 염두에 두지 않고 있는 사람이 많다. 이러한 무책임한 전문가의 말을 곧이곧대로 받아들이는 경영자 밑에서는 효율적인 연구개발이 이루어지지 않는다.

전문가 중에는 간단한 일을 어렵게 표현하고 설명하는 사람이 있다. 이들은 전문을 무기로 기존의 지식, 경험에서 한 걸음도 밖으로 나오려 하지 않는 인간이라고 단언해도 좋다. 정말로 훌륭한 전문가라면 난해한 문제를 쉽게 해설할 수도 있고, 경영자와 같은 시각으로 연구 개발비가 적정한가, 아닌가를 판단할 수 있어야 한다.

08_ 차입금 경영에서 벗어나라

지금까지는 손익 계산서 내에서, 소위 '영업손익' 에 관하여 알아보았다. 그러나 기업이 살아있는 이상 '영업외' 의 수입과 지출도 생긴다. 또 고정자산 매각손익 등의 '임시손익' 도 있다. 먼저 '영업외 수입' 을 보면, 여기에는 예금이자, 투자에 대한 배당, 무역 환차익 등이 있다. 영업외 수입은 많을수록 좋지만 본래 기업경영의 중심은 영업이다.

경영자는 우선 매출 총이익, 영업이익을 중시해야 하며 영업외 수입과 같은 불안정 요소에 관심을 기울여서는 안 된다. 이와 같은 것들에 의지하는 경영은 참된 경영이라 할 수 없다.

영업외 손익에서 문제 삼아야 할 것은 '영업외 비용' 이다. 이것은 지급이자, 할인료 등이 주체이므로 차입 경영에서는 이 비용이 과다하게 된다. 매출을 증가시키고 구입원가를 절감하는데 혼신의 노력을 기울여 매출 총이익 · 영업이익을 획득하여도 그것을 차입금의 이자로 지급해 버리면 바람직한 경영이라 할 수 없다.

많은 경영자는 차입금 경영에서 벗어나려고 몸부림치고 있지만 쉽게 실현되지 않는 것이 현실이다. 이것은 매출을 증가하고 영업비용을 삭감하여 이익을 쌓아 올려 차입금을 갚는 것인데 이것이 잘 되지 않는 데에 문제가 있는 것이다.

아무튼 금융기관을 위해 일하고 있는 것과 같은 경영, 즉 돈을 빌리기 위해 금융업자에게 머리를 조아리고 그 결과 이자라는 비생산적인 돈을 바치는 주객이 전도되는 상태에서 경영자는 하루 속히 탈출해야 한다.

대차대조표상 고액의 예금을 가지고 있으면서도 한편으로 은행차입을 하고 있는 경영자도 적지 않다. 낮은 예금이자를 영업외 수입으로 계정하면서 그것보다 훨씬 고리의 차입금 이자를 영업외 비용으로 지출하는 일은 아무리 생각해도 납득이 안간다. 금융업자나 경리 전문가는 어음의 할인, 불시의 지출에 대비한 것이라고 설명할 것이다.

물론, 급격한 자금수요 또는 설비투자를 위한 다액의 차입금이 필요할 경우도 있을 것이다. 그러나 경영은 어디까지나 자기 수준을 알고 실행할 일이지 투기와는 근본적으로 다르다. 설비투자라 하더라도 그 상각비용 및 투자에 의하여 이익을 낳을 예측을 착실히 세운 뒤에 차입금활용을 생각해야 한다.

영업활동에 의하여 벌어들인 수익을 영업외 비용으로 토해 버리는 일만큼 어처구니 없는 일도 없다. 누가 뭐라 해도 차입금 경영에 안주하는 일은 '좋은 경영' 이 아니다.

매출을 증가시키고 지출을 축소하는 가장 소박한 경영기법으로 조속히 차입금 경영에서 벗어나야 한다. 결산서와 열심히 씨름하는 의미도 그 때문이다.

09_ '경상이익' 은 기업수익의 모든 것을 나타낸다

다음에는 '경상이익' 에 대해 알아보자. 이것은 영업이익에 영업외 손익을 가감한 이익이다. 지금까지 말한 바와 같이 매출 총이익, 영업이익을 중시하고 영업외 비용을 억제하면 경상이익이 적어지는 일이 발생하지 않는다. 그런데 많은 기업이 경상 이익률이 너무 낮은 편이다. 그 이유는 자기 자본이 적고 고정비용이 높기 때문이라고 생각된다.

고정비용 중 가장 많은 것은 인건비이다. 따라서 대부분의 기업들이 선진국에 비해 종업원의 능률이 낮고 불필요한 일이 많아 개선할 여지는 얼마든지 있다고 생각된다.

경상이익은 기업수익의 모든 것을 나타내고 있다고 말해도 된다. 여기에서 특별손실, 법인세 등을 공제한 것이 기업이 처분할 수 있는 이익이므로 어떻게 해서든지 경상이익 단계에서 많은 수익을 내는 것이 중요하다.

그 액수는 계획시점에서 가처분 이익(배당 · 임원상여 · 내부유보 등)을 산정하고 거기서 역산하여 정한다. 경영자는 이 경상이익을 획득하기 위한 방책을 강구해야 한다. 만약 경상이익을 역산하여 산출한 액수가 미흡하면 신속히 손을 써야 한다.

즉, 다음 달 이후부터 회복하기 위한 영업활동이 필요한 것이다. 매출증가를 꾀하던가 영업비용을 감축하던가, 영업외 비용을 삭감하기 위해서는 어떻게 할 것인가 등을 구체적으로 생각하지 않으면 안된다.

10 '특별손익'은 임시적인 수입과 지출이다

특별손익은 영업활동에 의한 손익과는 성질이 다른 것이다. 말하자면 임시적 수입과 지출이다. 따라서 경영자는 그다지 큰 관심을 기울일 필요가 없다. 적절히 처리하면 된다는 정도로 이해하면 충분하다.

문제는 부동산 매각이익 등이 일시적 수입으로 되어 세금 공제 전 이익이 증가하는 경우이다. 이와 같은 것은 영업활동의 결과라고는 말할 수 없는 것이므로 아무리 이익이 많더라도 결코 평가할 만한 것이 못된다.

그런데 주주나 경영자 중에는 손익 계산서를 제대로 볼 줄 몰라 가처분 이익이 많으면 만족해 버리는 경향도 있다. 영업활동에 의한 이익, 즉 경상이익이 적고 배당도 할 수 없는 결과가 예상되면 부동산을 처분해 이익을 계정하여 주주들의 비위를 맞추어 나가는 샐러리맨 경영자도 있다. 그러나 이것은 숫자놀음이다.

이럴 경우 주주는 그 기만성을 총회에서 추궁해야 한다. 그런데 이와 같은 기업일수록 주주도 경영주도 결산서에 관심을 가지지 않아, 주주총회는 단시간 내에 손뼉치고 끝나 버린다. 이와 같은 현상은 자본과 경영분리가 되어 있지 않는 것이 그 원인이다.

03

대차 대조표의 활용방법

차입금 경영의 시대는 끝났다. 저성장기를 맞아 인플레이션이 억제되면 차입금은 경영상 큰 부담이 된다. 차입금을 짊어지고 있으면 종업원의 의욕이 앙양된다고 말하는 것은 차입금 상환능력이 없는 사람의 괴변이다.

01_ 대차 대조표는 핵심만을 파악하라

신문에 게재된 여러 회사의 결산공고 대차 대조표를 보면 복잡한 인상을 받는다. 경리출신이라면 몰라도 동분서주하는 경영자가 기업의 현 상황과 미래를 읽어내기란 불가능에 가깝다. 그래서 경영자가 알기 쉽게 대차 대조표를 보는 방법을 설명하기로 한다. 〈도표 1〉은 대차 대조표를 요약한 것이다.

매우 많은 과목이 나열되어 있는 대차 대조표도 집약하면 〈도표 1〉과 같이 간단한 것으로 된다. 이 중 경영자가 주목할 것은 자산과 자본의 관계이고 돈에 여유가 있는지 없는지의 과목이다.

대차 대조표는 총자산(좌변)과 총자본(우변)이 서로 균형을 이루고 있어 따로 부기의 지식이 없더라도 이해할 수 있다. 대차 대조표를 보는 이유는, 어떻게 하면 자금에 시달리지 않는 편한 경영으로 이끌어 갈 수 있는가를 알고 싶은 것이다. 즉 여유있는 경영을 하고 싶은 것이다. 따라서 손익 계산서와 마찬가지로 너무 세부적으로 볼 필요는 없다.

여유있는 경영을 위해서는 우선 자금이 없어서는 안 된다. 그렇다면 그 자금을 어떻게 만들어낼 것인가? 또 결산서상으로는 이익이 계상되어 있는데도 예금이나 현금이 적어서 어음을 결제하는데 골몰하게 되는 이유는 어디에 있는가? 이와 같은 고민에 정확한 답을 주는 것이 대차 대조표이다.

손익계산서는 회사의 영업성적을 나타내며, 대차 대조표는 재무상태를 나타내므로 어디를 어떻게 하면 돈에 여유가 발생하는 지를 예측할 수 있다.

02_ 월차 결산서는 다음 달 초순까지 작성하라

대차 대조표는 영업기 종료 후 주주총회에 대비하여 반드시 작성해야한다. 그러나 영업기 중에는 잡기장이나 전표 등에 기입하고 전문가에게 의뢰하여 연 1회 작성하는 영세기업도 많다.

'월차결산주의 경영' 은 대차 대조표와 손익 계산서를 매월 다음달 10일까지 작성하여 이것을 경영의 중추로 삼아 영업활동을 하는 것을 말한다. 따라서 월차 대차 대조표는 경영상 없어서는 안되는 일이다. 단지 일반 대차 대조표는 매우 많은 과목으로 분류되어 있어 〈도표 1〉과 같이 집약하고 다시 4개로 집약해 큰 테두리로 파악한다.

〈도표 1〉 대차 대조표 요약

<table>
<tr><td rowspan="7">유동자산</td><td>1. 당좌자산</td><td rowspan="7">부채</td><td>1. 유동부채</td></tr>
<tr><td>1) 현금과 예금</td><td>1) 매입채무</td></tr>
<tr><td>2) 유가증권</td><td>2) 단기차입금</td></tr>
<tr><td>3) 매출채권</td><td>3) 미지급법인세</td></tr>
<tr><td>4) 단기대여금</td><td>2. 고정부채</td></tr>
<tr><td>5) 기타의당좌자산</td><td>1) 사채</td></tr>
<tr><td>2. 재고자산</td><td>2) 장기차입 금</td></tr>
<tr><td rowspan="4">고정자산</td><td>1. 투자자산</td><td rowspan="4">자본</td><td>1. 자본금</td></tr>
<tr><td>2. 유형자산</td><td>2. 자본잉여금</td></tr>
<tr><td>3. 무형자산</td><td>3. 이익잉여금</td></tr>
<tr><td>4. 이연자산</td><td>4. 자본조정</td></tr>
</table>

즉 대차 대조표 좌변(자산)은 유동자산 고정자산이고, 대차 대조표의 우변은 부채 및 자본이다. '유동자산' 은 현금 · 예금 및 1년 이내에 현금화할 자산이므로 일단 '돈' 이라고 생각해도 된다.

'고정자산' 은 유형 고정자산과 무형 고정자산으로 나누고 토지 · 건물 · 투자 등으로 구성되어 있다.

'부채' 라고 불리는 말하자면 차입금이다. 그 내용은 유동부채(1년 이내에 상환 예정인

부채)와 고정부채(장기 차입금 등)로 분류되어 있다. '자본' 은 자본금이나 이익 적립금이므로 자기 돈이라고 생각해도 된다. 따라서 유동자산에서 유동부채를 뺀 것이 많으면 많을수록 돈에 여유가 있다고 말할 수 있다.

유동자산을 유동부채로 나눈 비율이 '유동비율' 이고 150% 또는 200% 이상이면 안전하다고 말할 수 있다. 그러나 유동자산의 내용이 재고품으로 꽉 차 있거나 회수기간이 매우 긴 외상 매출금 등이라면 아무리 유동비율이 좋아도 현금이 들어오지 않는다.

즉 계산은 맞고 현금은 모자라는 상태이다. 따라서 정말로 돈에 여유가 있는 경영을 하고 싶다면 유동자산 중에서 곧바로 현금화되지 않는 것(소위 재고자산)을 제외하여 유동부채와 비교해야 한다.

이것을 '당좌비율' 이라고 하는데 이것도 완전히 신뢰할 수 있는 것은 못된다. 왜냐하면 유동자산에서 재고자산을 뺀 것(당좌자산) 속에는 모든 외상 매출금이 포함되어 있기 때문이다. 회수기간이 긴 외상 매출금은 현금이라 말할 수 없다. 경영자는 사내에 현금이 있는지 어떤지 항상 염두에 두고 결산서를 보아야 한다.

경영자의 착안점은 결산서에 나타난 숫자가 아니라, 쉽게 말하면 지갑 속의 돈의 유무이다. 돈이 부족할 경우 어디서 돈을 끄집어 낼 것인가를 찾아내는 수단으로 결산서를 이용해야 한다. 이런 문제를 빨리 발견하고 대책을 세우기 위하여 월차결산 방식이 필요하다.

03 '당좌자산' 이 많아도 현금이 없으면 의미가 없다

돈에 여유가 있는 편한 경영을 실현하기 위해서는 어떻게 해야 할까? 대차 대조표의 과목에서 살펴보자. 우선 유동자산 중에서 '당좌자산' 에 대하여 알아보자. 당좌자산이란 간단히 말해 곧바로 현금화되는 자산을 말한다. 이것을 구성하는 과목은 어느 기업이라도 ① 현금 ② 예금 ③ 받을 어음 ④ 외상매출금 ⑤ 예치금 ⑥ 대출금으로 구분한다.

현금과 예금이 많은 것은 지급능력이 높으므로 많으면 많을수록 좋다. 그러나 현금에는 이자가 붙지 않으므로 지급 예정액을 메울만큼의 것 이외는 은행에 예금하든지 지급에 돌리든지 해야 한다. 현금을 다액으로 보유하는 것은 자금 효율상 좋은 방법이 아니다.

또 현금을 보유하면서 지금은 어음으로 하는 기업도 있는데 그것보다는 외상 구입액을 현금으로 지급하고 어음지급의 경우보다 할인료분 만큼 깎는 방법을 채택하는 것이 순리이다. 현실적으로 현금지급을 주로 하는 기업은 구입가격에 대해 매우 까다롭게 대하고 있다.

다음은 예금문제인데 운용면에서 문제가 없는 것은 아니다. 즉 결산서상으로는 예금에 여유가 있어도 그 예금이 곧바로 인출될 수 없는 것이라면 예금으로서의 가치는 적다.

예금 이자와 차입금 이자와의 차이를 생각하면 어떻게 해서든지 예금을 빼내어 차입금을 감소시키는 것이 자연스럽다. 그런데 어떤 기업의 대차 대조표를 보면 예금 10억원, 단기 차입금 2억원이라고 공표되어 있는데 대차 대조표가 작성된 시점의 상태라 할지라도 왜 차입금의 감소를 위하여 예금인출을 강행하지 않는지 이해되지 않는다. 이런 아마추어식 경영을 하기 때문에 기업이 도산하는 것이다.

일반적으로 기업은 외상판매가 대부분이다. 따라서 이 매출 미수금의 회수가 순조롭지 않으면 손익 계산서에 이익이 계상되어 있어도 자금의 운용은 어렵다.

자금운용이 힘들면 자금충당을 위하여 차입을 거듭해 경영은 더욱 더 어려워진다. 그야말로 악순환이 계속되는 것이다.

그래서 월차결산 방식에 의하여 먼저 이익의 소재를 확인하고 결산서에 이익이 계상되어 있는데도 자금 운용이 어려울 때는, 외상 매출금에 착안하여 하나하나 점검해 나가야 한다. 즉 장기 미수금은 없는가, 지급조건과 틀린 고객은 없는가 등을 철저히 확인해야 한다.

세일즈맨은 자칫 매출의 증가에만 열중한 나머지 외상 매출금 회수에는 관여하지 않으려는 습성이 있다. 그러나 외상 매출금은 차입금이나 다를 바 없다. 회수가 늦은 것에는 무슨 수를 써서라도 강력히 대처해 나가야 한다. 그렇게 하지 않으면 회수불능 상태가 되고 만다.

철저한 외상 매출금 관리를 위해서는 외상 매출금의 회수를 경리부문의 담당으로 하지 않고 세일즈 부분에서 책임지도록 해야 한다.

그리고 회의에서 담당 세일즈맨에게 회수상황을 보고시켜 경영자의 판단을 기다리게 하는 시스템을 확립해야 한다. 이것은 세일즈 담당자에게 항상 자극을 주어 외상 매출금

회수에 최대의 관심을 갖게 하는 것이다. 그것이 상대방의 경영상황 파악으로까지 이어지게 된다.

우리나라에서는 '기업 간의 신용' 이라고 말하면서 물품대금을 어음으로 지급한다. 현 상황에서는 어음이 증가하는 것이 부득이한 실정이다. 제조업자가 물건을 만들 때 재료 · 부품의 구입에서부터 가공 · 제조하기까지에는 공업화 제품의 경우 수 개월이 걸린다.

그것을 외상으로 팔아 검수에 1개월, 또 어음결제 60일로 지급된다고 하면 제조기간을 가산해서 무려 8개월 동안이나 자금이 잠자는 것이 된다. 따라서 이들 자금을 조달하기 위하여 여유가 없는 기업에서는 차입금에 의존하지 않을 수 없게 된다.

물론 어음을 할인하여 현금화하는 길이 있지만, 예금보다 고리의 이자가 붙는 것은 주지의 사실이고 또 외상판매 대금을 어음으로 받으면 결제가 된 것으로 생각하기 쉬운데 어처구니 없는 착각이다. 어음발행이 기한에 지급되지 않으면 한 장의 차용증서에 지나지 않는다.

어음거래는 모두 신용에 의하여 이루어지고 있음을 잊어서는 안된다. 신용거래는 신중에 신중을 기해야 하며, 세일즈맨이 대금회수를 미루지 않도록 지도해야 한다. 그러나 현실적으로 어음의 수취를 거부하지는 못한다. 그러므로 더욱 더 여유있는 자금을 조성하고 어음의 할인을 최소한으로 억제하여야 한다.

04_ '고정자산' 은 이익을 낳기 위해 존재한다

'고정자산' 을 구성하는 것은 유형 고정자산과 무형 고정자산, 투자자산 등이다. '유형 고정자산' 이란 토지 · 건물 · 기계설비 등을 말하며, '무형 고정자산' 이란 문자 그대로 '형태' 가 없는 자산(특허권 등)을 말한다. 이들도 건전한지 아닌지 그 내용이 중요하다.

예컨대 투자자산은 회수가 어려운 것이 많으므로 너무 많은 것은 바람직하지 않다. 그리고 고정자산 중에서 토지는 매입 당시의 가격으로 표시되어 있고 그러면서도 감가상각을 하지 않으므로 건전 여부의 판단을 단순히 내릴 수 없다. 고정자산 중 유형 고정자산이란 ① 건물 ② 기계설비 ③ 기구비품 ④ 토지 ⑤ 건설가 계정으로 구분된다. 이들 중 월차결산 경영 하에서 고려하지 않으면 안되는 과목에 초점을 맞춰 보기로 하자. 유형 고정자산 중 토지 이외의 것은 정해진 대로 감가상각을 해야 함으로 감가상각비를 부담할 필요가 있다. 또 차입금에 의한 투자의 경우는 이자도 부담해야 한다.

이들 코스트는 월차 손익 계산서의 영업비용 및 영업외 비용에 포함되어 있으므로 당연히 매출 총이익에서 지급하지 않으면 안된다. 즉 과잉 설비투자는 코스트를 밀어 올리고 경영이익을 감소시킨다.

다시 말해 설비가 매출에 상응한 가동상황이면 문제가 안되지만 낮은 가동률이거나 비능률적 설비일 경우에는 문제가 된다. 설비투자에 상응하는 매출이 없게 되면 경영상태가 어려워질 것은 자명한 이치이다.

특히 머리에 떠오르는 생각만으로 설비투자를 하는 것은 경영자로서 가장 경계를 요하는 점이라고 말할 수 있다. 이런 문제에 각별한 배려를 기울이지 않으면 과잉투자가 되어 기업의 목줄을 조이는 결과가 되고 만다.

또 제조 담당자 중에는 경영 전체를 보는 안목도 없이 덮어 놓고 첨단설비를 도입하려는 사람이 많다. 그 결과, 가동률이 나빠져서 감가상각비, 설비 유지비가 증가하여 결국은 매출 코스트가 높아진다.

따라서 월차결산 방식을 실시할 때 원가상황을 점검하여 유휴설비, 진부화 설비를 찾아내어 이들의 폐기처분도 용단을 내려 실행할 필요가 있다.

첨단설비 도입의 결정권은 제조부문보다는 판매부문에 맡기는 것이 바람직하다. 설비나 장치의 일을 전문가에게만 맡겨두면 과잉투자에 빠져 든다.

설비투자는 매출과 직결될 때 투자해야 한다. 따라서 이것은 생산부문보다는 마케팅 영역에 속한다. 그런데 판매나 고객동향을 모르는 제조부문의 독주를 용납하는 구시대적 발상을 하는 기업이 얼마나 많은지 모른다.

유휴설비 · 유휴토지 등은 용단을 내려 매각하고 군살을 잘라버려야 한다. 가까운 장래에 사용할 계획이 없으면 빨리 정리하여 차입금의 정리에 충당해야 한다. 용단을 내리지 못하면 이자 부담이 증가하고 더욱 더 경영 상태를 악화시킨다.

자산은 모두 활동시켜 돈을 벌기 위한 데에 총동원해야 한다. 자산을 잠재우는 것은 낭비이다. 그야말로 귀중한 '돈'을 시궁창에 버려둔 격이다. 기업 내의 각종 자산은 돈을 만들어 내기 위해서 존재한다. 보유만 하고 있는 자산은 손실을 가중시킬 뿐이다.

05_ '부채부문' 은 모두 빚이다

〈도표 3〉 대차 대조표의 우변 (자본 및 부채의 부)

부채	유동부채
	고정부채
	충당금
자본	자본금
	자본잉여금
	이익금

지금까지 대차 대조표의 좌변 즉 '자산' 에 관하여 말해왔다. 다음은 우변 즉 '부채 및 자본' 에 관하여 알아보자.

대차 대조표의 우변은 타인자본(부채)과 자기 자본(자본)으로 구분된다. 부채부문은 '유동부채' '고정부채' '충당금' 으로 구성된다(도표 3). 이들 과목에는 각각 이유가 붙어있다. 그 이유에 일일이 귀를 기울이면 혼돈하게 된다.

경영자는 부채 과목의 이유에 정통하기보다는 부채=빚이라고 생각하는 쪽이 낫다. 그렇게 하면 이해가 된다.

부채는 단기간 내에 지급하지 않으면 안되는 것(유동부채)과 장기에 걸쳐 지급하는 것(고정부채)으로 구분되는데, 어느 쪽을 막론하고 언젠가는 지급하지 않으면 안되는 것이다.

마음 편한 경영을 목표로 한다면 부채는 최대한 적게 만들어 무차입 경영을 추진해야 한다. 돈을 꾸지 말라고 하는 것은 아니다. 승산이 있는 차입금일 것이 첫째 요건이다. 또 차입금에는 반드시 이자가 붙는다. 경영자는 이와 같은 여분의 비용지출을 최대한 억제한다는 생각을 가져야 한다.

06_ 단기 차입금은 운전자금으로 돌려라

구입대금 지급을 현금으로 하지 않고 어음으로 하는 것은 확실히 편리하다. 현금으로 지급하기보다 쉽고, 손에 현찰이 없어도 물건을 구입할 수 있다. 그러나 어음은 형태를 달리한 빚임을 잊어서는 안된다. 기한까지 현금을 넣지 않으면 부도가 되고 도산한다.

그러나 어음을 발행하는 경우는 신중을 기하고 결제일은 자금사정이 허용하는 한 되도록 단기로 하는 것이 바람직하다. 결제일이 길면 그만큼 가격이 높아지기 때문이다.

조업을 계속하는 이상 재료, 부품의 구입은 반드시 필요하다. 이들의 지급은 현금이나 어음으로 이루어지는데, 구입했을 때 현금으로 지급하는 경우는 드물다. 거의 외상일 것이다. 여기서 경영자로서 착안해야 할 것은 매출에 상응한 외상액인지 확인하는 일이다.

외상구입액수보다 매출이 많은 것이 당연하지만, 만일 이것이 반대인 경우는 재고과잉 또는 원가고를 일으킨다. 이런때는 왜 그와 같이 되었는지를 규명하여 정상적인 상태로 끌어내려야 한다.

단기 차입금이란 임시적인 빚으로 주로 운전자금에 충당된다. 따라서 외상 매출금의 회수가 양호하고 재고자산 등이 부실자산이 아니라면 정상 매출이 있는 이상 이 빚은 적게 끌어내릴 수 있다. 그러나 수입이 예정액을 채우지 못하는 경우에는 단기 차입금액에 의존하지 않을 수 없다. 가령 그런 사태가 되어도 최소 한계선에서 끝내야 한다.

이자가 붙는 돈은 최대한 쓰지 않는다고 확고한 신념이 있어야 한다. 문제는 단기 차입금을 설비투자에 돌리는데서 문제가 생긴다. 자금운용이 어려워지면 운전자금이나 설비자금도 구별 없이 유용하게 되지만, 그것을 참지 못한다면 돈에 시달림 안 받는 경영은 실현되지 않는다. 단기 차입금은 어디까지나 당좌계정의 운전자금으로 활용되어야 한다.

07 '고정부채' 에는 원리금 상환계획이 필요하다

다음은 '고정부채' 이다. 고정부채의 알맹이는 장기 차입금 등과 같이 즉시 상환할 필요가 없는 것이므로 일단은 안정된 자금이라 할 수 있다. 그러나 차입금은 언젠가는 상환하지 않으면 안된다. 또 차입금에는 이자가 붙으므로 손익 계산서의 영업외 비용이 추가되어 그만큼 영업이 압박을 받는다.

고정부채 중 장기 차입금은 성격으로 보더라도 설비투자에 사용되어야 한다. 그러나 원리금은 반드시 갚아야 할 돈이면서도 이자가 붙는 돈이므로 설비투자는 되도록 자기 자본 범위 안에서 하는 것이 바람직하다.

물론 많은 설비투자가 필요하고 자기 자본이나 이익으로 충당할 수 없을 때에는 장기 차입금에 의지하지 않을 수 없는데, 그 경우에도 상환할 수 있는 승산이 전제로 되어야 한다. 설비투자의 과잉으로 도산하는 예가 적지 않다.

장기 차입금을 도입하는 경우, 신중한 계획을 세워 투자효율을 고려하고 실행해야 한다. 경영에는 모험이 필요하다. 그러나 경영자는 승산없는 도전을 함부로 해서는 안된다.

08_ '자기자본' 의 충실은 경영자의 사명이다

부채가 불안정한 자본이라면 자기 자본은 안정된 자본이다. 자본은 타인 자본(부채)과 자기 자본으로 구성되는데 타인 자본이 적고 자기 자본이 많으면 건전한 회사이다.

총자본(자본과 부채의 합계)중 자기자본의 비율을 '자기자본비율' 이라고 한다. 이것이 50% 이상이면 안전한 것이라 할 수 있지만, 우리나라에서 그와 같은 회사는 거의 없다.

그러면 자기 자본은 모두 회사의 것일까? 예컨대 자본금은 주주로부터 회사가 빌린 돈이다. 빌린 돈이므로 이자(배당)도 물지 않으면 안된다.

그러므로 정말로 회사가 자유로이 쓸 수 있는 돈이라면 별도 적립금과 잉여금(이익)에 한정되는데 그렇다고 배당을 적게 해서는 좋은 회사라고 말할 수 없다. 크게 벌어서 충분한 배당도 하고 적립금을 증대하는 것이 경영자의 사명이다.

자본금은 주주로부터 경영상 필요한 자본으로 받은 것이다. 따라서 회사가 존속하는 한 안정된 자금원으로 사용해야 하고 또 그 자금이 사외로 유출되어서는 안된다. 이 자금을 가장 유효하게 쓰기 위해서는 돈을 만들어 내는 고정자산의 조달에 충당한다.

그리고 운전자금은 단기 차입금이라든가 잉여금으로 충당하는 것이 좋다. 그러나 경영상태가 뜻대로 안되는 기업이라든가 역사가 짧은 기업에서는 만약 이익을 내고 있더라도 적립금은 많지 않을 것이며 자본금을 유용하지 않으면 안되는 케이스도 나올 것이다. 그런 경우라도 액수는 최대한 억제하고 되도록 빨리 원상으로 돌리도록 노력해야 한다.

이상 경영자로서 대차 대조표의 어느 곳에 눈을 돌려야 하는지, 어떤 행동을 계획할 것인가에 대하여 말했다. 월차 대차 대조표는 '월차결산주의 경영' 의 한 기둥인 것이다.

04

월차결산주의에서의 예산제도

모든 일에는 과정과 결과가 존재한다. 경영은 과정과 결과 중 어디에 그 비중을 두어야 할까? 당연히 경영은 결과를 중요시해야 한다. 물론 노력을 무시하는 것은 아니지만 역시 중요한 것은 결과이다. 따라서 기업 속에 결과주의를 침투시키도록 노력해야 한다. 과정도 물론 중요하지만 과정만을 중시하고 있으면 곧바로 도산하고 말 것이다.

01 경영의 중심을 영업에 집중하라

월차결산경영에서의 예산편성 실례를 들어 보자. 이 편성방법은 A사의 실례이므로 어느 회사에나 맞다고는 생각되지 않지만 많은 참고가 되리라 생각한다.

A사의 예산편성은 새해 1월 영업기가 시작되기 전, 즉 11월 중에 종료된다. 예산편성을 서두르는 부 · 과에서는 전년도 10월경에 복안을 세운다.

그들은 영업부문(수주 · 매출), 경리부문(이익과 자금), 제조부문(생산과 제조경비), 연구부문(테마와 경비), 총무부문(사람과 관련된 것) 등과 같이 부담하여 작성한다. 이들 각 부문의 예산은 영업부문이 작성하는 수주 · 매출이 결정된 뒤 그것에 기초하여 착수된다. 즉 어디까지나 영업주도형의 예산이다.

각 부문은 그들 나름의 생각이 있지만 수주 · 매출을 달성할 것을 목표로 하므로 독주는 용납되지 않는다. 영업부문이 작성하는 예산내용은 수주 · 매출계획이지만 품목 · 수량 · 고객별로 구분하여 구입원가와 매출원가를 기입한다.

이런 것을 각 세일즈 담당자가 작성하고 세일즈 부문의 간부사원이 그것에 지도와 수정을 가하여 완성한다. 이렇듯 세일즈 담당자는 예산편성을 통하여 계발되고 훈련된다.

그들은 상품지식, 판매기술, 원가지식, 외상판매대금 회수방법 등을 배우게 되고 무엇을 얼마만큼 주문 받고, 어떻게 해서 매출이익을 얻는가에 대하여 배우게 된다. 즉 예산편성이 단순히 경리상의 한 직업이 아니라 종업원이 자기계발을 촉구한다.

부문별 조정을 마치면 경영자의 결정에 의하여 전사적인 목표로 삼는다. 경영자가 결정하기까지 여러 가지 토의과정을 거침으로 예산편성을 통해 활발한 커뮤니케이션이 이루어진다.

이와 같이 경리의 일부분 정도로 밖에 여겨지지 않던 예산편성을 전사적 과제로 하고 각 부문사원을 회의에 참가시켜 각각의 책임을 자각하도록 한다. 즉 기업경영의 중심은 영업에 있다는 생각으로 모든 활동을 영업 하나에 집약시키는 것이다.

수주 · 매출목표(예산)가 결정되면 각 부문은 이것을 기본으로 각각의 목표를 달성하기 위하여 활동해야 할 사항을 예산에 넣는다. 즉 영업부문의 세일즈 담당자에 의하여 작성된 예산이 다른 부문의 예산편성 지침이 된다.

여기서 특히 강조할 일은 회사의 목표는 수주와 매출이며, 각 부문의 실시목표는 수주 · 매출을 달성하기 위해 만들어진다는 것이다. 수주 · 매출 목표달성에 관계가 없는 것은 예산편성을 하지 않는다.

이와 같이 수주 · 매출을 지원하는 부문의 예산이 작성되면 이들을 종합하여 이익 · 자금계획을 세운다. 이것은 경리부문이 할 일이다. 이 단계에서 영업기의 전 시책과 이에 필요한 비용과 예상되는 이익이 명확하게 되고, 월차 손익 계산서 및 3개월마다의 예상 대차 대조표가 작성되어, 경영자 주도의 전체회의를 거쳐 의사결정이 이루어진다. 이러한 절차 과정으로 결정된 예산은 각 부문의 책임자가 실시 책임을 지게 된다.

A사의 예산편성방법은 제일선 세일즈맨의 수주 · 매출견적이 기초가 된다. 그러나 이 방법은 세일즈맨 당사자의 성격 · 경험 · 지식 · 선견성 등이 그들 견적에 반영된다. 그러나 이들의 약점을 보완하는 것은 간부사원이므로 간부사원은 꾸준히 실력을 쌓아야 한다.

A사에서는 월차결산방식 회의에서 각 부문의 관계자가 자기 부문을 떠나서 전사적으로 진지하게 토의를 하기 때문에 각 부문이 독주하는 일은 적다. 가령 있다 해도 그것은 반드시 회의에서 밝혀진다.

이것이 정착하기까지 약 3년이 결렸다. 월차결산방식을 깃발로 내걸고 사운을 이것에 집결시킨 결과 지금은 여유자금이 남아도는 큰 성과를 거두고 있다.

02 희망적인 자금계획 수립은 도산을 초래한다

자금운용의 요령은 한 마디로 말해 수입보다 지출을 적게 하는 일이다. 이것은 절대로 잊어서는 안되는 기본 조건이다.

자금운용에 쪼들리게 되는 것은 수입과소상태에 있으면서도 지출을 억제하지 않기 때문이다. 왜 그렇게 되는 것일까? 수입은 매출채권의 회수와 영업외 수입에 의하여 정해지고 지출은 이들과 관계없이 발생하는 경우가 많기 때문이다. 또 항상 수입에 따라 지출이 일정비율로 증가되는 것이 아니므로 여러 가지 차질이 생긴다.

자금을 계획하는 경우 몇 가지 전제조건이 있다.

1. 수입은 되도록 적게 계획할 것 … 사뭇 희망적 관측으로 되기 쉬운 것이 수입견적이다. 확실하다고 생각하고 있던 것이 막판에 그르치는 경우가 있다.
2. 지출은 여유를 가지고 계획할 것 … 과소하게 견적한 탓으로 월말이 되어 자금운용에 쪼들리는 일이 있다. 빠듯하게가 아니라 약간의 여유를 가지는 것이 바람직하다.
3. 자금계획을 조기에 세울 것 … 항상 수입이 지출을 웃돌던가 또는 현금이나 예금의 보유액이 클 경우에는 해당 월의 전 월말이라도 지장이 없지만, 지출이 불균형하여 그 폭이 클 때는 적어도 3개월 전에 계획할 필요가 있다. 자금부족으로 외부자금을 도입하지 않으면 안될 때에는 거래은행에 사전에 신청해 두어 다소의 이자를 내더라도 필요시기 1개월 전에 융자를 받아 예금해 둘 만큼의 주의력이 필요하다.
4. 손익 계산서에 이익이 나와 있더라도 안심하지 말 것 … 재무제표와 자금은 관계가 있으면서도 없는 것이라고 생각할 수도 있다. 그와 같이 생각해두면 흑자도산 따위는 없어진다.
5. 융통어음이나 고리대금에는 절대로 손을 내밀지 말 것 … 수입이 불안정하여 필요불

가결의 지출이 불가능하게 되었을 때라도 융통어음을 발행하거나 고리업자의 돈에 손을 내밀거나 해서는 안된다. 점점 수렁에 더 빠지는 일은 있어도 도움은 없을 것이다.

6. **어음지급은 빚이라고 생각할 것** … 잘 아는 일이지만 어음지급은 기일까지 지급을 연기하는 것과 같다. 즉 빚이다. 이것을 명심하여 절대로 어음을 안이하게 발행하지 말아야 한다.
7. **지급어음 관리를 정확히 할 것** … 지급어음 담당자를 두어 지급기일을 정확히 기입한다. 이 일을 자금계획에서 누락시켜서는 안된다.
8. **임시지출은 조기에 계획해 둘 것** … 예컨대 상여자금 · 연말자금 · 납세자금과 같이 임시적으로 다액의 지급을 요하는 것은 조기에 계획해 두지 않으며 안된다.
9. **설비투자 자금은 장기 차입금에 의존하도록 하고 운전자금을 유용치 말 것** … 설비투자는 자기 자금에 의존하던가, 장기 차입금에 의존하도록 하며 운전자금과는 별도로 계획해야 한다. 운전자금에 손대면 자금운용에 더욱 더 쪼들리게 될 것은 뻔하다.

03_ 자금 계획표는 반드시 작성한다

기업경영에서의 자금은 쉽게 말해서 돈인데 이 '돈'이 얼마나 중요한가는 실제 경영실무에 임해본 사람이 아니고서는 이해하지 못한다. 이 중요한 돈의 흐름, 즉 자금의 흐름을 파악하기 위해 자금 계획표를 만든다.

A사에서도 물론 자금 계획표는 반드시 만든다. 그것도 조기에 경영자가 머릿속에 구상하고 있는 것을 구체적으로 나타내어 빠뜨린 것이 없는지 확인한다. A사에서 실시하고 있는 자금계획표 양식이 일반의 양식과 차이나는 것은 다음의 2가지이다. ① 매출액을 기입하고 그것에 의하여 매출 미수금 회수상황을 본다. ② 현금지출을 조금 세분화하였다.

이 2가지를 빼면 일반양식과 거의 비슷하다. 문제는 언제 작성하는가에 있는데 A사에서는 월차결산방식의 자료로 재무제표와 함께 작성한다. 당월분은 실적을 기입하지만 해당하는 달의 다음 달(늦어도 10일까지)에는 반드시 작성한다. 이것은 실적이므로 자금계획이라고는 말할 수 없지만 경과를 보는 데 편리하다.

그러나 실적과 동시에 향후 3개월의 예상을 기입하도록 하고 있으므로 기획이라고 말할 수도 있다. 예를 들면 1월분의 실적은 2월 10일까지 작성하고, 자금계획은 2월, 3월, 4월의 것을 예상하여 작성한다.

따라서 회의에서는 실적과 함께 향후 3개월의 예상을 알 수 있으므로 자기 부문의 예상활동이 자금계획과 크게 다를 때에는 그 자리에서 수정의견을 제시하고 예상에 의하여 필요한 수정을 한다.

04 연도예산을 경영의 기본으로 하면 변화에 적응하지 못한다

편성된 연간예산을 기초로 하면 심리적으로 자승자박에 빠져들어 변화에 대응할 수 없게 된다. 즉 예산을 준수하려는 의식이 사원들 사이에 있게 되면 오로지 예산에 근접하는데만 급급하여 다이나믹한 활동을 기대할 수 없기 때문이다.

예산편성시점과 실행기 사이에는 상당한 시차가 있음을 잊어서는 안된다. 예산을 소극적으로 편성한 부문은 안전하게 일을 진행시키고 성장예산을 편성한 부문은 매월 미달성되어 사기에 영향을 준다.

예산중시경영에서는 겉으로 나타나는 달성률 때문에 각 부문의 성과를 오판하게 되어 다음 연도에는 안전제일의 소극적 계획을 만들어낼 것이 뻔한 일이다. 월차결산방식에 의하여 변화하는 정세에 대응하는 실행계획을 세워나가면 예산지상주의적 타성화된 의식도 사라질 것이다.

특히 지출예산에 관해서는 흔히 불필요한 비용이지만 예산액을 소화하는데 치중하여 지출해 버리는 경우가 있다. 연도말만 되면 도로공사를 하는 관공서의 예산집행과 같다.

어떻든 예산중시주의 하에서는 자금계획도 예산에 끌려 다녀 탄력성이 결핍된다. 그 결과 자금계획도 적정한 것이 되지 못하게 된다.

05_ 자금 계획표의 작성은 경리부문에 맡기지 말라

월차결산에 따르는 자료와 자금 계획표와의 관계에 관하여 이야기 하자. 월차결산방식에 의한 자료에는 손익 계산서와 대차 대조표, 수주 · 매출실적 및 예측표에 더하여 자금운용표 등이 있다. 우선 당월분에 대해서는 손익계산서, 대차 대조표에 실적이 표기되어 있어 이것을 전기(轉記)한다. 향후 3개월간에 대해서는 영업부문에서 수주를 예측하고 이것에 의하여 매출을 추정한다.

또 지출하는 비용도 각각의 부문이 예산에 관계없이 그 시점에서 예측하여 미리 경리부문에 제출한다. 경리부문에서는 이들 수입과 지출을 집계하여 자금 계획표에 기입해 본다.

거기서 수입으로 지출을 모두 충당할 수 있는지를 판단하고 부족할 경우에는 어음을 할인 또는 예금을 인출하는 등의 사전조치를 강구하며 다음 달에 이월할 액수를 산출해 본다. 또 설비투자에 필요한 자금을 외부에서 도입할 필요가 있는 것은 연간 예산편성시에 개략적으로 정하고 이들을 금융업자에게 요청하였을 경우 날짜를 확인해 둔다.

예컨대 연구부문의 책임자가 '자기 부문에서 개발한 제품의 매출이 적은 것은 세일즈 부문의 판매방법이 졸렬하기 때문이다' 라든가, 제조부문의 책임자가 '간접비의 사용 용도를 명확히 할 것' 이라고 발언하는 등 활발한 의견이 전개되겠지만 경영자는 이들을 취합하여 의사결정을 하고 그 자리에서 실시명령을 내린다.

이들은 실행할 월(月)에 가깝기 때문에 내용은 구체적이고 실적과 크게 차이가 없는 것이 된다. 따라서 자금운용에 지장을 초래할 일은 없게 된다.

여기서 특징을 하나 들자면 자금 계획표의 작성이 경리부문의 역할이 아니고 경리부문은 사무국과 같은 역할을 하며 계획결정은 각 부문이 중심이 되어 실행하게 된다.

그러므로 경리부문이 비판하는 것을 허락하지 않는 대신 실행과 결과에는 각 부문이 책임을 진다. 각 부문의 책임자는 목표하도급 의식을 가지고 정력적인 활동을 한다.

05

상품개발과 원가절감

구두쇠는 필요한 것을 내기 싫어하는 사람이 아니라 낭비를 일으키는 비용을 철저히 없애는 사람이다. '낭비적 지출' 이란 지출과 효과를 비교하여 효과가 가벼운 경우를 말한다. 따라서 효과가 있는 것이면 얼마든지 투자하는 사람이 진짜 '구두쇠' 이다.

구두쇠 정신이란 낭비적 지출이 있는지 어떤지 엄격히 점검하는 것을 의미한다. 어떤 지출에 대해서나 '정말로 낭비가 없는가?' 하고 의심해 보는 것은 이익유출의 견제행위가 된다. 씀씀이가 시원시원하고 멋있는 경영자라는 치켜세움에 공연히 들떠 생색내서는 안된다.

01 경영자는 책임을 철저히 하라

월차결산주의 경영은 원가절감을 위한 경영방법이기도 하다. 원가는 이익에 크게 영향을 준다. A사의 사례를 보면, A사에서는 얼마만큼의 이익을 필요로 하는가를 영업기의 초기에 계획한다.

동시에 그 이익을 획득하기 위해서는 무엇을 얼마나 판매하면 되는가의 판매목표를 정하고 활동한다. 따라서 어느 것을 우선할 것인가 등으로 의논할 필요도 없다.

우선 수주에 성공하고 이것을 판매하여 부수되는 이익을 얻고, 이익을 낳기 위해서 원가절감에 박차를 가한다.

이익을 크게 하기 위해서는 ① 판매가를 높여 매출액을 증가시킨다 ② 구입원가와 제조원가를 싸게 한다 ③ 판매비 · 일반 관리비를 적게 한다 ④ 수입이자 · 배당금을 많게 한다 ⑤ 이자나 할인료를 적게 한다 등 다섯 요소가 핵심인 것은 설명할 여지도 없다.

이들 각 요소가 소요 값으로 되면 만족한 경상이익이 산정되겠지만, 그것이 잘 안되는 데에 경영의 어려움이 있다. 모든 요소가 바람직한 상태로 되어 있다면 이상적인 경영을 할 수 있지만 현실은 어느 요소도 쉽사리 실현되지 않고 있다.

그래서 경영자는 더욱 공부해야 하며 아무튼 경영자의 책임은 높은 이익을 내어 주주 · 회사 · 종업원에게 적절히 분배하는 일이다. 경영자는 그 책임을 소홀히 해서는 안된다.

02_ 구입가격에 차등을 두라

생산주도방식으로 경영하던 시대에는 이익도 마음대로 부가하였는지 모르지만, 오늘날은 고객주도방식으로 매출가가 정해진다고 봐야 된다. 지나친 이익을 요구하면 고객은 등을 돌릴 것이다. 따라서 이익을 낳기 위해서는 대량판매를 하거나 혹은 구입원가 · 제조원가를 절감하여 이익폭을 크게 하는 것이 필요이익을 낳는 수단이 된다.

그러면 구입원가 절감에 대한 A사의 사례를 보기로 하자. A사는 자사 제조상품 외에 제휴선인 미국 기업에서 수입하고 있는 상품과 국내에서 조달하여 주제품의 액세서리로 판매하는 상품이 있어 이것이 매출총액의 상당한 부분을 차지하고 있다.

따라서 구입원가는 이익에도 크게 영향을 주고 있으므로 월차결산 때에 매월 매출 총이익을 점검하여 원가의 상승을 방지하고 있다.

어느 회사든 납품업자는 1원이라도 비싸게 팔고 싶은 심정이지만 구입하는 회사는 어떻게 해서든지 싸게 사고 싶다는 것이 솔직한 심정일 것이다.

그러나 구입자의 유리한 위치를 내세워 억지로 부당한 가격으로 밀어 붙이는 행위는 양자 모두에게 결코 보탬이 되지 않는다. 역시 양자가 협의하여 합리적인 가격을 결정하는 일이 바람직하다. 그런데 상품 구입처가 2개 이상일 때 획일적인 구입방법이 되면 상호간에 무리가 생긴다.

동일상품이나 동일품질이라면 구입처의 이유를 묻지 않고 동일가격으로 구입하는 것이 합리적이고 간편한 방법일 것이다. A사의 구입처의 규모나 업무 등을 고려하여 구입

가격에 약간의 차이를 두고 있다. 왜냐하면 기업규모의 대소에 따라 간접비에 차이가 있기 때문이다.

또 A사는 공급의 안정화를 고려하여 2개 이상의 구입처를 지정할 것을 원칙으로 하고 있다. 그러나 구입처에 기술이나 노하우를 주고 있는 경우에는 1개사를 선정한다.

어느 경우이건 구입처의 기업실태를 파악하여 원가계산을 하고, 적정한 이익을 부가하여 가격결정의 자료로 하고 있다. 또한 이 가격은 일반적으로는 제조원가보다 약간 높게 책정되는 것도 부득이 하다고 생각된다.

03 납품업자에게는 당근과 회초리로 임하라

구입가격은 두들이기만하면 얼마든지 내려간다는 것도 한계가 있을 것이다. 다시 말하면 일방적으로 납품업자를 못살게 구는 방법을 사용해서는 절대로 안된다.

납품업자에게는 다음 사항을 장려하며 시행토록 한다.

1. 구입대금은 현금으로 하여 어음 할인료 상당분의 가격을 인하한다.
2. 과잉품질을 요구하지 않는다.
3. 검수는 납입 즉시 하도록 한다.
4. 품질이 안정되고 신뢰할 수 있는 납품업자에 대해선 '관대' 한 검사방법을 채택한다.
5. 구입의 평준화를 도모하여 납품자의 생산계획을 되도록 쉽게 해준다.
6. 구입 담당자는 모든 기술적 지식과 경험이 풍부한 자로 한다.

이와 같은 조치를 취하여 납품업자에게 편의를 제공하면 그것이 발주사의 구입원가 절감에 기여하는 결과가 된다. 이 방법은 어느 정도의 여유가 없이는 실시하지 못한다. A사도 창립 당시에는 도저히 이와 같은 조치를 취할 수가 없었다.

그러나 월차결산방식을 강력히 추진해온 결과, 무차입 경영이 실현된 데서 비로소 가능하게 되었다. 그러나 이들도 납품업자의 협조에 의하여 성공과 실패로 분리됨은 말할 것도 없다. 아무리 이쪽에서 성의를 가지고 대해도 상대가 잔꾀나 부리는 업자라면 실패로 끝날 수도 있다.

한 예를 들어 보자. A사는 Y사에게 라이센스의 무료 실시권을 주고, 여러 가지 노하우를 모두 공개함과 동시에 Y사의 설비에 알맞은 수량을 발주하였다. A사는 그 기업의 발전에 공헌하고 있었다고 생각했다.

처음 단계에서는 품질이 불안정해서 지도를 위하여 기술자를 파견하는 등 이 쪽에서 낸 비용도 결코 적지 않았다. 그런데 제품이 궤도에 오르고 A사의 기술지원이 불필요하게 되자 Y사는 판매처를 다른 곳으로 구했고, 또 부당한 가격인상을 강요하는 등 노골적으로 A사 이탈을 획책하기 시작하였다.

A사로 보면 만일 공급이 중단되면 고객의 대다수에게 큰 폐를 끼치게 된다. 그런 사정을 잘 알고 있는 Y사는 그 점을 이용하여 점점 더 고자세가 되었다. 물론 계약은 했지만 교묘하게 계약위반을 하지 않아 계약서 자체도 휴지가 된 것이다.

이것은 2개 사 구매원칙에도 불구하고 상품의 특수성으로 Y사 하나에 한정한 것에도 원인이 있다. 즉 납품업자의 인격을 잘못 본 것이다.

이와 같이 상품구입에 있어서는 구입원가 절감과 동시에 그 회사의 경영자가 신뢰할 수 있는 인물인가에 대한 판단도 하지 않으면 안된다. 아무튼 이런 실패를 겪으면서 철저히 개선하여 A사의 상품구입 가격은 현재 적정이익을 낼 수 있는 상태가 되었다.

04 제조원가의 절감에는 VE(가치공학) 방식을 활용하라

제조원가는 상품구입 원가와 달라 자사에서 조정할 수 있는 부분이 많다. 따라서 지혜를 짜내어 연구함으로써 상당한 성과를 기대할 수 있다.

제조원가는 재료비, 노무비, 경비 3요소로 구성되어 있고, 각 요소마다 절감의 여지가 있다. 이들의 절감방법에는 A사 독특한 것이라고 할 수 있는 것은 없고 모두 일반적으로 잘 알려져 있는 방법이다. 이것은 실행하느냐 않느냐에 달려있다.

먼저 '재료비' 부터 보자. A사의 구입재료는 종류가 다양하다. 한 달에 한 개라는 소량의 것이 있는가 하면 10만 개 이상 발주하는 것도 있다. 그 때문에 관리를 적당히 하면 재료비 가격이 상승하여 제조원가에 크게 영향을 준다.

이미 말한 바와 같이 A사의 제품에는 특수한 것이 많기 때문에 구입처를 선정하는 경우 기술력과 규모 등을 고려하고 있다. 또한 대량발주와 발주의 평준화에 노력하는 한편, A사에서 협조하여 제조방법을 개선하기도 한다.

구입방법에 관해서는 상품구입에서 말했기 때문에 생략하겠지만 가격인하에 A사는 상당한 노력을 경주하면서 가격인하를 위해 'VE' (가치공학)기법을 적용하였다.

VE기법을 한마디로 말한다면 '같은 성능을 발휘할 수 있는 것이라면 값이 싼 것을 쓴다' 라는 코스트 다운의 기본적 사고방식을 말한다. 즉 재료의 기능이나 가공기술 등을 철저하게 분석하여 그것을 코스트 다운으로 이어가는 것이다.

A사에서는 VE에 의하여 30%나 구입가격을 절감한 재료도 있었으며 제조원가 인하에도 크게 공헌하였다. 또 수량별 할인가격을 설정하여 한 번의 주문수량에 따라 가격에 차이를 두고 있다. 이 또한 원가절감에 크게 기여하고 있다.

그런데 기업도 규모가 커지면 관공서와 같이 재빠른 움직임이 둔화된다. 수속이 복잡하면 완전주의에 빠져 구입 인건비가 증대된다. 또 구입조직도 비대해져 이 역시 원가를 밀어 올린다.

예컨대 E회사의 구입전표를 보면 결재인이 8개나 된다. 이들 중 필요한 것은 2개 정도이고 그 외의 것들은 모두 눈감고 찍었음에 틀림없다. 구입품의 가격 · 품질 등을 감안하여 권한을 위임하면 그만큼 구입비가 감소하며 처리도 빨라질 것이다.

당신의 회사에는 결재도장이 몇 개씩이나 찍히는가?

05 '직접 노무비' 의 절감은 효율작업으로 달성하라

다음은 '노무비' 이다. 노무비는 직접 노무비와 간접 노무비로 구분된다. 이중에 절감의 손을 써야 할 것은 간접 노무비이다. 간접요원을 철저히 삭감한다. 물론 그저 인원수를 줄이는 것만으로는 안된다. 먼저 간접사무를 대담하게 정리하는 것이 대전제이다.

구체적으로 말하자면 조금 불완전하더라도 대세에 영향이 없는 조직과 요원은 과감히 정리한다. 사람이 많으면 거기에 일을 만들어내는 자도 있다. 이것이 완전주의와 결합하여 무절제하게 업무를 확대시킨다.

또 본사나 공장의 높은 자리에 있는 간부나 임원이 괜히 자료를 요구하기도 하고 또 자료 만들기에 간접요원이 배치됨과 동시에 그에 소요되는 용지대도 무시 못할 정도로 소요된다.

최근에는 복사기의 성능이 향상되어 쉽게 자료를 만들지만 이들 자료는 거의 활용되지 않고 쓰레기 공해를 조장할 뿐이다.

무릇 공장 내의 일은 간부가 순회하는 것으로 대체적인 상황은 파악한다. 현장에는 얼굴을 비추지 않고 사무실에 틀어박혀 있는 간부일수록 요구하는 자료가 많다.

간접요원은 철저히 삭감하여 생산현장을 강화한다. 이것이 간접비의 감소로 이어진다. 그런 의미에서 간접 노무비는 경영자가 마음먹기만 하면 비교적 간단히 절감할 수 있다. 그러나 어려운 것은 '직접 노무비' 이다.

작업시간의 경우 그 성과가 생각대로 잘 되지 않는다. 그렇다면 어떻게 하면 좋은가?

A사의 방법을 알아보자. A사의 제조현장에서는 ① 표준작업시간에 의한 산출인원보다 훨씬 많은 원재료, 부품을 각 직장으로 송출한다. ② 전 단계에서 종료한 작업은 곧바로 다음 단계로 보내고 보류하지 않는다.

즉 다음 단계의 작업상태는 일체 고려하지 않고 마구 보내는 방법을 취하고 있다. 즉 원재료나 부품 혹은 반제품이 쌓여 있어 자동적으로 작업속도를 빠르게 하는 기능을 다하고 있다. 이 방법을 취하는 데는 작업의 흐름이나 레이아웃을 연구해야 한다.

이와 같은 방법을 택하면 공정에서 문제가 무엇인지 알 수 있다. 즉 원재료나 부품이나 반제품의 체류가 많은 곳에 그 단계의 인원 적부 · 기능수준 · 공구 · 기계 등을 점검하지 않으면 안된다.

체류되어 있는지 어떤지는 공장을 한 바퀴 돌아보면 알게 된다. 즉 이 방법은 공정의 불균형을 발견하는 것으로 공정개선이나 작업개선으로 이어져 갈 수 있다.

또 이 방법을 추진하는 데는 뭐니뭐니해도 주문을 많이 받는 것이 중요하다. 그것이 판매부문의 활동을 재촉하는 요인이 됨과 동시에 원가절감이 되기도 한다.

그러나 만일 수주량이 적고 배치요원이 과잉인 경우에 이 방법을 실행하면 효과적이다. 그 경우는 작업요원을 삭감한다. 단, 그들은 훈련 등에 참가하게하여 능력개발을 시키고 절대로 공장에는 배치하지 않아야 한다.

그렇지 않으면 작업량보다 작업자가 많은 상태가 된다. 만약 그것을 방임하면 반드시 제품당 작업시간은 증가되며 다시 회복할 수 없게 된다.

또 공정개선과 함께 원가절감방법으로 불량품 생산 등 공정의 '정체'를 해소시키는 일을 들 수가 있다. A사에서는 제조 기술진 혹은 연구개발부문에서 우수한 자를 불량품 생산 감소를 위한 곳에 배치하여 상당한 성과를 올리고 있다.

06 '제조경비' 절감에는 구두쇠 작전을 펴라

제조원가를 구성하는 세 번째 요소가 '제조경비'이다. 이것도 직접비와 간접비로 구분되는데 절감의 대상이 되는 것을 들면 소모품비, 수도 광열비, 교제비, 통신비, 사무용품비 등이다.

공장에는 비교적 사람이 많으므로 각각의 사소한 낭비도 제조원가를 올리는 요인이 된다. 이들은 공장 내의 간부가 솔선하여 구두쇠임을 보여주면 자연히 분위기가 생긴다.

그런데 간부사원이 원가절감 마인드가 없고 물건 만드는 일에만 정력을 기울이거나 또는 인기를 얻기 위한 욕심으로 구두쇠 정신을 버리면 당장 사원에게로 퍼져서 원가고를 초래한다.

또 이미 말했지만 간접요원이 많으면 종이의 사용량이 많아진다. 자료 만들기는 시간 낭비는 물론 경비증대로 이어진다. 그리고 수도 광열비 등은 조금만 머리를 쓰면 10%나 20% 쯤은 쉽게 절약할 수 있다.

사람도 없는 곳에 전기를 켜두고, 휴식시간인 데도 기계를 가동시켜 두고 있는 모습은 보기에도 역겹다. 리더가 구석구석 다니며 스위치를 끄고 다니도록 길들여져 있는 곳에서는 광열비는 항상 예산 이하로 절감된다.

통신비도 마찬가지이다. 장시간 통화하는 버릇이 붙으면 불필요한 통화가 증가하여 지출되는 비용도 무시 못한다. A사의 경영자는 공장에 나가면 이와 같은 점에 대하여 용서없이 호되게 지적한다. 또 매월 하고 있는 월차결산 회의장에서 매출 총이익을 검토할 때 생산량과 제조경비를 상세히 점검한다. 현재의 물가와 인건비의 상승에도 불구하고 A사의 제조원가는 낮아지고 있다.

07_ 영업부는 기술부에 아부 말고 원가에 간섭하라

여기서 A사의 원가절감 방침을 얘기해 두고자 한다.

1. 자사의 제조부문 가격보다 싸게 공급하는 기업이 있으면 거기서 구입한다. 자사라고 해도 비싸면 주문하지 않는다.
2. 영업부문이 계약한 판매원가에 알맞은 제조원가를 설정한다(A사는 국제입찰에 참가하는 경우가 많지만 세계적인 업체가 A사보다 싸게 입찰하는 경우도 많다. 영업부문은 각종 정보에 의하여 낙찰가격을 추정하여 입찰에 참가하고 만약 당사에 낙찰되면 그 가격에 알맞은 원가로 제조부문에 발주한다. 제조부문은 이에 근접하도록 모든 노력을 다한다).
3. A사는 타사와 같이 표준 원가제를 채택하고 있다. 즉 제조손익을 정확히 산출하여 그들의 손익이 어느 부분에서 발생했는가를 점검하여 원인을 규명하고 개선을 도모한다.
4. 제조부문의 독립 채산제를 실시하고 있다. 이 방침도 당초에는 힘들다고 불만이 많았지만 2년 전부터 이 방침에 따르고 있다. 그 때문에 이익도 증가하여 영업부문도 자신감을 갖고 주문획득에 매진할 수 있게 되었다.

어떻든 원가절감은 그대로 방치해 두어서는 도저히 실현되지 않는다. 또 사내가 생산주도형으로 되어 있으면 제조부문이 독선적으로 '이 가격으로 팔리지 않는 것은 세일즈 능력이 없기 때문이다' 라는 등으로 영업부문을 비난하기 일쑤이다. 그러나 고객과 접하고 있는 것은 영업부문이므로 겸손하게 영업부의 소리를 듣지 않으면 안된다.

동시에 영업부문도 소극적인 영업에서 탈피할 필요가 있다. 그렇지 않으면 언제까지나 영업 주도형 기업으로 될 수 없다. 물론 여기에는 무엇보다도 경영자의 리더십이 요구된다.

08 신제품 개발은 기술부만의 주도로 추진하지 말라

기업은 비용절감 하나로 성장하는 것이 아니다. 고객의 욕구를 미리 알아내고 항상 그것에 부응하기 위한 신제품을 준비하지 않으면 곧 암초에 부딪힌다.

제품은 성수기를 맞으면 거기서부터 내리막길을 걷는 것은 피할 수 없다. 따라서 신제품을 개발해 놓지 않으면 매출은 하강하기 마련이다.

그러면 기업은 신제품 개발에 어떻게 대처해야 하나? A사는 다른 회사에 비하여 상당히 고율의 신제품을 개발비로 지출하고 있다. 그러나 반드시 소기의 목적을 달성하고 있다고는 말할 수 없다.

창립 당시 계획한 신제품이 일단 완성되어 현재의 무차입 경영이 실현되었는데, 신 분야에 진출함에 따라 예상대로 신제품 개발이 진전되지 않고 있는 실정이다. 그렇다고 개발을 그만 둘 수도 없어 이익을 까먹고 있는 실정이다.

이제 타사의 흉내를 내거나 다른 외국 것의 복사나 모방으로 그럭저럭 되던 시대는 지나갔다. 지금은 독창적인 제품이 요구되는 시대이다.

A사에서의 신제품 개발은 다음과 같은 방법으로 추진되고 있다.

1. 길어도 2년 이내에 판매할 수 있는 것이어야 한다.
2. 개발제품은 대량매출이 약속되어 있어야 한다.
3. 기술자 그룹 아이디어 뿐 아니라 영업부문의 의견도 충분히 받아들인다.
4. 월 1회의 월차결산 회의에서 각 부문의 책임자가 개발진행 상황을 보고, 토의한다.
5. 사외 연구기관의 협력을 받는다.
6. 비전문가의 의견도 경청한다.
7. 기성품의 새로운 용도개발에 노력한다.

이 중 영업부문의 의견을 받아들이는 것은 절대요건이다. 기술자 그룹의 폐쇄적인 환경에서 나온 것에는 판로나 고객의 욕구를 고려하지 않은 면이 있다. 따라서 신제품 개발에 성공하기 위해서는 영업부문의 의견을 적극적으로 받아들여야 한다.

또 비전문인의 의견을 무시해서는 안된다. 그것을 방지하기 위해 A사에서는 아마추어의 솔직한 생각을 적극 받아들이고 있다.

신제품 개발에는 두뇌가 제일 요건이다. 그러나 그 두뇌도 단지 머리가 좋다는 것만으로는 쓸모가 없다. 무엇보다도 필요한 것은 '번뜩임' 이 있는 인재인데, 중소기업에서는 그런 사람을 채용하기가 그리 쉽지 않다.

A사는 다른 회사가 그러하듯 대졸자로 사원을 모집하며 이 또한 다른 회사에 못지 않는 엄격한 시험을 통해 성적이 우수한 자를 채용해 왔다. 그런데 기억력만 좋으면 합격점을 받을 수 있었고 독창성의 발견 같은 것은 생각지도 못했다.

대졸자는 이런 시험에 익숙해져 있기 때문에 자연히 기억력 향상에만 정력을 기울여 독창성을 경시하는 경향이어서 필기시험을 통해 희망하는 인재를 고르지 못했다.

그래서 A사는 그들이 학교에서 배운 것과 전혀 다른 창조력 시험을 주로 하는 과목으로 바꾸었다. A사는 '성숙한 조직 속에서 한 부품으로 일하기 위해서는 소위 머리 좋은 자가 적합할지 모른다. 그러나 기성의 지식은 신제품 개발에 그다지 쓸모가 없다.

기업이 필요한 것은 번뜩임이다. 머리가 번뜩이지 않는 자는 머리가 좋아도 기업에 적합하지 못하다고 판단한 것이다. A사에서는 개발요원에 대하여 ' 두뇌가 있는 자는 두뇌를 내고 두뇌가 부족한 자는 몸을 내라.' 는 개발목표에 부딪치도록 지도하고 있다.

신제품 개발에 필요한 그 밖의 조건으로는 열의와 끈기를 들 수 있다. 번뜩임은 천성인 것 같지만 열의와 끈기가 있으면 거기서 번뜩임도 나오게 된다. 자나깨나 목표를 뚫어지게 보고 있노라면 어떤 기회에 번뜩임이 생긴다.

그러기 위해서는 체력이나 두뇌를 한계까지 혹사할 필요가 있다. 번뜩임은 한계점에서 나오는 경우가 많기 때문이다. '두뇌가 있는 자는 두뇌를, 체력이 있는 자는 체력을 한계까지' 라고 말한 것도 그 때문이다.

09_ 개발중단 · 판매중단은 빨리 결정하라

A사의 신제품 개발에 대하여 자세히 말해왔는데, 사실 신제품 개발은 쉽지 않다.

그 이유는 첫째, 개발상품 선정의 어려움, 둘째, 개발요원 부족, 셋째, 자금 부족 때문이다. 가령 목표를 달성할 수 있었다 해도 그것이 시장에서 환영받을 수 있을지는 그것을 팔기 시작해 보지 않고는 알 수가 없다.

또 개발속도가 늦어지는 바람에 완성되었을 때는 이미 다른 회사에서 개발한 같은 제품이 시장에 나돌아 다니는 등의 일도 있을 수 있다.

경영자는 항상 시장동향을 파악하여 개발효과가 없다고 판단되면 미련없이 개발을 중단하는 용기가 필요하다.

따라서 신제품 개발의 기한을 설정하는 것이 중요하다. 느릿느릿 끌고 있는 사이에 개발비가 쌓여 경영기반을 위태롭게 하는 경우도 있다. 경영자에게는 개발 테마를 선정하는 것보다 오히려 중단하는 쪽이 더 어렵다. 개발의 중단과 같이 제조의 중단에 대한 판단도 중요하다.

수요가 없는 제품 · 상품을 언제까지나 라인에 넣어두는 것은 얼마나 비경제적인지 모른다. 이런 점은 하루라도 빨리 중단하는 것이 바람직하다.

대개 상품은 판매개시 때부터 점차 판매량이 상향되어 드디어 성수기에 달하고 그 뒤 쇠퇴해간다. 이것이 제품과 상품의 라이프 사이클이다. 여기서 중요한 것은 쇠퇴기에 든 것을 언제 중단할 것인가 하는 일이다.

쇠퇴기에 들어서면 양산효과가 없어지므로 자연히 제조원가도 상승한다. 한편 고객은 그들 제품이나 상품의 공급을 믿고 있으므로 판매부문의 요원은 아무리 주문이 적더라도 제조 중단에는 반대할 것이다. 그러나 제조부문에서는 언제까지나 라인에 넣어놓고 있으면 재료 · 부품의 조달, 설비의 가동, 인원의 배치에도 지장이 생긴다.

따라서 A사에서는 원가의 상승을 척도로 하여 제조의 중단 여부를 결정하고 있다. 주문량이 격감하면 원가는 상승하고 절감은 매우 어려워진다. 말할 것도 없이 원가의 상승은 이익의 축소로 이어진다. 거기서 최대 한계선까지 원가절감에 노력하고 절감이 한계에 달한 시점에서 중단을 결정한다.

구체적인 예를 들어보자. 상품의 수주가 격감하는 그 원인이 쇠퇴기에 들어섰다고 인정될 때에는 최후 납품 이후의 수주를 추정하여 그 양만큼을 한꺼번에 제조하여 보관한다. 이때 재료 및 부품의 재고를 확인하여 이들을 모두 소모하는 일이 중요하다. 그렇지 않으면 진부화된 재료와 부품이 재고로 쌓여 끝내는 매각하지 못하게 된다.

A사에서는 각종 제품 원가율의 불균형이 판명되면 이 원가율의 최고치를 예측의 기준으로 하고 있다. 예컨대 제품의 원가율이 70%에서 85%로 여러 가지인 경우에는 85% 이상으로 되었다고 판명된 때를 중단시기로 삼는다.

고객에게는 최후에 상당량을 제조하여 재고로 남겨 두기 때문에 이것이 없어질 때까지는 판매를 계속할 수가 있다. 물론 사전에 중단 시기를 고객에게 예고하여 폐가 되지 않게 배려하는 것은 말할 것도 없다. 그러나 판매하고 있는 제품이나 상품이 쇠퇴기에 들어갔는지 아닌지를 단지 주문이 줄었다는 것만 가지고 판단하는 것은 위험하다.

전매품의 경우는 다르지만 주문이 다른 데로 흐르고 있는 경우도 있고 판매방법에 문제가 있는 경우도 적지 않다. 더욱 포장이나 취급방법에 개량을 가하면 다시 전성기를 회복할 수도 있기 때문이다.

따라서 판매부문은 좁은 범위의 수요층 뿐 아니라 넓게 마케팅하여 가능한 제품이나 상품의 라이프 사이클을 감정하여야 한다. A사는 제조부문의 '원가상승 계산서', 영업부문의 '라이프 사이클 조사서'를 자료로 하여 최종결정을 월차결선 회의에서 하고 있다.

개발 중의 제품을 중단하느냐 계속하느냐의 결정과 같이 판매하고 있는 것의 중단결정도 그렇게 간단하지가 않다. 그렇지만 이익이 나오지 않는 것이 분명해지면 하루라도 빨리 중단해야 한다.

그러나 돈이 걸려있을 뿐 아니라 관계자의 애착도 있기 때문에 좀처럼 중단되지 않는 것도 사실이다. 따라서 최종적으로는 경영자의 의사결정을 기다릴 수밖에 없을 것이다.

06

자금운영과 자금관리

거리에 나가보면 굵직한 건물과 대형 간판의 금융기관이 눈에 띈다. 미관으로 보면 대단히 스마트하고 현대적으로 느껴진다. 그러나 그 본질은 돈 놀이꾼과 다를 바 없다. 즉, 싼 이자로 돈을 끌어 모아 이것을 고리로 빌려주어 이익을 내는 장사다.

일반 기업이 그들과 대등한 입장이 되려면, 무엇보다도 자사의 재무내용을 개선하여 금융기관으로부터 신용을 받아야 한다. 힘이 있고 자금운용에 어려움이 없는 회사를 만드는 일이 중요하다. 그렇게 하기 위해서는 월차결산방법을 확실하게 실시하는 길 밖에 없다.

기업경영은 사람 · 물자 · 자금을 효율적으로 사용하여 목적을 달성하는 것인데, 이들 3가지 중 '자금' 이 가장 중요한 역할을 한다. 물론 '물자' 도 '사람' 도 중요하다. 그러나 그것도 '자금' 이 있을때 비로소 의미가 있다.

극단적으로 말하면 기업경영은 첫째도 둘째도 자금이다. 자금이 없이는 어떤 활동도 할 수가 없다. 이상적 경영을 목표로 하더라도 자금이 조달되지 않으면 아무것도 안된다.

또 기업경영에 가장 큰 문제는 도산이다. 그런데 이 도산도 결국은 자금 조달이 순조롭지 않아 일어난다. 그렇다면 어떻게 하여 자금을 만들 것인가? 하는 것이 경영자의 최대 관심사이다.

경영의 목적은 이윤의 추구이며, 이윤추구는 다름 아닌 자금에 여유 있는 경영을 이룩하는 것을 의미한다. 우선 이익을 내야만 세금을 납입하고 종업원의 처우개선이나 주주배당도 실시 할 수 있는 것이다. 그것이 '기업의 사회성' 에 이어지게 된다.

01_ 자금에 쪼들리는 것은 대책을 실행하지 않기 때문이다

그러면 왜 자금에 쪼들리는가? 들어오는 것을 헤아려 나가는 것을 누르고 있으면 자금에 쪼들릴 일은 없다. 그러나 이 당연한 일이 실행되지 않는 데에 경영의 어려움이 있다. 그래서 자금에 쪼들리는 원인을 아래에 열거하고 그 대책에 대하여 이야기하고자 한다.

많은 경영자가 자금운용 대책을 알고 있음에도 불구하고 경영의 어려움에 직면하는 원인은 무엇일까? 그것은 알면서도 실행하지 않거나, 처음부터 실행하기 어렵다고 체념하기 때문이다. 실행에 옮기지 않는다면 아무리 훌륭한 대책이라도 아무런 가치가 없다.

자금에 쪼들리는 원인은 다음과 같다. ① 매출이 늘지 않고 예금이 있어도 쓸 수 없다. ② 매출 미수금의 회수상황이 나쁘고 이익이 적다. ③ 설비, 차입금 재고가 많다. ④ 경비가 높고 원가율이 너무 높다.

자금운용에 곤란을 받게 되는 경우 이들 원인이 몇 개씩 겹치는 경우가 대부분이다. 따라서 개선책을 세울 때도 종합적으로 점검해 나가지 않으면 안된다.

그러나 경우에 따라서는 한 항목씩 따져 철저히 개선책을 실시하는 것도 효과적일 것이다. 즉 이 달은 매출, 내달은 원가 절감과 같이 목표를 정하고 현상을 자세히 파악하여 거기서 개선책을 발견한다.

자금이 쪼들리는 요인으로 4개 항목을 들었는데 자금에 쪼들리지 않는 경영을 실현하는 데는 지적한 4개의 항목의 반대를 시행하면 된다. 그러면 매출 증가책에 대하여 이야기해 보자.

02_ 매출증가 대책은 현황조사부터 시작하라

매출이 증가하면 이익이 증가한다, 경비율(특히 고정비용)이 감소된다, 재고가 감소되고 생산능률이 향상된다, 차입금이 상황된다 등의 효과가 기대된다. 이들은 직접 또는 간접으로 좋은 영향을 미치는 것이므로 어떻게 해서든지 매출의 증가를 기하지 않으면 안된다. 그러나 매출증가는 간단히 되는 것은 아니다.

우선 매출이 올라가지 않는 원인을 들어보자. ① 판매품이 수요층의 요구에 맞지 않다. ② 가격이 비싸다. ③ 판매 서비스가 좋지 않다. ④ 품질이 좋지 않다. ⑤ 납기가 지켜지지 않고 있다. ⑥ 판매망이 정비되어 있지 않다. ⑦ 광고 선전이 부족하다. ⑧ 세일즈맨이 세일즈 방법을 숙지하고 있지 않다. ⑨ 애프터 서비스가 나쁘다.

이 밖에도 여러 가지가 있다. 따라서 매출증가를 도모하기 위해서는 현재의 판매상황을 엄격히 점검하여 점차 개선책을 강구해야 한다.

03 '세일즈 담당은 매출액의 수금까지' 책임진다

아무리 자금이 있어도 잠재워두면 자금에 쪼들리게 된다. 가장 대표적인 것이 매출금의 회수불량이다.

1. 판매원이 파는 것에만 힘을 기울이고 대금 회수를 고려하지 않는다.
2. 판매처의 매출상황이 좋지 않고 판매품에 불만사항이 있다.
3. 판매처가 빌릴 만큼 빌려서 장사하기를 모토로 삼고 있다. 즉, 남의 돈을 거져 쓰는 것을 일삼고 있는 회사이다.
4. 판매처가 운전자금 부족으로 위험한 조업을 하고 있다.
5. 매출채권회수 사무가 서투르고 판매원의 접대술이 나쁘다.

대체로 이와 같은 요소들이 개별 혹은 서로 관련되어 있다고 본다. 따라서 이들 원인의 반대로 시행해 나가면 문제가 해결되지만, 그와 같이 순조롭게만 되어간다면 고생할 사람이 없을 것이다.

회수불능이 되거나 도산하는 것은 회수 불량상태가 연속되기 때문이므로, 대상 매출처를 중점적으로 선별하여 대책을 서둘러야 한다. 예를 들면 세일즈맨은 팔기만 하고 대금회수는 다른 부문에 맡기고 있다. 그러나 세일즈맨에게는 수주 · 매출 · 납품 · 대금회수 · 경비지출 · 이익의 유무까지가 책임범위이다. 물론 A사에서도 세일즈맨에게 그렇게 의무화하고 있다. 이 시스템은 월차결산방식을 취하는데 있어서도 효과적이다. 행동의 실시, 개선결과를 확인해 나갈 때 매출에서 회수까지의 흐름이 순조로워진다.

04_ 재고의 벽을 허물지 못하면 도산한다

재산을 가지고 있으면서도 돈에 쪼들린다. 이것이 바로 재고과다이다. 힘들어 '물자' 를 확보해도 그것을 잠재우면 자금운용은 당연히 어려워진다. 빨리 눈뜨게 하여 돈으로 바꾸는 것이 무엇보다 중요하다. 시기를 놓치면 '재고과다로 도산' 이라는 사태를 맞게된다. 도산까지는 이르지 않더라도 재고과다로 자금운용이 어렵게 될 것은 뻔하다.

재고과다의 원인은 매출부진 · 과다생산 · 팔리지 않는 상품확보 및 과다보유 등이다. 매출부진은 과다생산과도 관련된다. 여기서는 그 '과다생산' 에 대하여 생각해 보자.

과다생산으로 재고과다가 발생되는 원인은 생산 주도형 회사에서 설비와 인원을 유휴화하기 싫어 제조를 계속하거나 하도급이나 납품업자를 구제하기 위해 자금사정을 깊이 생각지 않고 발주를 계속하기 때문이다. 즉 영업부문의 판매에 맞추어 제조를 하는 것이 아니라, 제조 독주형으로 되어 가는데도 경영자가 이것을 묵인하기 때문이다.

제조부문으로서는 종업원과 설비를 놀리는 것은 큰 고통일 것이다. 특히 인원정리로 이어지면 고통은 더욱 더 커진다. 그래서 무리하게 제조를 계속하려는 심정도 이해가 간다.

그러나 인원과 설비를 늘릴 경우 그것은 고정비 지출로 그치지만 제조를 계속하면 재료비에다 제조경비가 나간다. 자금운용이 곤란할 때는 만들면 만든 만큼 어려움이 증대된다. 재고의 벽을 만들면 창고비도 들고, 시간이 경과함에 따른 변질과 성능의 저하도 가속된다.

미국의 경우, 이와 같은 상황이 발생되면 매우 신속 · 과감하게 대응한다. 즉 레이오프(LAY-OFF/감정해고)가 정확히 시행되고, 있는 것 외의 주문 물품에 대해서는 쉽게 취소통보한다. 이렇게 하여 자기 기업의 보전에 전력을 기울인다.

아무튼 매출부진일 때는 재고를 확대하지 않는 것이 중요하다. 팔리지 않을 때 일하여 물자를 만들기보다는 도리어 쉬는 쪽이 그만큼 자금유출이 적게 된다.

재고과다가 되면 제조부문은 판매력이 약함을 비판하고, 판매부문은 제조측의 과다생산을 비난하지만 이런 때일수록 양자가 협력해야 한다. 그리고 회사방침에 따라 영업 주도형을 실행해야 한다. 제조부문이나 일반관리부문은 총력을 기울여 영업부문은 지원해야 한다.

또 재고를 줄이기 위해서는 그 내용을 바르게 파악하는 것이 중요하다. 재고는 상품·제품·반제품·재료 등인데 이들 중 무엇이 재고과다인가를 파악하여 재고가 있으면 적절하게 손을 쓸 필요가 있다. 이들 중에 시장성을 잃은 것은 과감하게 폐기처분하여야 한다. 일시적으로 자산이 감소하겠지만 성장하기 위해서는 부득이한 조치이다.

05 기술자의 간섭으로 불필요한 설비가 증가한다

설비는 자산이므로 아무리 과다설비해도 자금의 외부유출은 많지 않다. 그저 감가상각비가 이익 안에서 사라질 뿐이다. 이 점을 꼭 기억하기 바란다.

그러나 문제는 설비의 조달 자금원이다. 이 자금이 차입금에 의존한 것이라면 상환과 이자부담으로 자금을 만드는데 곤란을 준다. 특히 단기 차입금으로 메우기라도 하면 자금운용은 당연히 쪼들리게 된다. 설비투자는 자기 자본으로 조달해야함을 경영자라면 모를 리가 없다.

설비과다는 대체로 생산 주도형 기업에서 잘 나타난다. 그 주된 원인을 열거해 보자.

1. 기술자 중에 첨단설비를 도입하기를 희망하는 '새 것 선호형' 기술자가 많을 경우에 발생한다.
2. 매출상황에는 그다지 관심이 없고 생산을 높이는 데만 주력할 때 생긴다.
3. 도입한 설비가 노후되어 가동률이 떨어질 경우에 생긴다.
4. 첨단설비를 도입하기만 하면 노동력이 절감된다고 지레짐작하여 투자할 때 발생한다.
5. 설비의 성능을 과신할 때 생긴다.
6. 도입한 설비와 작업원이 일체가 되지 않을 경우에 발생한다.
7. 폐물로나 될 구식화된 것을 보존할 경우에 발생한다.

그러나 기술이나 설비의 일이라면 경영자와 타부문의 책임자는 소극적으로 대응한다. 이것은 자기들이 기술에 대해 잘 모르기 때문에 납득이 가는 설명을 구하려고 하지 않는 성향에서 생긴다. 또 기술자 중에서는 괜히 어렵게 설명하려고 하는 자도 있다.

그러나 참된 기술 전문인이라면 문외한이라도 이해할 수 있게 쉬운 설명을 할 수 있어야 한다. 쉽게 설명할 수 없다는 것은 기술자 자신도 잘 이해하지 못하고 있다는 것을 의미한다.

경영자는 납득이 될 때까지 질문하여 설비과다 현상에 제동을 걸어야 한다. 특히 영업부문의 책임자는 매출예상과 설비용량의 평균 가동률을 점검하여 설비과잉이 되지 않도록 사전에 조정해야 한다.

06_ 빚에는 간부사원이 거부반응을 보여라

이익을 낳기 위한 투자는 이자를 지급해서라도 가능하지만 적자를 메우기 위한 빚에는 절대로 손을 대서는 안된다. 차입금 과다가 어떤 결과를 가져다주는지는 더 말할 필요도 없다. 따라서 경영자는 자금을 차입할 경우 단호한 태도로 임해야 한다.

또 빌린 돈은 조만간 상환하지 않으면 안되므로 차입금 감소에 전력을 기울이지 않으면 안된다. 그런데 회사의 실적이 좋으면 금융기관은 적당한 이유로 대출을 하려고 한다. 그러나 경영자는 이를 '호의' 로 받아들여 안이하게 돈을 빌려서는 안된다.

빚이라도 돈이 있게 되면 마음이 대담해진다. 돈이 있으면 구입할 것을 찾는 것은 자연스런 심정이다. 그러나 경영자가 경영난에 빠지면 웃는 낯으로 빌려 준 상대도 당장 험상궂은 얼굴로 변해 버린다. 그때가 되어서 대출자를 원망한들 소용이 없다.

따라서 차입금에 대해서는 경영자는 물론 전 간부가 거부반응을 나타낼 정도가 아니면 여유로운 경영을 해낼 수가 없다.

07 매출가격의 조작으로 이익을 내지 말라

이익이 적으면 자금운용에 곤란을 받는다. 이것은 분명한 이치이다. 또 차입금 과다 상태가 되면 원금상환이나 이자지불에 쫓기게 된다. 또 이익이 적음에도 불구하고 경비의 지출이 과다하면 당연히 적자경영이 된다.

그런데 이익을 높이기 위해서는 매출원가가 낮거나, 판매가격이 높거나, 경비 지출이 적어야 한다. 그러나 어느 조건도 뚜렷한 상태로 만들기는 쉽지가 않다. 따라서 이 3가지 요소를 이익이 발생하는 방향으로 이끌어 나가도록 노력해야 한다.

예를 들어 매출가를 높게 책정해도 팔리지 않으면 그림의 떡이다. 결국 대부분의 경우, 세간의 평가 즉 시세가 판매가를 결정하는 것으로 일방적으로 판매가격을 올리는 것은 어려운 일이다.

판매가는 외부요인에 의하여 정해지기 때문에 일정한 이익폭을 확보하기 위해서는 사내에서 노력하지 않으면 안된다. 즉 매출원가의 절감과 경비지출의 억제이다.

예를 들면 판매가를 10% 올리는 것보다 매출원가나 경비를 10% 절감하는 쪽이 간단하다. 즉 소요되는 이익폭을 확보하기 위하여 판매품의 원가 및 경비를 최저액으로 정하고 그것에 근접시키기 위한 연구를 하는 것이 가장 빠른 지름길이다.

08 경영자는 간접부문의 경비절감에 솔선하라

제조비용은 원가요소로, 이것이 과다할 때에는 매출원가를 밀어 올려 이익을 감소시킨다. 그런데 경비 절감 대상은 판매비 및 일반 관리비, 그 중에서도 일반 관리비이다. 이와 같은 고정적 경비에도 손을 대면 절감효과를 보게 된다.

제조비용이나 판매비는 매출을 위한 활동비이므로 생산적 지출이 되지만 일반 관리비는 비생산적 지출이라고 말할 수도 있다. 따라서 일반 관리비에 대해서는 예산작성 때부터 축소에 전력을 기울일 필요가 있다. 일반 관리비에는 비 전향적인 지출에 해당되는 것이 많으므로 절감에 노력을 기울이면 다른 경비와 달라 줄이기 쉽다.

그러면 일반 관리비 내용을 검토할 때 주의를 기울어야 할 것을 설명해 보자.

1. **조직과다로 되지 말 것** … 간접부문의 조직은 일반적으로 총무 · 경리 · 자재 등의 이름으로 구분되어 있다. 그러나 굳이 세세히 부 · 과로 편성할 필요가 없다. 부 · 과를 설치하면 체제를 갖추기 위하여 부하가 필요하게 되고 고정비가 증가한다. 따라서 간접부문의 조직편성은 그 업무내용에 맞게 간소한 것으로 하는 것이 핵심이다.
2. **경영자의 주변을 지나치게 장식하지 말 것** … 손님 접대를 위한 대기실에는 보잘 것 없는 의자를 놓으면서, 사장실에는 최고급 집기를 갖추고 TV까지 설치하며 여사원마저 두고 있는 곳이 많다. 물론 종업원에게 근엄하게 보이게 하는 효과도 있겠지만, 많은 경우 경영자의 제멋에 겨운 독선의 표현이라 해도 된다. 이런 회사의 대부분은 영업, 제조부문 종업원의 복리후생시설은 물론 구내식당도 없다.
3. **표준화를 장려하고 시행할 것** … 일의 대 · 소 구별도 없이 보고를 요구하는 경영자나 간접부문이 있다. 그 때문에 종업원은 위만 바라보고 본연의 임무에 충실할 수 없어 실적도 오르지 않고 이익도 작아진다.

   기업규모의 대소를 불문하고 유능한 경영자나 간부라면 직장을 한 바퀴만 돌면 활동상황을 파악할 수 있는데 구태여 업무보고를 시킬 필요가 없다. 또 말로 몇 분이면 끝나고 필요한 항목 몇 개만 기입하면 단시간에 될 것을 보고서를 쓰는 경우가 많다. 간접부문도 생산부문 같이 표준화하여 처리속도를 높이면 인원의 '과다화' 를 막을 수 있을 것이다.
4. **철저한 원가의식을 갖도록 할 것** … 간접부문에 원가의식이 침투되어 있지 않아 그것이 인원과다로 이어져 경비를 높인다. 이것에 대한 개선책으로는 간접부문의 요원과 직접부문의 요원을 같은 사람으로 하면 된다. 간접부문의 일은 상식선에서 처리되므로 숙련된 인원일 필요는 없다. 또 원가의식을 기회 있을 때마다 불어넣어 간접부문의 업무진행을 활성화하는 일이 경비증대를 억제하는 열쇠가 된다.

   간접부문은 경영자 가까이에 위치하고 있기 때문에 그래서 간접경비를 삭감하려면 원점으로 돌아가 필요경비를 예측하고 그들이 매출액 또는 매출 총이익의 몇 %인가를 산출하여 이것을 예산의 기본 틀로 삼도록 지도한다.

09_ 원가 절감책은 전사적 토의를 바탕으로 수립하라

원가는 상품의 구입원가와 제품의 제조원가로 분류되는데, 어느 것이고 이익과 크게 관련이 있다. 특히 상품 구입원가보다 제품의 원가절감에 신경을 집중하는 편이 원가절감 측면에서 중요하다.

상품의 구입원가 절감은 여러 가지 조건이 얽혀 어렵지만 제품의 원가를 구성하는 재료비 · 노무비 · 경비는 엄격하게 따져 보면 상당히 절감할 수 있기 때문이다.

이와 같은 생각을 '째째하다' 고 말하는 사람도 많다. 그러나 판매가가 묶여 있는 물품은 원가를 절감하던가 판매비를 축소하지 않으면 이익을 만들어 낼 수가 없을 것이다.

제조원가는 머리와 몸을 쓰기에 따라서 당초의 절반 정도까지 절감할 수가 있다.

그 방법을 예로 들면 첫째, 대량생산에서 그 효과를 구한다. 거기에는 판매활동이 역할을 한다. 판매량이 적은 경우 원가절감은 어려우며 가령 실현했다 해도 액수는 극히 적다. 물론 양산(量産)효과도 제조설비와 관련이 있다.

따라서 판매량에 맞지 않는 과다설비 · 인원은 원가를 높이는 요인이 된다. 원가절감은 제조부문만의 영역이 아니고 판매부문이나 간접부문도 크게 관계된다. 그런 만큼 원가절감을 위한 전사적 토의의 장이 월차결산방식 회의이다.

둘째, 편하게 생산하는 방법을 연구하는 데 머리를 쓸 것, 즉 작업개설 · 공작공구의 개량이나 창안 등이다. 우리나라는 외국에 비하여 평균 학력이 높고 재주가 뛰어난 이유에선지 공작공구에는 그다지 관심이 없어 그 개량이 뒤떨어져 있다.

미국의 공장을 보면 자주 고장나는 기계의 수리에 많은 시간을 들이기보다는 신품과 교환하거나 고장이 나지 않은 기계를 개발하여 사용하며 편한 작업을 위한 공작공구의 개발도 활발하다. 이와 같이 편한 방법을 택하는 것이 좋을텐데, 우리는 아직 힘들여 일하는 기풍이 남아 있어 기계의 발달을 방해하고 있는 것 같다.

셋째, 실제로 쓸모가 없는 것을 흔들지 말아야 한다. 불량품은 원가를 높이는 최대의 요인이다. 원가절감이 안된다고 불량품 속에서 합격품을 선별하는 회사도 있다고 한다. 이래서는 '합격' 으로 구분된 것들 속에도 불량품이 섞여 있을 우려가 있다.

원가절감은 되어가는 대로 행하는 관리체제로는 완수할 수 없다. 분발하지 않으면 달성할 수 없는 절감목표를 설정하고 이것에 도전하는 일이 실현의 길이다. 목표를 바라보는 눈이 진지하면 진지할수록 수단은 스스로 개발된다.

10_ 자산을 놀리는 것은 보배를 썩히는 짓이다

재산을 줄이는 것에 대해 강한 저항을 느끼며 일부러 어려운 경영을 계속하고 있는 회사가 적지 않다. '물자' 에 대한 집착이 금전에 대한 집착보다 강하기 때문이다.

설비, 토지, 건물을 덮어놓고 '물자' 로 바꾸어서 안심하고 있는 사람도 많다. 특히 과거 인플레에 시달린 경험이 있는 사람들이 그런 사람들이다. 그러나 기업은 사람 · 물자 · 돈을 모두 활용하여 경영하는 것이고 그들이 모두 이익을 낳도록 활용하여야 한다.

사람, 설비, 토지, 건물은 경영목적을 달성하기 위한 수단으로써 가장 효율적으로 활용하는 것이 중요하며 조금이라도 불균형을 이루면 이익을 기대할 수 없다.

자금운용이 곤란한 것은 수입으로 지출을 감당하지 못하기 때문이다. 우선 이 간단한 사실을 새삼 마음에 새겨두기 바란다. 물론 설비투자에 필요한 자금은 장기 차용금에 의한 것이 보통이지만 이것마저도 자기 자본으로 충당하면 자금운용은 극히 편하게 된다.

자금압박에서 벗어날 사전대책의 한 방법으로 월차결산주의 경영이 가장 적합하다. 즉 당월의 결산을 다음 달 중순에 하고, 동시에 향후 3개월 간의 수주 · 매출 예상표, 자금 운용표, 손익계산서, 대차 대조표에 의하여 과거의 상황과 월말 현상이 정확하게 나타나므로 이들 산출근거를 자료로 하여 관계자가 월차결산방식 회의에서 의논하면 훌륭한 사전조치를 강구할 수 있게 된다.

향후 3개월에 걸쳐 대책을 강구하면 자금의 막힘도 없어질 것이며 이만큼의 여유가 있는데도 대책을 세울 수 없다면 그 회사는 영구히 돈의 쪼들림에서 탈출하지 못할 것이다.

10

CHAPTER

중소기업의 위기극복 전략

기업은 왜 도산하는가? 도산의 근원은 어디에 있는가? 회사가 무너져가는 징후를 사전에 어떻게 알아낼 수 있는가? 도산을 피하기 위해서 경영자는 어떻게 대응하고 무엇에 유의해야 하는가? 이 장에서는 회사가 순조롭게 운영되고 있을 때에는 미처 생각하지 못하는 기업위기의 예측방법과 도산할지도 모를 위험징후를 제시했다.

01

기업위기의 종류

기업경영은 위기(리스크)와의 끊임없는 싸움이라고 해도 과언이 아니다. 따라서 리스크를 어떻게 컨트롤 하느냐에 따라 기업의 생사가 좌우된다고 볼 수 있다.

기업을 경영하는 과정에서 일어날 수 있는 위험의 정체를 정확히 파악하여 그 위기를 통제하는 것이야말로 경영자가 해야 할 중요한 임무이다.

01_ 정치위기

기업위기를 '동태위기' 와 '정태위기' 의 두 가지로 크게 나눈다. 동태위기 중에서 우선 주의를 요하는 것이 정치위험이다. 국가는 방대한 예산을 들여서 국민의 복지와 경제발전을 위해 도로나 항만을 정비하고 복리후생에 힘을 기울이며 기간산업투자를 하고 기업활동에 대하여 간섭통제를 가하곤 한다.

이들이 정상인 경우에는 국민이나 기업에 이익을 가져다주지만 때로는 방향을 그르치거나 위기를 발생시키는 경우도 있다. 과거 인류가 20년에 한 번 꼴로 전쟁이라는 바보스러운 행위를 범했던 것은 엄연한 사실이다. 군비확대에 따라 전쟁물자의 생산능력을 증대하고 전쟁에 의하여 일시에 막대한 물자를 소비하는 일을 되풀이 해왔다.

전쟁이 있었기에 경기가 좋아졌다는 사람도 있기는 하지만, 거의 모든 사람들은 전쟁으로 인한 피해를 입었다. 전쟁은 가장 큰 정치위기이다. 외국정부에 의한 수출규제 또는 통상협정, 각국의 통화정책, 공해방지 부담을 크게 하는 공해위험 기타 세제의 변혁, 파업 등으로 인하여 생기는 영향도 정치위험이라고 볼 수 있다.

02_ 혁신위기

혁신위기란 주로 기술혁신 즉 새로운 기술, 새로운 생산방법, 새로운 제품 등이 나와서 낡은 기술, 낡은 생산방법, 낡은 제품이 자취를 감추어가는 그런 위험을 말한다. 통신 수단의 발달, 교통의 변화, 입지조건의 변화 등도 일단 혁신위험에 포함시켜도 된다.

특히 기계 · 금속 · 화학 분야에서는 제조방법, 제품의 진보가 한층 더 심하다. 이 분야는 기술혁신이 수반되지 않으면 탈락을 면할 길이 없다. 전통을 고집하고 안주하면 낙오의 가능성은 커진다.

따라서 전통적 방법에서 탈출하여 새로운 경영기술을 개발하고 새로운 제품, 새로운 서비스, 새로운 시장을 계속 개척하지 않으면 기업의 존속을 유지하기 어렵다. 특히 경쟁회사의 기술진보에 각별한 주의를 기울일 필요가 있다.

03_ 경영위기

경영위기란 기업의 경영활동에 의해 일어나는 위험 즉 시장위기 · 고용위기 · 자본위기 · 생산위기 · 사회위기 · 직능위기 · 성격위기 등이 그것이다.

1. 시장위기

제품이 팔릴 것인가 안 팔릴 것인가, 또는 대금은 회수될 것인가 안 될 것인가 등의 위기를 말한다. 또 시장위기 중에서 중요한 것은 소비자의 취미 · 취향 · 가치관 · 소득수준 등의 변화로 소비의 방향이 급격히 변화하는 것이다. 실제 시장은 더욱 더 다품종소량의 시장으로 변모하고 다양화되어 가고 있다.

또 경기변동 · 구조변동 · 계절변동 등에 의한 시장위기가 판매활동 · 생산활동을 뿌리채 뒤집어 놓고 있다.

2. 노동위기

사장위기와 나란히 큰 위기의 하나로 대두되는 것이 노동위기이다. 경영자가 적극적으로 이 문제에 대처하지 않으면 4, 5년 내에 고용도산의 발생은 필연적이다.

급여 · 임금은 저성장 하에서도 고임금체제로 급변하는데 매출액은 과다경쟁으로 정체되고, 순이익은 감소하여 손익 분기점은 상승하고 분기점 이하의 기업이 점차 많아지고 있다.

적자임에도 막다른 데 이르지 않은 것은 자기 소유의 자산손실이 있거나 또는 차입금으로 숨 돌리고 있는 것에 지나지 않는다. 그것도 점차 한계에 와 있다.

노동위기의 어려움은 단순한 인건비 대 이익의 문제에 그치지 않고 있다. 종업원의 일하는 태도, 의욕, 가치관, 직업관 그 자체에 변화가 일고 있는 점에 주목하지 않으면 안된다. 회사의 규칙관리에 대한 반발, 파업의 연중행사화, 직장 이탈 등의 현상이 눈에 띄게 늘고 있다.

3. 자본위기(금융위기)

고도성장의 영향으로 소비자 물가 등이 올라서 화폐가치가 더욱 더 떨어지고 있다. 이익을 올렸다고 생각해도 세금부담이 높아지고 있어 자본은 좀처럼 늘지 않는다. 뿐만 아니라 자본이 미수금, 장기운전자금, 설비, 토지 등과 같이 고정화되어 있는 것에 문제가 있다.

적자의 누적, 책임지고 융자해 주는 주력은행이 없는 은행관계의 악화, 근본적으로는 손익분기점을 확보하지 못해 끝내는 도산 위기까지 몰린다.

4. 생산위기

이것은 원자재, 노동력, 기술에 관련된 것이다. 원자재는 원활히 확보되는가, 재고는 충분한가, 협력기업을 확보하고 있는가, 생산설비에 결함은 없는가, 제조방법은 기술진보에 뒤떨어지지 않았는가, 연구개발이 시기에 알맞게 이루어지고 있는가, 제품에 결함은 없는가 등의 문제이다.

5. 사회위기

사회위기란 기업이 사회의 요청에 의한 사회적 책임을 다하지 않음으로써 일어나는 위험이다. 사회에 제공하는 상품 · 서비스의 질은 물론 주민, 소비자 운동, 노동조합, 지역사회 등에 대하여 사회적 밀접화를 도모하지 않으면 그 존속이 위태로워진다.

6. 직능위기

중소기업 경영자의 경영관리는 대기업에 비하여 일반적으로 계획 · 조직 · 통제 · 섭외면에서 뒤떨어지고 있다.

특히 현재의 사업과 장래의 계획에 대한 경영자원의 분배가 불합리하다. 중소기업 경영자는 흔히 현재의 관리에 마음을 빼앗겨 장기계획을 세우는 것에 태만하여 장래의 위기를 크게 만들고 있다.

또 권한을 위임하는 일이 지극히 적으며 경영관리를 위한 팀 구성의 중요성을 이해하지 못하고 있다. 경영의 후계자를 양성하는 일에도 준비가 없거나 소극적이다. 일반적으로 중소기업은 경영의 조직화에 실패하고 있는 경우가 많다.

7. 성격위기

중소기업의 경영자는 소위 원맨이다. 이 원맨이 가지고 있는 성격이 기업의 성공과 실패를 좌우함을 중시해야 한다. 이 사실은 경영자의 영향력이 결정적인 만큼 매우 중요하다. 원맨은 자기의 식견과 능력에 대단히 큰 자신감을 가지고 있다. 지금까지 오랫동안 대기업이나 경쟁사와의 경쟁과정에서 위기를 헤쳐온 경력을 갖고 있다.

어떠한 경제변동에 대해서도 자기의 지혜, 자기의 용기로 이것을 돌파해 내고 있다. 근검절약, 왕성한 책임감, 지역사회에의 봉사 등이 자연히 몸에 배어 있다.

이와 같은 정신적 요소는 맹렬한 기업의욕으로 나타나서 이익사업 추진이나 어떠한 위험에 대해서도 용감히 부딪혀 나갈 만큼의 정열과 기민성과 원가의식을 갖추고 있다.

이와 같은 독립경영자의 성격이야말로 기업을 성공으로 이끈 원동력이다. 쇠퇴해가는 기업은 이와 같은 기업가 정신이 결여됐기 때문이다. 기업가 정신의 결과가 바로 여기서 말하는 성격위기이다.

나쁜 의미의 원맨은 종업원에 대해서는 위압으로 대하고 친족만을 믿고 타인을 신용하지 않는다는 친족성과 비협조성과 같은 형태로 나타난다. 중소기업에서 나타나는 비사회성은 실로 이와 같은 성격의 결과이다.

경쟁사와의 협조를 뿌리치고 과다경쟁으로 달리는 것도 원칙을 경시하고 경험에만 의존하려는 태도는 그 바탕에 지나치게 강한 이기심이 깔려 있기 때문이다.

이상과 같은 정신구조는 경영자 고유의 이기적 동기만으로 되어진 것은 아니다. 오히려 지금까지 사회적인 보호를 받을 기회가 적은 채 과다경쟁에 휘말린 결과 고집스런 성격이 형성된 것으로 생각된다.

따라서 조직화나 협조 · 신뢰에 의해서 비로소 참된 자유가 확보됨에도 불구하고 단지 생각나는 대로 행동하는 것은 자유라 믿고 자기의 울타리 속에 혼자 외롭게 틀어박히려고만 한다면 그것은 꼭 버려야 할 성격위험이다.

04 구조위기

기업위기의 하나인데 기업구조의 결함으로 실패에 직면하는 기업이 증가하므로 이 문제를 생각해 보자. 구조위기 속에서 주목을 끄는 것이 경영규모의 확대에서 생기는 위기이다.

1. 경영규모의 확대위기

기업의 확대를 3단계로 나누면 각 단계에서 큰 경영위기에 직면하게 됨을 알 수 있다.

제 1단계는 소규모 기업에서 경험이 많은 숙련공이 독립하여 회사를 설립하고 경영자가 된 경우이다. 그는 경험이 많고 숙련된 분야의 일에는 매우 정통하지만 사람들의 우두머리가 되어 부하를 감독하는 능력이 결여되어 있다.

또 원료의 구입, 금융, 제품판매, 경리와 같은 전문지식도 없고 판단력도 부족하므로 직능인으로 일해 나가는 데는 무난했지만 독립하고서는 곧바로 실패한 사례가 많다.

제 2단계는 중소기업의 경영자는 업무에 정통하지만 종업원을 직접 지휘하는 행동적 ·

조직적 경영자로서 경영하는 일은 서툴다.

그러면서도 사업규모의 확대, 종업원 수의 증대에 따라 조직상 직제를 확립할 필요성에 직면하게 되어 관리직능의 전문화, 계획화, 설비의 근대화, 기술의 혁신 등 근대적 경영기술을 도입하지 않으면 안될 상황에 놓여 있다.

그러나 대개 ① 매출 총이익에 대한 과다한 간접비 ② 외부자본 도입 기피 ③ 조직에 의한 운영으로 전환하지 않는 것 ④ 노사관계의 불안정 ⑤ 적당한 후계자 양성소홀 등의 이유로 인해 성장과정에서 탈락하기 쉽다.

제 3단계는 대기업이다. 대기업은 외부에서 보면 조직적인 경영으로 충실하게 잘 되어가는 듯이 보인다. 그러나 경영자는 최신의 컴퓨터와 광범위한 업무 보고서, 기안문서 등 서류에 충분한 시간과 주의를 기울일 여유를 갖지 못한다.

경영규모의 거대함과 복잡함이 경영기술을 번잡한 것으로 만든다. 상담하지 않으면 안될 전문가가 너무나도 많다. 이 때문에 경영자는 하루를 회의로 시작하고 회의로 끝낸다. 경영의 철학과 방법에 무엇인가 근본적인 변화를 가져오지 않는 이상 파탄의 위험에 직면하게 될 것이다.

2. 대기업의 확대위기

미국 경영자의 경험에 의하면 규모의 확대에 따라 다음과 같은 경영위기가 발생된다고 한다.

(1) 경영자가 근로자 또는 제일선의 감독자와 서로 얼굴을 맞대고 접촉할 기회가 적어진다. 경영자는 최대 300명 내지는 400명을 통제할 수 있지만, 그 이상으로 커지면 '인간접촉' 은 어려워진다.

(2) 직제를 통하여 상하로의 의사소통이 어려워질 뿐 아니라 횡적 연락도 어려워진다. 이 때문에 비공식 조직이 필요하게 되고 인간적 접촉을 촉진하기 위한 제도를 도입하지 않으면 안된다. 그런데 이런 제도가 활성화 되지 않고 있다.

(3) 경영규모가 커짐에 따라 경영자 그룹이 공중에 떠버리는 경향이 일어나기 쉽다. 경영그룹은 주로 형식화된 보고를 듣거나 참모들을 만날 따름이다. 업무보고는 추상적 숫자로 꽉 차있고 따라서 경영자 그룹의 정책이나 의지는 현장의 견해와 달라지게 된다.

여기서 '마음은 아무리 따뜻해도' 의사소통은 이루어지지 않는다.

(4) 기업가 정신이 상실된다. 즉 행동의 민첩성, 철저한 원가의식 등이 약화되어 간다. 그래서 경영자는 '기업가' 로부터 '관료' 로 될 위험이 크다.

(5) 완고함과 사무적체가 지배적으로 된다. 대조직에서는 질서 · 규칙이 요구되므로 그 결과 결재의 지연이 생긴다. 그리하여 상부조직은 하부조직과 경쟁하는 압력단체로 될 위험이 있다.

(6) 통제의 유효한 수단이 결여되기 쉽다. 광범위한 조직을 직접적으로 관장할 수 없게 되어 자연히 손익 계산서나 대차 대조표 등에 의존하게 되어 조직 내에서 일어나는 눈에 보이지 않은 중요한 문제 등을 정확히 파악할 수가 없다.

(7) 종업원의 근로의욕이나 뭔가 하고자 하는 의욕에 대한 동기부여 제공기회가 적어진다. 조직이 커짐에 따라 종업원의 경영 참여의식도 약해진다. 또 회사 전체의 제도나 조직이 종업원의 창의력과 자신감을 위축시킨다.

(8) 규모가 확대됨에 따라 지금까지의 대책이나 방법이 쓸모없게 되어 나름대로의 방책을 확립하고 실시해 나가지만, 막상 실시했을 때 예상치 못한 문제가 발생되어 몇 번이고 기업이 위기에 부딪친 일이 있다고 어느 경영자는 말하고 있다.

3. 중소기업의 확대위기

위에서 말한 미국 실업가 그룹의 의견은 경영조직을 중심으로 본 규모 확대의 위기이고 넓게는 대기업까지 포함한 견해이다. 그러면 중소기업의 성장에는 어떤 위험한 장애가 있는가?

(1) 우선 그 업종의 경쟁 형태라든가 시장의 크기 · 성질 등이 장애로 대두된다. 과도한 경쟁을 하거나 제품이 시장에서 호응을 얻게 되면 규모가 커지고 기민하게 대응할 수 없게 되어 속도와 능력이 둔해져 경쟁능력을 잃게 된다.

(2) 규모가 작기 때문에 운영경비가 알맞다는 경우가 있다. 즉 임금 등의 고용조건이 낮고 노동조합과의 교섭도 쉽다. 또 기부금 · 부과금 등 공공의 부담도 상대적으로 가볍다. 그러나 기업이 확대되면 이러한 이점이 사라진다.

(3) 경영자가 직접 기업을 소유하고 경영하고 싶다고 생각하기 때문에 성장하지 못한다.

(4) 확장을 위해 대자본이 필요하지만 외부자본의 유입을 꺼리므로 성장에는 한계가 있다.

(5) 경영 후계자를 사내외에서 영입하는데 실패함으로 성장하지 못한다.

(6) 가장 중요한 장애는 경영자를 지지하는 조직을 만드는데 실패함으로 기업이 성장하지 못한다. 특히 간부를 양성하고 조직화하는 일, 부하를 신뢰하여 권한을 위임하는 일, 조직을 능률적으로 운영하는 숙련도 등이 결여되어 있다.

05_ 순수위기

동태위기에 대한 정태위기로써의 순수위기에는 자기 재산의 손해, 타인 재산의 파손, 경영자 및 종업원의 사망과 질병, 무능력과 같은 것을 생각할 수 있다. 예를 들면 화재 · 지진 · 풍수해 · 도난의 위험 또는 교통위험, 성인병 등이 이것에 해당한다.

화재나 태풍에 대해서는 설명할 필요도 없다고 생각된다. 이들 위기는 한 번 발생하면 기업에 매우 큰 손해를 끼치므로 충분한 보험조치를 마련할 필요가 있다.

도난 등에 관해서는 도둑에 의한 것뿐 아니라 종업원의 부정, 태만에서 생기는 손해도 포함하여 생각하지 않으면 안된다.

종업원이 계획적으로 장기간에 걸쳐 저지르는 부정은 좀처럼 발견할 수 없고 특히 그 맹점은 재고관리에 있다. 재고관리에 자신 있는 경영자는 아마 많지 않을 것이다. 이것은 보험처리도 안되는 매우 골치 아픈 문제이다.

다음, 경영자가 만약 건강을 해치기라도 하면 치명적인 타격을 입게 되므로 평상시에 건강에 주의할 필요가 있다. 때로는 골프도 치고 운동으로 여가를 즐기는 마음의 여유를 가지는 것이 바람직하다.

따라서 운동은 귀찮다, 취미생활도 없다, 골프고 뭐고 싫다는 등의 말을 거침없이 하는 사람은 구제하기 곤란하고 매우 위험하다.

알맞게 쉬고 충분한 수면을 취하고 그리고 다시 활기있게 일하는 그런 불사신과 같은 건강을 가진 사람이 아니고서는 기업의 성장을 만들어낼 수 없다.

06 손실방지를 위한 정보수집

선천적으로 타고난 능력도 중요하지만 경험도 꼭 필요한 것이다. 경험은 가장 심각한 위험을 스스로 체험함으로써 위험회피 또는 방지하는 요령을 몸에 익히게 된다.

생사를 걸고 피투성이가 되어 싸운 전쟁의 경험, 재해 때문에 재산을 잃은 고뇌, 투기로 한순간에 빈털터리가 되어 기업이 도산한 경험, 신뢰했던 사람으로부터 배신당한 체험 등이 귀중한 경험이고 훈련이다.

지금까지 한 번도 실패한 일이 없고 한 번도 손해 본 일이 없고 사람에게 속아본 일이 없이 부모로부터 재산 또는 사업을 이어 받아 그대로 경영하고 있는 그런 사람이 제일 저항력이 없으며 제일 위험하다. 2세 경영자의 도산이 많은 것도 그 때문이다.

그런데 오랜 세월 고생한 경험과 숙련을 쌓은 사람은 칠전팔기 정신으로 가시덤불을 뚫고 나온 끈기를 갖고 있어 쉽사리 항복하지 않으며 환경변화에 적극 대응해 나간다. 실험적으로 실패를 해 본다는 것은 있을 수 없지만, 능력의 범위 안에서 실패를 두려워하지 말고 적극적으로 도전하는 것이 바람직하다.

다음으로 위험상황의 본질을 아는 것이 중요하며 특히 잠재적 손실의 크기를 잘 확인하는 것이 필요하다. 손실 발생률을 과거의 기록 · 문헌 · 통계 · 실태보고서 등을 참고로 하여 조사하고, 위험의 종류를 더 구체적으로 분석하며, 되도록 조사기관을 활용하여 정보를 입수하도록 노력하는 것이 손실방지를 위해 대단히 중요하다.

07 위기의 분산

위기를 관리 · 통제하기 위해서는 먼저 위기의 분산, 위기의 격리를 도모하는 것이 중요하다. 가능한 한 위험한 일을 회피하다든가 위험을 분산시킨다.

그러기 위해 보험을 이용하는 것이 중요하다. 화재 · 도난 · 질병 · 교통사고 · 산업재해 · 실업 등에 대비하여 보험 제도를 활용한다. 물론 그 보험에 대하여 비용과 이익을 잘 비교 · 검토하지 않으면 안된다.

다음은 다양화 전략이다. 품종의 다양화, 사업의 다양화, 지역 내지는 시장의 다양화, 조직의 다양화 등을 생각할 수 있다.

전통적인 것에 안주해서는 안되므로 되도록 장래에 유망한 것을 선택하여 실행해 나갈 필요가 있다. 지나치게 전문화 되어버리는 것은 위험의 분산이라는 측면에서 문제가 생긴다. 전문화를 전제로 한 다양화가 바람직하다.

회사의 분할과는 반대의 기업합병, 이것도 일종의 위험분산이다. 되도록 수평적인 기업합병은 피하고 수직적인 그룹화를 꾀하는 쪽이 무난하다.

자기 혼자서 경쟁 속으로 뛰어들기에는 어려움이 많다. 이런 때에는 타인의 힘을 빌려 보다 다양하게 위험을 서로 나누는 것도 필요하다.

아무 것이고 직영할 것이 아니라 하도급 업체를 적절히 활용해 나간다. 하도급 업체를 일방적으로 이용만 해서는 안되지만 조립기업과 부품공급기업과의 연계, 강화에 의한 사회적 분업 시도는 위험분산으로 보더라도 합리적이다.

위기에는 우리가 중요히 예측할 수 있는 위기도 있지만 예측할 수 없는 위기도 있다. 예측할 수 없는 위기는 우발적인 것(예 : 태풍 · 화재 등)과 이탈된 손실로 나눌 수 있으며, 우발적인 것에 대해서는 보험조치 등을 활용하는 것이 바람직하다.

이탈된 손실이란 하도급 혹은 거래처로부터 연쇄적으로 입는 손해를 가리키는데 이런 것은 결국 이익으로 손실을 메울 수 밖에 없으므로 사전조사 등을 통해 손해를 입는 비율을 낮추는 것이 최선책이다.

어쨌든 그 외 위험부담에 대한 유의사항은 경영자가 위험의 정체를 규명하고 대책을 세우면서 종업원에게도 기업의 위험 실태를 주지시켜야 한다.

공해문제에서도 제품 · 서비스의 필요성이 사회위험과 직결되며, 공해방지 비용의 일부를 제품가격에 전가시킬 수도 있을 것이다.

08_ 경영위기의 점검

회사 내 다음에 열거하는 징후가 나타나면 도산 위험을 키우고 있다고 말할 수 있다.

(1) 기업이 부가가치를 높이기보다는 매출액을 높이는 일에 급급하고 시장점유만을 위해 전력을 다하고 있는 일은 없는가?

(2) 당장의 이익추구에 급급해 필요경비를 억제하여 장기적 이익을 놓치는 일은 없는가?

(3) 좋은 상품, 좋은 서비스를 사회에 제공하는 것을 우선하지 않고, 고객들로부터 이익을 끌어내는 일에 급급하고 있지 않는가?

(4) 자기 힘으로 실력을 양성하지 않고 남에게 의지하여 자주성을 잃고 있는 일은 없는가?

(5) 이익은 되도록 사내에다 유보하여 회사의 자본으로 축적하지 않고 개인 재산을 늘리는데 마음을 빼앗기는 일은 없는가?

(6) 소비자가 요구하는 것을 제공하지 않고 단지 지금까지의 전통적 기술이나 설비가 있다는 이유로 회사에 유리한 조건으로 제품과 서비스를 제공하지는 않는가?

(7) 강물을 거슬러 올라가듯 가장 어려운 거래처와도 거래하는 것이 아니라 가장 저항이 약한, 즉 부가가치가 낮은 거래처만을 안이하게 거래하는 경향은 없는가?

(8) 수익확보를 위해 새로운 제품개발과 공정개선, 설비를 교체하는 것보다 오히려 구형제품만을 확대 판매하는데 힘을 기울이고 있지 않는가?

(9) 기업을 확장한 경우, 새로운 신규개발제품이나 새로운 기술공법에 의한 생산보다 종래와 동일한 제품의 생산을 증가한 것에 지나지 않는가?

(10) 쓸모도 없는 여분의 설비와 부품을 폐기하지 않고 언젠가는 쓸 수 있다고 생각하여 창고에 보관하는 일은 없는가?

(11) 급여는 종업원이 열심히 일한 직무수행을 기준으로 하지 않고 지급하고 있는가?

(12) 차입금이나 주식을 처분하여 만든 여유자금이 있으면 그저 돈이 있다는 이유만으로 계획 없이 기업 확대를 시행하는 것이 아닌가?

(13) 현재 기업의 수익이 감소하고 있는 데도 종합적인 대책을 세우지 않고 코스트 인하가 가능하다고 더욱 더 신규투자를 하는 일은 없는가?

(14) 근로의욕을 높이는 복지시설은 등한시하고 오직 설비운영의 효율성만을 강조하고 시설투자에만 열중하고 있지 않는가?

(15) 정확하게 계산하면 신규투자가 손해본다는 것을 알면서도 자기 행동의 정당화를 위해 '여기엔 눈에 보이지 않는 이익이 있다' 며 굳이 투자하는 일은 없는가?

(16) 사업의 성취욕 때문에 장기계획사업을 단기계획사업으로 수정하여 무리한 시설투자를 강행하는 일은 없는가?

(17) 기업의 경영자가 시간과 에너지의 대부분을 불만 해소에 쓰고 유익한 부문에 쓸 것을 잊고 있지는 않는가?

(18) 어떤 제품이 장래에는 큰 이익이 된다고 오늘의 손실을 변호하는 일은 없는가?

(19) 기업의 우수한 간부사원이 보수가 더 많다거나 일할 보람이 있다는 이유로 다른 회사로 이동하고 있지 않는가?

(20) 일을 지나치게 벌임으로써 모르는 일이 많아지지 않았는가?

(21) 이익이 적게 나는 부문에 자본을 과다하게 투자하고 있지 않는가?

(22) 기업의 중간 관리층이 자기의 창조적 능력을 회사 이외의 일에 사용하는 일은 없는가?

(23) 기업의 신규투자를 위한 필요자금을 회사의 사내유보금으로만 의존하려고 하며, 차입에 의한 이익이 차입비용 이상으로 될 수 있는 전망이 보이는 데도 차입을 너무 두려워 하지 않는가?

(24) 은퇴 시기가 다가오고 있는데도 후계자를 양성하는 일에 태만하고 있지 않는가?

(25) 자기의 식견만을 고집하여 임원의 조언을 경시하고 있지 않는가?

(26) 부하를 불신하여 권한위임을 하지 않고 혼자 일과 씨름하는 '일벌레'가 되어 있지 않는가?

(27) 경쟁사와 상호유대를 유지하면서 업계의 이익신장에 노력하지 않고 도리어 자기 마음대로 행동하여 업계의 질서를 휘저어 놓는 행동을 하고 있지는 않는가?

(28) 노동조합의 존중과 노동조건의 향상에 노력하지 않고 조합을 부인할 생각으로 노동조합의 해체작업에만 몰두하고 있지 않는가?

(29) 임원들이 회의와 품의에만 열중한 나머지 독립적 판단력과 용기를 잃어 결재가 자주 늦어지는 일은 없는가?

(30) 소비자, 지역주민, 사회전체에 봉사하는 일이 기업의 독립과 자유를 지키는 것으로 이해하지 않고 오로지 자기의 이기적인 면만을 내세우고 있지 않는가?

이와 같은 경영위험의 점검사항은 경영자를 중심으로 야기되는 징후만 지적했다.

02

경영위기의 예방

최근 지속되고 있는 침체는 경기 순환적인 침체만이 아니라 자원문제, 노동구조, 산업구조의 변화, 인플레에 의한 통화위기 등 구조적인 불황이 겹쳐서 쉽게 해결되지 않을 것 같다.

그러므로 기업도산도 점점 대형화되고 있고, 중 · 장기적 전망으로 볼 때 기업도산은 더욱 더 심화되리라 생각된다.

01 기업도산의 원인

기업의 침체 또는 도산의 근본적인 원인은 무엇일까? 외부의 사정에 기인하는가? 아니면 경영자의 책임인가? 라는 원인을 명확히 하지 않은 채 그냥 넘어가는 것이 일반적이다. 그러나 이 점을 분명히 하는 것은 대단히 중요하다.

먼저 기업도산의 외부원인으로 생각할 수 있는 것을 들어보면 다음과 같다.

(1) 경기하강에 따르는 수요의 감소

(2) 자금차입의 어려움과 금리부담 가중

(3) 과외경쟁에 의한 가격의 저하

(4) 외상, 어음의 장기화 대금회수의 곤란

(5) 타 회사 도산의 연쇄반응에 의한 도산

(6) 외국정부규제에 의한 수출의 감소

(7) 수입증가에 의한 외국 상품과의 경쟁

(8) 모공장 · 백화점 · 외국 바이어 등의 발주정지 또는 극단적인 단가인하, 지급지연

(9) 조업단축에 따르는 생산의 감소

(10) 인력 부족에 따르는 인원보충의 곤란과 인건비의 상승

(11) 신용불안으로 야기되는 채권자 또는 수주처의 입력

(12) 금융기관의 선별융자

(13) 노사갈등으로 인한 노사관계의 악화

(14) 경쟁자에 의한 신상품의 출현

(15) 원자재 가격의 앙등

(16) 주식폭락 등 증권시장의 혼미로 인한 자금조달 곤란

(17) 기타 날씨 등 예측하지 못한 천재지변

에너지 가격의 상승, 공해비용부담의 증가, 소비자 운동의 격화, 공공요금의 앙등(운임, 통신료, 수도, 가스, 전기 등), 기업의 자유로운 활동을 방해하는 행정규제의 증가, 공급초과에 의한 가격수준의 저하, 연례적 노사분쟁에 따르는 임금의 인상, 기업합병 등에 따르는 독점의 강화, 대기업의 중소기업 분야에의 진출, 토지가격 앙등에 따르는 공장부지 구입의 어려움, 시장의 다양화로 인한 양산과 양판의 불가능 등.

이들 외부위험이 기업에게는 피할 수 없는 '여건' 이긴 하지만 경우에 따라서는 꼭 그렇지는 않다. 이와 같은 환경위험을 제거하거나 영향을 경감하며, 나아가서는 미연에 방지하는 주체적인 경영전략이 결코 어려운 것만은 아니다.

물론 경기하강에 의한 내외의 수요감소나 자금 부족현상은 피할 수 없을지 모른다. 그러나 이러한 여건 속에서도 생산능력을 감소시켜서 수요에 맞춘다든가, 코스트를 낮출 수 있는 품종의 개발, 품질 디자인의 향상, 소비자 신용의 증대, 상품의 차별화, 수출 노력, 개별수요의 증대, 신속한 대금회수 등을 통해 돌파구를 마련할 수 있다.

기업의 도산 또는 침체의 원인은 오히려 기업내부에 있다고 해도 과언이 아니다.

즉, 경기 하강기에 기업도산이 생기는 것은 도산현상이 일반적인 것이 아닌 한 대부분은 그 기업경영 활동의 불합리성에 의한 것이라고 단언해도 된다.

도산기업의 대부분은 다음과 같은 경영내부의 원인에 의해 쓰러졌다.

1) 가격인하의 경쟁에 휩싸여 채산을 무시한 덤핑을 행했다.
2) 기후의 예측을 믿고 증산을 했는데 기후예측이 완전히 빗나갔다.
3) 품질 · 디자인의 개선을 게을리 했는데 강력한 경쟁자가 나타나 매출부진에 빠졌다.
4) 회사 규모의 확대에 요구되는 조직의 합리화를 소홀히 했다.
5) 급격히 확장하여 토지 · 설비의 자금을 지나치게 사용했다.
6) 회사의 영업부진을 인건비의 삭감으로 메우려고 한 결과 종업원의 집단이탈을 초래했다.
7) 급여수준 · 복리시설 · 노동시간 등 시대의 흐름과 변화에 맞추지 않아 종업원을 채용할 수가 없었다.
8) 회계기록을 제대로 하지 않은 경리 부실로 은행 및 구입처의 신용을 잃었다.
9) 한 개의 판매처에 거래를 집중한 결과 발주물량(오더)이 끊어졌다.
10) 개인적 취미 또는 공직에 지나치게 시간을 빼앗겨 경영을 게을리 했다.
11) 경영의 원칙을 모르는 사장 부인의 지나친 간섭과 영업간섭으로 매출액의 감소를 초래했다.
12) 본연의 사업 외에 투기에 손을 뻗어 막대한 손실을 입었다.
13) 매출이익 증진에 기여하지 않는 경비증가로 채산이 악화되어 적자가 누적됐다.
14) 사장의 돌연 사망에 의하여 혼란에 빠졌다.
15) 상속문제로 다투고 있을 때 불황의 파도가 덮쳐왔다.
16) 융통어음의 막힘 또는 사채의 이용으로 과다한 금리부담에 빠졌다.
17) 노사관계가 악화되어 생산이 중단되었다.

또, 저성장시대에는 다음과 같은 내부의 결함이 도산의 원인이 된다.

1) 급여, 보너스를 과다하게 지급하게 되어 인건비 앙등으로 타격을 받았다.
2) 물자부족, 이상기온 등에 의하여 재료비가 높아졌는데도 자원절약, 에너지 절약, 원자재 매입의 개선 등에 태만했다.
3) 조업도가 극도로 떨어져 금리, 감가상각의 부담이 과다해졌다.

4) 시장(수주품)이 좁아져 가격의 유지가 힘들고 대금 회수도 제대로 이루어지지 않았다.
5) 공해 · 소비자 운동 등 사회위험 증대에 대처하지 않았다.
6) 입지조건의 차이가 중요한 점을 인식하지 못해 입지 선정에 태만했다.
7) 감량경영을 철저히 하지 않았다.
8) 제품에 특색이 없었다.
9) 후계 경영자의 약점이 눈에 띄게 되었다.
10) 예측생산의 결함이 나타나게 되었다.
11) 관련 도 · 소매점의 도산예방에 협력을 하지 않았다.
12) 개발도상국과의 경쟁에 대처하지 않았다.

이상의 기업도산 원인을 살펴보면 경영자의 책임과 경기변동의 파급효과가 함께 작용하여 경쟁력이 점점 쇠퇴, 도산의 길을 가게 되는 것이다.

특히 중소기업이 점차 규모를 확대하여 중견기업의 단계에까지 이르면 경기하강의 영향은 심각하다. 그 이유는 중견기업은 대기업만큼의 매출액과 매출이익이 없는데도 대기업에 비교될 만큼의 경비나 조직문제를 안게 되기 때문이다.

다음의 12가지 상황은 고도성장 하에서는 나타나지 않았던 경영의 약점이 경기침체기가 되면서 나타나는 일반적인 현상이다.

1) 기업의 규모 확대에 따라 경영자와 종업원과의 개인적 접촉이 적어지고 의사소통이 어려워진다.
2) 종업원이 단순히 샐러리맨으로 되어 버려 근로의욕이 저하된다.
3) 고령사원의 잔류와 인재의 부족으로 조직화가 곤란해진다.
4) 종업원 수의 증대에 따라 노동조합의 세력이 강화되어 노사교섭에 시간과 비용을 빼앗기는 일이 많아진다.
5) 경영자의 기동성, 원가의식, 위험부담에 대한 용기가 규모의 확대와 더불어 쇠퇴한다.
6) 인건비 · 복리 후생비 · 판매비 · 접대비 · 관리비 등의 증가로 자본효율이 낮아진다.
7) 주식 및 사채공모에 의한 외부자본 조달이 쉽지 않아진다.

8) 생산비의 증가와 제품의 다양화에 의하여 생산조정이 곤란해져 판매의 어려움이 커진다.

9) 시장조사, 상품개발에 배당되는 예산이 충분치 못하여 경쟁력이 떨어진다.

10) 규모증대에 따른 필요한 자금조달이 어려워진다.

11) 그 때문에 설비의 불균형이 생기기 쉬워진다.

12) 타 기업과 직접 경쟁하는 경우가 많아져 카르텔 결성이 곤란해진다.

02 단기적인 위기예방

경기침체 또는 도산의 원인을 거꾸로 보면 기업성장 또는 성공의 원인이 되는데 특히 경기가 침체되어 있는 현재, 각별히 중점을 두어야 할 경기위험 예방책은 어떤 것인가를 지적해 보자.

물론 위험대책으로 장기경영계획하에 경기침체를 대비하는 것이 중요하지만, 장기경영계획을 너무 추구한데서 단기경영계획과 충돌하는 사례가 많은 것을 고려하면, 단기대책의 중요성도 무시할 수가 없다.

경기하강에 대한 단기위험대책을 다음의 5가지 항목으로 설정해 본다.

1. 매출액의 감소를 방지한다

재무구조적인 관점에서 볼 때 중소기업 도산의 가장 중요한 원인은 어음부도이다. 따라서 어음부도를 어떻게 방지할 것인가를 항상 염두에 둔 경영이 필요하다.

어음부도를 방지하고 매출액을 높이기 위해서는 아래의 방법을 강구하는 것이 바람직하다.

1) 특매 · 할부판매 · 특수 서비스의 제공으로 매출의 속도를 빠르게 한다.

2) 반복 방문판매에 노력하여 수주를 확보한다.

3) 원자재의 적기구입에 노력한다.

4) 원자재 구입 시 지급조건을 좋게 하여 유리하게 구입한다.

5) 중요한 판매지역을 집중적으로 개척한다.
6) 창고에 있는 사장품(누적재고)을 특가로 처분한다.
7) 납기의 엄수, 신속한 배달을 한다.
8) 업적급 지급, 인재확보 등에 의하여 세일즈맨의 사기를 고무시킨다.

2. 자금의 필요량을 줄인다

차입을 서두르지 말고 자금의 필요량을 적게 할 길을 모색한다. 그러기 위해서는 다음과 같은 조치를 취한다.

1) 외상판매대금의 기한을 조사하여 대금회수를 빨리함과 동시에 지급조건, 회수방법을 재검토한다.
2) 재고의 회전을 빠르게 한다. 철저한 재고파악을 통해 품종별 매출현황을 조사하여 소요 자재만을 구입한다.
3) 가장 유리한 구입조건을 생각한다. 위탁구입은 그 한 예이다.
4) 신용에 손상이 가지 않는 선에서 채무를 연기할 수 있는지를 검토한다.
5) 제조기간의 단축, 외상 판매액의 감소, 실험기간의 단축 등의 가능성을 검토한다. 되도록 예측생산을 하지 않는다.
6) 이익의 사내 유보, 보유 유가증권 · 소유토지 · 건물 · 불용품의 매각 등을 고려한다.
7) 설비투자 또는 자사 빌딩의 건설계획은 보류한다.
8) 적자를 내는 지점 · 영업소는 폐지한다.

이와 같은 방법으로도 자금이 모자랄 때 추가차입비용 이상으로 코스트를 인하하거나 또는 이익을 올릴 수 있는 방법을 강구하고 가능한 한 장기차입에 노력한다.

또 정원제도를 확립하여 인원을 최소한도로 줄인다. 정원의 목표가 정해지면 신규채용 억제, 생산과 판매의 분리, 권고사직, 배치전환 등에 의하여 원가절감을 도모한다.

3. 신용조사로 채권을 확보한다

거래처의 영업 상태를 끊임없이 조사하여 신용한도를 설정하는 것이 바람직하다.

특히 다음과 같은 징후가 없는지를 확인하여 도산을 미연에 방지한다.

1) 상대회사의 매출액이 장기에 걸쳐 침체되고 있던가 혹은 감소하고 있다.
2) 상대회사의 결산에 적자가 생기고 있다.
3) 어음의 기한이 점차 길어지거나 대금결제가 연기된다.
4) 상대 회사의 구입이 많아진다. 또는 반대로 적어진다.
5) 상대 회사의 종업원에 대한 급여지급이 지연된다.
6) 간부 · 종업원의 입 · 퇴사가 빈번해지고 근무태도가 나빠진다.
7) 상대 회사의 세금이 체납된다.
8) 상대 회사의 종업원 이직률이 높아진다.
9) 상대 회사 경영자의 생활태도가 갑자기 화려해진다. 또는 분에 넘치는 사무실을 신설하거나 또는 증설한다.
10) 몰래 사채시장에서 자금을 차입하고 있다.
11) 지급 태도에 거짓 또는 불성실이 보인다.
12) 극단적인 덤핑을 행한다.
13) 사업 이외의 투기에 열을 올린다.
14) 거래은행 또는 구입처가 갑자기 바뀐다.

이들 징후는 상대회사의 도산 후 미회수금 누적 또는 외상금 동결의 가능성을 나타내는 거래처의 위험신호이다.

또 어음거래에 주의하여 받을 어음 기한을 되도록 짧게할 것이며, 지급어음의 남발을 삼가고 자금계획 외의 지급대책이 없는 어음은 발행하지 않도록 하며, 장기 외상에는 적당한 담보 또는 유력한 인적 보증제도를 설치하는 등 신용관리를 철저히 한다.

4. 은행과의 섭외를 강화한다

은행에 대해서는 자사의 영업 상태를 끊임없이 계속적으로 보고하고 경영자 스스로가 은행의 책임 있는 사람들과 접촉을 갖고 홍보에 노력하던가, 경영이 악화되기 전에 은행 간부를 금융담당 임원으로 맞아들이는 것도 섭외관계를 강화하는 한 방법이다.

판매와 마찬가지로 기업자금을 차입할 때도 은행에는 완전한 제품을 제공해야 한다. 자금차입을 위해 제시하는 제품이란 차입하는 그 '당사자' 이다. 즉 차입자의 경영능력이 은행에서 요구하는 제품이다.

일반적으로 금융기관은 돈을 빌려가는 사람에 대하여 다음과 같은 조건을 요구하고 있다. 뛰어난 인품과 상환에 대한 신뢰성, 경리에 표리가 없을 것, 최근 5년 동안에 걸친 실적, 차입의 합리적 이유와 합리적인 상환시기 및 액수, 제품의 성장 잠재력, 이해관계 그룹과의 관계 등이다.

5. 구입처에게 끊임없이 정보를 제공한다

구입처는 상품을 빌려주는 중요한 단골 거래처이며 자본의 공급처이다. 따라서 구입처는 경기가 침체될 때 은행 이상으로 상품의 판매처에 불안과 의아심을 갖게 한다.

그래서 구입처를 안심시키기 위해서는 자사의 영업 상태를 은행의 경우와 같이 재무제표, 판매통계, 자금 운용표 등에 의거하여 설명하고 끊임없이 양해를 얻어 놓을 필요가 있다. 또 정보의 제공뿐 아니라 불황 시에 지급을 잘 하는 것이 오히려 신용을 높이는 근본조건임을 알아야 한다.

03_ 장기적인 위기예방 전략

경기침체 하에서 일어나는 위험을 방지하려면 단기적 대책수립과 함께 장기적인 대책수립이 대단히 중요하다. 다음은 장기적 대책수립을 위해 아주 세심하게 고려되어야 할 중요한 요소들이다.

1. 장기경영계획을 확립한다

장기계획은 경기변동, 환경변화를 고려한 매출액, 매출이익, 설비, 인원, 자금, 생산, 구입, 경비, 재고 등의 각 항목과 관련된 목표를 설정하는 것이다. 특히 중소기업은 장기계획 중에서 종합적인 조정에 주의하여 자금이나 인원의 절감에 노력해야 한다.

장기경영계획에서는 설정된 목표의 실현을 위한 구체적인 경영행동 계획이 없으면 안 된다. 또 실시계획은 무리가 없어야 비로소 계획이 안정될 수 있다.

특히 과다하고 능력 이상의 화려한 자체 빌딩을 건설하는 등 지나친 설비투자는 회사 도산의 원인으로 된다. 되도록 자사 능력 범위 안에서 빌딩을 건설해야지 타사가 훌륭한 빌딩을 건설하면 나도 해야 한다는 다분히 겉모양을 갖추기 위한 빌딩 건설은 계획하지 않는 것이 좋다.

많은 사람들이 주식을 다투어 살 때 판다든가 팔고 있을 때 사는 것처럼, 사람들이 기계 설비를 망설이고 있을 때 기계를 교체하는 것도 좋다.

이렇듯 불황일 때 호황을 생각하고, 호황일 때 불황을 생각해야 한다. 다시 말해 움직이는 경영이야말로 장기계획의 성공비결이다.

2. 기업도산의 원인을 규명한다

기업도산을 예측하기 위한 분석방법이 많이 개발되어 있다. 도산을 방지하기 위해서는 재무비율이나 주가의 변화 뿐 아니라 재무비율을 악화시키는 주요 원인까지도 철저히 규명해야 한다. 그렇지 않고서는 도산을 예방하거나 예측할 수 없다.

또 같은 비율분석이라도 인건비와 금리 등이 매출액에 어떠한 연관이 있는가 밝히는 것이 예방을 위해서 효과적이다.

일반적으로 중소기업이 대기업과의 정면충돌을 피하고 착실히 매출액을 신장하려면 중소기업에 알맞은 상품을 선정하지 않으면 안된다.

이와 같은 품목으로는 ① 제품이 작고 무겁지 않은 것 ② 과도하게 복잡하고 대규모의 설비를 필요로 하지 않는 것 ③ 1㎏당 가격이 비싼 것 ④ 포장, 원료 등 품질에 있어서 차별화를 둘 수 있는 것 ⑤ 전문화할 수 있는 대기업의 조립부품, 부속품, 서비스 등을 생각할 수 있다.

3. 거래처와 판매력을 강화한다

우수한 거래처를 선정하여 판매노력을 집중한다. 주문량이 극단적으로 적다든가, 신용할 수 없다든가, 가격을 너무 높이는 판매처 또는 수주처는 용단을 내려 단절한다. 그러나 회사까지 와서 현금으로 지급한다면 거부할 필요는 없다. 그리고 최저 주문량 제도를 확립하여 수송비, 서비스 비용을 절감한다.

또 가격은 '결산가격'으로 하지 말고 되도록 정확한 원가계산을 제시하여 이에 적정이윤을 가미한 원가계약을 하도록 한다.

이와 관련하여 다음과 같은 점에 유의한다.

1) 우수한 전문점과의 거래를 중시한다.
2) 경우에 따라서는 직판점 또는 시험 판매장을 설치한다.
3) 각 지역의 영업소를 재검토하여 적자 영업소는 폐지하거나 활력소를 넣어준다.
4) 판매점에 대한 경영 지도를 철저히 한다.
5) 우수한 세일즈맨을 확보하여 끊임없이 훈련한다.

판매와 함께 구입처에 대해서도 우수한 구입처의 선정, 책임 있는 매매계약의 체결, 지급의 신속화, 반품의 억제, 구입처에 대한 홍보, 시장정보의 제공 등을 고려하는 것이 바람직하다.

4. 금융기관을 선정한다

경기침체 하에서 주거래은행을 바꾼다는 것은 대단히 위험한 것이다. 그러나 자금원조에 대한 열의, 자금 코스트, 자금의 대출기간, 담보변제 등에 대한 태도 등을 고려하여 거래은행을 선별하는 것 또한 매우 중요하다.

선정의 기준은 자금 코스트가 낮고, 꺾기를 하지 않으며, 특히 중소기업의 특색을 잘 이해하여 회사와 공존하는 정신으로 경영지도 및 서비스를 제공해 주는 은행이면 된다.

5. 장기자본의 축적에 노력한다

장기자본의 경우, 남의 자본일지라도 위험하지는 않지만 주식자본, 사내 적립금은 보다 안정된 장기자본이므로 수익은 되도록 현금유출을 피하고 사내에 유보토록 하여 재형저축, 퇴직 적립금, 감가상각 등의 장려로 장기자본을 가능한 한 축적하도록 한다.

6. 성장에 필요한 직능을 조직화한다

중소기업이 도산하는 것은 몸은 커졌는데 어린애 옷을 입은 채 그대로 있는 것과 같이, 규모에 맞지 않는 조직체제를 그대로 유지하고 있기 때문이다.

경영규모가 작을 때와 클 때는 필요한 경영자원이 달라야 한다. 종업원이 적을 때에는 오히려 원맨적인 리더십을 발휘하는 쪽이 낫다. 그러나 규모가 커지게 되면 직접 지휘가 부적합하여 매니지먼트 팀에 의한 경영활동이 필요하게 된다.

회사가 커지면 시장조사, 상품개발 등을 담당하는 참모도 필요하게 되고 이로 인해 권한위임이 불가피하게 된다.

경기 하강기에 종업원들에게 근로의욕을 불러일으킬 수 있도록 훈련시키려면 평상시 부하를 신뢰하고 그에게 권한을 위임하여 자기실현의 욕구를 충족시켜 주어야만 한다.

섬유기계의 판매로 월 10억 원의 판매액을 올리고 있는 어느 사장은 전국의 영업소장을 젊은 사원 중에서 기용하여 그에게 업무집행의 권한을 위임한 결과 근로의욕이 높아져 경험이 풍부한 간부사원도 할 수 없는 일을 척척 해 내 놀라운 업적을 올렸다.

권한위임은 바로 신뢰의 과정인 것이다. 이런 의미에서 조직의 합리화는 친족회사로부터의 탈피가 전제조건임을 유의해야 한다.

7. 기업합병을 촉구한다

기업합병에 의한 공동화는 최적의 경영규모도 접근하는 유력한 수단이다.

예를 들면 기업합병은 대략 다음과 같은 장점을 가지고 있다.

1) 기업합병은 서로의 경쟁을 없애므로 불필요한 가격인하, 외상판매대금의 증대, 어음의 장기화 등을 피할 수 있다.
2) 유통혁명 하에서 소매상 · 도매업의 대형화에 대응하여 적극적으로 판매회사를 설립함으로써 유통경로의 단축, 새로운 루트의 개척 등이 가능하다.

3) 원료 · 자재 · 부품의 통합적 구입에 의하여 원료비를 절감할 수 있다.
4) 신상품의 개발관리 등이 통합적으로 행해져 그 효과를 충분히 발휘할 수 있다.
5) 매출액이 곧바로 크게 오를 뿐만 아니라 외국과의 수출입이 가능해진다.
6) 자본적으로 대형화되고 증자차입의 능력, 이익의 유보력, 설비 투자력이 커진다.
7) 규모가 커지므로 우수한 종업원의 모집 등이 용이해지고 인력관리의 체계화도 이루어진다.
8) 경영조직을 살려 전문가의 이용이 쉬워진다.
9) 상품의 종류를 다양화함으로써 계절변동이나 경기변동의 파고를 낮출 수 있다.
10) 공장설비의 집약적 이용이 가능해져 전문화의 이점을 발휘할 수 있다.
11) 자기 공장뿐 아니라 외주공장을 이용하기 쉬워진다.
12) 운임의 절약, 보관비 · 검사비의 절약, 공작공구의 합리화를 기할 수 있다.
13) 품질관리 기술 도입이 쉬워진다.

그러나 기업합병을 안이한 마음으로 해서는 안된다.

기업합병을 무리 없이 하기 위해서는

1) 합병할 회사의 경영자 및 사원과의 의사가 통하고 또한 통일될 것
2) 거래은행이 동의할 것
3) 구입처나 판매처가 동일 계열일 것
4) 회사의 성장 속도와 실적에 큰 격차가 없을 것
5) 근로조건에 큰 격차가 없을 것 등이 전제조건이다.

04_ 당신은 도산할 경영자인가? 성공할 경영자인가?

다음의 체크 리스트 60개 항목에 대하여 허심탄회하게 대답해야 한다. '예' 의 항목이 19개 이상 있으면 당신의 회사는 도산할 우려가 있다. 자사의 결점을 직시하여 되도록 빨리 개선의 손을 써야 한다.

도산판별의 자기점검표

번 호	항 목	(1)	(2)
1	자기 자신이 '겉치레를 한다' 고 생각하는가?	예	아니오
2	입장이 곤란해지면 거짓말을 많이 하는가?	예	아니오
3	사람의 말에 귀를 기울이지 않는 편인가?	예	아니오
4	자신을 이기적이고 제 멋대로 한다고 생각하는가?	예	아니오
5	자사의 평판이 마음에 걸려 견딜 수 없는가?	예	아니오
6	술을 좋아하는가?	예	아니오
7	여자를 좋아하는가?	예	아니오
8	내기를 좋아하는가?	예	아니오
9	사업에 대한 신념은 없는가?	예	아니오
10	분쟁이 생겼을 때 덤비기 일쑤인가?	예	아니오
11	사물을 객관적으로 보는 것이 서투른가?	예	아니오
12	자기에게 맞서는 자에게는 화가 치밀어 못 견디는가?	예	아니오
13	타인이 하고 있는 사업이 좋아 보이는가?	예	아니오
14	경제성 없는 상품이라고 생각되지 않는가?	예	아니오
15	자기가 좋아하는 부하를 적극 감싸는가?	예	아니오
16	유사시에도 최선을 다하지 않는 성품인가?	예	아니오
17	분쟁을 남의 탓으로 돌리기 일쑤인가?	예	아니오
18	겁이 많은 편이라고 생각하는가?	예	아니오
19	분쟁이 있어도 반성할 필요가 없다고 생각하는가?	예	아니오
20	타인의 말에 쉽게 좌우되는 성품인가?	예	아니오
21	사물에 대하여 비판적으로 발언하는 성품인가?	예	아니오
22	쉽게 변명하는 성품인가?	예	아니오
23	자기는 고생을 모르는 사람이라고 생각하는가?	예	아니오
24	의협심이 매우 강하다고 생각하는가?	예	아니오
25	'설마, 우리가 도산할리 없다' 라고 생각하고 있는가?	예	아니오
26	자사의 약점을 곧바로 지적할 수 없는가?	예	아니오
27	회사와 사원에 대하여 애정을 느끼고 있지 않는가?	예	아니오
28	재정부담은 고려치 않고 신규설비투자에 나서는 편인가?	예	아니오
29	사원의 급여를 지나치게 높거나 낮게 책정한게 아닌가?	예	아니오
30	번 돈을 곧바로 써버리는가?	예	아니오

31	3년 후의 기업전망을 추정할 수 있는가?	예	아니오
32	명예직을 잘 탐내는가?	예	아니오
33	자금조달에 그다지 자신이 없는가?	예	아니오
34	최신정보 수집에 어두운가?	예	아니오
35	환경과 시류에 좌우되는 성품인가?	예	아니오
36	자기의 감성에 자신이 없는가?	예	아니오
37	땀 흘려 일하는 것이 싫은가?	예	아니오
38	부하를 지도하는 것이 서투른가?	예	아니오
39	자주 병을 앓는가?	예	아니오
40	선대 사장부인을 무시하고 있는가?	예	아니오
41	부부 사이가 그다지 좋지 않은가?	예	아니오
42	회사의 손익 숫자를 보는 것이 서투른가?	예	아니오
43	회사에 저축이 그다지 없는가?	예	아니오
44	거래처와는 원만하지 못한 관계인가?	예	아니오
45	간부사원과 임원이 육성되지 않고 있는가?	예	아니오
46	선대사장을 앞설 자신이 없는가?	예	아니오
47	후계자가 육성 안되어 있는가?	예	아니오
48	은행과의 접촉이 서투른가?	예	아니오
49	환경변화가 지나치게 빨리 따라가지 못하는가?	예	아니오
50	경영목표는 설정할 필요가 없다고 생각하는가?	예	아니오
51	매출액의 3개월분 이상의 차입금이 있는가?	예	아니오
52	최근 유능한 사원이 뚜렷한 이유 없이 사직하는가?	예	아니오
53	요즘 거짓말을 하지 않을 수 없는 국면이 많은가?	예	아니오
54	'저 회사는 위험해' 라는 소문이 나 있는가?	예	아니오
55	신규개발상품의 판매가 시원치 않은가?	예	아니오
56	아무리 노력해도 적자운영 상태인가?	예	아니오
57	사채시장에 손을 내밀고 있는가?	예	아니오
58	무리한 자금 계획서를 은행에 제출했는가?	예	아니오
59	융통어음의 유혹에 빠진 일이 있는가?	예	아니오
60	도산의 무서움을 연상해 본 일이 있는가?	예	아니오

11

CHAPTER

중소기업의 경영혁신 노하우

21세기는 첨단기술개발, 새로운 정보의 창출로 세계적 규모의 사업이나 활동(movement)을 벌일 수 있는 「디지털 혁명시대」이다. 인터넷과 정보통신 기술의 급격한 보급과 발달 그리고 국제화라는 새롭고 날로 변화하는 기업환경에서 우리나라 기업의 세계화, 정보화, 서비스화의 거대한 변혁에 적응하며 기업위기를 극복해 나갈 수 있는 「38가지의 세계화 지식과 경영혁신 · 기술혁신 노하우」를 선정하여 수록했다.

01 꿈의 디지털 세상이 우리 곁에 펼쳐진다

2007년 1월 9일, 세계 최대 가전제품 전시회 소비자 가전쇼(CES)에 전 세계 디지털 산업의 리더들이 총집결했다. 테크놀로지의 상징적 인물인 마이크로소프트 빌 게이츠 회장은 무대에 올라 아날로그 시대의 종말과 디지털 시대의 출현을 선언하는 아래와 같은 연설을 하였다.

테크놀로지의 상징적 인물인 빌 게이츠 회장의 연설문

CES에 참가하는 것은 언제나 즐겁습니다. 기술의 발전 속도는 놀랍습니다. 디지털 시대가 우리 곁에서 숨을 쉬고 있습니다. 지난해 디지털 사진은 20억장이 넘게 찍혔습니다. 65%의 가정이 디지털 카메라를 사용합니다. 미국 가정 중 40% 이상이 2대 이상의 개인 컴퓨터를 갖고 있습니다. 젊은이들은 TV보다 윈도우 PC와 보내는 시간이 더 많습니다.

포터블 기기들이 PC 시장에서 차지하는 비율이 점점 커지고 있습니다. 원하는 정보를 얻을 수 있습니다. 이러한 현상을 어떻게 봐야 할까요?

우리는 하이파이(Hi-Fi) 기술을 이용한 믿기 어려울 정도의 기기를 이미 보유하고 있습니다. 6메가 픽셀이 넘는 카메라, 고화질의 TV 화면을 보기만 해도 감탄이 나옵니다. 고화질 TV는 컴퓨터 게임과 연결됩니다. 이제 고해상도의 신호를 보낼 때도 병목현상을 피할 수 있습니다. 여러분은 CES 전시장에서, 어느 회사에서 가장 큰 LCD를 선보였는지, 최대 용량의 하드디스크를 내놓았는지 둘러봅니다. 그러나 그것들만으로는 충분하지 않습니다. 여기에는 빠진 것이 있습니다. 바로 '연결(connectivity)' 입니다.

연결된 '경험(connected experiences)' 을 누리는 데에는 커다란 하드웨어 이상이 필요합니다. 그래서 소비자 가전은 훨씬 광범위한 산업으로 불리는 것입니다.

2007년은 MS(마이크로소프트)에게 매우 매우 중대한 한 해가 될 것입니다. MS가 수년간 공들인 상품이 곧 시장에 선보입니다. 첫째, 윈도 비스타 가정용이 출시됩니다.

비스타와 함께 새롭게 선보일 프로젝트가 있습니다. 올 하반기에 출시될 '윈도홈 서버' 입니다. 모든 종류의 컴퓨터와 준(MP3 플레이어), X박스(게임기) 등을 원거리에서 간편하게 '연결' 하도록 도와줄 서버입니다. MS는 이 서버를 통해 모두가 하루 24시간 연결된 상태에서 생활하는 환경을 구축할 야심을 가지고 있습니다.

4~5년 후의 미래 모습은 어떨까요? 버스정류장에서 서 있다고 생각해 봅시다. 앞에는 커다란 스크린이 어떤 버스가 언제 도착할지 알려줍니다. 휴대폰이 정류장에 서 있는 제게 택배기사가 집을 찾아왔다고 알려줍니다.

저는 휴대폰 카메라로 택배기사를 확인하고 클릭 한 번에 디지털 서명을 전송, 물건을 수령합니다. 휴대폰 하나만 있으면 어디서든 연결되는 거지요.

부엌에서는 스크린 테크놀러지가 큰 역할을 할 것으로 기대됩니다. 밀가루로 만들 수 있는 요리가 표시됩니다. 침실로 장소를 옮겨볼까요? 제 손에는 모바일 PC가 있습니다.

좋아하는 그룹의 파일을 찾아서 벽에 투사할 수 있습니다. 수족관 분위기를 내고 싶으면 클릭 한 번이면 됩니다. 제 방을 제가 원하는 모습으로 꾸밀 수 있습니다.

'연결된 경험' 이라는 아이디어는 하드웨어 부분에도 응용할 수 있습니다. 각종 기기를 연결해서 새로운 차원의 경험을 창조할 수 있습니다.(연설문 끝)

빌 게이즈 회장은 '앞으로 가정 내 모든 디지털 미디어에 담긴 콘텐츠와 정보가 홈 서버 시스템으로 연결될 것' 이라고 밝혔다.

역사는 우리에게 지난 수십 년 간 기술의 변화가 우리가 일하는 방식을 변화시키고, 산업을 키우고, 부수고 변화시켜 왔다는 것을 가르친다. 앞으로도 보이지 않는 엔진의 이러한 작업은 쉬지 않고 계속될 것이며 궁극적으로 우리의 사업과 개인적 삶과 함께할 것이다.

02_ '인터넷' 이 역사를 바꾼다

지구상의 인간의 활동은 2종류가 있다. 현실의 세계와 인터넷의 세계다. 사상도 법률도 국가도 초월해 활동할 수 있는 인터넷은 개인용 세계 표준 미디어이다.

1년 전 화제는 이미 역사로 변했다. 미국에서는 벌써 웹(web)의 진전이 현재, 제3세대로 진입했다고 한다. 겨우 4년 동안, 제3세대라고 하는 것은 좀 황당하지만, 6배의 진전도를 환산하면 20년의 역사가 된다. 「기존의 미디어로는 대적할 수 없다!」

YAHOO!의 창립자 중 한 사람인 제리 · 얀은 인터넷 · 월드의 기조강연에서, 「YAHOO!는 이미 소프트와 기술의 회사가 아니다. YAHOO!는 미디어 회사이다!」라고 선언했다. 사실, 전 황태자비 다이애나의 그 충격적인 비보는, 공동통신보다도 30분 앞서, YAHOO! 프랑스가 전세계에 그 소식을 발신했던 것이다.

그럼, 인터넷은 왜 기존의 미디어로는 대적할 수 없을 만큼 대단한가?

1. 누구나 참가할 수 있다(open&volunteer : 개방되어 있으며 지원자형식으로 참여)
2. 지금 이 순간의 정보, 의견을 주고받을 수 있다. (realtime : 실시간 즉, 동시처리)
3. 국경 없는 미디어 · 시간차 없는 미디어(borderless : 무(無)경계)
4. 이용자에 의해 창조되어지는 미디어(interactive & bottom-up : 일반인이 서로 주고받음)이기 때문이다. 이 4에 대해서는 「이용자(user) · 생성(generated) · 내용(contets)」이라는 키워드로 표현할 수 있다.

온라인상의 인기 사이트는, 5가지의 C를 가지는 것이 필수이다. 그 5가지 C는 다음과 같다. ① Cool 멋있는 외관 ② Contents 정보내용의 매력 ③ Context 문맥의 흐름 ④ Contact 연관사항(링크) ⑤ Control 매스 · 커스터마이제이션(mass-customization ; 대량생산과 수주생산을 동시에 실현하는 방법)이다.

이 중에서, 가장 중요한 것이 ②의 「콘텐츠(정보내용)」로, 이용자들의 대화에서 발생하는 화제나 토픽이야말로 네티즌(네트 · 시티즌)들을 끌어당기는 가장 매력있는 점이다.

예를 들면, 미국의 사이트에서는 오늘 밤 어느 지역에선가 화제가 되어 떠들썩했던 토픽을 다음날 톱메뉴 타이틀로 올릴 정도이다. 인기사이트는 거의 한 시간마다 홈페이지를 갱신한다고 볼 수 있다. 물론, 뉴스계의 사이트는 더욱 수시로 갱신을 한다.

미디어 · 믹스(media · mix ; 특정 인기연예인을 중심으로 CD, CF, TV, 라디오프로 출연, 연예인의 책 · 사진집 출판 등을 집중시키는 수법. 이전에는 각종 매체를 조합해 효과적인 선전효과를 올린다는 의미의 광고용어)이다.

전략으로, 프로그램의 뒷이야기를 인터넷에 공개하거나, 잡지의 커버스토리에 대한 의견을 인터넷상에서 대화로 나누거나 하여, 인터판(版)과 본(本)프로그램과 서점용 잡지를 잘 연동시켜 완전히 다른 매력을 지니게 한다.

인터넷의 뛰어난 점은, 이런 위력의 미디어가 개인도 대기업과 마찬가지로 이용할 수 있다는 점이다. 개인이 민영방송 TV국에 CM을 내보낸다는 것은 경제적으로 거의 불가능하지만 인터넷이라면 개인이라도 손이 미치는 범위에서 전 세계를 상대로 정보발신을 할 수 있다.

더욱이, 지금은 「지혜」의 시대이다. 「지식량」이나 「자본」이 「힘」이 되지 않는다. 「지혜」와 「행동력」이 있는 사람이 세계규모로 사업이나 활동(movement)을 벌일 수 있는 완전히 새로운 시대이다.

인터넷이 개인과 세계를 연결하는 것처럼, 인터넷형 조직은 사회의 네트워크 안에 열려져 있다. 사내(社內)의 자원에 한정되지 않고, 넓게 외부자원을 활용한다는 점에서 종래의 조직의 한계를 벗어나고 있다.

또한, 사원의 능력요건이 다르다. 조직과의 협력뿐만 아니라 외부와의 협력능력이 요구된다. 즉, 사내(社內)에서만 통용되는 능력으로는 불충분하며, 오픈네트워크 안에서 경쟁력을 가지는 능력이 필요해진다.

어떤 때는 워킹 · 스탭으로서 전문적인 기술을 발휘하고, 또 어떤 때는 워킹 · 팀의 코디네이터(조정자)가 되고 혹은 리더로서 워킹 · 팀을 이끌어 나가야 한다.

인터넷형 조직은, 네트워크를 가상조직으로 보고 활동하기 때문에, 버츄얼(virtual ; 가상(假想)의) 조직이라고도 부른다. 업계의 다른 기업이나 경합기업, 해외기업, 연구기관, 일반소비자 등 모든 대상과 목적에 따라 함께 일하고, 성과를 내는 사람들의 모임이라고 보는 것이다.

철저한 목적지향형 조직이다. 목적을 위해서는 최적의 팀멤버를 사내외(社內外)에서 모으고, 목적을 달성하면 팀을 해산한다. 생산, 개발, 유통, 판매 등 모든 기능에 걸쳐 개인 및 조직이 공동으로 일한다.

인터넷형 조직은 핵심이 되는 조직체가 제조업 또는 유통업이라고 해도 네트워크되는 외부 리소스에 대해 경영 기능을 다한다는 점에서는 다르지 않다. 완전한 인터넷형 조직은 아직은 적지만 팀형 조직이 인터넷형으로 이행해 갈 가능성은 높다.

인터넷형 조직은 벤처기업에서 그 실마리를 볼 수 있다. 미국의 실리콘벨리에 있는 최초의 가상(假想)기업체가 그 일례이다. 최초의 가상기업체는, ATM의 멀티미디어 · 네트워크 시스템을 제조, 판매하는 회사였는데, 제품기획, 디자인이라는 중추 업무를 담당하는 40명의 사원 이외에는, 모두 아웃소싱이나 제휴(alliance ; 동맹, 협력)를 통해 조달하고 있다.

제품기획, 디자인에 관해서도, 제휴처의 업무를 제작하는 역할에 철저히 하고, 각종 업무를 떠맡지 않는 것으로 신속함과 효율의 향상을 꾀한다.

인터넷형 조직에 빼놓을 수 없는 것이 정보 인프라(기반설비)이다. 인트라넷, 인터넷, 릴레이셔널 데이터베이스(relational data base ; 관계 자료틀), 데이터 웨어하우스(자료창고), 그룹웨어(공동작업을 위한 중개 장치를 제공하는 시스템), 전자메일 등을 효율적으로 활용할 수 있는 능력이 중요하다.

인터넷형 조직은 공간을 공유하지 않아도 일을 할 수 있기 때문에, 계약만 체결되면 다른 회사의 우수한 스탭의 기술을 활용할 수 있다. 또한, 우수한 인재는 복수 기업에 자신의 중심기술을 팔 수도 있게 된다.

경쟁력 없는 인재는, 중추 인재로써 살아남을 수 없게 된다. 인터넷형 조직은, 자유롭고 부담 없는 조직운영과 같이 보이지만, 실제로는 그렇지 않다. 자립되어 있고, 자율적이기 때문에 인터넷형 조직의 한사람으로써 존재할 수 있는 것이다.

다른 사람보다도 우위성 있는 마인드와 기술이 없으면 멤버에 들 수가 없다. 인터넷형 조직은 받아들이는 것이나, 제외하는 것이 컴퓨터의 리턴키와 삭제키와 같다.

03 필드리더가 아니라 코칭리더로

20세기는 필드리더(현장지도자)의 시대였다. 21세기를 짊어질 리더는, 자기책임을 촉구하고, 개개인의 자립성을 향상시키는 코칭리더(감독지도자)가 될 것이다.

조직이 평면화 됨에 따라, 수백명의 부하를 관리하는 리더는 차츰 필요없게 된다. 21세기형 조직이 필요로 하는 코칭리더라는 개념은, 작은 집단을 창조적으로 하는 많은 팀리더와, 그들을 조직으로 총괄하는 조직리더 두 종류가 있다.

팀리더는, 개개인의 행동관리가 아니라, 팀의 성과에 책임을 지고, 조직리더는 조직의 성과와 방향성에 책임을 진다. 조직리더가 적으면 적을수록 우수한 조직이다. 많은 팀이,

조직 안에서의 팀의 전략적 위치를 인식하고 있어, 자립적으로 활동해 성과가 올려진다면 조직리더는 소수인원으로도 충분하다.

조직리더는 가능한 한 자신들을 필요로 하지 않게끔 일해야 한다. 그러기 위해서는, 조직 전체가 자율적으로 움직이는 구조를 만들어 낼 수 있는 창조적인 집단이어야 한다.

명확한 전략의 구축능력, 팀별 목적과 조직의 목적에 딱 맞는 능력, 새로운 조직의 장점을 계속 만들어 낼 능력이 있어야 한다. 그들은 조직 전체의 경쟁력에도 책임이 있다.

팀리더는 많으면 많을수록 우수한 조직이다. 목적이 팀을 만들기 때문에, 목적에 따라 최적의 리더를 필요로 한다. 리더층이 두꺼운 조직은, 목적에 따라 최적의 리더를 선정할 수 있다. 그 결과, 경쟁력 있는 결과를 얻을 수 있게 된다. 팀리더는 뛰어난 프로로서의 능력을 가지고, 멤버와 함께 새로운 가치를 창조해갈 역할을 짊어진다.

리더는 목적에 의해 권위를 얻고, 일에 의해 권력을 얻게 된다. 때문에 카리스마가 필요하지는 않다. 팀멤버에게 있어서, 리더는 목적에 부응해 최고의 결과를 낼 수 있는 지식이나 경험을 가진 사람이지, 지시나 관리를 하는 사람이 아니다.

관리하는 것이 리더의 책임이 아닌 것이다. 오히려 멤버의 자기책임을 촉구하고, 멤버의 리더십을 육성하는데 책임이 있다.

21세기형 리더로서의 코칭리더는 개인의 자립성을 높이고, 조직의 자율성을 높이기 위해 중심적인 역할을 한다는 점이 종래의 리더와 크게 다른 점이다. 인간이 몇 개의 발달단계를 거쳐 어른이 되는 것처럼, 조직도 몇 개의 발달단계를 거쳐 효과적인 집단이 된다. 예를 들면, 어떤 목적을 위해서 팀이 만들어졌다고 하자. 팀멤버는 전원이 서로 잘 모른다.

발달단계 1로, 「상황을 살펴보는」 단계가 있다. 누가 어떠한 능력을 가지고 있는가, 누구와 누구의 심리적 거리가 가까운가 라는 팀내 원리를 서로 탐색하는 기간이다. 여기에서 요구되는 리더십은 공통의 목적과 개개인의 역할을 명시하고, 가능한 한 다양한 사람과 서로 원조할 수 있는 기회를 설정하는 것이다(원조).

발달단계 2가 되면, 서로 속속들이 잘 알게 되면서, 맞는 사람과 맞지 않는 사람의 커뮤니케이션의 양과 질에서 차이가 나기 시작한다. 「확산」의 단계이다. 여기에서 요구되는 리더십은 한사람 한사람에게 담당분야와 전문적인 것에 관한 발표를 하게 하는 등, 상호학습의 기회를 만드는 것이다(학습).

발달단계 3은, 업무상 의견의 엇갈림이나 사고방식의 차이에서 자기주장이 강해지는 시기이다. 서로의 실력도 점차 알게 되어 경쟁심이 생기기 때문에 「경쟁」의 단계라고 한다. 여기에서 요구되는 리더십은 공통의 목적을 재확인시키고, 각자 그 책임을 보다 잘 하기 위해 무엇을 할 수 있는가를 인식시키는 것이다(성장).

발달단계 4가 되면, 각자 안정기에 접어들어, 서로 역할을 존중하면서, 긍정적인 시너지(synergy ; 공동상승작용)가 발생하기 시작한다. 「통합」의 단계이다. 여기에서 요구되는 리더십은, 팀의 성장을 위해 멤버가 할 수 있는 것은 무엇인가, 팀이 배운 것으로 조직에 피드백 할 수 있는 것은 무엇인가를 생각하게 하는 것이다(공헌).

팀의 발달과 함께 멤버 개개인이 성장해 가고, 개인의 성장이 팀을 성장시킨다. 팀은, 서로 학습하며, 성장을 서로 원조하는 인큐베이션(incubation(배양)) 시스템이 된다.

이 시스템에서 간과해서는 안될 중요한 포인트는, 팀의 중심은 목적이라는 것이다. 리더가 중심이 되어서는 안된다. 리더가 중심이 된 조직은 리더에게 의존하는 자율성 없는 조직이 되어 버리기 때문이다.

자기선택, 자기결정이 불가능한 한국인이 많은 것은, 어렸을 때부터 자기결정의 기회를 부여받지 못했기 때문이다. 부모님이나 선생님이 미리 앞질러 위험이 없는 길을 걷게 하고 앞질러 답을 제공해 준다.

벽에 부딪혀 힘들게 고민한 결과, 자기 스스로 길을 정해 그것을 받아들여 간다는 습관이 몸에 배어있지 않다. 때문에, 매뉴얼이 없으면 앞으로 나아가지 않는다.

비즈니스의 세계에는 모범답안은 준비되어 있지 않다. 전례 없는 것이 태반이다. 관청과 같이 판에 박은 듯한 일을 한다면, 바로 경쟁력을 잃어버린다. 계속 변화하지 않으면 살아남을 수가 없다. 특히, 팀(型), 인터넷형으로 이행해 가는 조직에서는, 개인이 스스로를 변화해갈 수 있는 능력이 필수이다.

오랜 습관인 남에게 맡기면 된다는 체질을 바꾸는 것은, 리더의 과제이다. 이 일은 상당한 끈기가 필요하다. 그러나 비결을 터득하면 그렇게 어렵지도 않다. 우선 철저히 자기선택, 자기결정을 시키는 것이다. 따라서 지시, 명령을 극구 피해야 한다.

다음에, 장점을 철저하게 살려준다. 팀원 스스로가 목표설정을 하고, 행동을 하게 하는 것도 중요하지만, 리더가 장점을 발견해 평가할 때에 긍정적인 후원을 해 주는 것도 중요하다. 긍정적인 평가를 받는 것, 기대받는다는 것은 큰 에너지가 된다. 자신감과 희망을 주는 것이 리더의 역할이다.

또한, 구체적인 액션 · 플랜(action plan ; 행동계획)에 근거해, 정기적인 보고를 받는 것을 귀찮아해서는 안된다. 그가 「하겠다」고 한 것이 다 되었는지 체크하기만 하면 되는 것이다. 단지, 여기에서 조심해야할 포인트는, 「하겠다」라고 한 것이 다 되었을 때, 그것을 함께 마음에서부터 기뻐해 주는 것이다.

다 하지 못했을 때는, 「다 못한 이유는 무엇이라고 생각하는지」「다음에는 어떻게 하면 좋겠는지」 그 자신이 생각할 이치를 만들어 주는 것이 중요하다.

상대가 스스로 결정, 행동하고, 성과를 올리는 것을 지원하는 이와 같은 수법을 코칭이라고 한다. 코칭은, 자립적인 개개인의 육성에 책임을 가지는 리더가 반드시 배워야 할 효과적인 커뮤니케이션 수법이며, 지도방법이다.

04_ 반도체산업의 전망

제2차 세계대전 직후인 1946년에 개발된 세계 최초의 디지털 컴퓨터 '에니악'은 1만 8천 8백 개나 되는 진공관을 썼는데 연산속도(演算速度)는 2백 마이크로 초(1마이크로 초는 1백만 분의 1초)나 걸렸다.

그러나 현재 PC에 사용되고 있는 32비트 마이크로프로세서의 경우는 새끼손가락 손톱만한 실리콘 기판(基板) 위에 약 93만 개의 트랜지스터를 탑재하고 그 속도는 67나노 초(1나노 초는 10억분의 1초)이다. 에니악의 연산속도와 비교하여 3천 배의 속도이다.

중량에서도 비약적으로 가벼워져 에니악의 무게가 30톤이었던 것에 비하여 32비트 마이크로프로세서의 무게는 겨우 70g이다. 무려 43만 분의 1이라는 엄청나게 가벼워졌다.

소비전력을 보아도 140kw 대 6.5w이므로 2만 분의 1정도이다. 전자기기의 생명을 좌우하는 신뢰성에서는 에니악이 30분마다 1회 정도로 진공관이 끊어져 운전불능상태로 빠진 데 비해, 오늘날의 마이크로프로세서는 기본적으로 반영구적인 안정 동작을 보증하고 있다. 이와 같은 구체적인 숫자로 진공관과 반도체는 근본적인 차이를 가지고 있다.

1904년에 영국의 플레밍이 2극관(2極管)을 발견한 것을 시작으로 진공관은 유리 용기 속의 진공상태에서 전자를 동작시켜 전기신호를 증폭하고 전파를 발진시키기도 했다.

이에 비해 트랜지스터나 IC는 실리콘이나 갈륨비소와 같은 고체 속에서 전자의 움직임을 증폭작용이나 스위칭 작용을 하는 것으로 진화의 원점이 여기에 있다.

능동전자부품(能動電子部品)의 경우, 진공관에서 반도체로의 변환은 기술혁신 프로세스에 있어서의 변환, 즉 기술체계나 기구의 근본적인 전환일지 모른다. 그 새 질서의 파워는 구질서의 아성을 쓰러뜨리고 그 자체가 내포하는 기술적인 포텐샬은 기업의 조직은 물론 널리 산업경제에도 혁신적인 영향을 준다.

'이노베이션' 이란 단지 기술혁신에 머물지 않고 새 시장의 개척이나 새 조직의 출현과 같은 넓은 개념을 가리킨다고 생각하면 트랜지스터, IC로 대표되는 고체전자부품의 출현은 그런 인팩트를 간직한 일대 혁신 기술이라 불러도 된다.

큰 전쟁이 끝난 뒤에 새로운 기술이 출현한다는 말이 있는데 트랜지스터도 예외는 아니다. 트랜지스터는 제2차 세계대전 직후인 1948년 미국 벨 연구소에서 발명되었다.

물론 트랜지스터 이외에도 컴퓨터, 나이론, 폴리에틸렌, 페니실린, 제트엔진, 원자로 등 오늘날의 기술혁신의 씨가 꼬리를 물고 등장했다. 그리고 이들은 종래의 기술체계를 크게 넘어선 혁신적 기술이라는 의미에서 '비약적 기술발전' 이라고 말해도 된다.

중요한 것은 수적인 장벽을 타파함으로써 '작은 것이 큰 것을 겸한다' 는 새로운 가치관이 탄생한 사실이다. 같은 능동전자부품이라도 진공관이나 트랜지스터는 단일 기능을 가진 개별 부품에 지나지 않고(그런 점에서는 진공관이나 트랜지스터는 1대1의 등가) 그것을 샤시나 프린트 배선판 위에서 여러 개로 조합함으로써 하나의 회로를 실현한다.

이런 종류의 회로는 진공관의 몸통으로 보나 트랜지스터의 형상으로 보나 그에 상응하는 공간을 필요로 하고 전자기기가 고속화할수록 형태가 커지는 숙명을 갖고 있다.

그런데 IC는 이런 개별적 전자부품을 하나의 부품 속에 구성소자(構成素子)로 만들고 미세 가공기술을 구사하여 반도체 칩 위에 수백, 수천, 수만의 주문으로 탑재한 집적형을 만듦으로써 일정한 '회로' 를 구성하고 때에 따라서는 1개의 LSI가 하나의 장치(또는 시스템)에 대한 전자회로와 같은 역할을 다하고 있다. 전자 탁상계산기나 전자 손목시계 전용 LSI가 바로 그것이다.

설명한 바와 같이 '큰 것이 작은 것을 겸한다'는 것이 세상 일반의 상식이라면 IC를 기초로 한 마이크로일렉트로닉스의 특징은 '작은 것이 큰 것을 겸한다'는 점에 있다.

'작은 것'이기 때문에 '큰 것'을 커버하는 이점이 있다. 그 때문에 IC의 응용 면에서 기술적 인팩트는 '트랜지스터를 넘어선다'고 이야기되어 왔다. 오히려 '불연속형 기술의 발전'이라고 말할 수 있다.

한편 IC에서 UKSI로의 발전은 집적도 즉 하나의 칩에 탑재되는 소자의 수에 의하여 규정된다. 보통 집적도 1천 소자까지를 IC라 하고, 1천~10만 소자를 LSI(ULSI)라고 부른다. 집적도가 두 자리 올라갈 때마다 그 호칭도 바뀌는데 IC에서 LSI에로의 전개는 소자수의 확대에 의존하고 있다는 의미에서는 '연속형 기술의 발전'이라고 할 수 있다.

삼성전자는 40나노(1억분의 4m)공정의 32기가 비트(Gb) 플레시 메모리를 세계최초로 개발했다. 이는 머리카락 3000분의 1 두께인 트랜지스터 328억개를 엄지손톱 정도의 면적에다 촘촘하게 집어넣은 반도체를 개발했다는 의미다. 이번 기술 개발로 지난 35년 동안 유지된 '50나노 이하로 반도체 집적도(集積渡 : 단위 면적에 보다 많은 트랜지스터를 집어넣는 것)를 높일 수 없다'는 업계의 통념도 완전히 깨지게 됐다.

삼성전자가 2008년부터 32Gb 플레시를 양산(量産)하여 전자제품에 장치할 경우, 소비자는 MP3 플레이어 한 대에 음반 8000여곡을 담아 감상하고 오대양 · 육대주의 거리 정보를 담은 네비게이션(길 안내 기기)으로 세계 어디서나 원하는 목적지를 쉽게 찾을 수 있게 된다. 또 우리나라 국회도서관의 장서 220만권에 담긴 정보를 고스란히 담았다가 조회해 볼 수 있는 '손 안의 도서관' 시대도 열린다.

05_ 무선통신 기술이 세상을 바꾼다

유비쿼터스 시대에는 모든 사물이 지능을 갖추고 사람이나 다른 사물과 교신(交信)할 수 있다. 이처럼 사람과 사물, 사물과 사물이 교신하려면 근거리 무선통신 기술이 뒷받침되어야 한다.

근거리 통신이란 가까이 있는 기기가 서로 다양한 정보를 주고받는 통신기술이다. 근거리 통신은 사무실이나 가정 등 상대적으로 좁은 공간에서 고속 데이터 통신을 한다는 점에서 이동통신과는 다르다.

무선통신 기술에는 블루투스, RFID(리디오 프리퀀시 아이 디), ZigBee(지그비), UWB(초광대역), 그리고 최근 한국이 독자 개발한 '바이너리 CDMA' 등이 있다. 이중 가장 많이 알려진 기술이 블루투스다.

요즘 들어선 가방 · 호주머니에 휴대전화 · MP3 플레이어를 넣어둔 뒤 선이 달려 있지 않은 블루투스 헤드셋으로 통화를 하고 음악을 듣는 사람을 자주 만나게 된다.

블루투스는 1990년대 말 세계 전자 · 통신 · 휴대전화 업계의 대 · 중소기업 등 수천 개 업체가 함께 기술 활성화 방안을 논의하기 시작했다. 하지만 3~4년 동안 비용 문제 때문에 급속히 확산되지 못하다 노키아가 휴대전화 핸즈프리용으로 적용한 2003년 이후 활성화되었다.

요즘은 GSM(유럽의 이동통신) 휴대전화의 50% 이상에 블루투스가 적용되고 있으며, 현재까지 휴대전화 · MP3G플레이어 · PDA 등 모두 10억대가 넘는 IT 기기에 블루투스가 탑재되어 있다.

RFID도 상용화에 근접한 무선통신 기술로 꼽힌다. RFID는 사물에 전자 태그(인식표)를 부착한 뒤 리더기(인식기)로 태그에 담긴 정보를 읽어내는 기술이다. 현재는 물류 관리, 버스 카드, 전자 화폐 등에 이용되고 있지만, 태그 가격이 내리는 2~3년 후엔 여러 분야로 확대 적용될 전망이다.

예를 들어, 미국 월마트는 1~2년 내 매장에서 판매되는 모든 제품에 태그를 부착, 소비자가 카트에 물건을 담은 뒤 계산대를 통과하면 자동 계산되는 최첨단 서비스를 준비중이다. 또 각국의 공항과 항공사는 RFID를 이용, 화물의 검색과 추적이 쉬운 수화물 시스템

구축에도 적극 나서고 있다. 최근엔 블루투스와 비슷한 쌍방향 무선통신 기술인 지그비와 UWB에도 관심이 쏟아지고 있다.

지그비는 지그재그(Zig Zag)와 가장 경제적으로 통신한다는 벌(bee)의 개념을 도입한 새로운 통신 규격이다. 지그비는 우선 블루투스에 비해 전력 소모가 매우 작다. 또 기기와 기기가 1대 1로 교신하는 블루투스와 달리, 하나의 기기와 수천 개의 센서를 동시에 제어할 수 있다는 점이 특징이다.

현재 지그비 기술 개발에 참여하는 '지그비얼라이언스'에는 삼성전기 · 프리스케일 · 필립스 · 모토로라 등 전세계 26개국 200개 이상의 기업이 멤버로 활동하고 있다.

대부분 빌딩이나 공장의 제어와 감시에 적합한 제품을 개발한다. 특히 삼성전기는 다른 회사보다 늦게 기술 개발을 시작했지만, 최근 크기가 작으면서 소비 전력도 낮은 지그비칩 개발을 끝내고 양산(量産) 채비를 서두르고 있다.

UWB는 초기 군사적 목적으로 개발됐다가, 요즘 들어선 HD(고화질) 발송 등 대용량 데이터 전송 등의 목적으로 응용 분야가 확대되고 있다. 블루투스는 초당 전송 속도가 수 Mbps에 불과하지만, UWB는 수백 Mbps에 달하는 특징 때문, 인텔 · 소니 · 프리스케일 등이 UWB칩 개발을 진행 중이다.

머지 않은 미래에 유비쿼터스 시대가 열리면 우리 생활은 획기적 변화가 올 것으로 예상된다. 특히 센서 기술과 결합된 무선통신 기술은 건강 관리나 안전 분야 등에 유용하게 적용할 수 있다. 때문에 무선통신 기술을 개발하는 많은 업체가 관심을 갖고 있는 분야도 이들 분야다.

우선 집안 곳곳에 거주자의 생체 상태나 변화를 감지하는 센서를 설치하면, 센서를 통해 수집된 각종 생체 정보를 곧바로 의료기관으로 전송하는 환경을 구축할 수 있다.

지금은 몸이 아프면 병원에 찾아가 검사를 받은 뒤에야 치료를 받을 수 있지만, 유비쿼터스 시대에는 몸의 미세한 변화를 감지해 조기 진단과 치료가 가능해지는 셈이다.

안전 분야에서는 교량이나 터널 등 구조물 안전 유지에 응용이 가능하다. 수 km에 달하는 교량이나 터널에 균열 · 충격 감지 지그비 센서 수천 개를 일정 간격으로 배치한 뒤, 센서에 들어오는 정보를 바로 바로 중앙처리 장치로 무선 전송하면 교량이나 터널의 안전 상태를 실시간으로 점검할 수 있다.

사람이 직접 교량의 안전 상태를 눈으로 확인하려면 수개월로도 부족할 수 있는 한계를 극복하게 되는 셈이다.

또 온도 · 움직임 감지 지그비 센서를 빌딩 곳곳에 설치하면, 빌딩의 전체 난방이나 조명을 원격 제어할 수 있어 에너지 효율성을 높일 수 있다.

미국 캘리포니아주가 오는 2008년부터 신규 건물에 설치를 의무화한 에너지 절약 장치 설치도 무선통신 기술의 뒷받침을 받아야 한다. 현재 세계 1000여개 기업이 지그비를 이용한 응용 시스템을 개발하고 있는 것으로 알려졌다.

06 '무공해 · 친환경' 바이오시대가 온다

'20세기 에너지와 화학산업은 검은 색이었다. 하지만 21세기 산업은 화이트(흰색)가 될 것이다.' 최근 에너지 · 화학산업 앞에 던져진 핵심 화두(話頭)이다.

'20세기를 검은 색'이라 하는 이유는 핵심 원료인 석유가 검은 색이기 때문이다. 거의 모든 에너지가 석유에서 나왔고, 화학산업은 사실상 석유화학과 동의어(同義語)였다.

석유는 수천만 년 전 동식물 화석이 압력과 열을 받고 부패하면서 만들어진 탄화수소 혼합물, 높은 효율, 저렴한 생산비, 산업 원료 물질로서 무한한 활용 가치 덕분에 20세기 문명을 떠받치는 핵심 자원으로 군림했다.

석유로 인해 세계 대전과 이슬람 혁명이 일어났고, 쿠웨이트 전쟁 · 이라크 전쟁도 석유가 없었다면 일어나지 않았을 전쟁이다.

석유는 그러나 언젠가 고갈될 운명인 한정된 자원이다. 원유를 가공 · 정제하면 수 만가지의 이로운 물질을 얻을 수 있지만, 더불어 나오는 부산물들은 지구 환경을 오염시키는 주범(主犯)이다. 인류는 석유 의존도가 커질수록 석유 중독에서 벗어나는 길을 모색해 왔다. 그렇다면 지구상에 과연 석유를 대체할 자원이 있을까?

20세기 후반 '무공해 친환경' '재생가능'을 키워드로 등장한 화이트 바이오테크놀로지(White Biotechnology)는 식물과 미생물이 석유를 대체할 자원이라고 말한다.

목질-전분계 · 설탕 등 재생 가능한 원료인 바이오매스(Biomass), 대장균을 포함하는 다양한 종의 박테리아 · 효모 · 곰팡이 등 미생물을 통해 각종 화학물질과 에너지를 생산할 수 있다는 것이다. 고(高)유가 시대로 접어들면서 세계 각국에선 바이오 연료 수요가 폭발하고 있다.

옥수수 · 사탕수수 · 유채꽃과 같은 바이오매스에서 미생물 발효를 통해 생산하는 바이오 에탄올, 식물성 · 동물성 지방에 알코올을 넣어 반응시켜 만드는 바이오 디젤이 석유 대체 에너지원으로 각광받고 있다.

석유는 에너지 뿐 아니라 합성수지 · 합성고무 · 비료 · 의약품 등 수 만가지 물질의 원천이다. 이를 대체하기 위한 전략이 바이오리파이너리(biorefinery · 생물정제)다. 이는 설탕 · 나뭇잎 · 볏짚 같은 바이오매스와 세균 등을 통한 발효를 통해 고분자 단량체가 되는 물질을 생산하는 것이다.

미생물 발효를 통해 고분자 물질을 직접 생산할 수도 있다. 가령 미생물 안에 에너지원으로 축적되는 폴리하이드록시알카노에이트(polyhydroxyalkanoate, PHA)라는 폴리에스터는 플라스틱에서 고무에 이르는 여러 성질을 가진 고분자로 만들 수 있다.

미국의 메타볼릭스사가 최근 미국 ADM사와 함께 상업용 생산을 추진하고 있다. 브라질은 설탕에서 PHA를 생산하는 공정을 개발 중이다. 설탕을 원료로 한 '바이오 플라스틱' 또는 '설탕 고무' 가 출현할 날이 멀지 않은 것이다.

일례로 의약 · 식품 · 정밀 화학에 널리 쓰이는 숙신산(succinic acid)은 바이오 플라스틱의 출발물질이자 환경 친화적인 용매, 볏짚 · 나무 찌꺼기 · 사탕수수에서 추출한 포도당 또는 설탕을 박테리아 먹이로 공급하면 대사 과정을 통해 숙신산이 나온다.

선진국과 석유 · 곡물 · 화학 기업들은 이미 엄청난 돈을 투입하며 바이오테크놀로지 확보 전쟁에 돌입했다. 유럽연합은 최근 '3색(色) 기술' 이 미래핵심 기술이 될 것이라고 선언했다. 핏빛을 상징하는 '레드 바이오테크놀로지(보건 · 의료)' , 식물의 색깔을 상징하는 '그린 바이오테크놀로지(화학산업)' 가 그것이다.

바이오테크놀로지가 꼭 환경친화적이지 않다는 반론도 있다. 가령 바이오 에탄올을 대량 생산하기 위해서는 대규모 사탕수수 경작이 필수적이며, 이를 위해서는 엄청난 양의 물과 비료가 필요하다는 것이다. 발효 찌꺼기 처리 기술도 아직 완전하지 않아 또다른 환경 오염의 가능성이 있다는 것이다.

바이오테크놀로지가 가뜩이나 부족한 지구의 식량난을 악화시킬 수 있고, 제3세계를 선진국들의 '연료 기지'로 전락시킬 가능성도 있다는 지적도 있다. 이에 대해 "기우에 불과하다"고 말하는 전문가들도 있다.

매년 지구에서 생산되는 바이오 매스는 1700억t. 인간이 고작 60억t만을 활용하고, 그 가운데 97%는 식량과 식품 관련 산업에 쓰이고, 불과 3%만 화학산업에 쓰인다는 것이다.

07 글로벌 기업들의 모방을 통한 혁신

경영난에 빠진 미국 자동차업체 포드(Ford)의 CEO로 취임한 앨런 멀럴리(Mulally) 전 보잉 부사장은 '모방을 통한 혁신(innovation through imitation)'을 강조한다.

멀럴리는 보잉 재직 시절 '모방을 통한 혁신'을 통해 톡톡히 재미를 봤다. 90년대 중반 보잉사가 민간 항공기 분야에서 경쟁사인 에어버스를 따라잡을 수 있었던 비결은 당시 멀럴리와 같은 경영진이 혁신을 위한 전방위적 모방에 앞장섰기 때문이었다.

보잉은 모든 생산라인에 도요타의 린 생산방식을 적용해 생산시간을 단축했다. 777기 한 대를 만드는 데 걸리던 시간은 과거 20일에서 16일로 줄었고, 앞으로는 12일까지 단축될 계획이다.

멀럴리는 포드가 위기에 빠진 원인으로 "혁신을 위한 학습을 게을리한 탓"이라고 지적한다. 도요타를 비롯한 경쟁사들이 혁신적인 생산기법으로 세계 시장을 공략하고 있을 때 포드는 기존의 지위에 만족한 채 혁신을 소홀히 했다는 것이다.

업종이 다른, 자동차와 항공기 업체 간의 '상호 학습(mutual learning)'은 새삼스런 현상이 아니다. 업종과 기업규모를 가리지 않고 좋은 시스템을 발굴해 모방하고, 이를 통해 생산성을 향상시키는 '모방을 통한 혁신'은 광범위하게 진행되고 있다.

세계 최대 알루미늄 생산업체인 알코아(Alcoa)의 '작업 중 사고 방지 프로그램'은 미국 병원들로 전파됐다. 병원들은 모든 사고를 실시간으로 보고해 사고원인을 철저히 조사하는 알코아 시스템을 도입해 병원 내 감염 등 한 번 발생한 의료사고의 재발을 막고 있다.

조선(造船)업체는 선박 엔진의 추진력을 높이기 위해 항공사 엔진 제조업체를 벤치마

킹하고 있다. 또 자동차 딜러가 서비스 수준을 높이기 위해 메리어트 등 특급호텔의 서비스교육 프로그램을 배우고, 병원이 환자 안전을 강화하기 위해 핵발전소의 안전규정이나 해군의 훈련규정을 참조하고 있다.

스위스 군(軍)은 루체른 호수 근처의 군부대에서 1245달러의 수업료를 받고 경영인들을 대상으로 의사결정과 통솔력 등 군대식 리더십 프로그램을 교육하고 있다.

미국 미네소타주에 있는 파크 니콜레 헬스 서비스 병원은 도요타의 생산방식을 도입해 병원경영을 대폭 개선했다.

이 병원은 환자가 병원을 방문해 입원하고 퇴원하기까지 진단자료가 늦게 도착해 치료가 늦어지는 상황을 예방하기 위해, 모든 자료가 실시간으로 의사와 환자에게 공급되는 시스템을 갖췄다.

또 환자에게 투여되는 약물이 적절치에 도달할 경우 자동적으로 경보가 울리며 약물투여가 중단되는 시스템도 갖췄다. 그 결과 이 병원은 2004년에 750만 달러의 경비를 줄였고, 병원 내에서 발생하는 2차 감염률도 획기적으로 개선했다.

다른 업종 간의 모방이 쉽게 일어날 수 있는 것은 모방기업이나 피(被) 모방기업이 서로 같은 시장을 놓고 싸우는 경쟁자가 아니기 때문이다.

선두업체들은 같은 업종의 후발업체들에게는 핵심 경영 노하우를 공개하기 꺼리는 경향이 있지만, 다른 업종의 업체들에 대해서는 경계심을 품지 않는 게 보통이다.

바이엘 · IBM · GE 등 글로벌 기업들은 아예 모방을 상시화하자는 취지에서 서로를 지속적으로 배우기 위한 컨소시엄을 만들었다. 모방이 일회성으로 끝나지 않도록 하기 위해, 각자가 갖고 있는 핵심 역량에 서로의 장점을 더하자는 취지에서 출발한 것이다.

'모방을 통한 혁신' 은 남의 것을 베끼는 데 그치지 않고, 자신의 것으로 소화해 더욱 발전시킨다는 점에서 단순한 표절과는 다르다. 또 상품 자체를 베끼는게 아니라, 비용을 줄이고 효율성을 높일 수 있는 시스템을 발굴하려는 노력이기에 모방보다는 혁신에 가깝다.

모방을 통한 혁신에 성공하기 위해서는 항상 배우겠다는 겸손한 자세를 갖추고, 객관적인 자기 평가와 분석을 통해 무엇을 배울지 명확히 해야 한다.

무턱대고 선진적인 제도라면 가리지 않고 배우려다가는 자신의 핵심 경쟁력마저 잃기 쉽다. 모방을 통한 혁신에 성공한 기업들의 공통점은 자신에게 가장 중요한 역량, 즉 핵심역량이 무엇인지를 쉽게 파악하는 능력을 갖고 있다는 것이다.

자사의 조직과 제품 프로세스를 철저히 분석하고 명확하게 이해하지 않고서는 남의 것도 배울 수가 없기 때문이다. 또 타기업에서 배운 노하우를 자사의 실정에 맞게 변형해 적용하기 위해서도 자사에 대한 이해가 필수적이다.

학습은 끊임없이 자신의 부족함을 인정하고, 현실에 안주하지 않으려는 자세를 필요로 한다. 타인과 미래 앞에 겸손하지 않다면 배움은 불가능하가. '너와 나는 다르다' 는 기본 전제를 깨뜨리고, '내가 더 나아질 수 있다면 누구에게든 배울 점이 있다' 는 생각을 가져야 한다.

제록스(Xerox)는 미국 메인주(州)의 작은 스포츠용품점에서 효율적인 창고(재고) 운영 방식을 배웠다고 밝혔다. 수작업으로 이루어지는 지방 스포츠용품점의 세심한 창고 설비 배치와 효율적인 작업 흐름이 오늘날 제록스 재고관리의 근본이 됐다는 것이다.

글로벌 기업들은 모방학습의 대상에 귀천(貴賤)을 가리지 않는다. 항상 눈과 귀를 열고 선진국의 초일류기업뿐 아니라 정부 등 공공부문, 중진국과 제3세계 기업의 동향까지 예의 주시하고 장점을 배운다. '모방을 통한 혁신' 의 키워드는 끊임없는 관찰과 학습이다.

08 경쟁 시장 뚫을 수 있는 전략

도전자들이여, 군대의 기본지침서를 펴라. 개전 초기에는 절대로 적(敵)의 거점에서 공격을 시작해선 안 된다. 일단 약점을 공략하고 경쟁 우위를 확보한 후에 거점을 공격하는 것이 현명하다.

정면 공격은 무모하다. 적은 도전자의 낌새를 알아채는 순간 저가(低價) 공세와 광고전 · 소송전으로 숨돌릴 틈 없이 목을 조여올 것이다. 일단 발 디딜 틈을 확보하는 것이 중요하다.

장벽 공략에 성공한 기업들은 상대가 알아채지 못하는 사이 시장에 진입하는 '간접 공격' 을 감행했다. 기존 사업자가 '신입' 의 존재를 알아챘을 때는 이미 사태를 되돌려 놓기에 너무 늦은 때였다.

똑똑한 신규 기업은 기존 기업이 다져놓은 땅과 조건 하에서 전쟁을 치르지 않는다. 기존 사업모델을 따라 하지도 않는다. 적어도 진입 초기에는 주류(主流) 소비자에게 구애를 펼지지도 않는다. 소프트음료(알코올 성분이 들어있지 않은 음료)시장과 탄산 음료 시장은 매우 매력적인 시장이다. 거물 기업은 3개로 코카콜라 · 펩시, 그리고 '닥터페퍼' 로 유명한 캐드배리 슈웹스(Cadbury Schweppes)다.

이들이 시장 총 마진의 60% 이상을 가져간다. 1990년에서 2000년 사이 평균 총자산순이익률(ROA)이 17%였다. 막강한 브랜드 파워를 자랑하며 유통망과 진열대를 장악했다. '코카콜라와 펩시를 이기는 것보다 7월에 플로리다에서 눈사람 만드는게 쉬울 것' 이라는 말까지 나왔다.

1990년대 후반, 유럽의 두 기업 버진드링크와 레드불이 이 시장에 도전장을 던졌다. 두 회사의 전략은 크게 달랐다. 1998년 버진드링크는 3대 거인 코카콜라 · 펩시 · 캐드베이 슈웹스와 정면 대결을 선언하며 자체 콜라를 시장에 내놓았다.

엄청난 물량의 광고를 쏟아 부으며 3사(社)가 입점한 모든 소매점을 향해 진격했다.

버진 콜라가 미국 시장에 상륙할 당시, 버진그룹 CEO 리처드 브랜슨은 뉴욕 타임스스퀘어에 탱크를 몰고 들어가 코카콜라 캔으로 만든 벽을 향해 돌진하며 전면 공세를 선언했다. 그러나 세 강자(强者)는 한치의 진열대도 허용하지 않았다.

2000년 7월, 버진의 마케팅 담당 부사장은 "내 주위에는 '버진 콜라를 한 번 마셔보려고 했으나, 몇 년째 한 번 본 적도 없다' 고 말하는 사람이 수두룩하다" 고 말했다. 버진은 여전히 콜라를 만들고 있으나 미국 시장 점유율이 1%를 넘어본 적이 없다.

레드불은 달랐다. 1997년 레드불은 '탄산 에너지음료' 라는 틈새 상품을 들고 미국 소프트음료 시장을 두드렸다. 8.3온스(235g)에 2달러로 같은 용량의 코카콜라나 펩시의 2배 가격이었다. 캔 모양은 얇고 길게 만들었다.

진열대 공간이 적더라도 많이 쌓을 수 있게 하려는 전략이었다. 레드불은 소매점이 아니라 먼저 나이트클럽과 바(bar)에서 음료를 팔기 시작했다. 나이트클럽에서 20대들은 카페인이 가득한 레드불을 마시며 밤새 춤췄다.

일단 충성팬들이 확보되자, 레드불은 코크와 펩시로 가득한 소매점을 비집고 들어가기 시작했다. 레드불은 2005년 미국 에너지 음료 시장에서 점유율 65%를 자랑하고 있으며,

해마다 매출이 35%씩 증가하고 있다. 간접 공격은 매력적인 전략이긴 하나 개시 이전에 치밀한 사전 점검이 필요하다. 기본적인 세 가지 전략을 결합해 효과를 극대화할 때 성공할 수 있다.

첫째, 기존 자산을 최대한 이용하라. 진입 비용을 낮추기 위해 서업 파트너의 자산이나 자원을 동원할 수도 있다. 유휴 기계를 가동해 새 상품을 생산하거나, 기존 진열대에 내놓을 수 있다.

둘째, 가치사슬(value chain · 부가가치가 생성되는 과정)을 새로 정립하라. 기존 사업자와 다른 가치사슬을 만들기 위해서는 진보적 기술을 활용할 수 있다. 예를 들어 소매점이 아니라 웹사이트를 통해서 상품을 팔게 되면 해당 산업의 가치사슬이 바뀌게 된다.

셋째, 특정 소비자들에게 호소력이 강한 틈새상품을 개발하라. 일부 소비자들만 지불할 용의가 있는 프리미엄 상품이나 일부 소비자가 원하지 않는 특징을 과감히 삭제한 상품을 내놓을 수 있다.

이와 같은 기본 접근법은 일견 간단하고 평범해보인다. 이들이 가진 마술적 힘은 경합에서 생겨난다. 성공 기업은 이 세 가지 중 적어도 두 가지를 잘 섞어서 동시에, 혹은 연속으로 사용한다.

09 연구개발 전략의 변화

세계 최대 생활용품업체인 P&G의 앨런 래플리(Lafley) 회장은 2000년 6월 취임 직후 자체 R&D(연구 · 개발) 의존도를 대폭 줄이고, 적극적으로 사외(社外) 기술 발굴에 나섰다. 그는 "혁신적인 기술을 외부에서 발견한 것을 자랑으로 생각하라"고 강조했다.

'누가 기술을 개발했느냐'에 초점을 맞췄던 R&D 부서에 대한 인사 평가 기준을 '회사 이익에 어느 정도 공헌했나'로 바꿨다. 혁신적인 좋은 기술이라면 사내든 사외든 관계없이 과감히 채택해 제품 개발에 반영한 것이다. '연결과 개발(connect and develop)'이라 불리는 래플리 회장의 실험은 성공적이었다.

래플리 회장 취임 당시 P&G는 19개의 기술센터에 8000명 이상의 한 내부 R&D 인력과 조직을 갖추고 있었다. 그런데 왜 갑자기 P&G 같은 대기업이 사외기술에 주목했을까? 답은 간단했다. 이 회사 래리 휴스톤(Huston) 부사장은 "(경쟁이 치열한) 성숙시장에서는 사내 기술만을 고집하다가는 혁신적인 상품을 만들 수 없다"고 말했다.

P&G의 경우, 래플리 회장은 내부 자원을 핵심 브랜드에 집중하면서 불필요한 연구 · 개발을 중지시켰다. 그는 이를 "혁신(innovation)이라는 정원에서 잡초를 뽑았다"고 표현했다. P&G는 "이미 축적된 내 · 외부의 지식을 원활하게 교류시키는 게 R&D의 경쟁력"이라고 보고 각 사업부별 기술 담당 임원과 지역별 R&D 담당자가 참여하는 '글로벌 기술 협의회'를 만들었다.

또 사내 · 외의 혁신적 기술을 소개하는 혁신박람회(Innovation Expo)를 주기적으로 개최하고, 기술 교류와 협력을 위한 혁신네트워크도 적극 가동했다. P&G의 히트상품인 치아미백제 '크레스트 화이트스트립스'(Crest Whitestrips)는 사내 · 외 기술 교류를 통해 개발된 대표적 사례다.

P&G는 시중에서 치과 의사들이 사용하던 표백제와 사내의 플라스틱사업부가 갖고 있던 접착기술을 결합해 소비자들이 치아에 간단하게 부착할 수 있는 미백제를 만들었다. 이 치아미백제는 개발 2년 만에 2억달러 이상의 매출을 올린 효자상품이 됐다. 개방형 혁신의 모범사례로 평가받는 기업들은 몇 가지 공통점을 갖고 있다.

첫째, 혁신의 우선순위를 정해 잠재력이 가장 높은 사업에 자원을 집중한다. 필립스(Philips)는 광섬유 커뮤니케이션 R&D에 집중 투자하기로 하고, 비핵심 사업인 일반 레이저 기술은 외부에 매각해 30억 유로의 수익을 올렸다. 듀퐁(Dupont)은 최근 상품 개발 플랫폼(Platform · 기반)을 9개에서 5개로 단순화했다.

둘째, 혁신적 기술과 정보를 사내에 순환시켜 새로운 아이디어를 덧붙이는 동시에 중복 투자를 막는다. 3M은 OHP(overhead projector)의 조도(照度)를 높이는 데 쓰이던 마이크로 레플리케이션(micro replication) 기술을 사내에 전파해 신호등 · 녹음테이프 · 마우스패드 등 다양한 용도로 활용하도록 했다. 그 결과 2억달러였던 매출이 10년 만에 10억달러로 급증했다.

셋째, 신기술 확보를 위한 M&A(인수 · 합병)에 적극적이다. 시스코(CISCO)는 매출의 17%를 R&D에 투자할 만큼 연구 · 개발을 강조하면서도 새로운 기술을 갖고 있는 신생기업이 나타날 경우 과감한 M&A를 통해 기술력을 보강하고 있다.

넷째, 내부기술 판매와 공개에 적극적이다. 경쟁 심화와 기술 발달로 인해 궁극적으로 기술의 유출이 불가피하다고 여기기 때문이다. 또 기술 판매와 공개를 통해 자사의 기술력을 시장에서 검증받는 동시에 재투자를 위한 재원도 마련하려는 다목적 포석이다. 기술의 자유로운 교환을 위해 설립된 Yet2.com에 참여하는 글로벌 기업들의 수가 지속적으로 증가하는 것이 좋은 사례다.

개방형 혁신이 확산됨에 따라 사내기술 개발에 치중했던 R&D 부문의 역할이 바뀌고 있다. R&D 부문이 기업의 아이디어를 집적시킬 뿐 아니라 다양한 외부의 기술과 정보를 받아들여 신제품 개발을 이끄는 주도적 역할을 하는 것이다.

즉 지식 창출자(knowledge gen-erator)보다는 다양한 아이디어를 조합해서 기업의 혁신을 이끄는 지식 브로커(knowledge broker)로서의 기능이 더욱 강조되고 있다.

혁신에 성공적인 기업들의 경우, 연구(research)와 개발(development) 간의 균형(balance)을 강조한다. '연구 따로, 개발 따로' 식으로 평가하지 않고, 연구와 개발을 종합한 성과를 평가해 예산에 반영한다.

또 사내 연구 · 개발은 R&D의 한 가지 수단에 불과하다는 인식을 갖고, 다양한 방법을 동원해 R&D의 효율성을 높이는 방안을 강구하고 있다. R&D 연구원들을 선발할 때도 특정 분야의 전문 지식뿐 아니라 얼마나 시장과 고객을 이해하고 있는지를 측정한다.

혁신의 성패는 반복성(repeatability)에 의해 가려진다. 한두 가지 아이디어가 크게 성공했어도, 지속적인 신상품 출시를 통해 반복성이 보장되지 않을 경우 그 기업은 오래 생존하기 어렵다.

혁신의 반복성은 결국 사람에서 나온다. 글로벌 리딩기업들이 인력을 채용할 때 이력서에 나오는 학력이나 성적보다 창의성을 측정하는 면접을 중시하는 것도 이 때문이다. 로레알은 "경영 지식이 우수한 직원뿐만 아니라 꿈을 꿀 수 있는 사람을 모집한다"고 강조할 정도로 창의력을 중시하고 있다.

10_ 과학적 영업전략의 활성화

선진 기업들의 영업은 철저히 시스템과 팀워크에 따라 이루어진다. 목표고객에게 전화하는 법, 방문하는 법, 거래를 종결하는 법 등 영업의 전체 과정을 상황별로 매뉴얼로 자세히 정리해놓고, 영업사원들에게 반복해서 교육시킨다.

또 영업사원들이 현장에서 더 나은 성과를 낼 수 있도록 본사의 전산 · 기획 등 스태프 부서들이 팀워크를 발휘해 지원한다. 영업사원의 '개인기'에 의존하던 아날로그식 영업이 사라진 빈자리를 시스템으로 무장한 과학적 영업이 메워가고 있는 것이다.

영업에 쓰이는 분석기법이나 도구도 점점 정교해지고 있다. 네트워크 장비업체 '시스코'는 영업사원들을 위한 전용 웹사이트에 각 지역 · 지점 · 영업사원별 과거 영업 실적뿐 아니라 잠재고객의 분포와 성향 등 영업확대에 필요한 정보들을 수록해 놓고 있다.

또 현장 영업사원과 본사 영업지원팀이 수집 · 분석한 정보를 매주 업데이트한다. 시스코 영업목표치의 정확도가 99%에 달하는 것도 과학적 영업관리 때문이다.

영업사원들은 휴대용 PDA 단말기를 통해 어디서든 손쉽게 본사 웹사이트 정보를 활용할 수 있다. 특히 PDA 단말기에는 고객들의 주문 · 결제내역 등 최신 정보가 자동 업데이트될 뿐 아니라, 영업사원 개인이 추가로 영업실적을 올릴 때 받을 수 있는 연말 성과급 액수까지 실시간으로 표시된다.

한국기업의 영업은 아직까지 개인기 위주다. 매출액 목표는 정밀한 자료분석 과정을 거치지 않고, 상위 관리자의 지시에 의해 임기응변으로 만들어지는게 보통이다. 또 지역 · 영업사원별 차이에 관계없이 모든 지점과 영업사원에 똑같은 목표치가 부여된다.

개인차를 고려하지 않은 일률적인 목표치는 영업사원에 따라 지나치게 높거나 반대로 지나치게 낮게 느껴질 수 있다. 당연히 영업성과도 큰 차이를 낳을 수밖에 없다.

회사는 구체적으로 영업사원이 어떤 행동을 했길래 영업성과가 좋게 나왔는지 알 수가 없다. 영업사원이 영업을 잘 한 덕분인지, 아니면 담당 지역과 고객을 운좋게 잘 만난 건지도 모른다. 내년에 어떤 영업사원이 얼마나 더 잘 할 수 있을지 예측할 도리도 없다.

영업이 주먹구구식인 만큼, 내년에도 운이 좋기를 바랄 뿐이다. 한마디로 영업의 핵심 노하우가 속을 들여다볼 수 없는 블랙박스 속에 감추어진 것이다.

한국 기업들은 “우리도 훌륭한 CRM(고객관계관리) 시스템을 구축하고 있다”고 반박할 것이다. 글로벌 기업에 못지않게 CRM 하드웨어에 상당한 투자를 해 왔기 때문이다. 하지만 IT 투자액이 많다고 영업성과가 향상되는 것은 아니다. CRM 하드웨어보다 중요한 것은 전략적 사고가 이를 뒷받침할 조직, 인력에 대한 투자다.

한국기업들 대부분은 비용만 투입했지 CRM 시스템을 수시로 업데이트하지 않을뿐더러 취합된 고객정보를 영업전략 수립에 제대로 활용하지 않는다. 외국기업들의 CRM 정보 활용도를 100으로 볼 때 한국기업들의 활용도는 절반에도 못 미친다.

영업에는 전략이 필요하다. 새로운 신규고객에 집중할 것인지 아니면, 기존 고객에 더 많이 파는데 집중할 것인지, 대면(對面) 세일즈에 집중할 것인지 아니면 전화나 카탈로그 같은 간접 세일즈에 집중할 것인지, 영업사원을 내부 정규직으로 가져갈 것인지, 영업 조직과 일반 관리 조직의 역할을 가져갈 것인지, 영업 조직과 일반 관리 조직의 역할은 어떻게 규정할 것인지 등에 대해 전략적으로 접근해야 하는 것이다.

영업전략을 세우기 위해서는 무엇보다 고객을 깊이 이해하고 각 고객별 경제성과 수익성 등을 분석해 목표 고객군을 세분화하는 작업이 우선시 되어야 한다.

미국 신용카드업계에서 차별화된 비즈니스 모델로 주목받는 캐피털원은 무려 2만개 항목으로 고객을 구분한다. 연령과 성별 · 직업 · 기혼 여부 등 기본적인 인구통계적 변수뿐 아니라 고객의 태도 · 성향 등 계량화하기 힘든 항목도 포함된다.

캐피털원은 회원 가입 신청을 받을 때 “당신이 앞으로 돈을 더 많이 벌 것이라고 생각하느냐, 아니면 지금보다 못 벌 것이라 보느냐”, “한 달에 저축은 얼마나 하는가” 등을 묻는다. 캐피털원은 분석결과 당장은 소득이 높지 않지만 앞으로 발전가능성이 있다고 판단되는 고객에게는 다소 리스크가 있더라도 대출액을 늘려준다.

영업을 결과로만 측정하던 영업성과, 평가방식도 바뀌어야 한다. 즉 영업성과뿐 아니라 잠재고객수, 전화횟수, 방문횟수, 제안서 작성횟수 등 영업활동 전 과정을 측정하고 보상해주어야 한다. 본인의 영업활동뿐 아니라, 후배 영업사원들을 가르치고 조언하는 코치 역할에 대해서도 따로 보상을 해 주어야 한다.

외국의 한 제약회사는 영업사원 본인과 후배의 성과를 연동시키는 보상시스템을 도입한 결과, 2년 만에 영업성과가 낮았던 직원들의 성과가 평균 30%가량 개선됐다.

11_ 감성시대 디자인으로 승부해야

미국은 품질과 개성 중시, 스웨덴은 디자인과 신제품 선호, 한국은 세대 간 소비트렌드 격차가 매우 큰 것으로 나타났다. 실용주의의 본고장인 미국 소비자들은 소비자 3명 중 2명(66%)이 디자인보다 품질이 더 중요하다고 생각했다. 스웨덴은 신제품 선호도가 매우 높아 패스트 패션(fast fashion)의 성공이 우연이 아님을 뒷받침했다.

한국은 세대 간 격차가 컸다. 한국 40대 소비자의 61%가 품질이 디자인보다 중요하다고 생각했지만, 같은 질문에 20대의 57%가 디자인이 더 중요하다고 대답했다.

한국 소비자의 30%는 비싼 물건이 자신의 가치를 높인다고 생각한다. 미국(26%), 스웨덴(14%)보다 높다. 특히 20대 한국 소비자의 38%가 고가 제품을 선호했다. 같은 연령대에서 미국(28%)보다 높고, 스웨덴(16%)보다 2배 이상 높다. 스웨덴은 전체적으로 '비싼 상품 = 자기 가치 향상' 이란 생각이 희박했다. 30대 · 40대 모두 13%에 불과했다.

제품의 순환 주기도 빨라지고 있다. 스웨덴 소비자 21%만이 고장 난 제품을 고쳐 쓴다고 했다. 다양한 물건을 경험해 보고 싶은 욕구가 강했다. 미국은 평균 36%, 한국은 42%가 '고쳐 쓴다' 고 했다. 그러나 한국의 20대는 37%였다. 미국의 20대(40%)보다 신제품 선호가 높다.

미국 20 · 30 · 40대 소비자들은 세대를 막론하고 66%가 '품질' 이 가장 중요하다고 생각했다. 20대(64%)가 40대(68%)보다 '디자인' 을 조금 더 중시했다. 한국은 평균 55%, 스웨덴은 48%였다. 하지만 한국(67%), 스웨덴(72%)의 20대는 디자인이 더 중요하다고 대답했다. 미래 소비의 주역들은 감성을 중요하게 생각하는 경향이 뚜렷하다.

가격은 가장 중요한 구매 결정 요인에서 차츰 밀려나고 있다. 미국 소비자의 45%, 스웨덴 소비자의 44%가 '뭔가를 꼭 갖고 싶다면 가격은 중요하지 않다' 고 생각했다. 한국은 평균 65%가 가격이 더 중요하다고 답했지만, 세대 간 격차가 컸다. 40대는 70%가 가격을 중시했으나, 20대(43%)로 가면 뚝 떨어진다.

미국, 스웨덴은 '자신만의 감각', 개성이 중요한 소비의 잣대였다. 미국 전체 소비자의 65%, 스웨덴의 54%가 '나만의 독특한 감각으로 꾸미는 것을 좋아한다' 고 답했다. 한국은 29%, 미국 · 스웨덴의 절반에도 미치지 못했다.

개인주의 문화권인 미국·스웨덴과 집단주의 문화권인 한국의 차이가 드러나는 대목이다. 그러나 소득수준이 높아지고 서구화가 진전되면서 한국에서도 개인주의적 성향이 늘고 있다. 40대(22%) → 30대(27%) → 20대(39%) 순으로 개성을 더 중시했다.

이타적 소비의 한 형태인 기부에 대한 태도는 어떨까? 미국 소비자의 62%, 스웨덴 소비자의 53%가 자선 기부를 한다고 답했다. 한국은 20%였다. 1인당 GDP가 4만 달러에 육박하는 미국, 스웨덴과 2만 달러 안팎인 한국의 현주소다.

한국의 20대 소비자(17%)는 소비를 위해서라면 지갑을 열 준비가 되어 있지만, 30대(20%), 40대(24%)보다 기부에 소극적이었다. 이는 기업의 공익마케팅에 걸림돌이 된다.

미국 소비자는 36%가 수익의 일부를 공익에 기부하는 제품을 산다고 응답했다. 한국은 17%에 그쳤다. 스웨덴도 19%였다. 스웨덴은 대표적인 복지국가, 기업의 사회적 책임이 당연시된다. 공익마케팅에 대한 소비자들의 기대 수준 역시 높아 공익 활동에 대한 사실 정보가 제공되지 않으면 지갑을 열지 않는다.

이 같은 결과가 기업 경영전략에 주는 함의는 4가지로 요약된다.

1. 4P에서 4C로 … '품질과 가격 우선' 이란 종래 신화가 깨지고 있다. 조사 결과는 제조업 중심에서 유통 중심으로 3개국 시장의 패러다임이 전환되었음을 보여준다. 기업은 더 이상 자신들이 만든 제품을 파는게 아니다. 소비자가 원하는 제품을 만들어야 한다. 제품을 중심에 둔 '마케팅 4P(Product, Price, Place, Promotion)원칙' 은 고객 가치를 중심에 둔 '4C(Customer Benefits, Cost to Consumer, Convenience, Communication)' 로 바뀌어야 한다. 이를 위해서는 가변적인 세계 시장의 소비트렌드 파악이 먼저고, 이를 읽어낼 줄 아는 인재 육성이 필수적이다.
2. 유연한 경영체계가 관건 … 감성 시대의 화두는 단연 디자인이다. 기능에 충실한 사용성은 기본이고 다양한 컬러와 소재를 통한 오감(五感) 만족이 추구된다.

   디자인 중시, 패스트 패션에 대한 선호를 충족시켜야 한다. 이성은 결론을 낳지만 감성은 행동을 낳는다. 감성시대 소비자들의 변화는 논리적으로 설명할 수 없다. 속도가 중요하다. 소비자의 욕구가 즉각적으로 생산·유통 구조에 반영되어야 한다. 그러기 위해서는 유연한 경영체제를 갖춰야 한다.

3. **같은 제품도 다르게 팔아라** … 같은 제품이라도 문화권에 따라 의미가 달라진다. 소비는 사회 · 문화적 행동이다. 그 사회의 지배적인 가치관을 여실히 반영한다. 개인주의와 집단주의, 수직주의와 수평주의, 소비생활의 수준, 라이프스타일 등 다양한 기준에 대한 이해가 필요하다. 문화 차이에 따라 제품이 소비자에게 줄 수 있는 혜택이 무엇인지를 분명하게 숙지한 뒤 커뮤니케이션과 유통 전략을 짜야 한다.
4. **소비자 눈높이에 맞춘 공익 전략** … 브랜드에도 영혼이 필요하다. 함께하는 삶, 가치 있는 삶에 대한 갈망이 커지면서 공익 마케팅의 중요성도 커진다. 하지만 공익 메시지가 바로 소비자의 반응으로 이어지지 않는다. 단기적인 안목으로 포기해도 안 되지만 먼 미래만을 보고 무조건 자원을 쏟아 붓는 것도 바람직하지 않다. 소비자의 눈높이에 맞는 공익마케팅을 전략적으로 결정해야 한다. 구체적인 정보를 통해 간접 경험을 제공해 기업의 영혼을 공유할 수 있게 해야 한다.

12_ 변화 실현을 위한 어드바이스

세상의 변화에 거역할 수는 없다. 좋고 싫은 것에 구애받지 않고, 환경은 항상 변화한다. 그러나 오늘날 그 규모는 세계적이 되어, 변화의 속도도 가속화되었다. 전후, 세계각국에서 성공기업을 배출해 낸 조건은 오늘날 통용되지 않는다. 대량생산형의 경제활동의 효율을 향상시킨 것은 헨리 · 포드의 사상이며, 막스 · 웨버에 의한 관료조직론이었다.

20세기에 꽃을 피운 산업혁명의 토대가 지금 붕괴되어 몰락하고, 21세기는 새로운 조직론, 경영수법이 대두되었다. 리더십 이론 연구자 웨렌 · 베니스의 주장을 들어, 지금 일어나고 있는 미국의 「변화」의 내용을 규명해 보겠다.

미국기업에서 지금 성장하고 있는 사례에서, 종래의 피라미드형 명령계통은 자취를 감추었다. 애플 · 컴퓨터사나 마이크로소프트사의 사원참가형 경영에서 새로운 스타일을 볼 수 있다.

전통 있는 GE조차, 의사결정권이 분산되자 평탄한 조직이 유연성있게 만들어지기도 하고 없어지기도 하고 있다. 지금까지 조직을 이끌어 온 기업경영자는, 그 종래의 패턴을 버릴 준비를 진행할 필요가 있다. 말하고 설명하는 것만이 아니라, 사람의 말을 듣고, 귀를 기울이는 능력이 필요하다. 자신과는 다른 동료까지도 소중히 하는, 다양성을 존중하는 태도가 필요하다. 과거의 행동패턴을 버리는 능력이 있어야 비로소 새로운 행동형태를 몸에 익힐 수가 있게 된다.

웨렌 · 베니스의 책에 인용되어 있는 다섯 가지 F가 인상적이다. 성공하는 조직은 다음의 다섯 가지 말로 특징지을 수 있다고 한다. : ① 빠르다 ② 집중화되어 있다 ③ 유연하다 ④ 우호적이다 ⑤ 즐겁다

게다가, 앞으로 성장해 나갈 기업의 지도자들은 ACE라고 불리는 기초전략(패러다임)을 습득하고 있다고 웨렌 · 베니스는 주장한다.

ACE 패러다임(ACE 기초전략…행동의 틀)

1. Align(A) … 조직하다. 동맹을 맺다. 동료나 사원, 공급자가 똑같은 비전을 서로 나누어 가지면서, 각각의 에너지 자원을 가지고 모여 협동체제를 편다. 지도자, 다수의 사람들이 자신들의 의지로 따를 만큼의 매력을 갖추는 것이 중요하다.
2. Create(C) … 창조하다. 과거로부터 배우고, 더욱이 과거를 초월하는 새로운 가치를 창조하는 능력, 창조성이 요구되어진다. 조직 전체가 새로운 기술이나 가치를 배우고 익히지 않으면 안된다(배우는 조직 = learning organization)
3. Empower(E) … 힘을 부여하다. 조직의 구성원 한 사람 한 사람이, 전체의 성공을 위한 불가결한 요소인 것을 자각할 수 있는 환경이 좋다. 한 사람 한 사람의 자기존중이 실현되어, 멤버간에 신뢰가 생기고, 의사소통이 원활하게 또한 활발하게 행해지는 조직, 거기에는 에너지가 넘쳐흘러, 실적이 불어날 수밖에 없다.

변화의 실현은 쉽지 않다. 웨렌 · 베니스가 말하듯이, 어떤 조직에 변화를 초래하려고 할 때, 그것에 저항하는 힘이 작용하는 것은 극히 자연스럽다. 그러나 생존하기 위해서 변화가 불가피하다고 한다면, 어떻게 이것을 실현해야 하나?

웨렌 · 베니스의 충고 10포인트를 들어보면 다음과 같다.

1. 정직한 커뮤니케이션 … 변화를 설득할 때에, 어디까지 할 의지가 있는지, 예산, 희생

자의 수, 경영자의 의도 등에 대해 오해가 생기지 않도록, 가능한한 정직하게 정확하게 전하는 것

2. 괴짜를 주의 … 「개혁」이라든가 「변화」의 슬로건을 들면, 재미있는 인재가 모여든다. 그 중에는 비전을 오해하고, 얼토당토 않은 방향으로 사람을 이끌려고 하는 「괴짜(별난사람)」도 들어올 가능성이 있으므로 요주의
3. 같은 생각을 가진 사람을 모아서 바탕을 수립하자 … 변화를 일으킬 때에 조직을 제로에서 다시 세우는 것은 불가능하다. 기존의 조직 내의 힘의 관계를 무시하면 꼭 실패한다. 변화의 방향에 동의하는 사람의 힘을 집결한다.
4. 표면적인 변화에 만족하지 마라 … 서류상의 변화개혁은 현실의 조직내 인간관계의 변화와는 다르다. 복잡한 인간관계나 힘 관계, 커뮤니케이션의 패턴에 개혁을 일으키기 위해서는 시간이 걸린다.
5. 확실한 목표를 정하라 … 변화는 점진적이고 착실하게 나아가야 한다. 최초의 목표포인트가 확실하지 않으면, 도중에 방해물이 생겨 흔들리게 된다.
6. 변화 반대자에게 공포감을 주지 마라 … 공포를 느낀 순간에 반대자는 나쁜 수단에 호소하게 된다. 종래의 형태에 집착하는 사람이 어떠한 권력을 계속 가지고 있는 한, 그들의 입장을 위협하는 듯한 행동은 삼가야 한다.
7. 정보를 수집하라 … 조직내외의 사정을 파악한다. 지역사회라든가 미디어의 태도, 감독 관청의 동향 등, 개혁에 저항하지 않도록 미리 사전교섭을 하는 것이 중요하다.
8. 환경에 대한 주의 … 변화나 개혁이 아무리 옳다고 해도, 직장환경이나 작업조건을 악화시킨 아이디어는 반드시 실패할 것이다.
9. 현시점을 잊지 마라 … 기업 간부가 장래만 생각하고, 현시점에 대한 주의를 소홀히하면, 오늘 · 내일을 걱정하는 사원들의 지지를 얻을 수 없게 된다.
10. 개혁에 의해 영향을 받는 사람들에게 참가시켜라 … 변화나 개혁이 성공하기 위해서는, 계획단계부터 충격을 받는 사람들의 참가가 없으면 안 된다. 위로부터 강요된 아이디어에는, 저항하는 것이 인간의 심리이다.

13 초경쟁시대에 살아남는 조건

21세기는 세계가 크게 하나의 방향으로 통합되는 시대이다. 그 방향은 시장주의(市場主義)이다. 미국이 경기호조를 보이는 것은 왜일까? 자유국가에서는, 스스로 행동하지 않으면 아무것도 생기지 않는다는 규칙이 있다. 확실한 자기책임을 의미한다.

「미국이 자기에게 무엇을 해 줄 것을 기다리는 것이 아니라, 자기가 무엇을 미국에 해 줄 것인가가 문제이다」라는 말에서도 엿볼 수 있다.

사원과 기업조직, 기업과 시장(市場)과의 관계 또한 마찬가지로 자기책임이 중요하다. 신 분야 개척과 리스크(위험)는 동전의 양면과 같다. 미국은 규제 철폐, 부패추방, 건전한 자유경쟁주의라는 무대가 이미 마련되어 있다.

어떻게 이길 것인가, 어떻게 세계를 무대로 경쟁력을 조직화할 수 있을까, 어떻게 고(高)수입으로 바꾸어 갈 것인가?

기업통치(Corporate Governance)로 대표되는 산업계의 큰 구조개혁이 이념이 아닌, 실행수준에 와 있다는 것이, 미국의 경기 활성 기반이다.

21세기의 생명은, 명확하게 「경쟁력」이다. 「초 경쟁력」이라고 해도 과언이 아니다. 물론 지금까지도 역시 경쟁력이 중요시되고 있다. 그러나 21세기형의 「초 경쟁력」은 힘과 집중화(포커스) 레벨이 기본적으로 다르다.

세계적으로 합병 & 흡수가 확대되고, 민족 · 언어를 초월한 자본력을 핵(核)으로 한 상당한 규모의 방향성과, 극히 개념적이고 집중화 & 깊이가 명확한 수퍼컨셉의 방향성으로 2분화된다. 어떻게 하면 「초 경쟁력」을 가진 기업으로 변신할 수 있을까? 이 대답이야말로, 21세기형 기업의 기본조건이 된다.

첫째는, 초 경쟁력을 가지기 위해, 시합장에 나간다는 것이 전제가 된다. 설령, 세계시장이라는 시합장에 나가지 않고 로컬(지역적인) 국내시장에 있다 하더라도, 글로벌 스탠다드(세계 표준)는 절대조건이다. 세계규모의 초 경쟁은 시작되었다. 따라서 자연히 로컬 법칙에도 세계법칙이 채용되기 시작한다.

글로벌 스탠다드라는 것은, 「세계적으로 표준화된 체계에 합류하는 것」과 「표준화 가운데서도 독창적인 독자성을 가지고, 그것을 고집하는 것」을 의미한다.

둘째는, 글로벌 스탠다드를 사상 · 문화의 수준까지 승화시키는 임무이다. 「변혁에의 고집」 「시장창조에의 집념」 「사회공헌으로의 해방」이라고 해도 좋다. 기업의 유전자(遺傳子)수준으로까지 낮추어 주의를 기울일 만큼의 힘이 필요하다. 따라서 공상이 아니라 임무인 것이다.

셋째는, 시장대응만이 아니라, 시장창조를 일상적으로 실현할 수 있는 전략경영이다. 21세기는 전략의 좋고 나쁜 것에 의해 기업의 수명이 결정된다. 전략없는 기업이 초 경쟁력을 가진다는 것이 불가능하다. 원래, 계획 단계의 전략이라고 속인 껍데기전략은 무가치하다. 차별성, 우위성을 누가 보더라도 알아차리도록 해야겠다.

넷째는, 사람과 조직의 트랜지션이다. 트랜지션이라는 것은 「커다란 변화」 「단락」 「무대의 교체」를 가리키는 심리학 용어이다. 「여전히 학생 기분에 잠겨있는 사회 초년생의 트랜지션을 빨리 끝내지 않으면!」 「구조조정을 맞아 그의 트래지션은 최악이 되었다!」 등 이와 같은 상태를 말한다.

즉, 90년대까지 한국형 경영의 장점이기도 했던 「조직의 개인비용을 전액부담」 「연령 · 경험 중시의 연공서열」 보장제도로써의 임원승격이라는, 성장 일로에 있던 시대에 구축된 트랜지션을 완전히 종결시키지 않으면 안된다. 키워드는 「자립과 자율」 「자기책임」 「성과주의」 「생산성 향상」 「이익성 향상」이다.

다섯째는, 마인드 중시에서 벗어난 방법론이다. 세계표준으로서의 국제회계기준, 연결결산제도, CALS, PL, 현금유동(cash flow)경영, ISO시리즈 등의 언어의 본격도입이다. 「전사원은 하나」 「근성」 「의욕」이라는 마인드 경영에서 벗어나기 위해서도, 글로벌 스탠다드를 형태로 하는 방법론이 변혁도구로써 중요해진다.

14_ 데이터 처리를 경영에 활용하는 조건

지금은 정보시대이다. 컴퓨터와 온라인 정보서비스, CATV, 전자메일, 데이터베이스 마케팅 그리고 위성통신을 이용한 범세계적인 퍼스널 텔레폰의 가능성 등 눈부신 속도로 정보의 양, 질, 공급방법이 변하고 있다. PC의 보급이 교육에서 오락에 이르기까지 사람들의 라이프 스타일을 크게 바꾸고 있는 것처럼, 비즈니스의 세계에서도 이를 활용하지 못하는 자는 낙오될 수밖에 없다.

지금까지 '데이터 처리' 하면 예컨대 고객관리를 위한 데이터베이스를 구사한다든지, 급여계산을 처리한다든지, 대차계정을 유지 관리하는데 컴퓨터에게 맡기는 즉 경영업무의 일부를 처리하는 것에 지나지 않았다. 그러나 그런 것은 이미 구시대의 것이 되었다.

앞으로는 회사 전체의 경영 그 자체를 데이터 정보를 구사하면서 하게 된다. 그것을 하지 않으면 경쟁에서 뒤떨어지고 만다.

이 모든 것을 컴퓨터 데이터 처리기술을 이용하여 한다. 컴퓨터가 없이는 할 수 없는 속도와 정밀도를 요구하기 때문이다. 제트기 조정 시스템 'autopilot' 라 불리는 완전히 기계에 맡기는 방법이 있다. 이것은 날씨가 좋고 모든 조건이 완전하고 조용한 상태에서 이용할 수 있는 것이지 폭풍우 속에서도 쓸 수 있는게 아니다.

데이터 처리 경영이란 오토파일로트가 못하는 폭풍우의 한 복판에서도 일상적인 매니지먼트의 역할을 다할 수 있는 수법이다. 데이터를 해석하면서 행동을 결정한다. 그러면서 그것은 연속적으로 이루어진다. 데이터의 내용이 변할 때마다 행동도 변한다. 그와 같은 유연성으로 시장 호응형인 경영이 요구되어 있다. 한 가지 구체적인 예를 들어보자.

대형 디스카운트 점인 월마트사에 상품을 납품하고 있는 공급업체는 모두 월마트사의 정보데이터 처리 네트워크에 연결되어 있다. 블루진을 납품하고 있는 어패럴 메이커인 랭그라사에는 매일 전 미국 내에 산재해 있는 3천개 이상인 월마트 점이 그날의 일을 마치고 폐점하면 그들 모든 점포에서 5백 만종에 이르는 랭그라 상품의 매상 데이터가 전해져 온다.

월마트사와 랭그라사는 데이터와 그것을 해석하는 소프트웨어를 공유하고 있다. 동시에 데이터 처리 후의 행동규범 애프리케이션 소프트웨어도 공유하고 있으므로 데이터에 따라 다음날 어느 창고에서 어느 소매점으로 어떤 사이즈와 칼라의 진을 몇 개 보급할 것인지를 계산하여 발주업무가 이루어진다.

이렇게 해서 팔고 남은 '재고' 를 쌓아두는 낭비가 줄어든다. 계절이 변하고 유행이 변할 때마다 컴퓨터 모듈이 시장의 동향을 파악하고 적응한다.

데이터 처리가 경영에 기여하기 위한 조건을 제시하면

1. 데이터의 연결(Connecting) … 정보원, 매체, 사용자 3자가 단순 명쾌하게 연결되어 있어야 한다. 단지 물리적으로 ISDN이나 전화회선으로 각 부서가 연결되어 있어도 만약 수신자가 이것을 해결하는 방법이나 반응 방법을 충분히 이해하지 못한다면 생산성은 향상되지 않는다. 오히려 불필요한 정보가 증가하여 혼란을 만들어 주는 것에 지나지 않는다. 연결은 데이터의 송신측과 수신측 사이에도 유지되어야 한다.
2. 데이터의 공용(Sharing) … 정보세계의 키워드는 '쉐어링' 이다. 공통의 정보를 공유함으로써 팀웍이 생기고 협력체제, 공동작업이 이루어진다. 대기업에서 일하고 있는 많은 종업원이 공통의 데이터를 나누어 쓸 때 거기서 생기는 에너지는 방대하다.
   예컨대 승용차의 신 모델 디자인 개발과정에서 엔지니어와 디자이너와 마케팅 담당자, 코스트 관리자, 자재 조달자가 팀을 짜고 같은 정보를 바탕으로 작업할 때 소비자가 좋아하고, 예산에 맞고, 니즈에 부응하는 승용차가 탄생하게 된다.
3. 데이터의 구조적 분류(Structuring) … 데이터를 분류하고 조직화하고 상하관계 · 상대관계를 유지시킨다. 목차, 키워드, 크로스 리퍼런스, 인덱스(색인)와 같은 도구를 써서 방대한 데이터를 정리했을 때 머리만으로는 처리할 수 없었던 새로운 현상을 발견할 수 있다.

15 확실히 다가오는 멀티미디어 시대

요즘 멀티미디어가 큰 화제로 등장하고 있다. 멀티미디어란, 문자나 숫자 등의 정보를 영상과 음성으로 동시에 송신할 수 있으며, 쌍방향으로 교신할 수 있는 기능을 가진 새로운 복합 매체를 말한다. 지금까지는 정보매체로 신문 · 잡지 · 책과 같은 활자 중심의 미디어, CD와 음성 중심의 미디어, 그리고 TV · 라디오와 같은 영상 중심의 미디어로 각기 독립적으로 운영되었다.

그러나 멀티미디어에서는 그들이 모두 한 덩어리가 되어 통신수단과 결합하여 하나의 기기(플래트폼)로 가장 효율성 높은 정보를 송수신(쌍방향으로)할 수 있다. 이 사실은 단지 매체수단이 통합되는 데 그치는 것이 아니라, 멀티미디어가 사회에 침투하여 인간의 생활, 사회구조, 산업에 커다란 변화를 일으키게 할 가능성이 있어서 정보혁명이 아니라 산업혁명이라고까지 말하는 사람이 있다.

멀티미디어가 보급되기 위해서는 디지털 기술, 광역(廣域) 통신기술을 배경으로 한 광(光)섬유(전화선의 6만5천배 용량)로 이루어지는 통신망을 전국적으로 설치하여 인프라의 정비가 반드시 이루어져야 한다.

2020년에는 모든 가정, 직장에 통신망이 구축되어 멀티미디어 시대가 도래할 것이다. 또, 이미 멀티미디어에 대처하기 위한 통신, 정보기기가 쏟아져 나오고 있다. PC에서는 게임 소프트웨어와 CD-ROM을 매체로 한 멀티미디어 소프트웨어가 등장했다.

또한 최근 붐을 일으키고 있는 인터넷은 바로 멀티미디어의 꽃이라고 할 수 있다. 인터넷은 PC통신을 활용하여 전 세계와 직접 교신할 수 있는 네트워크 시스템이다.

PC 통신에서는 회원이 호스트 컴퓨터를 통해야 회원끼리 교신할 수 있지만, 인터넷에서는 PC 통신처럼 전체를 통합하지 않고 PC끼리 교신하는 것이 특징이다. 이처럼 멀티미디어는 이미 종래의 종이나 전파를 대신하여 새로운 미디어로 활약하고 있다.

여기서는 통신판매에 적합한 상품이란 무엇인가를 알아본다.

1. **상품 진열대에는 없는 상품** … 통신판매가 아니면 살 수 없는 상품이 있다. 해외 통신판매가 그 전형적인 예로써 산지 직판 상품, 갖고 싶은데 구하기 어려운 상품(특수 상품) 등이 있다. 또 가게에서 파는 것과 같은 종류의 것이라도 그와는 색다르게 해 놓음으로써 통신판매 상품으로 변신한다.
2. **오리지널 아이디어 상품** … 완전 오리지널 상품은 구하기가 매우 어려운데 히트칠 수 있는 것을 발견하여 개성화와 차별화를 꾀한다. 조그마한 아이디어나 부가가치가 붙으면 '그럴듯하다. 하나 사자' 하고 사게 된다.
3. **'싸다' '알맞은 가격이다' 라고 느낄 상품** … 점포나 동업 타사가 취급하고 있는 상품과 같은 것이라면 '싸다' '알맞은 가격이다' 라고 느끼게 하는 것이 결정적인 역할을 한다. 상품의 품질이나 기능을 떨어뜨리지 않고 구매의욕을 일으키는 상품이 좋다. 의류품에 대해서는 가격이 알맞다고 느끼게 강조해야 한다. 또 제조회사와의 공동개발로

값을 낮추어 싸다는 느낌이 들게 하는 상품을 제공한다.

4. 실용성 · 편리성이 있는 상품 … 편리하고 실용성 있는 상품을 고객은 좋아한다.
5. 사용함으로써 값어치가 생기는 상품 … 상품 자체의 가치라기보다 그것을 사용함으로써 가치와 효능을 얻을 수 있는 상품이다. 고객의 욕구에 부응하여 만족감을 충족시키는 상품이다.
6. 새로운 기능을 지닌 상품 … 소위 신상품이란 것인데 지금까지의 것과는 다른 기능이 있는 상품이다. 새로 개발된 것 외에 종래의 것을 재구성하여 기능을 충실하게 만든 상품이다.
7. 라이프 스타일 제안형 상품 … 독창적이고 고객의 라이프 스타일에 맞추어 감성에 호소하는 상품이다. 멋, 우아, 신선, 자기만의 것 등 차별화할 수 있는 상품이다.
8. 설득하여 파는 상품 … 통신판매는 고객들이 알기 쉬운 상품이 팔리는 반면 설득하여 팔리는 상품이 있다. 기능이 복잡하고 알기 어려운 상품은 기능과 효능을 충분히 설명함으로써 고객이 납득하고 구매로 이어진다.
9. 특정 시장에 어울리는 상품 … 통신판매 비즈니스는 특정 고객과 니즈를 포착하고 팔아야 한다는 것이 기본이다. 육아용품을 팔기 위한 대상으로 아기를 키우고 있는 젊은 부인만을 대상으로 부각시키기, 한창 일하는 비즈니스맨에게 고급스러운 남성 화장품을 제공하기 등이 있다.
10. 점포에서 사기 어려운 상품 … 진열대에 진열해 놓는 것을 사기는 좀 부끄러운 상품이나 다른 사람에게 알리고 싶지 않는 상품이 통신판매에 어울린다.
    대표적인 것이 콘돔, 성인용 잡지나 비디오, 어른 전용 용구 등이 그렇다. 또 정력제나 각종 약류, 바스트 보강기 등도 점포에서 사기 어려운 상품이다.

16_ 모든 사업의 패션 소프트화

여성이 입는 패션은 밀라노에서 만들어지고, 유행하는 영화는 할리우드에서 만들어진다. 그리고 밀라노와 할리우드가 매 시즌(춘하추동) 사람들의 라이프 스타일을 결정하고 있다. 이런 유행을 좇는 산업에서는 재빠른 변신과 기교가 요구된다. 이것은 오늘의 전 산업에 적용될 수 있다.

컴퓨터에 의한 정보 전산처리(EDI : Electronic Data Interchange) 시스템의 도움으로 상품이 생산자로부터 소비자에게 도달하는 사이클을 대폭 단축하는 기술이 발달하고 있다. 미국의 호스 메이커 데이트프렉스사는 지금까지 수주에서 출하까지 10주간 걸리던 작업을 2일만에 완료하는데 성공했다. 사이클을 단축시키는 일은 그 상품의 패션화로 이어진다.

스위스의 브라운 보바리사와 합병하여 ABB(Asea Brown Boveri)를 구축한 독일의 퍼시 바너빅(Percy Barnebik)은 본사에서 근무하고 있는 관리자 4천명을 하룻밤 사이에 2백명으로 줄였다. 그 뒤의 업적으로 보아 본사에서 그럴듯하게 일하고 있던 40명 중 38명은 아무 쓸모도 없었음을 증명했다고 한다.

매출 120억 달러인 영국의 다각경영기업 BTR사는 본사의 스탭이 50여명에 지나지 않는다. 10억 달러 산업을 컨트롤하는 바진 그룹의 리차드 부랜손회장의 본사 스탭은 5명밖에 안된다고 한다.

면도날로 유명한 질레트사는 신제품의 개발에서 발매까지의 사이클을 지금까지 3년이던 것을 2년으로 단축했다. 그러면서도 신제품의 발표 건수를 급속히 증가시켜 1980년대에는 연간 평균 8건이던 것을 17건으로 했고, 21세기에 와서는 훨씬 더 신제품 발표에 박차를 가하고 있다.

웨스팅 하우스 일렉트릭 사이에는 고객에 대한 청구서 발행업무 시간을 반으로 줄였다. 그 결과 이 업무의 코스트도 반으로 줄었다고 한다. 벨 헬리콥터사에서는 종래 헬리콥터 조립에 24개월 걸리던 것을 95년부터 12개월로 반감했다.

속도를 추구하는 방법에는 한 두 가지 요령이 있는 것 같다. 그 한 가지 방법은 전 작업 공정을 아주 잘게 분할하여 처음부터 끝까지 각 공정에 걸리는 시간을 측정한다. 그 안에서 낭비라고 판단되는 공정을 제거함으로써 속도를 높이는 것이다.

예컨대 웨스팅하우스사에서는 바쯔를 제조하는데 종래 1.5주가 걸렸는데, 원자재에서 완성품에 이르는 바쯔의 전 공정을 분석해 본 결과 실제 작업원이 제품에 손을 대는 시간은 19분에 지나지 않은 사실이 판명되었다고 한다. 나머지 시간은 그 바쯔가 열을 지어 다음 공정으로 넘어가기를 기다리는 시간이라든지 출하를 기다리는 시간이었다고 한다. 이런 상황이라면 전 공정시간에서 50% 잘라내는 것도 가능할 것이다.

또 하나의 스피드 추구방법은 전 공정을 세분화하고 다음에 각 작업이 고객의 눈으로 보아 얼마의 가치를 만들어 내고 있는가를 측정한다. 고부가가치를 낳는 작업에는 시간을 충분하게 부여하고 그렇지 않은 공정은 생략하는 방법이다.

오하이오주의 레이놀드라는 비즈니스 폼(상업서식) 메이커는 이 방법으로 지금까지 수주에서 출하까지 90단계의 작업을 해야 하던 것을 20단계로 단축할 수 있었다고 한다.

예를 들어 소비세를 판매액에 가산하는 경우 미국에서는 각 시, 군마다 그 비율이 다르기 때문에 지금까지는 경리담당자가 일일이 계산했다. 이것을 자동화하여 고객의 주소에 있는 우편 번호에서 컴퓨터가 소비세를 계산하여 가산하게 되었다.

또 고객의 신용조사(크레디트 체크)도 모든 거래에 대해 시행하는 것이 아니라 금액이 어느 정도 이상의 액수에 달하는 것만을 대상으로 삼게 했다. 이렇게 해서 수주에서 출하까지의 소요시간이 평균 3주이던 것이 1주로 단축되었다고 한다.

자동차의 신 모델 개발이라든지, 부품의 설계, 제조업무에서도 미국 기업의 스피드 추구 노력은 주목할 만하다. 예컨대 클라이슬러사에서는 새 모델 개발에 종래 4~6년의 시간이 소요되었는데 최신 소형차 네온에 대한 총개발시간은 33개월이었다고 한다. 앞으로는 24개월 이하를 목표로 한다고 한다.

17_ 리엔지니어링의 성과

리엔지니어링을 제창한 M. 해머의 생각은 CSC INDEX사 회장인 J. 첸비와의 공저 '리엔지니어링 더 커퍼레이션' 에 상세하게 기록되어 있다. 그 책의 머리말에 "2000년 전에 만들어진 일련의 원칙이 19, 20세기를 통해 미국 비즈니스의 구조, 매니즈먼트, 퍼포먼스를 형성했다.

이 책은 낡은 원칙에서 벗어나 새로운 원칙을 받아들여야 할 필요성을 기술했고, 만약 그것을 할 수 없을 때 미국 기업은 간판을 내리고 비즈니스의 세계에서 물러서게 될 것이다"라고 경고하고 있다. 특히 강조하고 있는 점은 "비즈니스 리엔지니어링이 조직을 활성화하는 즉효약도 아니고, 품질향상이나 코스트 삭감의 모책도 아니며, 종업원의 근로의욕을 높이는 교육강좌도 아니고, 기존의 컴퓨터 시스템에 대한 개량도 아니다. 아무튼 무엇인가를 수정하는 것이 아니고 처음부터 다시 시작하는 것 즉 재출발하는 것이다"라고 역설한다.

미국 기업의 업적이 많이 떨어졌던 원인에는 여러 가지 요소가 있지만 M. 해머는 Customer(고객), Competition(경쟁), Change(변화)의 3가지 요소에 대해 경영자나 중간관리자가 충분한 주의를 기울이지 않았던 것에 문제가 있었다고 지적한다.

M. 해머는 리엔지니어링에 대하여 "코스트, 품질, 서비스, 속도와 같은 중대하고 현대적인 퍼포먼스 기준을 극적으로 개선하기 위해 비즈니스 프로세스를 근본적으로 다시 생각해 보고 그것을 발본적으로 다시 설계해야 한다."고 말하고 있다.

한마디로 말해서 '처음부터 다시 시작하는 것' 이라고 말한다. 중요한 핵심은 리엔지니어링이 비즈니스의 재건이지, 개선이나 강화수정이 아니라는 것을 강조하다.

비즈니스 프로세스란 말이 중심적인 키워드이지만 이것은 일의 흐름이라는 이미지를 갖고 있다. 미국에서는 기업에서 일하는 사람들이 자기 업무나 일에만 관심을 갖는다.

리엔지니어링으로 문제를 해결하는 데는 대상인 비즈니스 프로세스에 따라 또 각 기업의 사업내용이나 직장환경에 따라 크게 변하기 때문에 이를 유형적으로 설명하기 어렵다. 미국 기업에서의 리엔지니어링 응용 예를 보면 다음과 같은 경향을 볼 수 있다.

1. 서로 다른 복수의 부서 일을 하나로 재편성한다.
2. 불필요한 프로세스(중간재고와 같은 것)를 제거한다.
3. 위로부터의 지휘 명령이 아니라 현장의 의견을 존중한다.
4. 일하는 방법을 고정적으로 정하지 않고 선택할 수 있게 한다.
5. 부문간의 조정을 필요하지 않게 한다.
6. 고객에게 신속히 대응할 수 있는 체제로 만든다.

리엔지니어링에 의한 비즈니스 프로세스의 문제해결을 위해서는 인포메이션 기술을 구사하는 것이 필연적이라고 M. 해머는 주장한다.

그러나 인포메이션 기술을 구사한다고 해도 종래와 같은 컴퓨터 이용방식을 계속하는 사고방식으로는 OA화나 FA화와 본질적으로 다를 바 없고 효과도 작다. 리엔지니어링은 어떤 문제를 인포메이션 기술로 해결할 수 있는가 하는 문제 제기가 아니라 인포메이션 기술로 해결할 수 있는 문제는 어디에 있는가를 생각하는 어프로치이다.

인포메이션 기술의 진짜 힘은 사람의 사고나 행동양식을 바꿈으로써 낡은 규칙을 파괴하고 새롭게 일하는 방법을 창조할 수 있는 데 있고 이것이 리엔지니어링에서의 강력한 수단이 된다.

18_ 시험판매가 언제나 필요한 것은 아니다

신제품은 실패할 확률이 높고, 기존제품은 항상 그 시장을 잃을 수 있는 위험에 직면하고 있다. 그래서 기업은 매년 거액을 투자하여 신제품의 시험판매를 실시하고 있다.

'전국판매' 에 앞서 특정지역에서의 시험판매는 제품의 신 · 구(新 · 舊)를 막론하고 효과적인 방법이다. 이 방법은 선전을 위한 가장 유효한 테마, 경비, 미디어의 선택, 가격전략을 결정하는 데 도움이 된다.

시험판매의 결과, 광고 · 경품부 판매방법 및 판매장 디스플레이의 효과를 측정할 수 있고, 기존제품과의 '생존' 대결에서 신제품의 판매예측도 가능하며 라이벌 회사의 반응을 탐지하고 그들에 앞서 시험판매 이후의 전략을 확립하는 일도 가능하게 된다.

시험판매는 단순히 그 상품이 팔릴 수 있는지, 없는지의 기본조사 뿐만 아니라 고객이 상품을 사는 동기는 무엇인가, 매출을 최대한으로 실현하기 위해서는 어떠한 구매층을 겨냥하여야 좋은가에 대해서도 참고가 된다.

상품명은 적절한가, 포장에는 문제가 없는가, 가격은 타당한가, 또 시장의 선택에는 잘못이 없는가, 더 좋은 유통방법은 없는가 이러한 문제점에 대한 해답이 밝혀지면 성공과 실패를 판가름하는 지표(指標)가 되는 궤도의 수정도 할 수 있다.

그러나 시험판매는 판단을 잘못하면 자금면에서나 시간면에서 모두 큰 손해를 입게 된다. 신제품의 시험판매는 대개 기존제품계열을 노린 신상품이나 개량상품의 분야에서 행해진다. 이것은 그 분야가 제일 경쟁이 심하고 신제품의 참여가 끊이지 않을 뿐 아니라 시장의 세분화가 가장 엄한 곳이기 때문이다.

장점이 뚜렷하면서 아이디어가 참신한 상품은 일반적으로 시험판매가 필요하지 않다. 자동차나 냉장고와 같이 개발투자비용이 높고 준비기간도 길게 걸리는 제품이나 패션과 같이 시기적인 요소에 좌우되는 상품, 또는 첨단기술에 민감한 개인용 컴퓨터 같은 제품도 시험판매는 실용적이지 못하다.

그러나 결단을 내려야 할 경영자가 시험판매의 필요성이 없는데도 시험판매를 홍보수단으로 이용하려는 목적에서 필요 이상으로 이 시험판매를 실시하는 경우가 많다. 시험판매는 단순하게 사무적 또는 습관적으로 실시해서는 안된다.

일반적으로 다음과 같은 경우에는 시험판매가 필요하지 않다.

1. 판매기간이 짧고 한 계절에만 한정되는, 즉 상품의 수명이 짧다고 생각되는 경우
2. 제품을 시험판매시장에 내 놓으면 곧바로 모방제품이 나와 경쟁상의 강점이 없어질 경우
3. 시험판매에 드는 경비가 폭넓은 판매를 시작했을 때의 리스크를 웃도는 경우
4. 신제품 발매가 라이벌 회사의 대항수단으로 요구되는 경우
5. 시장이 시시각각으로 변하여 시험판매의 결과가 무효로 되어버릴 우려가 있는 경우

실제 시험판매의 효과는 제품가격과는 반비례하지만 구매빈도와는 정비례의 관계를 가지고 있다. 판매기간이 긴 제품보다는 오히려 낮은 가격의 대량생산제품에서 얻는 바가 많을 것이다. 그러나 시험판매가 실제적이 아닌 경우도 있고 비용이 너무 많이 드는 경우도 있어 하고 싶어도 못하는 경우가 자주 일어난다. 재구매율(再購賣率)에 관한 데이터는 장래의 예상매출을 측정함에 있어서 결정적인 것이 된다.

특정지역을 정하여 행해지고 있는 시험판매는 상당한 마케팅 경비, 재고검사, 소비자에 대한 조사를 필요로 하기 때문에 비용이 중복되는 경우가 많다.

신제품을 빈번히 시장에 출하하는 회사 중에는 시험판매의 대상점포를 최소한으로 줄여서 비용경감에 노력하는 곳도 있다. 그렇게하면 본격적인 시험판매의 필요성이나 통상의 판매력을 위한 비용을 투입할 필요성도 억제할 수 있다.

이러한 경우 가격, 경품, 디스플레이 등이 마케팅이나 제품변수의 영향에 관한 철저한 측정이 특정 점포에 한하여 행해지게 된다. 그렇게 되면 조사 기관에 위탁할 수도 있고

조사 기관은 유통경로의 확보, 상품의 보충, 판매액의 조사, 나아가서는 창고에의 납품, 청구서의 발송에 이르기까지 전책임을 진다.

아무리 조사를 한다 해도 신제품이 성공을 거둘 것인지 또 판매계획이 잘 진행되어 나갈 것인지 사전에 완전히 알 수는 없다. 문제는 경영자가 결단을 내리기 위해 어느 정도의 정보나 증거를 필요로 하는가 하는 일이다.

시험판매 그 자체가 대단히 중요한 경우도 많은 반면, 낭비와 비생산적인 경우도 있을 수 있다. 신제품 개발은 판매시장의 욕구를 만족시키는 활동이지만 시장성의 검토(시제품 개발에서 상품화까지)는 철저해야 한다.

19_ VE(가치공학)의 사고방식을 실행하라

사물에는 모두 방법이란 것이 있으며, 무엇인가 하려고 하면 거기에는 진행방법이란 것이 있고 진행방법에는 또 요령이란 것이 있다. 경영학에서의 방법이란 경영의 진행방법 혹은 요령이란 것들의 체계화라 말할 수 있다. 가치분석이 그 하나인데 이 가치분석에 대해 말해보자.

우선 다음과 같은 한 실례를 들어 설명하고자 한다. 미국 해군에서는 어떤 나사 하나를 2불 11센트로 구입하고 있었다. 시중에서는 이와 유사한 나사가 하나에 3센트 밖에 안 하는데,이 나사가 비싼 것은 특별 주문생산품인 탓이었다. 그것은 시판의 나사보다 길이가 2.6mm 더 긴 것을 필요로 하기 때문이란 것이 그 특별 주문생산의 이유였다.

그런데 여러 가지로 실험을 해 보았더니 꼭 2.6mm가 더 긴 나사가 필요한 것은 아니고 시판의 나사로도 충분하다는 것을 알게 되었다. 결국 이 실험의 결과 즉각 "2불 11센트 나사의 구입을 중단하고 3센트 나사로 구입, 대치하라"는 명령이 내려졌다.

이렇게 해서 미국 해군은 차액 2불 8센트의 낭비를 제거한 것이다. 1개에 2불 8센트의 절약이란 별것 아니지만 100개면 208불, 1000개면 2080불이다.

즉 미국 해군의 이 예는 '기능이 같다면 품질을 낮추어 값이 더 싼 것을 써도 되지 않는가' 라는 점검사항을 확인한 것이다. 'VE' 는 직역하고 '가치공학' 이 되지만 '최소의 원가로 부품이나 재료 등에 필요한 성능을 유지하기 위해서는 어떻게 하는 것이 좋겠는가'를 연구하는 경영학의 한 분야, 관리수단의 하나이다. VE의 사고방식은 결코 어려운 것이 아니다.

다음에 열거하는 5가지의 기본적인 점검사항을 검토하여 합리적으로 물품을 선택한다.

1. 물품은 무엇인가? (물품을 고른다)
2. 이 물품은 어떤 일을 하는 것인가? (기능을 살핀다)
3. 이 물품의 값은 얼마인가? (값을 체크한다)
4. 같은 작동을 하는 다른 것은 없는가? (대용품을 연구한다)
5. 만약 대용품이 있다면 그 값은 얼마인가? (가격을 비교해본다)

능률향상이란 일하는 속도 · 일의 완성량을 높이는 것으로만 생각하지만, VE에 의해서 낭비를 제거하는 방법도 능률을 향상시키는 하나의 수단이다. 이 VE를 적극적으로 채택한 회사가 GE회사이다. GE는 VE(가치공학)의 기본적 사고방식을 발전시켜 자세한 체크리스트를 만들어 이것을 완전히 실행하도록 지도하고 있다.

'가치의 테스트'라고 이름 붙여진 GE의 체크리스트를 소개한다.

1. 이 물품에는 어떠한 가치가 있는가?
2. 이 물품의 값은 그 용도에 비추어 그 만큼의 가치가 있는가?
3. 이 물품의 형상에 낭비는 없는가?
4. 더 좋은 물품은 없는가?
5. 더 쉽게 만드는 방법은 없는가?
6. 규격품을 쓸 수는 없는가?
7. 제조량에 알맞은 적절한 가공법으로 만들어지고 있는가?
8. 가격의 요소인 재료비, 노무비, 간접비, 이익은 적절한가?
9. 더 싸게 팔아주는 신뢰할 수 있는 업자는 없는가?
10. 나보다 더 싸게 구입하고 있는 사람은 없는가?

VE에서 말하고 있는 '가치' 란 요청되고 있는 시점 · 장소에서 요청되는 기능 내지는 서비스에 대하여 지급하지 않으면 안되는 최저의 가격 또는 원가를 말한다. 어떤 것이든 구입된 것은 물건 자체가 아니라 '물건이 가지고 있는 작동' 이며 '서비스' 인 것이다.

경영의 과학화라고 하면 뭔가 어려운 수학의 수식을 나열해 놓은 것처럼 생각하는 사람이 많다. 그러나 경영의 과학화란 가까이에 있는 경영과 관련된 일들을 합리적으로 생각하는 것이다. 경영활동의 효율화와 관련된 문제해결에 유효한 가치분석은 일반적으로 코스트 타운의 전략으로 이용되지만 제품 · 기계장치에 국한되지 않고 수속, 작업, 조직에도 활용된다.

그러므로 VE(가치공학)를 원자재의 가격인하 전략으로만 보아서는 안된다. VE는 모든 생산중에 있는 제품이라던가, 가동중에 있는 시스템 증감의 문제처리에 이용되며, 그 이외 노출이 안된 문제를 예측하고, 무리한 코스트 예방에도 사용할 수 있다.

미국 VE협회에서는 VE(가치공학)란, '제품이나 서비스의 기능을 명확히 하고, 그 기능의 가치를 결정하여 최소의 코스트로 필요한 기능을 달성하기 위하여 입증된 테크닉을 시스템화에 적용하는 것' 이라고 정의하고 있다. 이것을 VA(가치분석)라고도 부른다.

20_ '로봇' 을 어떻게 사용할 것인가

일본의 로봇 생산과 사용은 세계에서 선두를 달리고 있고 로봇 공학에 대한 열의도 세계에 널리 알려져 있다. 그리고 그에 걸맞을 만큼 주목을 끌고 있는 것은 로봇 사용과 관련 몇 가지 경영전략상의 교훈이다.

첫 번째 교훈은 현재 생산 코스트의 큰 몫을 차지하고 있는 산업구조 자체를 로봇의 도입으로 가능케 한다는 점이다. 하루 2교대 가동으로 용접과 도장 그리고 조립공정 등의 일을 훌륭히 처리하는 로봇이라면 1년만에 투자효과를 낼 것이다.

인적(人的) 노동력에 의존하는 기업의 경쟁력은 로봇화한 기업과 비교할 때 엄청나게 떨어진다.

예를 들면 인건비가 싼 노동 집약적인 조업방법에 의존하고 있는 구미의 반도체 제조업체들은 대규모 집적회로, LSI의 시장을 잃어가고 있다. 그것은 일본이 동남아에 분산하여 생산하고 있던 것을 중지하고 고도로 자동화가 이루어진 국내의 공장에서 일괄생산하도록 노력한 때문이다.

두 번째 교훈은 로봇의 도입은 경기후퇴의 대응책이 되고 있다는 점이다. 수요의 변동폭이 큰 일본 국내시장과 불안정한 국제시장에서 일본의 일류기업은 생산능력의 70% 정도로 이익을 올릴 수 있는 조업방법을 확립하려고 노력하고 있다. 24시간 가동할 수 있는 로봇의 도입을 이들 기업은 손익분기점을 낮추는 열쇠라고 믿고 있다.

세 번째 교훈은 로봇의 도입이 숙련공을 대치할 수 있기 때문에 많은 중소기업이 앞다투어 정교한 로봇의 도입을 추진하고 있다는 점이다.

이와 같은 로봇화는 숙련공의 부족으로 중소기업으로서는 불가능으로 생각되어온 정밀기계, 가공, 조립산업에 참여를 가능케 했다. 정교한 로봇은 복잡한 기계가공, 용접, 조립 등 여러 가지의 기술적인 작업을 완벽하고 정확하게 해낸다.

수작업(手作業)만을 대행하는 경향이 있던 재래의 자동화와는 달리 로봇은 경험있는 숙련공의 역할을 하고 있다. 따라서 비록 중소기업이라 하더라도 진취성이 왕성한 기업이라면 오랜 세월을 두고 양성해온 숙련공을 바탕으로한 노동 집약적 기존 생산체제에서 탈피, 로봇생산체제를 도입하는 것이 바람직하다.

네 번째 교훈은 로봇화는 공장입지의 탄력성을 비약적으로 증대시켰다. 예를 들면 종래에는 기술을 가진 노동자의 확보가 공장을 설치하는 장소 선택의 결정적인 요인의 하나였으나, 로봇의 사용으로 경영자는 물류관리나 수송 코스트를 최소한으로 낮추고 제1급의 경영능력을 가진 인재를 끌어들일 수 있는 입지조건과 회사의 전략에 가장 적합한 곳에 공장을 세울 수 있게 됐다.

다섯 번째 교훈은 가장 중요한 일본의 경험이지만 주도면밀한 준비로 로봇을 도입하지 않으면 기업은 그 성과를 얻을 수 없다는 점이다. 예컨대 로봇의 도입이 근로자를 소외시키는 것이 아니라는 것을 경영자측은 잘 이해시켜야 한다.

만약에 로봇이 재미나고 쉬운 일만 대신하고 더럽고 힘든 일은 사람이 한다고 느낄 때 근로자는 로봇의 도입을 적극 반대할 것이다. 역으로 말하면 용접, 도장, 절단, 연마 그리고 무거운 자재를 취급하는 위험한 업무에 로봇이 사람을 대신한다면 근로자는 로봇과 공존하는 것을 쉽게 수용하고 더 나아가 그 가치를 인정하게 된다는 것을 일본의 기업은 알게 되었다.

근로자가 로봇에 조종되는 것이 아니라 도리어 '로봇을 부린다' 는 입장에 있다는 것이 근로자에게 이해되면 자기를 대신하여 일하는 '로봇' 을 자랑스럽게 여길 것이다. 로봇을 도입하고 있는 일본 기업의 약 3분의 2가 생산 라인의 근로자에게 로봇의 조작과 관리를 맡기고 있다.

다음 질문에 '예스' 라고 대답 못한다면 로봇을 도입하여도 그 의미가 없다.

1. 근로자가 표준화된 작업수순을 주의깊게 지키고 있는가?
2. 필요한 자재가 적시에 적소로 보내지고 있는가?
3. 품질관리기준이 부품의 규격을 포함하여 모든 작업수순에 적용되고 있는가?
4. 생산기계, 공구, 도구 등이 바르게 유지 · 관리되고 있는가?
5. 종업원이 로봇의 전초전인 HC 센터나 트랜스퍼 프레스 등을 바르게 조작하고 있는가?

로봇은 그 작업환경에 꼭 맞아야만 효과를 발휘하므로 그 공장에 알맞은 종류를 선택하지 않으면 안된다.

끝으로 로봇으로 대체하고 난 근로자의 재훈련은 성공적인 로봇화를 위해 불가결의 조건이다. 일본의 많은 기업은 그와 같이하여 남은 인원을 유지관리에 돌리고 있다.

경영자가 종업원의 경험, 일의 충실화와 보증에 깊이 배려하고 내용있는 재교육 프로그램을 만들어 나간다면, 결국 인간과 기계가 평화롭게 공동작업하는 광장이 확립될 것이다.

로봇의 도입은 인간에게나 경영의 전략면에나 새로운 전망을 안겨줄 것이다. 바르게 운용해 나간다면 로봇은 우리들에게 멋진 새로운 세계를 제공해 줄 것이다.

21 광고전략의 기본원칙

광고활동에 있어서는 아래와 같은 5가지 기본원칙이 있다.

1. 광고의 연속성은 누적효과를 가지고 고(高)품질 광고와 같을 정도로 중요하다. 광고의 연속성과 함께 상표(商標)의 광고와 판매에 종사하는 사람들 간의 연속성도 중요하다.
2. 광고는 중요하다. 코스트가 광고에는 단발성이 아닌 연속성이 필요하다. 그러므로 광고는 경영자가 할 일이며 계속적으로 교체되는 상표담당 매니저나 광고대리점의 고객담당자에게 맡길 수 없다.
3. 광고업무와 결정을 서서히 경영수뇌에 이양하려면 그들은 당연히 광고의 지식을 터득해야 한다. 매니저를 선택할 때 이 점을 고려해야 한다. 또 담당 매니저는 최종적인 결정에 임하여 의견을 말하고 광고게재의 가부를 판단할 뿐 아니라 출발점이나 설명회 때 마케팅, 광고 목표의 설정에 참가해야 한다.
4. 미적(美的) 광고는 그 나름대로 장점이 있지만 기업은 광고의 효과를 위해 '정보전달'을 소홀히 해서는 안된다. 그렇다고 '정보전달' 만의 광고가 좋다는 것은 아니다. 다른 장기적인 전략과 같이 광고는 고객에게 신용을 얻을 수 있는 것이어야 한다.
5. 현재의 판매를 촉진하고, 미디어의 판매 캠페인을 보조하고, 장래의 매출증대와 단기적인 판매실적의 가능성을 높이는 것이 광고가 할 일이다. 현재의 판매를 촉진하기 위해 장기적 광고메시지에 현재의 특징(가격변동, 계절적 상황 등)을 삽입하면 더욱 효과적이다.

품질과 트레이드마크(등록상표) 외에 광고는 상표를 증강하고 보호하기 위해 가장 필요한 수단이다. 광고의 기본적인 목적은 다음 3가지에 있음을 잊어서는 안된다. 첫째 제품 또는 제품에 관한 정보를 확대한다. 둘째 상품 이미지를 판다. 셋째 제품의 구매를 위한 방아쇠를 당긴다.

장기적인 광고에 의해 제품의 지명도가 높아지고 제품소개가 확실하게 이루어지면 마케팅의 최후기능(제품의 구매 방아쇠를 당기는 일)은 쉽다.

브랜드와 커뮤니케이션 전략의 관리는 상당한 정도까지 지역책임자에게 맡겨야 한다. 그렇게 하면 광고와 등록상표에 대해 계획의 통일을 도모할 수 있으므로 마케팅 매니저가 바뀔 때마다 계획변경을 할 필요가 없다. 이것이 강한 연속성을 유지함은 물론 품질향상에 이롭고, 기업전략을 광고에 반영하는 방법이다.

광고 규정의 9가지를 요약해 소개한다.

1. 최고경영자가 광고에 대해 책임을 진다. 경영자가 광고와 상표를 감독하지 않으면 안 된다.
2. 끊임없이 광고의 질을 개선하고 장기적 전망에 입각하여 광고 속에 연속성을 유지시킨다.
3. 광고를 특정 미디어에 적응시킨다. 전문 미디어를 이용한다. 주변 미디어를 더 이용한다. 효과를 높이기 위한 노력을 더 계속한다(자사의 시장조사에 의하여).
4. 기술등록상표와 광고요인을 모든 시책에 포함시킨다(전시재료, PR광고 등).
5. 되도록 빨리 새로운 커뮤니케이션 수단에 적응시킨다. 광고와 마케팅의 목표를 양립시킨다.
6. 광고와 판매촉진과 홍보활동은 공동작업이다.
7. 지역광고를 강화하고 시장점유율의 개선에 노력을 집중한다.
8. 상표를 넓히고 신제품의 매출을 신장하기 위해 추가이익을 미디어 광고에 투입한다.
9. 광고대리점의 창조적 산물의 업적과 품질을 항상 점검한다.

22_ 기업매수의 성공비결

기업매수를 성공시키는 방법에 관한 전문서적이 많이 발간되었음에도 불구하고 실제 실행단계에 이르면 거의 활용되지 못하고 있는 것 같다. 주로 관심이 쏠리고 있는 것은 매수 당하는 쪽의 기업이 매수하는 쪽의 기업에 어느 만큼 기여할 수 있는가 하는 것으로 그 반대의 입장에서는 거의 이야기되지 않고 있다. 그러나 매수의 합리적인 방법으로는 오히려 매수 당하는 쪽의 기업에 덧붙여지는 잠재가치에 의해서 평가되어야 한다.

다시 말해서 우선 생각해야 할 중요한 문제는 '우리 회사가 매수하려는 기업이 우리 회사를 위하여 무엇을 할 수 있는가' 가 아니고 '우리 회사가 매수 당하는 기업에 무엇을 해 줄것인가' 이다. 매수 당하는 상대기업의 시설과 설비에는 필요이상이라고 생각될 정도로 주의를 기울여야 한다.

매수되는 후보기업이 아무리 매력적으로 보이더라도 쌍방의 경영자는 서로 상대가 마음에 들지 않고 존경할 수도 없고 신뢰할 수 없다면 매수작업은 성공하지 못한다. 그러므로 서로 이해하기 위해 쌍방의 경영자는 매수 전에 되도록 많은 접촉을 하여 상대를 확인해 두어야 한다.

일반적으로 매수되는 후보기업을 평가할 때 잠재적인 힘보다는 과거의 업적에 관심이 쏠리기가 쉽다. 그러나 매수되는 기업의 가치는 미래에 있는 것이지 과거에 있는 것은 아니다. 그러므로 매수를 검토하는 기업은 후보기업이 둘러싼 격심한 경쟁과 환경변화에 어떻게 대응하려 했는지 그 전략을 잘 조사하여 신중히 평가해야 한다.

만약 매수하는 쪽의 경영진이 그 전략을 평가하거나 필요에 따라 수정해야할 때 그를 시행할 만큼의 능력이 없다면 매수를 해서는 안된다.

매수 전에 후보기업의 기업 내용을 알기 위한 최선의 방법은 공동의 프로젝트 팀을 만드는 일이다. 양사의 관리직 인원으로 구성된 팀은 매수 당하는 기업을 어떻게 매수측 기업에 통합하는가에 대하여 면밀한 계획을 수립하여야 한다.

이것은 물론 매수가 '우호적' 으로 행해지는 경우의 이야기이다. '비우호적' 인 매수의 경우에는 확실한 결론을 내리기에 필요한 후보기업에 관한 정보를 충분히 입수할 수 없는 경우가 대부분이다.

회사매수의 과정에는 일정한 법칙은 없지만, 수속을 매수측 입장에서 정리해 본다.

1. 자기분석 … 손자병법처럼 자기를 아는 것이 모든 것의 기초가 된다. 이 분석은 정기적으로 행하고 필요한 수정을 행할 필요가 있다.
2. 장기계획의 작성 … 분석된 자사(自社)의 약점과 장점을 수정 · 보완하여 장기계획을 세운다.
3. 매수대상회사의 선정 … 장기계획에 회사매수가 포함되어 있을 때는 대상회사에 대한 정보수집을 한다. 대상회사의 윤곽이 잡히면 그쪽의 경영자가 매수에 대해 찬성하는지의 여부를 조사하여 반대할 경우 매수를 단념하던가 다음 기회로 미룬다.

4. 어프로치 … 교섭을 시작할 때 매수회사는 직접 매수대상회사의 경영자에게 접근하지만 매수 · 매도의 공통의 거래은행이나 중개자를 내세운다. 중개자에게 교섭을 의뢰할 때는 중개료의 지불 등 장래에 분쟁의 소지가 없도록 계약문서를 작성한다.
5. 교섭 … 매수에 대한 원칙적 합의가 이루어지면 사업면, 회계면, 법률면으로 나누어 매도측의 실태를 조사 · 분석한다. 조사는 매수방식(주식의 매수인가, 자산의 매수인가), 매수가격, 매수조건을 점검한다.
6. 각서 작성 … 매수 기본조건에 합의가 이루어지면 합의사항을 각서로 작성하고 서명한다.
7. 계약체결 … 매수방식 · 매수가격이 정해지면 상세조건의 교섭이 행해지고, 그 과정에 계약서의 초안 만들기가 시작된다. 초안이 제시되면 당사자와의 견해차이를 조정하게 되고 계약서에 조인하게 된다. 물론 매수 · 매도 양측의 이사회 또는 주주총회의 사전 승인절차를 거친다.

23_ 목표 · 능력 · 의욕을 결합하라

미국 모빌석유회사의 인재육성을 위한 교육훈련은 지식 그리고 기능을 중요시 하고 있다. 훈련의 출발점은 훈련의 필요성을 발견함으로써 진행된다. 이를 위한 정기면접은 보통 매년 12월부터 1월에 걸쳐 실시되며, 다음 2가지를 중심으로 이야기를 진행한다.

1. 직무에 필요한 지식 · 기능과 본인이 가지고 있는 지식과 기능을 비교하여 습득할 필요가 있다고 느껴지는 지식과 기능의 종류 및 정도를 파악한다.
2. 그 습득해야 할 지식과 기능의 습득방법을 생각한다.

이 2가지 면접은 같은 날 하루에 행해지는 것이 아니라 2, 3일 사이를 두고 행하게 되어 있다. 이 면접에 의하여 훈련과 필요사항이 분석되고 그것에 의하여 무엇을 훈련해야 하는지를 알아내고 훈련을 계속적으로 하게된다.

관리자 훈련은 스튜던트 센터드(Student-Centered) 또는 멤버 센터드(Member-Centered)로 불리는 참가자 중심의 회의방식으로 한다. 이 목적은 제1선 감독자, 관리자에게 관리의 기초를 이해시키고 업무상의, 특히 수행기능상의 그리고 부수적으로 유대기능상의 능력 · 지식을 부여하여 관리 태도를 향상시키는데 있다.

훈련방법은 강의, 토의, 사례연구가 중심인데 필요에 따라 역할에 맞는 연기(演技)를 하도록 되어 있다. 기간은 통상 7일간이다. 모빌사의 '수행능력분석' 점검표는 높이 평가되고 있다.

수행능력의 분석방법은 다음과 같다.

1. 생각하는 힘은 어떤가? 그 힘을 실제 응용하고 있는가?
   (1) 사안의 중대함, 진행상황에 대한 예측, 영향의 크기 등을 보는 능력
   (2) 기존 방법에만 사로잡히지 않고, 실제적이고 독자적인 방법을 이끌어내는 능력(스스로 생각해내는 것은 물론 남의 아이디어를 활용하여)
   (3) 문제를 찾아내고 관계있는 사실을 파악하여 전반 사실을 비교 검토하는 능력
   (4) 적절하고도 타이밍 맞는 조언, 결정 및 조치를 생각하는 능력
2. 일 및 사람에 대한 관리능력은 어떤가?
   (1) 필요성을 미리 인지하여 목적과 방침(예측)을 세우고 설비, 기구, 인원, 경비 등의 수단과 방법을 순서있게 집행해 나갈 방법을 생각해 내는 능력
   (2) 일을 부하에게 바르게 할당하고 그 일에 균형잡힌 권한(재량의 여지)을 주는 능력
   (3) 목표달성과 일의 수행에 부하 및 다른 사람을 자진하여 협력시키는 능력
3. 부하의 능력을 평가, 지도, 육성하는 능력은 있는가?
   (1) 일의 진행방법, 진행정도, 일의 성과를 바르게 측정하고 적정하게 시정조치를 취하면서 팀(관계자)을 공통의 목표로 이끌어가는 능력
   (2) 건전한 노사관계의 유지, 개선이란 견지에서 취업규칙 및 노동협약을 해석하고 이것을 실제 응용하는 능력
4. 협력관계는 어떤가?
   (1) 사적 입장을 배제하고 공적 입장에서 동료 및 관계자와 협조하는 능력

(2) 관공서, 타사, 지역사회 기타 사외(社外)와의 우호적 관계를 유지하는 능력
(3) 곤란한 입장에 놓여도 일의 처리를 냉정히 취급하는 능력
(4) 말과 문장으로 적절한 조언이나 보고를 작성하고 전달하는 능력
(5) 읽고, 듣고, 쓰고, 말하는 능력
(6) 일에 대한 지식 · 관련지식의 정도 및 그 응용능력
(7) 직책을 수행하기 위한 필요불가결한 기초 및 전문지식의 습득 정도
(8) 특별임무에 대해서 보다 효과적으로 달성할 수 있는 관련지식의 습득 정도
(9) 일 관계로 만나는 지역 사람들과의 사회적, 경제적, 정치적 상황에 대한 지식
(10) 이상의 제반 지식을 실제로 활용하는 능력

모빌사의 인재육성훈련은 성과를 올리기 위한 사상, 목표, 실천, 평가가 명확히 나타나 있고 즉시 전력화할 수 있는 능력개발의 '표준화' 작업을 시도한 것이다. 인재를 확보 · 육성하려는 이유는 어디에 있는가? 그것은 신제품의 개발, 신규사업의 전개, 기존제품의 판촉 등 어떤 문제라도 아이디어를 내고 구체화하는 것은 '사람'이기 때문이다.

24_ 정보는 문제해결에, 지식은 정보판단에

정보혁명시대에 돌입한 오늘날, 얼마만큼 빨리 정보를 입수하느냐 하는 것이 경영의 핵심이다. 그것은 '얼마나 더 많은 지식을 머릿속에 간직해 두는가'라는 것이 된다. 정보화 사회라는 말의 뜻은 사람에 따라 그룹에 따라 다르지만, 기업에서의 정보화사회란 어떤 사회인가?

인간을 지배하는 요소에는 3가지가 있다고 한다. 즉 물질, 에너지, 정보이다. 이 3가지가 기업을 지배하고 산업을 지배한다. 그러나 현대에서는 기업 및 산업을 지배하는 3요소 중에서 '정보'가 사회의 중심이라는 사실을 부인할 수 없다.

그렇다면 도대체 '정보'란 무엇인가? 어떤 사람은 정보란 '물자와 에너지 이외의 모든 것이다'라고 말하지만, 오늘날 '정보'라는 말의 내용은 산업, 경제, 교육, 문화 등 모든

부문에 걸쳐 광범위한 영향을 주고 있어 이럴 경우 '정보' 란 '외부에서 인간에게 던져주는 여러 형태의 자극' 이라고 말할 수도 있다.

정보화 사회는 외부에서 인간에게 던져주는 다양한 자극있는 사회이며, 그 다양한 자극은 신문, TV, 컴퓨터를 포함한 모든 정보기계가 만드는 사회라고도 말할 수 있다.

정보화 사회에서 기업이 본래의 사명을 더욱 확대하기 위해서는 정보수집능력, 정보전달능력, 정보처리능력, 정보평가능력 등의 복합화된 능력이 더욱 필요하게 될 것이다.

정보활용의 핵심은 정보수집이 아니라 정보선택에 달려있다. 선택방법이 어긋나면 컴퓨터에 데이터를 잘못 입력한 것과 같이 엉뚱한 결론이 나오게된다.

여기서 기업의 문제를 해결하기 위한 정보와 정세를 판단하기 위한 지식을 중심으로 생각해보자. 물론 정보와 지식은 서로 밀접한 관계가 있다. 정보를 생산이라는 관점에서 보면 자료를 가공하면 정보가 되고, 정보를 가공하면 지식이 된다고 할 수 있다.

문제해결을 위한 정보는 그 정보가 발견되고 수집된 것만으로는 정보로서의 가치가 없고, 그 정보가 분석되고 가공되어야 문제해결을 위한 정보라고 말할 수 있다.

수집된 정보는 그들 각각의 이용목적에 따라 가공되고 처리되어야 한다. 이와 같은 과정, 즉 정보를 수집해서 그것을 분석하는 일이 정보를 정리하는 일이라 할 수 있다.

정보를 정리한다는 뜻 속에는 정보를 폐기한다는 뜻도 포함되어 있다. 정보는 분석되고 가공되며, 그 결과 쓸모없는 정보도 나오는데 그것은 폐기되지 않으면 안된다.

폐기라는 과정을 거치지 않으면 정보의 양은 무한이라고 말해도 좋으리 만큼 팽창하여 정보 홍수 · 정보의 폭발이라는 상황에 휘말리게 되며, 수집한 정보를 유효하게 정리 · 활용하지 않으면 그것은 정보보존의 비용을 증대시키는 피해도 일으키게 된다.

여기서 문제해결을 위해 필요한 정보를 어떻게 발견하고 수집하고 정리해가면 좋은가를 생각해 보자. 정보를 발견하기 위해서는 우선 자기에게 도대체 어떤 정보가 필요한 정보인가를 파악해야 한다. 또 정보를 수집하기 위해서는 정보 수집망을 어떻게 만들고, 어떻게 이용해야 하는가를 명확히 해야한다.

일반적으로 정보를 발견하기 위해서는 자기에게 필요한 키워드에 의하여 선택하지 않으면 안된다. 키워드란 간단히 말해서 정보망에 걸려 들어온 말이나 숫자 등에게 부여된 기호를 말하는데, 그 키워드를 얼마나 많이 가지고 있는가를 봄으로써 정보수집 능력을 자연히 알 수가 있다. 다음은 정세판단을 위한 지식에 대하여 생각해 보자. 지식을 얻기 위해서는 관찰하는 일과 정세를 판단하는 일 중 어느 쪽에 더 중요성을 두는가? 그것은 정세를 판단하는 쪽이라고 말할 수 있다. 바르게 사물을 관찰하기 위해서는 바르게 정세를 판단하는 능력을 마음속에 가지고 있어야 한다.

지식을 체계화함으로써 논리상의 잘못이나 미비점을 예방할 수가 있다. 설명하는 말이 지나치게 많거나 부족하거나 하는 것은 그 사고의 질서가 불완전하다는 것을 의미한다.

정보나 지식은 그저 수집만 하면 되는 것이 아니다. 목적을 실현하기 위하여는 수집한 정보를 분석 · 가공하여 유용한 정보가 되도록 활용해야 한다.

정보수집의 요점은

1. 정보의 대상은 될수록 줄여서 만든다. 광범위하게 대상을 잡을 것이 아니라 한계를 잘 인식해서 자기의 일거리나 흥미와 관련이 있는 분야에 초점을 맞춘다.
2. 오래 지속시키기 위해서는 수고와 시간이 걸리지 않는 방법을 택한다. 너무 딱딱한 방법을 취하면 사흘을 지탱하지 못한다.
3. 좋지 않은 정보도 수집한다. 누구나 좋은 정보에만 관심을 갖기 쉽지만 좋지 않은 정보도 정보라는 것을 잊어서는 안된다.
4. 일상업무에 성실하게 임한다. 그래야 정보원을 잡을 수 있고 그것을 모으며 평가하고 전하게도 되고 활용할 수도 있다.
5. 전문가처럼 분류할 필요가 없다. 아주 마음대로 분류하여 그것이 적당치 못하거나 분류할 수 없는 것이 생기면 곧바로 고치거나 해서 새로운 분류항목을 만들면 된다.
6. 정보정리는 자기 자신, 자기기업에 있었던 방법을 자기가 발견하는 것에서 끝난다. 타인의 방법을 구태여 빌려오거나 번잡한 방법이라면 결코 오래가지 못한다.
7. 모은다는 것과 버린다는 것은 한 물체의 앞뒤와 같다. 모아놓기만 하면 소화불량에 걸리고 버릴 것을 안 버리면 변비가 되어버린다는 것을 잊어서는 안된다.
8. 정보 자체가 무엇인가의 문제를 해결하거나 의사결정을 하거나 기획을 하거나 예측을 하는 것은 아니다. 그것을 분석하고 활용하는 것은 사용하는 사람 자신이다.
9. 잘못된 정보는 중대한 손해를 초래하므로 그 정보의 근원이나 내용을 충분히 검토하

는 일이 중요하다. 정확성 · 신뢰성이라는 면에서 2중으로 검토해 보아야 한다.

10. 정보란 개인이나 기업 또는 조직이 지금부터 취하려고 하는 행동을 조정하기 위한 것이므로 그러한 행동에 대해서 의미가 있는가를 확인해야만 한다.
11. 정보를 무시하는 자는 현실에서 보복이 있을 것을 각오해야 한다. 애써서 모으고 분석해 놓은 정보를 무시하면 그 작업을 한 사람에게서만이 아니라, 그 현실 자체로부터도 보복을 받게 되기도 한다는 것을 각오하지 않으면 안된다.
12. 정보의 가치는 이론이나 정보정리술에 의해서 정해지는 것이 아니라, 그 정보를 손에 넣은 사람에 의해서 가치가 정해지는 것이다. 정보를 처리해서 활용하는 것은 인간 자신 또는 조직 자체란 것을 잊어서는 안된다.

25 활력의 개념을 도입하여 그것을 실천하라

관리란 '이용 가능한 모든 자원으로 공동의 목표를 달성하는 목적으로 한다' 또는 '경영의 제요소를 확보하여 조직하고 최대효과의 운용을 도모하면서 소정의 목표를 달성하는 노력' 이라고도 말한다.

또 경영의 목적을 달성하기 위한 구성요소인 3M(Man, Machine, Money)이라든지 기회를 최대로 그리고 효과적으로 활용하며 운용하는 노력이다. 그것은 즉 인재(man)를 육성하고, 기술(machine)을 개발 · 혁신하고 자금(money)을 조달 · 운용하는 것이다.

그러기 위해서 경영자는 우선 목표를 설정하고(목표설정을 위해 자료를 수집, 종합계획을 세움), 목표달성을 위한 지도를 하며(조직화, 조정, 동기부여가 중요), 결과를 측정(통제 · 평가)하며, 목표가 현재 상황보다 더 진보된 목표가 되도록 노력해야 한다.

경영자가 경영을 하기 위해서는 언제나 미래를 위한 장기적인 예측을 할 수 있어야 한다. 그러면 목표설정, 목표달성, 결과의 예측 등을 생각할 때 어떤 입장을 취하는 것이 좋을까? 시대에 따라 취해야 할 입장, 강조할 점이 자연히 달라진다. 기업을 둘러싼 환경이 오늘날과 같이 예측하기 힘들 때 특히 강조할 점은 '활력' 이라고 생각한다.

AT&T(미국 전신전화회사)의 카펠 회장은 '활력' 에 대해 다음과 같이 말하고 있다.

1. 기업성장에 공헌할 수 있는 사람은 성격적으로 활력이 몸에 배어있는 사람이다.
2. 종업원이 갖고 있는 활력성에 깊은 관심을 갖고 항상 관찰하고 있는 기업은 급속히 성장하여 장래의 번영이 약속되어 있다.
3. 기업이 현실적으로 각 개인의 활력을 육성하는 시책을 시행하고 있는가 하지 않는가를 보면 회사의 성장력을 알 수 있다.

카펠은 또 기업 내 각 부문활력의 존재에 대해서도 깊은 관심을 가져 회사가 그 활력을 높여주는 방향으로 노력하고 있는지를 다음 15항목으로 철저히 검토하도록 하고 있다.

(1) 기업은 만족할만한 이익을 올리고 있는가?

(2) 자산의 보전과 유효한 활용은 잘 되고 있는가?

(3) 업계 또는 산업계 속에서 회사의 지위는 향상되고 있는가?

(4) 신제품, 신규사업, 신기술, 신수요 등의 개발은 순조롭게 진행되고 있는가?

(5) 회사의 활동이 법률 및 도덕적 기준에 근거하고 있는가?

(6) 주주와 좋은 유대관계가 유지되고 있는가?

(7) 고객의 요구에 기민하게 대응하고 있는가?

(8) 경쟁회사와의 사이에 공정한 경쟁관계가 유지되고 있는가?

(9) 지역사회에서 회사는 존경을 받고 있는가?

(10) 지역사회 내의 모든 사업에 회사의 운영이 바람직한 영향을 끼치고 있는가?

(11) 종업원들의 사기, 작업태도, 작업능력, 지도력, 자기 신뢰감, 연구 및 창의성 발휘 등이 끊임없이 신장되고 있는가?

(12) 경제적 보장, 건전성, 안전성, 가정생활의 안정, 사회에 대한 책임 등이 꾸준히 신장되고 있는가?

(13) 회사가 사업에 관한 지식 및 경영관리에 대하여 개선을 하고 있는가?

(14) 경영자가 후계자를 양성하고 있는가?

(15) 회사가 경영에 관한 유용한 지식축적에 꾸준히 노력하고 있는가?

이와 같은 점들에 관하여 검토하고 문제가 발견되면 그것에 대한 해결방법을 계획한다. 그러나 만약 다음에 제시하는 것과 같은 이유에 의하여 기업의 활력이 저하되는 현상이 나타나면 신속하게 대책을 강구하지 않으면 안된다. 기업은 활력에 대하여 충분한 관심을 기울여야 한다. 그리고 활력이 계속됨을 전제로 개개의 기업, 나아가서는 국가의 기술개발의 강화, 산업구조의 개선을 추진해야 한다.

26 모든 가능성을 예측한 전략을 전개하라

중소기업은 말할 것도 없고, 내노라하는 대기업도 쓰러지고 있다. 그 만큼 경쟁이 치열해진 것이다. 요즈음 경영자는 전에 경험해 보지 못했던 시련을 맞고 있다. 이와 같이 변화무쌍한 시대야말로 경영자가 자기의 진가를 발휘해 볼 절호의 기회이기도 하다.

경영자는 지금이야말로 새로운 발상으로 다시 한번 기업의 방침을 점검해보고 방침이 결정되었다면 용기를 내어 전진해야 한다.

우리는 그 유명한 씨저의 명언 "주사위는 던져졌다"라는 말을(기원전 49년) 잘 알고 있다. 당시 폰페우스는 씨저의 명성을 질투하여 원로원과 결탁, 씨저에게 군대를 해산하고 로마에 귀환하도록 지시하였다. 씨저는 1주일 후에 군대를 이끌고 그의 지배하에 있는 로마로 진격하면서 "주사위는 던져졌다. 오직 진격만이 있을 뿐"이라고 말했다고 전해진다.

기업에서 어떤 방침이 결정되었을 때 그것은 바로 "주사위"가 던져졌음을 뜻한다. 그 뒤에는 실천만이 있을 따름이다. 경영자가 자기 몸의 안전에만 신경쓰는 상황에서는 시야를 넓게 볼 수 없게 되어 새로운 분야를 개척하려는 진취성을 잃게 된다.

또 몸의 안전만을 걱정하면 기업을 둘러싸고 있는 사회의 격변에 주눅들거나 또는 반기업적 사회 분위기에 눌려서 자신감을 잃어버려 수수방관하는 상태에 빠지게 된다.

위험이란 눈에 보이는 위험만을 말하는 것은 아니다. 경영자가 침체분위기에 빠져있는 것, 이것 또한 기업에서는 커다란 위험인 것이다. 이와 같은 위험을 극복하기 위해서는 유연한 사고력과 강인한 정신력이 요구된다. 예를 들면 흰 눈에 묻혀서도 그 무게를 견디고 이겨내는 겨울의 대나무상(像), 이것이 오늘날의 경영자상(像)이어야 한다.

그러나 다음과 같은 3가지 사고방식으로 위험극복의 길을 찾아보면 어떨까?

1. 기업 외부의 협력을 받을 수 있는 사람과 팀을 만드는 방법을 모색한다.

2. 기업 내에 프로젝트 팀을 만들어 문제해결을 도모하는 방법을 모색한다.
3. 경영자와 종업원이 팀을 만들어 문제해결을 함께 도모하는 방법을 모색한다.

이 3가지 방법의 공통과제는 왜 그와 같은 '팀'을 만들어야 하는지 그 목적을 경영자 스스로가 명확히 포착하여야 한다. 목적이 명확해야 목표가 설정될 수 있다.

'세상은 바다와 같다. 헤엄칠 줄 모르는 자는 빠져 죽는다'라는 스페인의 속담이 있는데 물속을 헤엄칠 때는 그래도 눈에 보이는 물을 상대하면 되지만, 세상은 바다와 같아서 여기서 헤엄치기란 눈에 보이지 않는 것을 상대로 하는 싸움이다.

이 눈에 보이지 않는 곳에야 말로 위험이 숨겨져 있다. 그러나 이 눈에 보이지 않는 위험에는 반대급부로 기회가 존재한다.

그러나 위험에 도전하려면 세심한 준비와 대담한 결단으로 혼란을 극복하는 기업가 정신이 절대적으로 요구된다. 현재 기업을 둘러싸고 있는 환경은 격변하고 있지만, 열의를 가지고 더욱 더 그 주변환경에 도전하는 구체적인 전략이 확립되어야 한다.

'전략'에 관해서 P. F. 드래커 교수의 다음과 같은 충고를 참고하기 바란다.

1. 자기의 기업이 현재 어떤 위치에 놓여 있는지 보유자원, 보유능력, 투자상황, 시장점유율 등을 정확히 알아야 한다.
2. 이어서 자기 기업을 둘러싸고 있는 환경이 어떤 것인가를 분석해야 한다. 예컨대 소비자 욕구의 동향, 기업 간 경쟁의 동향, 업계의 기술수준, 일반 경제계의 동향, 법적 규제의 방향은 어떠한가 등에 대하여 정보 내지는 지식을 갖지 않으면 안된다.
3. 또 향후의 환경은 어떻게 변천될 것인가, 또 바람직한 환경과 바람직하지 못한 환경의 경우는 어떤 것인가, 자기 기업에 가장 바람직한 환경을 조성하기 위해서는 어떠한 조건이 필요한가, 그 가능성은 어떤가 등에 대한 정보를 분석한다.
4. 이상과 같이 위치와 환경을 개별적으로 또는 상호관련시켜서 분석, 검토, 예측하여 지금 자기 기업은 무엇이 문제인가, 기업에 요구되는 것은 무엇인가, 기업에 위협이 되는 것은 무엇인가, 발전의 방향과 기회는 무엇인가, 구속조건이 되는 것은 무엇인가 등에 관하여 적극적인 자세로 문제해결에 임해야 한다.
5. 지금 중요한 것은 뒷걸음질치는 문제처리 자세가 아니라 어디까지나 미래 지향적인 문

제제시이다. 그것은 기업의 기본적 직능이라고 생각할 수 있는 마케팅의 혁신에 관한 경영 전략상의 구상이나 기업이 시장에 대하여 시도하는 도전이다.

경영자는 시장속에 잠재하고 있는 여러 가지 기능성을 발견, 예측하여 그것에 순응만 할 것이 아니라, 스스로 시장을 적극적으로 변혁하고 창조하는 방향으로 도전해야 한다.

27 감각 · 경험 · 지혜를 조화롭게 하여 행동하라

격동의 시대를 살아나가기 위한 지혜는 여러 가지가 있을 수 있다. 여기서는 제록스사의 창시자인 J.C. 윌슨이 말한 '달성이 불가능할 정도의 대망' 이라는 말을 생각해보자.

윌슨은 부친의 뒤를 이어 하로이드사의 제3대 경영자로 취임, 제록스라는 복사기에 착안하여 제2차 세계대전의 격동속에서 제록스사를 창설하고 이끌어 온 경영자이다. 그러나 그는 1971년 말 경영자로서는 아직 젊다고 할 62세에 갑자기 세상을 뜨고 말았다.

그는 사망후에도 '윌슨이야말로 경영의 혁신자이며 변화에의 도전자였다' 라고 많은 사람들로부터 평가받고 있다. 새로운 사업분야를 개척하면서 자기가 한 말이나 방침은 과감히 실천함은 물론 지속적인 경영혁신을 추진한 이 사람이 없었던들 오늘의 제록스사는 존재하지 않았을 것이다.

윌슨은 '목표를 높이 세우고 달성이 불가능할 정도의 대망을 품은 사람들에게는 그것이 반드시 달성된다는 신념을 심어줄 것, 이것이 기업경영에서는 회사의 결산서 이상으로 중요하다' 는 경영철학을 가지고 있었다.

윌슨은 이 철학에 입각하여 제록스사의 발전을 약속하는 몇 가지의 중요한 결정을 하였는데 윌슨이 경영상의 지표로 삼은 6가지 항목은 다음과 같다.

1. 우리들은 회사제품의 사용자, 고객에게 직접 판매하고 서비스한다는 것이 얼마나 중요한 것인가를 배웠다.
2. 우리들은 혁신적인 제품, 새로운 서비스의 개발 등을 창출하기 위한 조사야말로 만일의 경우에 대비한 최선의 보장책인 것을 알았다.
3. 우리들은 창조력과 그것을 실행에 옮겨, 훌륭하게 성취하겠다는 의지를 가지고 있는

인물이 필요하다는 것을 알았다.

4. 우리들은 의욕이란, 결산서나 과거의 기록보다도 더 중요하다는 사실을 발견하였다.
5. 우리들은 창의에 넘친 기술력을 높이 평가해야 한다.
6. 우리들은 가격, 시장성, 혹은 그 밖의 기업활동에서 혁신성을 중시해야 한다.

격동하는 시대의 경영자의 행동은 자칫하면 소극적 · 수비적이기 쉽다. 혁신을 일으킬 용기를 갖기 위해 '정적(靜的)' 자세로 관찰한다는 것과 소극적인 생각 때문에 움츠리는 것과는 내용면에서 전혀 판이하다.

혁신을 위한 용기를 갖기 위해 '정적' 인 상태가 필요하긴 하지만 그것은 또한 혁신을 실천하기 위한 용기를 발휘할 때와 장소를 눈여겨 보아두기 위한 행위인 것이다.

이와 같이 때와 장소를 눈여겨보고 찾아내기 위해서는 이제까지 세상을 헤쳐나온 경험과 새로운 시대에 걸맞은 싱싱한 감각이 필요하다. 이 경험과 감각이 스스로의 지혜와 서로 어울려 상승작용을 하지 않으면 안 된다. '흘러간 좋았던 시절' 이라는 일종의 향수심(nostalgia)과 새 시대의 흐름은 둘 다 모두 무시할 수는 없다.

인간은 대개 자기 자신의 감각과 경험에 의하여 얻어진 것만을 위주로 하여 살아가려고 한다. 그러나 시대적인 진보와 시대의 흐름에 따르지 못하고 뒤떨어지는 인간은 쇠퇴하는 운명을 맞을 수밖에 없다. 이것은 역사를 돌이켜봐도 명확히 알 수 있다.

보다 나은 삶을 영위하기 위해서는 선배들이 쌓아올린 지혜를 여러 가지 방법을 통하여 터득하고, 그것을 통하여 시대의 흐름을 파악하고, 나아가 자기의 감각만이 아니고 후배들의 예민한 감각도 많이 참작하는 아량이 있어야 한다. 선배들에게는 옛 것을 묻고 후배들로부터는 시대의 흐름을 알아내는 것이 중요하다.

28_ 육감과 이론 - 어느 것이든 경시하지 말라

'그때 이렇게 했던들' 하고 발을 동동 구르고 후회하는 것은 바보들이나 하는 짓이라 생각한다. 그런데 경영자 중에서도 후회를 밥먹듯이 하는 사람이 있다. 혹시 대부분의 사람들이 '그때 이렇게 하는 건데...' 하며 매일을 후회하며 보내고 있는 것이 아닐까?

인간은 바보라 불리우기보다는 똑똑한 사람이기를 바라며 패자가 되기보다는 승리자가 되기를 원한다. 예부터 오늘에 이르기까지 많은 사람들이 어떻게 승리할 것인가에 대하여 연구를 거듭해 왔다. 어떤 사람은 경험을 통해, 어떤 사람은 육감으로, 그리고 어떤 사람은 이론으로 그것을 터득하였다.

많은 사람들이 육감에 대해 얘기하는데, 육감이란 도대체 무엇인가? 육감의 모체인 두께 약 3밀리의 대뇌피질의 표면에는 약 140억개의 신경세포(뉴런)가 가득히 채워져 있고, 이 대뇌피질에는 「새로운 피질」과 「낡은 피질」로 나누어진 신경세포가 있다고 한다.

뇌의 움직임이 정확히 이론적으로는 아직 해명되지 않고 있지만, 육감이 비합리적이고 비과학적이라는 생각은 틀린 생각임을 알아야 한다.

미국의 노드 웨스턴 대학의 V. 에반스 교수에 의하면 맹인은 눈뜬 사람들보다 단지 외부의 변화에 민감하다고 한다. 그것은 인간에게는 5감각(시각 · 청각 · 미각 · 후각 · 촉각 감각) 이외에 무엇인가가 있다는 사실을 간접적으로 나타내 주고 있다.

중요한 감각이 몇 개 있는가 하는 것은 사실 그 정의에 따라 달라질 수 있다. 4개라 할 수도 있고 12개라 할 수도 있다. 감각을 어떻게 정의하느냐에 따라서 감각의 수는 정해지는 것이다. 분명한 것은 감각은 5개가 아니라는 것, 그리고 그것 이외의 감각이 제육(六)감이고 그것이 여기서 말하는 육감에 이어진다는 생각은 틀린 것이다.

육감을 인간공학적으로 이야기 할 때, 맹인이 눈뜬 사람보다 외부의 변화에 대하여 민감한 것은 그들이 귀에만 의존하여 반응을 일으키고 있기 때문이다.

W.E. 우던 교수의 저서에 의하면 '귀로부터 들어온 자극에 의하여 반응을 일으키는 시간은 눈으로부터의 것보다 빠르다' 고 한다. 그러므로 맹인은 외부의 변화에 대하여 보다 민감하다는 결론이 나온다. 눈뜬 사람들이 눈과 귀의 양쪽에 판단을 의지하고 있는 것에 비하여 맹인은 더욱 정신집중에 힘을 기울이기 때문이다.

정신집중은 판단에 있어서 매우 중요한 것이며 육감은 일종의 직관적인 사태의 종합적인 장악이므로 의식하든 의식치 않든 정신집중이 필요하며 맹인이 눈뜬 사람보다 육감이 낫다는 이야기는 이런데서 나온 말이다.

육감은 기업 경영자에게 필요한 것이긴 하지만 그러나 육감에만 의존하여 기업경영을 한다는 것은 자동차의 바퀴중에서 한 쪽 바퀴만으로 운전하는 것과 같다. 그렇다고 기업

경영을 이론만으로 하려고 하면 역시 실패를 초래한다. 따라서 기업경영을 성공으로 이끌고 나갈 수레의 양쪽 바퀴 중 하나는 육감이고 또 하나는 이론인 것이다.

이론에 의한 판단과 육감에 의한 판단이 꼭 맞아떨어진다면 이 판단은 도깨비에 몽둥이를 쥐어주는 격이라 할 수 있다. 격동의 사회에서는 기업경영을 보다 좋은 방향으로 전진시키기 위해 이론과 육감 어느 것이든 경시해서는 안된다.

29_ 주어진 시간을 활용하며 시간에 도전하라

제네럴 푸드 코퍼레이션(GFC)은 세계 정상급에 속하는 식품 메이커이다. GFC를 세계 정상의 기업으로 일으켜 세운 사람은 챨즈 G. 머티마라는 이름의 경영자였다.

머티마 씨의 탁월한 능력은 숫자가 대신해준다. 그가 최고 경영자로 취임한 후 2년간, 매출액은 약 2배, 순이익은 3배가 넘는 성장을 실현하였다. 머티마 씨는 GFC 사장으로 취임하자마자 시간이 사업발전의 최대요소임을 전 사원에게 알리면서 이렇게 말했다.

"이 회사의 전진을 위한 열쇠는 다음과 같은 말로 요약된다. 그것은 '언제까지' 이다. 언제까지 이 일이 끝나겠는가 하는 말은 시간에 도전하려는 우리 회사의 좌우명이다.

계획은 언제까지 시작할 수 있겠는가? 이 제품의 샘플은 언제까지 만들어낼 수 있겠는가? 이 원가계산은 언제까지 알 수 있겠는가? 이 생산은 언제까지 개시할 수가 있겠는가? 필요한 협의, 필요한 시장 테스트는 언제까지 끝나겠는가?

광고계획은 언제까지 세우고 언제까지 실행할 수 있겠는가? 이 사업을 성공시키는데 필요한 인사정책, 급여제도는 언제까지 수립되겠는가? 나의 질문에 대한 여러분의 회답은 언제까지 받을 수 있겠는가?

나는 여러분에게 지금부터 '언제까지?' '언제까지?' 라는 질문을 쉴새없이 계속 하겠다. 내 방에서 나온 이 말은 각 부 · 과를 통과하여 '언제까지?' '언제까지?' 라고 우리 회사의 곳곳으로 울려나가 사업을 전진시켜 나갈 것이다.

나는 이것을 '언제까지 경영' 이라고 불러도 좋다고 생각한다. 여기 저기서 경쟁상대가 우리들에게 다가올 때 우리는 이들과 경쟁하고 추월하기 위해서는 잠시도 쉴 틈이 없다.

'언제까지 추월한다. 라고 결심하지 않으면 안된다.'

이 경영회의가 끝난지 이틀 후 머티마 씨의 책상 위에는 임원이 가져온 작은 액자가 놓여 있었다. 거기에는 '언제까지?' 라고 씌어 있었다. 그리고 같은 액자가 회사건물의 책상이나 벽에 걸리기 시작했다. 끝내는 회사의 정원에도 '언제까지' 가 걸리게 되었다.

'언제까지?' 라는 이 말은 매일 종업원의 가슴속에 울려퍼지게 되었다. 이렇게 해서 GFC는 세계적인 식품기업이 되는 영광을 차지하게 되었다. 중소기업이 이 기업으로부터 배울 점은 경영자가 앞장을 서서 '언제까지?' 라는 당연한 일을 철저히 실천하는 일이다.

30 '야성파 사원' 을 육성 · 지도하라

현대 기업은 장기전에 견디어 낼 수 있는 강인한 체질을 갖고 있지 않으면 안된다. 일시적으로 개화하는 반짝 아이디어로는 장기전에 나설수가 없다.

'야성파 사원' 이란 무엇인가? 그것은 다음과 같은 5개의 조건을 갖춘 자를 말한다.

1. 큰 일에 도전하는 투지를 가져야 한다. 그 투지는 예를 들면 상어의 무리에 도전하는 작은 물고기의 투지이다. 물론 맹렬한 투지를 가졌다고 그것이 반드시 유익한 결과로 연결되는 것은 아니다. 이 투지를 경영에서의 성과와 연결시키기 위해서는 항상 외부에 동물적인 촉각을 세우면서 정보를 검토하며 전략을 세우고 그런 뒤에 행동을 일으키도록 훈련되어야 한다.
2. 먹이를 향하여 질주하는 사자와 같이 민첩하게 목표에 도달하는 일이다. 어떠한 비즈니스에도 문제나 위험이 따르므로 비약하기 위해 겪어야 할 위험이 비즈니스로서 견디어 낼 수 없을 정도의 것인가를 냉정히 판단하여 기회를 잡아 전략적으로 질주하여야 한다.
3. 변화에 대처함에 있어 자기의 개성과 능력을 있는 대로 모두 발휘하라는 것이다.
   현대 비즈니스의 특징은 변화이다. 이 변화에 대처하려면 작은 물고기의 투지나 사자의 민첩만으로는 불충분하다. 때로는 뱀과 같이 영리해야 한다. '뱀과 같이 영리하게' 라고 말했지만 이들 동물들의 본능적인 행동에서 배울 점이 있는 것이다.

4. 매력있고 바람직한 개성을 확립해야 한다. 젊은 세대는 출발시점부터 모든 조건을 갖추고 있는 것은 아니다. 오히려 핸디캡을 더 많이 지니고 있다. 그 핸디캡을 보완해주는 것이 무엇인가? 그것은 매력있고 바람직한 개성이다. 누구에게나 우수한 개성이 반드시 있는 법이다. 그 개성을 매력있고 바람직한 것으로 활용해야 한다.
5. 적어도 하나의 이론을 지니고 그것을 자기의 기둥으로 삼도록 노력하는 일이다. 이와 같은 노력의 집중력이 좋은 성과를 만들어 내는 원천이 된다.

1에서 3의 조건까지는 새 시대에 걸맞은 야성적인 조건이다. 그러나 4, 5의 조건은 이성적인 조건이다. 이 야성적 조건과 이성적 조건의 '적당한 혼합', 이것이 새 시대가 바라는 '야성파 사원'인 것이다. 야성과 이성이 혼연일치로 맞물려야 비로소 야성파 사원다운 모습이 생긴다.

왜냐하면 상어의 무리에 도전하는 작은 물고기, 먹이를 쫓아 질풍 같이 달리는 사자라면 거기에는 동물과 같은 세계가 펼쳐질 뿐이기 때문이다. 야성파 사원을 육성하려면 경영자의 절대적인 관심이 필요하다.

또 야성파 사원을 리드하는 데는 경영자의 통제능력이 필요하다. 결코 힘 그 자체로 밀어붙이는 식의 통제가 아니라 인간을 이해하는 마음가짐의 바탕 위에 서서 부하를 관리하고 지도해 나가는 통제능력이 필요하다.

31_ 참된 의사소통을 꾀하라

의사소통 잘못으로 비극이나 희극이 일어난 예는 동서고금의 문학작품을 볼 것도 없이 우리들의 일상생활 사소한 일에서도 흔히 볼 수 있다.

경영규모가 작을 때에는 의사소통도 자연스럽게 흐름에 맡겨둘 수가 있지만, 경영규모가 커지고 종업원의 수가 많아지면 특별한 의사소통방법이 요구된다. 왜냐하면 효과적인 의사소통이란 서로간에 이해를 깊게하고 조직의 불균형을 시정하며 직장의 사기를 높이고 완전한 협동을 이루어 생산능률을 향상시키는 것이 되기 때문이다.

경영에서의 의사소통에는 ① 위로부터 아래로 흐름 ② 아래로부터 위로 흐름 ③ 수평으로의 흐름 3가지로 나눌 수 있다. ①은 명령이나 지시와 같은 형태이고, ②는 보고 제안 등이고, ③은 회의, 토론 등의 형태를 통하여 이루어진다. 여기서는 기업의 윤활유라고 할 수 있는 의사소통의 문제에 대하여 1과 2의 경우에 대해 논하기로 한다.

의사소통은 전달이라는 형태로 이루어진다. 그러면 전달은 어떻게 해서 이루어지는 것일까? 의사전달의 분류, 전달방법, 전달형식, 수단에 관하여 말해보자. 의사의 전달은 회보, 지령, 고지, 지시의 4가지로 분류되어 각각 전달의 내용에 따라 그 명칭이 달라진다. 이중 제일 중요한 전달방법은 회보라고 일컬어지고 있다.

1. 회보는 사내 전반에 걸쳐 경영진의 이름으로 된 문서이다. 경영방침, 업무상의 회사 방침, 제규정, 그 운영해석 및 사내 전반에 미치는 중요사항이 명령된다. 따라서 수령자는 반드시 실행하지 않으면 안되는 규정이다. 그 때문에 실천에 옮겨졌을 때 부적당하다고 생각되더라도 각급 상급자를 통하여 정정명령이 내려지지 않는 한 그 효력은 없어지지 않는다.
2. 지령이다. 이것은 발령자의 지휘 하에 있는 종업원 또는 특정자에 대하여 문서 또는 구두로 의사를 전달하는 것을 말한다. 임원진, 부 · 과장 및 상급자로부터 업무상의 구체적인 사항에 관해 위임된 권한 내에서의 의사전달방법이다.
3. 고지는 발령자의 지휘 하에 있는 종업원 또는 특정한 대상에 대하여 문서 또는 게시로 의사를 전달하는 것이다. 임원진, 부 · 과장 또는 공장장으로부터 수령자 개인이 지키지 않으면 안 될 사항을 전달하는 명령의 한 방법이다.
4. 지시는 직계 또는 직계 외의 일반 종업원 및 부서간에 문서 또는 구두로 행해진다. 이것은 상급자로부터 위임된 권한 안에서의 사항, 또는 명령(회보, 지시, 고지)의 범위 내에서 소관사항에 관한 업무를 수행하는 구체적인 권고를 내용으로 하고 있다.

   또한 지시에 대해서 수령자는 지킬 의무를 가지고 있지만 정당한 이유가 있으면 거부할 수도 있다. 그러나 그런 경우 발령자에게 문서 또는 구두로 그 이유를 확실히 밝히지 않으면 안된다.

각 기업에서는 경영자의 의식 향상과 개선에 관한 의견을 제시하는 기관으로 예를 들면 임원간 담회와 같은 제도를 만드는 경우가 많다. 그러나 이와 같은 제도는 그리 오래 지속되지 않는다. 왜냐하면 각 임원으로부터 제시된 개선의견이 흐지부지 방치되기 때문이다. 간담회에 대한 흥미가 퇴조되어 출석률이 나빠져 중지한다든가 경영자측에서 문제해결이 까다로와 일방적으로 중지시키는 경우 등이 있다.

그밖에 종업원을 위한 경영참가제도는 보고제안제도, 인사상담제도, 직장간담회 등이 설치되어 있다. 이것도 아래로부터 위로의 중요한 의사전달 기능이다. 그러나 이들 제도가 각 기업에서 그 목적에 충분히 맞게 운용되는지의 여부가 문제이다. 왜냐하면 많은 회사가 '참가의 의식만' 을 요구했지 '참된 참가' 를 추구하지 않아 실패하였기 때문이다.

미국의 어느 경영학자가 "사람은 정신적인 참가가 허용되었을 때 비로소 그 일을 자기의 것이라고 생각하고 그 일에 열중한다" 라고 말했는데 이는 깊이 음미해 볼만하다.

인간은 자립적인 존재가 아니다. 서로 타인의 협력을 필요로 하는 존재이다. 이와 같은 상호간의 필요성이 얽혀서 상호 의존성이 생기고, 거기에 비로소 협조성이 발휘되는 기업환경이 이루어진다. 즉 조직 내의 모든 멤버의 참가에 의하여 얻어진 의사결정이 가장 실천에 옮기기 쉽고 기업에서의 협조성이 발휘될 수 있다. 이와 같은 환경을 만들어 주는 것이 경영자의 책임이다.

32_ 컨설턴트의 활용전략

'경영 컨설턴트는 별로 도움 주는 것이 없다' 라고 철저히 부정하는 경영자도 있다. 그런 경영자는 대개 소견이 좁은 경영자로서 컨설턴트뿐만 아니라 외부의 인재를 쓸 줄 모르는 사람이다. 또 그렇지 않으면 과거에 활용한 컨설턴트가 도움이 되지 못했기 때문에 '별볼일 없다' 는 판단을 가지고 있는 사람이다.

그러나 실제 경영 컨설턴트는 광범위하게 여러 가지 사업을 보고 듣고 있다. 대기업에서부터 중소기업에 이르기까지 여러 업종과 지역에 걸쳐 경영자로서는 도저히 알 수 없는 성공과 실패 사례 즉 '어디에 함정이 있고' '어떻게 하면 성공할 수 있는가' 를 알고 있다.

컨설턴트의 지도이념은 '이 회사를 무너뜨리지 않는다' '번영시킨다' '도산에서 구한다' 라는 것으로 경영자에게 '해야 할 일' '해서는 안되는 일' 을 권고하고 진언하고 지도

하는 것 뿐이다. 자기 사업의 애로를 타개하고 결단하는 것은 자신이지 그 누구도 아니다. 이러한 관점의 차이를 이해하지 못하여 컨설턴트를 쓰는 방법을 그릇되게 하고 컨설턴트에게 만능을 기대하는 것은 바람직하지 못하다.

컨설턴트는 어디까지나 참모로서, 지도하는 회사를 번영시키고 그릇된 방향으로 가지 않도록 지금까지의 경험을 모두 활용하여 경영자와 함께 필사적으로 전략을 세우고 구사하는 사람이다. 그것이 컨설턴트의 사명이고 사업목표이다.

특히 한 프로젝트를 단기간에 수행해야 하는 경우라든가, 적자를 단기간에 해소하여 흑자로 돌리고 싶을 때에는 컨설턴트의 이용이 효과적이다.

왜냐하면 경영자가 회사를 영원히 번영시키지 않으면 안되는 사명을 띠고 있다면, 컨설턴트란 직업은 회사를 단기간에 소생시키거나 번영시키지 않으면 안되는 사명을 띠고 있기 때문이다.

컨설턴트를 이용하는 데는 몇 가지 유의사항이 있다. 컨설턴트나 엘리트라 칭하는 사람은 모두 개성이 강하다. 주장하는 바에 따라 크게 업적을 올리는 회사도 많지만 반면 업적을 악화시키고 아무 효과도 얻지 못하는 예도 있다.

동일 인물인 컨설턴트라도 활용을 잘 하느냐 못하느냐에 따라 업적에 큰 차이가 난다. 또 지식있고 지혜있고 상냥하게 지도하는 훌륭한 컨설턴트가 경영자에게 백점 만점인 사람이라고 생각하는 경우가 많은데 대개는 그렇지 않다.

결국 성패의 요인은 경영자 자신의 성격과 직업관이다. 즉 경영자도 개성적이고 컨설턴트도 개성적이어서 강한 개성과 개성이 하나의 경영목표를 여러 가지 각도에서 창조하고 운영하여 나가지 않으면 실효가 나지 않는 것이다. 그래서 경영자가 실효를 거두기 위해 컨설턴트를 선택하는 경우, 가장 중요한 평가사항은 다음과 같다.

1. 지도회사를 절대로 도산시키지 않는다는 강한 신념이 있는 사람인가?
2. '강연교육자' '지도상담자' '저작자' 로 분류한다면 어느 분야인가?
3. 자신의 성격과 '서로 맞는가' , 인물 성격은 '양성의 사람' 인가 '음성의 사람' 인가?
4. 경영을 사상, 기법으로 생각하는 경우 '사상적 인물' 인가 '기법적 인물' 인가? 또 그 사상, 기법은 '실천형' 인가?
5. 지도는 '본인' 이 하는가, 그렇지 않으면 연구원이 하는가?

6. 지도하는 회사는 '일업종 · 일사' 인가? '경쟁회사의 지도' 도 하는 사람인가?
7. 규칙, 제도, 관리 등을 주업으로 하는 '내부관리형 사람' 인가?
   상품, 시장, 매출이익 등을 주업으로 하는 '외부 지향형 사람' 인가?
8. '대기업형 사람' 인가, '중소기업형 사람' 인가?
9. '전문분야의 사람' '종합적인 사람' 중, 어느 분야에 강한 사람인가?
10. '제조업의 사람' 인가, '유통업의 사람' 인가?
11. '경영자에 맞는 사람' 인가, '사원이며 관리직에 맞는 사람' 인가? 실제로 회사를 경영할 수도 있는 사람인가 또 회사를 경영한 경험이 있는가?
12. 지도료는 '고문계약' 인가 1회 '회수계약' 인가 '성과에 의한 성과보수계약' 인가?

하나 하나의 사항과 자사의 상황, 업종, 경영자 자신의 성격, 의뢰하고 싶은 분야 등을 비교 검토한 후 결정하면 틀림없을 것이다.

그러면 도대체 어떤 사람에게 지도를 받을 것인가 하는 문제가 대두된다. 컨설턴트의 저작물이라든가 강연을 들어보면 컨설턴트가 생각하는 방법이며 지식, 기량은 어느 정도 판단된다. 거기에다 만나보아서 '호감이 든다' '호감이 안 간다' 라는 가장 원시적인 감각 즉 '마음에 든다' 고 직감적으로 느껴지는 사람에게 지도를 의뢰하도록 한다.

33_ 직업상의 성공과 커뮤니케이션 능력

최근 미국의 어느 국제기업 마케팅 담당 부사장의 사례이다. 오랫동안 내조해온 아내와의 약속인 버뮤다 여행을 출발하기 직전, 갑자기 사장으로부터 긴급호출을 받았다.

출발 전 날 사장으로부터 '내일 오전 10시에 그룹회장이 내방한다' 는 통고였다. "회장은 새로운 마케팅 프로그램에 대하여 듣고 싶어 하시네. 그것은 당신 밖에 할 수 없어요." 부사장은 부장도 설명할 수 있다고 사장에게 하소연했으나 사장은 '당신은 톱의 자리와 파이용 캐비넷과 어느 쪽을 원하는 거요?' 라고 강력하게 나왔다.

이런 '에피소드' 즉 업무상의 책임과 가정 서비스와의 사이에서 갈등이 발생할 수 있다. 직무수행을 위해서는 '개인과 가정을 희생하는 것' 이 불가피하다고 믿는 편이 대다수이다. 어느 것이 옳다고 딱 잘라 말하기 힘든 사례이다. 데이터에 의하면 일반적으로 경영층은 일주일에 60시간에서 70시간씩 일하고, 한 달에 열흘씩 출장을 가고, 주말에도 쉬지않는 날이 많다.

이런 현상은 비단 미국뿐만이 아니라 모든 경제사회에서 흔히 볼 수 있는 특징으로, 그것은 산업혁명이 아버지를 가정으로부터 빼앗은 것이다. 그 때문에 남성은 물론 유능한 여성도 회사에서의 출세를 원한다면 가정의 희생은 피할 수 없는 상황으로 되어 버렸다.

직업상의 성공과 가정생활을 잘해 나가려는 경영자의 교훈 몇 가지를 소개한다.

1. 이유를 감추어 두지 않는다 … 가족에게 정직할 것, 가정과 일과의 사이에 문제가 있으면 언제나 대화의 장을 만들어 잘 설득한다.
2. 가족을 위한 시간을 만든다 … 그것은 잠깐 동안의 시간일 수도 있고 또 주말이나 장기휴가와 같은 경우일 수도 있다. 긴급을 요하는 일이 아니라면 일체 망각해 버린다.
3. 개인사업을 하는 경우에 휴가를 내어 가족과 접촉한다 … 개인사업에 전념하더라도 사업에 큰 문제가 없다면 휴가를 내어 가족과 여행하는 것도 필요하다.
4. 결혼기념일이라든가 가족의 생일 등은 잊지 말 것 … 예컨대 꽃을 사간다든가, 식사 때 즐거운 화제로 분위기를 만든다든가, 무슨 기념일에는 처자를 외식하러 밖으로 데리고 나가는 등의 마음씀씀이는 회사에서의 출세법과도 완전히 일치된다.
5. 출장 때는 자주 집에 전화를 걸도록 한다 … 가정문제에 대한 대화, 혹은 아내의 고민에도 귀를 기울여 가족 한 사람 한 사람에 대한 관심을 구체적으로 전한다.
6. 일의 어떤 부분에서는 가족에게도 알려둔다 … 하루의 일내용을 미주알고주알 모두 얘기한다는 것이 아니라, 아내나 자녀들도 남편이나 아버지의 일에 관심이 있고 알고 싶어 하는 심정을 기억해야 한다.
7. 가정에서의 시간을 유효하게 사용한다 … 비즈니스맨은 자기의 노동시간의 귀중한 가치를 알아 가정에서의 시간도 되도록 유효하게 써야 한다. 고객의 이해에 대하여 예민하듯, 아내나 자식에 대하여서도 예민하지 않으면 안된다.

당신은 회사문제로 부인하고 틈틈이 의논하는가? 당신이 병으로 쓰러지거나 외국으로 출장가면 부인으로서 의사결정을 긴급히 해야 할 경우가 있다. 이런 경우를 대비하여

1. 중장기의 기업확장계획 즉 이러한 회사를 만들고 싶다든가 등 꿈을 이야기한다.
2. 경쟁상대에 대해서 가르친다. 그는 누구인가, 피해를 보게 한 상대는 누구인가? 등
3. 제조 · 판매는 어떻게 하는가? 회사가 지닌 문제점을 가르친다.
4. 회사의 자금, 장부는 어디에 보관되어 있는가? 부인은 알고 있어야 한다.
5. 여러 문제를 상담할 수 있는 사람의 리스트를 만들어 준다.

그리고 만일의 경우를 대비하여 부인명의로 충분한 예금을 한다. 이상 말한 것을 완전하게 조치하면 부인은 물론 당신의 마음도 편안할 것이다.

34_ 성공하는 CEO의 새 리더십

CEO(chier executive officer, 최고경영자)로서 하는 일은 이 세상에서 으뜸가는 일 가운데 하나이다. 그것은 보수가 엄청나게 크다는 것 때문만이 아니다. 이 일이 으뜸가는 일 가운데 하나라는 것은 그 일 자체가 그렇다는 것이다. 그것은 세계의 흐름에 영향을 미칠 일에 대하여 결정을 내릴 자리에 있기 때문이다. 그것은 패기 넘치는 인간이 해내는 일로 무엇인가를 바꾸어 나가는 것이다.

회사가 유명한 대기업이라면 역사적인 위대한 사업을 이룩할 기회를 손에 거머쥔 것이다. CEO는 세계에서 흥분하고도 남을 만큼의 일을 처리하기 위한 황금 열쇠를 받은 것과 같다. 그러나 그 열쇠를 거머쥔다는 일은 결코 속편한 일이 아니다. 자기가 그것을 가지고 있는 데 손색이 없는 인간이란 것을 항상 보여주고 있지 않으면 안 된다.

많은 것을 기대하고 조급하게 결과를 요구하는 오늘의 비즈니스 세계에서 CEO는 무엇보다 먼저 우선해야 할 현실적인 문제에 온 힘을 집중해야 한다. 즉 상황이 호전되기를 앉아서 기다릴 것이 아니라 살아남기 위해 지금 무엇을 해야 하는지 생각하며 지금 회사가 직면하고 있는 큰 문제가 무엇이고 CEO인 자신이 시간과 에너지를 무엇에 쏟아부어야 하는지를 생각해야 한다.

추구해야 할 전략, 프로세스의 도입, 경영간부에 대한 평가방법 등 CEO는 눈앞의 현실에 대응하지 않으면 안 될 뿐 아니라 다음과 같은 의문에 대해서도 대처해야 한다. "내가

지금 시간을 낭비하고 있지 않는가? 각 팀을 지휘하는 데 판단력을 제대로 살리고 있는가?" 또 다른 회사의 성공사례를 보면서 자신에게 질문도 해본다. "그들은 왜 정부에 대해 잘 선처하고 있는가? 어떻게 해서 주가를 올릴 수 있었는가?"

물론 다른 회사에서 배울 수 없는 것도 이해하고 어느 기업의 어느 분야에도 이는 고유의 문제에도 대처하지 않으면 안 된다. 일반적으로 업계의 CEO는 새로운 경쟁 상대가 회사를 위협하고 있다고 생각하여 수익성을 확보하기 위한 수단을 모색하게 된다.

이것이 결코 나쁜 것은 아니다. 많은 경우 창조적 파괴라고 말할 수도 있다. 그러나 경쟁이 심한 환경에서는 점차 두 종류의 기업 - 재빨리 대응하는 기업과 쓰러지는 기업 - 으로만 존재하게 된다.

CEO는 자기가 외부로부터의 주목의 대상이고 무거운 짐을 지고 있다는 것을 알아야 한다. 그런데다 더욱 험악해지는 환경 속에서 CEO는 머지않아 경기가 회복하여 수익이 늘어날 것이라고 느긋하게 뻗치고 앉아 있을 수는 없다. 회복하는 정도는 그 분야에 따라 여러 가지겠지만 분야에 따라서는 침체에서 벗어나지 못하는 것도 있다.

대담한 구조 개혁에 맞부딪혔을 때 모든 기업이 만조의 파도를 타고 노를 젓는 것은 아니다. 좌초하는 배가 있는가 하면 대양으로 노를 저어 나가는 배도 있다.

어떤 기업이건 기업에는 조직 구조가 있다. 그에 따라 고용, 매니지먼트, 리더십, 실행에 관한 결단을 내리게 된다. 따라서 새로이 CEO에 취임한 사람은 기존의 조직 구조를 완전히 파악하고 그것을 그대로 유지할 것인지 아닌지를 결정해야 한다. 그에 대한 결단은 아주 신중히 생각하고 또 생각한 뒤 충분한 시간을 두고 협의한 끝에 내려야 한다.

그러나 전환기에는 그렇지 않다. 조직 구조는 자기가 추진하려는 전략 - 설사 그것이 조건부의 잠정적인 것일지라도 - 업계에 걸맞고 필요성에 따르는 것이어야 한다.

기업 최고 정상인 CEO는 어떤 의미에서는 고독하다. 기업 이념이며 방침을 사내에 침투시키고 회사 전체를 이끌고 나가기 위해서는 고도의 숙련된 매니지먼트와 지식이 절대로 필요하다는 것은 더 말할 것도 없다.

더욱이 엄격한 경제환경 속에서 새로 CEO로 취임하는 사람에게는 침체 속에 허덕이는 회사를 다시 일으켜 세워야 하는 사명이 주어지는 경우가 많고 그 같은 매우 어려운 일을 실제로 해낸 기업의 리더가 성공한 CEO이다.

35_ 비즈니스에 사소한 것은 없다

미국 시애틀의 작은 커피숍에서 출발해 오늘날 세계 37개국에 1만 1000개가 넘는 매장을 운영하는 스타벅스, 많은 사람들은 '미국인들이 커피숍을 즐겨 찾기 때문에 스타벅스도 성공할 수 있었지 않았을까' 라고 지레짐작하곤 한다. 결론적으로 "스타벅스의 성공은 행운과 아이디어의 결과가 아니라, 꿈과 이를 실천하기 위한 노력, 인내와 헌신의 결과" 라고 주장한다. 스타벅스의 5가지 성공비결을 하나하나 살펴보자.

첫째는 자신의 것으로 만들라(Make it your own)는 것이다. 스타벅스는 직원들이 맡은 일에 헌신할 수 있는 환경을 조성하는 데 성공했다. 스타벅스는 직원들에게 '5가지 삶의 기본 태도' 를 요구한다. ① 고객을 반갑게 맞이하기 ② 순수한 마음으로 고객 대하기 ③ 고객의 니즈를 즉시 파악하고 돕는 사려깊은 자세 ④ 커피에 대한 전문지식 확보 ⑤ 회사일과 공동체 활동의 적극적 참여 등이다.

슐츠 회장은 스타벅스를 사람들에게 커피를 서비스 하는 비즈니스가 아닌, 커피를 서비스 하는 '사람 비즈니스' 라고 정의했다. 모든 신입직원은 '커피여권' 프로그램이라는 교육을 통해 104페이지에 달하는 커피 관련 서적을 90일 안에 숙지해야 한다.

둘째, 모든 것에 철저해야 한다(Everything matters)는 것. 슐츠 회장은 "소매업(retail)은 자질구레한(detail) 비즈니스"라고 정의한다. 고객은 사소한 것도 놓치지 않고 다 보기 때문에 비즈니스에 사소한 것은 없다는 것이다.

스타벅스 매장은 눈에 잘 띄는 카운터 위 뿐 아니라 카운터 아래도 잘 정리되어야 하며, 주문을 받아 커피를 뽑는 과정 등 기본이 강조된다. 특히 고객이 다시 찾는 매장이 되기 위해서는 고객 친화적이면서도 분명한 메시지를 전달할 수 있어야 한다.

셋째, 놀라고 기쁘게 하라(Surprise and delight)다. 스타벅스 경영자들은 고객은 물론, 직원을 놀라고 기쁘게 하기 위해 최선을 다한다. 예컨대 매장 문을 막 닫는 시간에 고객이 들이닥치면 종업원은 시간이 끝났다고 말할 수도 있다. 하지만 그런 손님에게 서비스를 해 주면 고객은 감격하게 된다.

개점 시간 전에 일찍 도착해 밖에서 기다리는 고객을 위해 미리 매장 문을 열어놓을 수도 있다. 스타벅스는 모든 직원에게 스톡옵션을 주고 그들을 파트너라고 부른다.

넷째, '불만과 반대도 포용하라(Embrace resistance)' 경영자라면 어떤 경우에도 고객과 직원의 불만과 반대를 포용하고 대답은 가급적 '즉각적인 예스(just say yes)'가 되도록 노력해야 한다. 특히 불만 · 비판 · 반대에 현명하게 대처해야 한다.

이를 위해서는 '단순 불만인지, 문제 해결을 위한 우려인지'를 구분할 수 있어야 하고, 문제가 더 불거지기 전에 대화로 해결해야 한다. 비판적인 사람은 한번 감동받으면 열렬한 추종자로 변신하는 경우가 많다.

다섯째, '세상에 흔적을 남기자(Leave your mark)'다. 비즈니스 세계에선 때론 받은 것보다 더 많은 것을 세상에 줄 수 있으며, 반대로 주는 것보다 많은 것을 받을 수도 있다. 회사는 이익을 위해 직원의 복지 경비를 줄일 수 있고, 품질을 낮출 수도 있다.

하지만 이렇게 얻은 이익은 오래가지 않으며, 시간이 갈수록 부정적인 효과를 낳는다. 기업은 주주뿐 아니라 사회 전체를 위해 존재한다. 기업의 사회적 책임은 일시적 현상이 아니라 기업이 지속적으로 지켜나가야 하는 기본 이념이 되어야 한다.

이를 위해 경영자들은 이익의 일부를 사회에 환원할 뿐 아니라 환경, 자선, 문화 등 여러 분야에서 기업의 참여를 확대해야 하며 직원에게도 자발적인 참여를 독려해야 한다.

5가지 리더십 원리를 기업에 적용해보면 어떨까. 스타벅스가 특출난 회사로 성장한 것같이 당신 회사도 특별하게 거듭날 수 있을 것이다.

36 최고의 세일즈맨이 되는 비결

수시로 걸려오는 판촉성 전화나 PC 모니터를 가득 메운 광고성 메일을 받으면 짜증이 난다. 불특정 다수를 향해 배설물을 쏟아내듯 마구잡이로 뿌리는 메일, 일면식도 없는 사람에게, 그리고 그 사람이 어떤 상황에 있는지 알지도 못하면서 전화를 받자마자 속사포처럼 쏘아대는 텔레마케터들, 이 모두가 판매 실적을 올려야 한다는 자신들의 입장만 앞세우는 일방적 판매행위다.

사람들에게 불쾌감을 주지 않고 고객들이 진정으로 필요로 하는 욕구(needs)를 충족시킴으로써 제품과 서비스를 판매하는 효과적인 방법은 없을까?

"당신이 가족들의 저녁 식사로 연어 요리를 하고 싶다고 생각해보자. 두 가지 방법이 있다. 첫 번째 방법은 수천 달러를 지불하여 비행기를 타고 알래스카로 가서 낚싯배와 장비를 빌려 바다로 나가 연어를 잡은 뒤 가지고 돌아와 연어를 손질하여 저녁식사를 준비하고, 두 번째 방법은 가까운 식품점이나 수산시장에 가서 연어를 사와 요리하는 것이다.

두 가지 모두 결과는 같지만 당신은 두 번째 방법이 훨씬 더 생산적이며 시간과 돈과 수고를 절약할 수 있음을 안다. 세일즈 세계에서 많은 사람들이 아직도 첫 번째 방법을 고수하고 있다. 그러나 이제는 보다 적은 수고와 노력으로 우리가 원하는 결과를 얻을 수 있는 생산적인 판매 방식으로 전환해야 한다. 기존의 판매 방식은 그야말로 엉터리다."

판매(selling)는 고객이 정말로 제품이나 서비스를 사고 싶지 않거나 단순히 당신을 만나고 싶지 않은데도 사도록 설득하는 힘든 싸움이다. 그래서 판매하면 '콜드 콜'(cold call · 물건을 팔기 위해 임의로 고객의 집을 방문하거나 전화를 거는 것), 일방적으로 약속 잡기 등을 떠올린다. 실제로 많은 세일즈맨들이 이렇게 하도록 교육받고 있다.

"고객에게 팔려고 하지 말고 고객들로 하여금 구매하게 만들어라." 이것이야말로 최고의 세일즈맨이 되는 비결이며 높은 매출 성과를 올리는 지름길이라고 저자는 강조한다.

최고의 세일즈맨이 되기 위해서는 사고의 전환이 필요하다. 세일즈의 달인들은 판매를 하지 않는다. 그들은 기꺼이 구매하려는 의지가 있고 준비가 되어 있는 잠재 고객들을 사로잡는 데 있어서 탁월하다. 그들은 단지 판매가 일어나게 할 뿐이다.

세일즈의 달인들은 악기를 연주하는 연주자가 아니라 오케스트라를 지휘하는 지휘자와 같다. 모든 것이 제자리에 있도록 적절하게 배치한 뒤 모든 것을 자신이 원하는 방향으로 부드럽게 리드한다. 즉 구매할 준비가 되어 있는 잠재 고객들이 구매 결정에 이르도록 인도한다. 절대로 강요하거나 처음부터 무슨 혜택을 주겠다고 유혹하지 않는다.

세일즈의 달인들이 보통의 세일즈맨들과 다른 가장 중요한 차이는 바로 힘이다. 세일즈맨이 잠재 고객들과 하는 모든 접촉은 협상이다. 힘을 가진 사람은 협상을 자신이 원하는 방향으로 이끌어 갈 수 있다. 협상의 힘은 누가 더 큰 욕구를 갖는가에 달려 있다. 결국 협상에서 자신의 욕구보다 상대방의 욕구를 충족시킬 수 있을 때 힘을 갖게 된다.

당신은 판매 실적을 올려야 하는 세일즈맨이 아니라 당신 자신 또는 당신의 제품과 서비스를 마케팅함으로써 잠재 고객이 당신에게 전화를 하도록 해야 한다. 그래야만 처음부터 힘을 가질 수 있다. 그리고 판매의 전 과정에 있어서 구걸하거나 간청하는 태도를 버리고 그 분야의 전문가로서 진정한 프로답게 행동하라.

고객과의 협상에서 힘을 갖기 위해서는 해당 분야의 전문가로 인정받아야 한다. 잠재 고객에게 전문가로 인정받을 때 당신은 더 이상 세일즈맨이 아니라 아주 소중한 컨설턴트이자 신뢰할 수 있는 조언자가 된다.

사람들은 자신들의 비즈니스나 삶에 도움이 되는 전문가들의 견해를 듣기 위해서는 기꺼이 많은 돈을 지불할 용의가 있다. 반면 고객들은 전문가인 당신의 조언을 받으면서도 아무런 대가도 지불할 필요가 없다. 단지 당신으로부터 물건을 사주기만 하면 된다.

물론 당신은 "전문가로 인정받는 것이 어디 쉬운 일이냐"고 반문할 것이다. 그러나 자신의 분야에 대해 충분한 지식을 갖춘 뒤 업계 관련지나 인터넷 등을 통해 전문가로서의 견해를 소개하는 등 스스로를 마케팅(self-marketing)하려고 노력한다면 결코 어려운 일이 아니다.

전문가로서 세일즈의 달인들은 때로는 자신이 제시하는 해결책이 최상이 아닐 수도 있고 경쟁 상품이 더 좋다고 조언할 수도 있다. 정직하게 자신보다 고객의 이익을 우선적으로 생각할 때 고객은 전문가로서 당신을 신뢰할 것이다.

또 신뢰할 수 있는 전문가로서의 자세와 정직은 곧 수많은 사람들에게 전파되어 당신에게 더 많은 가치를 가져다 준다.

37 성공기업의 경영기법

좋은 기업이란 과연 어떤 기업일까? "발상의 전환을 통해 사람의 가치를 알고 사람을 제대로 관리하는 기업이 좋은 기업"이다. '좋은 기업' 이 되기 위해서는 인재들이 의욕에 불타도록 하는 경영 정책을 실천에 옮겨야 한다.

경영학을 전공하는 교수나 학생들이 가장 닮고 싶어하는 역할모델(role model) 제프리 페퍼 교수가 꼽은 최고의 '좋은 기업' 사례들을 소개한다.

1. 멘즈웨어하우스- '모든 것은 팀워크로 귀결된다'

멘즈웨어하우스(Men's Warehouse)를 설립한 조지 짐머(Zimmer) 사장은 1973년 24세의 젊은 나이에 단돈 7000달러를 쥐고 남성 의류 사업을 시작했다.

오늘날 멘즈웨어하우스는 미국 전역에 600여 개가 넘는 점포를 보유한 연 매출 8억 달러의 기업으로 성장했다. 사양업종인 의류산업에서 성장을 거듭하는 이 기업엔 비결이 있다. 바로 "가치 중심의 경영 철학"이다.

멘즈웨어하우스의 판매 직원들은 기본 연봉 외에 1인당 손님 수와 매출을 기준으로 인센티브를 받는다. 그러나 공평하지 않은 무조건적인 경쟁은 벌칙을 받는다.

개인의 능력을 발현하는 것도 중요하지만 '결국 모든 것은 팀워크' 라는 원칙을 앞세우고 있기 때문이다. 짐머 사장은 "모든 직원들은 동료들의 잠재력을 최대한 계발할 수 있도록 도와줄 책임이 있다"는 사실을 각종 교육을 통해 강조한다.

이런 원칙을 지키기 위해 멘즈웨어하우스는 매달 모든 판매 직원이 작성한 전표의 수를 확인한다. 만약 한 점포에서 특정 직원이 다른 직원들보다 훨씬 많은 전표를 작성한 것으로 나타나면 일단 다른 직원들의 고객을 가로챈 것으로 보고 면담을 한다. 그래도 고쳐지지 않으면 과감하게 해당 직원을 해고한다.

실제로 멘즈웨어하우스는 자사 직원 중 판매 실적이 가장 높은 '스타' 직원을 해고한 적이 있다. 다른 직원들의 고객을 가로채고 회사의 경영 철학과 방침을 따르지 않았다는 게 그 이유였다. 그 결과는? 해당 점포에서 그 어느 누구도 해고 당한 직원만큼의 실적을 거두지 못했지만, 점포 매출은 오히려 30% 정도 증가했다. 개인의 실적보다 '팀' 을 앞세운 경영이 기업의 성과에 더욱 도움이 되고 있는 사례다.

2. SAS 인스티튜트- '오후 7시만 되면 개미 한 마리 없는 회사'

통상적으로 인력이 부족한 첨단 기술 업계에서 높은 이직률은 '어쩔 수 없는 것' 으로 여겨져 왔다. 하지만 비상장 소프트웨어 업체로는 세계 최대 규모를 자랑하는 SAS 인스티튜트(SAS Institute)는 스톡 옵션 등 인재들을 붙잡아 두기 위해 타기업들이 사용하는 처방을 따르지 않는데도 이직률이 4%대를 넘지 않는다. 창사 이후 20년 동안, SAS의 이직률이 5%를 넘은 일은 단 한 번도 없다.

비결은 바로 직원들을 누구보다 '느긋하게' 만든 데 있었다. 자유 계약과 스톡 옵션이 보편화 되어 있는 IT 업계에서 SAS는 돈보다는 회사와 직원 사이의 '관계' 를 중요시했다. 직원들에게 높은 대우를 해주는 '차별화된 인력 관리' 가 바로 SAS의 힘이다.

현재 노스캐롤라이나 캐리(Cary)에 위치한 SAS 본사 24만평이 넘는 대지에 18개의 건물이 들어서 있다. 호수 · 정원 · 숲 등 훌륭한 조경을 갖춰 '대학 캠퍼스 분위기' 가 흐른다. 본사 곳곳엔 조각 공원과 피크닉 장소가 조성돼 있고, 산책로까지 꾸며져 있다.

구내 병원엔 간호사 6명, 의사 2명, 물리치료사 1명, 마사지 치료사 1명, 정신치료전문 간호사 1명이 배치돼 있다. 사전에 예약을 하면, 5분 만에 진료를 받을 수 있다. 사내에 마련된 몬테소리 유아원은 교사 1인당 학생 수가 3명이다. 고급 레스토랑 못지 않은 구내 식당엔 언제나 우아한 피아노 소리가 흐른다.

SAS의 공식적인 근무 시간은 일주일에 35시간, 직원들은 근무 시간이 끝나는 오후 5시가 되면 일제히 퇴근한다. 모두 근무시간을 철저히 지키기 때문에 오후 7시가 되면 회사엔 개미 한 마리 보이지 않을 정도다. SAS는 '좋은 기업' 의 중요한 특성 가운데 한 가지를 갖추고 있다. 그것은 바로 '충분히 다른 직장을 구할 수 있는 사람들도 계속 남아있게 하는' 근무환경이다.

3. PSS 월드 메디컬-회계장부를 공개하라

PSS 월드 메디컬(World Medical)은 의사 · 영상진단기관 · 장기적인 의료 서비스 제공 단체와 병원 등에 의료 기기 및 제품을 공급하는 전문 유통업체이다. 패트릭 켈리(Kelly) 사장이 PSS를 좋은 기업으로 키울 수 있었던 첫 번째 열쇠는 '열린 경영' 이다. PSS는 재무 관련 정보를 모든 직원들에게 공개하고, 투명한 회계 경영을 실천하고 있다.

또한 직원들은 언제든지 자신의 의견을 밝히고 궁금한 사항을 문의할 수 있는 열린 의사소통의 문화를 갖고 있다. 켈리 사장을 비롯한 임원들은 각 영업 지점에서 열리는 회의에 참석할 때 2달러짜리 지폐 뭉치를 들고 가 질문하는 사람에게 나눠준다. 이때 직원들은 어떠한 질문이든 자유롭게 할 수 있으며, 임원들은 반드시 답을 해준다.

또 다른 열쇠는 '전 직원의 리더화' 이다. 켈리 사장은 어떤 일을 할 때, 단순히 상사의 허락을 기다리는 것보다 과감하게 모험을 할 줄 아는 정신이 있어야 한다고 확신한다. 따라서 그는 직급에 상관없이 모든 임직원들이 자기 스스로 결정하고 자신의 결정에 대해 스스로 책임질 줄 아는 태도를 장려하고 있다.

직원이 실패하더라도 최선을 다했을 경우 실패했다는 이유만으로 징계를 하지 않는다. PSS 는 새로운 것을 배우려면 항상 과감하게 모험할 수도 있어야 한다는 사실을 그 어느 기업보다 잘 알고 있는 것이다.

38_ '매력있는 회사' 란 어떤 기업인가

앞으로의 기업은 어떻게 '매력적인 경영자가 있는 매력적인 회사' 를 구축해 나가느냐에 총력을 기울여야 한다.

1. **매력적인 경영자가 있는 기업** … '기업의 성장발전은 경영자의 능력에 의하여 정해진다' 고 말할 정도로 경영자의 능력이 기업의 성패에 미치는 영향은 아주 크다. 즉, 매력적인 경영자란 경영능력이 있는 사람이다. 경영자의 능력은 장래에 대한 경영구상을 '이미지화(化)' 하고 구체적인 구상까지 설계할 수 있는 사람이다. 그것은 선견성이기도 하다. 사원으로 보면 이 사람이라면 따라가도 된다는 신뢰감을 주는 사람이다.
   일반적으로 말하는 결단력이라든가 지도력이라든가 설득력 등도 포함되지만 앞으로의 매력적인 경영자는 인격 즉 인간성을 가지고 있는 사람이 평가받는 시대이다. 늘 보아도 신선한 전향적인 사람, 그런 경영자가 매력적이고 인간성도 풍부하다.
2. **긍지를 가질 수 있고 일할 보람이 있는 기업** … 일하고 있는 사람이 긍지를 가지고 일할 보람을 느낀다는 것은 제3자에게 칭찬받거나 감동을 주거나 공감되는 기업에서 일하고 있다는 것을 실감하는 것과 같다. 이러한 기업이 사회적으로 평가받고 인정받게 된다. 인간은 누구나 장래의 꿈을 향해 매진하고 있다. 꿈이 있음으로 고난에 견딜 수가 있다.
   기업도 같다. 장기적인 꿈, 비전을 내걸고 이를 실현하기 위하여 구체적인 대책을 경영계획서라는 형태로 표현한다. 이러한 기업의 꿈은 노사일체감을 만드는 중요한 역할을 한다. 이것이 연대의식을 양성하고 일하려고 하는 의욕으로 이어진다.

3. **자기 장래의 모습, 역할을 알 수 있는 기업** … 장래성이란 단지 그 회사가 신장할 가능성을 가지고 있는가? 하는 것만이 아니라, 그 기업이 비전이나 경영목표를 전 사원에게 명확히 전달하고 있느냐 없느냐에 좌우된다. 특히 젊고 새로운 회사일수록 이것이 필요하다.

   다소 오랜 역사를 가지고 있는 기업은 선배들의 모습이 중요한 역할을 한다. 입사 선배들의 책임감 있는 활동내용, 그리고 무엇보다 일하는 모습 즉 생동감있게 일하고 있는 모습이 젊은 사원들에게 '그래, 나도 해낸다!' 라고 생각하게 한다.

4. **근로자의 능력향상에 투자하고 있는 기업** … 근로자의 능력향상에 투자하고 있는 기업과 그렇지 않는 기업에서는 곤란한 문제에 직면했을 때의 대응능력에 큰 차이가 있다. 그러나 경영자로서는 근로자 육성에 투자하여도 즉시 효과가 나타나지 않으므로 효과가 나타나는 영업이나 생산설비에 힘을 쏟기 쉽다. 현재 젊은이들을 비롯한 근로자는 '하루 속히 일을 배우고 싶다' '하루속히 숙련공이 되고 싶다' 라고 생각하고 있다.

   경쟁사회에서 살고 있는 다른 사람보다 빨리 힘을 기르고 싶은 것은 당연하다. 경영자로서는 그들이 언제까지 '어떤 일을 할 수 있게 되는가?' '또한 어떤 교육을 실시해야 하는가?' 를 점검하여 빨리 전력화하는 방책을 강구해야 한다.

5. **전 사원이 자유롭게 의견을 말할 수 있는 기업** … 과거에는 중소기업의 의사전달이 상의하달식이었다. 그러나 오늘날은 소비자의 욕구가 개성화하고 고도화하여 폭넓은 정보를 수집하지 않으면 안되는 시대가 되었다. 현장에서 활약하고 있는 제1선 근로자의 소리가 소비자의 소리를 정확하게 잘 반영하므로 그들이 들은 것, 본 것, 느낀 것 등이 즉시 경영층으로 흡수되도록 해야 한다.

   언제나 자유로이 말할 수 있는 분위기를 경영자 스스로 만들어야 한다. 하의상달 기능을 잘 발휘하고 있는 기업은 조직에 활기가 있고 성공률도 매우 높게 나타나는 것에 주목해야 한다.

6. **정착률이 좋은 기업** … 정착률이 좋다는 회사는 거기에 무엇인가 매력이 있기 때문이다. 전직(轉職)이 수치라 생각하던 시대에서 전직을 마음대로 할 수 있는 시대로 변한 오늘날 근로자의 이직률이 낮다는 것은 매력있는 기업을 의미한다.

7. **신제품 · 신기술 개발에 적극적인 기업** … 항상 새로운 분야에 진출하는 기업은 매력이

가득하다. 상품의 라이프 사이클이 짧고 가까스로 개발한 기술도 곧 진부한 것으로 되고 마는 오늘날, 소비자 기호의 동향 등 환경분석이 정확하지 않으면 상품개발도 목적을 벗어난 것이 된다. 그런 의미에서 신상품, 신기술 개발에 힘을 기울이고 있는 기업에는 뭔가 정신적인 매력이 있다.

8. '서클' 활동이 활발한 기업 … 경영의 효율성을 해칠수록 사람들의 마음은 위축되기 쉽다. 정신면에서의 상처는 '터놓고 얘기할 상대'가 많을수록 좋아지고 그의 능력 발휘도는 커진다고 한다. 반대로, 터놓고 얘기할 상대가 적으면 폐쇄적이고 반항적으로 되어 자신감을 상실하는 원인이 된다.

   그래서 조직 외의 조직인 서클을 만들어 전 사원이 적성에 맞는 그룹에 참가하여 교제하고 개인적인 어려움을 부담없이 말할 수 있게 한다. 근로자가 정신면에서의 건강을 유지하고 매일 건전한 노동력을 공급할 수 있다면 기업으로서는 가장 바람직한 일이다.

9. 업적배분제도가 있는 기업 … 중소기업이 가장 실시하기 꺼려하는 것은 경리내용을 공개하는 것이라고 할 수 있다. 일하는 사람은 누구나 자기들이 행동한 결과가 어떻게 기업에 공헌하고 있는지 궁금하다. 자기들이 한 일이 숫자로 나타나 평가되어야 반성도 하고 개선의 진지함이 더하여져 성장을 가져온다.

   사업계획으로 결정된 사항을 단지 상의하달하는 것보다 당초의 계획작성단계부터 전 사원을 참가시키고 결정사항을 수행시키는 것이 ① 결정에 이르기까지의 진행상황을 알고 있다는 것 ② 자기들의 의견도 반영되었다는 것 등으로 근로의욕이 강해져 그들의 능력 발휘도가 크게 달라진다. 앞으로는 기업을 공개하는 쪽이 경영자에게 메리트가 크다고 할 수 있다.

10. 권한위임이 잘 이루어지는 기업 … 인간은 일을 배워서 성장하면 자기 스스로 생각하고, 결단하고, 행동할 수 있는 재량의 범위를 넓게 갖고 싶어한다. 경영자는 사원의 능력신장에 따라 조금씩 권한을 위임해가는 방책을 강구하는 것이 현명하다.

    권한위임의 정도는 당사자의 능력수준으로 봐서 좀 높은 경우가 좋다. 너무 높아도 또 낮아도 의욕으로 이어지지 않는다. 중요한 것은 경영자가 언제나 뒷받침해 주면서 부하의 행동에 관심을 갖고 지켜보며 자신감을 불러일으키도록 하는 일이다.

12

CHAPTER

중소기업의 범무대책

기업의 영업활동에는 항상 사고와 위험이 따르기 마련이다.

경영자는 이런 사고와 위험을 원만히 처리해야 한다. 현재 이러한 사고와 위험에 관한 법률해설서는 수없이 많다. 그러나 필요할 때에 당장 무엇을 해야 할 것인지 핵심을 찔러 회답을 내놓는 책은 드물다. 이 장에서는 기업분쟁이 예상되는 범무대책을 제시했다.

01

채권보전과 회수전략

01 거래처가 위험할 때의 채권확보

1. 거래처의 황 · 적 신호에 주의하라

안정적으로 영업하던 회사가 갑자기 어음부도를 내는 일은 극히 드물다. '약해진 물고기는 눈으로 알린다' 는 비유처럼 경영이 어려워지면 여러 가지 징후가 나타난다.

마감일이나 지급일이 늦추어진다거나, 현금지급의 일부가 어음지급이 되거나, 어음지급의 비율이 커진다거나, 어음의 결제일이 60일에서 90일로 연장된다 등은 황색신호이다.

어음의 점프(改書)를 부탁하러 온다, 상품의 끼워팔기를 시작한다 등은 적색신호이다.

그런 후 어음부도를 낸다, 법정관리 신청 · 파산 신청을 한다 등의 임종을 맞이한다.

이와 같이 거래처의 위험상황하에서 자사의 채권을 어떻게 확보하면 좋은가는 결국 거래 당사자 간의 역학관계에 의해서 결정된다. 아무리 훌륭한 대응책이 있어도 상대방의 재산이 없으면 목적달성을 못하게 된다.

2. 경영자 개인의 보증

거래 당사자는 회사이므로 회사가 구입한 상품의 대금지급채무(외상구입 채무)는 회사가 지는 것이지 경영자 개인(대표이사, 평이사)의 책임이 아니다. 그러므로 만일 회사가 도산하면 회사는 지급할 자금이 없고 매출(외상) 채권은 회수할 수 없게 된다.

그래서 거래처에 황색신호가 보일 경우에는 만일에 대비하여 상대회사 경영자 개인의 보증을 받아두어야 한다. 물론 경영자는 회사거래에 대해서 보증을 해야 할 법률상의 의무가 있는 것은 아니기 때문에 강제로 할 수는 없다. 그러나 매도자가 대형 납품업자인 경우에는 보증하지 않으면 납품이 정지되어 어려움을 겪기 때문에 경영자로서 보증을 거절할 수 없는 입장이 된다. 보증인은 대표이사에 한정할 필요는 없고 평이사나 감사라도 좋고 경영자 이외의 사람이라도 지장이 없다.

그러나 실제 대표권을 가진 사장 또는 그 친족(예컨대 사장의 부인이나 부모형제) 이외는 보증을 세우기 힘들다. 보증인은 회사가 지급하지 않을 때에는 자기가 지급 의무를 지는 것이므로(민법 428조) 자산이 없으면 무의미하다. 자산 특히 부동산을 가진 자를 보증인으로 선정해야 한다. 흥신소의 자산조사는 그다지 신뢰할 수 없으므로 보증인의 소득세, 납세고지서, 부동산 등기부 등본, 재산목록 등의 제출을 요구해서 검토하면 된다.

3. 위험회사의 어음보다도 대물변제가 더 유리하다

거래처와 현금거래는 불가능하고 어음을 받으면 부도가 날 가능성이 있는 경우, 현물로 받는 것도 한 방법이다.

A사가 B사에 대해서 갖고 있는 5백만원의 외상대금을 현금이나 어음으로 지급받는 대신에 B사의 재고상품으로 변제를 받는 것을 대물변제라고 한다(민법 466조).

B사측도 재고품이 그만큼 줄어드는 것이므로 쌍방에 유리하다. 대물변제의 목적물은 재고품과 같은 동산에 한정되지 않고 부동산의 경우도 있다.

대물변제는 다음과 같은 순서를 밟는다.

(1) 목적물을 적정하게 평가할 것

3천만원의 목적물을 5천만원에 평가하면 A사의 손해가 된다. 반대로 1억원의 목적물을 5천만원으로 평가하면 얼핏보아 A사의 이득인 것 같지만 이것이 폭리행위로 되면 대물변제계약 그 자체가 반사회질서 행위로 무효로 되어 버릴 염려가 있다(민법 103조).

(2) 대물변제계약을 맺고 목적물의 인도를 받을 것

대물변제계약은 목적물의 인도를 받고 비로소 채무가 없어진다. 목적물을 인도하는 약속을 한 것만으로는 불충분하다. 대물변제로 부동산을 받는 경우, 그 부동산의 소유권 이

전등기(B사 → A사)가 된 시점에서 변제효과가 생긴다. 또한 대금 대신에 받은 것에 하자(결함)가 있어도 하자가 없는 완전한 것과 바꾸어 달라고는 할 수 없다. 대물변제계약을 해제하여 손해배상을 B사에 청구할 수 있을 뿐이다.

따라서 계약서에 '만일 물건의 가격이 5천만원에 미달한 경우에는 그 차액을 지급하고, 물건에 하자가 있는 경우는 귀사의 선택에 따라 완전한 물건으로 인도하던가 또는 현금으로 5천만원을 지급한다' 라는 문구를 넣어두어야 한다.

4. 상계에 의한 회수

A사의 거래처인 B사에 황색신호가 보였다. A사로서는 곧바로 납품을 정지하고 싶은데 그렇게 되면 받아야 할 외상대금을 지급받지 못한다.

그래서 납품은 계속하면서도 만일을 대비해서 외상 판매금을 회수할 방법을 강구해 본다.

① 여러 개의 구실을 만들어 B사에의 납품량을 줄여간다.

② B사로부터 상품을 사들여 B사에의 외상매입대금 잔고를 항상 B사에의 외상판매대금과 비슷한 수준까지 만들어간다.

③ 가능하면 B사는 상계하기로 해둔다.

B사에 적색신호가 보이는 시점에서 외상판매대금과 외상구입대금을 대등액 범위내에서 상계한다는 취지의 통지를 내용증명 우편으로 보낸다. 이렇게 하면 A사는 상계에 의해 자사의 외상판매대금을 회수한 것과 같은 효과를 거둘 수 있다.

(1) 상계란 무엇인가

A사가 B사에 대해서 1천 5백만원의 외상판매대금 채권을 갖고, B사도 A사에 대해서 1천만원의 외상판매대금 채권을 갖고 있다고 하자. A사는 B사에 1천만원을 지급하고 B사는 A사에 1천 5백만원을 지급하는 것이 보통의 방법이다.

한편, B사가 갖고 있는 1천만원의 외상판매대금 채권과 A사가 갖고 있는 1천 5백만원의 외상판매 채권을 대등액 범위내인 1천만원으로 상쇄하고 차액인 5백만원을 B사가 A사에 지급하는 방법이 있는데 이러한 방법이 상계이다.

물론 A사가 갖고 있는 1천 5백만원의 외상판매대금 채권을 B사가 갖고 있는 1천만원의 외상판매대금 채권과 대등액 범위내에서 1천만원으로 상계하고 차액인 5백만원은 B사에 지급하라고 청구할 수도 있다.

상계는 당사자가 서로 상대방에 대해서 채권을 갖고 있는 경우에 대등액 범위내에서 공제하는 것이다.

(2) 상계의 조건은 무엇인가

상계하기 위해서는 다음의 조건을 충족하지 않으면 안된다.

1) 쌍방의 채권이 상계하기 적당한 상태에 있을 것(2개의 대립하는 채권이 존재할 것, 상계하고자 하는 채권이 변제기에 있을 것, 2개의 채권이 같은 종류의 목적을 갖고 있을 것)
2) 쌍방의 채권이 성질상 상계를 허용하는 것일 것
3) 상계가 금지되어 있지 않을 것

(3) 상계의 방법

상계는 상대방에 대해 상계 의사표시를 함으로써 이루어진다. 이 의사표시에는 조건이나 기한을 붙이는 것이 허용되지 않는다(민법 493).

구두(예컨대 전화)로 할 수도 있지만 분쟁을 피하기 위해서 문자(내용증명 우편)로 하는 것이 보통이다. 상대방에게 의사표시를 하지 않고 장부상에서 상계계산을 하는 것만으로는 상대방에게 대항할 수 없다.

5. 채권양도에 의한 회수방법

(1) 채권양도를 하는 방법

A사가 B사에 8천만원의 외상판매대금 채권을 갖고 있는데 B사의 지급이 불안해보이는 경우가 있다. B사가 현금으로 지급할 자금력이 없는데다 B사 발행의 약속어음을 받아도 부도가 날 확률이 큰 경우 대책의 하나로 B사가 C사에 대해 갖고 있는 9천만원의 외상판매대금 채권 중에서 8천만원을 양수받는 방법이 있다.

C사는 경영내용이 튼튼할 것, B사가 도산하여도 연쇄도산을 일으킬 위험성이 없을 것, 가능하면 A사와의 거래처이든가 대표자가 친하든가 하는 어떤 관계가 A사와 되어 있는 것이 바람직한 조건이 될 것이다. 이와 같이 채권의 동일성이 유지되면서 이전하는 계약을 '지명채권' 이라고 부른다.

그런데 채권은 원칙적으로 양도할 수가 있지만 예외적으로 법률로 양도를 금지한다든지(예컨대 부양 청구권), 채권의 성질상 양도할 수 없는 것이라든지(예컨대 화가로 하여금 초상화를 그리게 하는 채권), 당사자 간에 양도하지 않는다는 특약이 있을 경우에는 양도할 수 없다. 그러나 양도금지 특약이 있더라도 특약을 모르고 양수했을 때는 유효한 양도로 성립된다.

앞의 예를 조금 더 설명해 보자. B사가 C사에 대해서 갖고 있는 외상판매대금 채권과 같이 지명 채권을 양도할 때는, 양도인인 채권자(B사)로부터 채무자(C사)에 대해서 'A사에 양도하였다' 는 통지를 하던가 또는 채무자(C사)의 승낙이 없으면 채무자(C사) 또는 제3자에게 채권의 양도가 있었다는 것을 주장할 수가 없다(민법 450조).

특히 채권양도의 통지 또는 승낙은 채무자 이외의 제 3자에 대해 '확정일자가 있는 증서' 가 수반되지 아니하면 채권양도를 주장할 수가 없다.

일반적으로 실무에서는 B사가 C사에 내용증명 우편으로 채권양도통지를 한다. 채권을 양도받은 A사는 채무자인 C사에 통지를 하더라도 아무런 효과가 없으므로 주의하여야 한다.

B사와 C사 사이에 채권을 양도하지 않는다는 특약이 있는 경우는 어떻게 하면 좋을까? 그 경우는 대리 수령이라는 방법을 취할 수 있다. 이를테면 A사가 B사의 대리인이 되어서 외상판매대금을 C사로부터 받는 것이다.

대리수령을 하기 위해 우선 B사로부터 외상판매대금 수령에 있어 A사를 대리인으로 한다는 위임장을 받고 다음의 사항을 기재해야 한다.

(1) B사는 A사의 동의 없이 본건 채권을 양도하지 않을 것

(2) B사는 A사의 동의 없이 본건 위임을 해제하지 않을 것

(3) B사는 A사 이외의 제3자에게 이중으로 위임하지 않을 것

(4) 외상판매대금의 수령은 A사만이 하고 B사 자신은 수령하지 않을 것

또한 이 위임장의 마지막에 '상기의 조건을 이의 없이 승낙한다'는 C사의 단서 약정이 있으면 유리하다. 이렇게 해두면 만일 C사가 A사 이외의 제3자에게 대금을 지급하여도 A사에 지급하라고 요구할 수 있기 때문이다. C사가 이러한 약정을 해주지 않으면 위임장 뒷장에 A사 이외의 제3자에게 지급하지 않게 의뢰해 두는 것도 한 가지 방법일 것이다.

(2) 만일의 경우를 대비한 납입품 회수방법

거래처에 적색신호가 보여서 다른 대응책을 취할 여유가 없을 정도로 절박한 경우에는 납입한 상품을 다시 회수하는 방법이 있다.

납입하였지만 아직 대금지급을 받지 않은 상품을 다시 회수하는 일이다. 이런 경우에는 거래처에서 '반품' 전달을 받고 거기에 수령인을 찍으면 된다. 다시 말하면 미지급 대금을 받지 못하면 발주에 응할 수 없다고 주장할 수 있다. 이것을 '동시이행의 항변'이라고 한다. A사는 인정에 못이겨 B사에 상품을 계속 공급해 주었는데 드디어 B사에 적색신호가 나타나게 된 것이다.

적색신호란 구체적으로 다음과 같은 것이다.

(1) 어음의 점프(개서)를 의뢰하고 구입상품을 벼룩시장 등에서 시가의 절반 이하로 팔고 있다.

(2) 주요 판매망이 도산하였다(주요 판매망이란 전체 매출액의 20% 이상을 차지하는 판매망).

(3) 종업원의 임금 체불이 발생하고 다른 채권자가 가압류 · 가처분을 하였다.

이와 같은 사정이 B사에 일어났을 때 A사는 B사에 대해서 ① 담보 · 보증의 제공을 요구한다. ② 위 제공을 거절하면 상품과 대금(현금)을 맞바꾸는 식의 지급을 요구한다. ③ 동시이행 관계의 지급을 거절하였을 때는 상품의 납품을 정지한다.

이 경우에 항변권을 행사하여 상품의 납입을 정지하면 B사로부터 채무불이행을 이유로 손해배상을 청구당할 염려가 있다.

02 담보가 있는 경우의 채권회수

1. 저당권이 설정되어 있는 경우의 채권회수

담보방법에는 물적담보로 질권 · 저당권 등이 있고, 인적담보로 보증 · 연대보증 등이 있다. 위의 경우처럼 법전에 그 유형이 존재하는 담보도 있지만 관습에 의해 발달되어 온 담보방법으로 양도담보라는 것도 있다. 이것은 목적물의 소유권을 채권자에게 이전하였다가 채무를 변제한 뒤 다시 소유권을 회복시키는 담보방법이다.

담보를 쉽게 설명하면 빌려준 금액을 확실히 회수하는 방법이라고 할 수 있다. 담보에는 여러 가지 방법이 있으며 그 실행방법은 다양하다. 담보의 실행방법이 어떠한가를 알아두는 것도 매우 중요한 일이다.

(1) 저당권의 실행

채권의 담보를 위해 채무자나 제3자의 부동산에 저당권 혹은 근저당권을 설정하는 방법이 거래상 가장 많이 행해지는 담보설정 방법이다. 또한 저당권이나 근저당권을 담보방법으로 취하는 것은 채권회수를 가장 확실하게 할 수 있는 수단의 하나이다.

저당권 · 근저당권에 기초한 경매를 '담보권의 실행에 의한 경매' 라고 하며 민사 소송법에 규정되어 있다. 그 수속절차는 부동산의 강제경매와 거의 같다.

(2) 저당권의 실행통지와 제3취득자의 변제

저당권을 설정한 뒤 경매가 실행되기까지 저당권 설정자는 자유로이 목적 부동산을 사용 · 수익하고 이것을 처분할 수도 있다.

저당권이 설정되어 있으면 사실상 그 처분이 곤란하게 된다. 저당권을 실행할 때에는 그것을 설정하였을 때와 소유자가 바뀌어지는 일이 있다.

이와 같은 경우에 저당권을 그대로 실행하여 목적 부동산이 경락되면 새로운 소유자는 불이익을 입게 된다. 저당권자와 새로운 소유자의 이해관계를 조정하지 않으면 부동산의 유통질서가 저해된다.

그래서 우리 민법은 저당권을 실행하려고 하는 자가 새로이 소유권을 취득한 제3자에게 미리 저당권을 실행한다는 취지의 통지를 하고 제3취득자가 그 부동산으로 담보된 채권을 변제하고 저당권의 소멸을 청구할 수 있도록 하는 방법을 허용하고 있다(민법 364조).

(3) 경매신청의 수속

부동산 경매신청은 그 부동산 소재지를 관할하는 지방법원에서 하면 된다. 경매신청할 때는 저당권의 존재를 증명하는 문서를 제출하여야 한다(민사소송법 724조). 부동산 등기부등본, 저당원의 존재를 증명하는 공정증서 등이 이에 해당한다.

저당권은 등기를 하여야 제3자에 대한 저당권의 존재를 주장할 수 있다. 부동산 경매신청시에는 부동산 등기부등본, 공과금 납부 증명서, 저당권 실행 통지서 등을 첨부하여야 한다.

그 밖에 채권자 및 채무자와 법원의 표시, 부동산의 표시, 경매원인이 된 일정한 채권과 집행할 수 있는 일정한 채무명의를 제출한다. 여기서 채무명의라 함은 강제 집행력이 있는 공정증서를 말한다.

2. 인적담보가 있는 경우의 채권회수

담보에는 물적담보와 인적담보가 있으며 그 종류나 성질은 앞 장에서 설명한 바 있다. 인적담보에는 보증인, 연대 보증인, 연대 채무자 등이 있고 이러한 담보는 채무자의 재산뿐만 아니라 채무자 이외의 제3자의 재산까지도 그 대상이 되고 있다.

주된 채무자에게 상환능력이 없을 때 보증인에게 자금력이 있으면 보증인으로부터 상환을 받을 수 있다. 인적담보는 복수의 사람이 상환의무를 지기 때문에 채권회수의 확실성이 보장된다.

(1) 인적담보에 의한 회수수속

인적담보는 저당권 등의 담보물권과는 다르다. 저당권은 채무의 상환이 없으면 곧바로 저당권의 목적물을 경매에 붙여서 그 대가에서 우선적으로 상환받을 수가 있다.

그러므로 목적물의 가치가 담보된 채권을 상환하는데 충분한 것이라면 굳이 강제집행하기 위해서 소송을 걸어 판결을 받을 필요가 없다.

그러나 보증채무의 경우는 채무자 이외에 보증인에 대해서도 채권을 갖고 있다는 것에 지나지 않는다. 그것만으로는 보증인의 재산에 곧바로 강제집행을 할 수는 없다. 강제집행을 하기 위해서는 판결을 받지 않으면 안된다.

인적담보라고 하지만 보증인이나 연대 채무자에게도 재산이 있으면 강제집행이 가능하도록 채권회수를 보다 더 확실히 하기 위해서는 보증 채무에도 담보를 확보해 두는 것이 유리한다.

(2) 채권회수는 연대보증이 유리하다

주된 채무자의 지급이 불가능하다고 보증인에 대해서 곧바로 강제 집행해야만 되는 것은 아니다. 보증인이 임의로 보증 채무를 지급해주면 아무런 문제가 발생하지 않는다.

그러나 단순한 보증이면 보증인이 최고의 항변권과 검색의 항변권을 가지므로 회수가 지체될 염려가 있다. 보증채무의 경우 주된 채무자에게 청구하지 않고 보증인에 대해서 청구할 수는 있지만 보증인은 우선 주된 채무자에게 청구하도록 요구하면서 채권자의 청구를 거절할 수가 있다. 이것이 최고의 항변권이다(민법 437조).

또한 보증인에게 최고한 후라 하더라도 주된 채무자에게 자금력이 있고 집행이 용이하다는 것이 증명될 때는 우선 주된 채무자의 재산에 대해서 집행해야 한다. 이것을 검색의 항변권이라고 한다(민법 437조).

연대보증에서는 보증인에게 최고의 항변권도 검색의 항변권도 인정되지 않는다. 연대보증인은 채권자로부터 청구를 받으면 이 항변권에 의해서 청구를 거절할 수가 없다. 따라서 보증채무보다도 연대보증쪽이 채권회수에서는 훨씬 유리하다.

3. 어음이 담보인 때의 채권회수

(1) 어음에 의한 회수방법은 일반채권과 같다

금융거래 등에서는 대출금의 담보로 어음을 받는 일이 있다. 어음을 담보로 하더라도 특별한 수속이 있는 것은 아니고 어음에 기초하여 곧바로 강제집행이 가능한 것도 아니다.

따라서 어음이 부도가 나고 상대방이 임의로 지급하지 않으면 다른 채권과 같이 판결이나 지급명령 등의 채무명의를 통해 강제집행하지 않으면 안된다.

다만 어음에 대해서는 통상적인 소송수속에 의거하는 일 없이 간단한 수속으로 판결을 받을 수 있기 때문에 절차상으로는 이 점에서 유리하다고 할 수 있다.

(2) 왜 어음이 담보로 되는가

어음을 담보로 하는 것은 널리 행해지고 있다. 그것은 어음에는 채무자에게 지급을 독촉하는 강력한 작용이 있기 때문이다. 상인은 약속어음을 발행함으로써 자기가 갖고 있는 자금 이상의 거래를 할 수가 있다.

어음은 은행이 교부하는 용지의 이용을 유통의 대상으로 함으로 은행과 거래가 없으면 신용도가 떨어진다. 그리고 이러한 어음은 거의가 어음 교환소를 통하여 결제되고 있다.

만일 발행한 어음을 결제하지 않고 부도가 나면 어음 교환소에서 거래정지처분을 하게 된다. 이 처분을 받으면 이제까지 거래하고 있는 은행만이 아니고 어음 교환소에 가맹하고 있는 모든 은행과 거래가 불가능해진다.

거래정지처분은 사업을 하는 입장에서는 치명적인 처분이다. 이 때문에 발행한 어음은 될 수 있는 한 결제하려고 하기 때문에 어음을 받으면 채권회수의 확실성이 증대한다.

4. 등기부 담보가 설정되어 있는 경우의 채권회수

채무자는 채권자의 승낙을 얻으면 본래의 급부를 대신해서 다른 급부로 변제할 수가 있다(민법 466조). 이것을 대물변제라고 한다. 이 방법이 채권담보로서 거래상 널리 이용되고 있다.

예컨대 금전을 대부했을 때에 그 변제를 하지 못하면 부동산으로 대불변제한다는 계약을 맺는 경우가 있다. 이 방법에는 2가지가 있다. 하나는 본래의 급부를 태만히 하면 당연히 대물변제의 효력이 발생하는 것으로 이것을 '정지 조건부 대물변제 예약' 이라고 한다.

또 하나는 매매 예약이라는 계약을 체결 해 두고 채무 불이행이 있으면 채권자의 예약 완결의 의사표시를 하고 예약이라는 계약을 기초로 본 계약으로 하도록 한다.

정지조건부 대물변제 예약이나 매매 예약도 부동산을 담보로 설정한 것을 등기를 하지 않으면 제3자가 소유권을 취득하였을 때 대항할 수 없으므로 소유권 이전 가등기를 해야 한다.

03 도산회사로부터의 채권회수

1. 구체적인 채권 회수계획을 수립

도산회사란 일반적으로 어음이 부도가 나서 은행거래가 정지되고 다수의 채권자에 대한 지급이 불능상태에 놓인 회사를 의미한다.

이와 같은 회사에 외상판매대금 및 기타의 금전채권을 갖고 있는 경우, 어떻게 하면 그 채권을 회수할 수 있을까를 생각해 볼 필요가 있다. 파산법은 이러한 상태를 '지급 불능'의 상태라고 말하며 이것을 파산원인으로 보고 있다.

만일 파산선고 신청에 따라 법원에서 채무자 회사에 파산선고 결정이 내리면 먼저 채권을 회수하는 행위는 부인되고, 파산재단에 귀속된 재산을 일정한 절차를 통해 비율에 의해 회수할 수 밖에 없다. 이것을 채권자 평등의 원칙이라고 한다.

그래서 자기 채권의 만족한 회수를 위해서는 회사가 도산하기 전에(가능하면 거래시점에서 혹은 위험하다는 소문이 나온 시점에서) 확실한 담보를 잡도록 노력해야 한다.

거래회사가 도산에 직면한 경우 우선 해야 할 일은 도산회사가 갖고 있는 재산을 조사하는 일이다.

평소 거래처에 대한 자세한 정보도 입수하고 어떤 부동산이 있는가, 어느 은행과 거래하고 있는가, 어디에 어떤 상품이 보관되어 있는가 하는 것을 알아 둘 필요가 있다.

그리고 도산회사에 재산을 조사해서 어느 재산으로 어떤 방법에 의해 채권을 회수할 것인가 방침을 세우는 일도 중요하다. 이때 이사진 구성, 각 이사의 집무상황, 재산상황도 조사해 두면 이사(임원)의 개인책임을 묻는데 도움이 된다.

2. 채권양도에 의한 회수방법

도산회사의 재산을 조사한 결과 도산회사가 제3자에게 외상판매대금 및 금전채권(지명

채권)을 갖고 있는 것이 판명된 경우, 그 제3자(제3채무자)에 대한 도산회사의 채권 중에서 당신의 도산회사에 대한 채권과 같은 액수만큼의 채권을 양도받는 일이다.

채권이 복수로 존재하는 경우는 첫째, 제3채무자의 상환능력에 주의하여 보다 더 상환능력이 있는 자에 대한 채권을 양도받는 일이다.

만일 제3채무자에게 변제능력이 없을 때는 모처럼 그 채권을 양도 받아도 결국 채권을 회수할 수 없게 되기 때문이다.

둘째, 상환기간이 빨리 도래하는 채권을 양도받는 것이 중요하다. 그것은 상환기일이 빠르면 그만큼 빨리 채권회수가 가능하고, 자금은 물론 도산회사가 파산선고 결정을 받고 그 채권의 양수가 부인되더라도 사실상 당신의 손에 금전이 회수되어 있으면 파산관재인과의 교섭이 유리하게 전개될 가능성이 있기 때문이다.

그 방법은 도산회사와 당신과의 사이에서 도산회사를 양도인, 당신을 양수인으로 하는 채권 양도계약을 작성하고 별도로 도산회사에서 제3채무자에게 보낸 채권양도 통지서를 내용증명 우편으로 우송한다. 이때 유의해야 할 것은 채권양도 통지서는 반드시 도산회사의 확정일자가 있는 증서에 의해 처리하여야 한다.

도산회사의 다른 채권자로부터 압류 · 가압류가 되면 그 압류채권자들에 대해 당신이 채권양도를 받아서 제3채무자에 대한 채권자로 된 것을 대항할 수 없게 된다.

당신 이외의 채권자가 도산회사로부터 후에 이중으로 양수한 경우에도 당신이 채권양도를 받은 것을 대항할 수 없다. 그리고 이 경우 먼저 내용증명 우편(확정일자가 있는 증서)으로 채권양도 통지서가 제3채무자에게 도착한 쪽이 채권 양수인이 되기 때문이다.

또한 제3자 발행의 어음 · 수표가 도산회사에 있는 경우는 그 어음 · 수표의 양도를 받으면 된다. 그 방법은 도산회사의 배서를 얻은 다음, 그 어음을 수령하면 된다.

3. 채권 압류에 의한 회수방법

앞에 기술한 채권의 양도는 도산회사와의 교섭에서 도산회사가 승낙하지 않으면 성립이 되지 않으므로 도산회사가 승낙하지 않을 때는 통용되지 않는다.

이럴 경우 법원의 명령에 의해 도산회사에 대한 채권을 청구채권으로 하여 도산회사의 제3채무자에 대한 채권을 압류해 두어야 한다. 이 채권압류를 하기 위해서는 당신의 채권으로 강제집행을 할 자격(채무명의)이 필요하다. 그러기 위해서는 당신의 채권이 가집행 선고를 받은 승소판결로 되어 있던가, 승소판결이 확정되어 있던가, 지급명령을 받은 경우라든가, 강제집행을 승낙하는 취지의 기재가 있는 공정증서 등으로 되어 있지 않으면 안된다(채무명의 필요).

따라서 당신의 채권이 금전채권으로 강제집행을 승낙한다는 취지의 기재가 있는 공정증서일 때는 곧바로 도산회사의 제3채무자에 대한 외상판매대금 및 기타의 금전채권을 압류할 수가 있다.

또한 압류한 다음 전부명령을 받아 도산회사의 제3채무자로부터 채권을 변제받을 수도 있다. 그런데 당신의 채권이 강제집행 승낙의 기재가 있는 공정증서로 되어 있지 않을 때는 당신의 채권을 지급명령으로 하던가, 가집행 선고가 내린 승소판결 또는 승소확정판결로 하지 않으면 안된다. 이 지급명령, 승소판결을 얻는 데는 상당한 기일이 걸린다.

이 기간 동안 당신이 무작정 기다리면 다른 채권자가 도산회사로부터 채권양도를 받던가 아니면 다른 방법을 강구하게 됨으로 채권회수의 기회를 상실하게 된다. 따라서 당신은 도산회사나 제3채무자에 대한 금전채권을 가압류 해 둘 필요가 있다.

채권의 가압류 명령이란 당신이 앞에서 설명한 채무명의를 갖고 있지 않더라도 채권의 존재와 가압류의 필요성을 법원에 소명하고 법원이 명하는 금액의 보증금을 공탁하면 그 채권을 임시 압류한다는 법원의 명령이다.

이 명령이 제3채무자에게 송달되면 제3채무자는 그때부터 본래의 채권자인 도산회사에 상환할 수 없게 되고 또한 그 후 채권양도 통지서가 송부되어 오더라도 그 채권 양수인에게 상환할 수 없게 된다.

만일 상환하면 뒤에 제3취득자는 당신의 본 압류에 의해 이중으로 변제하지 않으면 안되는 위험을 지게 된다. 또한 다른 채권자를 위해 압류명령이 송달되어도 제3채무자는 상환해서는 안되고 공탁하여야 된다.

그러므로 도산회사의 제3채무자에 대한 채권에서 당신의 채권을 회수하려고 할 때는 재빨리 채권 압류명령을 법원으로부터 제3채무자에게 송달되도록 한다든가 채무명의를 얻는데 상당한 기간이 소요될 때는 곧바로 가압류 명령을 법원으로부터 제3채무자에게 송달되도록 하여야 한다.

4. 상품이나 부동산에 의한 회수방법

도산회사는 전반적으로 채무상환이 불가능한 상태에 있으므로, 당신에 대한 금전지급도 불가능한 상태에 있다. 따라서 금전에 의한 변제는 불가능한 것이 보통이지만 상품 및 기타 동산 등을 갖고 있을 수는 있다.

도산회사가 갖고 있는 상품이나 기타의 동산 중 유효하게 이용, 처분할 수 있는 것이 있다면 자사의 채권액과 같은 액수에 상당하는 상품이나 기타의 동산으로 당신의 채권상환에 대신하도록 유도한다면 채권상환의 정도가 훨씬 수월해진다.

이 교섭을 할 때 가장 중요한 것은 그 상품 및 기타의 동산을 시가보다도 10% 정도 높게 하여 가치를 평가해 주는 일이다. 그렇게 하면 도산회사로서도 유리하고 당신도 전혀 회수할 수 없는 것과 비교하면 유리한 회수가 되기 때문이다.

또한 훗날 도산회사에 대해서 파산선고 결정이 나더라도 파산 관재인으로부터 부인될 가능성도 적어진다. 그리고 당신의 도산회사에 대한 채권액과 그 상품 및 기타의 동산액의 가격이 대체로 같은 액수이면 대물상환으로 이들 동산액을 수취해야 한다.

그 상품 및 기타의 동산이 당신의 채권액보다 높은 가격일 때는 웃돈을 주고 구입하도록 하고 대금중에서 당신의 채권액과 대등액에 대해서는 당신의 채권과 상계하고 차액을 현금으로 도산회사에 지급하도록 한다.

도산회사는 부도어음의 정리자금을 얻을 수 있기 때문에 교섭이 더욱 쉬워진다. 이 때 주의할 것은 그 상품 및 기타 동산이 도산회사의 소유로 되어 있는지의 여부를 확인하는 일과 대물상환 또는 매매가 성립되면 즉시 그 상품 기타의 동산을 당신 회사로 회수하는 일이다.

상품 및 기타의 동산중에는 소유권이 매도인에게 유보되어 도산회사가 할부상한 중인 것도 있고 대금 미지급으로 매매 계약이 해제되어 도산회사의 수중에 상품이 있어도 도산회사의 소유가 아닌 경우가 흔히 있으므로 꼭 도산회사의 대표자 또는 교섭 담당자에게 충분히 그 점을 확인해야 한다.

가능하면 대물상환 계약서 또는 매매 계약서에 그 확인을 한 취지를 기재하면 좋다. 그리고 그 상품 및 기타의 동산을 당신회사로 점유 · 필요가 있다. 왜냐하면 동산 매매의 경우, 소유권 이전의 대항요건은 점유를 수반해야 되기 때문이다.

또한 부동산인 경우, 등기가 대항요건으로 되어 있으므로 대물상환, 매매, 어느 것이나 부동산 소유권 이전등기의 신청수속을 즉시 완료하지 않으면 안된다(저당권의 설정이 있을 때는 일부 대금의 지급과 저당권 설정등기의 말소 등기신청 수속을 동시에 완료한다).

5. 이사 개인에 대한 손해배상

도산회사 이사진의 구성, 각 이사의 집무상황 및 각자의 재산 상태를 조사하여 다음과 같은 결과를 얻었을 때에는 그 이사에 대해 회수할 수 없었던 채권에 대해서 손해배상 청구를 한다.

① 이사가 그 직무를 이행함에 있어 고의 또는 중대한 과실이 있었다고 판단될 때

② 그 때문에 그 회사가 도산하고 당신의 채권이 회수되지 못했다고 판단될 때

③ 그 이사에 어느 정도의 변제능력이 있을 때

①과 ②의 판단은 결국 법원에 의해 내려지는데 상법상 그 이사 개인에 대해 회사가 입은 손해(회수 못한 채권액)에 대해서는 당신은 손해배상 청구가 가능하게 되어 있다.

02

거래와 계약의 기본 전략

01_ 거래에 있어서 알아둘 사항

1. 거래하기 전에 반드시 사전조사 한다

현대사회는 거래를 중심으로 하는 계약사회라고 말할 수 있다. 이러한 점은 각종 사업을 경영하는 기업에도 많은 영향을 미치고 있다. 기업은 거래가 잘 이루어졌을 때 큰 이익을 획득하며 장기간에 걸쳐 안정된 수입을 얻게 된다.

이에 반해 대형거래가 실패하면 그 기업은 도산하게 되며 좋은 거래처의 경우는 기업의 번영을 도모하나 빈약한 거래처는 기업의 침체를 가져오게 된다. 그러므로 거래를 개시하기에 앞서 거래상대에 대해서 충분히 조사할 필요가 있다.

2. 어떤 점을 사전에 조사하는가

(1) 거래처에 대한 사전조사

거래처에 대한 사전조사는 깊고 다양하게 하는 것이 바람직하지만, 신속을 중시하다 보면 소홀히 다루어지는 일이 없지 않다.

좋은 거래조건이 제시되면 자칫 사전조사를 소홀히 한 채 거래에 착수하는 경우가 많은데 왜 좋은 거래조건을 상대에게 제시하는지를 반드시 생각해 보아야 한다.

견적서만으로는 파악이 곤란할 때가 많이 있다. 충분한 사전조사도 없이 상대를 등기된 회사라고 생각하여 거래하였는데 실제 회사설립도 되어 있지 않은 유령회사여서 어려움을 겪고 큰 손해를 보게 되는 경우도 많다.

(2) 자산상황의 조사

회사 자산상황에 대해 충분히 파악해 둘 필요가 있다. 거래에 의해서 발생하는 채권의 최종적인 가치는 상대방의 자산에 의해서 결정된다고 해도 과언이 아니다. 따라서 거래처가 어떤 자산을 갖고 있는가에 대해서 충분히 조사하여야 한다.

거래처에 대한 채권이 충실한 자산에 의해서 뒷받침되고 있다면 그 채권은 액면대로 100%의 가치를 가질 수 있다. 이와 반대로 자산이 빈약한 거래처에 대한 채권은 채권의 실질적인 가치가 때로는 액면은 커녕 그 절반에도 못 미치는 결과를 초래할 수도 있다.

채권이란 채권자가 채무자에 대해 일정한 행위를 청구하는 것을 내용으로 하는 권리이므로, 상대방으로부터 상환 받지 못하면 실제 이름만의 권리로 되어 버린다. 요컨대 채권의 실질적인 가치는 거래 상대방의 자산과 신용에 의해서 뒷받침되는 것이다.

그러므로 사전조사의 경우, 상대방에게 어떤 자산이 있는가를 파악해야 한다. 예컨대 토지나 건물 등에 대해서는 등기소에서 토지 등기부 · 건물 등기부를 조사하고 또한 상대방이 회사라면 대차 대조표 등에 의해서 자산상태를 조사해야 한다.

자재나 상품 등의 신용판매 시에는 상대방의 점포라든가 공장을 현지답사해서 자산상태를 파악해야 한다.

3. 주식회사에 대한 조사방법

(1) 주주의 신용조사

상대방이 주식회사인 경우에는 특히 사전조사가 필요하다. 왜냐하면 회사의 종류에 따라서 그 회사를 구성하고 있는 사원, 주주의 책임 소재가 다르기 때문이다.

주식회사의 주주는 자기가 출자한 범위 내에서 책임을 진다. 따라서 회사의 채무에 대해서 자기의 출자범위를 넘어서는 책임을 지지 않는다.

회사에 대한 신용은 전적으로 회사의 자산이 어느 정도 되는 가로 판단해야지 주주나 사원의 신용을 기초로 판단해서는 안 된다.

주주나 사원이 유한책임을 지는 회사를 물적 회사라고 하며, 물적 회사의 전형적 형태인 주식회사를 상대로 거래하는 경우 특히 그 회사의 신용상태를 충분히 조사해야 한다.

(2) 은행을 통한 신용조사

신용조사가 일반적으로 은행관계에 대한 신용이라면 상대방 거래은행을 통하여 조사하는 것이 좋을 것이다. 한편 은행관계 조사만을 통해 안심하는 것은 위험한 면도 있다. 거래상대의 신용상태는 은행에 대한 신용조사를 통해 어느 정도 알 수 있지만, 그것은 역시 금융 면에 있어서의 신용이라는 일면만을 의미할 수도 있기 때문이다.

가능하면 은행관계의 신용조사와 함께 그 업계에서의 신용상태를 조사하는 것이 좋을 것이다. 거래상대의 업계에서의 평가는 중요한 신용조사가 될 수 있다.

문제가 있는 거래상대는 업계에서도 신용이 없을 확률이 높다. 이러한 의미에서 거래상대의 사전조사방법은 업계내의 신용상태가 어느 정도인가를 폭넓게 다루어야 한다.

4. 개인이 계약의 상대일 때

(1) 공동 사업체인 때는 주의할 것

계약 당사자가 개인일 수도 있고 2인 이상이 공동으로 사업을 하는 경우도 있다. 이와 같은 복수의 사람들을 상대로 계약을 체결할 때는 주의를 요한다.

이러한 때에는 그 복수 공동 사업자 전원을 상대로 계약을 맺던가 아니면 전원을 상대로 하면서도 실제의 계약체결은 그 중 어느 한 사람을 대리인으로 하여 거래를 맺을 필요가 있다.

예를 들어 상대방이 ABC 3인의 공동 사업체라면 ABC 3인 전체를 계약상대로 하던가 아니면 A를 공동 사업체의 대리인으로 하여 계약을 체결하는 방법이 있다.

이를테면 A는 한편에 있어서는 계약 당사자 본인이고 다른 한편으로는 계약 당사자 BC의 대리인 자격이 되어 A에게 자격의 겸비를 인정하는 것이다.

이와 같이 복수의 사람이 공동사업을 영위하고 있는 공동 사업체를 상대하는 경우에는 전체 당사자의 명의를 표시하여 계약을 맺게 하던가 또는 대리인이라는 관계로 처리할 필요가 있다. 계약 당사자 중의 1인이 대리권을 갖고 있을 경우에는 확인을 해 둘 필요가 있는데, 확인근거는 공동 사업자가 그 대리인 앞으로 작성하여 보낸 위임장이 될 것이다.

(2) 거래를 공동으로 하는 경우

복수의 개인이 공동사업을 영위하는 것은 아니지만 연대관계로 채무를 부담하는 거래를 맺는 경우도 있다. 이러한 경우 계약에서 발생하는 상대방의 채무에 대해서 복수의 상대방이 연대하여 책임을 부담하는지 혹은 분할하여 자기 몫에 대한 책임만을 지는지를 분명히 하기 위해 이를 계약할 때 명확이 해둘 필요가 있다.

5. 미성년자를 상대하는 계약방법

미성년자와 계약할 때는 법정 대리인의 동의가 있어야 나중에 그 계약이 취소되지 않는다. 예를 들면 기업이 점포나 공장의 부지를 구입하려고 할 때 그 토지 소유자가 부모로부터 토지를 상속받은 미성년자로 되어 있는 경우가 있다. 이러한 경우에 미성년자를 계약 당사자로 하여 계약을 체결한 경우, 이 계약은 유효한 것인가?

결론적으로 계약은 유효하되 미성년자는 아직 유효한 법률행위를 하기에는 미숙함으로 법정대리인이나 미성년자 자신이 스스로 계약을 취소할 수 있다.

왜냐하면 완전히 유효한 법률상의 행위, 이를테면 계약할 수 있는 행위능력이 갖추어져 있어야 하는데 이러한 능력을 갖추지 못하였기 때문이다. 이러한 사람을 행위 무능력자라고 말하는데 미성년자가 바로 여기에 해당된다.

(1) 법정 대리인의 동의 여부를 확인한다

미성년자와 계약을 맺는 경우, 그 계약이 취소되지 않도록 하려면 법정 대리인의 동의가 필요하다. 법정 대리인은 제1차적으로 그 미성년자의 부모인 친권자가 되고 친권자가 없을 경우 후견인이 된다. 미성년자가 계약을 체결할 때 법정 대리인의 동의가 필요하다는 원칙에도 예외는 있을 수 있다. 예를 들면 법정 대리인으로부터 허락받은 재산 즉 용돈 등은 미성년자가 단독으로 처분 가능하다.

그러나 중요한 거래, 계약을 미성년자와 맺을 때는 법정 대리인의 동의가 있는지 여부를 반드시 확인해야 한다. 그렇지 않으면 모처럼 맺은 계약이 후일 효력이 없게 된다는 것을 명심해야 한다.

6. 회사를 상대로 하는 계약방법

(1) 회사를 정확하게 특정한다

회사를 상대로 계약할 경우, 계약상에 그 회사를 정확히 특정할 필요가 있다. 서울특별시 강남구 압구정동 6의 10이라고 본점의 소재지를 쓰고 ㅇㅇ주식회사라고 명확히 상호를 표시한다. 회사를 약칭으로 쓴다든지 또한 주식회사라고 쓸 것을 (株)라고 쓰는 것은 바람직하지 않다.

그 회사의 본점 소재지를 쓰지 않으면 계약서가 무효로 되는 것은 아니지만 손해를 입을 염려가 있다. 전국에는 대단히 많은 회사가 있으면 때로는 똑같은 상호를 사용하고 있는 회사도 지역을 달리하여 존재할 수 있기 때문이다.

그래서 계약 당사자인 회사를 분명히 특정하고 확정하기 위해서는 그 회사의 본점 소재지를 표시하고 동시에 정확히 그 회사의 상호도 표기해야 한다.

(2) 회사의 대표자를 기재한다

회사 대표자의 기재는 중요한 사항이다. 회사는 권리의 주체이기는 하나 회사 자체가 행위를 할 수 없으므로 법인 속에 있는 일정한 대표자인 자연인이 행위를 하고 이것을 법인의 행위로 평가하고 있는 것이다. 이 경우 대표자에 해당하는 개념을 회사에서는 대표기관이라 한다. 주식회사인 경우의 대표기관은 대표이사이다.

한편 유한회사인 경우, 대표이사를 두고 있지 아니하면 각 이사가 유한회사를 대표하고, 합명회사에서는 업무집행사원이 회사를 대표한다. 합자회사에서는 무한책임사원이 대표하게 되어 있다. 그래서 회사를 상대로 한 계약을 할 경우, 계약서상의 상대방 표시는 우선 회사의 본점 소재지를 쓰고 다음에 회사의 정식상호를 표시하고 이어서 대표기관의 직함과 그 기관을 차지하고 있는 개인의 이름을 표기한다.

02 계약 불이행과 손해배상

1. 계약기간을 지키지 못한 경우

상거래가 순조롭게 진행될 경우에는 문제의 발생 여지가 전혀 없다. 그러나 약정한 내용이 위반되면 거기에는 여러 가지 문제가 발생한다.

예컨대 납기가 지체되었다든지, 흠이 있는 상품이 발송되어 왔다든지, 수량이 부족하다든지 그 원인은 여러 가지이다. 그 결과 계약해제와 함께 손해가 있게 되면 손해배상문제가 발생한다.

먼저 계약이행이 지체된 경우를 예로 들자. 이행의 지체란 계약이 이행될 시기가 도래하였고 또한 이행할 수 있는데도 불구하고 채무자의 잘못으로 인해서 계약이 이행되지 않는 것을 말한다. 이런 경우에는 계약의 해제뿐만 아니라 손해배상 책임을 물을 수 있게 된다.

알기 쉽게 달력을 예로 들어보자. 일정한 시기를 놓치면 계약의 의미가 상실되는 달력은 늦어도 연말 전에 수요자에게 납품되어야 한다. 그러므로 주문자는 '9월말' 이라든가 일정기한을 약정하는 일이 많은데 그 기한이 도래하면 그때부터 지체의 책임이 생기게 된다.

이런 경우를 확정기한부 매매라고 한다. 다시 말하지만 이러한 달력은 일정한 시기까지 공급되지 않으면 상품으로서의 가치를 상실하게 된다.

물론 일정한 시기가 지나도 상품을 공급하는 것이 꼭 불가능한 것은 아니므로 그것이 지체됨으로써 생긴 손해를 배상하고 약속된 상품을 기한 후라도 납품할 수 있는 경우도 있다. 그러나 거래의 성질이 시기가 지나서 주문한 상품을 받아서는 의미가 상실되는 것이 있다. 이러한 경우를 법에서는 '정기행위(定期行爲)' 라 한다.

이러한 거래는 일정한 시기에 이행되지 않으면 계약한 목적을 이룰 수가 없으므로 즉시 계약을 해제하고 손해가 있으면 책임을 물어야 한다.

상법에는 회사 사이의 거래 등에서 특히 매매의 성질상 또는 당사자 사이의 약정으로 정기행위의 거래를 한 경우에 일정시기가 지났을 때 상대방이 즉시 그 이행을 청구하지 않으면 계약은 해제한 것으로 본다는 내용이 명문으로 규정되어 있다(상법 68조).

채무이행에 대해서 기한을 정하지 않았을 때는 그 채무이행을 청구하였을 때가 이행시기라 생각된다. 그러므로 채권자측은 언제까지 이행하라고 청구할 수가 있다. 그리고 이행청구를 받으면 그때부터 이행지체가 된다고 취급되고 있다.

차입금의 경우에는 원금 및 이자의 상환과 지급이 늦어짐으로써 생긴 손해, 이를테면 지연손해배상을 청구할 수 있게 된다. 그러므로 이러한 경우에는 본래의 채무이행인 원금 · 이자의 상환 이외에 지연배상을 청구할 수 있게 된다.

2. 계약을 이행할 수 없는 경우

채권 · 채무가 일단 성립한 다음, 채무자의 책임 이외의 사유에 의해 이행할 수 없게 된 채무 불이행을 이행불능이라고 한다.

예컨대 바다를 매립한다든가, 해안에 방풍 울타리를 구축한다든가, 관념적 · 물리적으로는 가능하다고 하더라도 그것을 이행하기 위해서는 상상할 수도 없는 노력 · 비용이 드는 경우에 법률상으로는 불능이라고 볼 수 있다.

한편, 현재 곧바로 이행하는 일이 불능이라 해서 모두 법률상의 불능이 되는 것은 아니다. 예컨대 타인의 토지를 매매의 대상으로 한 경우를 생각하여 보자.

이 사례의 경우에 민법은 '타인의 권리를 매매의 목적으로 하였을 때는 매도인이 그 권리를 취득하여 이것을 매수인에게 이전하는 의무를 진다' 고 규정하고 있다.

이 경우 매도인이 그 권리를 취득하여 매수인에게 이전할 수 없을 때에는 계약을 해제할 수 있도록 되어 있으나 타인의 권리의 매매라는 것을 매수인이 모르고 있으면 계약이 해제되었을 때 손해배상을 청구할 수 있지만 알고 있는 경우에는 이로 인한 손해배상의 청구를 하지 못한다.

사회의 상식으로 볼 때 이행불능의 사례로서 매도인이 토지를 이중 양도하여 제3자가 등기를 완료한 경우를 들 수 있다. 이 경우 매도인은 별도의 사정이 없는 한(처음 매수인에게) 이행이 불가능한 것으로 보아야 할 것이다.

그리고 이 경우에는 본래의 급부를 목적으로 한 청구, 이를테면 이 예에서는 토지 소유권 반환 청구권이 발생하게 된다. 물론 채권자는 그 토지의 매매계약을 해제하고 그 다음 손해배상을 청구하는 일도 있다. 구체적으로는 매매대금을 교부한 후라면 그 반환과 이행이 불가능해짐으로써 생긴 손해배상을 청구할 수 있다는 것이다.

3. 상품에 흠이 있는 경우

상품에 흠이 있는 경우, 매수인의 계약해제 및 손해배상 청구는 이러한 흠을 모르고 산 매수인이 그 흠(결함)을 발견한 때로부터 6개월 이내에 하지 않으면 권리가 소멸된다.

회사 간의 거래에서는 대량으로 맥주 100상자라든가 철근 100톤이라든가 하는 불특정 물건의 매매가 있다.

이러한 대량거래에 있어서 맥주 몇 상자가 깨어진 병이었다든가 철근의 일부에 흠 등이 있을 경우, 새로 완전한 맥주상자나 흠이 없는 철근을 추가 보충해서 공급하는 것이 통상적으로 가능할 것이다. 그러므로 매수인으로서는 결함이 있는 맥주를 반환하고 맥주를 공급받을 수 있다.

그러나 완전한 맥주나 완전한 철근의 공급이 늦어짐으로써 손해가 생긴 경우에는 이에 따른 손해배상을 청구할 수 있고, 너무 늦어진 경우에는 계약을 해제할 수도 있다.

회사나 상인간의 매매의 경우, 매수인이 물건을 받았을 때는 지체 없이 검사하고 물건에 상처나 결함이 있다든지 수량이 부족한 것을 발견하였을 때는 곧바로 매도인에게 통지하여야 한다.

그렇게 하지 않으면 그것을 이유로 계약을 해제한다든지, 대금을 깎는다든지, 그 밖에 손해배상을 청구할 수 없게 된다. 특히 곧바로 발견할 수 없는 숨은 하자가 있는 경우에는 매수인이 6개월 이내에 이러한 하자를 발견하면 마찬가지로 통지를 하여야 한다.

4. 상품의 수량이 부족한 경우

수량을 지시하여 매매하였을 때에 그것이 부족하면 어떻게 되는가? 이 경우도 2개의 사례를 생각할 수 있다.

이를테면 맥주 100개를 매수인이 주문했는데 매도인은 80개 밖에 가져오지 않았다고 하면 매도인의 맥주 공급채무가 완전히 이행된 것이 아니므로 매수인은 부족한 20개의 맥주를 다시 가져오도록 매도인에게 당연히 청구할 수 있다.

매도인 쪽도 그 추가 20개의 맥주를 공급하는 것이 통상적으로 가능하다. 다만 당초 80개 밖에 공급하지 않음으로써 손해가 있었다면 그 손해를 배상할 의무가 생긴다.

또한 상인간의 매매라면 매수인은 그 맥주를 받았을 때 즉시 그 수량을 검사하여 부족이 있다는 것을 발견할 경우 곧 매도인에게 통지하지 않으면 대금감액이나 손해배상 청구를 하지 못하게 되어 있다.

5. 다른 상품을 보내왔을 때

주문한 물건과 실제로 보내온 물건이 다른 경우가 있다.

예컨대 맥주 1상자를 주문했는데 소주 한 상자가 보내왔다고 할 때 매도인은 당연히 매수인에 대해서 맥주 1상자의 공급을 해야 할 채무가 남아 있게 된다.

매수인은 소주를 반환하고 다시 맥주 한 상자를 청구할 수가 있다. 또한 OB맥주 1상자를 주문하였는데 하이트맥주 1상자를 가져올 경우도 동일하다.

이 경우는 불완전한 이행 혹은 전혀 이해되어 있지 않는 경우에 해당한다고 할 수 있으므로 본래의 급부이행을 청구할 수 있다. 그리고 이로 인해 손해가 발생하게 되면 그 비용을 손해로 청구할 수 있는 것은 당연하다.

자기의 발에 맞추어 자색 구두를 주문했는데도 송달된 것이 사이즈가 맞지 않는 흑색 구두라면 계약을 해제하고 그 일로 생긴 손해배상을 청구할 수 있다. 또한 틀린 물건을 송달하였을 때는 계약한 물건을 먼저 청구할 수도 있다.

6. 사기에 의해 상품을 샀을 때

사기는 '사람을 기만하여 착오에 빠지게 하는 행위' 를 의미한다. 그리고 실제 상대방이 그 착오로 인해 의사표시를 했을 때 사기에 의한 의사표시로 문제가 된다.

예컨대 도시계획 예정구역에 속하는 토지를 곧 건물을 세울 수 있는 주택지라고 속이고 매각하는 것은 사기에 해당한다.

그 토지의 매수인은 목적한 토지가 이미 도시계획 구역에 있었음에도 불구하고 건축허가 구역이라고 잘못 인식한 경우, 매도인의 사기에 의한 계약으로서 매수인이 사기 사실을 알았을 때는 이를 취소할 수가 있다.

취소의 의사표시는 구두로도 지장이 없지만 훗날 분쟁이 될 수 있으므로 되도록이면 문서로, 예컨대 내용증명 우편 등으로 '이러이러한 내용의 ○월 ○일의 계약은 사기에 입각한 것이므로 취소한다' 는 취지를 명백히 기입하는 것이 좋을 것이다.

매매계약을 취소한 경우는 그 계약은 처음부터 없었던 것이 되므로 쌍방이 모두 원상으로 회복하여야 한다.

이미 수령한 금전은 상대방에게 반환하게 되고 미지급 금액은 지급할 필요가 없어진다. 한편 토지는 원래의 매도인에게 되돌아가야 한다. 또한 사기에 의해서 손해가 생겼으면 그 배상을 청구하는 것도 가능하다.

실제 이와 같은 토지를 매각한 매도인은 대금을 받고 피하는 일이 많기 때문에 지불한 돈이 원래의 매수인에게 되돌아오지 않아 매도인을 형사 고소하는 일도 적지 않다.

악질 매도인이 발견 · 체포되면 형사상의 사기사건으로 형벌을 받아 복역하더라도 민사상의 청구는 별도이므로 형기를 마치고 난 뒤에 이 범인에 대해서 손해배상청구를 하는 일은 가능하다. 다만 불법행위에 기인한 손해배상 청구권은 시효기간이 짧기 때문에 전문가인 변호사와 상담하여 빨리 처리를 하는 것이 중요하다.

앞의 예와는 반대로 실제 건축허가가 가능한 토지를 매수인이 매도인을 기만하여, 도시계획 예정구역이라고 믿게 하여 싼 값으로 매수한 뒤에 매도인이 기만행위를 알게 되어 이 매매계약을 취소하여도 그전에 매수인이 재빨리 그 토지를 이러한 사실을 전혀 모르는 제3자에게 상당한 가격으로 전매행위가 이루어지면 토지는 원소유주인 매도인에게 반환되지 않는다.

그러나 이와 같은 사기를 하는 사람은 원래 가진 재력이 없고 사취한 금전을 곧 낭비해 버리는 일이 많으므로 실제 피해자는 울고불고 발버둥치는 경우가 많기 때문에 토지 거래나 고가상품의 거래에서는 충분한 주의가 필요하다.

03 정확한 계약을 체결하는 5가지 포인트

1. 거래처에 대한 법적 신용조사를 할 것

회수불능을 막을 수 있는 '법적 신용조사' 란 상대의 존재(인격의 존부)를 확인하는 '법적 확인' 과 유사시에 상대방으로부터 어느 정도까지 회수 가능한가를 확인하는 '법적 신용' 의 2가지로 구분한다.

당연히 위험한 인간, 위험한 회사와의 거래는 피한다. '법적 확인' 은 우선 상업등기부 등본으로 상대방이 법적으로 존재하고 있는지를 확인한다. 유령회사와의 거래를 피하기 위해서이다. 법인이라면 누가 경영자이고 본사는 어디에 있으며 영업목적은 무엇이고 설립 연월일은 언제인가 등을 체크한다. '법적 신용' 에서는 상대방의 지급능력, 담보여력을 체크하는 것으로 이를 위해 상대방의 부동산, 동산, 채권을 모두 점검한다.

2. 계약체결의 가부를 결정할 것

상대방에 대하여 법적 신용조사를 해본 결과 신규거래를 해도 괜찮은 고객으로 판단되면 계약체결의 가부를 결정한다.

신규 고객이 등장했을 때 그 고객과 거래할 것인가 말 것인가를 정하는 계약체결의 의사결정이 매우 어려울 때가 있다. 현금을 받는 경우라면 몰라도 신용거래를 할 것인가, 말 것인가를 결정하는 것은 고민거리로 되는 수가 있다.

신규 고객이 등장하면 신속하고도 비밀리에 법적 신용조사를 하여 상대방의 실태를 알아본다. 그 결과를 보고 계약체결의 가부를 결정한다. 계약을 체결하는 경우에도 담보 없이 상품을 팔아도 괜찮은 고객이 있는가 하면 담보를 필요로 하는 고객이 있다.

3. 여신한도를 결정할 것

계약을 체결하는 경우 말하자면 거래처를 얼마나 신용할 것인지 그 한도를 신중히 설정해야 한다.

'여신한도' 란 신용거래에서 회수 가능한 금액의 한도 · 범위를 말한다. 사고 시에 언제라도 회수할 수 있는 한도이다. 회수불능, 부도, 도산피해를 방지하려면 여신한도를 설정하고 그 범위 안에서 거래한다.

여신한도는 한 번 정해지면 고정적으로 언제까지나 그것으로 적용되는 것은 아니다. 경제 정세의 변화, 상대방 업적의 추이 등을 고려하여 어느 정도의 기한이 지나면 여신한도를 갱신하여 설정한다. 거래처에 '위험한 징후' 가 나타나면 여신을 축소하고 채권을 회수하며 신용거래 중단조치를 취한다.

4. 계약조항을 검토할 것

계약체결 시점에 자사에 유리한 계약으로 만들기 위한 계약조항을 '특약조항' 이라는 형태로 검토한다. 상거래상의 문제점이나 법적 분쟁의 대부분이 계약서 내용이 제대로 갖추어지지 않았거나 계약서 자체가 없었던 데서 기인하다. 따라서 안전하고 유리한 '완전한 계약' 을 체결하는 것이 얼마나 중요한지 알 수 있다.

또 상대방은 언제고 도산할 가능성이 있다는 전제로 끊임없이 점검한다. 계약 상대방은 '10인 10색' 이다. 같은 1천만원의 매매계약이라도 상대방의 실태를 잘 살펴서 '상대방이 계약을 이행하지 않는 일이 없도록' 미연에 방지하기 위한 위반조항을 검토해야 한다.

5. 안전하고 유리한 계약서를 작성할 것

불완전한 계약서는 나중에 회수 불능이나 부도로 인해 피해를 입을 가능성이 있다. 피해를 방지하기 위해서는 안전하고 유리한 '완전한 계약서' 를 작성해야 한다.

그를 위해서는 다음과 같은 14가지 체크 포인트가 있다.

정확한 계약서를 작성하기 위한 14가지 포인트

①	전문을 넣을 것 (계약 당사자와 계약 내용을 알 수 있도록)
②	각 조목마다 표제를 붙일 것(조문 내용을 알 수 있게 요약)
③	한 조목씩 분명하게 의무 위반에 관한 사항을 쓸 것
④	보증인을 세울 것
⑤	정정한 것에는 분명하게 해 놓을 것
⑥	계인을 잊지 말 것
⑦	작성 연월일을 쓸 것
⑧	서명 날인을 해 둘 것
⑨	만일을 위해서라도 사전에 도장을 찍지 말 것
⑩	수입인지와 말미 문언을 붙일 것
⑪	계약서는 당사자들에게 필요한 것만 만들 것
⑫	공정증서로 해 놓을 것
⑬	대리인에 의하여 계약서를 작성할 때에는 위임장을 받아 놓을 것
⑭	확정일자를 받아 놓을 것

03

경영조직의 구조

01_ 주주총회의 개최방법과 직무권한

1. 주주총회에는 어떤 권한이 있는가

주주란 주식회사의 소유자를 말한다. 그러나 주주가 직접 회사를 경영하는 것은 아니다. 회사의 경영은 이사회와 대표이사에 의해서 운영된다. 주식회사는 회사의 소유자와 경영자가 다른 사람으로 되어 있다(소유와 경영의 분리).

그러나 회사의 경영을 담당하는 경영진이 주주의 의사에 상반되는 행위를 해서는 안된다. 그래서 법률은 회사의 기본적인 사항과 회사의 정관 및 주주총회의 결의사항을 대해서 이사회나 대표이사가 따르도록 규정하였다.

주주총회의 결의는 회사 내부의 최고 결정이며 주주총회는 최고 의사결정기관이다. 법정결의 사항으로는 정관의 변경, 자본의 감소, 이사 · 감사의 해임, 회사의 해산, 회사의 계속, 이사 · 감사 · 청산인의 보수, 이사 · 감사의 선임, 회사 대표자의 선임, 회계서류의 승인, 주식회사의 제한을 설정하는 정관의 결정 등이 있다.

이상의 법정결의사항은 주주총회가 결의할 수 있을 뿐만 아니라 반드시 결의해야 할 사항이다. 예컨대 이사의 선임을 의장에게 일임한다는 결의를 하더라도 이 결의는 무효이다. 또한 이사의 보수에 대해 금액 · 지급시기를 이사회에 일임하는 결의도 종래의 관례에 따라서 일정한 기준이 없는 경우는 무조건 결정을 일임한 것이 되므로 무효이다.

상법은 주주총회의 결의사항을 법으로 정하고 그 한도에 있어서는 주주총회가 아닌 다른 회사의 기관이 결정해서는 안된다는 것을 규정하고 있다.

법정사항을 주주총회에서 결정하면 회사의 기본적 주요사항은 주주의 의사를 반영하여 실행하게 되고 그 결과 주주의 이익을 지킬 수 있다고 생각하고 있다. 그러나 회사의 규모에 따라서는 경영에 대해 전문적 지식이 있는 사람을 이사로 선임하지 않거나 경영을 이사에게 위임할 수 없는 경우도 있을 것이다.

그러므로 정관에서 주주총회의 결의사항으로 정해놓은 사항에 대해서는 법정결의 사항이 아니더라도 주주총회의 의사결정을 회사의 최고 의사결정으로 할 수 있게 하고 있다. 따라서 법률(상법)과 정관으로 정하고 있지 않는 사항을 주주총회에서 결의할 수는 없다. 이를테면 주주총회는 무엇이든 결정할 수 있는 기관이 아니다.

2. 소집시기와 결정은 어떻게 하는가

(1) 정기총회와 임시총회

주주총회에는 매년 결산기마다 개최되는 정기총회와 기타 필요가 있는 경우에 개최되는 임시총회가 있다. 이 정기총회와 임시총회와의 구별은 개최되는 시기에 의한 구별이며, 총회에서의 결의사항에 의한 구별은 아니다.

정기총회에서 회계서류의 승인 이외의 이사의 선임, 감사의 선임, 정관변경 등의 사항을 결의하게 되면 임시총회를 개최하는 시간을 절약하게 된다. 일반적으로 이사 · 감사의 임기가 만료되는 경우 정기총회에서 이를 선임하게 하고 있다.

(2) 소집결정은 어떻게 하는가

총회를 소집하는 데는 회의의 목적 · 일시 · 장소를 정하여 2주 전에 각 주주에게 서면으로 통지하여야 한다. 이것을 결정하는 것은 통상 이사회이다(상법 363조). 그러나 이사회가 주주의 의사를 무시하고 총회를 소집하지 않았다든지 회의의 목적이 되는 결의사항을 받아들이지 않는 경우가 있다.

또한 이사에게 부정행위가 있는 경우에 총회를 통한 해임이 필요한데도 이사회가 해임을 하기 위한 총회를 소집하지 않는 일도 발생한다.

그래서 소수 주주 즉, 발행주식 총수의 100분의 5 이상에 해당하는 주식을 갖는 주주는 이사회에 대해 총회 소집을 청구할 수 있다. 그 절차는 서면으로 총회의 의제로 되는 목적사항과 총회의 소집을 요구하는 이유를 기재하여 청구하면 된다.

이에 대해 이사회가 지체 없이 총회소집 절차를 밟지 아니할 경우, 주주가 법원의 허가를 얻어 총회를 소집할 수가 있다. 그리고 주주의 청구에 따라 이사회가 소집하는 주주총회 혹은 주주가 법원의 허가를 얻어 소집한 총회에서는 회사의 업무와 재산상황을 조사하기 위해서 검사인을 선임할 수가 있다(상법 366조 3항).

이사회에서 주주총회 소집 결의는 이사의 과반수가 출석하여 회의를 개최하고, 출석한 이사의 과반수 찬성이 없이는 주주총회의 소집을 결의할 수 없다(상법 391조). 이사회의 결의는 반드시 회의를 통해야 하며 서면에 의한 결의는 할 수 없다.

(3) 주주총회의 소집절차

주주총회의 소집은 통상적인 경우 이사회의 결정에 따라서 대표이사가 소집통지를 발송한다. 먼저 기명주주에 대해서는 회의 날짜와 통지를 발신하는 날짜와의 사이가 2주 이상이 되도록 하고, 무기명 주식이 있는 경우에는 주주에게 통지문을 발송할 수 없으므로 3주 전에 공고를 해서 주주에게 의결권을 행사할 준비를 시킬 필요가 있다(상법 363조). 소집통지 또는 소집통지 공고에는 총회의 일시 · 장소 · 회의의 목적을 기재해야 한다.

영업양도 등의 결의를 하는 경우에는 주주가 찬성 · 반대할 수 있는 자료를 기재하지 않으면 안된다. 마찬가지로 정관 변경 · 자본의 감소 등 중요사항에 대한 소집통지에는 그에 관한 자료를 기재 · 공고하도록 함으로써 주주가 의결권을 행사하기 쉽게 한다.

소집절차가 법령 또는 정관에 위반되거나 현저하게 불공정할 때에는 총회의 결의를 재판에 의해 취소할 수 있다(상법 376). 다만 아무 때고 재판을 제기할 수 있도록 하면 언제 총회 결의가 재판에서 취소될지 몰라 곤란하다. 그래서 결의 취소 재판은 결의일부터 2개월 이내에 제기하여야 한다(상법 376조 1항).

게다가 주주도 재판을 제기할 수 있다(상법 376조 1항). 그래서 회사는 주주로부터의 소송 남발을 방지하지 않으면 번거로운 일이 발생하게 된다. 회사는 소송을 제기한 주주가 악의라는 것을 증명(정도는 가벼워도 좋다)하여 주주에게 담보를 제시하도록 법원에 청구할 수 있다(상법 377조 2항).

(4) 주주총회에는 반드시 참석해야 하는가

주주총회에 다수의 주주가 출석하는 일은 거의 없다. 그러므로 총회를 성립시키기 위해서 회사의 총무부에서는 위임장에 의한 출석 주주를 소집할 필요가 있다. 위임장에는 주주의 회사계출인감을 사용하여 날인할 것을 소집의 통지 또는 위임장에 기재해두면 주주는 계출인감을 날인하여 반송해 온다.

계출인감의 경우는 정식위임장이라고 생각하고 처리해도 되지만 계출인감 이외의 경우는 위임의사를 확인할 수 없는 한, 출석수(정원수) · 의결수에서 제외해 두는 것이 안전하다. 출석수 · 의결수가 부족하면 결의취소 사유가 된다.

주주의 총회출석 · 결의는 주주 자신이 행사하지 못할 경우 대리인을 출석시켜도 무방하다. 다만 대리인은 대리권을 증명할 수 있는 서면을 주주총회에 제출하여야 한다.

(5) 주주총회의 결의는 어떻게 하는가

주주총회의 결의는 상법 또는 정관으로 별도의 규정이 있는 경우를 제외하고는 발생주식수의 과반수에 해당하는 주식을 가진 주주가 출석하고 그 출석주주의 의결권의 과반수 찬성으로 결의하도록 되어 있다. 이것을 통상결의라고 한다(상법 368조 1항). 이사의 선임, 감사의 선임, 이사 · 감사의 청산인의 보수 등은 통상결의이다.

영업양도, 정관변경, 이사 · 감사의 해임 등의 결의를 하는 경우에는 발행주식의 과반수 주주가 출석하여 총회를 개최하고 출석주주 의결권의 3분의 2 이상의 결의가 있어야 한다. 이것을 특별결의라고 한다(상법 434조).

(6) 이사 · 감사의 설명의무

주주가 회사의 업무와 재산상황의 보고를 주주총회에서 받고자 하는 경우, 미리 조사기간을 정하고 서면으로 설명을 요구하는 사항을 기재하여 총회에서의 보고를 요구하는 것이 바람직하다. 이러한 요구가 있을 때 이사는 주주가 설명을 요구하는 사항이 회의의 목적인 사항(의제)에 관계가 없는 경우, 설명으로 말미암아 기업비밀이 새어나가 회사영업에 장애가 생기는 등 주주가 현저하게 불이익을 받는 경우, 기타 정당한 이유가 없으면 보고를 거절할 수가 있다.

주주는 구두 청구에 의해서도 보고를 요구할 수 있지만 이 경우에는 이사가 보고하기 위해 조사가 필요하다는 이유를 내세워 보고를 거절할 수 있으며, 감사에 대해서도 마찬가지이다.

주주의 보고 청구권은 주주가 주주총회에서 질문 내용에 대한 보고를 구하는 것이므로, 주주가 총회에서 질문하지 않으면 이사의 보고의무는 없다. 이사가 이유 없이 보고를 거절할 경우, 총회의 결의는 취소사유로 된다(상법 376조). 거절할 수 있는 이유 중에 '주주 공동의 이익을 현저히 해치는 경우' 가 인정되어 있는 것은 주주 전체의 공동이익을 해치는 총회꾼이 질문권을 남용하는 것을 방지할 수 있게 배려한 때문이다.

(7) 주주총회 의사록의 작성의무

주주총회는 주주 이익의 중요한 사항에 대해 결의하는 것이므로 의사록을 작성하여야 한다. 의사록 작성은 총회 종료 후에도 좋지만 결의사항이 등기를 요하는 사항인 경우에는 등기 신청에 의사록을 첨부할 필요가 있으므로 보통 수일 내에 작성하고 있다. 의사록에는 의사에 대한 제안 · 회의의 개요 · 표결방법 등의 의사경과사항과 그 결과를 기재한다.

3. 주주 · 주권의 법률지식

(1) 주주란 어떤 사람인가

주주는 주식회사의 구성원, 이를테면 구성 멤버이다. 즉 주식회사는 일정한 자금을 모아 형성되는데 이 자금을 출자함으로써 주식회사의 구성원으로 주주가 되는 것이다. 주주는 주식회사의 소유자라고 할 수 있다. 그러므로 일반적으로 사장을 비롯한 경영자가 회사에 대해서 '우리 회사' 라고 하는 것은 엄격하게 따진다면 틀린 말이다.

특히 주주총회 등에서 주주에 대해 경영자가 마치 자기 소유의 회사인 것처럼 '우리 회사' 라고 말하는 것은 잘못된 것일 수도 있다. 현재 미국의 경영자는 주주총회에서 주주를 향해서 말할 때 your company(당신의 회사)라고 부른다.

회사의 소유자라고 할 주주는 회사의 재산이라든가, 회사가 갖는 권리를 직접 소유하지는 않는다. 경제적 혹은 실질적으로는 주주의 소유라 하더라도 법률적으로 회사는 독립한 하나의 권리 · 의무의 주체로 취급되고 있다. 그리고 주주는 이 회사의 멤버로서 이 회사에 대하여 일정한 법률상의 권리 · 의무를 갖는다.

(2) 주주의 권리란 어떤 것인가

주주는 주주라는 지위에 바탕하여 여러 가지 권리를 갖고 있다. 주주가 갖는 주된 권리를 구분하면 '자익권과 공익권' 이다. '자익권' 은 주주가 회사로부터 경제적 이익을 받을 것을 목적으로 하는 권리 및 이에 부수하는 권리를 말하며, 재산적 권리라고도 불리고 있으며 다음과 같은 여러 가지 권리가 있다.

먼저 이익배당 청구권(상법 462조)은 주주의 기본적 권리의 하나이며, 회사가 이익을 올릴 경우에 배당을 받는 권리이다.

다만 이익을 올리면 반드시 청구할 수 있는 것은 아니고 배당하는가 안 하는가 및 배당의 정도를 일정한 절차에 따라서 결정함으로써 비로소 구체화하는 것이다. 잔여재산분배 청구권(상법 538조)은 회사가 해산한 경우에 채무를 상환한다든지 해서 청산하고 남은 재산의 분배를 받는 권리이다. 이 경우에 주주가 회사의 소유자라는 성격이 가장 잘 나타나는데 통상적으로는 잘 활용되지 않는 권리이다.

이 밖에 주권 · 주식에 관한 것으로서 상법상 주권교부 청구권(상법 355조 1항), 신주 인수권(상법 418조), 주식 명의변경 청구권, 그리고 영업양도나 합병 등 회사의 중요한 행위에 반대하는 주주가 회사에 대해서 주식을 매수하도록 할 수 있는 주식매수 청구권 등이 있다.

'공익권' 은 주주의 경제적 이익과 직접 관계없이 구성원으로서 회사의 운영에 참여하는 권리를 말한다.

예컨대 일정한 경우에 자신이 주주총회를 소집할 권리, 주주총회에 있어서의 의결권, 제안권, 이사의 독단행위를 저지하기 위한 이사의 위법행위 정지청구권, 이사 · 감사 해임청구권, 회사의 상황을 알기 위한 계산 서류 · 부속 명세서 열람권, 정관 · 의사록 · 주주명부 · 사채원부 열람과 복사권, 회계장부 열람권 등이 있다.

주의할 것은 주주가 직접 회사경영을 한다든지 회사를 대표한다든지 할 권리는 인정되어 있지 않다는 점이다. 주주는 회사의 소유자이기는 하지만 법률적으로는 직접 경영에 참가하거나 영업행위를 할 수 없다. 즉 회사의 업무나 경영은 이사회, 대표이사라는 기관이 담당하고 비전문가인 주주가 직접 참여하지는 않는다. 그러므로 주주가 회사경영에 직접 참가하려고 한다면 이사, 대표이사로 선임을 받아 취임하여야 한다. 세간에서 흔히 말하는 오너 사장이라는 것은 주주로서 회사의 오너이며 또한 경영자로서 사장도 겸하고 있는 경우이다.

(3) 주주의 의무

주주는 그가 소유하는 주식으로 인수받은 '가액(價額)'에 대해 출자의무를 지며(상법 331조), 출자는 금전출자를 원칙으로 하며, 현물출자는 설립 시에 발기인인 주주에 한해서 가능하다. 또한 회사에 대해 채권을 갖고 있다고 해서 출자의 의무와 상계할 수는 없다(상법 334조). 정관이나 주주총회의 의결이라도 주주는 출자 이외에는 의무를 지지 않는다.

(4) 주권은 주식을 나타내는 유가증권

주권은 주식, 즉 주주의 지위를 나타내는 유가증권이다. 다만 주권이 발행되지 않으면 주주의 지위가 생기지 않는다는 것이 아니라 주주의 지위는 회사설립 때는 회사의 성립과 동시에, 신주발행 때는 납입기일의 다음 날(상법 423조 1항)에 각각 생기므로 주권은 이미 발생한 주주의 지위를 나타내는 것이다.

어음은 실제 대금채무가 없었던 경우에도 발행된 어음 자체는 유효하다. 그러나 주권은 그 기초가 되는 주주의 지위가 발생하지 않는 한, 아무리 발행되어도 무효이다. 또한 주권은 일정한 기재사항이 정해져 있으며, 그 기재사항에는 대표이사의 기명 · 날인이 필요하므로 이른 바 요식증권에 속한다(상법 356조).

그리고 주권은 주주의 지위, 주주권을 나타낸 것이기 때문에 주식을 양도할 때는 그것을 교부하는 일이 필요하고(상법 336조 1항) 주주권을 행사하는데도 그 소유가 필요하다.

(5) 주권은 발행하지 않아도 되는가

주권은 회사가 설립된 후 지체 없이 발행하도록 정해져 있으며(상법 355조 1항), 이에 위반할 경우 별도의 벌칙은 없지만 주주에게는 주권교부를 청구할 권리가 있으므로 결국 주권은 발행하여야 한다. 다만 회사도 주권을 발행하지 않고 주주도 주권 교부를 청구하지 않을 경우, 주권의 발행이 이루어지지 않는 회사도 있다.

그러나 이것은 회사 주권 발행을 태만하고 있다는 의무 위반뿐 아니라, 후에 주주가 사망하고 상속문제가 제기될 때 주주의 권리범위가 불명확해지고, 회사 내부에 대립이 발생할 때는 분쟁의 원인이 될 수도 있다.

주식의 양도가 전혀 없고 주권발행의 필요성이 없다든가, 발행비용을 절약하고 싶다든가, 주권을 발행하고 싶지 않을 때는 주주로부터 주권 불소지의 신고를 하도록 해서 이에 따르는 형식을 취할 수가 있다. 이것을 '주권 불소지 제도' 라고 부른다(상법 358조의 2).

(6) 주권을 분실하면 어떻게 하는가

주권은 앞에서 기술한 바와 같이 주주의 지위를 나타내는 것이며 권리의 행사 이전에 필요한 것이므로 주권을 분실한 주주는 주주로서의 권리의 행사나 양도를 행할 수 없다.

또한 분실한 주권을 최초로 취득한 사람은 그것이 자기의 것이 아닌 것을 알고 있으므로 주주로서의 지위를 취득할 수 없지만, 그 사람을 정당한 주주로 믿고 그 사람으로부터 주권을 취득한 사람은 주주권을 취득한다(상법 359조). 이를 '주권의 선의취득' 이라 한다.

그래서 주권을 분실한 사람의 청구가 있어도 회사는 곧바로 주권을 재발행해서는 안되고, 분실한 사람이 우선 법원에 공시최고라는 절차(민사소송법 446조 이하)를 신청하여 법원에서 주권을 무효로 한다는 판결(제권판결)을 받을 필요가 있다(상법 360조).

02 대표이사 · 이사 · 감사의 직무와 권한

1. 대표이사의 선임은 어떻게 하는가

회사의 이사는 이사회를 구성하고 그 이사회의 일원으로서 회사의 업무집행에 관한 의사결정 및 업무의 감사를 하는데 지나지 않기 때문에 누가 회사를 대표하여 행동하는가 하는 것이 문제가 된다. 그래서 상법은 회사의 업무집행에 대해서 대외적으로 회사를 대표하는 필요한 상설기관으로 대표이사를 두고 있다.

대표이사는 이사회의 결의에 의해서 이사 중에서 선임한다(상법 389조). 그러므로 대표이사는 항상 이사회의 구성원으로서의 지위를 겸하고 있다. 이것은 대표이사와 이사회와의 연계가 유지되어 의사결정과 집행 자체의 일체성이 도모되지만 대표이사의 선임을 주주총회의 권한으로 할 수 있는지의 여부에 대해서는 견해의 대립이 있다.

이것을 인정하는 입장에 의하면 대표이사는 법률상 회사의 대표기관이지 이사회의 대표기관은 아니라는 이유와 대표이사의 선임 등이 주주총회의 결의사항이라 하더라도 이사회는 그 해임을 의제로 총회를 소집할 수가 있다는 이유에서 정관규정에 의해서 총회의 권한을 확장할 수 있다고 한다.

한편, 인정하지 않는 입장에서는 이사회가 업무집행의 전권을 갖고 있으며 대표이사는 이사회의 업무집행 권한을 대리 행사하는 것이라고 하는 이유와 이사회가 대표이사를 해임할 수 없는 것이라면 이사회가 대표이사에 대해서 갖는 명령 · 감독권을 행사할 수 없는 것이 되고, 상법 389조는 '이사회의 결의에 따라' 로 규정하고 있다는 것을 이유로 하고 있다.

대표이사의 인원수는 한 사람이라도 좋고 몇 사람이라도 좋다. 실제 정관에서 사장, 전무이사 등을 두고 이들을 대표이사로 하는 일이 많은 것 같다. 대표이사가 몇 사람 있는 경우에는 각각 회사를 대표하는 권한을 갖고 있지만 그 예외로서 몇 사람의 대표이사가 공동으로 회사를 대표할 것을 정할 수가 있다(상법 389조 2항).

이것을 '공동대표이사' 라고 하고 있는데 공동대표이사의 경우, 그들은 공동으로서만 회사를 대표할 수가 있고 공동이 아닌 상태로 한 행위는 회사의 대표 행위로서 인정되지 않고 무효가 된다.

다만 회사의 상대방이 공동대표이사 중 한 사람에 대해서 한 의사표시는 유효하다고 되어 있다(상법 389조 3항, 208호 2항).

또한 공동대표이사가 정해져 있을 때 그 한 사람이 다른 공동대표이사에게 포괄적으로 권한행사를 위임할 수는 없지만 특정한 행위에 대해 위임할 수는 있다.

2. 대표이사의 권한은 무엇인가

대표이사는 대내적으로는 집행기관으로서 주주총회 또는 이사회의 결의를 실행함과 동시에 일상 업무 등 이사회에 의해 위임된 사항을 결정해서 집행한다. 대표이사가 여러

명 있는 경우 그 중의 한 사람을 최고 집행자로 하고 기타 대표이사와의 사이에 순위를 정했다 하더라도 대외적으로는 대항할 수 없지만 내부적으로는 전혀 문제가 없다.

실제 회사 사용인의 자격을 겸하는 일 없이 회사 대표권이 없는 업무담당이사가 다수 존재하고 있는데 업무담당이사는 이사이기는 하나 대표이사는 아니다. 업무담당이사의 선임방법은 정관 또는 이에 기초한 이사회 규칙에 의해 정해진다.

또한 상법에서는 주식 또는 사채의 신청서 작성, 주권, 신주 인수증서, 채권의 서명, 정관 등의 비치, 회계서류 및 부속 명세서의 작성 등을 이사의 직무권한으로 규정하고 있는데 이러한 집행적 성질을 갖는 것은 대표이사의 직무권한이다.

대표이사는 대외적으로는 회사의 대표기관으로서 대표 권한을 갖고 있으며 대표이사의 행위가 그대로 회사의 행위로 인정된다. 상법에서도 '대표이사는 회사의 영업에 관한 일체의 재판상 또는 재판 외의 행위를 할 권한을 갖고 있으며 이것을 제한하여도 선의의 제3자에 대항할 수 없다(상법 389조 3항)' 고 규정하고 있다.

이와 같이 대표이사의 대표권의 범위는 회사의 영업 전반에 미친다. 단, 회사와 이사간의 소송에 대해서는 대표이사에게 대표권이 없고 감사가 회사를 대표하는 것으로 되어 있다(상법 394조).

3. 대표이사의 행위와 회사의 책임

대표이사의 행위가 객관적으로 보아 회사의 영업에 관한 것이라고 인정되는 경우, 만일 대표이사가 자기 개인을 위해 일정 행위를 했다고 하더라도 그 행위는 회사의 행위로서 회사에 대해 효력이 발생한다고 되어 있고, 다만 상대방이 대표이사의 참뜻을 알고 있다든가 알게 되는 경우에는 무효로 된다고 한다.

대표이사는 주주총회나 이사회의 결의에 기초하여 대내적 및 대외적으로 업무집행을 하는 것이 순리인데, 대표이사가 주주총회나 이사회의 결의에 의하지 않았다든지 결의에 위반되는 행위를 하였을 경우, 행위의 효력은 어떻게 되는가?

이에 대해서는 결의를 요구함으로써 회사의 이익을 지키려고 하는 법의 취지와 행위가 대표이사에 의해 행해진 것을 신뢰하고 거래를 한 상대방의 거래의 안전을 비교하여 유효·무효가 결정된다.

따라서 결론적으로는 거래의 안전과는 관계없는 회사의 내부적 행위(예컨대 주주총회의 소집)에 대해서는 무효로 되고, 그렇지 않은 통상적인 거래행위나 신주의 발행, 사채의 발행 등은 거래의 안전보호를 도모하기 위해 유효가 된다.

대표이사 이외의 이사에게는 회사의 대표권이 없으므로 사장, 부사장, 전무이사와 같은 명칭을 갖는 이사라도 대표권을 갖지 않는다. 따라서 거래의 안전을 도모하기 위해 이와 같은 회사의 대표권을 갖는 명칭을 사용한 이사의 행위에 의해 이사의 대표권한이 없음을 모르는 선의의 제3자가 입은 피해를 회사는 책임을 져야 한다.

그러므로 그 이사의 대표권한이 없는 것을 알지 못해 피해를 보게 된 제3자로서는 비록 거래에 있어서 회사의 등기부조사를 하지 않았다든지, 회사에 조회를 소홀히 하였더라도 제3자에게 중대한 과실이 없는 한 회사는 책임을 지게 된다.

대표이사의 임기는 대표이사가 이사라는 것이 요구되고 있으므로 정관 또는 결의를 통해 특별히 임기를 정하지 않을 때에는 이사의 임기(3년)가 대표이사의 임기가 된다. 대표이사의 성명 및 주소는 등기사항으로 그 취임이나 퇴임에 대해서는 반드시 등기하여야 한다.

4. 이사의 권한과 자격은 무엇인가

(1) 업무집행을 위한 의사결정을 한다

이사는 이사회의 구성원으로서 업무집행에 관한 의사결정에 참가할 뿐, 직접 회사의 업무집행이나 회사를 대표하는 일은 하지 않는다. 따라서 그 자체로는 회사의 업무집행기관으로 인정되지 않고, 업무집행 의사결정기관으로서의 이사회의 구성원으로서의 지위에 지나지 않는다.

그러므로 이사는 이사회 구성원 입장에서 주주총회에 출석한다든지 이사회를 소집한다든지 상법상의 각종의 소송을 제기할 권리가 인정되고 있다.

(2) 이사의 결격사유

이사의 자격에 결격사유가 있는데도 그 결격자가 이사에 선임된다면 그 선임은 무효이다. 그러나 결격자라도 이사선임 등기가 되어 있는 경우에는 그 선임의 무효를 갖고 이를 알지 못하는 제3자에 대항할 수 없다. 또한 내부적으로는 결격사유가 있는 이사가 선임되어 직무행위를 했을 때에 그 행위는 무효이지만, 단순히 이사회의 일원으로서 결의에 참가한 경우에는 곧바로 결의 그 자체가 무효로 되는 것은 아니다.

이사의 자격은 앞에서 기술한 결격사유 이외에 정관에서 합리적 범위 내에서 제한하는 것도 인정되고 있다. 또한 이사의 자격 그 자체의 제한은 아니지만 이사와 감사의 겸임은 감사의 직무와 모순되기 때문에 법률상 인정되고 있지 않다(상법 411조).

이사는 경쟁관계에 있는 타 회사의 임원을 겸할 수도 없다. 현실적으로 감사직에 있는 자를 이사로 선임하였다고 하더라도 그 자가 이사에 취임하려고 한다면 감사를 사임하면 되는 것이므로 이사의 선임결의는 무효가 아니다.

5. 이사의 선임을 어떻게 하는가

이사의 정원수는 상법상 3인 이상으로 되어 있으나 정관으로 최고한도를 정하는 것은 가능하다. 예컨대 정관에서 '당회사는 5명의 이사를 둔다' 고 규정하고 있는 경우에는 5명의 이사가 있어도 되지만, '당회사에는 5명 이내의 이사를 둔다' 고 규정하고 있는 경우에는 3명 이상 5명 이내의 이사를 둘 수가 있고 이 범위 내에서 몇 명으로 하는가는 주주총회에서 결정하게 된다.

정관에 규정한 인원수 이상의 이사를 선임한 경우에는 그 선임결의는 무효이다. 이사의 인원수에 결원이 생겨서 법률상 또는 정관으로 정한 인원수의 최저수가 안될 경우에는 곧바로 주주총회를 소집해서 결원을 보충해야 한다.

이사의 선임은 주주총회의 결의에 따라 이루어진다(회사설립 때의 최초의 이사에 대해서는 발기인 또는 창립총회에서 선임). 주주총회는 정기총회이든, 임시총회이든 상관없지만 주주총회 이외의 기관에 의해서 선임하는 것은 불가능하다.

주주총회에 의해서 이사를 선임하는데는 발행주식 총수의 과반수에 해당하는 주식을 갖는 주주가 출석하고 그 의결권의 과반수의 찬성을 갖고 이루어진다.

본래 통상결의에 대해서는 법률이 정하는 정족수를 경감한다든지 배제할 수가 있지만, 이사의 선임 결의에 대해서는 정관규정으로도 이를 경감 또는 배제하지 못한다(상법 384조). 이사의 '인적사항' 은 등기사항이므로 이사가 선임되면 등기하여야 한다.

6. 이사의 해임 · 해임하는 절차

이사의 임기는 3년을 초과할 수 없게 되어 있지만(상법 383조 2항) 정관 또는 주주총회의 결의에 따라서 이사의 임기를 연장 · 단축할 수가 있고, 임기 중의 최종 결산기에 관한 정기총회의 종결에 이르기까지 임기를 연장할 수가 있다(상법 383조 3항).

이사는 언제나 임의로 사임할 수가 있고 이사가 사망할 경우 당연히 이사로서의 지위는 없어진다. 기타 이사의 결격사유가 발생한 경우나 임기 만료인 경우, 이사의 지위는 없어진다.

이사는 언제든지 이유를 불문하고 주주총회의 특별결의(발행주식 총수의 과반수에 해당하는 주식을 갖는 주주가 출석하고 그 의결권의 3분의 2 이상에 해당하는 다수결)에 의해 해임될 수가 있고 또 해임결의가 부결되더라도 그 이사가 부정한 행위를 하였을 때 또는 정관에 위반하는 사실이 있었을 때는 발행주식 총수의 100분의 5 이상에 해당하는 주식을 갖는 주주에 의해서 그 이사의 해임 소송을 청구할 수가 있다(상법 385조 2항 · 3항).

다만 주주총회에서 이사의 해임결의를 하였을 때에 정당한 사유가 없는 경우, 그 이사는 회사에 대해 해임에 의해 생긴 손해배상 청구를 할 수가 있다.

7. 이사의 의무에는 무엇이 있는가

(1) 이사와 회사의 관계는 위임

이사와 회사와의 관계는 위임관계이므로 이사는 회사에 대해서 수임자로서 위임의 취지에 따라 선량한 관리자로서의 주의 의무로 위임사무를 처리하여야 되며 이사는 정관의 규정 및 총회의 결의를 준수하고 회사를 위해 충실히 그 직무를 실행할 의무를 진다.

일반적으로 통상적인 이사의 의무는 이사회에 출석하여 업무집행에 관한 의사결정에 참가한다든지 이사회의 구성원으로서 대표이사의 행위를 감독하는 일을 들 수 있다.

(2) 이사의 경업(競業)행위 금지의무

첫째, 이사는 자기 또는 제3자를 위해 회사의 영업부류에 속하는 거래를 자유로이 할 수 있는 입장이어서 회사의 이익을 해칠 염려가 있기 때문에 이것을 방지하지 않으면 안된다. 따라서 이사가 자기 또는 제3자를 위해 회사의 영업부류에 속하는 거래를 하기 위해서는 사전에 주주총회의 승인을 받아야 한다. 이사회의 승인을 받지 않고 한 거래로 회사가 손해를 받은 경우, 이사에 대해 손해배상 청구가 가능하고 해임할 수도 있다.

둘째, 이사가 자기 또는 제3자를 위해 회사와 거래하는 경우, 그 거래를 자유롭게 하게 하면 회사에 불이익이 발생할 염려가 있기 때문에 상법은 이사가 회사의 제품 또는 기타의 재산을 양수받아 회사에 대해 자기의 제품, 기타의 재산을 양도하고 회사로부터 금전의 대출을 받거나 자기 또는 제3자를 위해 회사와 거래를 하려면 이사회의 승인을 받아야 한다(상법 398조).

회사가 이사의 채무를 보증하고 기타 이사 이외 사람과의 사이에서 회사와 이사와의 이익이 상반하는 거래를 할 때도 같다.

이 거래는 회사에 손해를 발생케 할 염려가 있는 것에 한정된다고 보아야 함으로 운송이나 예금처럼 거래약관에 의한 일반적인 거래나 회사에 불이익을 미칠 염려가 없는 행위, 예컨대 회사 또는 이사에 의한 채무의 이행이나 상계, 이사의 회사에 대한 부담 없는 증여나 무이자, 무담보의 금전지급 등에 대해서는 이사회의 승인이 필요 없다.

이사회의 승인을 받고 거래한 이사는 거래 후에 지체 없이 거래에 대한 중요한 사실에 관해서 이사회에 보고하지 않으면 안 된다. 이사회의 승인을 얻지 않고 이사가 행한 행위의 효력에 대해서는 원칙적으로 무효이지만 선의의 제3자에 대해서는 그 무효를 주장할 수 없다고 보는 것이 타당하다. 또한 이사회의 승인이 거래 뒤에 이루어진 경우, 그 거래행위에 관한 추인으로 보아 그 거래는 유효하다.

한편, 거래를 통해 회사에 손해를 발생시킬 때는 이사회의 승인 유무에 관계없이 이사는 무과실 책임을 지지 않으면 안 되고, 이사회의 승인 결의 시 이에 찬성한 이사도 거래를 한 이사와 동일한 책임을 지게 된다.

셋째, 이사는 보수를 받는 것이 통례이지만 그 액수를 대표이사나 이사회가 일률적으로 결정하게 되면 소위 자기에게 유리하게 보수를 책정할 염려가 있으므로 정관 또는 주주총회의 결의에 의해야 한다.

정관 또는 주주총회에서는 보수에 대해서 이사 전원에 대한 보수의 총액과 최고 한도액을 정하고 각 이사에 대한 배분은 이사회에 일임하여도 무방하다.

8. 이사의 제3자에 대한 책임

이사는 그 임무에 위반한 경우, 회사에 대해 책임을 져야 한다고 앞서 기술했다. 또 상법에서는 주식회사의 성격으로 보아 이사의 직무행위가 제3자의 이해관계에 영향을 미치게 한 경우, 이사가 직접 제3자에 대해서 손해배상 책임을 지는 것을 인정하고 있다.

이사가 그 직무를 수행하는 과정에서 악의 또는 중대한 과실이 있으면 그 이사가 제3자에 대하여 연대하여 손해배상의 책임을 져야 한다(상법 401조).

즉 이사가 주식 신청서, 신주인수권 증서, 사채 신청서, 대차 대조표 등의 회계서류에 기재해야할 중요한 사항에 대해서 허위로 기재를 하거나 허위의 등기 · 공고를 했을 때 손해배상의 책임을 져야 한다.

제3자가 입는 손해로는 이사의 행위에 의해 직접적으로 입은 손해와 이사가 임무를 게을리 해서 회사의 재산이 감소한 결과 간접적으로 입은 손해가 있는데, 이사의 업무태만과 제3자의 손해 사이에 상당한 인과 관계가 존재하는 한 이사는 제3자에 대해서 책임을 져야 한다. 이사의 제3자에 대한 책임은 연대책임이며 그 행위가 이사회의 결의에 기초한 때는 결의에 찬성한 이사는 업무태만으로 간주되고 의사록에 이의를 남기지 않은 이사도 결의에 찬성한 것으로 간주된다.

또한 이사에게는 다른 이사의 행위에 대해서 감시할 의무가 있으므로 악의 또는 중대한 과실에 의해서 다른 이사의 업무태만을 감시하지 못한 경우에는 그 행위가 이사회의 결의에 기초한 것이 아닌 경우에도 제3자에 대해서 책임을 져야 한다.

9. 이사의 책임은 주주가 추궁한다

이사는 회사에 대해서 중대한 책임을 갖고 있으므로 회사는 당연히 이사에 대해서 그 책임을 추궁할 수가 있는데 회사와 이사와의 사이는 특수 관계가 있으므로, 회사가 이사의 책임을 추궁하기 힘든 특정의 경우에는 주주가 이사에게 책임을 추궁하는 것을 인정하고 있다.

이사에 대한 책임추궁소송이 이루어진 경우, 소송을 제기한 주주가 정당하게 소송을 제기하지 않았다든지 상대방 이사와 야합한 재판을 통해 일부러 패소시키는 일도 종종 있으므로 상법은 소수 주주가 소송을 제기한 때는 회사가 소송에 참가할 수 있고 또한 소송을 제기한 주주는 회사에 대한 고지의무를 부담한다고 했다(상법 404조).

또한 이사가 회사의 목적 범위 내에 없는 행위나 법령 또는 정관에 위반하는 행위를 하려하고 그 행위의 결과 회사에 회복할 수 없는 손해가 발생할 우려가 있는 경우, 소수 주주는 회사를 위해 이사의 그 행위를 정지하도록 청구할 수가 있다.

10. 감사의 선임은 어떻게 하는가

감사는 이사의 직무집행을 감사하는 주식회사의 필수적인 상설기관이다. 감사를 선임하는 데는 주주총회에서 발행주식 총수의 과반수에 해당하는 주주가 출석하고 그 의결권의 과반수 찬성으로 선임해야 한다. 감사의 인원수에 대해서는 제한을 두고 있지 아니하므로 1인이라도 무방하다.

감사는 주주에 한정하지는 않는다고 본다. 그러나 감사는 성질상 이사를 겸할 수는 없다고 정해져 있다(상법 411조). 또한 감사에 대해서도 이사와 마찬가지로 그 성명을 등기하는 일이 의무로 되어 있다.

감사의 임기는 취임 후 2년 이내의 최종결산기 또는 정기총회 종결시까지로 되어 있다. 감사의 임기는 정관의 규정에 의해서도 연장이나 단축은 안 되지만 보결을 위해 선임된 감사의 임기에 대해서만은 정관에 의해 퇴임감사의 임기만료 때까지 할 수 있다.

또한 임기 중에라도 주주총회의 특별결의로 해임할 수 있지만, 감사는 해임에 대해서 주주총회에서 의견을 진술할 수가 있다.

11. 감사의 직무권한은 무엇인가

감사의 직무는 이사의 직무집행을 감사하는 데에 있으며 그 권한은 회계감사를 포함한 업무전반에 미치는데, 원칙적으로 감사는 이사의 업무집행 위법성만을 대상으로 하고 그 타당성에는 미치지 않는 것으로 생각된다. 감사의 직무권한은 다음과 같다.

① 이사 및 기타 사용자에 대해 영업상의 보고를 요구한다든지 회사의 업무 및 재산 상황을 조사할 수 있다. 또한 이사가 회사에 현저한 손해를 미칠 우려가 있는 사실을 발견하였을 때는 곧바로 그것을 보고할 의무가 있으며, 또한 이사가 감사의 청구에 응하지 않아 회사에 손해가 발생했을 때에는 손해배상 책임을 진다.

② 감사는 그 직무를 수행하기 위해 필요한 경우는 자회사에 대해서 영업보고를 요구할 수가 있고 또한 자회사가 지체 없이 보고를 하지 않았다든지, 보고가 있어도 진실을 확인할 필요가 있을 때는 보고를 요구한 사항에 대해서 자회사의 업무 및 재산상황을 조사할 수가 있다. 그러나 자회사는 정당한 이유가 있을 때는 조사를 거부할 수 있다.

③ 감사는 이사회에 출석하여 의견을 진술할 수가 있고 또한 이사가 회사의 목적한 범위 내에 없는 행위나 법령 또는 정관에 위반하는 행위를 했다든지 할 우려가 있다고 인정될 때에는 이사회에 보고하여야 한다. 또한 필요시 이사회 소집을 청구할 수 있다.

④ 감사는 이사가 주주총회에 제출하려고 하는 의안 및 서류에 대해서 조사하여 법령 혹은 정관에 위반했다든지, 부당한 사항이 있다고 인정될 때에는 주주총회에 그 의견을 보고해야 한다. 이사회의 직무수행에 부정한 행위 또는 법령 혹은 정관에 위반하는 중대한 사실이 있을 때에는 그 사실을 감사보고서에 기재하지 않으면 안된다.

⑤ 이사가 회사 목적 범위 밖의 행위, 기타 법령 또는 정관에 위반하는 행위를 하고 그 결과, 회사에 손해를 발생할 우려가 있는 경우에는 이사에 대해서 그 행위의 정지를 청구할 수 있고 이때 주주의 경우와 달리 정지가처분에 보증을 세우지 않아도 좋다.

⑥ 감사도 이사와 마찬가지로 각종 소송을 제기할 수가 있고 또한 정리개시, 특별 청산개시를 청구할 권한을 갖고 있다.

⑦ 회사와 이사 사이의 소송에 대해서는 감사가 회사를 대표한다. 그러므로 주주가 대표소송의 청구를 하는 상대방은 회사가 아니라 감사로 되는 것이다.

⑧ 감사는 주주총회에 대해서 의견을 진술할 수가 있고 또한 감사가 의견을 진술할 것을 요구했음에도 불구하고 의견 진술을 듣지 않고 선임, 해임의 결의가 이루어지는 경우, 결의 방법이 법령위반이므로 결의 취소의 원인이 된다.

12. 감사와 회사와의 관계

감사도 이사와 마찬가지로 회사와의 법률관계에는 위임규정이 적용된다. 그러므로 회사와의 관계는 이사와 거의 마찬가지지만 감사는 업무집행에는 관계가 없으므로 이사의 경우와 같이 경업금지라든가 자기 거래의 제한이 없고 또 그 책임에 대해서도 이사에 대해 인정되고 있는 특별한 것이 감사에게는 필요하지 않으므로, 감사가 그 임무를 태만히 하였을 경우에만 회사에 대해서 연대하여 손해배상 책임을 진다.

감사의 보수가 정관에 정해져 있지 않은 경우에는 주주총회의 결의로 결정되고 또한 감사가 여러 명이 있는 경우, 각 감사가 받아야할 보수액은 정관 규정에 없다든지 주주총회의 결의가 없을 때는 그 금액을 정관 또는 주주총회에서 정한 보수의 범위 내에서 감사와 협의하여 정하면 된다.

13. 감사와 주주와 제3자와의 관계

감사와 주주와의 관계 및 감사와 제3자와의 관계는 감사의 책임에 대해 주주의 대표소송이 인정되고 또한 감사가 그 직무를 집행하는데 있어서 악의 또는 중대한 과실이 있을 때는 제3자에 대해서 연대하여 손해배상 책임을 진다.

03 이사회의 구조와 권한

1. 이사회의 구조와 권한은 무엇인가

이사회는 업무집행에 있어서 의사결정을 하는 기관이지만 회사의 업무집행에 관한 모든 일에 대해 이사회가 결정하는 권한을 갖는 것은 아니다. 회사의 업무집행 중에서도 법령 또는 정관에 따라서 주주총회의 권한으로 되어 있는 사항이 있기 때문이다.

예컨대 영업의 양도, 이사 및 감사의 보수결정 등은 업무집행에 속하며 주주총회의 결의를 거쳐야 하는 사항이다. 또한 이사회는 업무집행기관이므로 업무집행에 속하지 않는 회사의 기초에 관계되는 사항 예컨대 정관의 변경, 회사의 합병, 회사의 해산 등에 대해서는 결정권한을 갖지 않는 것은 말할 것도 없다.

그러면 이사회의 권한인 업무집행은 모두 이사회의 결의를 거쳐야 하는 것인가? 회사의 업무집행이라 하더라도 그 내용이 다양하여 그 모두에 대해서 이사회를 열어 결정하려 한다면 신속하고 원활한 회사의 경영이 성립되지 않는다.

따라서 중요한 업무집행은 이사회가 스스로 결정하지 않으면 안 되지만, 중요하지 않은 업무집행 결정은 이사회의 결의에 의해서 대표이사 등에 위임할 수가 있고 또한 일상

업무는 당연히 대표이사가 스스로 판단하여 할 수 있다.

중요한 것은 업무집행 범위인데, 상법이 이사회에서 결정해야 할 사항들을 명문화한 것은 주식양도의 승인과 불승인, 총회의 소집, 대표이사의 선임과 공동대표이사의 결정, 회사와 이사 간의 자기 거래의 승인, 신주발행, 주식분할, 중간배당, 사채 및 전환사채의 발행 등이다.

중요한 업무집행의 결정은 이사회가 스스로 할 필요가 있으며 그 결정권한을 대표이사에게 위임할 수는 없다. 중요한 재산의 처분 및 양수 · 양도, 다액의 차입금, 중요한 사용인의 선임 및 해임, 지점 및 출장소의 중요한 조직의 설치 · 변경 및 폐지 등 중요한 업무집행은 이사회가 결정하여야 한다.

이사회는 대표이사가 소집하고 그 의장이 된다. 또 대표이사에게 사고가 있을 때는 전무이사, 기타 이사가 차례로 이것을 대행하는 것이 일반적이다.

통지하는 방법에는 특별한 제한이 없으면 서면으로도 좋고 구두로도 좋다. 이 이사회 소집통지는 전 이사에게 발동해야 하며, 한 사람이라도 통지가 안 되면 그 이사회의 결의는 원칙적으로 무효가 된다.

2. 이사회의 결의는 어떻게 이루어지는가

이사회의 결의는 이사의 과반수가 출석하여, 출석이사의 과반수로 결정한다. 그러므로 10명의 이사가 있는 회사에서는 6명의 이사가 출석해서 4명이 찬성하면 결의는 유효하다. 이사의 과반수라는 것은 현재 취임하고 있는 이사의 수를 의미하는 것이지 정관에 정해진 수는 아니다.

정관에서는 이사의 수가 10명 이상으로 되어 있어도 사망이나 사임을 해서 현재 수가 7명밖에 없는 경우는 4명이 출석하여 3명이 찬성하면 유효한 결의가 성립된다.

이사회의 결의와 특별한 이해관계를 갖는 이사는 의결권 행사가 인정되지 않는다.

결의의 공평을 기하기 위해서이다. 예컨대 회사가 어느 특정이사가 소유한 토지를 공장부지로 구입한다고 하자. 이런 경우 이사회의 승인이 필요하므로 토지를 소유한 이사는 특별 이해관계자로서 그 결의에 참가할 수가 없다.

3. 이사회 의사록의 작성방법과 효력

이사회가 열린 경우 반드시 의사록을 만들어야 한다. 의사록에는 의사의 경과사항 및 그 결과를 기재하여 출석한 이사와 감사가 기명 · 날인하도록 되어 있다.

여기에서 말하는 의사의 경과사항이란 개회 · 제안 · 토의내용 · 표결방법 · 폐회 등을 말하는데, 속기록과 같이 기재할 필요는 없고 의제에 대한 표결결과 즉 가결이냐 부결이냐를 기재하면 된다.

이 밖에 개회 및 폐회의 시각, 개최장소, 출석이사 및 출석감사(중도에 출석, 퇴석한 때는 그 취지도 기재), 결석이사 및 결석감사 등도 기재할 필요가 있다.

또한 의사록의 작성기간에 대해서 법은 아무것도 규정하고 있지 않지만 이사회 종료 후 될 수 있는대로 빨리 작성하는 것이 좋다.

의사록은 의사의 경과 및 결과에 대해서 증거력을 갖지만 유일한 증거방법은 아니다. 그러므로 의사록이 실제 행해진 이사회의 경과와 차질이 있는 경우에는 반증을 들어 그 부분을 뒤엎을 수가 있다.

의사록에 기재되어 버리면 그 내용을 다투는 것은 실제 매우 곤란하다. 특히 결의에 참가하면서 의사록에 이의를 남기지 않는 이사는 그 결의안에 찬성한 것으로 추정을 받아 이사로서 일정한 책임을 지게 된다.

그러므로 반대의견을 표명한 이사는 불찬성 부분에 대해서 의사록에 이의를 신청하여 경과대로 기재되게 할 필요가 있다.

04

회사가 소송을 제기할 때

01_ 소송을 제기할 때의 마음가짐

1. 승소의 가능성 여부를 판단할 것

소송을 제기할 바에는 승소하지 않으면 아무런 의미가 없다. 일시적인 감정에 사로잡혀 제소하더라도 결국 패소하면 오히려 나쁜 결과를 초래한다. 그러므로 우선 이 점에 대한 판단을 하는 일이 필요하다.

승소하느냐 패소하느냐를 결정하는 것은 결국 사실에 좌우된다(간혹 사실은 아니고 법률의 해석이 문제로 되는 사건도 있다). 이를테면 자기의 주장하는 '사실' 이 법관에게 인정되면 소송에 이길 수 있는 것이다.

여기에서 주의해야 할 일은 진실이라고 해서 인정된다고만 할 수 없다는 것이다. 이를테면 재판에서는 '진실' 은 아니고 '진실처럼 보이는 것' 이 인정되는 경우도 있다. 다시 말하면 증거를 수반하지 않은 주장에는 아무런 가치가 없는 것이다. 한편, 그럴듯한 증거만 있으면 비록 허위의 주장까지도 인정될 수가 있다.

2. 증거를 수집할 것

소송의 승부는 주로 증거의 유무나 그 우열로 결정된다. 따라서 미리 증거를 수집해 두는 일이 꼭 필요하다. 증거에는 계약서나 전표 · 메모 등의 서류와 증인이 있으며, 전자를 '書證' , 후자를 '人證' 이라고 한다. 일반적으로 서증 쪽이 신빙성이 높다고 할 수 있다.

증거는 이와 같이 중요한 것인데 그렇다고 해서 결코 각색해서는 안 된다. 요컨대 있는 그대로의 증거를, 있는 그대로 요령 있게 정리해야 한다. 뒤에 다시 보충해서 적는다든지 증인에게 서로 말을 맞추도록 부탁하는 따위의 일은 금물이다. 그런 짓을 해서는 모처럼의 증거가 쓸모없이 되어버리기 때문이다.

3. 시간이나 비용을 각오할 것

소송을 제기해서 판결을 받기까지는 상당한 시간이 걸린다. 1년 이내에 결판이 나는 일이 드물고 어떤 경우에는 3년이나 4년이 걸린다. 이것을 각오해야 한다. 또한 소송을 변호사에게 의뢰하게 되면 결코 적지 않은 비용이 든다.

수사기간이 길어질 경우 고소인의 입장에서는 답답할 수밖에 없지만 그렇다고 빠른 진행을 요구할 다른 방법도 없는 것이 현실이다. 이럴 경우 진정이나 또는 탄원의 방법을 통해 독촉하는 방법을 취하는 것이 실무적으로는 많이 쓰이고 있는 방법이기도 하다.

02_ 소송을 제기할 때의 수속절차

소송을 제기할 때에는 먼저 어느 법원에 소송을 제기하는가 라는 것을 생각해야 한다. 어디에서도 큰 차이가 없다고 생각할지 모르나 먼 거리가 되면 여러 가지 힘이 든다.

예컨대 서울에 본사를 두고 있는 회사가 부산에 있는 어떤 회사에 상품을 납품했는데 그 대금을 지급받지 못했다고 하자. 이러한 경우 그 처리를 요구하는 소송을 부산지방법원에 제기했다면 출장에 요하는 비용과 시간만도 대단한 것이 되어 버린다.

소송 관할이라는 것이 결정되어 있으며, 이 관할이 있는 법원에 제기하지 않으면 안 된다. 우리나라의 일반 민형사범에 대한 수사는 검찰청과 경찰서 두 곳에서 이루어진다. 소장은 원칙적으로 '피고소인이 소재한 수사기관' 에 제출해야 한다. 이런 사실을 잘 모르고 제출할 경우는 고소사건의 이송 등 번거로운 절차만 초래시켜 오히려 불필요한 시간만 소비하게 만드는 요인이 될 수도 있으므로 주의해야 할 사항이다.

03_ 소송을 제기 당했을 때

1. 승소냐 패소냐의 판단

상대방으로부터 소송을 제기 당했을 때도 자기가 소송을 제기할 때와 마찬가지로 우선 이기느냐 지느냐 판단을 하지 않으면 안 된다. 왜냐하면 명백하게 지는 사건이라면 싸우는 것만큼 낭비요 허사이기 때문이다. 그것뿐이 아니다. 경우에 따라서는 싸운 것 자체가 부당하다는 이유로 따로 손해배상을 청구 당하는 일도 있다.

승부의 판단에 있어서는 중요한 것이 증거이며, 증거와의 관계에서 승산이 없을 때는 빨리 머리를 숙여버리는 쪽이 좋다. 다만 상대방의 증거가 날조된 것이라면 아무리 그것이 교묘한 것이라도 싸워야 한다. 인위적으로 손을 댄 증거는 어딘가 부자연스럽고 최후까지 싸우면 언젠가는 그 거짓이 드러날 것이다.

2. 답변서

소송이 제기되면 피고는 '답변서' 라는 것을 제출하지 않으면 안 된다. 또한 소송과 함께 '구두변론 기일 호출장' 이라는 것이 들어 있는데 거기에는 답변서의 제출기한이 적혀 있다(다만 이 기한은 엄격한 것이 아니고 제1회의 구두변론 기일까지 제출해도 접수된다. 또한 이 제1회의 기일은 피고 측의 사정으로 연기할 수도 있다).

답변서는 너무 상세한 사정까지 적을 필요는 없다. 소송에는 '청구의 취지' 라고 해서 원고가 그 재판에서 피고에게 요구하는 것이 적혀 있는데 이에 불만이라면 '원고의 청구를 기각한다. 소송비용은 원고의 부담으로 한다' 고 적으면 된다.

3. 소송을 받아들일 경우의 조치

원고의 청구를 받아들이는 경우에는 그대로 소송을 진행하게 된다. 제1회 구두변론 기일에 답변서를 제출하지 않은 채 결번되어 버린 경우에는 판결 선고 기일 전이라면 '변론 재개의 신청' 이라는 수단을 취하면 된다.

제1심에서 패소한 때는 항소의 수단을 취하고 이 절차는 판결이 송달된 날의 다음달부터 2주일 이내에 판결을 내린 원심법원에 항소장을 제출하여야 한다.

4. 소송을 받아들이지 않을 경우의 조치

상대측(원고) 주장이 부득이한 것인 경우에는 다툴 필요가 없다. 또한 그 일부분만을 싸울 때도 상대방이 그것을 인정하고 그 부분을 취하하면 마찬가지이다. 다투지 않는다고 답변서를 내지 않고 결석을 해버리는 것은 좋지 않다. 그대로 있으면 패소판결이 나버리고 언젠가는 강제집행을 받는 파국에 빠져 버린다.

다투지 않는 경우에는 재판장에게 그 취지를 신고하여 '화해(和解)'로 이끌 필요가 있다. 그렇게 하면 금액을 다소 깎아내릴 수도 있고 지급조건을 고려 받을 수도 있다.

04 화해하는 경우

1. 화해란

우리나라에서는 민사소송의 대부분은 화해로 끝나고 있다. 분쟁이 소송에까지 이르렀는데 '화해' 하다니 할지 모르지만 이것이 현실이다. 화해 당사자 쌍방이 양보하는 것이다. 예컨대 원고가 1천만원의 지급을 요구하고 피고가 이것을 거부하고 있는 경우에 '그렇다면 좀 간격을 두어 5백만원으로' 절충하는 식으로 성립한다.

2. 화해하는 방법

화해를 위해서는 당사자가 대화를 해야 한다. 장소는 공개된 법정이 아니고 법정의 작은 실내이다. 대화라고 하더라도 쌍방이 얼굴을 맞대고 하는 것은 아니고 법관을 통한 간접적인 것이다. 그 시기는 소송이 시작되고 곧 화해를 시작하는 경우도 있고 종료하기 전에 이루어지는 경우도 있다.

화해에 응하는가 안 하는가는 당사자의 자유이므로 화해하면 손해같이 느낄지도 모른다. 판결을 받으면 100% 완승할지도 모르기 때문이다.

그러나 판결에서 이길지라도 강제집행을 하기까지는 대한한 시간이 걸린다. 또한 반대로 100% 완패할지도 모른다. 그러므로 법관이 권고하면 화해에 응하는 편이 좋다고 할 수 있다.

05_ 강제집행하는 경우

1. 강제집행이란

화해로 끝난 경우의 대부분은 상대방이 임의로 이행해 준다. 대화로 납득한 다음의 결론이기 때문이다. 그렇다면 강제집행의 필요는 없다. 이에 반해 판결로 끝난 경우에는 상대방에게 불만이 남는 일이 많고 그 때문에 임의로 이행해 주는 일은 드물다. 화해나 판결의 결론을 상대방이 임의로 이행해 주지 않을 때에는 강제집행으로 실행할 수밖에 없다.

2. 강제집행 방법

강제집행을 하려면 '채무명의'가 필요하다. 채무명의란 판결이나 화해조서 등과 같이 공기관이 강제집행을 인정한 것을 말한다(화해조서는 판결과 같은 효력이 있다). 이 밖에도 조정을 한 경우의 조정증서나 앞에 기술한 지급명령 혹은 공정증서 등도 채무명의로 된다.

강제집행에는 건물의 명도라든가 물품의 인도 등을 요구하는 경우가 있다. 전자에 대해서는 복잡하므로 설명을 생략한다. 후자의 경우 상대방(채무자)의 재산을 특정하여 법원에 청구한다. 그때의 채무명의를 채무자에게 송달한 것을 증명하는 서류와 채무명의에 집행문을 첨부할 필요가 있다.

06_ 가압류 · 가처분 절차

1. 서두를 경우의 특별절차(보전처분)

가압류와 가처분을 '보전처분'이라고 한다. 이것은 대단히 서둘러야 할 경우의 특별한 수속이다. 예컨대 슈퍼마켓을 개점하려는데 그 고장의 시장조합이 반대하고 또한 교대로 농성, 연좌, 데모하는 등의 방해를 한다고 하자.

이와 같은 경우 이 방해의 배제를 요구하며 보통의 소송을 제기해서는 판결을 받기까지 몇 년이 걸리고 만다. 그로부터 강제집행을 해서는 아무래도 슈퍼의 개점에는 차질이 생기기 마련이다. 그래서 이와 같은 경우에 취해지는 것이 '가처분' 이라는 절차이다. 이 절차를 이용하면 길어도 1개월 내에 해결에 이를 수 있다.

또 자기의 토지가 사기로 편취되어 타인명의로 되었을 때 이 토지를 되찾기 위해 소송을 제기해서는 몇 년이 걸리고 그동안에 명의인이 바뀌어 버려 언제까지 가도 술래잡기처럼 된다. 이와 같은 경우, 가처분 절차를 이용하면 당초의 명의인의 단계에서 토지를 고정해 버릴 수도 있다. 가처분은 이와 같이 금전채권 이외의 권리를 보전하기 위한 절차이다.

한편 가압류라는 것은 금전채권을 보전하기 위한 것이다.

예컨대 어떤 회사에 대해 외상판매대금 채권이 있는데 그 회사가 도산 직전에 있었다고 하자. 이대로 두었다가는 큰 손해를 볼 수 밖에 없는데 그 회사의 은닉예금이 발견되었다고 하자. 그러나 이것을 놓쳐서는 경영자가 몽땅 빼돌리고 말던가 혹은 강경한 채권자에게 독점되어 버릴지도 모른다. 이와 같은 경우에는 가압류 수속을 취함으로써 그 은닉예금을 동결해 둘 수가 있다. 그렇게 한 후에 서서히 청구소송을 제기하면 된다.

2. 보전처분의 절차

보전처분 중에서 처분하는 방법은 그 효력의 강약에 따라 다시 둘로 나뉜다. 그 하나를 '단행의 가처분' 이라고 하며 앞의 기술한 슈퍼개설 방해를 배제하는 등의 경우가 이에 해당된다. 이와 같은 가처분은 현실적으로 간섭할 정도가 크고 소송으로 청구하는 것과 같은 가처분을 하는 것이다.

가처분과 가압류는 단순히 현상을 고정하는 것 뿐이지 그것을 변경하려고 하는 것이 아니다. 보전처분에 필요한 기일도 '단행의 가처분' 인가 아닌가에 따라 다르다.

'단행의 가처분' 인 경우, 상대방을 호출하여 반론할 기회를 주는 것이 보통이다. 앞에서 기술한 슈퍼의 사례에서는 1개월 정도인데 그 이상 걸리는 경우도 적지 않다.

이에 반해 단행 이외의 가처분이나 가압류인 경우에는 상대방에게 반론할 기회를 주지 않고 일방적으로 법원의 결정이 내리는 일이 많고 그 때문에 1주일 내에 목적을 달성할 수가 있다. 더군다나 '단행' 이 아니기 때문에 다시 본안의 소송을 제기하여야 하고 그렇게 하면 몇 년이나 걸리는 많은 단점이 있다. 보전처분은 소송에 비하면 절차가 대단히 간략하지만, 그 대신 30% 전후의 보증금을 적립해야 한다.

07_ 변호사에게 의뢰하는 방법

많은 사람들에게 변호사란 일상생활과 관련이 없는 존재로 생각되기 쉽다. 흔히 '법원이나 검찰에는 전혀 출입해 본 일이 없다' 고 자만하지만, 막상 분쟁 당사자가 되면 누구에게 부탁하면 좋은지 알 수 없어 당황하게 된다. 자기 혼자 처리하려다가 실패한다든지 사건 브로커의 희생물이 되는 일도 적지 않다.

중소기업이면 상공회의소나 중소기업 중앙회에 부탁하면 전문 변호사를 만날 수 있다. 변호사의 선임은 친지나 친구의 소개로 변호사를 의뢰하는 일반적인 방법이 좋다.

소개자가 있으면 마음이 든든하고 변호사 측에서도 안심하고 맞아준다. 직접적인 인간관계가 없어도 그 친지의 친구라는 식으로 넓혀가면 대개는 변호사와 연결된다. 변호사는 보수는 보수규정이라는 하나의 기준이 있다.

이것은 상당한 폭이 있으므로 그것만으로는 불안할 것이다. 그러므로 미리 보수에 대해서 구체적인 금액을 정해 두는 일이 바람직하다.

또한 보수는 착수금과 보수로 나누어져 있으며, 사건의 시작과 종료에 각각 지급하게 되어 있다. 사건은 변호사에게 의뢰하는 것만으로 끝나는 것은 아니다.

그 후에도 회합은 세밀하게 해야 하며 또한 자기 스스로도 적극적으로 증거를 수집해야 한다. 변호사는 법률전문가이기는 하지만 사건의 생생한 사실이나 증거는 의뢰한 사람 밖에 모르는 것이기 때문이다.

08_ 고문 변호사의 선임방법

1. 고문 변호사란

고문 변호사를 두는 회사는 많지 않다. 고문 변호사란 특정한 사람이라든가 특정한 기업에 전속하는 변호사를 말한다. 그 대가로 매월 고문료가 지급된다. 다만 전속이라고 하지만 한 사람의 변호사가 몇 개나 되는 회사의 고문을 겸하고 있는 것이 보통이다. 고문 변호사의 업무내용은 일상적인 법률상담이나 계약서, 기타 서류작성 등이 있다.

의뢰자와 변호사 사이에 신뢰관계가 요구되는 것은 물론이지만 고문 변호사라면 그것만으로는 충분하지 않다. 예컨대 경영자와 손발이 맞지 않고서는 의미가 없고 변호사 측에서도 회사의 경영방침이 성격적으로 맞지 않는다는 이유로 사양하는 일도 있다.

바람직한 것은 이미 사건의 처리 등을 통해서 쌍방 모두 알려져 있는 경우이다. 실제, 그와 같은 경위를 거쳐 고문이 되는 예가 많고 초면에 갑자기 결정하는 것은 피해야 한다.

고문을 의뢰할 때는 계약서를 만드는 것이 바람직하지만 그것을 만들지 않는 예가 적지 않은 모양이다. 또한 계약서를 만들게 되면 기간이 문제가 되는데 1년이 경과한 후 쌍방에 이의가 없으면 기간을 연장해도 좋은 것이다.

2. 고문 변호사의 활용방법

고문변호사를 두고 있는 회사에서도 사건이 일어나지 않는 한 고문 변호사를 이용하지 않는 것 같다. 일상적으로 세세한 일에 대해 이런 간단한 것은 사원으로 하여금 조사시키면 되는 것이 아닌가 하는 정도로 생각하는 것 같다.

그러나 이래서는 고문 변호사를 두는 의미가 없다. 오히려 일상적인 일에도 관여시켜야 비로소 사건을 사전에 방지할 수 있다. 그러한 의미에서 경영자만이 아니라 간부사원들도 부담 없이 변호사와 통화할 수 있는 습관을 길러 두어야 한다.

또한 부동산 등의 거래에 있어서도 대금이나 그 지급방법까지 결정해 버리고 정식 계약서의 체결 때에만 고문 변호사를 입회시키는 일도 적지 않다. 이것도 무의미한 일이며 계약당초부터 관여시켜야 한다.

그리고 회사의 정관이나 취업규칙 혹은 일상적인 거래, 재정에 이르기까지 고문 변호사로 하여금 관여시켜야 한다. 그렇게 함으로써 분쟁의 예방이 가능하게 되고 고문료를 지급할 가치가 있는 것이다.

13

CHAPTER

경영자에게 보내는 메시지

01. 중소기업이 살아나갈 길
02. 경영자로서 나아갈 길
03. 경영자의 전략적 의사결정
04. 유망 성장기업의 기본조건
05. 기업발전을 위한 성공조건

극심한 환경변화와 예측할 수 없는 미래 경영 때문에 많은 경영자들이 갈팡질팡하고 있다. 이러한 때에 경영자는 도대체 어떻게 대처함으로써 불안과 혼미 그리고 위험이 가득차 있는 이 시대를 돌파해 나갈 수 있을까? 이 장에서는 중소기업이 살아나갈 길과 기업활동의 건전한 방향을 제시했다.

01 중소기업이 살아나갈 길

매년 수십만의 중소기업이 도산하고 있다. 극심한 환경변화와 예측할 수 없는 미래 경영 때문에 많은 경영자들이 갈팡질팡하고 있다. 이러한 때에 경영자는 도대체 어떻게 대처함으로써 불안과 혼미 그리고 위험이 가득 차 있는 이 시대를 돌파해 나갈 수 있을까? 위험극복을 위한 타개책을 항상 염두에 둔 경영이 필요한 시점이다.

1. 시대변화에 대응할 수 있는 상품을 만든다

앞으로의 경영자는 실력 중심의 경영에 철저해야 한다. 격변하는 사회에서 살아남기 위해서는 자기 신념으로 경영을 해야 한다. 믿을 것이란 자기 자신 밖에 없다. 중소기업이 왜 자꾸 도산하는가? 그것은 크고 작은 시대의 변화에 기업 경영자의 대응력이 부족했기 때문이다.

또 '경영은 결과를 가지고 따진다' 라는 점을 명심해야 한다. 훌륭한 경영이념으로 도전적인 사업을 일으켜 놓았더라도 회사가 쓰러져 버리면 모든 것이 수포로 돌아간다. 오늘날은 한번 실패하면 재기하기가 굉장히 어려운 시대이다. 기업은 이익을 내야하고 그렇지 못하면 이미 기업이 아니다.

자립과 자존의 경영을 하기 위해 무엇이든 자기가 직접 관여하라는 것은 아니다. 다만 시대의 변화에 대응할 수 있는 상품을 만들고, 팔리는 물건을 만들라는 것이다. 팔리는 물건이라야 상품이 된다. 아무리 그럴 듯한 물건을 만들어도 팔리지 않는다면 소용이 없다.

따라서 제품이란 뜻과 상품이란 뜻을 혼동해서는 안된다. 앞으로의 시대는 제품이 아니라 상품이 되도록 만들어야 한다. 공장이 있으면 어떤 제품이라도 만들 수 있었고, 고도성장 시절에는 만들기만 하면 잘도 팔렸다.

그러나 앞으로는 좋은 것을 만들어도 안 팔리는 경우가 많아져서 결국은 사회수요에 맞는 상품가치가 있는 것을 만들지 않으면 안된다.

2. 기업을 존속시키기 위한 5가지 조건

기업을 존속시키기 위해서는 다음의 5가지 조건을 반드시 숙지해야 한다.

첫째, 업적 또는 이익이란 것은 기업 내부에서 생기는 것이 아니다. 이익이란 것은 고객에 의해서 발생된다. 아무리 합리화해서 비용을 절감하여 제품을 만들어도 팔리지 않는다면 소용이 없다. 팔려야 이익이 발생된다.

둘째, 즉흥적인 문제해결주의에 의존하다가는 패배하고 만다. 일이 발생한 후 비로소 그 문제만을 간신히 해결하는 것으로 그친다면 장차의 기업성장은 기대할 수 없다.

셋째, 미래지향적인 포부를 갖고 살아가야 한다. 기업은 과거로부터 빨리 벗어나야 한다. 오래 된 기업체가 도산하게 된 이유는 대대로 내려온 업종이니까 포기할 수 없다는 미련을 고집했기 때문이다. 물려받은 업종이라도 가망없는 것은 과감하게 버리는 결단력이 있어야 한다.

넷째, 집중적으로 기업을 운영한다. 어느 기업이나 유망하고 독특한 기술이 있는 법이다. 미국의 '제네랄 푸드' 회사가 종래의 자사제품인 커피를 인스턴트 커피로 개발함으로써 커피를 중심으로한 세계적인 식품회사가 되었다.

다섯째, 마음 약하게 생각하지 말고 "반드시 좋은 무엇이 있을 것이다."라고 생각하며, "이제 나는 안된다."고 체념하지 말아야 한다. 자신의 강한 면을 최대한으로 발휘한다.

예를 들어 자신이 경영하는 주물공업이 신통치 않다면 이 주물기술에서 무엇인가를 찾아내 보자. 이 본업에서 무엇인가 새로운 것을 고안해내야겠다고 생각하고 목숨을 건 노력으로 새로운 기업으로 전환하기 위한 시도를 해야 한다.

기업의 존속이야 말로 경영자에게 주어진 최대의 과제이지만 발전시키는 것 또한 경영자의 역할이다. 기업은 혼자의 힘만으로 존속 · 발전할 수는 없다. 사회가 응원해 주는 회사가 되어야 한다. 즉 사회를 자기 편에 끌어들여야 한다.

기업이란 크다고 해서 강한 것이 아니다. "나는 중소기업이니까"하는 약한 마음가짐은 안된다. 오늘날의 대기업도 중소기업에서 시작해서 성장해온 것이 아닌가? 대기업이 강하게 보이는 것은 강한 중소기업을 연계하여 협력기업으로 쓰고 있기 때문이다.

3. 기업은 어떤 방식으로 혁신되어 나가는가

우선 기업가는 본업을 떠나서는 안된다. 그러나 본업을 그냥 그대로 끌고 나가서도 안된다. 과거의 노선을 단순히 연장하고만 있으면 반드시 성숙기를 지나서 기업은 쇠퇴하게 된다. 중요한 것은 그 본업의 알맹이를 바꾸는 일이다. 그 비결은 '본업의 확장' 이다.

'본업의 확장' 이란 본업을 기반으로 삼으면서 본업의 알맹이를 확대해 나간다는 뜻이다. 본업의 기술 또는 유통을 잘 살려서 그에 관련되는 새로운 제품을 개발하는 것, 이것이 다각화 전략의 기본이다.

(1) 개발에 대한 열성있는 인재를 발굴해라

신제품, 신프로젝트의 성공의 열쇠를 쥐고 있는 것은 어떤 조직 자체보다도 리더가 되는 사람의 자질에 달렸다.

그런데 유능한 리더의 조건에는 3가지가 있다.

첫째는 개발에 대한 집념을 꾸준히 불태워야 한다. 말하자면 '개발광' 이 되는 것이다.

둘째는 '자신에 넘치는 사람' 이어야 한다.

셋째는 '설득력 있는 사람' 이어야 한다. 전투가 치열해지면 부하는 지휘자의 등만 바라보면서 행동하게 된다. 리더는 여러 사람을 끌어당기는 매력적인 '뒷모습' 을 지녀야 한다.

(2) 신제품 개발은 너무 서두르지 말라

제품개발에서 중요한 것은 자사가 신제품을 몇 번째로 내놓았는가 하는 순서가 중요한 것이 아니다. '하이테크' 다 '첨단' 이다 떠벌리면서 남보다 빠른 분야에 손대는 것만이 우수한 기업인 것은 아니다.

중요한 것은 기술이나 시장의 장래성을 어떻게 파악하고 있는가, 신뢰할 수 있는 상품을 만들 수가 있는가, 고객을 확보할 수 있는가 하는 데에 요점이 있다. 가장 바람직한 것은 발명이나 발견은 했지만 실용화를 하지 못하고 내버려 둔 씨를 가꾸어서 키워주는 것과 같은 방법이다.

(3) 실패한 사례에서 교훈을 얻어라

실패의 본질과 그 이유를 분석해서 그 결점을 보완하는 최적의 전략을 강구한다. 성공할 수 있는 사람은 자기가 저지른 실패를 인정하고 실패에서 좋은 교훈을 얻어내는 사람이다.

(4) 첨단기술의 어두운 면을 점검해 보라

하이테크가 가져다주는 마이너스 효과로 고용에 미치는 악영향, 컴퓨터 관리의 사회화, 개인 비밀의 침해, 긴급 사고발생의 가능성, 사고능력의 감퇴 등을 지적할 수 있다. 경영자로서는 이러한 마이너스 효과에도 대처할 수 있어야 한다.

(5) 10년 앞을 예상하라

'본업을 떠나지 말 것, 본업을 그냥 그대로 끌고 나가지 말 것' 이란 제안은 '본업의 알맹이를 바꿔라' 라는 결론과 연결된다. 본업의 알맹이를 바꾸는 것이 기술혁신이다. 미래의 2보 전진을 위해 1보 후퇴하기로 결정하는 것은 정말로 어려운 의사결정이다.

경영자에게 중요한 자질은 기술혁신을 위한 투자를 위해 '10년 앞을 내다볼 수 있는가' 하는 점에 달려있다.

(6) 자아 실현세대가 증가하는 점을 인식하라

현대의 젊은 세대에 대한 인식과 이해를 새롭게 할 필요가 있다. 그들은 무엇인가에 귀속되는 것보다 자기의 의사대로 살아가고자 하는 세대로서 '자기실현의 세대' 라고 부를 수 있다. 그들의 입장에서 본다면 자기의 '회사' 라는 생각보다는 자기의 '직업' 이 생활양식의 한 요소가 되어 자기의 존재가 다른 사람과 달리 인식되어지기를 바라는 계층이다.

차세대의 경영을 짊어지고 갈 사람이라면 이러한 '자아실현의 세대' 들로 하여금 어떻게 하면 일한 보람을 느끼게 하면서 도전의식을 가지고 아이디어를 창출해 낼 수 있도록 할 수 있을까에 관심을 가져야 한다. 그것을 위해 연공서열제도를 폐지하고 인재의 기동성을 확대할 수 있는 수많은 혁신과 기업 활성화에 힘을 기울여야 한다.

4. 창조적인 모방만이 살 수 있는 길이다

앞으로 중소기업이 살아남을 길은 '창조적 모방' 이다. 그러기 위해서는 '항상 시대의 변화에 민감하고 이에 대응하는 노력을 계속하며 시대의 변화를 잘 통찰하고 가능성이 있는 것은 과감하게 공격하는 것' 이라고 '드래커' 는 말하고 있다.

즉, 다른 사람이 개발한 특허나 기술을 싸게 사들여 그것을 그냥 사용하는 것이 아니고, 잘 활용하여 변형된 신제품을 개발하는 것이다.

대표적인 예로 '드래커' 는 일본기업 '소니' 를 들고 있다. '소니' 는 트랜지스터 라디오로 시작해서 성장한 기업이다. 소니는 미국의 '벨' 연구소로부터 25,000 달러에 휴대용 트랜지스터의 특허를 샀다. 적은 돈으로 사들여서 그것을 포타블 라디오로 재조립하는데 성공한 것이다.

창조적 모방이란 말을 처음 꺼낸 '데이빗' 이란 사람은 "앞으로 기업이 살아남으려면 고객의 입장에서 논의된 논리를 중시해야 한다. 다시 말하면 생산 중심의 사고방식을 버려야 한다. 사람들은 제품을 사는 것이 아니라 그 제품이 지니고 있는 상품의 기능을 보고 물건을 구입하므로 잠재적인 사회적 요구를 발굴하여 이것을 유효수요로 전환시켜야 한다. 고객에게 필요성이 있는 데도 고객 자신은 그 필요성을 뚜렷이 깨닫지 못한다. 이때 메이커가 그 필요성을 파악하여 개발한다는 방법인데 이런 면에서 아직 손대지 않은 미래 상품이 얼마든지 있다"고 말하고 있다.

'창조적 모방' 이란 남의 지혜를 빌려 자기 것으로 만든다는 뜻이다. 기업이 성공하려면 자기중심주의에 빠져 독자적으로 행동해 나가서는 안된다.

시대의 흐름을 잘 파악하여 과학적인 기술방법을 잘 이용해야 하고, 자기에게 그러한 능력이 없으면 남의 힘을 빌려서라도 해야 한다. 그리고 남의 것을 활용하더라도 그것이 옳은 것인가 어떤가를 판단하는 의사결정을 할 줄 아는 능력을 지녀야만 한다.

앞으로 바람직한 중소기업 경영자로서 발전해 나가려면 자기 자신의 근본은 변함없이 고수하면서도, 필요할 때는 변화에 적응하는 유연성을 지닌 혁신형의 지도력이 있는 경영자가 되어야 한다.

늘 발전적인 꿈을 지니고 그것을 구체적으로 실현시킬 수 있는 사람, 시대의 변화를 통찰력을 가지고 파악하며 그 변화에 대처해 나가는 탄력성을 지닌 사람, 남의 동정에 기대를 걸지 않는 사람, 부하의 능력을 활용할 줄 아는 사람, 공과 사를 분별할 줄 아는 사람, 곤경을 이겨나가고 솔선수범하며 남의 어려운 일 · 꺼리는 일을 과감하게 앞장서서 부딪쳐 나아가는 사람이어야 한다.

우리는 기술이란 것에 너무 지나치게 신경과민해서는 안된다. 기술이란 기업경영이라는 테두리 속의 하나이다. 기술 자체를 위해서 경영이 있는 것이 아니라 경영을 유지하기 위해 기술이 있는 것이다. 이 점은 중소 규모의 벤처기업을 경영하는 경영자에게 아주 중요한 내용 중의 하나이다.

앞으로, 어려운 기업경영에서 이겨나가려면 첫째도 경영, 둘째도 경영, 셋째 · 넷째도 경영, 다섯째 정도가 기술의 순서가 되어야 한다.

중소기업이 살아남기 위한 조건을 다시 정리해 보면 다음과 같다.

1. 시대의 흐름을 꿰뚫어보는 통찰력을 기를 것
2. 회사의 기풍을 일신해서 침체에서 벗어날 것
3. 다소 모험을 해서라도 활력을 불어 넣어 업무를 추진할 것
4. 우리의 배경에는 대기업이 있고 뒷받침해 주는 은행이 있으니까 든든하다는 식의 큰 것에만 기대려는 사고방식을 지금 당장 버릴 것
5. 때에 따라서는 새로운 사업에 과감히 투자해 볼 것

02_ 경영자로서 나아갈 길

격변하는 정세하에서 기업 간의 경쟁은 더욱 심화되고 있다. 지금까지는 대기업의 하도급 일이나 하면 되던 것이 이제는 그것만으로 수지가 맞지 않아 무엇인가 독자적인 길을 개척하지 않을 수 없게 되었다.

따라서 중소기업은 우선 하도급 기업의 계열에서 벗어나야만 하고 또 기술개발에 박차를 가해야 한다. 즉 지금까지는 일본이나 유럽 · 미국 등의 기술모방으로 기업유지가 되었으나 앞으로는 창조성 있는 자체 기술을 갖지 못하면 기업을 유지시킬 수가 없다. 변화를 두려워하지 않고 스스로 변혁의 바람을 일으키는 경영자가 되어야 한다.

21세기를 맞이하여 우리나라에도 크나큰 변혁이 눈앞에 닥쳐오고 있다. 여기에 대응하는 지름길은 능력 중심의 경영에 투철하고 자기를 지탱해 주는 것은 자기의 머리와 두 다리밖에 없다는 것을 인식해야 한다.

자기능력 중심의 경영에 투철하려면 변화하는 환경에 대처할 뿐만 아니라 한발 앞서는 적극적인 대응책을 실행에 옮겨가야 한다.

종래와 같은 전문 기술자로서의 경영자여서도 안된다. 기업의 조직만 잘 운용해 가는 경영자여서도 안된다. 변혁적인 의지를 지닌 경영자라야 한다. 즉 자기의 일을 변혁해 나간다는 의지가 없으면 앞으로 살아남기 힘들다. 그렇다면 '변혁적 리더'는 어떠한 모습의 사람을 말하는가?

1. 영리한 여우와도 같은 경영자가 되라

종래에는 군대의 지휘관과 같이 '나만 따르라'라는 경영방식으로 유지되었으나 앞으로의 냉혹한 환경에서는 나만 따르라고 해놓고 시대의 변화에 둔감하면 그 기업은 쓰러질 것이다.

그러므로 표현이 좀 우습지만 영리한 여우의 지혜와 같은 것을 발휘할 수 있는 경영자여야 한다. 즉 새로운 시대에 적응하기 위해 새로운 행동원칙을 늘 찾아나서는 경영자라야 한다는 뜻이다.

자기능력 중심의 경영을 해 나가자면 시대의 변화를 한발 앞서서 파악하고 의사결정을 할 줄 아는 경영자라야 한다.

기업의 생존경쟁은 '경영은 과정이 중요하다'는 식의 핑계는 모두 소용없는 것이고 오직 결과로써 기업의 이윤을 올려야만 한다.

세상이 모두 어려워졌다, 불경기다, 이웃 업체들도 손해가 많은 모양이라는 식으로 감상적으로만 생각하고 앉아 있다가는 살아남을 수 없다.

경영자로서 한번이라도 적자경영을 했다면 자기 자신의 책임을 통감하고 사장자리에서 물러날 각오가 되어 있어야 한다. 적자를 냈다는 것은 사장으로서 최대의 실책을 저질렀다는 인식을 가져야 된다.

피터 드래커 교수는 "만약 경영자가 이윤확보가 첫째 가는 사회적 책임이다 라는 인식을 하지 못한다면 경영자로서의 자격요건이 문제가 된다"라고 말했다.

2. 기업은 강해야만 크게 된다

우리가 21세기를 향해 기업을 영속시켜 나가려면 3가지 문제를 특히 염두에 두어야 한다. 그 첫 번째 문제는 계획이다. 계획 없이는 살아남을 수 없다. 미래가 불확실한 때일수록 경영자는 장기계획을 세우는 것이 필요하다.

그 계획이란 지금까지 해온 것처럼 수치의 나열로 3개년 계획, 5개년 계획 등의 탁상공론으로는 소용없다. 내일을 예측하고 내년을 예측하는 판단력을 지녀야 한다. 즉 장래를 위한 계획을 결정짓는 것이 아니라 현재의 결정이 장래성이 있는지를 중시하고 그것이 장기계획의 주안점이 되어야 한다는 것이다.

두 번째 문제는 의사결정을 하기 위해서는 정보를 잘 파악해서 처리하는 것이 필요하다. 마이크로 전자학의 혁명결과, 컴퓨터나 사무자동화기기 등이 엄청나게 활용되고 있다. 이러한 정보들을 어떻게 판별해서 효과적으로 활용하느냐 하는 능력이 필요하다.

세 번째 문제는 지극히 이해하기 힘든 '인간의 동기를 어떻게 파악하느냐' 하는 것이다. 어떤 동기로 물건을 사게 되는가를 잘 살피지 않고 막연하게 상품을 만들면 팔리지 않을 것이다. 인간의 구매심리나 동기를 잘 파악하는 일이 기업성장의 지름길이다.

양복이나 양말 등도 재래식으로 똑같은 것만 만들어서는 안된다. 요즘 젊은층은 어떤 취향의 것을 찾고 있는가, 중년층은 어떤 스타일을 찾고 있는가 하는 식으로 그 구매동기를 살펴야 한다.

오늘날의 경영자는 머리를 써야 한다. 기업은 외형만 크다고 해서 강한 것이 아니라 강한 장점이 있음으로써 커진다. 자본이 많다고 커가는 것이 아니고 작은 자본의 기업이라도 자기 나름대로의 특성과 강점을 잘 살려 나가도록 노력함이 바람직하다.

03_ 경영자의 전략적 의사결정

경영자는 의사결정을 하는 것이 아주 중요한 임무이다. 어떻게 보면 너무나도 가혹한 임무라고 말할 수 있다. 기업이 쓰러지는 이유 가운데 하나로 친족 중심으로 경영을 하여 임원회의 등에서 중요한 문제를 다루지 않고 한 두 사람이 회사의 사활이 걸린 문제를 결정함으로써 경영자의 자기만족 · 자기고집 · 자기과신에서 나오는 그릇된 의사결정 때문이라고 한다.

경영자의 3대 역할은 기업의 총괄적 경영목표와 방침을 설정하는 일, 계획수립, 조직화이다. 더 나아가 경영자 스스로 해야 할 역할이라면 경영상의 최고 중요사항에 대해서 유효적절한 결정을 내리는 '의사결정' 으로 집약할 수 있다.

'의사결정' 이란 어떤 행동을 하기 위한 마음의 결정이라는 단순한 생각은 잘못이다. 드래커 교수는 이 점에 대해서 "결정을 내린다는 것이 기업경영에 있어서 얼마나 중요한가는 많은 사람들이 인식하고 있다.

그런데 결정에 관한 논의의 대부분은 종래에는 문제해결 즉 해답을 구한다는 점에만 집중되어 왔다. 정확한 문제점을 파악하지 못한 상황에서 여러 가지의 잘못된 결정이 내려져서 기업을 위기로 몰아넣는다"라고 말했다.

경영자의 '의사결정의 판단착오' 이것이 기업의 운명을 도산으로 몰고 간다. 왜 기업이 도산하는가? 그것은 경영자의 자기만족, 이기심, 자기 과신에 의한 잘못된 의사결정 때문인 경우가 대부분이다.

1. 정확한 문제점의 제기란 어떤 것인가

의사결정에는 2가지 종류가 있다. 첫째는 '전술적 결정' 이고 둘째는 '전략적 결정' 이다. 전자는 문제해결만을 주목적으로 한다. 즉 어떤 상황이 주어진 상태에서는 요구사항도 매우 명백하므로 이러한 결정을 할 때는 이미 알고 있는 자원을 더욱 더 경제적으로 이용한다는 것뿐이다.

전략적 결정이란, 어디에 문제점이 있는 것인가를 찾아내는 것이다. 그 범위의 복잡성, 중요성의 여하를 불문하고 처음부터 해답을 얻으려고 해서는 안된다. 우선 '정확한 해답은 무엇인가' 가 아니라 '정확한 문제점은 무엇인가' 를 찾아야만 한다.

왜냐하면 올바른 해답이 나왔더라도 문제점 자체를 잘못 파악하면 공연히 상관도 없는 문제에 노력만 낭비한 셈이 되기 때문이다. 전술적 결정은 매일 나타나는 문제에 대해 그렇다, 아니다 하는 판단만 하는 것으로써, 이런 일은 경영자 자신의 임무가 아니며 경영자의 임무는 전략적 결정을 하는 데에 있는 것이다.

전략적 결정이란 문제점이 올바르게 제기되어 있는가 하는 것으로, 이것을 '경영자의 의사결정의 판단력' 이라 한다. 오늘날 대표적인 기업이 된 많은 성공기업을 보더라도 그런 점을 충분히 짐작할 수 있다.

전략적 의사결정의 관건은 어디까지나 경영자 자신의 '판단능력' 이라고 한다. 그러면 성공한 경영자들이 결정적 순간에 의사결정을 내릴 수 있는 어떠한 능력, 즉 '직감' 을 만들어 내는 것은 무엇인가?

첫째, 이러한 경영자의 '직감' 이 떠오르는 것은 시대의 흐름을 정확하게 파악하는 안목이 있었기 때문이다. 그러자면 평소에 시야를 넓히고 공부하는 노력이 필요한 것이며 '무엇이 우선적으로 중요한 일인가' 하는 타이밍을 잘 맞추는 일이 필요하다.

둘째, 사명감을 가져야 한다. 시대를 꿰뚫어 보는 예리한 감각으로 수립된 전략목표에 사명감이 강하게 뒷받침 되면 그야말로 탄탄대로이다. 자기 사업을 천직으로 생각하는 사명감 없이는 일에 전념할 수도 없고 따라서 올바른 직감도 생겨나지 않을 것이다.

셋째, 치밀한 이해타산의 신속한 판별력이 있어야 하고

넷째, 불가능을 가능하게 하는 집념과 어떠한 난관에도 참고 견디는 수련이 필요하다.

2. 올바른 판단도 시기를 잘 맞추어야 한다

미국의 기업가 아이아코카는 '의사결정' 에 관해 다음과 같이 말했다. "훌륭한 경영자의 자세에 대한 나의 견해는 '결단력' 이라고 말하겠다. 정교한 컴퓨터로 여러 가지의 정보나 숫자를 모아 놓아도 최후에 그것을 판단하고 행동에 옮기는 것은 경영자의 임무이다.

그저 무조건 행동에 옮기라는 것이 아니다. 매스컴에서는 나를 화려함을 좋아하는 속사권총의 명수, 컴퓨터 등으로 표현하고 있지만 사실은 그렇지 않다.

만약 정말로 그러했다면 오늘날의 성공은 없었을 것이다. 나의 경영술은 다소 구식이다. 위험부담을 안아야 하는 경우엔 반드시 시장조사를 해보고 나서 스스로의 직감을 확인해 나간다. 인생에서 제일 중요한 것은 타이밍이다. 아무리 올바른 결단도 시기를 놓쳐서는 안된다.

훌륭한 경영자도 때로는 개를 데리고 소년처럼 개가 가자는 대로 따라서 걸어가야만 하는 경우가 있는 것이다.

그러면 결단을 내리기에 충분한 데이터는 몇 퍼센트 정도인가? 숫자상으로 말하기는 어려우나, 내 경험으로는 50% 정도로는 실패한다. 반대로 100%의 데이터를 모으는 것은 어떤가? 그것은 불가능한 일이다. 모든 데이터가 완전히 갖추어지지 못하면 나머지는 경험을 가지고 보충할 수밖에 없지 않는가?

사업세계에서 중요한 결단을 내리는 것은 회의석상에서가 아니라 경영자 개인인 것이다. 나는 최종 결정단계까지는 민주적으로 한다.

그러나 최후에는 지휘관으로서 명령을 내린다. '여러분들의 의견은 알아들었다. 그러나 최종결정이 났으니까 곧바로 진행하라' 는 식이 내가 의사결정을 하는 스타일이다.

타이밍에 관해 요약해서 말한다면 나는 사냥을 좋아하는데 목표물인 꿩도 늘 한 자리에 가만히 있지 않고 움직인다.

꿩을 쏘아 떨어뜨리려면 총을 이리저리 움직여야 한다. 중대한 결단에 직면하여 민첩하게 총을 움직이지 못하면 겨냥한 그 사이에 꿩은 날아갈 것이다.

이처럼 의사결정이란 타이밍 즉 시기를 놓치면 아무 소용도 없다. '나는 그렇게 믿는다' 라고 최종결정을 하면 지체없이 실행에 옮겨야 한다."

3. 경영에서의 의사결정은 신념이다

경영에서의 의사결정이란 하나의 신념이며 그 사람의 기력이며, 옳다고 생각한 까닭에 실행에 옮긴다는 의지력이다. 의사결정은 직감만 갖고 되는 것은 아니므로 올바르게 시대를 파악하는 안목을 지녀야 한다.

그리고 경영정책을 집행할 때는 타이밍을 잘 맞추어야 한다. 일단 실행에 옮긴 후에는 그에 대해 사명감을 갖고, 천직이라는 생각으로 집념을 갖고 나아가야 한다.

장차 컴퓨터가 경영자의 의사결정을 대신할 때가 올 것이라고 하는 사람도 있지만, 과학기술이 발전하여 아무리 고성능의 컴퓨터가 설치되고 소위 기술 전문인이 컴퓨터를 능숙하게 조작하여 많은 정보를 경영자에게 제출한다고 하더라도 그것을 보며 결정을 내리는 것은 경영자가 할 일이다.

어떠한 정보가 컴퓨터나 그 유사한 장치에 의해서 모든 문제해결에 접근하는 길을 열어 놓았더라도 그것은 하나의 조건일 뿐 결국 의사결정을 해야 한다.

경영자의 '의사결정' 이란 지극히 냉혹한 것으로서 잘못되면 기업은 도산하고, 많은 종업원은 실직을 하게 된다. 그런 만큼 경영자가 '의사결정' 을 할 때는 자기과신, 자기만족, 자기고집이 아닌가 하는 것을 살피고서 '의사결정' 을 공정하게 해야 한다.

'의사결정이 공평했는가' 를 확인하기 위해 다음과 같이 기록할 것을 권한다.

1. 결과의 예상과 출현시기
2. 예상의 근거가 되는 제반상황
3. 의사결정에 이용한 정보
4. 의사결정 방법 및 결정에 참가한 멤버

이와 같이 의사결정의 기록을 체크하면 과오나 그 이유를 밝힐 수 있고 결정에 이용한 전제가 틀린 것으로 밝혀질 때는 결정의 결과가 나타나기 전이라도 틀린 곳을 알 수가 있다. 이런 방법으로 과오를 사전에 방지하기 위한 행동을 취할 수 있다.

04_ 유망 성장기업의 기본조건

유망 성장기업이란 어떤 기업을 말하는 것일까? 여러 중소기업에 대하여 장기간에 걸쳐 실적과 사례를 연구한 결과, 다음과 같은 10개의 공통점을 발견할 수 있었으며 그것이 곧 유망 성장기업의 기본 조건임을 알 수 있다.

(1) '유망' 성장기업은 경영이념을 확고히 가지고 있다

이는 경영, CI(Corporate Identity), 이념, 철학, 신념, 사시, 회사의 구호, 경영기본방침, 기업가 정신 등을 말한다. 이것은 그 기업의 정신 · 의도, 기업의 자기주장, 기업의 독특한 멋, 정신적 지주라고도 말할 수 있다. 이들은 기업의 목적, 목표, 방침에 입각하여 정립된다.

경영조직은 조직형성의 목적, 목표, 방침을 명확히 설정하는 것에서 시작된다. 이 목적, 목표, 방침에 입각하여 설정된 구체화한 사고, 바로 이것이 경영이념이다.

경영이념은 그 기업 경영자의 가치판단에 좌우되고 다시 경영자세, 경영태도 확립에 영향을 준다. 경영에 관한 지식, 정보가 범람하고 있는 오늘날 경영자세와 태도는 더 말할 나위 없이 중요하다. 앞으로는 어떤 기업이든 간에 경영이념을 전 종업원에게 철저히 주지시키고 침투시켜야만 자기 기업의 훌륭한 기업풍토를 구축할 수 있다.

(2) 유망 성장기업은 경영조직을 분권화한다

분권화란 직능을 명확하게 하고 책임과 권한을 대폭적으로 아래로 위임하는 것이다.

현대의 고도 산업화 사회에서 대기업의 우월성은 어쩔 수 없는 현실이다. 대기업은 성장 · 발전을 위해 하나 하나의 조직이 벤처비즈니스처럼 기동적으로 움직이며, 경영자원을 효과적으로 집결하고 결합하는 체제로 구축하기 위하여 조직을 분권화하고 있다.

그것은 불확실성의 변화에 대해 다양한 대체안을 만들어낼 가능성이 높은 조직으로 평가되고 있다. 분권화는 여러 가지 벤처 비즈니스를 살릴 수 있는 지도자를 육성하기 위해서도 필요하다.

'작은 것은 좋은 것' 이라는 발상은 인간적이란 관점에서 기업을 다시 보는 것이다. 이것은 조직 구성원을 확실히 파악하며 좋은 인간관계를 확보하고 상대를 생각하는 공평하고도 적절한 평가 중시, 자발성 · 자율성의 확립, 소수 정예주의와 연결된다.

궁극적으로 분권화는 책임과 권한을 명확히 하고, 부하에게 대폭적으로 권한을 위임하는 것을 말한다. 여기에서 경영, 경제, 시장, 기술 등에 관한 새로운 정보의 창조와 결합효과가 나타난다. 그것은 조직전략에 관계되는 일이다.

(3) 유망 성장기업은 기술 · 연구 개발력을 축적한다

기술 · 연구 개발력의 우위성, 단독적인 기술이 아닌 각각의 기술의 집합 · 결합 · 통합의 정도가 유망 성장기업의 기본조건이 된다. 제품기술 · 연구 개발력은 생산 · 제조기술의 연구 개발력에 기초를 두고 있다.

기술이란 제품을 만들기 위한 방법이다. 여기서 말하는 제품기술 · 연구 개발력이란 고객, 소비자들이 무엇을 생각하고 있는가를 조사 · 분석하여, 소비자의 욕구를 충족시킬 수 있는 팔리는 물건 또는 소비자가 바라고 있는 좋은 물건을 만드는 것을 말한다.

한편 기술 · 연구 개발력에는 스스로 만족할 때까지 꾸준히 연구 개발해 나가는 과정이 중요하다. 그것은 긴 세월에 걸치는 끊임없는 노력을 말한다. 또 기술을 소중히 여기는 전통과 오랜 노하우도 중요하다. 최고 경영자의 집념과 만반의 준비 없이는 기술·연구 개발력의 축적은 기대할 수 없다.

성장 발전하는 유망 성장기업은 장기간에 걸쳐 기술·연구 개발에 많은 투자를 하는 기업이다. 기업에 따라서는 축적하고 있는 수익을 선행투자(先行投資)하고 있어 미래의 변화에 대응하는 기본이념, 자세, 태도가 거기에 나타나고 있다.

기술·연구 개발에 성공하려면 개성이 풍부한 연구자의 존재를 인정하고, 칠전팔기의 정신을 높게 평가해 주어야 한다. 그것은 경영 합리화와 창의, 시장의 개척, 유통혁신 등에 기반을 둔다. 기술·연구 개발력과 판매력은 기업의 성장 발전에 기본이 된다.

안이한 길을 가는 것이 아니라, 위험도 회피하지 않는 고유의 이념과 도전적 자세가 필요하다. 기술의 발전 없이 기업의 발전은 있을 수 없다. 기술은 무한이 발전한다.

(4) 유망 성장기업은 기업의 사업영역을 확정한다

이것은 회사 전체의 경영으로 보아 자사에 적절한 분야를 신장, 발전, 전문화하고 적절치 못한 분야는 보완, 극복하며 어떤 사업영역에 중점을 둘 것인가를 고려하여 기업의 전체상을 확립하는 일이다. 특히 자사에 적절하지 못하고 잦지 않는 부분, 맹점, 틈을 만들지 않도록 해야 한다.

일반적으로 시기가 충분히 성숙된 뒤에 변혁을 시행해야 한다. 변혁을 시행할 때에는 상황을 확실히 파악하지 않거나, 기반을 굳히지 않은 채 적극적으로 행동해서는 안된다.

지엽적인 것에 구애받지 말고 본질적인 것이 무엇인가를 장기적·단기적 관점에서 생각해야 한다. 이것은 중점목표의 단일화 지향을 뜻한다. 그러기 위해서는 경영자는 자사의 고객이 누구인가를 항상 파악해야 한다. 그리하여 그 고객들이 신뢰하고 마음속으로부터 기뻐하는 제품을 그들에게 제공해 나가는 것이 기업의 목표이다.

사업영역의 확정에는 기업체질을 강화하기 위하여 장기적 관점과 단기적 관점에서 경영의 균형을 고려하여 현재, 현상 파악에 초점을 맞추어 결정한다. 그러기 위해서는 본질이나 핵심을 꿰뚫어 볼 수 있는 예리한 통찰력이 필요하다.

한편 경영자는 본업을 확대하는 관점과 본업에서 탈퇴하는 관점에서 각 사업영역의 경계영역, 허점에 관한 것을 파악하는 일도 잊어서는 안 된다. 실제 현재 사업영역의 경계가 변화되고 있으며 변혁에 대응하기 위하여 때로는 사업영역의 경계가 파괴된다. 여기서 국제적 분업에 대한 새로운 착안과 발상이 성장과 발전의 추진력이 된다.

(5) 유망 성장기업은 기업의 전략적 장기적인 비전을 갖고 있다

그것은 기업이 장차 나가야 할 방향, 미래상, 진로, 번영과 영속에의 이정표, 진로를 결정하는 일이다. 여기서 말하는 미래는 3년 앞, 5년 앞, 10년 앞, 30년 앞, 60년 앞, 100년 앞의 일을 포함한다. 이들은 눈 앞의 일에만 얽매이는 것이 아니라, 현상을 잘 인식하여 장기적인 안목으로 보아야 한다.

변화가 격심한 시대에 장기적인 비전을 명확히 하는 것이야 말로 기업이 '나를 알고' '상대를 알아' 현재 무엇을 해야 할 것인가를 결정하는 필수요소가 된다.

(6) 유망 성장기업은 사람을 공평하고 적절하게 평가한다

평가란 기업목적에 대한 공헌도이다. 인간을 자연적인 존재, 정신적인 존재 및 사회적인 존재로서 그리고 총체적 이미지를 파악하려고 할 때 올바른 평가가 된다.

공평한 인사를 하는 데는 전제조건이 필요한데, 그것은 모든 인원이 각자 그의 능력을 완전히 발휘할 수 있는 여건이 조성되어야 한다. 경영자는 조그마한 일에 대해서도 주의를 기울여야 한다. 현장에서의 작은 노력 하나 하나가 모이고 쌓여 우량기업의 기본적 조건이 된다. 경영자는 현장에서 눈을 떼지 말아야 한다.

그래야만이 실태를 파악하고 그 현장에 있었던 사람들의 노력, 능력을 공평하고도 적정하게 평가할 수 있다. 경영자의 마음가짐, 주의력의 정도, 인간의 미묘함에 대한 배려, 상냥함 등에 의하여 현장의 긴장감과 활기가 형성된다. 그리고 많은 구성원이 자기 입장에만 집착하지 않고 전체의 입장에서 사물을 판단해야 된다.

사람을 고과 · 평가하는 인사고과의 본질은 사람이 사람을 고과 · 평가하기 때문에 고과, 평가의 기준을 되도록 객관화 · 과학화 · 다양화 하여야 한다.

그리고 실제로 실천에 옮기는데 고평가를 어떻게 객관화 · 과학화 · 공평화 · 다양화 하느냐 하는 것이 문제로 제기된다. 인사고과평가란 누가, 누구를, 무엇과 무엇에 관하여,

무엇으로, 어떻게 고과 · 평가하는가 하는 내용으로 구성된다.

(7) 유망 성장기업은 종업원의 의욕을 복돋운다

인간은 상호의존관계를 유지하면서 생활한다. 인간은 느끼고 행동하는 가운데 자기와 타인, 사물과의 상호관계를 가지고 존재하며 활동한다. 인간은 자발적 협동의 실현과 경제적 욕구를 충족시킴으로써 의욕이 강해진다. 그가 하는 것을 격려해주고 탄력을 높여주면 동기부여가 높아져 자신감을 가지고 행동하게 된다.

잠재적 능력을 끌어내고 탄력과 타이밍을 이용하면 기대 이상의 성과를 발휘한다. '보통 사람에게 비범한 일을 시키는 일' 은 곧 바른 정신을 창조하는 일이다.

우수한 지도자는 구성원이 가지고 있는 각종 잠재적 자질, 능력, 인격, 태도를 끄집어내어 의욕을 높이도록 한다. 종업원에게 일할 의욕을 갖게 하고, 일을 재미나게 하도록 만들어 주는 것은 현대 경영자의 임무이다. 본인의 도전의욕이 가장 중요하기 때문이다.

현실에 안주하지 않고 항상 일을 개선하도록 노력하며 아무리 어려운 일이라도 언제나 명랑하고 즐겁게 일하도록 하는 것이 중요하다.

사람들에게 자발적으로 자기실현 욕구를 충족하도록 하는 것은 의욕을 복돋우는 것과 연결된다. 그것은 자기직무에 대한 다양성 · 자율성의 인식이다.

'패자부활' '지난 일은 묻지 않는다' 의 인사는 의욕을 복돋우고 일의 경과보다는 과정 중시의 원천이다. 그렇게 함으로써 먼 앞날까지 걱정하지 않고, 시행착오가 있더라도 해보자는 명확하고도 신속한 반응이 나타난다.

인간은 남을 신뢰하지 않고는 남으로부터 신뢰를 받을 수 없다. 인간은 자기는 신뢰받고 있다, 일을 위임받고 있다, 사회를 위하여 공헌하고 있다는 자각과 의식을 지녀야 의욕이 샘솟는다.

인간의 행복이란 육성 · 개발하며 창조해 가는 과정 속에 인간으로서의 기쁨을 발견할 수 있다. 인간 상호간에 신뢰감이 있는 곳에 참된 협력, 협동관계가 구축된다.

(8) 유망 성장기업은 기업의 성과를 공평하게 분배한다

기업의 성과를 공평하게 분배한다는 것은 소비자, 고객과 주주, 기업과 종업원, 근로자 등 관계자에게 선의와 호의로 공평하고도 적절하게 배분하는 것을 말한다. 기업의 목적 달성에 노력한 사람과 노력하지 않은 사람을 구별하여 공평하고도 적정하게 성과를 분배하여야 한다.

소비자, 고객에게 적정한 가격으로 사회에 유익한 상품 서비스를 제공하고, 주주에게는 적절한 배당을, 종업원에게는 적절한 임금을, 기업에게는 적절한 이익을 배분해야 한다. 여기서 말하는 성과에는 단기적인 것, 중기적인 것, 장기적인 것을 포함한다.

(9) 유망 성장기업은 구성원의 경영참여를 촉진한다

경영참여는 인간성, 개성의 존중, 민주화 원리의 존중, 중지를 살리는 경영이념에 기초하여 파악, 실천해 가야 한다. 많은 관계자의 창의적 노력을 살리며, 동기부여를 높여, 서로가 호의를 가지고 경영의사결정에 참여하는 것으로 발전해 나가야 한다.

기업성장의 원천은 조직 구성원이 창조성, 창의노력을 발휘하는 데 있다. 그것은 구성원의 만족원리 지향의 경영으로 이룩된다.

기업경영의 기본은 종업원이 기업과 한 몸이 되어 공통의 목표에 중지를 집결시키는 일, 창의연구를 장려하는 일, 경영 전체의 이익을 위하여 팀워크를 바탕으로 성립시키는 일 등 전 사원이 참여하여 경영을 실현해 나가는 데에 사회적인 의의가 있다.

(10) 유망 성장기업은 인간의 지식, 체력, 정신을 골고루 육성개발한다

인간육성개발의 기본은 사고방식, 사고력의 개발변혁이다. 다시 말하면 인간을 육성개발하는 것은 궁극적으로 인간지향에 의한 인간의 장점을 신장개발, 인간을 존중하는 일, 인간의 개성을 살리는 일이다.

인간육성개발을 통하여 사물을 바르게 보는 시야를 길러주고, 생각하는 방법 및 기본자세를 통합적으로 육성시켜 주는 것이 중요하다.

인간육성개발의 기본은 인간애, 따뜻한 마음, 약한 사람에 대한 관심에 있다. 여기서 말하는 인간육성개발은 경영의 기본이며, 경영의 기본을 충실히 실천하는 것이 성장의 조건이 된다. 한편, 시대가 인간을 육성개발하며 인간을 육성개발하는 것이 시대를 만들어 나간다는 것을 잊어서는 안된다.

이상 10개 조건 중 몇 가지를 조합한 효과는 상승효과를 높인다. 즉 경영관리의 본질은 경영의사결정 시스템과 인간육성개발 시스템의 조정과 통합, 적절한 결합 바로 이것이다.

유망 성장기업은 의도적으로 평지에 어떤 목표를 갖고 최고 경영자를 선두로 전 종업원이 미래를 꿈꾸면서 앞날에 대한 적극적인 사색으로 미지에 대한 과감한 연구와 실천을 추진한다. 많은 기업이 이런 전향적인 경영창조활동을 통하여 왕성한 기력, 전사적으로 한 덩어리로 된 노력의 결과로 여러 가지 어려운 시련을 극복하며 성장 발전하고 있다.

05_ 기업발전을 위한 성공조건

미국의 대표적 자동차 회사인 G · M사(社)를 세계 제일의 기업으로 이끌어 온 스톤씨에게 드래커 교수가 "당신의 기업이 이와 같이 성공한 원인이 무엇이냐"고 물었더니, 이에 대해 스톤씨는 "만약 당신이 우리를 비범한 사람들일 것이라고 기대하고 있다면 그것은 우리를 이해하지 못한 것이다.

우리 회사가 뛰어난 업적을 올린 것은 특별히 비범한 사람들이 운영해서가 아니라, 업적이란 것에 중점을 두고 경영을 해 나가고 있기 때문이다"라고 대답했다.

경영은 실적과 결과가 중요하다. 아무리 과학적인 관리로 경영을 하고, 여러 가지 애로사항이나 핑계를 댄다 하더라도 결국은 오직 결과만 갖고 평가하는 것이다.

기업이윤은 경영의 결과로써 얻어지며 기업이윤을 많이 올려야만 성장할 수 있고, 이것이 오늘날의 자본주의 경제의 경영구조이다.

드래커 교수는 이윤이란 개념을 2가지로 설명했다. 하나는 '기업의 결과를 측정하는 기능' 이며 또 하나는 '장래의 위험으로부터 기업을 지키고 사업의 존속을 촉진시키며 생산력을 유지해 주는 기능이다' 라고 말하고 있다.

이윤을 얻는다는 것은 벌었으니 바로 써버려도 된다는 것이 아니다. 얻어진 이윤으로 기업의 장래 위험에 대비하고 생산력을 계속 유지해야 한다. 드래커 교수는 '기업에는 이윤이란 없다. 있다면 그것은 장래를 위해 축적하는 것에 불과하다' 라고 말한다. 그런 관점에서 본다면 기업은 경우에 따라서 큰 위험부담을 예측하고 경영을 해나가야만 한다.

(1) '냉정하게 · 용감하게 · 활기차게'를 좌우명으로 삼자

고도성장 시기에는 비용이 절감되면 경쟁력이 향상되고, 물건이 부족하여 많이 생산하면 그만큼 많이 팔리며, 값이 싸면 경쟁에서 이길 수 있었다. 그러나 앞으로의 냉혹한 경제상황에서는 위와 같은 사고방식은 판단 착오이다.

재고가 늘면 늘수록 적자가 되고, 손익 계산서로 본다면 재산목록으로 산정이 되지만 재고가 1억이 늘면 자금 관리상으로는 1억의 적자이다. 아무리 이익이 5천만원이 생겼더라도 1억원의 재고가 생기면 5천만원이 적자인 것이다.

그러므로 기업의 이익은 기업내부에서는 생기지 않는다는 이론이다. 경영이란 매일 발생하는 문제를 수시로 해결하는 것만으로는 소용이 없다. 드래커 교수의 말을 빌리면 찬스가 왔을때 그를 포착하는데 전력을 다하는, 즉 기회중심의 경영을 하라는 것이다.

기회중심 경영이란 무엇인가? 어떤 문제에 부딪혀서 비로소 그것을 해결하려고 한다는 것은 그 결과로 운영을 정상상태로 되돌려 놓을 수는 있지만 그것이 바로 기업의 성과를 달성시켜 주는 것은 아니다.

우리는 진취적인 경영을 해야한다. 기업이 지니고 있는 자재 · 인재 · 재력 이러한 도구나 수단을 다만 소극적인 문제해결에만 사용해서는 득이 되질 않는다. 앞으로 성장해 나갈 수 있는 일에 이런 재원을 알맞게 배분해서 활용해야만 한다. 성공한 기업은 항상 그러한 방식을 취하고 있다.

경영이란 지극히 비인간적인 매정한 세계라는 것을 잘 알아두어야 한다. 비록 선대의 사업이라도 시대의 요구나 수요에 맞지 않을 경우 과감히 버리는 용기가 없으면 회사 자체가 망해버린다.

비록 어떤 분야에서 관록있는 기업이라도 환경변화에 대응하는데 실패하면 도산한다는 매정한 격변의 시대가 왔다는 것을 알아야 한다.

그렇다고 변화하는 환경에 맞추기 위해서 가업 전래의 업종을 모조리 버리라는 말은 아니다. 어떤 기업이든 그 나름대로의 강한 면이 있고 그 장점을 잘 활용하는 일이 중요한 것이다. 내가 가지고 있는 장점을 시대의 변화에 맞추어서 어떤 식으로 대응해 나가느냐 하는 것이 앞으로의 경영의 기본이라 생각한다.

그런 의미에서 경영을 해나가는 가운데 항상 '3D' 를 염두에 둘 필요가 있다.

첫째, 드라이(dry) 즉, 경영은 인정에 약해서는 안되는 '매정한' 사회임을 알아야 한다.

둘째, 드라스틱(drastic) 즉, 용단을 내릴 줄 알아야 한다.

셋째, 다이나믹(dynamic) 즉, 시대변화에 적응하여 활기차고 능동적이어야 한다. 경영이란 결과가 중요하며 이를 실천에 옮기자면 '3D' 를 좌우명으로 삼아 사업에 임해야 한다.

(2) 효과적인 경영자의 조건

드래커 교수는 그의 저서 '경영자의 조건' 중에서 다음과 같은 경영자의 행동지침과 그 실천의 어려움을 지적하고 있다.

'지성 · 교양 · 재능 · 경험 · 상상력' 이런 것이 경영자의 조건은 아니다. 중요한 것은 해야 할 일을 완수하는 일이다. 무엇을 해야 하는가 어떻게 완수하는가 하는 그 효과적인 방향을 결정하는 일이야말로 경영자에게 부과된 최대의 책무이다.

그러나 현실에는 경영자가 효과적인 것을 지향하는데 방해가 되는 요소가 많다. 그 예를 몇 가지만 들면 다음과 같은 것들이다.

1. 경영자는 조직에 의해 속박을 받고 있어서 자기 자신만의 시간이 모자란다.
2. 경영자는 현실을 바꾸어 보려는 적극적 행동이 따르지 않는 한 일방업무에 휘말린다.
3. 경영자는 개인의 힘에만 의지할 수 없다. 조직을 움직여 나가고 개인을 초월한 눈에 보이지 않는 어떠한 힘을 지배해 나가지 않으면 안된다.
4. 경영자는 기업외부의 변화를 피부로 느끼기 힘들다. 조직이란 휠터를 통해서 바라보는 바깥세상은 자칫하면 편견을 가져오기가 쉽다.

G · M의 스톤씨가 위대한 경영자였다는 것은 어려운 현실에서도 타협하지 않고, 현실을 극복하려는 불굴의 도전과 항상 업적을 올리겠다는 일념으로 경영해 나갔기 때문이다.

드래커 교수는 효과적인 경영자가 되는 조건으로 다음과 같은 5가지를 들고 있다.

1. 효과적인 경영자는 하루 24시간 중, 자기 자신이 마음대로 조절할 수 있는 시간을 효과적으로 활용하는 방법을 조직적으로 연구해서 시간표를 만들어 배정한다.
2. 효과적인 경영자는 어떤 행동의 궁극적인 목적에 대해서 자기 자신이 맡을 역할에

초점을 맞춘다. 그 목적을 위한 작업상의 기법보다는 달성할 성과에 더욱 노력을 기울이며 경영자인 자신에게 배당된 역할에 대해 직원들이 어떤 기대를 걸고 있는가 하는 점을 자문자답하면서 일에 임한다.

3. 효과적인 경영자는 그들의 강한 면, 부하의 강한 면, 밑바닥에 깔려 있는 장점, 실행 가능한 장점에만 손을 댄다. 약점 또는 실행이 불가능한 일에 관여하지 않는다.
4. 효과적인 경영자는 뛰어난 실천으로 뚜렷한 성과를 얻으리라고 기대되는 몇 가지의 중요한 영역에만 노력을 기울인다. 사업의 우선순위를 정하여 자기 자신부터 그 순위를 철저히 지켜서 사업을 추진한다.

   그들의 선택은 한계가 있으므로 제일 중요한 것을 완전히 마무리 짓기 전에는 이것저것 손을 대지 않아야 중요한 한 가지를 완성품으로 만들 수 있다는 뜻이다.
5. 마지막으로 효과적인 경영자는 효과적인 의사결정을 해야 한다. 효과적인 의사결정이란 언제나 여러 가지의 다른 의견 중에서 판단하여 골라낸 것을 의미하며 단순히 쉽게 의견 일치를 본 그런 것을 말하는 것은 아니다.

   활발한 의견교환 후에 결정된 것이야 말로 분명한 해결책을 제시한다. 그리고 효과적인 결정이란 그저 몇 가지 정도의 기본적인 결정이어야지, 어지러울 정도로 여러 가지 사업계획을 잔뜩 늘어놓으면 효과적인 진행을 할 수가 없다.

(3) 경영자의 새로운 영역

'내일' 은 벌써 시작되었다고 본다. 그러나 누구나 내일 즉 미래를 알 수는 없다. 다만 내일이라는 것은 오늘과는 무엇인가 다르다는 것을 알 뿐이다.

드래커 교수는 '창조하는 경영자' 에서 이 점에 관하여 다음과 같이 말하고 있다.

"미래에 발생할지도 모르는 어떤 상황을 예측해서 오늘 행동하는 기초를 거기다 두고 진행한다는 것은 무의미한 일이다. 우리가 기대할 수 있는 최선의 것은 이미 발생한 사실이나 현상이 미래에 가서 어떤 결과와 영향을 나타낼 것인가를 예견하는 일이다."

사회적 · 경제적 현상이 앞으로 그 사회 · 경제 · 문화에 영향을 미치려면 어느 정도의 '시간적인 경과기간(time lag)' 이 있는 법이다. 예를 들어 출생률이 급증하거나 급격히 감소되더라도 15년 내지 20년 동안은 노동인구에 크게 영향을 미치지는 않는다.

그러나 노동인구상으로 계산하는 인구의 변화는 이미 시작된 셈이다. 그 영향은 '내일'의 사회에 가서는 막을 재간이 없다. 다만 우리에게 가능한 것은 그런 영향을 예측해서 기업을 하는 그 피해를 최소로 줄이는 방책을 수립하는 일이다.

이처럼 오늘 발생한 하나의 사실이나 현상을 잘 살펴서 그것이 장래에 미치는 영향을 예견하여 그동안에 '시간적인 경과기간'을 잘 활용하는 데에 기업경영의 크나큰 찬스가 있는 것이다. 어떤 변화하는 사실이나 현상이 우리 회사에는 어떤 의미가 있는가를 늘 고려해 두어야 한다.

마지막으로 드래커 교수가 말한 '내일의 경영자의 과제'를 적어보겠다.

1. 내일의 경영자는 목표를 세워서 관리를 해 나가야 한다. 또한 지금보다 더 큰 위험부담을 안고 게다가 보다 더 긴 기간을 견뎌내야 한다.
2. 내일의 경영자는 부분적인 전투가 아닌 전반적인 큰 덩어리를 다루는 전략적인 결정을 내릴 줄 아는 능력을 갖추어야 한다.
3. 내일의 경영자는 공통의 목적에 따라서 각 개인의 행동을 통제하고 그 결과가 잘 나타날 수 있도록 각 구성원을 우수한 팀으로 조직할 줄 알아야 한다.
4. 내일의 경영자는 필요한 정보를 신속하고 명확하게 전달하여 그것에 의해서 직원들이 적극적인 행동을 취할 수 있도록 사기를 높여주어야 한다.
5. 지금까지의 경영자는 수종의 제품 또는 한 가지 산업기술에만 통달하고 있어도 되었으나 내일의 경영자는 자기의 제품 및 산업을 사회 전체의 환경에 관련시켜서 그 장점을 찾아내어 자기의 의사결정과 시책에 반영시켜 확대해 나가야 한다. 또한 내일의 경영자는 그 시야를 넓혀서 자사의 시장을 외국에까지 개척해 나가야만 한다.

14

CHAPTER

공장경영의 총점검

21세기를 지향하는 경영의 중점과제는 지금까지 해온 효율추구에서 새로운 가치창조로 옮겨가고 있다. 좋은 물건을 싸게 만드는 것만 가지고는 다양한 고객의 욕구를 충족시킬 수 없다. 기업이 살아남기 위해서는 독자적 마케팅, 독창적 공정관리기법이 필요하다. 이 장의 수록된 체크 리스트를 활용하면 공장의 경영실태를 총점검할 수 있다.

01 경영의 기본문제

1. 경영의 기본 체크리스트

항 목	내 용	체크 YES	체크 NO	개선 보완점
❶ 경영자	① 임원구성은 적절한가? ② 임원은 충분한 경력을 쌓은 사람들인가? ③ 실무능력, 지식, 성격, 인간성은 제대로 갖추어져 있는가? ④ 업계, 거래처로부터 신뢰를 받고 있는가? ⑤ 외부환경의 변화에 대해 적응력이 있는가? ⑥ 조직을 움직여서 경영하고 있는가? ⑦ 회의에서는 책임과 권한이 정해져 있는가?			
❷ 기본방침	① 경영목표를 연도별 또는 3년, 5년의 중장기적으로 수립하여 경영활동을 하고 있는가? ② 경영목표는 생산방침과 연관되어 있는가? ③ 경영방침은 확립되어 있는가? ④ 판매방침은 일상적인 판매활동에 충분히 반영되어 있는가? ⑤ 생산방침은 판매방침과 연관되어 있는가? ⑥ 구입방침은 이익으로 이어져 있는가? ⑦ 노무방침은 복리후생을 목표로 하고 있는가? ⑧ 경영방침을 입안할 때 일반 경제정세를 고려하였는가? ⑨ 경영방침을 종업원에게 철저히 주지시키고 있는가?			
❸ 경영계획	① 중장기 경영계획은 세워져 있는가? ② 경영계획은 이익계획, 판매계획, 생산계획, 설비투자계획 등 구체적으로 세우고 있는가? ③ 경영계획은 각각 동기화(同期化)하여 수립하고 있는가? ④ 3개월, 6개월, 1년의 단기적 세부계획을 수립하고 있는가? ⑤ 이익계획을 세우고 있는가? ⑥ 자금계획을 세우고 있는가?			

항 목	내 용	체크 YES	체크 NO	개 선 보완점
	⑦ 설비계획은 장래를 고려하여 세우고 있는가? ⑧ 이익계획을 세우고 있는가? ⑨ 계획을 실시하기 위한 적절한 관리방법이 정비되어 있는가?			
❹ 조 직	① 조직표는 명확하게 작성되어 있는가? ② 조직표에는 경영의 특성이 표현되어 있는가? ③ 조직은 관리자의 능력 · 실무처리 능력을 감안하여 편성되어 있는가? ④ 조직은 경영규모에 따라 편성되어 있는가? ⑤ 인원배치는 적절한가? ⑥ 조직상의 책임과 권한은 명확한가?			
❺ 내부통제	① 내부통제를 위한 제도가 있는가? ② 원활한 인간관계가 확립되어 있는가? ③ 예산과 실적 평가를 하고 있는가? ④ 보고제도는 확립되어 있는가?			

2. 경영관리 체크 리스트

항 목	내 용	체크 YES	체크 NO	개 선 보완점
❶ 관리자의 역할	① 기술혁신, 생산혁신, 판매혁신을 중점 목표로 하여 변화에의 대응책을 추진하고 있는가? ② 부하에게 창조적 능력을 발휘시켜 일을 통하여 자기실현 욕구를 충족시키고 있는가? ③ 기술과 인간다움을 위한 접촉점을 구하고 있는가? ④ 젊은 층과 중고령 층의 의식이나 가치관의 차이를 좁히기 위하여 노력하고 있는가? ⑤ 원만한 노사관계를 위해 중심적인 역할을 하고 있는가?			

항 목	내 용	체크 YES	체크 NO	개선 보완점
❷ 관리자의 과제	① 유연한 사고와 폭넓은 교양을 가지고 변화에 대응하기 위해 노력하고 있는가? ② 문제의 경중을 선별하고 문제를 해결하는 능력이 있는가? ③ 부하에게 동기를 부여하며 자기실현의 욕구를 가지도록 하고 있는가? ④ 민주적 리더십을 발휘하고 있는가?			
❸ 긍정적 사고	① 장기적인 시야를 가지고 모든 것에 적극적으로 행동하고 있는가? ② 폭넓게 정보를 수집하고 항상 문제의식을 갖도록 노력하고 있는가? ③ 자기부문의 문제점을 즉석에서 답할 수 있는가? ④ 자기부문의 목표와 현상의 차이를 구체적으로 파악하고 있는가? ⑤ 현상을 부정하고 마땅히 취해야 할 자세를 그릴 수 있는가? ⑥ 다른 회사를 안이하게 흉내내는 것이 아니라 자기 회사의 독자적 방법을 창출하고 있는가? ⑦ 창조적으로 문제를 해결하기 위하여 진취적 경영기법 등을 구사하고 있는가? ⑧ 안되는 이유를 내세우지 않고 될 수 있는 방법을 찾아내고 있는가?			
❹ 방침과 목표	① 사장의 생각과 경영방침을 이해하고 자기부문의 목표와 방침을 수립하고 있는가? ② 기본방침을 입안함에 있어서 모든 업무가 고객지향으로 연결되도록 하고 있는가? ③ 사람 · 물자 · 돈 · 정보 · 시간 모두가 코스트에 큰 영향을 준다는 사실을 항상 인식하고 대처하는가? ④ 자기부문의 중장기 경영계획을 수립하고 있는가?			

항 목	내 용	체크 YES	체크 NO	개선 보완점
	⑤ 자기부문의 금년도 방침과 목표를 연간 또는 분기의 예산과 연결하여 숫자로 나타내고 있는가? ⑥ 금년도 목표를 달성하지 않으면 안되는 이유가 전사원에게 이해되고 있는가? ⑦ 연도이익계획을 수립함에 있어서 전사원을 결집하기 위한 노력을 하고 있는가? ⑧ 상사의 지시를 부하들에게 바르게 설명하고 있는가? ⑨ 목표의 우선순위를 설정하고 부하들에게 명확히 제시하고 있는가? ⑩ 월차경영실적 · 월차손익 검토가 이루어져 그 대책 · 조치가 신속하게 되고 있는가?			
❺ 부하지도	① 젊은 부하의 힘을 이끌어 내도록 노력하고 있는가? ② 부하에게 일의 중요성을 이해시키고 있는가? ③ 일의 성취감을 주기 위한 대책을 세우고 있는가? ④ 부하의 능력향상을 위하여 자기 일의 일부를 그에게 시키거나 권한을 위임하고 있는가? ⑤ 부하에게 구체적인 목표를 종이에 적어 주어 그 일에 임하도록 하고 있는가? ⑥ 부하에게 일을 진행시킬 때 자발적인 창의성이나 노력을 발휘할 수 있게 하고 있는가? ⑦ 부하를 방임해 두는 일 없이 일에 대한 지도를 하고 있는가? ⑧ 부하의 노력이나 일의 업적을 바르게 평가하여 본인에게 전하고 있는가? ⑨ 인사이동에 있어서 부하의 취미, 희망이 반영되도록 배려하고 있는가?			
❻ 커뮤니케이션	① 상부방침에 입각하여 실시 계획표를 작성하고 전사원에게 제시하고 있는가?			

항 목	내 용	체크 YES	체크 NO	개 선 보완점
	② 상사로부터의 지시를 즉시 부하에게 전하고 부하의 일에 반영시키고 있는가? ③ 지시한 사항에 대해서는 정기적으로 보고하도록 하고 있는가? ④ 부하로부터의 제안을 적극적으로 채택하여 전체적인 일에 반영시키고 있는가? ⑤ 부하로부터의 제안을 채택하지 못할 때에는 그 이유를 충분히 설명하고 납득시키고 있는가? ⑥ 상사로부터의 지시를 전향적으로 일에 반영시키고 있는가? ⑦ 좋은 정보건 나쁜 정보건 상사에게 보고하는가?			
❼ 신속한 행동력	① 의사결정을 빨리 하기 위한 노력을 하고 있는가? ② 업무의 의사결정 프로세스가 표준화되어 있는가? ③ 부하에게 맡기는 일에 대해 일의 항목, 내용을 명백히 하여 충분한 권한위임을 하고 있는가? ④ 관리자에게 항상 예스, 노를 명백히 하고 있는가? ⑤ 스스로 결정하지 않으면 안되는 사항을 상사나 부하에게 맡기는 무책임한 일을 하지 않는가? ⑥ 일상업무를 신속히 처리하고 미래를 꿰뚫어 보는 전략적 의사결정을 하고 있는가? ⑦ 의사결정에 필요한 정보를 적극적이고 신속하게 수집하고 적절히 결단을 내리고 있는가? ⑧ 모든 일에 결단의 시기를 사전에 정하고 문제의 처리에 임하고 있는가? ⑨ 선입관이나 편견을 버리고 의사결정을 하고 있는가? ⑩ 종 · 횡적으로 업무가 효과적으로 추진되도록 정보 전달 · 흡수, 의견교환을 하고 있는가? ⑪ 부장은 경영자에게, 과장은 부장에게, 이렇듯 단계적인 입장에 관점을 두고 업무개혁을 제언하며 자기의 직무개혁을 행하고 있는가?			

3. 경영관리능력 체크 리스트

항 목	내 용	체크 YES	체크 NO	개 선 보완점
❶ 경영일반	① 경영자는 충분한 자격을 갖추고 있는가? ⓐ 환경변화가 자기 회사에 미치는 영향에 대한 통찰능력이 있는가? ⓑ 국내외(정치 · 경제 · 문화) 동향에 대한 통찰 능력이 있는가? ⓒ 소비자, 실수요자의 동향에 대한 통찰능력이 있는가? ⓓ 타사가 참여하는 일에 대한 통찰능력이 있는가? ② 경영자의 능력부족 측면을 조직적 측면에서 보완하고 있는가? ⓐ 조직력과 계획력 그리고 동기를 부여하는 능력이 있는가? ⓑ 판매 · 재무 · 인사 · 제조의 관리능력은 있는가? ⓒ 통솔력 · 조정력이 있는가? ⓓ 부하에 대한 육성력이 있는가? ⓔ 커뮤니케이션 능력이 있는가? ⓕ 문제에 대한 해결력이 있는가? ③ 경영자는 거래처(판매 · 구입 · 금융)와 종업원에게 신용을 받고 있는가? ⓐ 경영을 하려는 마음이 있는가? ⓑ 이익에 대한 의식이 있는가? ⓒ 재무관리 능력이 있는가? ⓓ 마케팅 능력이 있는가? ⓔ 시야는 넓은가? ⓕ 사교성이 있는가? ⓖ 인사관리 능력이 있는가? ⓗ 교양이 있는가?			
❷ 경영방침	① 경영이념이 있는가? ② 장기경영방침이 있는가? ③ 신제품과 새로운 판매처 등에 대하여 면밀히 검토하고 있는가?			

항 목	내 용	체크 YES	NO	개선 보완점
	④ 생산계획과 판매계획, 자금운용계획이 통합적으로 조정되어 있는가?			
❸ 생산, 판매	① 현재의 제품 중에서 강점으로 발휘될 수 있는 제품의 보강을 도모하고 있는가? ② 동업자의 유사제품과 비교하여 품질 · 가격 · 리드타임에서 뒤떨어진 것이 있으면 즉시 개선하여 경쟁력을 회복시키고 있는가? ③ 첨단 기술연구는 실시되고 있는가? ④ 고유기술의 연구개선은 되고 있는가? ⑤ 제품의 품질은 판매부문의 요구에 부응하고 있는가?			
❹ 재무관리	① 자기자본은 충실한가? ② 유동부채는 유동자산보다 적어지고 있는가? ③ 경영비율은 전기와 비교하여 향상되고 있는가? ④ 손익 분기점 도표를 만들어 경영목표를 정하고 있는가? 손익 분기점 $= \dfrac{\text{고정비}}{1 - \text{변동비율}}$ ⓐ 손익 분기점을 충분히 웃돌고 있는가? ⓑ 고정비를 감소시키기 위하여 경비절감이나 능률급을 시도하고 있는가? ⑤ 원가계산을 실시하여 경영지침으로 삼고 있는가? ⑥ 월차 결산표는 신속히 작성되고 있는가?			
❺ 생산관리	① 생산의 기초가 되는 기술이 확립되어 있는가? ⓐ 제품의 성능, 강도, 내구성 등의 품질을 향상시키기 위하여 연구실험을 하고 있는가? ⓑ 생산계획은 평균화 · 평준화되어 있는가? ⓒ 라인별 · 공정별로 공수를 계산하여 능력의 균형을 도모하고 있는가?			

항 목	내 용	체크 YES	체크 NO	개 선 보완점
	ⓓ 생산관리판에 의하여 라인별 · 공정별로 생산계획을 지시하고 있는가? ⓔ 각각의 작업에는 표준작업, 사이클 타임을 지정하고 있는가? ② 건물의 넓이 · 배치 · 양식은 적당한가? ⓐ 건물의 면적은 작업면적, 제작중의 제품보관, 통로면적 등을 감안하여 충분한 넓이를 확보하고 있는가? ⓑ 라인, 공정의 설비배치는 흐름의 순서대로 되고 있는가? ⓒ 채광, 조명, 난방, 통풍은 작업이 성질에 적합한 상태로 되어 있는가? ③ 기계, 설비의 관리상태는 양호한가? ⓐ 기계 · 설비 대수, 능력은 생산량에 적합한가, 공정별 능력의 불균형을 없애고 있는가? ⓑ 레이아웃은 공정순서대로 되어 있는가? ⓒ 기계 · 설비의 손질은 잘 되어 있는가, 일상점검 · 정기점검은 실시되고 있는가? ④ 공정관리는 확립되어 있는가? ⓐ 생산지시 회람판에 의하여 작업을 지시하는가? ⓑ 생산관리판에 의하여 작업의 진행상태가 신속히 알 수 있게 되어 있는가? ⓒ 매출관리표에 의하여 예정과 실적을 비교 · 대조하고 있는가? ⓓ 각각의 작업실적을 기록하여 계획이나 원가자료로 쓰고 있는가? ⑤ 작업방법을 표준화하여 작업자를 지도하고 있는가? ⓐ 작업방법은 표준화되어 있는가, 또 그것은 작업순서대로 명확히 나뉘어 있는가? ⓑ 계측기는 정비되어 있는가? ⓒ 감독자는 작업지도에 시간을 내고 있는가? ⓓ 표준작업을 지키도록 하고 있는가?			

항 목	내 용	체크 YES	체크 NO	개선 보완점
	⑥ 공작공구류 및 측정기기의 관리는 적절한가? ⓐ 공구류는 항상 관리 · 정돈되어 있는가, 언제라도 사용할 수 있도록 손질되고 연마되어 있는가? ⓑ 대출공구는 눈으로 보이는 관리를 하고 있는가? ⓒ 검사기기, 측정기기의 정밀도 관리를 하고 있는가? ⓓ 공작공구에 대한 연구나 제작에 힘을 기울이고 있는가? ⑦ 동력 및 열관리는 적절한가? ⓐ 동력관리, 열관리의 개선을 실시하고 있는가? 관리책임자는 지정되어 있는가? ⓑ 모터의 동력은 기계 · 설비에 적절한 것인가? 정해진 시간에 급유, 청소점검을 하고 있는가? ⓒ 샤프트의 축(軸)에 흔들림이 없거나 벨트는 적절히 팽팽하게 조정되어 있는가? ⓓ 증기의 배관, 가열상태의 보온은 충분히 되고 있는가? 이음새나 코크에서 증기가 새어나가지 않도록 조치하고 있는가? ⑧ 검사 및 품질관리는 적절하게 행해지고 있는가? ⓐ 부품별 · 공정별 불량원인, 불량률을 알고 있는가? 불량대책은 완전하게 강구되어 있는가? ⓑ 재료나 외주품의 불량을 없애고 있는가? ⓒ 전량검사를 기본으로 하고 있는가? ⓓ 조립 라인에서는 아주 세부적으로 전량 검사를 실시하고 있는가? ⑨ 창고관리는 정확히 시행되고 있는가? ⓐ 보관품은 보기 쉽게, 놓기 좋게, 끄집어내기 쉽게 되어 있는가? ⓑ 품목별 표찰을 붙여 현재의 재고량을 표시하고 있는가? 재고조사는 착실히 하고 있는가? ⓒ 3개월 간격으로 불용품, 사장품, 폐품을 정리하고 있는가?			

항 목	내 용	체크 YES	체크 NO	개선 보완점
	ⓓ 관리체제가 확립되지 않고 있어 타부서 사람이 마음대로 들고 나가는 일은 없는가? ⑩ 구입 및 외주관리는 적절한가? ⓐ 재료를 구입할 때 시장조사, 거래처의 신용조사를 실시하고 있는가? ⓑ 현재의 거래처와 VE(가치분석) 계약을 체결하고 있는가? ⓒ 기술능력을 조사하고 있는가, 납기지연이나 불량품을 만드는 외주처에게는 발주를 중단하고 있는가? ⓓ 외주방침은 설정되어 있는가?			
❻ 판매관리	① 판매정책, 방침은 확립되어 있는가? ⓐ 제품은 자기공장의 기술능력, 생산능력에 적합한가? ⓑ 창의성이 발휘되는 제품판매에 노력하고 있는가? ⓒ 판매방침대로 거래처와의 거래방법, 거래품목을 선정하고 있는가? ⓓ 월별 판매액의 변동원인을 파악하고 그 대책을 강구하고 있는가? ② 거래관계나 거래방법은 적절한가? ⓐ 구입망은 형성되어 있는가? ⓑ 판매처의 특징, 동업 타사와의 경쟁 정도를 파악하고 있는가? ⓒ 판매 촉진책은 유효한가? (광고비 · 서비스비 · 장려금 · 판매원의 수 · 서비스거점 등) ③ 유사제품 또는 동업자와의 경쟁에서 우위성 확보를 위한 전략을 가지고 있는가? ⓐ 품질상의 우위 ⓑ 리드 타임의 우위 ⓒ 차별적인 가격 ⓓ 서비스 상의 우위			
❼ 인사관리	① 종업원의 정착률은 좋은가, 동업 타사와 비교하여 이직률이 낮게 유지되는가?			

항 목	내 용	체크 YES NO	개선 보완점
	② 출근율은 90% 이상인가, 결근에 대해서는 조속히 대책을 세우고 있는가? ③ 근로의욕을 높이기 위한 급여체제로 되어 있는가? ④ 기본급에서는 기능직급이 고려되어 있는가? ⑤ 직급체에 의한 직무급이 고려되어 있는가? 인사고과에 의해 승급, 승진, 상여를 결정하고 있는가?		
❽ 노사관리	① 노사관계는 정상인가? ② 종업원의 건의를 경영자에게 전달할 수 있는 제도가 확립되어 있는가, 노사 간담회가 있는가? ③ 종업원의 생산의욕은 높은가? 의욕 향상을 위한 대책을 세우고 있는가?		

4. 기업개혁 체크 리스트

항 목	내 용	체크 YES NO	개선 보완점
❶ 과거의 체험	① 과거의 성공요인이 실패요인이 됨을 알고 있는가? ② 적극적인 정보활동을 전개하고 있는가? ③ 자기 회사의 경영자원(사람 · 물자 · 돈 · 정보)을 객관적으로 파악하고 있는가?		
❷ 경영전략	① 명확한 상황판단을 할 수 있는가? ② 목표를 명시하고 있는가? ③ 통솔력은 있는가? ④ 광범위한 식견이 있는가? ⑤ 이익중시 경영체제를 갖추고 있는가?		
❸ 풍토개혁	① 조직의 경직화 현상은 없는가? ② 경영층과 실무자의 거리를 없애고 있는가?		

항 목	내 용	체크 YES	체크 NO	개선 보완점
	③ 조직이기주의를 없애고 있는가? ④ 관리부문의 간소화를 도모하고 있는가? ⑤ 리스크를 회피하는 풍토를 없애고 있는가? ⑥ QC서클 활동은 활발한가?			
❹ CI	① 종업원의 방향성은 일치하고 있는가? ② 조직의 활성화는 도모되고 있는가? ③ 신시대의 전망은 열어가고 있는가? ④ CI(사내외의 이미지 만들기)를 도입하고 있는가?			
❺ 기술전략	① 기술혁신과 첨단기술에 대처하고 있는가? ② 기술전략의 안정화 대책은 확립되어 있는가?			
❻ 인사전략	① 21세기형 인사전략을 가지고 있는가? ② 인사조직에 관한 정책이 명확한가?			
❼ 정보전략	① 마케팅 정보전략을 가지고 있는가? ② CIM, SIS 전략을 가지고 있는가? ③ 경영층이 정보의 홍수속에서 헤매지 않고 있는가?			
❽ 전략스탭	① 전략수립을 위한 스탭을 두고 있는가? ② 명확한 기업전략을 가지고 있는가?			

5. 기술전략 체크 리스트

항 목	내 용	체크 YES	체크 NO	개선 보완점
❶ 집단기술	① 일렉트로닉스 전략을 갖고 있는가? ② 신소재 전략을 갖고 있는가? ③ 바이오 테크놀러지 전략을 갖고 있는가?			

항 목	내 용	체크 YES NO	개 선 보완점
❷ 복 합 화	① 정보 · 통신전략을 갖고 있는가? ② 신소자 전략을 갖고 있는가? ③ 로봇 전략을 갖고 있는가? ④ 항공 · 우주전략을 갖고 있는가?		
❸ 기술전략의 책정	① 경영이념에 입각하여 기술전략을 수립하고 있는가? ② 자기회사 기술자원을 정확히 파악 · 평가하고 그 기술적 강점 · 약점을 고려하고 있는가? 또 경쟁기업과의 차이분석을 하고 있는가? ③ 기술수준을 평가하여 부족기술을 보충하고 있는가? ④ 기존 사업분야의 지위를 평가하고 있는가? ⑤ 단기적인 변동에 당황함이 없이 기술조류의 본질을 파악하고 있는가? ⑥ 기술을 핵으로 하는 새로운 전개방향을 검토하고 목표설정을 하고 있는가? ⑦ 복수의 대체안을 작성하고 여러 가지 관점에서 평가하면서 대체안을 압축하고 있는가? ⑧ 다음의 관점에서 전략을 책정하고 있는가? ⓐ 기술도입 ⓑ 공동개발 ⓒ 기업매수 ⓓ 투자의 배분		

6. 인사전략 체크 리스트

항 목	내 용	체크 YES NO	개 선 보완점
❶ 창조적 활동	① 창조적인 경영전략을 구축하고 있는가? ② 사업전략과 인사전략을 총괄하여 인재육성을 추진하고 있는가?		

항 목	내 용	체크 YES	체크 NO	개선 보완점
❷ 인사전략의 기본	① 인간성 중시의 원칙을 채택하고 있는가? ② 기업의 사회적 책임과 봉사를 우선하고 있는가? ③ 지역사회와의 밀착성이나 협동성을 고려하고 있는가? ④ 개인의 자유 재량권을 확대하고 있는가? ⑤ 포스트 지향에서 프로젝트 본위로 바꾸고 있는가? ⑥ 적성검사는 실시하고 있는가? ⑦ 전 사원이 경영에 참여하는 형태로 지향하고 있는가? ⑧ 전문가 육성을 위한 구조를 검토하고 있는가? ⑨ 사내의 기업가 육성을 위한 구조를 검토하고 있는가? ⑩ 프로젝트 매니저를 육성하기 위한 연수제도가 있는가? ⑪ 사업전략을 떠맡을 인재육성을 시도하고 있는가? ⑫ 해외진출에 따르는 진출국에서의 고용과 인사조직 관리시스템이 되어 있는가? ⑬ 국내 기업활동에서 외국인 고용기회의 증가로 인한 별도의 인사관리 시스템이 있는가? ⑭ 진출국에서 공존의 기업경영을 지향하고 있는가? ⑮ 전문분야의 통신교육을 도입하고 있는가? ⑯ 외부 세미나에 참석할 기회를 부여하고 있는가? ⑰ 사내교육, 실습, 파견, 유학 시스템은 정비되어 있는가? ⑱ 능력과 적성을 파악한 인사자료가 정비되어 있는가? ⑲ 창조성이 풍부한 기술자를 육성하고 있는가?			

7. 정보전략 체크 리스트

항 목	내 용	체크 YES	체크 NO	개선 보완점
❶ 정보와 계획	① 정보가 경영의 기본으로 자리를 굳히고, 확고한 정보전략을 가지고 있는가? ② 경영자는 정보수집을 위해 핵심역할을 하는가?			

항 목	내 용	체크 YES	체크 NO	개선 보완점
	③ 시장동향을 파악하여 마케팅에 알맞은 정보전략을 수립하고 있는가?			
❷ 정보전략의 책정	① 상의하달의 정보의 흐름, 하의상달의 정보의 흐름은 잘되고 있는가? ② 집중형 정보조직인가? 또는 분산형 정보조직인가? ③ 다각화 전략은 동질 다각화인가? 또는 이질 다각화인가? ④ 시스템 기획실은 확고한 정보전략을 가지고 있는가?			
❸ CIM	① 정보의 흐름, 물자의 흐름, 시간의 흐름 등 전략적 자동화를 고려하고 있는가? ② FMS, CAD, CAE, CAM의 통합화를 지향하는가? ③ POS 시스템이 도입되어 있는가?			
❹ 정보전략	① 팔리는 물건을 만드는데 만전을 기하고 있는가? ② 시장동향이나 소비자 요구에 맞춰 물건을 만들도록 지향하고 있는가? ③ 고객에게 지지받는 기업 만들기와 부가가치 창조를 지향하고 있는가?			
❺ 시스템 도입의 기본적 요건	① 명확한 경영이념의 확립과 그에 바탕을 둔 구체적 목표를 설정하고 있는가? ② 경영층은 강한 리더십을 발휘하고 있는가? ③ 시스템의 변경 · 재검토 · 구축을 할 수 있는 인재를 육성하고 있는가? ④ 컨설턴트 회사나 사외두뇌 등을 활용하고 있는가?			

8. 해외진출 · 현지생산 체크 리스트

항 목	내 용	체크 YES	체크 NO	개 선 보완점
❶ 실패 요인	① 급격한 경제변동으로 말미암아 계획이 좌절되는 일은 없는가? ② 과다투자로 채산이 악화되어 자본회수가 곤란해진 일은 없는가? ③ 근로의욕이 낮아져 채산이 맞지 않는 일은 없는가? ④ 현지상황이 진출 전의 정보와 전혀 다른 일은 없는가? ⑤ 진출 후 현지에서의 자본조달에 차질이 생긴 일은 없는가? ⑥ 인선을 잘못하여 비적임자를 파견한 일은 없는가? ⑦ 현지에서의 관련산업이나 교통, 통신의 미발달로 어려운 점은 없는가? ⑧ 산업기반의 미정비로 말미암아 대책비용이 큰 부담으로 되고 있는 일은 없는가? ⑨ 파트너의 선정을 잘못하여 분쟁이 발생하고 있는 일은 없는가? ⑩ 활동의 기초가 되는 거점을 만들지 않은 채 시장에 진출하는 일은 없는가? ⑪ 불량식품을 의도적으로 만드는 일은 없는가? ⑫ 기계 고장률이 높고 수리도 현지에서는 할 수 없어 그로 인해 부품, 사람을 본국에서 보내고 있는 일은 없는가? ⑬ 종업원을 다른 기업에 빼앗기는 일은 없는가? ⑭ 현지에서의 판매경쟁이 심하여 판로개척에 어려운 점은 없는가? ⑮ 사회관습, 상관습에 익숙하지 않아 대책에 어려움은 없는가?			
❷ 정보수집	① 현지 정부의 외자정책 정보를 수집하고 있는가? ② 현지 정부의 세제정책을 연구하고 있는가? ③ 현지 기업에 관한 법률제도에 관하여 연구하고 있는가? ④ 현지의 정치정세를 파악하고 있는가? ⑤ 현지의 산업경제 동향을 분석하고 있는가? ⑥ 현지의 소비 상황, 구매력, 생활수준 등을 파악하고 있는가? ⑦ 현지의 상관습, 사회관습에 대하여 조사하고 있는가?			

항 목	내 용	체크 YES	체크 NO	개선 보완점
	⑧ 현지의 교육, 기술수준을 조사하고 있는가? ⑨ 현지 파트너의 신용상황에 대하여 조사하고 있는가? ⑩ 현지 산업기반의 정비상황에 대하여 조사하고 있는가?			
❸ 파견자의 양성	① 파견 예정자에게 사전에 현지출장으로 경험을 쌓게하고 있는가? ② 사전에 본인에게 파견 예정을 알려 자기연수를 시키고 있는가? ③ 언어 연수를 시키고 있는가?			
❹ 경영관리	① 적절한 제너럴 매니저를 확보하고 있는가? ② 원칙적으로 경영관리에 대하여 현지적응주의를 취하고 있는가? ③ 기술자나 근로자의 모랄 향상, 정착률 제고를 도모하기 위한 대책을 수립하고 있는가?			
❺ 성공비결	① 필요하고도 충분한 조사를 하고 있는가? ② 사업계획은 탄력적인 여유를 가지고 있는가? ③ 실패의 전례를 되풀이하지 않도록 하고 있는가?			

02_ 공정관리

1. 생산활동과정 체크 리스트

항 목	내 용	체크 YES	체크 NO	개 선 보완점
❶ 생산계획	① 재료계획 : 생산에 필요한 재료 · 부품의 종류, 수량을 예측하고 구입시 수배하고 있는가? ② 과정계획 : 작업질서 · 방법을 정하고 필요한 작업자, 기계, 공구를 계획하였는가? ③ 공정계획 : 필요한 인원, 기계와 현황을 비교 검토하고 과부족을 조정하고 있는가?(잔업, 임시공) ④ 일정계획 : 누가, 언제(몇일, 몇시), 무엇을 하는지를 상세히 계획하고 있는가?			
❷ 생산의 실시	① 작업준비 : 재료조달, 도면수배, 작업 지도서를 준비하고 있는가? ② 작업할당 : 생산지시 · 회람에 의하여 작업을 할당하고 있는가? ③ 작업지도 : 작업지침에 의하여 작업방법 · 수순의 요점을 지시, 설명하고 작업자를 훈련 · 지도하고 있는가?			
❸ 생산의 평가	① 진행관리 : 재료 · 부품의 납입현황, 각 공정의 작업진행 상황을 관리하고 있는가? ② 여력관리 : 사람 · 기계의 유휴, 반제품의 증가가 없는지를 조사 · 조정하고 있는가? ③ 현물관리 : 공장내에서 가공, 이동, 정체, 보관되고 있는 현품(반제품)의 소재와 수량을 확인하고 있는가? ④ 자료관리 : 누가, 언제, 무엇을 몇 시간 걸려서 몇 개 만들었는가를 작업일지에 기록하고 있는가?			
❹ 생산활동의 조치	① 작업기록의 보고 : 작업일지에 의거하여 생산상황, 작업조건 등을 기록하여 보고하고 있는가?			

항 목	내 용	체크 YES	체크 NO	개선 보완점
	② 사후처리 : 작업의 뒷마무리, 자기가 처리할 부실문제가 발생하면 재발방지 조치를 취하는가?			

2. 납기지연방지 체크 리스트

항 목	내 용	체크 YES	체크 NO	개선 보완점
❶ 발주측	① 적정한 리드 타임의 설정에 입각하여 납기를 결정하고 있는가? ② 외주공장의 여력을 관리하며 능력에 맞는 발주를 하고 있는가? ③ 내부의 생산계획 변경에 대하여 리드 타임을 고려한 납기변경을 하고 있는가? ④ 정확한 도면, 시방서를 건네주고 있는가? ⑤ 변경의 경우, 리드 타임을 고려한 설계나 시방서의 변경을 하고 있는가? ⑥ 재료 · 부품 · 공구 등 지급의 신속화를 시도하는가? ⑦ 컴 업 시스템은 확립되어 있는가? ⑧ 외주공장으로 출장하여 진척상황의 파악과 외주 관련업체의 지도를 강화하고 있는가?			
❷ 외주측	① 생산능력을 충분히 파악한 뒤에 발주기업에 회답하고 있는가? ② 일정계획, 진도관리의 개선을 추진하고 있는가? ③ 품질관리체제를 확립하고 작업개선에 의한 공정의 안정화를 추진하고 있는가? ④ 설비보전체제를 확립하여 기계고장을 없애고 있는가? ⑤ 노무관리, 직장환경의 개선에 의하여 윤리의 향상을 도모하고 있는가? ⑥ 자기회사의 조달재료, 부품의 납기관리체제와 수입검사 체제를 확립하고 있는가? ⑦ 표준작업의 확립과 작업자에 대한 작업지도, 기술지도를 실시하고 있는가?			

항 목	내 용	체크 YES	체크 NO	개선 보완점
	⑧ 다능공의 추진, 사내 응원체계가 확립되어 있는가? ⑨ 생산관리 담당자, 직장 감독자의 납기의식 향상을 도모하고 있는가?			

3. 공정관리 체크 리스트

항 목	내 용	체크 YES	체크 NO	개선 보완점
❶ 생산계획 수립	① 장기계획에서 단기계획으로 단계적으로 입안되어 있는가? ② 월차계획이 확립되어 있는가? 월말에 촉박하게 결정하거나 예정변경이 빈번하게 행해지고 있지 않은가? ③ 기준일정 등 계획수립에 필요한 기초자료가 정비되어 있는가? ④ 생산의 평균화 · 평준화는 실시되고 있는가? ⑤ 각 부문의 책임자는 계획수립에 참가하고 있는가?			
❷ 종합계획	① 생산과 판매의 균형을 위한 조정은 행해지고 있는가? ② 생산계획은 예산의 뒷받침을 받고 있는가? ③ 생산계획과 외주계획은 조정되어 있는가? ④ 생산계획에는 설계, 구입, 외주의 일정이 무리없이 들어 있는가? ⑤ 신제품 계획은 적당한가? • 건물 · 기계 · 공구의 정비계획, 공수계획, 인원계획, 공수절감 등			
❸ 세부적인 생산계획	① 수순계획에 의하여 가공조립의 수순방식이나 사이클 타임을 결정하고 있는가? ② 지정석과 자유석을 결정하는 방법은 적당한가? ③ 라인별 · 공정별 공수를 산정하여 계획을 세우고 있는가? 공수의 과부족(인원 · 기계 등) 대책은 적절한가?			

항 목	내 용	체크 YES NO	개선 보완점
	④ 생산 예정표는 평준화되어 있는가? ⑤ 재료나 외주품은 회람판에 명시되어 있는가?		
❹ 진도관리	① 생산예정 또는 작업명령의 지시방법은 회람판에 의해서 이루어지고 있는가? ② 공정별로 진도를 알 수 있는가? POP(생산시점 정보관리), 생산관리판이 사용되고 있는가? ③ 지연작업의 회복대책은 신속히 수립되고 있는가? ④ 생산계획대로 행해지고 있는가? ⑤ 예정변경이나 지연작업에 대한 조정은 적절한가?		
❺ 여력관리	① 라인별 · 공정별로 공수계획을 하고 있는가? ② 1일 예정에 대한 능력과의 조정방법은 적절한가? ③ 다능공 교육은 실시되고 있는가?		
❻ 현품관리	① 제조공정속의 물자관리는 회람판에 의하여 이루어지고 있는가? ② 각 공정에서의 보관상태는 양호한가?		
❼ 실적자료 관리	① 일일 생산수량이나 작업시간을 기록하고 있는가? ② 생산실적은 보고되고 있는가? ③ 실적은 생산계획이나 원가계산에 이용되고 있는가? ④ 보고제도가 확립되어 있는가?		
❽ 관리기능과 제도	① 본사에서 현장을 완전히 장악하고 있는가? ② 계획은 통일적으로 관리되고 있는가? ③ 생산회의나 진행회의의 운용은 적당한가? ④ 사용되는 각종 양식이나 운용방법은 적당한가? ⑤ 사무처리는 간소화되어 있는가? ⑥ 명령 · 보고는 신속히 전달되고 있는가? 지연 · 사고의 대책은 신속히 수립되고 있는가?		

항 목	내 용	체크 YES	체크 NO	개 선 보완점
❾ 직장관리	① 작업 표준화는 되어 있는가? 그것은 명문화되어 있는가? 각 작업자에게 철저히 주지되어 있는가? ② 표준화의 방식은 확립되어 있는가? ⓐ 부분별 능력표 ⓑ 표준작업 조합표 ⓒ 표준 작업표 ⓓ 작업 지시서 ③ 사이클 타임은 확립되어 있는가? ④ 작업지도가 충분히 이루어지고 있는가? ⑤ 작업개선은 적극적으로 이루어지고 있는가?			
	① AS는 충분히 되고 있는가? ② 확실한 보전이나 수리가 실시되고 있는가? ③ 정기점검을 실시하고 있는가? ④ 공구의 연마나 수입관리를 잘하고 있는가? ⑤ 공구관리가 잘되고 있는가? 대출된 공구의 기록은 정확히 되고 있는가? ⑥ 공구류의 설계, 구입을 위한 제작 수순은 확립되어 있는가? ⑦ 기계 · 설비별로 고장 로스, 조정 로스, 부품교환 로스, 일시중단 로스, 속도저하 로스, 공정불량 로스를 기록하고 있는가? ⑧ 기계관리 및 공작공구의 책임자가 있는가? ⑨ 기계 · 설비 대장은 비치되어 있는가?			

4. 공정분석 체크 리스트

항 목	내 용	체크 YES	체크 NO	개 선 보완점
❶ 품 질	① 공정불량이 감소되고 있는가? ② 부주의한 처리로 인해 불량률이 감소하고 있는가? ③ 품질의 특성이 유지되고 있는가? ④ 제품의 클레임이 감소하고 있는가?			

항 목	내 용	체 크 YES	NO	개 선 보완점
	⑤ 제품의 품질은 균일한가?			
❷ 코스트	① 원재료의 단위당 단가는 내려가고 있는가? ② 제도 · 절차를 합리화하고 관리공수를 절감하고 있는가? ③ 공수의 절감, 다능공화에 의하여 인건비를 절감하고 있는가? ④ 공정과정에서 전수검사(全數檢査)를 실시하여 검사비용을 절감하고 있는가? ⑤ 재고금리는 감소하고 있는가? ⑥ 직장 면적의 유효 적절한 이용을 도모하고 있는가?			
❸ 계 량	① 물자의 흐름은 양호한가? ② 생산량은 증가하고 있는가? ③ 설비종합효율은 향상되고 있는가? ④ 납기지연일수, 건수가 감소하고 있는가? ⑤ 제품재고는 감소하고 있는가? ⑥ 판매수량은 증가하고 있는가? ⑦ 리드 타임은 단축되고 있는가?			
❹ 의 욕	① 품질의식이 향상되고 있는가? 의사소통은 잘 되는가? ② 전 사원이 일에 관심을 가지고 있는가? ③ 무엇이든지 서로 이야기할 수 있는 분위기가 되어 있는가? ④ 개선에 대한 열의가 있는가? 팀워크는 잘 되는가?			
❺ 안 전	① 재해건수는 '제로' 인가? ② 일하는 과정의 위험요인을 없애고 있는가? ③ 안전위생에 관한 의식은 향상되고 있는가?			

5. 제품공정분석에 의한 낭비개선 체크 리스트

항 목	내 용	체크 YES	체크 NO	개 선 보완점
❶ 개선의 4원칙	① 그만둘 수 없는가?(생략 Eliminate) ② 함께 할 수 없는가?(결합 Combine) ③ 순서를 바꿀 수 없는가?(재배열 Rearrange) ④ 간단히 안되는가?(단순화 Simplify)			
❷ 가 공	① 공정수나 사이클 타임을 감소할 수 없는가? ② 공정분할은 적절한가? ③ 공정의 부하(負荷)는 균일한가? ④ 효율이 더 좋은 다른 가공방법은 없는가? ⑤ 공작공구의 사용이나 자동화의 여지는 없는가? ⑥ 각 공정은 연결되어 있는가?			
❸ 운 반	① 레이아웃을 가공의 순서로 바꿈으로써 운반을 없앨 수 없는가? ② 옮겨 쌓거나 들어내리는 방법은 적당한가? ③ 다시 쌓거나 옮겨 쌓기를 그만 둘 수 없는가? ④ 운반의 자동화는 진척되고 있는가?			
❹ 검 사	① 공정내 전수검사를 실시하고 있는가? ② 자동계측을 진행시키고 있는가? ③ 검사규격, 검사방법, 검사기구는 정비되어 있는가?			
❺ 정 체	① 창고를 공정으로 간주하여 물류를 만들고 있는가? ② 창고와 적치장은 구분되고 한 눈에 알 수 있게 되어 있는가? ③ 창고의 형태 · 높이는 적절한가? 관리방법은 좋은가? ④ 운반기구는 적절한가? ⑤ 불용품은 정리되어 있는가? ⑥ 평준화되지 않는데서 정체현상이 발생하고 있지 않은가? ⑦ 정체할 때 파손 · 분실은 없는가? ⑧ 창고 책임자는 정해져 있는가? ⑨ 사이클 타임 생산실시에 의하여 정체를 감소시키고 있는가? ⑩ 회람판에는 불비한 점이 없는가? ⑪ 부하(負荷)와 능력의 불균형에 의한 정체는 없는가?			

03 작업관리

1. 현장관리 기본 체크 리스트

항 목	내 용	체크 YES	체크 NO	개 선 보완점
❶ 정리 · 정돈	① 통로와 작업장, 창고와 적치장이 명확히 구분되어 있는가? ② 부품상자는 총량규제를 하고 있는가? ③ 작업대 위에 여분의 재료나 부품 · 공구는 없는가? ④ 작업장에 흘려진 물품은 없는가? ⑤ '파렛'에 놓는 방법이 표준화되어 있는가? ⑥ 기계나 작업대 · 비품의 청소는 잘 되어 있는가? ⑦ 선반 · 비품대의 정리, 정돈은 정착되어 있는가?			
❷ 현품관리	① 재료 · 부품 · 미완성품 각각에 회람판이 있어 누구라도 쉽게 알 수 있게 되어 있는가? ② 창고속은 무엇이 어디에 얼마만큼 있다는 것이 알 수 있게 되어 있는가? ③ 불필요한 저장물, 사장품 등이 확실하게 구분되어 적치장에 놓여 있는가? ④ 변질제품의 적치장소는 표시되어 있는가? ⑤ 예비부품이 잘 관리되고 있는가? ⑥ 체크 리스트에 의하여 공작공구나 측정기의 보전상태가 알 수 있도록 되어 있는가?			
❸ 작업관리	① 생산량과 작업량은 평준화를 이루고 있는가? ② 생산 관리판, 생산액 추이표에 의해 매일의 능률 · 효율을 파악하고 있는가? ③ 불량 발생시의 조치는 신속하게 되고 있는가? ④ 작업은 서서 하도록 하여 라인상의 균형을 인정화하고 있는가? ⑤ 이상발생시 라인이 정지되는 구조로 되어 있는가? ⑥ 공정과정에서 전수검사를 실시하고 있는가?			

항 목	내 용	체크 YES	체크 NO	개선 보완점
	⑦ QC서클 활동시간을 계획적으로 할당해 주고 있는가? ⑧ 라인별로 능력이나 생산실적을 게시하고 있는가? ⑨ 작업준비시간을 파악하여 그에 대한 개선에 임하고 있는가?			
❹ 품질관리	① 외주품의 무검사 수령을 확대하고 있는가? ② 불량발생 상황이 라인별로 표시되고 있는가? ③ 불량발생에 대한 재발방지는 확실한가? ④ 순간적인 방심으로 인한 실수를 없애고 있는가? ⑤ 공정능력 지수를 파악하고 있는가? ⑥ 검사의 자동화를 추진하고 있는가?			
❺ 진도관리	① 회람판의 공람제도에 의하여 과다생산이 방지되고 있는가? ② 생산관리판에 의하여 SPH의 지연 · 진행이 알 수 있도록 되어 있는가? ③ 착공순서는 정해져 있는가? ④ 생산계획은 평준화되어 있는가? ⑤ 후공정 떠맡기는 정착되고 있는가? ⑥ 리드 타임은 확실히 유지되고 있는가?			
❻ 구입관리	① 납기지연을 눈으로 확인하는 관리를 실시하여 지연에 대해서는 즉시 손을 쓰고 있는가? ② 품질 · 납기실적 일람표를 만들어 개선책을 수립하고 계획대로 실시하고 있는가?			
❼ 설비 · 공작 공구의 관리	① 공작공구, 측정기의 정밀도 보전이 실시되고 있는가? ② 일상점검, 정기점검에 의하여 보전상황이 파악되고 있는가? ③ 설비의 종합효율이 파악되고 있는가? ④ 문제 발생시 확실한 수리가 되고 있는가? ⑤ 보전 카렌더는 게시되고 있는가?			

2. 현장개선 체크 리스트

항 목	내 용	체크 YES	체크 NO	개선 보완점
❶ 작업동작	① 양손을 적절하게 쓰고 있는가?			
	② 발을 적절하게 사용하고 있는가?			
	③ 동시에 많은 것을 붙잡거나 조립할 수 있는가?			
	④ 다시 바꾸어 잡는 동작을 없애고 있는가?			
	⑤ 눈의 움직임을 극소화하고 있는가?			
	⑥ 동작은 리드미컬하게 되고 있는가?			
	⑦ 도구 · 재료를 씀으로써 동작의 수를 줄일 수 없는가?			
	⑧ 동작의 속도는 사이클 타임과 합치되고 있는가?			
❷ 운 반	① 콘베어의 이용, 운반차의 필요성은 없는가?			
	② 슈트를 이용하고 있는가?			
	③ 운반거리를 짧게 하고 있는가?			
	④ 특수 운반구를 만들 필요는 없는가?			
	⑤ 운반구는 정비되어 있는가?			
❸ 공작공구 종합공구	① 작업에 알맞은 것인가?			
	② 재질은 좋은가?			
	③ 취급하기가 간편한가?			
	④ 손잡이는 잡기에 편리한가?			
	⑤ 전용공구로 할 수는 없는가?			
	⑥ 종합공구로 하고 있는가?			
	⑦ 수량은 충분한가?			
	⑧ 공구함의 내부는 정리 · 정돈되어 있는가?			
	⑨ 레버가 움직이는 방향과 조임방향이 동일한가?			
	⑩ 다수의 조임을 함께 할 때 자연스러운가?			
	⑪ 보관상태는 좋은가? 녹이나 먼지는 없는가?			
❹ 환 경	① 흡진장치 · 방음장치는 충분한가?			
	② 방진안경을 착용하고 있는가?			

항 목	내 용	체크 YES	체크 NO	개선 보완점
	③ 귀마개를 하고 있는가? ④ 장갑의 사용은 규칙대로 지켜지고 있는가?			
❺ 기 계	① 전용기계로는 되지 않는가? ② 회전수, 스트록 수는 올릴 수 없는가? ③ 가동률은 100%인가? ④ 다른 종류의 기계를 혼자서 조작할 수 있는가? ⑤ 기계의 가동률은 좋은가? ⑥ 조작기구는 가벼운가? ⑦ 핸들이나 버튼은 가벼운가? ⑧ 전환장치, 레버, 핸들은 적정 작업범위에 들어 있는가? ⑨ 수치가 읽기 쉽게 되어 있는가? ⑩ 위험장소를 없애고 있는가?			
❻ 재료 · 가공품	① 다시 하기는 없는가? ② 재료는 후공정 인수인가? ③ 작업자가 재료를 찾거나 준비하는 일을 없애고 있는가? ④ 진행중 정지는 없는가? ⑤ 품질관리는 실시되고 있는가?			
❼ 작업장소	① 물류상태는 좋은가? ② 리드미컬하게 작업은 되고 있는가? ③ 작업시간은 좋은가? ④ 작업면의 높이, 작업대의 높이는 좋은가? ⑤ 서서 하는 작업을 개선하고 있는가? ⑥ 공구 · 부품은 적정 작업위치에 있는가?			
❽ 공장환경	① 조명은 적당한가? ② 색채조절은 적당한가? ③ 채광은 충분한가?			

항 목	내 용	체크 YES	체크 NO	개선 보완점
	④ 爐, 방열기의 방어는 잘 되어 있는가? ⑤ 공기의 유통은 좋은가? ⑥ 티끌, 먼지에 대한 방호시설은 잘 되어 있는가?			
❾ 작업개시	① 작업자는 각자의 작업장에 대기하고 있는가? ② 작업시작과 동시에 일제히 일을 시작하고 있는가? ③ 재료나 부품이 없어서 작업자들이 손놓고 기다리는 사례는 없는가? ④ 작업시작 즉시 기계를 고치고 공구를 찾는 장면은 없는가? ⑤ 지각자는 없는가? ⑥ 무단결근을 없애고 있는가? ⑦ 나쁜 인간관계를 개선하고 있는가?			
❿ 작업종료	① 작업종료벨이 울리기 전에 퇴근준비를 하는 사람은 없는가? ② 작업 후 정리는 잘 되어 있는가? ③ 조립품에는 커버를 씌우는가? ④ 전기를 끄고 기계를 정지시키고 기타 화기는 지시대로 처리되고 있는가? ⑤ 작업교대는 순조롭게 되고 있는가?			
⓫ 잔 업	① 잔업을 없애고 있는가? ② 급한 예정은 없애고 있는가? ③ 기계고장은 없애고 있는가?			

3. 현장의 4S 체크 리스트

항 목	내 용	체크 YES	체크 NO	개선 보완점
❶ 기 준	① 설비는 시공순으로 레이아웃 되어 있는가?			

항 목	내 용	체크 YES	체크 NO	개선 보완점
	② 통로 · 작업대 · 선반 · 책상 밑 · 방의 구석은 정기적으로 청소되고 있는가? ③ 창문 유리는 깨끗한가? ④ 잡동사니나 폐품은 정기적으로 처분하고 있는가? ⑤ 통로는 확보되고 있는가? 전선과 호스가 합쳐져 있는 곳은 없는가? ⑥ 담배꽁초 · 휴지 · 금속조각 등을 넣는 용기의 위치는 잘 표시되어 있는가? ⑦ 모든 선반은 정리, 정돈되어 있는가? ⑧ 표준기구를 사용하고 대용품을 없애고 있는가? ⑨ 수령대 · 선반 · 작업대 · 운반차에서 물품이 삐져나오는 것을 없애고 있는가? ⑩ 부품보관은 인출순서에 따라 정돈되어 있는가? ⑪ 공작공구는 잘 보관되고 있는가?			
❷ 락 커	① 락커 내부는 정리 · 정돈되어 있는가? ② 락커 위에 물건을 놓아서는 안된다. ③ 락커 주위에 물건을 놓아서는 안된다. ④ 락커 내외면, 상하면은 항상 청소되어 있는가? ⑤ 락커 외면에 포스터를 붙여서는 안된다.			
❸ 히 터	① 히터 위에 물건을 놓아서는 안된다. ② 히터 주위에 물건을 놓아서는 안된다. ③ 히터의 내외면, 상하면은 항상 청소되어 있는가? ④ 히터에 물건을 얹거나 걸거나 하지 않는가?			
❹ 카운터 캐비넷	① 이들 윗면에 물건을 놓아서는 안된다. ② 이들 내부는 정리 · 정돈되어 있는가? ③ 배열은 잘 되어 있는가? ④ 이들 주위에 물건을 놓아서는 안된다.			

항 목	내 용	체크 YES	체크 NO	개선 보완점
	⑤ 이들 내부에 사물을 넣어서는 안된다. ⑥ 서랍을 열어놓은 채로 두어서는 안된다. ⑦ 이들의 문은 사용 후 반드시 닫혀 있는가? ⑧ 표시는 통일된 형식으로 쓰고 있는가? ⑨ 이들 주위에 포스터 · 카렌다 등을 붙여서는 안된다.			
❺ 책 상	① 책상 밑에 물건을 놓아서는 안된다(구두 · 상자 · 걸레 · 부품 · 샌들 · 슬리퍼 등) ② 책상 아래는 항상 청소되어 있는가? ③ 책상 주위에 물건을 기대어 놓거나 붙이거나 해서는 안된다. ④ 서랍속은 항상 정리 · 정돈되어 있는가? ⑤ 책상 위에는 항상 사용하는 것 이외는 놓지 않고 있는가? ⑥ 서류상자는 제자리에 놓여 있는가? ⑦ 책상을 자기 마음대로 채색, 모양을 바꾸어 쓰지 않는가? ⑧ 서랍은 열어 놓은 채로 두어서는 안된다. ⑨ 책상의 상하면에 사물, 불용품을 놓아서는 안된다.			
❻ 의 자	① 의자에 의류(상의, 스웨터, 바지, 수건 등)를 걸어서는 안된다. ② 의자 위에 의류 · 수건 · 모자 · 서류 케이스 등을 놓아서는 안된다. ③ 의자가 통로에 방해가 되어서는 안된다. ④ 자리를 뜰 때는 의자를 책상 안으로 밀어 넣는다.			
❼ 부품선반	① 부품선반의 상면에 부품상자 · 공작공구 등을 놓아서는 안된다. ② 부품선반 내부의 부품은 구분하여 정돈되어 있는가? ③ 부품선반에 물건을 과다하게 올려놓지는 않는가? ④ 부품선반의 배열은 잘 되어 울룩불룩하지 않는가? ⑤ 부품선반 바닥에 물건을 놓거나 넣어서는 안된다. ⑥ 부품선반을 정기적으로 청소하고 있는가? ⑦ 부품선반에 포스터나 카렌다를 붙여서는 안된다.			

항 목	내 용	체크 YES	체크 NO	개선 보완점
	⑧ 부품선반에 물건을 걸거나 기대어 놓아서는 안된다. ⑨ 부품선반보다 부품상자 · 공작공구 등이 돌출해 나와서는 안된다.			
❽ 감독자의 책상	① 책상 주위에 포스터 · 카렌다 등을 붙여서는 안된다. ② 책상속은 정리 · 정돈되어 있는가? ③ 책상속에 부품 · 공구 · 공작공구 등을 넣어서는 안된다.			
❾ 작업대	① 작업대 아래에 물건을 놓아서는 안된다. ② 망가진 작업대를 써서는 안된다. ③ 작업대 주변에 불필요한 것을 놓아서는 안된다. ④ 작업대에 물건을 걸거나 기대어 놓아서는 안된다. ⑤ 작업대 위에 불필요한 것을 놓아서는 안된다. ⑥ 작업대 서랍속에 사물을 넣어서는 안된다. ⑦ 작업대 서랍속은 정리 · 정돈되어 있는가? ⑧ 작업대 위에 찌꺼기나 버릴 조각, 불필요한 잡동사니들이 널려 있지 않는가? ⑨ 작업대 주변이 베니어판, 판지 등으로 둘러 싸여 있어서는 안된다. ⑩ 작업대는 정기적으로 청소를 하고 있는가?			
❿ 쓰레기통	① 재료에서 나온 조각, 헌 작업용 장갑, 쓰레기 등의 용기는 분리수거를 위해 각각의 명칭을 표시해 놓았는가? ② 표시된 이외의 것을 그 용기에 넣어서는 안된다. ③ 설치장소는 바닥에 그림으로 표시해 둔다.			
⓫ 재떨이	① 재떨이에 담배꽁초 이외의 것을 버려서는 안된다. ② 재떨이는 화재예방 담당이 정리해야 한다. ③ 재떨이는 작업장에 놓아서는 안된다. ④ 재떨이를 놓는 장소는 바닥에 표시되어 있는가?			

항 목	내 용	체크 YES	NO	개선 보완점
⓬ 통로 · 바닥	① 통로는 백선으로 표시되어 있는가? ② 통로에 물건을 놓아서는 안된다. ③ 통로에서 작업을 해서는 안된다. ④ 통로는 청소되어 있는가? ⑤ 통로나 바닥에 전선, 호스, 관 등을 놓아서는 안된다. ⑥ 바닥에 부품, 공구, 공작공구, 금형 등을 놓아서는 안된다.			
⓭ 벽 · 창 · 기둥	① 벽에 무엇을 붙이거나 걸어서는 안된다. ② 벽에 무엇을 기대어 놓아서는 안된다. ③ 창에 무엇을 놓거나 걸어서는 안된다. ④ 창의 안과 밖의 먼지, 더러운 것은 정기적으로 청소하고 있는가? ⑤ 기둥 밑에 무엇을 놓아서는 안된다. ⑥ 기둥과 그 주변, 벽 등은 항상 청소되어 있는가?			
⓮ 실내배관	① 실내에 노출되어 있는 배관 · 배선은 정기적으로 청소되고 있는가?			
⓯ 화장실	① 화장실은 청소되어 있는가? ② 비품은 정위치에 바르게 놓여져 있는가?			
⓰ 차 량	① 차량류는 정해진 장소에 놓여 있는가? ② 적재기준은 지켜지고 있는가?			
⓱ 유류관리	① 유류는 위험물 취급소에 보관하고 있는가? ② 유류통은 그때마다 필요한 양을 따라 쓰고 있는가? ③ 유류통 위에는 물건을 놓아서는 안된다.			
⓲ 세 탁 물	① 세탁물은 정해진 장소에서 밀리고 있는가?			

항 목	내 용	체크 YES	체크 NO	개선 보완점
⑲ 차 · 음료	① 차 · 음료를 놓아두는 곳은 정해져 있는가? ② 차 · 음료를 놓아두는 곳은 청결히 유지되고 있는가? ③ 차 · 음료를 놓아두는 곳은 정리 · 정돈되어 있는가? ④ 차 · 음료를 위한 컵 · 스푼 기타 용구는 위생적으로 되어 있는가? ⑤ 차 · 음료를 먹는 휴게실에서 세탁이나 청소기구를 씻는 일은 없는가?			
⑳ 우 산	① 우산이나 비옷을 공장 안이나 밖에서 말려서는 안된다. ② 우산은 우산 보관함에 정돈되어 있는가? ③ 우산 보관함에는 우산 이외의 것을 걸거나 놓아서는 안된다. ④ 우산 보관함을 정기적으로 청소하고 있는가?			
㉑ 위험물, 비상구	① 소화기 · 소화전 · 출입구 · 비상구 · 배전반 · 화재 탐지기 · 메인 스위치 부근에 물건이 널려 있지 않은가? ② 통로는 항상 확보되어 있는가? ③ 비상용 표시는 잘 보이는 데 설치되어 있는가?			
㉒ 청 소 구	① 청소구는 정해진 곳에 놓여져 있는가? ② 청소구 보관함은 정리 · 정돈되어 있는가?			
㉓ 휴 지 통	① 규정된 휴지통을 사용하고 있는가? ② 휴지통은 통로의 통행에 방해되지 않게 놓여 있는가? ③ 휴지통은 책상 밑에 놓여 있는가? ④ 휴지통은 잡물을 얹어 놓아서는 안된다. ⑤ 휴지통은 정기적으로 혹은 찰 때마다 정리하지 않으면 안된다.			
㉔ 표 시 판	① 규정된 표시판을 사용하고 있는가? ② 표시판은 규정된 방법으로 표시하고 있는가?			

항 목	내 용	체크 YES	체크 NO	개선 보완점
	③ 게시판 · 행선지 표시판 · 행사 예정표, 기타 표시판도 소정의 것을 정해진 장소에 설치해 놓고 있는가?			
㉕ 명 판	① 락커 · 카운터 · 캐비닛 · 책장 등 내용을 표시하는 명판은 일정하게 표준규격을 쓰고 있는가?			
㉖ 고 지	① 사용상의 주의, 행동의 규제, 안내사항, 일반적 주의사항, 수속 및 표시방법은 일정하게 표준규격을 쓰고 있는가?			
㉗ 도장(塗裝)	① 사용물건이 더러워졌을 때 청소 · 도장 등에 의하여 처리하고 있는가? ② 사용물건을 도장이 벗겨진 채 사용해서는 안된다.			
㉘ 교 환	① 사용물건이 오염 · 파손으로 복원 불가능한 경우, 교환조처를 취하지 않으면 안된다.			
㉙ 청 소	① 기계설비 · 건축물 · 구축물 · 집기 · 기구 · 비품 · 운반차 등의 청소를 실시하고 있는가? ② 기계 위, 부품선반 위 등에 먼지가 있어서는 안된다.			
㉚ 도구함 정리대	① 도구함 위에 물건을 놓아서는 안된다. ② 도구함 내부는 정리 · 정돈되어 있는가? ③ 기름으로 더럽혀진 것을 정기적으로 청소하고 있는가? ④ 정리대는 정리 · 정돈되어 있는가?			
㉛ 규격 외	① 작업대 · 책상 · 의자의 대용으로 상자 · 판자 등을 사용해서는 안된다. ② 모든 곳에 규격 이외의 것을 사용해서는 안된다.			

항 목	내 용	체크 YES	체크 NO	개선 보완점
㉜ 공장주변	① 통로, 공터에 불용의 판자 · 상자 · 공작공구 · 목재 등이 방치되어서는 안된다. ② 불필요한 판자 · 상자 · 공작공구 · 목재 등은 지정된 장소에 놓아두지 않으면 안된다. ③ 공사중의 경우는 반드시 위험표시를 하고 담당자는 주변정화 · 정리에 전념하지 않으면 안되다.			

4. 낭비발견 체크 리스트

항 목	내 용	체크 YES	체크 NO	개선 보완점
❶ 되풀이 되는 시간의 낭비	① 작업자가 일을 명령받은 경우 설명이나 지도가 잘못되어 작업자에게 헛수고를 하게 하거나 작업을 시작해서 다시 설명하는 일은 없는가? ② 작업을 시작하고 나서 작업자가 부품을 가지러 가거나 찾는 일은 없는가? ③ 작업중에 도면이나 도구를 찾거나 하는 일은 없는가? ④ 검사규격의 불완전으로 말미암아 검사원의 의견이 일치되지 않은 일은 없는가? ⑤ 재료의 품질이 나빠 다시 하는 작업은 없는가? ⑥ 도면의 불완전 또는 잘못 봄으로 말미암아 다시 작업하는 일은 없는가? ⑦ 계측기 등이 부정확해서 다시 작업하는 일은 없는가? ⑧ 공장내에서의 운반에 의하여 제품에 흠을 낸 불량품은 없는가? ⑨ 작업자가 작업을 중단하고 운반작업을 하는 일은 없는가?			
❷재료 · 소모품 도구류 · 기계류 · 동력의 낭비	① 에어의 샘, 수도관 접속부분의 누수를 방지하고 있는 일은 없는가? ② 공구류의 손질은 충분히 되어 있는가? ③ 절단구의 날은 잘 세워져 있는가?			

항 목	내 용	체크 YES NO	개 선 보완점
	④ 공정관리는 평준화되어 있는가? ⑤ 유류를 낭비하는 일은 없는가? ⑥ 측정기가 부족하여 몇 사람이 공용으로 사용하고 있지는 않는가?		
❸ 정비·정돈의 의 불량	① 도구나 기계류가 정비되지 않은 채 또는 정돈되지 않은채 방치되거나 정돈이 되지 않아 생긴 낭비는 없는가? ② 발이 장애물에 걸려 넘어지는 일은 없는가? ③ 전표, 재료부품 등이 어디 있는지 몰라 찾아 헤매는 일은 없는가? ④ 먼지 따위로 말미암아 작업의 정밀도가 떨어지거나 녹스는 경우는 없는가? ⑤ 통로에 물건이 흩어져 있지 않는가? ⑥ 문짝이 딱 들어맞지 않아 지날 때 불안을 느끼거나 다치거나 하는 일이 없는가? ⑦ 배전반의 뚜껑이 떨어져 나갔거나 열려 있는 경우는 없는가?		
❹ 비협력의 낭비	① 개선책을 느끼면서도 서로 협의하지 않는 일은 없는가? ② 좋은 제안이나 아이디어를 작업자가 제안하여도 채택되지 않거나 실행되지 않는 일은 없는가? ③ 다른 작업장에 대하여 흔쾌히 응원하고 있는가? ④ 문제발생시 관계자의 의견을 충분히 반영하고 있는가?		

5. 작업동작 개선 체크 리스트

항 목	내 용	체크 YES NO	개 선 보완점
❶ 운반	① 콘베어, 슈트를 쓸 수 없는가? ② 이동을 가공이나 검사의 동작과 결합할 수 없는가?		

항 목	내 용	체크 YES	체크 NO	개 선 보완점
	③ 자연력을 쓸 수 없는가? ④ 손 대신에 발을 쓸 수 없는가? ⑤ 낱개 흐름으로 하고 있는가?			
❷ 잡기	① 조합공구를 쓸 수 없는가? ② 물건은 잡기 쉬운 형태로 되어 있는가? ③ 잡는 방향은 좋은가?			
❸ 떠나기	① 놓는 도중에 장해물은 없는가? ② 슈트를 쓸 수 없는가? ③ 분리방치를 없애고 있는가? ④ 자동방출장치를 쓸 수 없는가?			
❹ 위치결정	① 한번에 위치결정이 되는가? ② 공구 · 공작도구는 쉽게 쓸 수 있는가? ③ 자동정지장치를 붙이고 있는가?			
❺ 놓기	① 설정에 핀 · 스토퍼 · 공작공구 · 설치구를 쓸 수 없는가? ② 수평면에는 턱 · 가이드 레일 등을 쓸 수 없는가? ③ 설정방법이 정해져 있는가? ④ 자력 가이드 · 지퍼 · 핀 · 위치 고정핀 · 푸슈 · 오목 · 가이드홀 · 나사 등을 쓸 수 없는가?			
❻ 기타	① 재료 · 부품 · 공구 등은 손이 닿는 곳에 놓여져 있어 쉽게 잡아 쓸 수 있게 되어 있는가? ② 쓰기 좋은 공구 · 도구 · 검사기구 · 자동기가 사용되고 있는가? ③ 인력작업, 사람의 손으로 이루어지는 작업을 개선하고 있는가? ④ 작업자의 안전을 확보하고 피로를 없애고 있는가? ⑤ 작업방법, 조작방법, 보전, 수리 등의 수순이나 기술교육을 실시하고 있는가?			

항 목	내 용	체크 YES	체크 NO	개선 보완점
	⑥ 다능공 교육을 추진하고 있는가? ⑦ 모든 작업은 사이클 타임에 맞는 속도로 이루어지고 있는가? ⑧ 생산량은 평준화되어 있는가? ⑨ 기계설비는 낱게 흐름으로 가공할 수 있게 되어 있는가?			

6. 레이아웃 개선 체크 리스트

항 목	내 용	체크 YES	체크 NO	개선 보완점
❶ 운반	① 재료는 파렛 · 스킷 · 락 등을 이용하여 유닛 · 롯트의 형태로 수령 발송하고 있는가? ② 반입재의 대부분은 무검사로 현장의 라인 쪽으로 반입되고 있는가? ③ 재료는 한꺼번에 운반되고 있는가? 꼭 운반이 필요한가? 그것을 적게 하도록 하고 있는가? ④ 혼재(混載) 운반을 실시하고 있는가? ⑤ 중량물 취급공정은 라인 쪽에 가깝게 있는가? ⑥ 운반은 수령장 · 가공 · 조립 그리고 발송의 공정 순서로 되어 있는가? ⑦ 손 운반을 없애고 있는가? ⑧ 운반작업의 총공수가 최소화 되어 있는가? ⑨ 보조 라인과 총조립 라인과의 동기화(同期化)가 되어 있는가? ⑩ 통로는 확보되어 있는가? ⑪ 콘베어나 기계는 종업원의 안전을 고려하여 커버 등으로 씌워져 있는가? ⑫ 콘베어나 기계가 고장났을 때 부품의 흐름에 대하여 보조적인 흐름공정이 준비되어 있는가? ⑬ 앞 작업이 끝났을 때 다음 작업자가 즉시 그에 임할 수 있는가?			

항 목	내 용	체크 YES	체크 NO	개선 보완점
	⑭ 지연 · 애로의 원인을 제거하고 있는가? ⑮ 전수검사를 할 수 있는 레이아웃으로 되어 있는가? ⑯ 재고조사는 직접 작업장에서 바르게 행해지도록 공정이 설계되어 있는가? ⑰ 공정간 적절한 장소에 저장소가 설치되어 있는가? ⑱ 리프트 또는 트럭이나 자동설비가 유효 적절히 이용되고 있는가?			
❷ 생산관리	① 제품의 품질이 유지되고 있는가? ② 바닥이 충분히 이용되고 있는가? ③ 기계는 가공순서에 따라 배치되어 있는가? ④ 기계는 재료의 공급 · 수리 · 보수 등을 쉽게 할 수 있게 설치되어 있는가? ⑤ 작업자는 다능공인가? ⑥ 통로나 입구의 장애물은 치워졌는가? 또 운반용과 통로가 분명하게 구별되어 있는가? ⑦ 공구실은 공구대출의 경우 보행거리가 적은 장소에 있는가? ⑧ 기계의 운동부분은 통로 밖인가? ⑨ 라인 확장의 여유가 있는가? ⑩ 감독자는 부문 전체를 감독할 수 있는가? ⑪ 기계배치는 공정순으로 배치되어 있는가? ⑫ 관리를 위한 책상 또는 작은 방이 있는가? ⑬ 저렴한 기계나 설비가 잘 활용되고 있는가? ⑭ 설비보전은 잘 실시되고 있는가? ⑮ 소음방지를 위한 대책이 취해지고 있는가? ⑯ 위험한 작업은 안전한 작업으로 개선되고 있는가?			
❸ 건물	① 바닥에 걸리는 중량은 계산되고 있는가? ② 기둥 · 벽 · 지주에 장소의 여유가 있는가? ③ 배선은 탄력성 있고 또 기계로 원터치 결합이 되는가?			

항 목	내 용	체크 YES NO	개 선 보완점
	④ 출구, 비상구의 장소와 폭은 적절한가? ⑤ 조명은 적절한가? ⑥ 자연광은 충분히 이용되고 있는가? ⑦ 전체 작업장의 환기는 적절한가? ⑧ 난방, 공기조화장치가 고려되고 있는가? ⑨ 바닥 면은 평탄한가? 또 수평으로 나와 있는가? ⑩ 에너지와 코스트에 관하여 연구되고 있는가? ⑪ 인근 공장에서의 매연, 오물에 의한 피해는 없애고 있는가? ⑫ 공장은 필요한 감독관청의 검사를 받고 있는가? ⑬ 설비배치는 간단히 행할 수 있게 되어 있는가? ⑭ 통로나 출입문의 폭이 짐을 실은 파렛이나 스킨을 운반하는 운반차에 대하여 충분한 여유가 있는가? ⑮ 문은 자동으로 개폐하게 되어 있는가? ⑯ 건물의 수리는 간단히 할 수 있게 되어 있는가? ⑰ 소화설비는 충분한가?		

7. 운반개선 체크 리스트

항 목	내 용	체크 YES NO	개 선 보완점
❶ 활성지수의 향상	① 공장 내의 운반에서는 이동보다도 취급을 중시하여 개선하고 있는가? ② 취급을 적게하는 개선작업을 하고 있는가? ③ 흐트려 놓는 것을 없애고 있는가? ④ 마루에 놓아두는 것을 없애고 있는가? ⑤ 콘테이너를 활용하고 있는가? ⑥ 상자속에 쌓아 넣는 것을 없애고 있는가? ⑦ '파렛'을 활용하고 있는가? ⑧ 파렛이나 콘테이너는 항상 회수하여 사용하고 있는가?		

항 목	내 용	체크 YES	체크 NO	개선 보완점
	⑨ 스킷을 활용하고 있는가? ⑩ 운반차를 활용하고 있는가? ⑪ 물건을 이동할 때 운반시간을 아끼도록 노력하고 있는가? ⑫ 납품자로부터 재료를 취급하기 쉽게 유니트 포장으로 수령하도록 개선하고 있는가? ⑬ 재료를 납품자의 콘테이너에서 직접 쓰도록 되어 있는가?			
❷ 연결업무의 개선	① 연결업무 취급의 방지를 하고 있는가? ② 바닥에서 콘테이너, 콘테이너에서 바닥으로 다시 쌓는 작업을 없애고 있는가? ③ 차에서 차로 다시 쌓는 작업을 없애고 있는가? ④ 콘베어에서 콘베어로 다시 쌓는 작업을 없애고 있는가? ⑤ 손수레에 의하여 다시 쌓는 작업을 없애고 있는가? ⑥ 다시 쌓는 작업을 개선하고 있는가? ⑦ 작업을 결합함으로써 그 사이에 간접 취급을 없애도록 노력하고 있는가? ⑧ 가공, 검사, 운반의 결합을 생각하고 있는가? ⑨ 재료가 적시에 필요한 장소에 송달될 수 있도록 되어 있는가? ⑩ 라인쪽으로 직접 송달하도록 되어 있는가?			
❸ 운반흐름의 개선	① 운반을 없애기 위하여 레이아웃의 적정화를 기하고 있는가? ② 운반은 역행, 굴곡을 피하여 되도록 직선으로 하고 있는가? ③ 중량물은 최단거리로 하고 있는가? ④ 경로의 교차집중을 방지하고 있는가? ⑤ 작업수순이 공정내를 흐르고 있는가? ⑥ 관계있는 작업을 근접시켜 배치하고 있는가? ⑦ 보행거리를 적게 하는 레이아웃을 하고 있는가? ⑧ 빈차 운반이 적도록 경로를 설계하고 있는가? ⑨ 일정한 흐름을 확보하기 위하여 풀 워크 제어를 실시하고 있는가?			

항 목	내 용	체크 YES	체크 NO	개선 보완점
❹ 기계화 자동화	① 하역을 제거하기 위하여 설비, 장치를 사용하고 있는가? ② 신설비를 구입하기 위하여 기존 설비된 장치가 충분히 활용되고 있는가를 확인하고 있는가? ③ 스크랩의 기계이동을 계획하고 있는가? ④ 표준설비가 되도록 사용하고 있는가? ⑤ 장소에 알맞은 설비를 선택하고 있는가? ⑥ 제품이 손상받지 않을 설비로 개선하고 있는가? ⑦ 설비의 이상에 주의하여 고장을 예방하고 있는가? ⑧ 보수용 부품의 재고를 가지고 있는가? ⑨ 계량, 계수를 자동화하고 있는가? ⑩ 자동취급을 할 수 있는 장치나 매달림구를 활용하고 있는가?			
❺ 운반의 저항	① 바닥면에 알맞은 타이어를 사용하고 있는가? ② 타이어의 결손을 수리하고 있는가? ③ 차체가 비뚤어진 것을 바로 잡고 차축을 수평으로 하고 있는가? ④ 노면마찰이 부족하지 않도록 고려하고 있는가? ⑤ 문턱을 없애든가 접도록 만들고 있는가? ⑥ 문턱의 테두리에는 철판을 씌워 보호하고 있는가? ⑦ 노면의 계단은 그 턱을 없애고 있는가? ⑧ 통로에 물건을 놓는 습관을 없애고 있는가? ⑨ 통로는 깨끗하게 청소되고 청결히 하도록 하고 있는가? ⑩ 통로의 폭, 방향의 급변을 고치고 있는가? ⑪ 운반에 중력을 활용하고 있는가?			

04_ 품질관리

1. TQC의 도입 · 추진 체크 리스트

항 목	내 용	체크 YES	체크 NO	개 선 보완점
❶ 추진규모	① 회사 전체로 추진하고 있는가?			
❷ 추진경과	① 사장이 TQC의 도입을 선언하였는가? ② 추진서클이 설치되어 있는가? ③ 도입목적이 명확히 되어 있는가? ④ 추진계획이 작성되고 그에 입각하여 활동하고 있는가? ⑤ QC 진단이 실시되고 그 결과에 의하여 추진계획이 개정되고 있는가?			
❸ QC교육	① 계획적으로 실시되고 있는가? ② 사외 세미나에 적극적으로 참가하고 있는가? ③ IE(산업공학), VE(가치분석) 교육이 병행적으로 실시되고 있는가?			
❹ 방침관리	① 방침은 전사적으로 제시되고 있는가? ② 방침이 제시되고 그에 입각하여 관리되고 있는가? ③ 장기경영계획이 수립되고 그에 입각하여 연도방침이 제시되고 있는가? ④ 사장의 방침이 제시되고 부 · 과장은 그를 전개하고 실천계획에 의하여 활동이 추진되고 있는가? ⑤ 방침의 달성도가 체크되며 결과의 분석에 입각하여 차기 연도의 방침이 설정되고 있는가? ⑥ 품질방침이 명시되고 있는가?			
❺ 품질보증	① 신제품 개발, 기술개발 등의 원류(源流)관리가 이루어지고 있는가?			

항 목	내 용	체크 YES	체크 NO	개선 보완점
	② 중요한 품질문제가 제기되어 그의 분석이 이루어지고 있는가? ③ 품질보증체제가 정비되고 조직적으로 품질보증활동이 행해지고 있는가?			
❻ QC 서클 활동	① QC 서클활동은 정기적으로 개최되고 발표회에는 전체 서클이 참가하고 있는가? ② QC 서클활동은 전 공장뿐 아니라 사무, 영업, 서비스부문을 포함하고 있는가? ③ QC 서클단체에 가입하였는가? ④ QC 대회에 적극적으로 참가하여 우수상을 타고 있는가? ⑤ 예상대로의 효과를 올리고 있는가?			
❼ 관리	① 부서마다의 관리항목 일람표가 정비되고 이에 의하여 일상 업무 혹은 방침에 의거하는 업무관리가 행해지고 있는가? ② 아래의 기능별 관리가 이루어지고 있는가? ⓐ 신제품개발관리 ⓑ 품질보증 ⓒ 원가관리 ⓓ 생산관리 ③ 직장관리 도구로서의 QC 공정표, 관리도, 작업표준이 정비되어 있는가?			
❽ 효과	① TQC의 도입에 의하여 아래의 효과를 올리고 있는가? ⓐ 불량의 감소 ⓑ 매출액의 증가 ⓒ 이익의 증대			
❾ 정착	① IE, QC, VE, KS, ISO는 정착되어 있는가? ② 상하좌우의 커뮤니케이션은 잘 되는가? ③ 최고수준의 자기 탈피와 실천을 하고 있는가? (일류 전문가로의 탈피)			

2. 전사적 품질관리운동 추진 체크 리스트

항 목	내 용	체크 YES	체크 NO	개 선 보완점
❶ 도면의 표준화	① 포스터를 게시하여 표어를 모집하고 있는가? ② 품질관리에 대한 바른 의미, 이해에 철저를 기하고 있는가? ③ 도면의 의의, 보는 방법을 잘 익혀 잘못 보는 착오가 없도록 만전을 기하고 있는가? ④ 공차를 준수하는 바탕 위에서 장애조사와 대책을 실시하고 있는가? ⑤ 도면의 표준화를 추진하고 있는가?			
❷ 작업개시	① 작업개시 전에 마음가짐과 점검사항을 철저히 하고 있는가? ② 수령재료, 부품은 모두 합격품들인가? ③ 사용하는 공작 공구류의 정비 · 점검은 충분한가? ④ 설비 · 기계의 점검방법은 확립되어 있는가?			
❸ 표준작업의 확립	① 표준작업 준수의 중요성을 철저히 인식하고 있는가? ② 부분별 능력표, 표준작업 조합표, 표준 작업표, 작업 지도서는 정비되어 있는가? ③ 작업표준은 정비되어 있는가? ④ 보다 좋은 작업으로 낭비, 무리, 불균형의 제거와 개선 및 개선 제안을 추진하고 있는가?			
❹ 자주점검의 확립	① 자주점검의 바른 뜻을 철저히 주지하고 있는가? ② 공정과정에서 전수검사의 방식이 확립되고 있는가? ③ 품질 정보의 피드백과 정보의 활용이 확립되어 있는가? ④ 고객의 클레임 처리와 대책을 추진하고 있는가?			

3. 클레임 관리 체크 리스트

항 목	내 용	체크 YES	체크 NO	개 선 보완점
❶ 품질보증 위원회의 기능	① 클레임 관리방침, 클레임 관리제도, 클레임 처리규정을 검토하고 있는가? ② 주요 클레임에 대한 심의는 하고 있는가? ③ 클레임의 정의, 명칭, 용어의 통일, 클레임의 중요도 분류는 되고 있는가? ④ 보상의 기준은 정해져 있는가? ⑤ 클레임에 대한 응급처리와 근본대책의 실시상황 확인을 추진하고 있는가? ⑥ 클레임 분석에 따르는 문제점의 파악과 그의 시정대책 및 실시상황의 확인을 확실히 실시하고 있는가? ⑦ 클레임 관리에 대해 검사는 실시되고 있는가? ⑧ 라이벌 기업의 클레임 관리방법과 관리상황에 대한 조사를 하고 있는가? ⑨ 품질보증 위원회는 기술, 검사, 제조, 서비스, 판매부문 등 클레임에 관계되는 부문의 장으로 구성되어 있는가?			
❷ 클레임 관리의 목적	① 제품에 결함이 있어 고객에게 제품 사용상 불편을 끼친 경우, 신속히 시정조치를 취하여 서비스를 행하고 고객의 불신이나 불평불만을 제거토록 하고 있는가? ② 클레임 정보를 바탕으로 하여 불량의 재발 방지대책을 실시하고 품질의 향상에 유용하게 쓰고 있는가? ③ 제품 사용상의 불평불만을 없애고 신용을 회복하고 시장을 지속적으로 확보하여 판로를 확대하고 있는가? ④ 클레임을 집계 · 분석하여 제품의 약점, 결점, 고객의 사용 경향을 파악하고 제품의 개선에 노력하고 있는가?			
❷ 클레임 관리의 기능	① 고객으로부터 제기된 클레임을 접수하여 내용을 조사하고 처리하여 신속한 서비스 회복을 실시하고 있는가?			

항 목	내 용	체크 YES	체크 NO	개선 보완점
	② 클레임의 원인을 분석하여 재발방지를 위한 근본대책을 세워 시정조치를 실시하고 있는가? ③ 현재 클레임이나 잠재 클레임을 조사하여 데이터를 분석하고 사내 각 부문에 피드백하고 있는가? ④ 계약서가 미비한 경우, 개선하고 있는가? ⑤ 고객의 신뢰를 두텁게 할 수 있는 애프터 서비스를 실시하고 있는가? ⑥ 설계착오, 검도(檢圖)착오, 작업착오, 검사착오를 없애고 있는가? ⑦ 과잉품질을 없애고 있는가? ⑧ 공정개선에 유효하게 이용하고 있는가? ⑨ 설계 담당자는 수시로 현장에 나가보고 있는가? ⑩ 도면변경 관리는 정비되고 있는가? ⑪ 전사적인 품질점검 기구는 설치되어 있는가? ⑫ 외주공장의 품질보증 체제를 체크하고 있는가? ⑬ 생산기술의 실력향상을 도모하고 있는가? ⑭ 품질을 고려하여 포장을 하고 있는가?			

4. 클레임의 발생경향과 처리과정 체크 리스트

항 목	내 용	체크 YES	체크 NO	개선 보완점
❶ 클레임 발생경향	① 구입시장의 경우는 클레임이 증가하고 매출시장의 경우는 감소하고 있는가? ② 고액제품이나 내용연수가 긴 것은 클레임이 발생하기 쉽다. ③ 타사의 유사제품과 비교하여 품질이 떨어지는 것, 값이 비싼것일수록 클레임이 발생하기 쉽다. ④ 신제품 초기에 고장 클레임이 집중한다.			

항 목	내 용	체크 YES	체크 NO	개선 보완점
	⑤ 문화수준이나 생활수준이 향상되어 가면 클레임이 발생하기 쉽다. ⑥ 사용환경의 차이에서 클레임이 발생하기 쉽다. ⑦ 클레임은 사용자의 주관에 따라 좌우된다. ⑧ 클레임 대책은 고객측의 발상이 필요하다. ⑨ 제품이 복잡화 · 다양화 · 고급화할수록 클레임이 증가한다. ⑩ 품질수준이 향상할수록 요구품질이 엄격해지는 경향이 있다. ⑪ 조작방법이 난해한 제품은 클레임이 따르기 쉽다. ⑫ 공정상의 불량률이 높은 제품은 제품검사를 아무리 엄중하게 하여도 클레임이 발생한다. ⑬ 애프터 서비스, 대리점의 수리나 정비의 기술수준이 낮으면 클레임이 발생한다. ⑭ 소비자 운동이 활성화되면 클레임이 발생한다. ⑮ 라이벌 회사가 좋은 제품을 판매하면 클레임이 제기된다. ⑯ 클레임 회답이 지연되면 클레임이 거세진다. ⑰ 소음, 진동, 대기오염을 일으키는 제품에는 클레임이 발생한다.			
❷ 클레임의 처리	① 클레임 수리창구가 정해져 있는가? ② 수리창구가 사외에 명확히 알려져 있는가? ③ 취급 설명서에 명시되어 있는가? ④ 수리부문은 모든 클레임을 기록에 남기고 있는가? ⑤ 클레임 처리에 대해서는 감정을 상하지 않도록 성의를 다하여 처리하고 있는가? ⑥ 클레임 연락표, 클레임 접수표 등의 기록이 정비되어 있는가? ⑦ 클레임은 기민하게 처리되고 있는가? ⑧ 중대 클레임에 대하여는 긴급히 연락하고 있는가? ⑨ 품질 클레임에 대해서는 치명적 결함, 무거운 결함, 가벼운 결함, 미약한 결함으로 분류하여 처리하고 있는가? ⑩ 클레임을 A클레임(중요 클레임), B클레임(중급), C클레임(경미), D클레임(특수사정)으로 분류하여 처리하고 있는가?			

항 목	내 용	체크 YES	NO	개 선 보완점
	⑪ 클레임 처리기준을 설정해 놓았는가? ⑫ 클레임 처리기준에 의거하여 시행하고 있는가?			
❸ 클레임의 조사	① 품질관리부문은 클레임의 조사 · 처리를 실시하고 있는가? ② 품질관리부문은 제품, 설계, 생산기술, 제조공정, 물류, 판매에 정통하고 있는가? ③ 설계부문이나 제조부문은 클레임의 조사에 노력하고 있는가? ④ 클레임의 원인을 명백히 하여 재발방지 대책을 취하고 있는가? ⑤ 클레임의 조사결과와 처리내용을 영업부문과 사내외 관계 부문에 연락하고 있는가?			
❹ 처리규정	① 재작업 하기, 부품의 교환, 응급처리는 적절한가? ② 반품, 교환은 적절한가? ③ 가격 에누리는 적절한가? ④ 유가보상은 적절한가? ⑤ 출하정지, 제조중지, 재고품 · 출하품의 회수는 적절한가?			
❺ 시정처리	① 중요 클레임에 대해서는 클레임 위원회의 심의에 의하여 책임자가 결의하고 있는가? ② 처리결과는 품질향상, 서비스 향상, 재발방지에 유효하게 활용되고 있는가?			
❻ 클레임의 회답	① 클레임 원인이 사용자측에 있더라도 성의를 다해 설명하고 있는가? ② 소매점, 특약점에게 클레임의 회답에 대하여 통지하고 있는가?			
❼ 클레임의 대책	① 설계, 제조, 검사, 판매 각 단계에서 거듭 체크하고 있는가? ② 재발방지 시스템을 체크하고 있는가? ③ 반년마다 클레임 통계를 제품별 · 기종별 · 원인별 · 현상별로 작성하고 분석하여 조치하고 있는가?			

항 목	내 용	체크 YES	체크 NO	개선 보완점
	④ 클레임 처리의 경비, 폐재비(廢材費), 공수 등의 원가계산 방식을 설정하고 있는가?			
	⑤ 반품에 대한 보상 · 시험 · 조사를 위한 비용, 재현시험 등이 예산에 계상되어 있는가?			
	⑥ 잠재 클레임을 파악하기 위하여 사용자 · 보수자 · 수리자 · 소매점 · 판매점 · 모니터로부터 앙케이트를 받고 면접에 의하여 정보를 수집하고 있는가?			
	⑦ 클레임 관리의 검사를 실시하고 있는가?			
	⑧ 클레임 물품의 제조조건과 검사기록을 즉석에서 체크하고 있는가?			
	⑨ 클레임 처리규정이 제정되어 운용되어 있는가?			
	⑩ 재발방지 대책회의가 개최되고 있는가?			

05_가치분석(VE)

1. 신제품 개발 방침 체크 리스트

항 목	내 용	체크 YES	체크 NO	개 선 보완점
❶ 방 침	① 신제품 개발을 위한 우선적인 투자를 매년 매출액의 5% 이상 하고 있는가? ② 신제품의 규격에서 설계, 시작, 양산까지의 각 스탭이 정해져 있고 순서대로 실시되고 있는가? 각 스탭에서의 검토가 이루어지지 않으면 양산을 하지 않는다는 룰이 지켜지고 있는가? ③ 성공한 사례의 기술보고 뿐 아니라 개발에 실패한 기술보고도 경과 · 성과를 기록 · 정리하여 향후의 개발에 활용하도록 하고 있는가? ④ 경영자 스스로가 신제품 과제를 설정하고 전 종업원에게 개발과제로 명시하여, 첨단기술을 응용한 제품을 만들기 위하여 조직을 정비하고 필요한 자금, 설비, 인원을 투입하고 있는가? ⑤ 계속적으로 시장조사를 실시하고 고객의 요구를 예측한 상품기획을 통해 히트 상품을 낳고 있는가? ⑥ 설계기술의 노하우가 축적되어 그것에 대한 설계 매뉴얼이 작성되어 있고, 기술자 교육이나 일상적인 설계업무에 활용되어 효과를 올리고 있는가? ⑦ 기술정보(연구논문, 시장정보, 특허정보) 등이 제품개발에 활용되고 있는가? ⑧ 타사제품을 시장에서 구입하여 자사제품과 비교 · 검토하여 포장, 표시, 설명서, 제품의 개관, 품질, 기능, 신뢰성에 관하여 평가하고 설계에 반영하고 있는가? ⑨ 상품설계 시점에서 신뢰성 기법을 도입하여 설계 매뉴얼을 활용하고 높은 수준의 신뢰성, 안전성을 갖추게 하여 성과를 올리고 있는가?			

항 목	내 용	체크 YES NO	개 선 보완점
	⑩ 제품개발의 우선적인 과제로 자동화 · 성력화된 최첨단 시설을 갖추어 폐기하여도 자연을 파괴하지 않는 무공해 제품을 개발하고 있는가? ⑪ 신제품을 생산할 때, 분쟁을 없애기 위하여 생산개시 전에 설계기준이나 시험제작 절차가 규정화되어 있고, 시험제작 시점에서 재료, 부품, 작업방법, 조사방법 등을 초기유동 단계에서 실시하여 양산까지에 불량품을 완전히 없애기 위한 체제가 되어 있는가? ⑫ 계획한 활동을 적극적으로 실시하여 매년 대폭적으로 코스트다운(10% 이상)을 실현하고 있는가?		
❷ 판 매	① 시장조사 정보나 소비자 실태조사자료 등을 수집 · 분석하여 소비자 욕구를 파악하고, 그에 맞는 유력한 상품이나 서비스를 개발하여 적기에 시장에 도입시키고 있는가? ② 철저한 품질조사와 상품의 점검, 수송보관에 의한 품질 점검 등을 규정화하여 클레임이 발생한 경우, 신속히 처리하고 있는가? ③ 고객 리스트를 완비하고 정기적으로 방문하여 판매촉진에 유용하게 쓰고 있는가? ④ 상품정보 및 업계의 동향을 자세히 파악하고 있고, 사용자로부터"좋은 정보를 빨리 전해준다"는 좋은 소식을 듣고 있는가? ⑤ 시장에서 자사제품과 타사제품과의 비교평가(품질, 기능, 가격, 디자인, 조작성 등)를 정확히 파악하여 신제품 개발에 이용하고 있는가? ⑥ 매출총이익이 높은 상품이 20% 이상 있는가? ⑦ 매출상품 속에 최근 5년 이내의 신제품(신규사업) 비율이 50% 이상 있는가? ⑧ 단골 거래처에 상류층 고객이 많은가? ⑨ 신규고객의 수는 매년 20% 이상 증가하고 있고 계속 고객은 유지되고 있는가?		

항 목	내 용	체크 YES	체크 NO	개 선 보완점
	⑩ 사용 설명서, 취급 주의서는 소비자측의 입장에 서서 친절히 해설되어 있는가? ⑪ 판매 담당자는 완벽한 상품지식을 갖추고 판매시에 취급주의사항이나 바른 조작방법을 설명하고 있는가? ⑫ 예비품 · 보수부품의 품질이 떨어지지 않도록 보관하고 출하 전에 다시 품질 확인을 하고 있는가? ⑬ 유통 코스트의 절감을 위하여 업무의 합리와 · 성력화를 추진하여 운반 코스트의 절감에 노력하고 있는가? ⑭ 제품별 매출예상과 실적, 이익목표와 영업이익, 경영예산과 판매경비등 계획과 실적을 분석하여 그것을 판매활동에 반영시켜 성과를 올리고 있는가? ⑮ 판매계획을 세울 때 자사판매 데이터는 물론, 외부 데이터도 여러 방면으로 분석하여 활용하는가?			

2. 설계 체크 리스트

항 목	내 용	체크 YES	체크 NO	개 선 보완점
❶ 일 반	① 그 기능은 무엇인가? ② 그 기능이 필요한 기능인가? ③ 그 기능 이상으로 코스트가 들지 않았는가? ④ 가치와 크스트가 균형잡혀 있는가?			
❷ 시방서	① 시방서는 고객의 요구를 만족시키고 있는가? ② 시방서에는 불필요한 요구가 들어있지 않는가? ③ 시방을 변경하면 코스트 인하의 효과가 오르지 않는가?			
❸ 설 계	① 기능상의 요구에 모순은 없는가? ② 기능상의 요구에 맞지않게 설계되어 있지 않는가?			

항 목	내 용	체 크 YES	NO	개 선 보완점
	③ 그 설계의 특성은 모두 필요한가?			
	④ 그 기능을 다하기 위하여 더 좋은 방법은 없는가?			
	⑤ 공차가 너무 엄격하여 그를 유지하는데 코스트가 너무 들지 않는가?			
	⑥ 부품을 생략하기 위한 설계변경을 할 수는 없는가?			
	⑦ 표준부품을 사용할 수는 없는가?			
	⑧ 표준부품을 변경하여 더 경제적으로는 안되는가?			
	⑨ 같은 기능을 발휘하며 코스트가 저렴한 부품은 없는가?			
	⑩ 부품을 단순화하기 위한 설계변경은 안되는가?			
	⑪ 표준조사기구를 쓸 수 있는 설계로 되어 있는가?			
	⑫ 다른 제품설계의 부품을 쓸 수 없는가?			
	⑬ 더 싼 재료를 쓸 수 없는가?			
	⑭ 더 좋은 재료는 없는가?			
	⑮ 새로 나온 재료를 쓸 수 있는 방법은 없는가?			
❹ 제조방법	① 공정의 결합, 단순화는 추구할 수 없는가?			
	② 기계가공은 모두 필요한가?			
	③ 표면 마무리는 필요한가, 더 거친채로 마무리해도 되지 않는가?			
	④ 마무리에 대한 요구사항을 변경하여 코스트를 낮출 수 없는가?			
	⑤ 표준절삭공구를 쓸 수 있는 설계로 되어 있는가?			
	⑥ 가공하기 쉬운 다른 재료를 쓸 수는 없는가?			
	⑦ 탭홀 대신에 용접 너트를 쓸 수 없는가?			
❺ 조 립	① 2개의 부품 또는 3개의 부품을 하나로 결합할 수 없는가?			
	② 조립속도를 빠르게 하기 위한 새로운 결합구는 없는가?			
	③ 모든 나사는 표준으로 된 것인가?			
	④ 표준 게이지는 쓸 수 없는가?			

항 목	내 용	체크 YES	체크 NO	개 선 보완점
❻ 품질, 신뢰성 성능	① 필요 이상으로 품질, 신뢰성, 성능을 높게 요구하고 있지 않는가? ② 성능, 환경조건은 요구를 충족시키고 있는가? ③ 불필요한 조사, 테스트를 하고 있지 않는가? ④ 간단히 보수 · 정비를 할 수 있도록 되어 있는가? ⑤ 재료, 설계의 변경으로 중량을 경감할 수 없는가?			
❼ 기술자 교육	① 교육훈련계획이 있는가? ② 기초적인 기술을 향상시키고 있는가? ③ 전문기술의 수준향상을 위하여 노력하고 있는가? ④ 업계 제일의 기술력을 보유하고 있는가? ⑤ 코스트 의식을 가지고 있는가? ⑥ 창조력, 구상력, 연구력을 양성하고 있는가? ⑦ 기술 세미나에 참가시키고 있는가? ⑧ 학회 등 회부활동에 적극적으로 참가시키고 있는가?			

3. 가치분석 체크 리스트

항 목	내 용	체크 YES	체크 NO	개 선 보완점
❶ 설계자	① 설계자는 코스트 의식을 가지고 있는가? ② 설계자는 고객이 요구하는 효용과 그것을 최저 코스트로 달성하는 방법을 검토하고 있는가?			
❷ 조직적 활동	① 코스트와 관련있는 기업 내 모든 부문의 지혜를 결집하고 있는가? ② 고객의 요구내용을 파악하고 있는 영업부, 요구내용을 구체화하는 설계자, 도면대로의 것을 가공하는 생산기술 · 제조 담당자, 자재부문 사람들이 지혜를 결집하고 있는가?			

항 목	내 용	체크 YES NO	개선 보완점
	③ 가치분석활동을 조직적으로 추진하고 있는가? ④ 코스트 절감을 위한 투자를 하고 있는가? ⑤ 의사결정 프로세스가 VE job plan에 입각하고 있는가?		
❸ 기 능	① 현상에 구애받지 않고 그 배경으로 되는 목적으로서의 기능을 추구하여 명확히 하고 있는가? ② 제품과 그를 구성하는 부품의 기능을 추구하여 명확히 하고 있는가? ③ 제품을 사용함에 있어서 직접적으로 필요로 하는 기능(사용기능)으로 명확히 되어 있는가? ④ 미관이 대표되는 제품에 배당된 기능(귀중기능)으로 명확히 되어 있는가? ⑤ 고객이 요구하지 않는 기능(사용기능, 귀중기능을 포함)을 명확히 밝히는가? ⑥ 제품에 요구하지 않는 기능, 설계구상을 바꿈으로써 불필요하게 된 기능을 명확히 밝히는가? ⑦ 제품에 요구되는 기능 · 불필요한 기능을 명확히 하여 각각의 기능달성에 얼마 만큼의 코스트가 드는지를 계산하고 있는가? ⑧ 불필요한 기능을 명확히 하여 불필요한 기능에 해당된 부품이라든가 부분을 잘라버리도록 재설계하여 불필요한 코스트를 삭감하고 있는가? ⑨ 설계자의 독단과 정보부족에 의하여 발생하는 코스트의 낭비를 철저히 배제하고 있는가?		
❹ 기능의 달성	필요한 기능을 확실하게 달성하고 있는가? ① 성 능 : 기능의 달성 정도 ② 신뢰성 : 기능달성의 지속성 ③ 보전성 : 기능달성이 분쟁으로 정지한 경우의 복원의 용이성 ④ 기능달성에 있어서의 확실성 ⑤ 조작성 : 기능달성에 있어서 사람이 제품을 조작하는 경우		

항 목	내 용	체크 YES	체크 NO	개선 보완점
❺ 가 치	① 물건이 가지는 기능과 그 기능달성에 드는 코스트와의 관계에서 가치를 취하고 있는가? $V = \frac{F}{C}$ Value(가치) Function(사용기능과 귀중기능) Cost(라이프 사이클 코스트) ② 보다 적은 투입자원으로 고객이 요구하는 기능을 보다 더 충분히 달성하도록 제품의 개선설계를 하고 있는가? ③ 5WIH What(무엇을) – 그것은 필요한가? 그만둘 수 없는가? Why(왜) – 목적은 무엇인가? When(언제) – 더 좋은 순서나 시기는 없는가? Who(누가) – 더 잘 할 수 있는 사람은 없는가? Where(어디서) – 다른 데에 더 좋은 장소는 없는가? How(어떻게) – 다른 방법은 없는가?			
❻ VE가치	① 그것은 무엇인가? ② 그의 기능은 무엇인가? ③ 그의 코스트는 얼마인가? ④ 그의 가치는 어떤가? ⑤ 다른 데서 같은 활동을 하는 곳은 없는가? ⑥ 같은 기능의 저렴한 대체품은 없는가? ⑦ 그것은 필요한 기능을 확실하게 완수하는가?			

06_ 설비관리

1. 설비보전의 체크 리스트

항 목	내 용	체크 YES	체크 NO	개 선 보완점
❶ 보 전	① 설비에 대한 예방보존을 실시하고 있는가? ② 청소점검은 정착되어 있는가? ③ 점검을 통하여 미비점을 파악해내고 있는가? ④ 전 사원이 설비에 애착을 느끼고 있는가?			
❷ 점 검	① 설비의 불균형을 없애고 있는가? ② 습도의 변화에 대하여 대책을 세우고 있는가? ③ 진동이나 소음을 없애고 있는가? ④ 느슨해지거나 에어가 새는 것을 없애고 있는가? ⑤ 볼트가 느슨해진 곳은 없는가? ⑥ 슬라이드 면의 느슨함을 없애고 있는가? ⑦ 벨트의 느슨함을 없애고 있는가?			
❸ 급 유	① 정기적으로 급유할 수 있는 체계가 서 있는가? ② 윤활유, 작동유, 절삭유의 상태를 눈으로 보는 관리 체계는 되어 있는가? ③ 유량레벨 게이지에 MAX, MIN의 표시가 있는가? ④ 각종 유류 저장기에는 라벨(유명 · 유종 · 기간)이 표시되어 있는가? ⑤ 보급의 담당범위를 명확히 하고 있는가?			
❹ 고 장	① 고장의 원인추구는 3현주의(현장, 현물, 현실)로 실시하고 있는가? ② 수선이 아니라 수리를 실시하고 있는가? ③ 유휴설비는 곧바로 쓸 수 있도록 되어 있는가?			

2. 청소점검 체크 리스트

항 목	내 용	체크 YES	체크 NO	개 선 보완점
❶ 절단부 회전부	① 절단부와 회전부의 정밀도는 유지되고 있는가? ② 윤활유는 착실히 급유되고 있는가? 깨끗한 것인가? 먼지나 더러워진 기름이 아닌가? 급유상태가 좋은지 나쁜지를 눈으로 보고 알 수 있는가? ③ 절단부의 먼지, 오물, 긁힘, 마찰에 의한 흠집, 납동부의 먼지 막기, 와이퍼의 손상이나 마찰을 없애고 있는가? ④ 절단부 하면에 철단가루가 휩싸여 들어가는 것(특히 에어 블로우로 절단분을 제거하고 있는 공정은 주의)을 없애고 있는가? ⑤ 절단부와 회전부의 덜컥거림이나 나사의 느슨함을 없애고 있는가? ⑥ 회전부의 먼지가 들어가지 않는가?			
❷ 기타의 메카부분	① 테이블 표면의 긁힌 자국, 녹, 더러워진 것을 없애고 있는가? ② 테이블이나 작업대의 높이는 적절한가? ③ 레베링 볼트가 느슨해져 있지 않는가? ④ 키의 뭉그러짐이나 마모는 없애고 있는가? ⑤ 벨트, 체인의 느슨함이나 마모 · 손상은 없애고 있는가? ⑥ 나사 · 기어의 마모, 원활성은 양호한가? ⑦ 위치고정 표면 · 기준면, 위치고정 핀 등의 먼지, 오물, 긁힘, 변형, 마모 등은 없는가?			
❸ 윤활계 유압계	① 급유구 주위의 더러움을 없애고 있는가? ② 탱크내의 기름 오염을 없애고 있는가? ③ 필터계의 청소, 교환을 실시하고 있는가? ④ 탱크나 배관 이음새에서의 기름유출을 없애고 있는가? ⑤ 회송유의 막힘이나 오염을 없애고 있는가? ⑥ 유종의 색별, 급유구를 눈으로 보는 관리를 실시하고 있는가? ⑦ 급유도구 보관장소는 깨끗하게 청소하고 있는가? ⑧ 펌프의 이상 소음, 이상 발연을 없애고 있는가?			

항 목	내 용	체크 YES	체크 NO	개선 보완점
	⑨ 밸브, 실린더 등에서 기름이 새는 것을 없애고 있는가?			
❹ 공기계	① 에어필터 내의 드레인 배출과 볼 내면의 오염을 없애고 있는가? ② 마이크로 포그 보일러 내의 기름오염을 없애고 있는가? 기름의 레벨과 적하수(滴下數)는 적당한가? ③ 배관, 접속, 밸브, 실린더 등에서 공기가 새는 것을 없애고 있는가? ④ 결합 나사 등의 느슨함을 없애고 있는가? ⑤ 배기 사일렌서가 막히는 것을 없애고 있는가?			
❺ 전장 제어계	① 표시 램프의 오염, 끊어짐을 없애고 있는가? ② 상자 내에 먼지, 오물의 침입을 없애고 있는가? ③ 상자 주변의 전선, 배관 손상은 없는가? ④ 접점의 소손(燒損), 오염을 없애고 있는가? ⑤ 프린트 기판류의 오염을 없애고 있는가? ⑥ 보증기간이 지난 타이머, 릴레이 등의 교환을 하고 있는가? ⑦ 어스의 접속상태 및 절연상태는 완전한가? ⑧ 리밋 스위치, 고정나사 등의 느슨함을 없애고 있는가? ⑨ 모터 터미널부의 커버가 벗겨진 것, 손상 등을 없애고 있는가? ⑩ 모터 냉각 팬 부분의 먼지를 없애고 있는가? ⑪ 배선부 피복의 경화나 금간 곳, 손상을 없애고 있는가? ⑫ 물의 침입이나 습기를 없애고 있는가?			
❻ 발생원 대책	① 기름이 새는 것을 개선하고 있는가? ② 청소점검에 의하여 누수를 확인하고 개선하고 있는가? ③ 탱크나 배관에서 물이 새는 것을 없애고 있는가? ④ 이음새, 배관에서 에어가 새는 것을 없애고 있는가? ⑤ 미스트, 분진, 절단찌꺼기의 비산(飛散)을 없애고 있는가? ⑥ 커버에 대한 연구, 흡인계의 설치에 충실을 기하고 있는가?			

항 목	내 용	체크 YES	체크 NO	개선 보완점
	⑦ 먼지나 오물유입을 배제하고 있는가? ⑧ 콘크리트 바닥면에 방진장치를 실시하고 있는가?			
❼ 동력, 열관리	① 동력관리나 열관리가 개선되고 있는가? 관리 책임자가 정해져 있는가? ② 모터의 마력은 기계설비의 능력에 합치되고 있는가? 정시에 급유나 청소를 하고 있는가? ③ 샤프트의 축에 흔들림은 없는가? 벨트의 신장도는 적당하게 되어 있는가? ④ 증기배관, 가열장치의 보온은 충분히 되고 있는가? ⑤ 열이 새는 것에 대한 조사와 방지대책을 완전히 하고 있는가? ⑥ 폐열을 회수하여 이용하고 있는가? ⑦ 용수의 조정, 파악은 완전한가?			

07_ 외주관리

1. 외주관리 체크 리스트

항 목	내 용	체크 YES	체크 NO	개선 보완점
❶ 외주관리	① 매년 외주관리의 합리화를 추진하고 있는가? ② 생산계획과 외주관리의 동기화(同期化)를 기하고 있는가? ③ 외주관리 담당자에 대해서는 정기적으로 인사이동을 실시하고 있는가? ④ 사무처리는 신속히 이루어지고 있는가? ⑤ 외주관리 업무분담에 대해서는 문장화되어 있는가?			
❷ 외주공장	① 외주방침은 명확히 정해져 있는가? ② 신규 외주공장의 개척, 지도육성이 계획적으로 실시되고 있는가? ③ 외주, 자체생산의 기준은 명확히 되어 있는가? ④ 외주공장의 선정수순은 정해져 있는가? ⑤ 외주공장의 실태조사 자료는 항상 보완되고 있는가?			
❸ 외주단가	① 외주단가의 기초자료는 정비되고 타부문에도 공표되고 있는가? ② 특급, 시험제작 등의 외주단가가 정해져 있는가? ③ 외주처에 VE교육을 실시하여 VE제안에 의해 단가를 내리고 있는가?			
❹ 재 료	① 재료의 취급에 개선의 여지가 없는가? ② 재질은 규격을 충족시키고 있는가? ③ 유상과 무상의 결정기준은 명확한가? ④ 재료계산 기초자료는 정비되어 있는가? ⑤ 잉여 기자재의 처리는 확실히 되고 있는가?			

항 목	내 용	체크 YES	체크 NO	개 선 보완점
❺ 도면, 공작공구, 금형	① 지급도면은 언제나 정확한가? ② 대출도면은 사용 후 확실히 반환되고 있는가? ③ 금형의 소유권은 명확한가? ④ 금형의 정밀도 관리 · 보전에 대한 규정이 있는가? ⑤ 대출중의 금형이나 공작공구의 보관, 관리 상태는 좋은가?			
❻ 공정관리	① 사내공정과 외주공정은 평준화되어 있는가? ② 납기는 지켜지고 있는가? ③ 외주공장의 여력을 파악하고 있는가? ④ 기준일정 자료는 정비되어 있는가? ⑤ 납기지연의 원인을 파악하여 재발방지대책을 충분히 강구하고 있는가? ⑥ 납품은 평준화되어 있는가? ⑦ 외주공장의 공정관리 수준을 높이기 위해 철저히 지도하고 있는가?			

2. 외주품의 무검사시스템 도입 체크리스트

항 목	내 용	체크 YES	체크 NO	개 선 보완점
❶ 발주측	① 외주방침(목표, 시책)을 명확히 제시하고 있는가? ② 제품, 부품의 정보를 제공하고 있는가? ③ 연락방법에 대하여 제도화하고 있는가? ④ IE, QC, VE 교육을 연속적으로 실시하고 있는가? ⑤ 품질정보의 피드백 루트는 명확한가? ⑥ 발주는 평준화되고 있는가? ⑦ 검사규격, 한도견본은 정비되어 있는가? ⑧ 검사성적을 활용하고 있는가?			

항 목	내 용	체크 YES	체크 NO	개선 보완점
	⑨ QC 공정표, 작업표준을 제출하도록 하여 외주선의 공정검사로 확인하고 있는가? ⑩ 공정능력조사를 실시하고 있는가? ⑪ 품질보증 책임자에 대한 교육을 실시하고 있는가? ⑫ 초기의 유동관리체제는 충실하게 되어 있는가? ⑬ 외주 패트롤을 실시하고 품질관리 지도를 현장에서 실시하고 있는가? ⑭ 라인 클레임, 마켓 클레임의 데이터를 제공하고 있는가? ⑮ 무검사를 확대하고 있는가?			
❷ 수주측	① 5S는 확실하게 정착되고 있는가? ② 현품관리는 확실한가? ③ 도면은 정리되어 있는가? ④ 불량품 재발방지 대책은 확실하게 서 있는가? ⑤ 불량품은 식별되고 있는가? ⑥ 생산실적을 눈으로 보는 관리가 실시되고 있는가? ⑦ 명령, 보고계통이 제도화되어 있는가? ⑧ 사내에서 QC 교육은 실시되고 있는가? ⑨ QC 서클은 활발한가? ⑩ 무검사품 확대를 위한 노력을 하고 있는가? ⑪ 계산관리는 확실한가? ⑫ 비정상적인 사태 발생에 대하여는 신속히 해결하고 있는가? ⑬ 사내 표준화를 추진하고 있는가? ⑭ 공정능력을 추진하고 있는가? ⑮ 검사의 인 라인화는 확립되어 있는가? ⑯ 품질회의는 개최되고 있는가? ⑰ 모범공장으로 되기 위한 노력을 하고 있는가? ⑱ 기술관리는 제도화되어 있는가? ⑲ 설비관리는 철저한가? ⑳ 계측기관리는 확립되어 있는가?			

항 목	내 용	체크 YES	체크 NO	개선 보완점
	㉑ 변경관리를 철저히 하고 있는가?			
❸ 실시순서	① 무검사 실시요령은 작성되어 있는가? ② 무검사의 취지를 외주공장에 설명하여 양해를 얻은 다음, 협정서를 체결하고 있는가? ③ 무검사가 적용 가능하다고 판단한 부품에 대하여 수입검사, 외주지도 담당부서가 신청서를 발행하여 관련부서에 회람하고 있는가? ④ 무검사 신청서로 승인된 부품에 대하여 외주공장에 해당 증서를 발행하고 있는가? ⑤ 무검사품은 등록하고 있는가?			

08 _ 관리자의 역할

1. 관리자의 역할 · 책임 체크 리스트

항 목	내 용	체크 YES	체크 NO	개 선 보완점
❶ 노무관리	① 유휴인력대책, 결근대책을 취하고 있는가? ② 직장의 사기와 윤리, 규율의 유지향상을 도모하고 있는가? ③ 신입사원, 전입사원에 대한 훈련실시계획을 세우고 있는가? ④ 결근, 휴가, 조퇴, 외출에 대해 관리를 하고 있는가? ⑤ 승급, 상여 등의 인사고과를 위한 사정을 적정하게 실시하고 있는가? ⑥ 회사의 조직, 방침, 회보, 명령, 취업규칙 및 관계 제규정을 철저히 주지시키고 있는가? ⑦ 인간관계, 의욕, 요구, 애로사항, 근무상황, 직장규율에 관한 정보수집 및 보고를 상사에게 하고 있는가? ⑧ 문제사원의 개별지도 및 지도상황의 보고를 상사에게 하고 있는가? ⑨ 개선제안을 활성화 시키고 제안내용을 곧바로 보고하고 있는가? ⑩ 증원, 감원, 보충, 이동에 관한 의견을 상신하고 있는가? ⑪ 애로사항에 대한 접수 및 처리는 신속한가? ⑫ 채용시험에 대하여 협력하고 있는가? ⑬ 승진에 관한 의견상신을 하고 있는가?			
❷ 안전위생	① 안전위생 대책 및 규칙에 철저를 기하고 있는가? ② 안전위생 용구의 사용에 철저를 기하고 있는가? ③ 재해발생시 응급처리와 대책 및 보고는 신속한가? ④ 안전위생 훈련계획을 수립하고 있는가? ⑤ 안전위생 상황의 점검 및 보고를 추진하고 있는가? ⑥ 건강유지를 위한 지도를 하고 있는가? ⑦ 피난로, 안전용구는 유지되고 있는가? ⑧ 재해의 원인조사에 대한 협조 및 처리를 하고 있는가?			

항 목	내 용	체크 YES	체크 NO	개선 보완점
❸ 부하육성	① 계층별 교육계획의 수립 및 실행을 하고 있는가? ② OJT에 의한 능력개발과 동기부여를 추진하는가?			
❹ 품 질	① 품질의 이상에 대한 기준을 설정하고 있는가? ② 공정을 순회할 때 이상처리에 대한 내용이 지켜지는가? ③ 감독자의 보고에 입각하여 이상내용을 파악하여 현장에서 취해진 응급처치 내용을 확인하고 처치방법에 대하여 적절한 지도를 하고 있는가? ④ 품질에 대한 관리기준을 수립하고 있는가? ⑤ 공정과정을 심의할 때 품질기준, 관리규정이 지켜지고 있는지 확인하고 처리방법에 적절한 지도를 하는가? ⑥ 중요 공정교육, 훈련내용을 확인하고 승인하는가? ⑦ 불량품 발생시 처리대책이 적절하게 되고 있는가? ⑧ 품질개선 전개계획 수립과 추진을 하고 있는가? (납입품질, 공정, 클레임) ⑨ 불량원인 조사 및 처리대책을 실시하고 있는가?			
❺ 진도관리	① 생산증감에 대한 처리대책은 확실한가? ② 생산일정의 유지상황 확립과 대책은 확실한가? ③ 생산계획에 따른 작업계획은 확실한가? (작업, 설비, 라인 및 인원의 할당) ④ 휴일출근, 잔업계획을 세우고 있는가?			
❻ 능률향상	① 예정시간과 실적시간을 비교하여 개선을 추진하고 있는가? ② 실시사항을 관리 도표로 지시하고 있는가? ③ 공정, 작업개선의 추진을 도모하고 있는가? ④ 다능공화, 성력화의 추진을 진행하고 있는가?			
❼ 표 준	① 설비능력 연구를 추진하고 있는가? ② 작업연구를 추진하고 있는가?			

항 목	내 용	체크 YES	체크 NO	개선 보완점
	③ 부문별 능력표를 작성하고 있는가? ④ 표준 작업표를 작성하고 있는가? ⑤ 표준작업을 확립하고 있는가? ⑥ 작업 지도서는 정비되어 있는가?			
❽ 설비관계	① 기계 · 기기 및 공작공구의 마모, 파손시 검토대책은 확실한가? ② 기계 · 기기 및 공작공구의 정밀도 유지 및 수리대책은 충분한가? ③ 소모품 사용계획을 세우고 있는가? ④ 기계 · 기기 및 공작공구의 수량관리는 확실한가? ⑤ 기계의 무고장을 목표로 추진하고 있는가?			
❾ 원가절감	① 경비절약을 실시하고 있는가? ② 동력 및 광열의 절약을 추진하고 있는가? ③ 매년 코스트 다운 계획을 달성하고 있는가? ④ 공수를 절감하고 있는가? ⑤ 불량품 감소를 위한 계획을 추진하고 있는가?			
❿ 기타	① 낭비를 발견하고 배제하고 있는가? ② QC 서클의 활성화를 추진하고 있는가? ③ 개선제안 활성화를 추진하고 있는가?			

2. 활력 넘치는 직장만들기 체크 리스트

항 목	내 용	체크 YES	체크 NO	개선 보완점
	① 기업목표와 방침이 종업원의 희망과 일치되는 점을 찾아내는 노력을 하고 있는가?			

항 목	내 용	체크 YES	체크 NO	개 선 보완점
	② 강압이 아니고 종업원의 자발적인 창조력을 이끌어 내는 노력을 하고 있는가? ③ 경영실태가 종업원에게 공표되고 있는가? ④ 감독자는 농간이나 속임수로 사람을 조종하는 것이 아니라 인간애와 신뢰로 부하를 대하고 있는가? ⑤ 일반사원의 애로나 불만을 들어주는 기회가 있는가? ⑥ 어떤 사람이 인정받는가의 기준이 명확히 되어 있는가? ⑦ 신입사원 교육을 실시하고 있는가? ⑧ 젊은 사원들의 장래 희망에 관하여 관심이 있는가? ⑨ 결정사항을 전 사원에게 알리는 전달경로가 잘 이루어져 있는가? ⑩ 작업의 역할, 중요성을 인식시키고 있는가? ⑪ 현장에서 변경이 필요한 문제에 대하여 그에 영향을 받을 사람들의 의견을 구하고 있는가? ⑫ 개개인의 자질을 발견하고 성장시키기 위해 근거있는 배치전환이 고려되고 있는가? ⑬ 직장규율은 잘 지켜지고 있는가? ⑭ 안전이 단지 운동으로서가 아니라 재해의 근원을 뿌리뽑기 위한 개선대책으로 수립되어 있는가? ⑮ 경조나 재해에 있어서의 공제제도가 있는가? ⑯ 취업규칙이며 지켜야 할 기준이 세워져 있는가? ⑰ 채광, 환기, 조명을 고려하고 있는가? ⑱ 복리후생이 회사측의 일방적인 것이 아니라 종업원이 희망하는 것부터 실시하는 성의를 보이고 있는가? ⑲ 타사를 견학시키고 세미나, 연수에 참가할 기회를 주고 있는가? 종업원의 분위기나 생각이 회사간부에게 충분히 이해되고 있는가? ⑳ 직장분위기는 안정되어 있는가? ㉑ 부하의 애로사항에 귀를 기울이고 적절히 손쓰고 있는가? ㉒ 긍정적 사고로 좋은 일은 곧 실행에 옮기는 기업풍토를 만들고 있는가?			

3. 사원에게 일할 의욕이 생기게 하는 방법

항 목	내 용	체크 YES	체크 NO	개선 보완점
	① 작업목표 달성에 부하가 공헌할 수 있도록 조직되어 있는가? ② 일의 성과, 달성도의 기준을 설정하여 정기적으로 점검하고 있는가? ③ 모든 일은 스케줄이 세워져서 과정별로 체크가 이루어지고 있는가? ④ 단순작업의 되풀이가 아니라 몇 개의 작업을 조합하여 실시하고 있는가? ⑤ 사원이 스스로 계획을 수립하고 계획을 달성한 결과를 자기평가하는 제도가 있는가? ⑥ 사원의 보고에 대해서 상사의 적절한 조언이 주어지고 있는가? ⑦ 일의 진행상황에 대하여 타이밍이 맞도록 상사에게 보고되고 있는가? ⑧ 사원이 그 일을 달성함에 있어서 필요하다고 생각되는 관련부문의 사람들과 자유롭게 이야기할 수 있는 여건이 조성되어 있는가? ⑨ 일을 달성하기 위해 필요한 정보를 수집할 수 있도록 원조하고 있는가? ⑩ 일을 달성하기 위해 보고나 발표회를 여는 제도가 있는가? ⑪ 사원이 자기개발 할 수 있는 휴식공간은 있는가? ⑫ 사원의 수준향상을 위하여 보다 높은 수준의 일을 부여하기 위한 제도가 있는가? ⑬ 자기 일에 대하여 개선제안을 내고 창의성을 발휘하며 연구할 기회가 주어지고 있는가? ⑭ 상사는 항상 사원들에게 기대하고 있는 수준에 대해 이야기를 주고 받고 있는가? ⑮ 사원은 상사의 배려에 대하여 납득하며 그 충고를 받아들이고 실행하고 있는가?			

4. 화재예방 체크 리스트

항 목	내 용	체크 YES	체크 NO	개 선 보완점
❶ 정리, 정돈	① 쌓인 먼지를 치우고 청소하고 있는가? ② 유류, 인화성 도료의 보관체제는 잘 되어 있는가? ③ 기름 걸레의 관리는 잘 되고 있는가? ④ 기름이 흘러내리는 것을 개선하고 있는가? ⑤ 통로는 확보되어 있는가? ⑥ 화기취급 부근에 있는 불필요한 것들은 정리되어 있는가? ⑦ 소화기 · 소화전 부근은 정리되어 있는가? ⑧ 인화물 취급규정은 있는가? ⑨ 전기의 메인 전원은 끄고 귀가하는가?			
❷ 소화설비와 레이아웃	① 현재의 레이아웃은 적당한가? ② 현재의 설비로 충분한가? ③ 기구는 점검되고 있는가? ④ 전 사원이 소화기구 사용법을 알고 있는가? ⑤ 작업장과 통로로 나누어 배치되어 있는가? ⑥ 정비실에 스페어가 있는가? ⑦ 소화기가 있는 장소를 쉽게 알 수 있게 되어 있는가? ⑧ 온도의 변화, 풍화 등에 주의를 기울이고 있는가? ⑨ 경보기에 대하여 점검을 하고 있는가? ⑩ 순찰은 화기에 중점을 두고 하고 있는가?			
❸ 전기설비	① 공사는 정규 기술자에 의하여 시행되고 있는가? ② 휴즈는 규정된 것을 사용하고 있는가? ③ 벽, 마루 등을 관통하는 전선은 애관을 통하게 하고 있는가? ④ 쓰지 않는 전선은 제거되어 있는가? ⑤ 전선 · 소케트는 사용제한 이하의 것을 쓰고 있는가? ⑥ 연장코드의 이음매는 완전한가? ⑦ 절연검사를 실시하고 있는가?			

항 목	내 용	체크 YES	체크 NO	개선 보완점
❹ 화기사용	① 화기를 취급하는 작업장의 벽, 천정은 방화구조로 되어 있는가?			
❺ 위험물품	① 허가된 것 이외의 물품을 취급하는 일은 없는가? ② 위험물은 허가량 이하인가? ③ 품목별로 따로 저장하고 있는가? ④ 태풍이나 충격 등에 대한 대책은 충분한가? ⑤ 취급 책임자를 정하고 그의 입회하에 취급하고 있는가?			
❻ 표 시	① 금연, 화기엄금, 비상구, 피난유도 등의 표시는 적절한가? ② 3층 이상의 건물에는 비상대피계단이 갖추어져 있는가? ③ 천정이나 다락방과 같이 한 군데 밖에 출구가 없는데서 일하거나 취침하는 일은 없는가? ④ 숙직실이나 흡연실에 대한 화기대책은 충분한가?			
❼ 화재발생	① 소방서나 경찰서의 전화는 명시되어 있는가? ② 사내의 긴급전화순서는 명시되어 있는가?			
❽ 방비대책	① 전 종업원에게 대한 훈련이 실시되고 있는가? ② 반출과 대피는 완전한가? ③ 지휘자에 대한 지휘능력 양성이 충분히 되고 있는가? ④ 말이 아니라 실질적 시책이 이루어지고 있는가?			

찾아보기

가

나

다

라

마

바

사

아

Index

자

차

카

Index

타

파

하

기타

〈감수자 약력〉

김준석
연세대학교 경영대학 학장
연세대학교 경영대학원 원장
현 : 연세대학교 경영대학 교수

〈저자 약력〉

남동일
일본능률개발연구소에서 경영능률 · 종합진단 · 독창력 개발 등 연구
상업일보 조사부장, 한국사무능률연구회, 중소기업연구회 연구위원
월간 「과학과 발명」, 「상점계」, 「중소기업 연구」 발행 겸 편집인
현대전략경영연구소 대표

〈저서〉
창조하는 경영 (1989년)
경영전략의 총점검 (1992년)
상점경영 (1995년)

21세기 글로벌 비전

중소기업의 전략경영

2007년 10월 20일 초판 인쇄
2007년 10월 30일 초판 발행

감수자/김준석
저　자/남동일
발행자/오판근
발행처/교우사
주　소/서울 동대문구 제기2동 148-19
전　화/925-2861(대), 편집부/925-2825
팩　스/925-2860, 953-2860
E-mail/kw2861@chollian.net
http://www.kyowoo.co.kr
등록/1994.3.24 제6-0256호

ISBN 978-89-8172-711-6 (13320)
값 45,000원